THOMAS SCHRÖER

Die Kompetenzverteilung zwischen der Europäischen Wirtschaftsgemeinschaft und ihren Mitgliedstaaten auf dem Gebiet des Umweltschutzes

Schriften zum Europäischen Recht

Herausgegeben von

Siegfried Magiera und Detlef Merten

Band 12

Die Kompetenzverteilung zwischen der Europäischen Wirtschaftsgemeinschaft und ihren Mitgliedstaaten auf dem Gebiet des Umweltschutzes

Von

Thomas Schröer

Duncker & Humblot · Berlin

Die Deutsche Bibliothek – CIP-Einheitsaufnahme

Schröer, Thomas:
Die Kompetenzverteilung zwischen der Europäischen Wirtschaftsgemeinschaft und ihren Mitgliedstaaten auf dem Gebiet des Umweltschutzes / von Thomas Schröer. – Berlin : Duncker und Humblot, 1992
(Schriften zum Europäischen Recht ; Bd. 12)
Zugl.: Frankfurt (Main), Univ., Diss., 1991
ISBN 3-428-07389-4
NE: GT

Fotoprint: Werner Hildebrand, Berlin 65
Printed in Germany

ISSN 0937-6305
ISBN 3-428-07389-4

Vorwort

Dieses Buch lag im Sommersemester 1991 dem Fachbereich Rechtswissenschaft der Johann Wolfgang Goethe-Universität in Frankfurt/M. als Dissertation vor. Gesetzgebung und Literatur sind im wesentlichen auf dem Stand von Ende Januar 1991. Für die Veröffentlichung habe ich die Rechtsprechung des Europäischen Gerichtshofs bis einschließlich Ende Oktober 1991 nachgetragen.

Mein herzlicher Dank gilt Herrn Professor Dr. Manfred Zuleeg (Richter am Gerichtshof der Europäischen Gemeinschaften/Universität Frankfurt/M.), der die Betreuung der Dissertation trotz großer Arbeitsbelastung übernommen hatte. Er hat mich über Jahre hinweg menschlich wie wissenschaftlich gefördert und mir durch eine einjährige Tätigkeit an seinem Lehrstuhl die Möglichkeit gegeben, dieses Buch zu erstellen. Herrn Professor Dr. Michael Bothe (Universität Frankfurt/M.) danke ich für wohlwollende und stete Unterstützung sowie die Übernahme des Zweitgutachtens.

Das Promotionsvorhaben wurde durch ein Stipendium nach dem Hessischen Gesetz zur Förderung von Nachwuchswissenschaftlern und die Universität Frankfurt/M. großzügig unterstützt.

Ich widme die Arbeit meinen Eltern.

Darmstadt, im Dezember 1991 *Thomas Schröer*

Inhalt

Abkürzungsverzeichnis

a.A.	anderer Ansicht
a.a.O.	am angegebenen Ort
AbfG	Gesetz über die Vermeidung und Entsorgung von Abfällen (Abfallgesetz)
ABl.	Amtsblatt der Europäischen Gemeinschaft
Abs.	Absatz
AEI	Arbeitskreis Europäische Integration e. V.
AETR	Europäisches Übereinkommen über die Arbeit der im internationalen Straßenverkehr beschäftigten Fahrzeugbesatzungen
AG	Aktiengesellschaft
AgrarR	Agrarrecht
AK-GG	Alternativkommentar zum Grundgesetz
Allg. VerwR.	Allgemeines Verwaltungsrecht
AO	Abgabenordnung
AöR	Archiv des öffentlichen Rechts
AP	Aktionsprogramm(e) der EG für den Umweltschutz
ArchVR	Archiv des Völkerrechts
Art./Artt.	Artikel
BAnz	Bundesanzeiger
BayVBl.	Bayerische Verwaltungsblätter
BB	Betriebsberater
BBPS	Beutler/ Bieber/ Pipkorn/ Streil
Bd.	Band
Beil.	Beilage
ber.	berichtigt
Bes. VerwR.	Besonderes Verwaltungsrecht
BFH	Bundesfinanzhof
BFHE	Entscheidungen des Bundesfinanzhofs
BGBl.	Bundesgesetzblatt
BRD	Bundesrepublik Deutschland
BR.-Dr.	Drucksache des Bundesrates
BReg.	Bundesregierung
Bsp.	Beispiel
bspw.	beispielsweise
BT	Bundestag
BT.-Dr.	Drucksache des Bundestages
Bull.	Bulletin der Kommission der Europäischen Gemeinschaften
BVerfG	Bundesverfassungsgericht
BVerfGE	Entscheidungen des Bundesverfassungsgerichts
BVwVfG	Verwaltungsverfahrensgesetz des Bundes

bzw.	beziehungsweise
ca.	circa
CahDrEur	Cahiers de Droit Européen
CEDE	Kommentar des Europäisches Rates für Umweltrecht
CEN	Comité Européen de Normalisation
CENELEC	Comité Européen de Normalisation Electronique
CMLRev	Common Market Law Review
CO_2	Kohlendioxid
dass.	dasselbe
DB	Der Betrieb
DDR	Deutsche Demokratische Republik
ders.	derselbe
d. h.	das heißt
dies.	dieselbe(n)
Diss.	Dissertation
DÖV	Die öffentliche Verwaltung
Dok.	Dokument
DSt	Der Staat
DV	Die Verwaltung
DVBl.	Deutsches Verwaltungsblatt
EA	Europa-Archiv
EAGV	Vertrag zur Gründung der Europäischen Atomgemeinschaft
ECU	European Currency Unit
EEA	Einheitliche Europäische Akte
EG	Europäische Gemeinschaft(en)
EGKSV	Vertrag über die Gründung der Europäischen Gemeinschaft für Kohle und Stahl
ELRev	European Law Review
endg.	endgültig
EP	Europäisches Parlament
ET	Energiewirtschaftliche Tagesfragen
et al.	und andere
etc.	et cetera
EuGH	Gerichtshof der Europäischen Gemeinschaften
EuGRZ	Europäische Grundrechtezeitschrift
EUI	European University Institute
EuR	Europarecht
EuZW	Europäische Zeitschrift für Wirtschaftsrecht
ev.	evangelisch(e)
EWGV	Vertrag zur Gründung der Europäischen Wirtschaftsgemeinschaft
EWS	Europäisches Wirtschafts- und Steuerrecht
f.	folgende
FAO	Ernährungs- und Landwirtschaftsorganisation der Vereinten Nationen
FAZ	Frankfurter Allgemeine Zeitung
ff.	fortfolgende
Fn.	Fußnote
FR	Frankfurter Rundschau

FS	Festschrift
g	Gramm
GA	Generalanwalt
GATT	Allgemeines Zoll- und Handelsabkommen
GBTE	von der Groeben/ von Boeckh/ Thiesing/ Ehlermann
GD	Generaldirektion
Gebr.	Gebrüder
Gem.	Gemeinschaft
GewArch	Gewerbearchiv
GewO	Gewerbeordnung
Gft.	Gesellschaft
GfU	Gesellschaft für Umweltrecht e. V.
GG	Grundgesetz für die Bundesrepublik Deutschland
ggf.	gegebenenfalls
GmbH	Gesellschaft mit beschränkter Haftung
GO	Geschäftsordnung
grds.	grundsätzlich
GS	Gedächtnisschrift
GVBl.	Gesetz- und Verordnungsblatt
HdUR	Handwörterbuch des Umweltrechts
hess.	hessisch
HessStVwR	Hessisches Staats- und Verwaltungsrecht
Hg.	Herausgeber
HSOG	Hessisches Gesetz über die öffentliche Sicherheit und Ordnung
HwStR	Handwörterbuch des Steuerrechts und der Steuerwissenschaften
ICLQ	The international and comparative law Quarterly
i.d.F.	in der Fassung
IGH	Internationaler Gerichtshof
intern.	international
i.R.v.	im Rahmen von
i.S.v.	im Sinne von
i.V.m.	in Verbindung mit
JA	Juristische Arbeitsblätter
Jb.	Jahrbuch
JCMSt	Journal of Common Market Studies
Jg.	Jahrgang
JIR	Jahrbuch für Internationales Recht
JöR	Jahrbuch des öffentlichen Rechts
JR	Juristische Rundschau
Jura	Juristische Ausbildung
JuS	Juristische Schulung
JZ	Juristenzeitung
KAG	Kommunalabgabengesetz
Kap.	Kapitel
KG	Kommanditgesellschaft
KJ	Kritische Justiz

KOM	Dokumente der Kommission der Europäischen Gemeinschaften
Komm.	Kommission/Kommentar
KSE	Kölner Schriften zum Europarecht
LdR/VR	Lexikon des Rechts, Völkerrecht
LIEI	Legal Issues of European Integration
lit.	litera
Lit.	Literatur
lt.	laut
M.	Main
MDR	Monatsschrift des deutschen Rechts
MS	Mitgliedstaat(en)
m.w.N.	mit weiteren Nachweisen
NJW	Neue Juristische Wochenschrift
Nr.	Nummer
NRW	Nordrhein-Westfalen
NuR	Natur und Recht
NVwZ	Neue Zeitschrift für Verwaltungsrecht
NZA	Neue Zeitschrift für Arbeitsrecht
OECD	Organisation für Wirtschaftliche Zusammenarbeit und Entwicklung
ÖZöRV	Österreichische Zeitschrift für öffentliches Recht und Völkerrecht
PCP	Pentachlorphenol
PVS	Politische Vierteljahresschrift
RabelsZ	Rabels Zeitschrift für ausländisches und internationales Privatrecht
RdA	Recht der Arbeit
RevMC	Revue du Marché Commun
RGZ	Entscheidungen des Reichsgerichts in Zivilsachen
RIW	Recht der Internationalen Wirtschaft
R.J.E.	Revue juridique de l'environnement
RL	Richtlinie
Rn.	Randnummer
Rs.	Rechtssache
Rspr.	Rechtsprechung
RTDE	Revue Trimestrielle de Droit Européen
RuP	Recht und Politik
Sch-Sch	Schönke/ Schröder
SEA	Single European Act
SEW	Sociaal-Economische Wetgeving
SH	Sonderheft
Slg.	Sammlung der Rechtsprechung des Gerichtshofes der Europäischen Gemeinschaften
sog.	sogenannt(e)
Sp.	Spalte
Spstr.	Spiegelstrich
StaatsR	Staatsrecht
stdg.	ständig(e)
StPO	Strafprozeßordnung
Tätigkeiten	Tätigkeiten des Gerichtshofes der Europäischen Gemeinschaften

TiO_2	Titandioxid
Uabs.	Unterabsatz
UmwR	Umweltrecht
UNEP	United Nations Environmental Programms
UNESCO	Organisation der Vereinten Nationen für Erziehung, Wissenschaft und Kultur
UPR	Umwelt- und Planungsrecht
Urt.	Urteil
UTR	Umwelt- und Technikrecht
Verb. Rs.	Verbundene Rechtssachen
VGH	Verwaltungsgerichtshof
vgl.	vergleiche
VK	Vereinigtes Königreich Großbritannien und Nordirland
VO	Verordnung
Vorb.	Vorbemerkung
vs.	versus
WHO	Weltgesundheitsorganisation
wirtsch.	wirtschaftlich(e)
wiss.	wissenschaftlich(e)
WiVerw	Wirtschaft und Verwaltung
WM	Wertpapier-Mitteilungen
WRP	Wettbewerb in Recht und Praxis
WSA	Wirtschafts- und Sozialausschuß
WVRK	Wiener Übereinkommen über das Recht der Verträge
WWF	World Wildlife Fund
ZaöRV	Zeitschrift für ausländisches öffentliches Recht und Völkerrecht
ZAU	Zeitschrift für angewandte Umweltforschung
ZERP	Zentrum für Europäische Rechtspolitik
ZfRV	Zeitschrift für Rechtsvergleichung
ZfU	Zeitschrift für Umweltpolitik
ZfW	Zeitschrift für Wasserrecht
ZG	Zeitschrift für Gesetzgebung
ZGR	Zeitschrift für Gesellschaftsrecht
ZHR	Zeitschrift für das gesamte Handelsrecht
Ziff.	Ziffer
ZLR	Zeitschrift für das gesamte Lebensmittelrecht
ZRP	Zeitschrift für Rechtspolitik

Kapitel 1: Grundlagen

A. Einführung in die Problemstellung

„Aber ob der Umweltschutz nicht zu Hause beginnen muß ..., ob nicht Gemeinschaftsprogramme zu dirigistischen Verhärtungen führen können und ob die Zusammenarbeit von Fall zu Fall nicht weiter führen könnte, wird immer wieder gefragt. Hier ist die Abgrenzung zwischen Gemeinschaftsebene und nationaler Ebene besonders problematisch.“[1]. Dieser Feststellung eines früheren deutschen Richters am Gerichtshof der Europäischen Gemeinschaften liegt in faktischer Hinsicht ein Umwelt-Szenario zugrunde, das am Beginn der neunziger Jahre weithin als bedrohlich empfunden wird. Anerkanntermaßen hat die Umweltbelastung bis hin zur Umweltzerstörung in puncto Qualität und Quantität ein gigantisches Ausmaß angenommen[2]. Hält man sich den Verseuchungsgrad der Umweltmedien Boden, Luft und Wasser vor Augen, untersucht man die Verbreitung gefährlicher Stoffe oder beschäftigt man sich mit dem Zustand von Fauna und Flora[3], überall sind besorgniserregende Fakten zu verzeichnen[4]. Das – im Wortsinne – globale Ausmaß der Umweltzerstörung wird durch einen Blick auf die räumliche Ebene verdeutlicht. Ganz allgemein ist zu konstatieren, daß Jahrzehnte intensiven Wirtschaftens in den Industrienationen und die Übervölkerung der Entwicklungsländer mittlerweile unübersehbare Schäden im ökologischen System der Erde hinterlassen haben.

Der Schutz der Umwelt ist für die Menschheit damit zur (über)lebensnotwendigen *Schicksalsfrage*[5] geworden. Dies hat etwa seit Beginn der siebziger Jahre die

---

1 *Everling*, EuR 1987, 229; in der Sache ähnlich: *Wallace*, EA 1988, 587; *Zuleeg*, Thesen zu Vorbehaltene Kompetenzen der Mitgliedstaaten der Europäischen Gemeinschaften auf dem Gebiete des Umweltschutzes, in: GfU (Hg.), Dokumentation zur 10. wiss. Fachtagung der GfU, 1987, 122.

2 Siehe: *Brown et al.* (Hg.), Worldwatch Institute Report, Daten zur Umwelt 89/90, 1989. Während dies für die „westliche Welt“ seit längerem bekannt ist (vgl. die unten in Fn. 6 angegebene Literatur), sind nun auch, im Zuge der Öffnung, besorgniserregende Fakten über den ökologischen Zustand Osteuropas an die Öffentlichkeit gedrungen; zur faktischen Situation in der ehemaligen DDR siehe z. B.: *„Giftküche DDR“*, Der Spiegel, Nr. 2 vom 8.1.1990, 27 – 32 und FAZ, Nr. 18 vom 22.1.1990, 12.

3 Die Dreiteilung des Umweltrechts in mediale, kausale und vitale Bereiche stammt von *Breuer*, Umweltschutzrecht, in: von Münch (Hg.), BesVerwR., 622 f.; ihm folgend: *Zuleeg*, Umweltschutzrecht, in: Meyer/Stolleis (Hg.), HessStVwR, 1983, 283.

4 Ein zusammenfassender Überblick über die aktuelle Lage der Umwelt findet sich bei: *Hoppe/Beckmann*, Umweltrecht, § 1, Rn. 8 – 36 m. w. N. aus dem juristischen und nichtjuristischen Schrifttum.

5 So: *Kloepfer*, UmwR, § 1, Rn. 1; *Simonis/Freiherr von Weizsäcker*, EA 1990, 1, sprechen von einem *„Überlebensthema“*; ähnlich auch Bundespräsident *Richard von Weizsäcker*, Bulletin Nr. 122 vom 9.10.1986, der der Auffassung ist, daß die Umweltfrage zur *Überlebensfrage* der Menschheit geworden ist.

Forschung und Wissenschaft[6], die Politik[7] und in deren Folge das Recht[8] auf den Plan gerufen. Aus der Erfahrung heraus, daß die Belastung der Umwelt weder vor Staatsgrenzen noch vor Kontinenten[9] haltmacht, ist die heute wohl unbestrittene Einsicht erwachsen, daß Schutz, Erhalt und Revitalisierung der angegriffenen Umwelt oftmals ein über den einzelnen Nationalstaat hinausgehendes Handeln erforderlich machen[10]. Dementsprechend wird seit einiger Zeit versucht, Umweltpolitik auf der Ebene internationaler Organisationen zu betreiben[11]. Dies geschieht beispielsweise im Rahmen der Vereinten Nationen mit ihren Unterorganisationen UNEP, UNESCO, WHO[12] und FAO ebenso wie - aus europäischer Sicht - innerhalb der Europäischen Gemeinschaften, des Europarats, der Organisation für wirt-

---

[6] Stellvertretend für viele andere seien hier zwei der wichtigsten Untersuchungen genannt: *Meadows et al.*, Die Grenzen des Wachstums, 1972 (Auftragsarbeit des Club of Rome) und *Council on Environmental Policy/Department of State* (Hg.), Global 2000, Der Bericht an den Präsidenten, 1980; in diesem Zusammenhang interessant ist auch die Abhandlung von: *Streich*, Global 1990, Zwischenbilanz der Umweltstudie „Global 2000“, 1989 und das Interview mit *Meadows* in: Der Spiegel, Nr. 29 vom 17.7.1989, 118.

[7] Auch hier seien, stellvertretend für viele andere, zwei der wichtigsten internationalen Tagungen genannt: Konferenz der Vereinten Nationen unter dem Thema *„Der Mensch und seine Umwelt“* vom 5. – 16. Juni 1972 in Stockholm; Gipfelkonferenz der Staats- und Regierungschefs der Europäischen Gemeinschaft vom 19./20. Oktober 1972 in Paris. Für 1992 ist in Brasilien eine weitere Konferenz der Vereinten Nationen unter dem Thema *„Umwelt und Entwicklung“* geplant. Zum Nutzen internationaler Umwelttagungen: *Graf Hohenthal*, FAZ, Nr. 141 vom 22. Juni 1989, 1.

[8] Aus der Fülle internationaler Vereinbarungen (siehe insoweit die Sammlungen von: *Rüster/ Simma/Bock* (Hg.), International Protection of the Environment, Treaties and related documents, 1970 ff; *Burhenne* (Hg.), Internationales Umweltrecht – Multilaterale Verträge, 1974 ff.; *Umweltbundesamt* (Hg.), Völkerrechtliche Vereinbarungen der Bundesrepublik Deutschland auf dem Gebiet des Umweltschutzes, 1985) seien hier lediglich das von der UNEP verabschiedete *„Umweltrechtsprogramm von Montevideo“* von 1981 und die 1982 von der Generalversammlung der Vereinten Nationen beschlossene *„UN-Weltcharta für die Natur“* genannt, zu beidem: *Kloepfer*, oben Fn. 5, § 6, Rn. 72 f.; allgemein dazu auch: *ders.*, DVBl. 1984, 245 – 255.

[9] In dieser Hinsicht am sinnfälligsten erscheinen die Klimaveränderungen (*sog. Treibhauseffekt*), die unter anderem durch das allmähliche Verschwinden der Ozonschicht und das Abholzen subtropischer Regenwälder weltweit auftreten; siehe dazu: *Brown*, Der Treibhauseffekt: eine weltweite Herausforderung, EA 1989, 231 ff.; *EG-Kommission*, Der Treibhauseffekt und die Gemeinschaft, betreffend das Arbeitsprogramm der Kommission zur Beurteilung der politischen Optionen zur Verringerung der mit dem „Treibhauseffekt“ verbundenen Risiken, 1989, (KOM (89) 656/2endg.); *Enquete Kommission des 11. Deutschen Bundestages*, Vorsorge zum Schutz der Erdatmosphäre: Eine internationale Herausforderung, Zwischenbericht, 1989; *Ghazi*, Hat die Erde Fieber?, EG-Magazin, 12/1990, 19 ff. sowie die Titelgeschichten: *„Die Klima-Katastrophe“*, *Der Spiegel* Nr. 33/1986; *„Das Ozonloch“*, *Der Spiegel* Nr. 49/1987 und *„Wer rettet die Erde?“*, *Der Spiegel* Nr. 29/1989.

[10] Auf der Gipfelkonferenz der sieben führenden Industrienationen im Juli 1989 in Paris wurde übereinstimmend festgestellt, daß das ökologische Gleichgewicht der Welt gemeinsam besser zu wahren sei; Quelle: *Presse- und Informationsamt der Bundesregierung* (Hg.), Politik, Nr. 5, 1989, 1 f.; *Simonis / von Weizsäcker*, oben Fn. 5, 3; *Kloepfer*, oben Fn. 5, § 6, Rn. 201; *Ercman*, ZfRV 1978, 267; *Olschowy*, Der Landkreis 1987, 245; *von Moltke*, Die EG-Umweltpolitik - notwendige Ergänzung nationaler und internationaler Maßnahmen, in: Hrbek/Wessels (Hg.), EG-Mitgliedschaft, 1984, 302.

[11] *Bungarten*, Umweltpolitik in Westeuropa, 1978, 195.

[12] So fand am 7./8.12.1989 in Frankfurt/M. die Erste Europäische Konferenz *„Umwelt und Gesundheit“* statt. Es nahmen die 29 europäischen Mitgliedstaaten der WHO einschließlich der EG-Kommission teil. Einvernehmlich wurde die Europäische Charta *„Umwelt und Gesundheit“* angenommen. Dies stellt einen Beitrag zu einer gesamteuropäischen Harmonisierung der Umweltbedingungen dar (siehe: UPR 1990, 56).

schaftliche Zusammenarbeit und Entwicklung (OECD), der Genfer Wirtschaftskommission für Europa (ECE), des Nordischen Rats und schließlich im Rahmen der Konferenz für Sicherheit und Zusammenarbeit in Europa (KSZE)[13]. Seit dem Aufkommen dieser Entwicklung wird immer wieder die Schwerfälligkeit[14] und mangelnde Effizienz[15] eines solchen Vorgehens beklagt. Die Kritik ist sogar so weit gegangen, zu fragen, ob das Völker- und Europarecht nicht als *„Alibi für Umweltschutzdefizite“* diene[16].

Trotz aller Bedenken und Vorbehalte ist jedoch weithin anerkannt, daß in Europa die Europäische Gemeinschaft von allen multinationalen Zusammenschlüssen strukturell die besten Voraussetzungen bietet, effektive Umweltpolitik[17] zu betreiben[18]. Dies liegt vor allem daran, daß die Gemeinschaft eine eigene Rechtsordnung darstellt[19]. Sie vermag verbindliches Recht zu setzen, das gegenüber nationalen Bestimmungen vorrangig ist[20] und unter bestimmten Voraussetzungen unmittelbare Individualwirkung entfaltet[21]. Innerhalb dieser Rechtsordnung wiederum bietet sich der Vertrag zur Gründung der Europäischen Wirtschaftsgemeinschaft (EWG-Vertrag)[22] wegen seiner ökonomischen Zielsetzung, die unter anderem in der Präambel und in den Artt. 2 und 3 EWGV zum Ausdruck kommt, deshalb am besten als rechtlicher Rahmen einer gemeinschaftlichen Umweltpolitik an, weil eine jeweils isoliert betriebene nationale Umweltpolitik der Mitgliedstaaten negative Auswirkungen auf den innergemeinschaftlichen Markt haben kann. National differierende Umwelt-

---

13 Umweltpolitisches Handeln internationaler Organisationen wird besprochen von: *Oppermann*, „Gute Nachbarschaft“ im internationalen und europäischen Umweltschutzrecht, in: Kutscher-FS, 1981, 301 – 318; *Bothe*, Internationale Umweltorganisationen, in: HdUR, Bd. I, Sp. 807 – 821; *Hohmann*, Aus Politik und Zeitgeschichte, B 47-48/1989, 30 – 38.

14 So: *Bothe*, ZfU 1979, 293.

15 So: *Pag-Kuhn/Schmuck*, Umweltpolitik – eine europäische Aufgabe, 1987, 10.

16 So der Titel einer Abhandlung von *Bryde*, Martens-GS, 1987, 769 – 787; nach *Vittinghoff*,Wie behindert oder befördert Europäische Umweltpolitik die nationalen Umweltpolitiken?, Ev. Akademie Bad Boll, Protokolldienst 38/88, 69, 70, 73, besteht der Konflikt vielmehr darin, daß nationale Egoismen oftmals einer gemeinschaftlichen Umweltpoltik im Wege stehen. Positiv beurteilt wird die Umweltpolitik der EG von *Hohmann*, oben Fn. 13, 38.

17 Dazu: *Uebersohn*, Effektive Umweltpolitik, Folgerungen aus der Implementations- und Evaluationsforschung, 1990; *Krusche*, Umweltrecht, Neues Denken – neue Perspektiven, 1988.

18 *Behrens*, Rechtsgrundlagen der Umweltpolitik der EG, 1976, 24; *Gröbl*, ET 1989, 661; *Oppermann*, oben Fn. 13, 309; *Riegel*, NuR 1981, 91; *Schmuck*, Umweltpolitik: Grenzüberschreitende Probleme – europäische Lösungen, 1988, 3 ff.; abwägend: *Strübel*, Aus Politik und Zeitgeschichte, B 27/1988, 18.

19 EuGH, Urt. vom 5.2.1963, Rs. 26/62, Van Gend & Loos vs. Niederländische Finanzverwaltung, Slg. 1963, 1 (25); *Everling*, in: Lukes (Hg.), Binnenmarkt für Elektrizität, 1988, 135; *Beutler*, in: BBPS, 55 m.w.N.

20 EuGH, Urt. vom 15.7.1964, Rs. 6/64, Costa vs. ENEL, Slg. 1964, 1251 (1268 ff.); der Vorrang sämtlichen Gemeinschaftsrechts selbst gegenüber Grundrechten des GG ist mittlerweile vom BVerfG (E 73, 339 (374 ff.), sog. Solange II-Urteil) anerkannt; aus der Literatur: *Zuleeg*, Das Recht der Europäischen Gemeinschaften im innerstaatlichen Bereich, 1969, 136 ff. m.w.N.; aus neuerer Zeit: *Everling*, DVBl. 1985, 1201 ff.; Einzelheiten unten Kap. 3 A.

21 Ausgangspunkt für die unmittelbare Anwendbarkeit des Gemeinschaftsrechts war das Urteil des EuGH in der Rs. 26/62 (oben Fn. 19); diese Rechtsprechung wurde seitdem in einer Vielzahl von Entscheidungen konkretisiert; zu den Einzelheiten: Kap. 3 B. 1. a).

22 BGBl. 1957 II, 766.

standards sind nämlich potentiell geeignet sowohl, den freien Warenverkehr zu beeinträchtigen als auch Wettbewerbsverzerrungen hervorzurufen[23].

Obwohl der EWG-Vertrag in seiner ursprünglichen Fassung von 1957 die Begriffe Umwelt, Umweltschutz oder Umweltpolitik nicht enthielt, geschweige denn der Gemeinschaft explizite Befugnisse in diesem Sektor zuwies, wird seit 1972 auf Gemeinschaftsebene Umweltpolitik betrieben. Das politische Fanal zu dieser Entwicklung ging von der Konferenz der Staats- und Regierungschefs im Oktober 1972 in Paris aus[24]. Die Gemeinschaft wurde beauftragt, ein Aktionsprogramm für den Umweltschutz zu entwickeln, das am 22. November 1974 formell verabschiedet[25] und seither dreimal fortgeschrieben wurde[26]. Obwohl mittlerweile an die 200 Rechtsakte der Gemeinschaft auf dem Gebiet des Umweltschutzes existieren[27], ist die Bewertung ihrer bisherigen Umweltpolitik in der Literatur zwiespältig[28].

Bestand somit seither die politische Überzeugung der Mitgliedstaaten, den Schutz der Umwelt zumindest auch als eine Gemeinschaftsaufgabe anzusehen, so mußte doch eine Rechtsgrundlage für derartige Maßnahmen gefunden werden. Nach längeren Diskussionen akzeptierte der Rat eine Auslegung des Vertrages, die primär die allgemeine Harmonisierungskompetenz nach Art. 100 EWGV und sekundär die Ausnahmekompetenz zu vertragsergänzenden Regelungen nach Art. 235 EWGV zur Rechtsgrundlage einer gemeinschaftlichen Umweltpolitik machte. Teilweise wurden Rechtsakte auch auf beide Vorschriften gleichzeitig gestützt. Dem lag eine extensive Auslegung der Präambel und Art. 2 EWGV zugrunde, wobei man von der Prämisse ausging, daß

---

[23] Dies ist in der Literatur weithin anerkannt; siehe bspw.: *Bothe*, oben Fn. 14, 296; *Pernice*, DV 1989, 17; *Ress*, HdUR, Bd. 1, Sp. 448 f.; *Seidel*, DVBl. 1989, 444 f.

[24] Siehe oben Fn. 7; Hintergründe und Geschichte der Entstehung gemeinschaftlicher Umweltpolitik werden ausführlich dargelegt bei: *Bungarten*, oben Fn. 11, 128 – 154.

[25] ABl. 1973, C 112, 1 ff.

[26] ABl. 1977, C 139, 1 ff.; ABl. 1983, C 46, 1 ff.; ABl. 1987, C 328, 5 ff.; zumeist werden die Programme als 1. bis 4. Aktionsprogramm bezeichnet; dies ist mißverständlich, weil damit suggeriert wird, daß es sich um 4 eigenständige Programme handelt; in Wirklichkeit existiert jedoch lediglich ein einziges Programm, das nur immer wieder fortgeschrieben wurde, so ausdrücklich: *Glaesner*, NuR 1988, 167; zu den Aktionsprogrammen allgemein: *Bungarten*, oben Fn. 11, 147 – 154; *Koppen*, The European Community's environment policy, 1988, 4 – 32; speziell zum 4. Aktionsprogramm: *Boisserée*, Jb. des Umwelt- und Technikrechts 1988, 385 – 400; *Braatz*, Elektrizitätswirtschaft 1987, 171; *Geddes*, New Law Journal 1988, 826 – 828; *Maillet*, RevMC 1987, 69 – 76; der Nutzen solcher Aktionsprogramme wird kritisch bewertet von *Fransen*, Umweltorganisationen und die EG-Umweltpolitik, in: Tudyka(Hg.), Umweltpolitik in Ost-und Westeuropa, 1988, 235.

[27] Quelle: *Kommission* (Hg.), EG-Nachrichten Nr. 8 vom 25. April 1989, 12; siehe auch *Umweltbundesamt* (Hg.), Rechtsakte der Europäischen Gemeinschaften auf dem Gebiete des Umweltschutzes, Stand 1.12.1988.

[28] Eher positiv urteilen: *von Moltke*, oben Fn. 10, 304; *Nicolaysen*, Environmental policy before the SEA, in: Schwarze/Schermers (Hg.), Structure and dimensions of EC policy, 1988, 113; *Rehbinder/Stewart*, Environmental Protection Policy, 1985, 256 f.; *Weber*, Umwelt und europäische Wirtschaft, in: Schwarze/Bieber (Hg.), Das europäische Wirtschaftsrecht vor den Herausforderungen der Zukunft, 1985, 145; eher negativ fällt die Bewertung aus bei: *Beyerlin*, UPR 1989,361; *Kolo*, Beispiele für Konfliktzonen zwischen Landespolitik und Gemeinschaftsrecht – Umweltpolitik –, in: Kremer (Hg.), Die Landesparlamente im Spannungsfeld zwischen europäischer Integration und europäischem Regionalismus, 1988, 90; *Lietzmann*, EEA und Umweltschutz, in: Rengeling (Hg.), Europäisches Umweltrecht, 1988, 164 f.; *Strübel*, oben Fn. 18, 21.

der Schutz der Umwelt stillschweigend in die Zielsetzung des Vertrages einbezogen worden sei[29]. Der Gerichtshof hat dieses Vorgehen nicht beanstandet [30]. Dennoch wurde eine dahingehende Kompetenz der Gemeinschaft in der juristischen Literatur immer wieder entschieden bestritten[31] oder zumindest doch als Vordringen in *„zwiespältige Zuständigkeitszonen“* gerügt[32].

Diese Rechtslage ist durch die Einheitliche Europäische Akte (EEA) vom 28. Februar 1986[33], die am 1. Juli 1987 in Kraft getreten ist[34], entscheidend verändert worden[35]. Die EEA beinhaltet in ihrem Teil II (Artt. 4 - 29) unter anderem Bestimmungen zur Änderung des EWG-Vertrages. Dieser enthält nunmehr im Dritten Teil, der die Politik der Gemeinschaft behandelt, einen neu eingefügten Titel VII, welcher mit dem Begriff *„Umwelt“* überschrieben ist und der aus den drei Artikeln 130 r, 130 s und 130 t besteht. Damit ist, jahrelangen Forderungen entsprechend[36], erstmals eine ausdrückliche Umweltkompetenz der Gemeinschaft begründet worden[37]. Ferner ist der Schutz der Umwelt aber auch in Art. 100 a Absätze 3 und 4 EWGV explizit erwähnt. Diese Vorschrift statuiert, zum Zwecke der Realisierung des in Art. 8 a EWGV niedergelegten Binnenmarktkonzepts, ein - im Hinblick auf Art. 100 EWGV - verändertes Rechtsangleichungsverfahren. Schließlich verweist der ebenfalls neu eingefügte Art. 100 b EWGV in seinem Absatz 2 auf den genannten Art. 100 a Absatz 4 EWGV.

---

29 Dieser Themenkomplex ist wissenschaftlich eingehend abgehandelt worden. Hier seien exemplarisch lediglich genannt: *Behrens*, oben Fn. 18, 238 – 289; *Bungarten*, oben Fn. 11, 121 – 128; *Offermann-Clas*, ZfU 1983, 47 – 64; *Pieper*, in: Bleckmann, Europarecht, Rn. 1910 – 1919; *Rehbinder/Stewart*, oben Fn. 28, 15 – 42 jeweils m.w.N.

30 Bzgl. Art. 100 EWGV: EuGH, Urt. vom 18.3.1980, Rs. 91/79, Komm. vs. Italien, Slg.1980, 1099 (1106) und Rs. 92/79, Komm. vs. Italien, Slg. 1980, 1115 (1122); bzgl. Art. 235 EWGV: EuGH, Urt. vom 2.2.1982, Rs. 68/81, Kommission vs. Belgien, Slg. 1982, 153 (154 ff.); Kritik der EuGH-Rspr. bei: *d'Oliveira*, SEA and environmental policy – some questions, in: Schwarze / Schermers (Hg.), Structure and dimensions of EC policy, 1988, 123.

31 *Touscoz*, RDTE 1973, 29 ff.; *Vygen*, ZRP 1974, 58 ff.; *Gündling*, UPR 1985, 403 ff.

32 Plakativ: *Kloepfer*, UPR 1986, 321.

33 ABl. 1987, L 169, 1; BGBl. 1986 II, 1102.

34 ABl. 1987, L 169, 29; BGBl. 1987 II, 451.

35 Die Literatur zur EEA ist mittlerweile sehr umfangreich. Die Entstehungsgeschichte schildern *de Zwaan*, CMLRev 1986, 747 ff. und *Ehlermann*, CMLRev 1987, 361 ff.; kommentiert wird das Vertragswerk von *de Ruyt*, L'acte unique européen, 1987; hinsichtlich der Fülle sonstiger Abhandlungen sei verwiesen auf die Angaben von *Bieber*, ÖZöRV 1988, 214, Fn. 7 und *Magiera*, Die Einheitliche Europäische Akte und die Fortentwicklung der Europäischen Gemeinschaft zur Europäischen Union, in: Geck-GS, 1989, 507 f., Fn. 4.

36 Siehe bspw. *Grabitz/Sasse*: Umweltkompetenz der Europäischen Gemeinschaften, Vorschlag zur Ergänzung des EWG-Vertrages, 1977; *Steiger*, Umweltkompetenz des Europäischen Parlaments, 1977; *Behrens*, oben Fn. 29, 298 – 302; *Bungarten*, oben Fn. 11, 125 – 128; *Gérard*,CahDrEur 1975, 29; *Touscoz*, oben Fn. 31, 44; *Offermann-Clas*, oben Fn. 29, 53 f.; *Vygen*, oben Fn. 31, 61; auch der Vorschlag des EP zur Gründung einer Europäischen Union enthielt in Art. 59 explizite Umweltkompetenzen, u.a. abgedruckt in: *Schwarze/Bieber* (Hg.), Eine Verfassung für Europa, 1984, 317 ff. (347); siehe auch: *Jacqué*, Environmental Policy and Law 1986, 122.

37 *Grabitz*, in: ders. (Hg.), EWGV-Komm., Art. 130 s, Rn. 14.

Bedenkt man nun, daß in der Vergangenheit umweltschützende Rechtsakte der EG teilweise auch auf spezielle Ermächtigungen, wie beispielsweise Artt. 43 Abs. 2, 84 Abs. 2 und 99 EWGV, gestützt wurden[38], läßt sich konstatieren, daß allein im Hinblick auf die Rechtsetzungsbefugnisse der Gemeinschaft ein schwer durchschaubares Kompetenzgeflecht entstanden ist[39]. Die Wahl der einschlägigen Rechtsgrundlage hat deshalb weitreichende Auswirkungen, weil die an eine bestimmte Kompetenznorm gekoppelten Verfahrensmodalitäten meist unterschiedlich und damit möglicherweise inkompatibel sind[40]. Ferner hängt es ebenfalls von der zugrundegelegten Ermächtigungsnorm ab, welchen Rechtsakt im Sinne von Art. 189 EWGV die Gemeinschaft ergreifen kann und welche materiellen Vorgaben dabei zu beachten sind. Schließlich ist bedeutsam, daß durch die Wahl der Rechtsgrundlage in entscheidender Weise auch der in mitgliedstaatlicher Zuständigkeit verbleibende Handlungsspielraum in diesem Bereich bestimmt wird[41].

Dementsprechend sind diese Probleme seit Inkrafttreten der EEA vielfach, heftig und kontrovers diskutiert worden[42]. Das Meinungsspektrum ist breit gestreut[43], aber keineswegs erschöpfend.

Nahezu völlige Übereinstimmung besteht mittlerweile lediglich in Bezug auf das Problembewußtsein. Eine ehemalige Abgeordnete des Europäischen Parlaments hat beispielhaft darauf hingewiesen, daß *„eine klare Kompetenzabgrenzung, wann die Gemeinschaft handeln soll und was den Mitgliedstaaten und ihren Regionen überlassen bleibt"*, durch die Einheitliche Akte nicht erfolgt ist[44]. Gerade im Umweltbereich bedarf es *„einer einigermaßen funktions-*

---

[38] Siehe *Offermann-Clas*, oben Fn. 29, 50, 57 f., 61 m.w.N.

[39] *Gündling*, Umweltschutz in einer übernationalen Wirtschaftsgemeinschaft, in: Gündling/ Weber (Hg.), Dicke Luft in Europa, 27.

[40] *Beyerlin*, oben Fn. 28, 362; *Kampf*, EuR 1990, 403.

[41] Ausführlich mit vielen Beispielen: *Grabitz*, oben Fn. 37, Art. 130 s, Rn. 17; *Pernice*, NVwZ 1990, 205 f.; *Reich*, Förderung und Schutz diffuser Interessen durch die EG, 1987, 307.

[42] Am sinnfälligsten zeigt dies vielleicht die Vielzahl der Tagungen, die sich allein in der Bundesrepublik mit diesem Problem beschäftigt haben; hier eine Auswahl: 10. wiss. Fachtagung der GfU, 14./15.11.1986, Berlin; Tagung des A.E.I., 5.-7.2.1987, Osnabrück; Kolloquium der Europ. Liga für wirtsch. Zusammenarbeit, 4.12.1987, Düsseldorf; 4. Trierer Kolloquium zum Umwelt- und Technikrecht, 21.-23.9.1988, Trier; XI. Wiss. Kolloquium der Wiss. Gesellschaft für Europarecht, 13.10.1988, Trier; 13. Umweltrechtliche Fachtagung der GfU, 3./4.11.1989, Berlin.

[43] Manche sehen in der EEA einen entscheidenden Fortschritt (*Lietzmann*, oben Fn. 28, 168 f.), andere eher einen Rückschritt (*Kolo*, oben Fn. 28, 96) bis hin zur Feststellung, daß die EEA ein *„juristisches Kreuzworträtsel"* sei (so *Pescatore*, EuR 1986, 157). Eine Auffassung sieht die Gemeinschaftsbefugnisse im Umweltbereich gestärkt (*Hennecke*, in: Magiera/Merten (Hg.), Bundesländer und EG, 1988, 121), eine andere eher die der Mitgliedstaaten (*Zuleeg*, NVwZ 1987, 281, 283). Schließlich wird sogar gemutmaßt, daß das Kompetenzverteilungsproblem möglicherweise überhaupt nicht befriedigend zu lösen sei (*Gündling*, oben Fn. 39, 40). Wie streitig alles ist, zeigt sich schließlich daran, daß sich selbst innerhalb eines Standardkommentars zum EWG-Vertrag die Verfasser in mehreren Punkten nicht einig sind (siehe im Kommentar von Grabitz: zum einen: *Langeheine*, Art. 100 a, Rn. 62 und *Grabitz*, Art. 130 t, Rn. 16 und zum anderen: *Langeheine*, Art. 100 a, Rn. 94 und *Grabitz*, Art. 130 s, Rn. 22). In letzter Zeit findet sich die Feststellung, daß die ganze Diskussion *„konfus"* verlaufen sei (*Everling*, Probleme der Rechtsangleichung zur Verwirklichung des europäischen Binnenmarktes, in: Steindorff-FS, 1990, 1168, dort. Fn. 40).

fähigen Kompetenzordnung, die alle Aktionsebenen in ein aufeinander abgestimmtes System einordnet.“[45]. In dieser Situation verwundert es nicht, daß bereits vor einiger Zeit der Ruf nach dem EuGH laut wurde[46]. Nachdem der Gerichtshof im März 1990 erstmals Gelegenheit hatte, zu den neuen Umweltbestimmungen Stellung zu nehmen[47], liegt nunmehr eine erste Entscheidung[48] zur Abgrenzung des sachlichen Anwendungsbereichs von Art. 130 s EWGV zu Art. 100 a EWGV vor[49]. Für die Zukunft ist zu erwarten, daß der EuGH vermehrt mit solchen Fragen befaßt wird, da er neuerdings die Befugnis des für Umweltfragen sensiblen Parlaments zur eigenständigen Erhebung von Nichtigkeitsklagen ausdrücklich anerkannt hat[50].

Diese Arbeit versucht nun, den aktuellen Meinungsstand innerhalb des hier umrissenen Problemfeldes darzustellen, kritisch zu würdigen und und ein eigenes Lösungsmodell zu entwickeln. Dazu enthalten die folgenden Abschnitte des ersten Kapitels in knapper Form grundsätzliche Ausführungen zum Kompetenzgefüge in einem supranationalen Verband, die zum Verständnis der Problematik notwendig sind. In den beiden folgenden Kapiteln wird dann auf die Kompetenzverteilung im Innenverhältnis, d. h. bei der Umweltgesetzgebung, die sich auf den gemeinschaftsinternen Bereich bezieht, eingegangen. Während im zweiten Kapitel Umfang und Reichweite der die Gemeinschaft ermächtigenden Rechtsetzungsbefugnisse untersucht wird, ist das dritte Kapitel

---

44 *Weber*, Umwelt ohne Grenzen – Über die Notwendigkeit einer europäischen Umwelt- und Energiepolitik – in: Schomaker et al. (Hg.), Plädoyer für Europa, 1989, 155.

45 *Steiger*, CIVIS 4/87, 37. Nach *Bleckmann*, Die Bindungswirkung der Praxis der Organe und der Mitgliedstaaten der EG bei der Auslegung und Lückenfüllung des Europäischen Gemeinschaftsrechts, in: Bieber/Ress (Hg.), Die Dynamik des Europäischen Gemeinschaftsrechts, 1987, 197, 199, besteht der Sinn einer Zuständigkeitsverteilung darin, eine sachlich gerechte Interessenabwägung sicherzustellen.

46 Vor allem die Kommission drängte frühzeitig auf eine erste Klärung der Rechtslage durch den Gerichtshof. Anlaß waren die Steueranreize der niederländischen Regierung zugunsten des Kaufs umweltfreundlicher Kraftfahrzeuge (Bull. EG, Nr. 2/1989, 26; dazu *Hailbronner*, EuGRZ 1989, 101 ff. (103) und *Kohlhepp*, DB 1989, 1457). Das Verfahren nach Art. 93 II EWGV wurde dann jedoch wieder beendet (Bull. EG, Nr. 3/1989, 28); die Stellung des Gerichtshofs nach Einfügung der EEA geschwächt sieht: *Magiera*, oben Fn. 35, 528 f.

47 EuGH, Urt. vom 29.3.1990, Rs. C-62/88, Griechenland vs. Rat, Slg 1990, I-1527 (I-1550).

48 EuGH, Urt. vom 11.6.1991, Rs C-300/89, Komm. vs. Rat, EuR 1991, 175-178. Die Kommission hatte in diesem Verfahren gegen den Rat die Nichtigerklärung der RL 89/428/EWG des Rates vom 21.06.1989 über die *Modalitäten zur Vereinheitlichung der Programme zur Verringerung und späteren Unterbindung der Verschmutzung durch Abfälle der Titandioxid-Industrie* (ABl. 1989, L 201, 56; ber. in ABl. 1989, L 357, 35) beantragt. Sie war der Auffassung, daß die RL nicht auf Art. 130 s EWGV, sondern auf Art. 100 a EWGV hätte gestützt werden müssen. Der Gerichtshof ist dem im Ergebnis gefolgt. Siehe auch *Ungerer*, integration 1989, 97, der den Konflikt zwischen Rat und Kommission illustriert.

49 Dazu unten Kap. 2 C. 3. und 4. c).

50 EuGH, Urt. vom 22.5.1990, Rs. C-70/88, EP vs. Rat, Slg. 1990, I-2041 (I-2067 ff.), unter ausdrücklicher Aufgabe der Entscheidungsgründe im Urteil vom 27.9.1988, Rs. 302/87, EP vs. Rat, Slg. 1988, 5615 (5641 – 5644). Die Klagebefugnis steht allerdings unter dem Vorbehalt, daß die Klage lediglich auf den Schutz der Befugnisse des Parlaments gerichtet ist und nur auf Gründe gestützt wird, mit denen die Verletzung dieser Rechte geltend gemacht wird. Gerade dieses Erfordernis ist jedoch bei der umweltrechtlich besonders bedeutsamen Abgrenzung des Anwendungsbereichs der Artt. 130 s und 100 a EWGV gegeben, weil dem Parlament dort jeweils unterschiedliche Beteiligungsrechte bei der Ausarbeitung normativer Handlungen eingeräumt werden. Da das EP seit längerem umweltpolitisch engagierte Positionen vertritt (*Nollkaemper*, LIEI 1987, 76; *Schmuck*, oben Fn. 18, 25 jeweils mit Beispielen) wird es aller Voraussicht nach auch auf diesem Wege den größtmöglichen Einfluß auf die Umweltgesetzgebung der Gemeinschaft anstreben.

den verbleibenden umweltrechtlichen Kompetenzen der Mitgliedstaaten gewidmet. Schließlich wird im vierten Kapitel die Aufteilung der Befugnisse im Außenverhältnis, d. h. vor allem beim Abschluß völkerrechtlicher Umweltabkommen mit Drittstaaten oder internationalen Organisationen behandelt.

B. Das Kompetenzgefüge in einem supranationalen Verband

1. Begriff der Kompetenz

Die Abgrenzung der umweltpolitischen Befugnisse der Gemeinschaft von denen der Mitgliedstaaten setzt zunächst eine Klärung des Kompetenzbegriffs voraus. Dieser kann durch andere, zumeist im gleichen Zusammenhang oder gar synonym verwendete Termini wie Zuständigkeit, Befugnis, Ermächtigung und Funktion skizzenhaft umschrieben werden[51]. Dennoch sind damit weder der konkrete Inhalt des Begriffs noch seine verschiedenen Funktionen[52] auch nur einigermaßen präzise gekennzeichnet.

Ganz allgemein wurde Kompetenz definiert als *„die staatlichen Stellen und Organen der drei „Staatsfunktionen" eingeräumte und zugeteilte Handlungsmacht, in Verfolgung des staatlichen Gemeinwohlauftrags und in Erfüllung zugewiesener staatlicher Aufgabe(n), hoheitliche Akte festgelegter und genau bezeichneter Art zu setzen"*[53]. Diese, auf ein Gebilde geschlossener Staatlichkeit ausgerichtete Formulierung gilt im Grundsatz auch für einen supranationalen Verband wie die EG, wenn man sie der spezifischen rechtlichen Struktur dieser Organisation anpaßt. Im Hinblick auf die Gemeinschaft könnte Kompetenz somit definiert werden als die den Gemeinschaftsorganen eingeräumte und zugeteilte Handlungsmacht, in Verfolgung der Vertragsziele und in Erfüllung vertraglich zugewiesener gemeinschaftlicher Aufgabe(n), hoheitliche Akte festgelegter und genau bezeichneter Art zu setzen.

Ein wesentliches Charakteristikum dieses Komptenzbegriffs ist die grundsätzliche Trennung zwischen den einer juristischen Person gesetzten Aufgaben und der einem Organ dieser Person zugewiesenen Befugnis, zu deren Verwirklichung tätig zu werden[54]. Diese Differenzierung ist in Art. 4 Abs. 1 EWGV auch auf der Ebene primären Gemeinschaftsrechts durchgehalten. Einerseits sind beispielsweise in Artt. 2, 3 EWGV Aufgaben der Gemeinschaft als solcher formuliert, andererseits ist den Organen in anderen Vorschriften wie z. B. Artt. 49, 56 Abs. 2, 75 Abs. 1, 87, 99, 100, 100 a Abs. 1 Satz 2 EWGV die Befugnis eingeräumt, die dort genannten Maßnahmen zu treffen. Obwohl nun die Ermächtigung der Organe das Bestehen einer gemeinschaftlichen Aufgabe voraussetzt[55], läßt sich Art. 4 Abs. 1 EWGV entnehmen, daß der Schluß von dieser Aufgabe auf eine dementsprechende Organbefugnis unzulässig ist[56].

---

[51] *Stettner*, Kompetenzlehre, 1983, 35 ff.

[52] Letztere sind nicht Gegenstand dieser Abhandlung, dazu: *Stettner*, oben Fn. 51, 13 ff., 54 ff.

[53] So: *Stettner*, oben Fn. 51, 35.

[54] Dazu: *Bull*, Die Staatsaufgaben nach dem GG, 52 ff.

[55] *Bruha*, ZaöRV 1986, 14 m.w.N.

[56] *Constantinesco*, Recht der EG, 363 ff.; *Grabitz*, oben Fn. 37, Art. 4, Rn. 1; *Bieber*, in: GBTE, Art. 4, Rn. 18 f.; *Zuleeg*, JöR 20 (1971), 4 f.

Ferner ist durch diese Definition zum Ausdruck gebracht, daß Kompetenz verstanden wird als positiv verliehene im Gegensatz zur negativen Zuständigkeit[57]. Damit ist eine faktische Kompetenzbeschränkung durch Sachnormen gemeint[58]. Dieses Phänomen erklärt sich aus den Besonderheiten und dem mittlerweile erreichten Entwicklungsstand des Gemeinschaftsrechts. Als Beispiel zur Veranschaulichung mag hier der Bereich der Warenverkehrsfreiheit nach Artt. 30 ff EWGV dienen. Der Gerichtshof hat in einer Reihe von Entscheidungen aus dem Verbot des Art. 30 EWGV und der Ausnahmebestimmung des Art. 36 EWGV den Grundsatz der freien Verkehrsfähigkeit einer Ware innerhalb der Gemeinschaft hergeleitet[59]. Danach hat ein Produkt, das sich rechtmäßig auf dem Markt eines Mitgliedstaates befindet auch Zugang zu den Märkten aller anderen Mitgliedstaaten. Ausnahmen von diesem Grundsatz sind lediglich dann möglich, wenn eine abschließende gemeinschaftliche Regelung nicht vorhanden ist und ein Mitgliedstaat sog. zwingende Erfordernisse, zu denen nach der Rechtsprechung des Gerichtshofs auch der Umweltschutz zählt[60], oder eines der – restriktiv verstandenen – Schutzgüter des Art. 36 EWGV[61] als Grund für eine Beschränkung des freien Warenverkehrs geltend macht[62]. Die Rechtsprechung des EuGH wird nach der Ausgangsentscheidung auch als Cassis-Rechtsprechung bezeichnet[63]. Diese Entwicklung beinhaltet eine kompetenzielle Komponente. Zwar ist den Organen der Gemeinschaft aufgrund von Artt. 30, 34 EWGV keine Befugnis zu positiver Rechtsetzung gegeben, den Mitgliedstaaten aber ist es aufgrund dieser Bestimmungen und ihrer Interpretation versagt, dem Grundsatz der freien Verkehrsfähigkeit widersprechendes Recht anzuwenden. Diese Vorschriften sind daher wegen ihrer die Gesetzgebungszuständigkeit der Mitgliedstaaten faktisch beschränkenden Wirkung auch als negative Kompetenznormen bezeichnet worden[64]. Im Rahmen der vorliegenden Abhandlung wird der Kompetenzbegriff jedoch, eher dem üblichen juristischen Sprachgebrauch entsprechend, nicht in diesem umfassenden Sinne gebraucht[65], denn das Phänomen der faktischen

---

[57] Einteilung in positive und negative Kompetenzen bei: *Rehbinder/Stewart*, oben Fn. 28, 28; ähnlich: *Reich*, oben Fn. 41, 37 ff.

[58] *Schweitzer*, Rechtsetzung durch die EG und Kompetenzverlust in den MS, in: Kremer (Hg.), Landesparlamente im Spannungsfeld, 1988, 38 f.; ausführlich dazu unten Kap. 3 A.

[59] Siehe Anfrage der Komm. in ABl. 1980, C 256, 2; ausführliche Literaturhinweise bei: *Dauses*, BayVBl 1989, 611 und *Sedemund*, „Cassis de Dijon" und das neue Harmonisierungskonzept der Kommission, in: Schwarze (Hg.), Der Gemeinsame Markt, 1987, 41.

[60] EuGH, Urt. vom 7.2.1985, Rs. 173/83, Komm. vs. Frankreich, Slg. 1985, 500 (506) und Rs. 240/83, ADBHU, Slg. 1985, 531 (549); EuGH, Urt. 20.9.1988, Rs. 302/86, Komm. vs. Dänemark, Slg. 1988, 4607 (4630); Besprechungsnachweise unten Kap. 2 A. 2. a), dort Fn. 15.

[61] Dazu: *Matthies*, in: Grabitz (Hg.), Art. 36, Rn. 10 – 23.

[62] Einzelheiten dazu bei: *Rehbinder/Stewart*, oben Fn. 28, 29 f.; *Breuer*, Jahrbuch des Umwelt- und Technikrechts 1989, 78 – 84; *Everling*, ZLR 1989, 309 ff.; *Müller-Graff*, Binnenmarktziel und Rechtsordnung, 1989, 17 – 22; umfassend: *Falkenstein*, Freier Warenverkehr in der EG, 1989.

[63] EuGH, Urt. vom 20.2.1979, Rs. 120/78, Rewe-Zentral-AG vs. Bundesmonopolverwaltung für Branntwein, Slg. 1979, 649 ff.

[64] *Rehbinder/Stewart*, oben Fn. 28, 28.

Kompetenzbeschränkung ist letztlich nicht dem Kompetenzbereich zuzuordnen[66]. Somit wird Kompetenz im folgenden als positiv verliehene Befugnis verstanden.

Trotz dieser Eingrenzung ist der anfangs formulierte Kompetenzbegriff noch sehr weit. Aus den soeben genannten Gründen ist eine weitere Präzisierung notwendig. Für die Gemeinschaft ist der Begriff auf die den Organen eingeräumte Befugnis zur Rechtsetzung[67], also zur Schaffung sekundären Gemeinschaftsrechts aufgrund primärrechtlicher Ermächtigungen zu begrenzen. Damit konzentriert sich die Kompetenzverteilungsproblematik zwischen der Gemeinschaft und den Mitgliedstaaten auf den Bereich der Setzung materiellen Rechts. Zwar wird auf nationaler Ebene zumeist zwischen materiellen Gesetzgebungskompetenzen und Verwaltungskompetenzen unterschieden[68], auf Gemeinschaftsebene besteht jedoch die Besonderheit, daß der Vollzug des supranationalen Rechts bis auf wenige Ausnahmen, zu denen nach Art. 130 r Abs. 4 Satz 2 EWGV das Umweltrecht ausdrücklich nicht zählt, den Mitgliedsaaten in eigener Verantwortlichkeit zugewiesen ist[69]. Im Anwendungsbereich der Artt. 130 r bis 130 t EWGV[70] ist die Kompetenzverteilungsproblematik somit auf materielles Recht beschränkt, da sich die Durchführung dieser Rechtsakte nach Art. 130 r Abs. 4 Satz 2 EWGV nach nationalem Recht bemißt. Damit sind aber keineswegs alle primärvertraglichen Kompetenznormen zum Erlaß umweltschützender Rechtsakte erfaßt, weil die Vorschriften des Titels „*Umwelt*“ im EWG-Vertrag nicht abschließend sind[71]. Es ist nämlich mög-

---

65 Dies erfolgt aus Gründen der thematischen Eingrenzung der Abhandlung. Der Komplex der „*negativen Kompetenzen*“ ist allein im Bereich des freien Warenverkehrs mittlerweile so umfangreich, daß dies den Rahmen dieser Abhandlung sprengen würde. Vgl. *Falkenstein*, oben Fn. 62; *Rabe*, Garantien und Sicherungen des freien Warenverkehrs im Lichte der neuesten Rechtsprechung des EuGH, in: Schwarze (Hg.), Das Wirtschaftsrecht des Gemeinsamen Marktes in der aktuellen Rechtsentwicklung, 1983, 41 ff. jeweils m.w.N.

66 Ebenso: *Schweitzer*, oben Fn. 58, 39.

67 *Constantinesco*, oben Fn. 56, 512.

68 Siehe für die Bundesrepublik: *Stein*, StaatsR, 309 ff.

69 Sogenannter indirekter Vollzug, allgemein dazu: *Rengeling*, Rechtsgrundsätze beim Verwaltungsvollzug des Europäischen Gemeinschaftsrechts, 1977; *Scheuing*, EuR 1985, 229 ff.; *Schwarze*, Europäisches Verwaltungsrecht, Bd. 1, 33 f., Bd. 2, 1381; *Zuleeg*, oben Fn. 56, 41 f. Speziell für das Gebiet des Umweltschutzes: *Grabitz*, oben Fn. 37, Art. 130 r, Rn. 77; *Pernice*, oben Fn. 23, 32; *Scheuing*, EuR 1989, 191; *Zuleeg*, oben Fn. 43, 282. Hier kann nur am Rande auf die beachtlichen Vollzugsdefizite der Mitgliedstaaten im Umweltbereich hingewiesen werden. Einen aktuellen Überblick bietet: *Kommission*, 6. Jahresbericht an das EP über die Kontrolle der Anwendung des Gemeinschaftsrechts, ABl. 1989, C 330, 1 (24 f., 103 ff.), auszugsweise abgedruckt in: EuZW 1990, 139 f. Die Bundesrepublik nimmt bei der Anzahl der nach Art. 169 EWGV eingeleiteten Vertragsverletzungsverfahren wegen nicht ordnungsgemäßer Umsetzung gemeinschaftlicher Umweltschutzbestimmungen (Stand: 31.12.1989) einen Mittelplatz ein (EuZW 1990, 140; siehe dazu auch: FR vom 9.6.1989). Im Januar 1990 kündigte die Komm. an, die Bundesrepublik vor dem Gerichtshof zu verklagen, weil sie die RL 80/778/EWG des Rates vom 15.7.1980 über die Qualität von Wasser für den menschlichen Gebrauch, ABl. 1980, L 229, 11, geändert durch ABl. 1981, L 319, 19, nicht korrekt umgesetzt habe. Die Komm. hielt insbesondere die Überschreitung der EG-Grenzwerte für den Nitratgehalt von Trinkwasser für nicht akzeptabel (FAZ, Nr. 9 vom 11.1.1990, 5).

70 Dazu unten Kap. 2 A., B., C., D.

71 *Grabitz*, oben Fn. 37, Art. 130 r, Rn. 16.

lich, daß ein Rechtsakt der Gemeinschaft, der zumindest auch die Umwelt schützt, auf eine andere Kompetenznorm außerhalb dieses Titels zu stützen ist, der dann die Festsetzung von Verfahrensregeln durch die Gemeinschaft zuläßt[72]. Dabei ist einerseits an Vorschriften zu denken, die ausdrücklich der Gemeinschaft die rechtliche Ausgestaltung des in den Mitgliedstaaten durchzuführenden Verwaltungsverfahrens ermöglichen[73], andererseits an Politiken, in denen direkter Gemeinschaftsvollzug herrscht[74]. In diesen Fällen ist die Untersuchung der Kompetenzverteilung mithin auch auf die Befugnis zur Setzung von Verfahrensvorschriften auszudehnen.

Schließlich ist die Qualität des zu setzenden Rechts dahin einzugrenzen, daß es sich um verbindliches Recht handeln muß, weil für den Erlaß unverbindlicher Rechtsakte weder auf Gemeinschaftsebene noch auf der der Mitgliedstaaten eine Rechtsgrundlage erforderlich ist[75]. Mit Verbindlichkeit ist die Pflicht zu rechtlichem Gehorsam und die Möglichkeit der rechtlichen Berufung für alle, die in dem Rechtsakt als Adressaten bezeichnet werden, gemeint[76].

Damit ist der Kompetenzbegriff für die vorliegende Abhandlung hinreichend eingegrenzt. Im folgenden wird Kompetenz daher verstanden als die positive, den zuständigen Organen der Gemeinschaft oder der Mitgliedstaaten zugewiesene Handlungsmacht, in Erfüllung der dem zugrundeliegenden Verband gestellten Aufgaben, verbindliches Recht in den dafür vorgeschriebenen Handlungsformen zu setzen.

2. Die vertikale Kompetenzverteilung zwischen der Gemeinschaft und ihren Mitgliedstaaten: Nationale Allzuständigkeit und der gemeinschaftliche Grundsatz begrenzter Einzelermächtigung

Das Problem der Kompetenzverteilung zwischen der Gemeinschaft und ihren Mitgliedstaaten[77] auf dem Gebiet des Umweltschutzes setzt die Kenntnis des dahinterstehenden allgemeinen Systems der Zuständigkeiten und Ermächtigungen zur Rechtsetzung voraus. Ausgangspunkt ist die, dem hier vertretenen Kompetenzbegriff[78] immanente, grundsätzliche Trennung zwischen Aufgabe und Befugnis. Dementsprechend hat sich die Erkenntnis durchgesetzt,

---

[72] *Ress*, in: ders. (Hg.), Grenzüberschreitende Verfahrensbeteiligung im Umweltrecht der MS der EG, 1985, 9 – 14.

[73] Bspw. die Harmonisierungskompetenzen nach Artt. 100 – 102 EWGV.

[74] Bspw. die Kartell- (vgl. Art. 87 II b EWGV) und Beihilfenaufsicht (vgl. Artt. 93, 94 EWGV).

[75] Für die Gemeinschaft: *Zuleeg*, oben Fn. 56, 17. Nach Art. 189 EWGV sind die Empfehlung und die Stellungnahme unverbindlich, es zählt aber auch der gesamte Bereich des soft-law, wie etwa die Umwelt-Aktionsprogramme (Nachweise: oben Kap. 1 A. Fn. 26) dazu. – Für die Bundesrepublik: *Stein*, oben Fn. 68, 164.

[76] *Ipsen*, Gemeinschaftsrecht, 1972, 451; *Magiera*, Jura 1989, 598.

[77] Dies wird auch die vertikale Ebene im Gegensatz zur horizontalen, also der Frage nach den Zuständigkeiten innerhalb der Gemeinschaft, genannt; *Schweitzer/Hummer*, 241.

[78] Oben Kap. 1 B. 1.

daß die Gemeinschaftsorgane im Prinzip nur insoweit zur Rechtsetzung befugt sind, als die Gründungsverträge sie dafür ausdrücklich ermächtigen. Diese Doktrin wird häufig als Prinzip der begrenzten Einzelermächtigung bezeichnet[79]. In der Sache wird das Bestehen einer allgemeinen und umfassenden Legislativkompetenz der Gemeinschaft zugunsten eines Systems sachlich und inhaltlich begrenzter Einzelermächtigungen abgelehnt. In diesen, den Gemeinschaftsorganen zugewiesenen Bereichen ist die Allzuständigkeit der noch immer souveränen Mitgliedstaaten[80] faktisch aufgehoben. Begründet wird diese Doktrin hauptsächlich mit dem Wortlaut und Zweck von Art. 4 Abs. 1 EWGV, aber auch mit der mehrmals verwendeten Forumulierung, wonach die Gemeinschaftsorgane nur *„nach Maßgabe des Vertrages"* handeln dürfen (Artt. 4 Abs. 1, 145, 155, 189 EWGV). Ferner wird dies auch aus der Existenz von Art. 235 EWGV geschlossen, der zur Ausfüllung von Kompetenzlücken dient und überflüssig wäre, wenn der Gemeinschaft eine allgemeine und unbegrenzte Legislativkompetenz zukäme[81]. Neben diesen grammatischen und systematischen Argumenten ergibt sich aber auch aus teleologischen Erwägungen die Geltung eines solchen Prinzips. Lediglich die einzelnen, vertraglich den Gemeinschaftsorganen zugewiesenen Befugnisse sind über die, nach Art. 247 EWGV und Art. 33 Abs. 1 EEA notwendige Ratifizierung durch die Mitgliedstaaten demokratisch legitimiert[82]. Die Annahme unbeschränkter Rechtsetzungsermächtigungen der Gemeinschaft würde mithin gegen das Demokratiegebot[83] verstoßen.

Schließlich dient der Grundsatz begrenzter Einzelermächtigung auch der Rechtssicherheit[84], weil dadurch den Mitgliedstaaten, aber auch dem einzelnen deutlich vor Augen geführt wird, wie weit die Zuständigkeiten der Gemeinschaft reichen und wo ihre Grenzen verlaufen.

---

79 Der Begriff geht zurück auf die von GA *Lagrange* in seinen Schlußanträgen in den verbundenen Rechtssachen 7/56, 3/57 – 7/57, Algera u.a. vs. Gemeinsame Versammlung, Slg. 1957, 140(167) verwendete Bezeichnung der *„compétence d'attribution"* in ihrer deutschen Übersetzung von *Rabe*, Das Verordnungsrecht der Europäischen Wirtschaftsgemeinschaft, 1963, 70. Die Terminologie ist mittlerweile jedoch nicht mehr einheitlich. Ausdrücke wie *„Prinzip der begrenzten Ermächtigung"* (*Schweitzer/Hummer*, 108 und *Grabitz*, oben Fn. 37, Art. 189, Rn. 4), *„Grundsatz der enumerativen Einzelermächtigung"* (*Beutler*, in: BBPS, 75), *„Grundsatz der Spezialermächtigung"* (BVerfGE 75, 223 (242)) oder neuerdings *„Vorbehalt der vertraglichen Ermächtigung"*, (*Schwarze*, oben Fn. 69, Bd. 1, 238 ff.) werden synonym verwendet.

80 *Everling*, Zur föderalen Struktur der EG, in: Doehring-FS, 1989, 179; *Lecheler*, DV 1989, 139.

81 Einzelheiten und weitere Nachweise dazu bei: *Ipsen*, oben Fn. 76, 425 – 429; *Constantinesco*, oben Fn. 56, 511 – 517; *Beutler*, in: BBPS, 75 – 78; *Grabitz*, oben Fn. 37, Art. 189, Rn. 4; *Schweitzer*, oben Fn. 58, 22 f.; *Bieber*, oben Fn. 56, Art. 4, Rn. 19.

82 *Zuleeg*, DSt 17 (1978), 40; ihm folgend: *Dorn*, Art. 235 EWGV – Prinzipien der Auslegung, 1986, 91.

83 Dazu: EuGH, Urteile vom 29.10.1980, Rs. 138/79, SA Roquette Frères vs. Rat, Slg. 1980, 3333 (3360) und Rs. 139/79, Maizena vs. Rat, Slg. 1980, 3393 (3424), sog. Isoglukose-Fälle; siehe auch Präamel der EEA, 3. Erwägungsgrund; aus der Lit.: *Hilf*, EuR 1984, 9 ff.; *Zuleeg*, EuR 1982, 21 ff.

84 Vgl. *Grabitz*, Stillhalte-Verpflichtungen, 1988, 36; *Pernice*, NJW 1990, 2411.

Da es sich jedoch lediglich um eine allgemeine Maxime handelt, existieren auch Ausnahmen. Zunächst wird das Prinzip durch die Bestimmungen der Artt. 165 Abs. 4 und 166 Abs. 3 EWGV über die autonome Vertragsänderung durchbrochen[85]. In der Praxis bedeutsamer sind die Rechtsangleichungskompetenzen nach Artt. 100, 100 a und 100b EWGV sowie die oben genannte Lückenschließungsbefugnis nach Art. 235 EWGV. Sie können als *„partiell-allgemeine"* Rechtsetzungskompetenzen bezeichnet werden[86], weil sie einerseits bereichsübergreifend, andererseits aber auch an das Vorliegen bestimmter Voraussetzungen gebunden sind[87]. Schließlich ist auch die implied-powers-Lehre[88] als Ausnahme vom Einzelermächtigungsprinzip anzusehen[89]. Deutlich geworden ist dies insbesondere durch die Rechtsprechung des Gerichtshofs, wonach parallel zur Innenkompetenz der Gemeinschaft eine entsprechende Außenkompetenz besteht[90].

Über diese Ausnahmen hinaus ist etwa seit Mitte der siebziger Jahre das Fortbestehen des Prinzips der begrenzten Einzelermächtigung immer wieder grundsätzlich in Frage gestellt worden. Ausgangspunkt war die Praxis der Gemeinschaftsorgane, durch eine Einbeziehung der weitgesteckten Vertragsziele, wie sie in der Präambel, sowie in Artt. 2 und 3 EWGV zum Ausdruck kommen, die Lückenschließungsbefugnis extensiv auszulegen und für verschiedenste Gesetzesvorhaben heranzuziehen[91]. Aber auch der Anwendungsbereich der Harmonisierungskompetenz nach Art. 100 EWGV ist weit gefaßt worden[92]. Dadurch ist es der Gemeinschaft möglich gewesen, Materien zu regeln, die einen allenfalls marginalen Bezug zu den Gründungsverträgen haben. Derartige kompetenzielle *„Grenzzonen"* sind vor Inkrafttreten der EEA vor allem in den Bereichen Gesundheit, Verbraucherschutz, Umweltschutz, soziale Sicherheit, Erziehung und Kultur erblickt worden[93].

---

85 *Schweitzer*, oben Fn. 58, 22.

86 So: *Constantinesco*, oben Fn. 56, 513 f.

87 *Dauses*, oben Fn. 59, 615.

88 Dazu: EuGH, Urt. vom 15.7.1960, Rs. 25/59, Niederlande vs. Hohe Behörde, Slg. 1960, 743 (781); aus der Lit.: *Nicolaysen*, EuR 1966, 129 ff.; *Böhm*, Kompetenzauslegung und Kompetenzlücken im Gemeinschaftsrecht, 1985, 120 - 197.

89 *Schweitzer*, oben Fn. 58, 23.

90 Seit EuGH, Urt. vom 31.3.1971, Rs. 22/70, Kommission vs. Rat, Slg. 1971, 263 (275 f.), sog. AETR-Urteil, ständige. Rspr.

91 Aus neuerer Zeit sind zu nennen: Koordinierung des Asylrechts, Beschränkungen der Tabakwerbung, Einführung des Kommunalwahlrechts für Ausländer und Ausübung der Rundfunktätigkeit; Einzelnachweise und kritische Würdigung dieser Vorhaben bei: *Herdegen*, EuGRZ 1989, 309 ff.; *Klein/Beckmann*, DÖV 1990, 183, halten Art. 235 EWGV als Rechtsgrundlage des Vorschlags einer Kommunalwahl für untauglich und warnen vor einer ausufernden Anwendung dieser Vorschrift.

92 Dazu: *Eiden*, Die Rechtsangleichung gemäß Art. 100 des EWG-Vertrages, 1984, 15 ff.; siehe auch: *Everling*, oben Fn. 80, 184.

93 *Kaiser*, EuR 1980, 105; vgl. auch *Teitgen/Mégret*, RTDE 1981, 68 ff.; zu aktuellen Streitpunkten: oben Fn. 91.

In der Literatur wurde bald vermerkt, daß eine solche Auslegung, insbesondere von Art. 235 EWGV, in der Lage ist, das Prinzip der Einzelermächtigung wirkungslos zu machen[94]. Andere sahen darin deshalb eine Erosion dieses Grundsatzes, weil die Grenzen gemeinschaftlicher Zuständigkeit sich nicht mehr aus dem Vertrag, sondern aus dem politischen Willen der Mitgliedstaaten ergäben[95]. Teilweise wurde sogar die weitere Geltung des Prinzips mehr oder minder deutlich verneint[96]. Diesen Bedenken sei auf dem Hintergrund aktueller Entwicklungen nachgegangen.

Zunächst ist anzumerken, daß der Grundsatz begrenzter Einzelermächtigung ein allgemeines Prinzip ist, dessen Geltung - wie gezeigt - die Existenz von Ausnahmen nicht grundsätzlich ausschließt. Die Kennzeichnung als *Prinzip* bringt somit ein Regel-Ausnahme-Verhältnis zum Ausdruck. Demzufolge ist das Weiterbestehen und damit die Verbindlichkeit dieses Grundsatzes dann aufgehoben, wenn er systematisch oder in der Mehrzahl der Fälle keine Anwendung mehr findet[97]. Daraufhin ist die derzeitige Praxis der Organe, vor allem im Hinblick auf die Heranziehung des als besonders problematisch angesehenen Art. 235 EWGV, zu untersuchen. Hierbei sind die Auswirkungen der durch die EEA bewirkten Vertragsänderungen angemessen zu berücksichtigen.

Es fällt auf, daß für gemeinschaftliche Rechtsakte in den Bereichen Sozialpolitik, Regionalpolitik, Forschung und technologische Entwicklung sowie Umwelt nunmehr explizite Kompetenznormen existieren. Die Gemeinschaft hat von diesen Ermächtigungen in der Zwischenzeit auch vielfachen Gebrauch gemacht[98]. Dies ist im Vergleich zur früheren Praxis weitgehend zu Lasten eines Rückgriffs auf Art. 235 EWGV erfolgt[99]. Auch wenn durch die EEA mit Artt. 100 a und 100 b EWGV neue Rechtsetzungskompetenzen mit einem potentiell weiten Anwendungsbereich[100] eingefügt worden sind, so ändert dies doch an dem Befund, daß die EEA die Bedeutung klar umrissener Einzelermächtigungen wieder erhöht hat, nichts. Dies ist vielmehr Folge des Binnenmarktkonzepts, zu dessen Verwirklichung nach dem Weißbuch der

---

94 *Zuleeg*, oben Fn 82, 42 f.; *ders.*, Die EG als Integrationsverband, in: Carstens-FS, Bd. 1, 1984, 295.

95 *Nicolaysen*, oben Fn. 28; 114; ähnlich *Bleckmann*, JZ 1990, 305; *Everling*, oben Fn. 1, 217.

96 So ist wohl die Äußerung *Zuleegs*, (oben Fn. 82, 43) zu deuten, der unter Berufung auf *Everling* (EuR SH 1976, 17), dem Einzelermächtigungsprinzip den „*Totenschein*" ausgestellt sah; in der Sache ebenso: *Bleckmann*, Nationales und europäisches Souveränitätsverständnis, in: Ress (Hg.), Souveränitätsverständnis in den Europäischen Gemeinschaften, 1980, 45.

97 Siehe *Krämer*, EuGRZ 1989, 355, zur gleichgelagerten Problematik beim Verursacherprinzip.

98 Allein von dem hier besonders relevanten Art. 130 s EWGV wurde seit Inkrafttreten der EEA reger Gebrauch gemacht: Einzelnachweise und Fundstellen der darauf gestützten Rechtsakte: oben Kap. 2 A. 1., dort Fn. 5.

99 *Mögele*, BayVBl. 1989, 585; *de Zwaan*, oben Fn. 35, 763 f.; vgl. auch *Pescatore*, oben Fn. 43, 163.

100 Hervorgehoben von *Ress*, Über die Notwendigkeit der parlamentarischen Legitimierung der Rechtsetzung der EG, in: Geck-GS, 1989, 626 f.

Kommission[101] der Erlaß von 279 gemeinschaftlichen Rechtsakten erforderlich ist[102].

Schließlich ist auch in der neueren Rechtsprechung des Gerichtshofs eine deutliche Tendenz in Richtung auf eine Aufwertung sachlich eingegrenzter Kompetenznormen zu Lasten des Anwendungsbereichs von Art. 235 EWGV festzustellen[103]. In der Rs. 275/87, Komm. vs. Rat[104] ging es um die einschlägige Rechtsgrundlage einer Verordnung über die vorübergehende Verwendung von Behältern. Während der Rat Artt. 28 und 235 EWGV heranzog, war der EuGH mit der Kommission der Auffassung, daß der Rückgriff auf Art. 235 EWGV in diesem Fall nicht möglich war[105]. Die Frage, ob Art. 128 EWGV alleine oder in Verbindung mit Art. 235 EWGV die geeignete Rechtsgrundlage für das gemeinschaftliche Berufsbildungsprogramm *„PETRA“* ist, stand im Mittelpunkt der Rs. 56/86, Vereinigtes Königreich vs. Rat[106]. Der Gerichtshof beschnitt auch hier den Anwendungsbereich der Lückenschließungskompetenz des Art. 235 EWGV zugunsten einer extensiven Auslegung von Art. 128 EWGV. Nach Auffassung des EuGH reichte die letztgenannte Vorschrift alleine bereits zur kompetenziellen Abstützung des Programms aus[107].

Schließlich hat der Gerichtshof in den letzten Jahren auch den Anwendungsbereich von Art. 100 EWGV im Verhältnis zur inhaltlich engeren Ermächtigung des Art. 43 EWGV eingeschränkt. In den Urteilen vom 23.2.1988, Rs. 68/86, Vereinigtes Königreich vs. Rat[108] und Rs. 131/86, Vereinigtes Königreich vs. Rat[109], ging es um die sog. Hormon- und die Legehennen-Richtlinie. Ein Streit um die Rechtsgrundlage der Richtlinie über den pharmazeutischen Handel mit tierischen Orga-

---

101 *Kommission der EG*, Vollendung des Binnenmarktes – Weißbuch der Kommission an den Europäischen Rat, Dok. KOM (85), 310 endg.

102 Zum Stand der Arbeiten: 5. Bericht der Kommission an den Rat und das EP über die Durchführung des Weißbuchs der Kommission zur Vollendung des Binnenmarktes, EG-Nachrichten, Dokumentation, Nr. 3 vom 2.4.1990; aus der Lit.: *Albrechtskirchinger*, EuZW 1990, 41; *Barth*, GewArch 1990, 91; *Hauschka*, NJW 1989, 3048 ff. mit umfangreichen Nachweisen. Bis Ende Dezember 1989 hatte die Kommission 261 Vorschläge unterbreitet, wovon der Ministerrat 142 verabschiedet hatte. Damit kann der Zeitplan für die Vollendung des Binnenmarktes bis zum 31.12.1992 (Art. 8 a Abs. 1 EWGV) voraussichtlich in wesentlichen Teilen eingehalten werden (FAZ, Nr. 9 vom 11.1.1990, 11), auch wenn in wichtigen Teilbereichen (bspw. Steuerharmonisierung) eine Einigung noch aussteht (*Barth*, a.a.O.; neuerdings: FAZ, Nr. 273 vom 23.11.1990, 17). Die umweltpolitischen Auswirkungen der im Weißbuch vorgesehenen Maßnahmen untersucht: *Corcelle*, RevMC 1990, 125 ff.

103 *Dauses*, Fn. 59, 616.

104 Urt. vom 2.2.1989, Slg. 1989, 259 (261 f.).

105 Die weitergehende Frage, ob nun Art. 28 oder 113 EWGV oder beide Vorschriften zusammen einschlägig waren, brauchte wegen identischer Verfahrensvoraussetzungen nicht entschieden zu werden. Anders, noch zur alten Rechtslage: EuGH, Urt. vom 27.9.1988, Rs. 165/87, Komm. vs. Rat, Slg. 1988, 5545 (5562).

106 EuGH, Urt. vom 30.5.1989, Slg. 1989, 1615 (1618 f.).

107 Anders aber bezüglich des *„Erasmus“* - Programms, bei dem Art. 235 EWGV nach Meinung des Gerichtshofs mit heranzuziehen war, Urt. vom 30.5.1989, Rs. 242/87, Komm. vs. Rat, Slg. 1989, 1425 (1458); zu beidem: *Schmidt-Räntsch*, NJW 1989, 3071 f.

108 Slg. 1988, 855 ff.

109 Slg. 1988, 905 ff.

nen lag dem Urteil vom 16.11.1989, Rs. C-131/87, Kommission vs. Rat[110] zugrunde. Im Urteil vom 16.11.1989, Rs. C-11/88, Kommission vs. Rat[111], ging es um eine Regelung über unerwünschte Stoffe in der Tierernährung. In allen Fällen hielt der Gerichtshof als Ermächtigungsnorm allein Art. 43 EWGV und nicht Art. 100 EWGV für einschlägig.

Insgesamt ist in dieser Rechtsprechung eine konsequente Anwendung und damit eine Bestätigung und Stärkung des Prinzips der begrenzten Einzelzuständigkeiten zu erblicken. Dies steht letztlich auch in Einklang mit Art. 3 Abs. 1 EEA, wonach die Gemeinschaftsorgane ihre Befugnisse und Zuständigkeiten unter den vertraglich vorgesehenen Bedingungen ausüben. Darin kann eine erneute rechtsverbindliche Anerkennung dieses Grundsatzes gesehen werden. Im Ergebnis ist somit vom Weiterbestehen und der fortwährenden Geltung des Einzelermächtigungsprinzips sowohl nach der EEA als auch aufgrund der neueren Praxis der Organe auszugehen[112].

3. Ausschließliche, konkurrierende und parallele Gemeinschaftskompetenzen

Eine Typologisierung gemeinschaftlicher Kompetenznormen ist in vielfacher Hinsicht möglich. Es können dafür unterschiedliche Ansatzpunkte und Differenzierungsmöglichkeiten zugrunde gelegt werden[113]. Im Rahmen vorliegender Abhandlung erscheint eine derartige Systematisierung nach dem Umfang des – faktisch bestehenden – mitgliedstaatlichen Kompetenzverlusts sinnvoll.

Grundsätzlich bestehen auf dem gleichen Sachgebiet gemeinschaftliche und nationale Gesetzgebungskompetenzen nebeneinander. Eine dingliche Übertragung nationaler Zuständigkeiten auf die EG ist nicht erfolgt[114]. Die Mitgliedstaaten haben somit, kraft originärer Staatsgewalt, ihre Legislativbefugnisse in allen Bereichen vollständig behalten. Sie sind jedoch an der Anwendung innerstaatlichen Rechts, unter anderem durch Art. 5 EWGV, rechtlich insoweit gehindert, als sie damit bestehendes Gemeinschaftsrecht beeinträchtigen würden[115]. Dem supranationalen Recht kommt somit ein Anwendungsvorrang[116] zu. Umgekehrt vermag die Setzung gemeinschaftlichen

---

110 Slg. 1989, 3743 (3764 ff.).

111 Slg. 1989, 3799 (3801 f.).

112 *Klein/Beckmann*, oben Fn. 91, 186; *Ress*, oben Fn. 100, 674. Somit erscheint es, die Metapher vom bereits ausgestellten „*Totenschein*" aufgreifend (oben Fn. 96), mittlerweile – pointiert formuliert – keineswegs übertrieben, von einer *Renaissance* dieses Prinzips zu sprechen.

113 Vgl. etwa: *Ipsen*, oben Fn. 76, 429 f.

114 Überzeugend: *Hoffmann*, DÖV 1967, 435 f.; *Zuleeg*, oben Fn. 20, 89 ff.; *Everling*, oben Fn. 80, 188; *Falke/Joerges*, DVBl. 1987, 1054 und *Mögele*, oben Fn. 99, 578 gegen *Ophüls*, Staatshoheit und Gemeinschaftshoheit, in: Heymanns Verlag-FS, 1965, 570; siehe auch: *ders.*, Die Geltungsnormen des Europäischen Gemeinschaftsrechts, in: Riese-FS, 1964, 3 ff.

115 Vgl. EuGH, Urt. vom 7.2.1973, Rs. 39/72, Komm. vs. Italien, Slg. 1973, 101 (115) und EuGH, Urt. vom 5.5.1981, Rs. 804/79, Komm. vs. Vereinigtes Königreich, Slg. 1981, 1045 (1075).

116 Ausführlich dazu: unten Kap. 3 A.

Rechts eine faktische Einbuße an Kompetenzen bei den Mitgliedstaaten zu bewirken[117], weil sie zwar abweichendes Recht setzen, es im Kollisionsfall aber nicht anwenden dürfen. Dieser Verlust der Befugnis, innerstaatliches Recht anzuwenden, ist im Umfang nicht einheitlich, sondern bemißt sich nach der jeweiligen Eigenart der gemeinschaftlichen Ermächtigungsnorm.

Versucht man eine Klassifizierung, bietet sich die Übernahme bekannter bundesstaatlicher Kategorien, wie beispielsweise die exklusiver und konkurrierender Kompetenzen an[118]. Während früher die Geltung solcher Modelle für das Verhältnis zwischen der Gemeinschaft und den Mitgliedstaaten teilweise gänzlich abgelehnt worden ist[119], präsentiert sich der heutige Meinungsstand differenzierter. Zwar ist anerkannt, daß eine starre Übernahme des Kompetenzmodells der Artt. 70 bis 75 GG den Besonderheiten der gemeinschaftlichen Rechtsordnung nicht gerecht zu werden vermag, dennoch sind die daraus bekannten Termini weitgehend auch auf Gemeinschaftsebene anwendbar, sofern sie deren spezifischen Strukturen angepaßt werden[120]. Insoweit gilt der Grundsatz von der eigenständigen Terminologie des Gemeinschaftsrechts[121]. In Übereinstimmung mit der Lehre vom Anwendungsvorrang hat diese Anpassung derart zu erfolgen, daß nicht - wie üblicherweise im innerstaatlichen Bereich - der Verlust an Rechtsetzungskompetenzen, sondern die Befugnis zur Anwendbarkeit mitgliedstaatlichen Recht die Bezugsgröße darstellt.

Eine Kategorisierung der Legislativbefugnisse ergibt die drei Gruppen der ausschließlichen, konkurrierenden und parallelen Gemeinschaftskompetenzen[122]. In der Mehrzahl der Fälle ist die gemeinschaftliche Zuständigkeit konkurrierend, d. h. die Mitgliedstaaten sind in diesem Bereich solange zur Anwendung eigenen Rechts befugt, als eine wirksame gemeinschaftliche Regelung des Gebiets nicht existiert.

Ein weiterer Unterschied des gemeinschaftlichen und des aus der bundesdeutschen Rechtsordnung bekannten Begriffs konkurrierender Kompetenzen zeigt sich hier. Die spezifische Struktur eines supranationalen Verbandes macht es notwendig, daß die Mitgliedstaaten in diesem Bereich trotz Bestehen einer gemeinschaftlichen Regelung insoweit zur Setzung und Anwendung eigenen Rechts befugt und nach Art. 189 Abs. 3 EWGV sogar verpflichtet sind, als eine Umsetzung gemeinschaftlichen Rechts in innerstaatliches primärrechtlich ausdrücklich vorgesehen ist. Dies gilt im Regelfall für die Richtlinie, es sei denn, sie ist, nach den Grundsätzen der EuGH-Rechtsprechung, unmittel-

---

117 *Langeheine*, oben Fn. 43, Art. 100, Rn. 69; ausführlich unten Kap. 3 A.

118 So bereits *Ophüls*, oben Fn. 114, Staatshoheit und Gemeinschaftshoheit, 570 f., 575 f.

119 So: *Zuleeg*, oben Fn. 20, 85 ff. und *ders.*, JR 1973, 441 f.

120 *Schweitzer*, oben Fn. 58, 29, 32 f., 35; eine Sonderstellung nimmt allenfalls der - hier nicht relevante - Bereich der Agrarmarktordnungen ein.

121 Dazu: EuGH, Urt. vom 14.1.1982, Rs. 64/81, Nicolaus Corman & Fils SA vs. Hauptzollamt Gronau, Slg. 1982, 13 (24); aus der Lit.: *Lenz*, in: Bitburger Gespräche, Jb. 1987, 27.

122 *Schweitzer*, oben Fn. 58, 29 – 38.

bar anwendbar[123]. Der faktische Kompetenzverlust der Mitgliedstaaten tritt mithin lediglich insoweit ein, als die Befugnis zur Anwendung gemeinschaftskonträren Rechts gemeint ist. Dies gilt entsprechend für die anderen Kategorien von Kompetenznormen[124].

Das Bestehen einer konkurrierenden Kompetenz ist dann anzunehmen, wenn der Gemeinschaft Legislativbefugnisse eingeräumt werden, ohne daß die Anwendbarkeit mitgliedstaatlichen Rechts erkennbar ausgeschlossen ist. Bei Vorliegen einer ausschließlichen Zuständigkeit der Gemeinschaftsorgane sind die Mitgliedstaaten zur Anwendung eigenen Rechts in diesem Bereich nicht mehr befugt, unabhängig davon, ob die Gemeinschaft bereits tätig geworden ist oder nicht. Dies ist jedoch lediglich dann anzunehmen, wenn die Auslegung der entsprechenden Ermächtigungsnorm klar ergibt, daß einerseits die Voraussetzungen für eine Tätigkeit der Gemeinschaft gegeben sind[125] und andererseits eine Anwendung innerstaatlichen Rechts nun nicht mehr zulässig sein soll[126]. Schließlich ist noch der seltene Bereich paralleler Kompetenzen anerkannt, d. h. supranationales und mitgliedstaatliches Recht sind nebeneinander anwendbar. Allerdings sind die Einzelstaaten bei der Anwendung ihres Rechts in besonderem Maße zu gemeinschaftskonformem Verhalten im Sinne von Art. 5 EWGV verpflichtet. Der Grundsatz der Gemeinschaftstreue kann sich für die Mitgliedstaaten somit als Rechtsanwendungssschranke auswirken[127]. Zum einen sind das Fälle, in denen es im allgemeinen nicht zu Normenkollisionen kommt[128]; zum anderen Bereiche, in denen sich gemeinschaftliche und nationale Kompetenzen gegenseitig ergänzen[129].

Versucht man auch hier, die im Umweltbereich besonders relevanten Gemeinschaftskompetenzen nach dem Vertragstitel „*Umwelt*" sowie den Artt. 43 Abs. 2 Uabs. 3, 75, 84 Abs. 2, 99, 100 Uabs. 1, 100 a Abs. 1 Satz 2, 100 b Abs. 1 Uabs. 2, 101 Uabs. 2 Satz 1, 118 a Abs. 2 Satz 1, 130 e Uabs. 1 und

---

123 Einzelheiten und Nachweise bei: *Lenz*, DVBl 1990, 903 ff.; *Magiera*, DÖV 1985, 938 ff.; *Pieper*, DVBl. 1990, 684 ff.; *Wägenbaur*, ZG 1988, 303 ff.; *Zuleeg*, ZGR 1980, 466 ff.

124 *Schwartz*, EuR SH 1976, 29; *Schweitzer*, oben Fn. 58, 33; siehe dazu auch unten Kap. 3 A.

125 Also z. B. Ablauf der Übergangszeit bei Art. 113 Abs. 1 EWGV.

126 Das grds. Bedenken, das gegen die Annahme exklusiver Gemeinschaftskompetenzen geltend gemacht wurde, nämlich die Gefahr eines Regelungsvakuums, wenn die Gemeinschaft zwar befugt, aber nicht tätig geworden ist (so explizit: *Zuleeg*, JR 1973, 441), hat der Gerichtshof dadurch entkräftet, daß er in derartigen Fällen unter bestimmten Voraussetzungen die MS als „*Sachwalter des gemeinsamen Interesses*" dennoch für regelungsbefugt – und damit implizit auch für „anwendungsbefugt" – hielt (EuGH, Urt. vom 5.5.1981, Rs. 804/79, Komm. vs. Vereinigtes Königreich, Slg. 1981, 1045, (1075 f.); dazu: *Pechstein*, Die MS der EG als „Sachwalter des gemeinsamen Interesses" – Gesetzgebungsnotstand im Gemeinschaftsrecht, 1987).

127 Vgl. dazu: *Grabitz*, oben Fn. 84, 42.

128 Bsp.: das Haushaltsrecht der Gemeinschaft und der MS und – mit Einschränkungen – das Kartellrecht, bei dem grds. unterschiedliche gesetzgeberische Ansätze vorliegen. Dort kann es im Einzelfall jedoch durchaus zu komplexen Problemen kommen; Einzelheiten bei: *Koch*, in: Grabitz (Hg.), Vor Art. 85, Rn. 30 ff. Dies ist durch die Einführung der gemeinschaftlichen Fusionskontrolle (ABl. 1989, L 395, 1) nun sogar verstärkt der Fall, dazu: FAZ, Nr. 299 vom 27.12.1989, 11; *Weitbrecht*, EuZW 1990, 20 f.

129 Bsp. aus der Forschungs- und Technologiepolitik: Artt. 130 g und 130 m EWGV; *Schweitzer*, oben Fn. 58, 36 – 38.

130 q Abs. 2 Satz 1 EWGV[130] einer der drei genannten Kategorien zuzuordnen, gilt folgendes: der Sonderfall paralleler Zuständigkeiten ist nicht gegeben, weil im Umweltrecht der Regelungsansatz des gemeinschaftlichen und des nationalen Gesetzgebers in den allermeisten Fällen nicht von solch grundsätzlicher Unterschiedlichkeit ist, daß Normenkollisionen auszuschließen sind. Diese sind vielmehr möglich und sogar oftmals wahrscheinlich[131], weil sich die Umweltpolitik der Gemeinschaft in der Praxis vielfach an nationale Vorbilder anlehnt[132]. Die Gruppe paralleler Kompetenzen scheidet mithin aus.

Das Problem konzentriert sich somit auf die Frage, ob die der Gemeinschaft nach den genannten Normen gewährten Legislativbefugnisse ausschließlich oder konkurrierend sind. Nach den zuvor dargelegten Grundsätzen setzt die Annahme exklusiver Zuständigkeiten der Gemeinschaft voraus, daß sich aus der betreffenden Kompetenznorm ein an die Mitgliedstaaten gerichtetes Verbot, eigenes Recht anzuwenden, auch wenn die Gemeinschaft noch nicht tätig geworden ist, klar und eindeutig ergibt. Dies kann weder dem Vertragstitel „*Umwelt*" noch den anderen Vorschriften entnommen werden[133]. Vielmehr folgt bspw. aus den Artikeln 130 t, 100 a Abs. 4, 118 a Abs. 3 EWGV, daß die Mitgliedstaaten unter bestimmten Voraussetzungen sogar nach Inkrafttreten eines gemeinschaftlichen Rechtsaktes nationale Bestimmungen anwenden bzw. ergreifen können[134]. Für den Vertragstitel „*Umwelt*" ergibt sich zusätzlich aus Art. 130 r Abs. 4 Satz 1 EWGV, daß die Mitgliedstaaten trotz des Bestehens einer Gemeinschaftszuständigkeit in diesem Bereich grundsätzlich weiterhin zur Setzung und Anwendung eigenen Rechts befugt bleiben[135]. Auch keiner der anderen umweltrelevanten Vorschriften läßt sich ausdrücklich entnehmen, daß die einzelnen Staaten nach Inkrafttreten des

---

[130] In diesem Zusammenhang ist auch auf – die hier ausgeklammerten – Artt. 31 ff. EAGV hinzuweisen, die die Gemeinschaft ebenfalls zum Erlaß umweltschützender Rechtsakte ermächtigen (*Eriskat/von Pander*, DVBl 1984, 69 – 73; *Molkenbur*, DVBl. 1990, 684; *Zuleeg*, oben Fn. 43,283). Die Frage, ob diese Normen etwa im Bereich des Gesundheitsschutzes bei atomar verseuchten Lebensmitteln herangezogen werden können, ist vor allem im Zusammenhang mit den Auswirkungen der Havarie des sowjetischen Atomkraftwerks in Tschernobyl relevant geworden, siehe dazu: *Bischof*, UPR 1988, 81 ff.; *Bongaerts/Heinrichs*, Jb. der Europäischen Integration 1986/87, 182; *Chabannes/Lecocq*, RevMC 1988, 389 ff.; *Grunwald*, EuR 1986, 315 ff.; *Krämer/Kromarek*, R.J.E. 1988, 308; *Vigier*, RevMC 1987, 198 ff.; *Schmuck*, oben Fn. 18, 20 – 23; vgl. auch: *Schmid*, Nach der Katastrophe hilflos? – Euratom, das unbekannte Wesen, in: Gündling/Weber (Hg.), Dicke Luft in Europa, 1988, 55 ff. Die Abgrenzung zwischen den vorgenannten Kompetenznormendes EWGV und des EAGV hat mittlerweile auch den Gerichtshof beschäftigt: EuGH, Urt. vom 29.3.1990, Rs. C-62/88, Griechenland vs. Rat, Slg. 1990, I-1527 (I-1550); vgl. auch Urt. vom 22.5.1990, Rs. C-70/88, Parlament vs. Rat, Slg. 1990, I-2041, I-2067 ff.; dazu: *Faber*, DVBl. 1990, 1095 ff.; *Grunwald*, EuZW 1990, 210; *Hilf*, EuR 1990, 273 ff.

[131] Unterschiedlich hohe Umweltstandards, z. B. im Bereich der Emissionsnormen für Kfz-Abgase (dazu: *Berendes*, Thesenpapier zum Bereich Kraftfahrzeuge, vorgelegt bei der 13. Umweltrechtlichen Fachtagung der GfU, 3.11.1989; *Corcelle*, RevMC 1989, 513 ff.) können zu erheblichen Normkonflikten führen.

[132] *Rehbinder*, Umweltschutz in der Rechtsordnung der EG, in: Bitburger Gespräche, Jb. 1983, 59. *Rehbinder*, a.a.O., bezeichnet die gemeinschaftliche Umweltpolitik insgesamt als konservativ; ein Attribut, das für die meisten Mitgliedstaaten gleichermaßen gelten dürfte.

[133] Ebenso: *Sönnichsen*, ZfU 1989, 115.

[134] Zu den Einzelheiten unten Kap. 3 C. 2.

[135] Zu den Einzelheiten dieser Vorschrift: unten Kap. 2 B.

EWG-Vertrages nicht mehr befugt sein sollten, unter den genannten Bedingungen eigenes Recht anzuwenden. Im Ergebnis sind daher sämtliche umweltrechtlich bedeutsamen Kompetenznormen des EWG-Vertrages der verbleibenden Kategorie konkurrierender Befugnisse zuzuordnen[136].

---

136 So auch die ganz überwiegende Meinung im Schrifttum: bzgl. Art. 100 a Abs. 1 EWGV: *Pernice*, oben Fn. 23, 6; *Schweitzer*, oben Fn. 58, 36; bzgl. Art. 130 s EWGV: ausdrücklich: *Molkenbur*, DVBl. 1990, 680; *Pernice*, a.a.O., 30; *Schweitzer*, a.a.O., 36; umschreibend: *Lietzmann*, oben Fn. 28, 174; *Schrenk*, NuR 1990, 392; *Seidel*, oben Fn. 23, 447; ähnlich: *Haagsma*, Fordham International Law Journal 1989, 356; a.A. *Grabitz*, oben Fn. 37, Art. 130 r, Rn. 71, der grds. negiert, daß der EEA eine allgemeime Zuständigkeitsverteilung in ausschließliche und konkurrierende Kompetenzen entnommen werden kann.

Kapitel 2: Das Innenverhältnis (Teil 1): Kompetenzen der Gemeinschaft zum Erlaß umweltschützender Rechtsakte

A. Die Kompetenzen nach dem Vertragstitel „Umwelt“ (Artt. 130 r, 130 s, 130 t EWGV)

1. Die Bestimmung der einschlägigen Kompetenznorm

Die Feststellung von Umfang und Reichweite gemeinschaftlicher Legislativbefugnisse nach dem Umweltkapitel des Vertrages setzt zunächst die Ermittlung der einschlägigen Kompetenznorm innerhalb der Artt. 130 r, 130 s und 130 t EWGV voraus. Diese Frage ist umstritten.

In der Literatur wird von einigen Art. 130 r Abs. 1 EWGV und von anderen Art. 130 s EWGV als Ermächtigungsnorm zum Erlaß gemeinschaftlicher Rechtsakte angesehen. Nach der erstgenannten Auffassung ergibt sich aus Art. 130 r Abs. 1 EWGV, neben den Zielen, auch die grundsätzliche Zuständigkeit der Gemeinschaft zur Rechtsetzung im Umweltbereich. Dies wird zum einen aus dem Wortlaut der Bestimmung und zum anderen aus dem systematischen Argument, daß die Absätze 4 und 5 dieser Vorschrift die Kompetenzverteilung zwischen Gemeinschaft und Mitgliedstaaten regelten, hergeleitet. Somit folge die Verbandskompetenz der EG bereits aus Art. 130 r Abs. 1 EWGV, während Art. 130 s EWGV nur eine ergänzende Bedeutung hinsichtlich der Organkompetenzen zukomme[1].

Die Vertreter der zweitgenannten Meinung sehen im Umweltkapitel des Vertrages Art. 130 s EWGV als alleinige Kompetenznorm an. Art. 130 r Abs. 1 EWGV treffe lediglich eine Regelung bezüglich der inhaltlichen Ausgestaltung von Rechtsakten, die auf Art. 130 s EWGV gestützt seien[2].

---

[1] So: *Scheuing*, EuR 1989, 161, dort vor allem Fn. 53; ihm folgend: *Pieper*, in: Bleckmann, Europarecht, Rn. 1922; ähnlich, aber undifferenzierter: *Lietzmann*, EEA und Umweltschutz, in: Rengeling (Hg.), Europäisches Umweltrecht, 1988, 173; wohl auch: *Meyer/Rath*, Forum Recht 1990, 47 f.

[2] *Grabitz*, in: ders. (Hg), EWGV-Komm., Art. 130 s, Rn. 14; *Molkenbur*, DVBl. 1990, 680; *Pernice*, DV 1989, 30; *Schwartze*, Die Einwirkungsmöglichkeiten der EG auf nationales Umweltrecht und ihr Einfluß auf das Schutzniveau, in: Donner/Magoulas/Simon/Wolf (Hg.), Umweltschutz zwischen Staat und Markt, 1989, 567; *Steiger*, in: Deutsche Stiftung für Umweltpolitik (Hg.), Keine deutsche Umweltpolitik mehr?, 1986, 13.

Die Lösung der Streitfrage ist in der Auslegung der betreffenden Vorschriften unter angemessener Berücksichtigung der Praxis der Gemeinschaftsorgane[3] zu suchen. Zunächst läßt sich aus dem Wortlaut von Art. 130 s EWGV, wonach der Rat zur Beschlußfassung über das Tätigwerden der Gemeinschaft im Umweltbereich ermächtigt ist, die These stützen, daß es sich bei dieser Vorschrift um eine Kompetenznorm handelt. Zieht man sodann einen Vergleich zu anderen Rechtsetzungsermächtigungen des Vertrages, etwa den Harmonisierungskompetenzen nach Artt. 100 ff EWGV, ist eine Parallelität der Formulierungen festzustellen. Betrachtet man demgegenüber die Aufgabenzuweisungen an die Gemeinschaft nach Artt. 2, 3 EWGV, die keine Rechtsetzungsbefugnis beinhalten, ergibt sich in Wortlaut und Formulierung eine Parallelität zu Art. 130 r Abs. 1 EWGV. Damit aber liegt es nahe, der im EWG-Vertrag enthaltenen Trennung zwischen Aufgaben und Befugnissen entsprechend[4], Art. 130 r Abs. 1 EWGV lediglich als Zielnorm anzusehen.

Die These, daß im Umweltkapitel ausdrücklich zwischen Verbands- und Organkompetenzen differenziert wird, überzeugt hingegen nicht. Eine solche Unterscheidung findet sich nämlich an keiner anderen Stelle des Vertrages. Vielmehr war es im EWG-Vertrag schon immer gebräuchlich, daß den einzelnen Organen bestimmte Befugnisse direkt zugewiesen wurden, ohne daß zuvor an anderer Stelle explizit eine Verbandskompetenz der Gemeinschaft begründet wurde. Diese ergab sich vielmehr implizit aus den jeweiligen Organkompetenzen. Es ist kein Grund ersichtlich, warum ausgerechnet im Bereich der Umweltpolitik von dieser Praxis abgewichen worden sein sollte.

Dieses Auslegungsergebnis findet sich schließlich auch durch die Übung der Organe bestätigt. Bisher haben alle Rechtsakte der Gemeinschaft, bei deren Erlaß zumindest auch das Umweltkapitel des Vertrages herangezogen wurde, ihre Grundlage in Art. 130 s EWGV und nicht in Art. 130 r Abs. 1 EWGV[5]. Demgegenüber ist das Argument, wonach daraus, daß die Absätze 4 und 5 von Art. 130 r EWGV Aussagen über die Verteilung der Zuständigkei-

---

[3] Die Bedeutung des letztgenannten Aspekts bei der Auslegung des Gemeinschaftsrechts wird hervorgehoben von: *Zuleeg*, EuR 1969, 104 f., 108.

[4] Dazu oben Kap. 1 B. 1.

[5] Bisher wurden folgende Rechtsakte allein auf Art. 130 s EWGV gestützt: RL 87/416/EWG des Rates vom 21.7.1987 zur Änderung der RL 85/210/EWG zur Angleichung der Rechtsvorschriften der Mitgliedstaaten über den Bleigehalt von Benzin, ABl. 1987, L 225, 33; VO (EWG) Nr. 2242/87 des Rates vom 23.7.1987 über gemeinschaftliche Umweltaktionen, ABl. 1987, L 207, 8; VO (EWG) Nr. 1734/88 des Rates vom 16.6.1988 betreffend die Ausfuhr bestimmter gefährlicher Chemikalien aus der Gemeinschaft bzw. deren Einfuhr in die Gemeinschaft, ABl. 1988, L 155, 2; RL 88/347/EWG des Rates vom 21.7.1987 zur Änderung von Anhang II der RL 86/280/EWG betreffend Grenzwerte und Qualitätsziele für die Ableitung bestimmter gefährlicher Stoffe im Sinne der Liste I im Anhang der RL 76/464/EWG, ABl. 1988, L 158, 35; VO (EWG) Nr. 3322/88 des Rates vom 14.10.1988 über bestimmte Fluorchlorkohlenwasserstoffe und Halone, die zu einem Abbau der Ozonschicht führen, ABl 1988, L 297, 1; RL 88/609/EWG des Rates vom 24.11.1988 zur Begrenzung von Schadstoffemissionen von Großfeuerungsanlagen in die Luft, ABl. 1988, L 336, 1; RL 88/610/EWG des Rates vom 24.11.1988 zur Änderung der RL 82/501/EWG über die Gefahren schwerer Unfälle bei bestimmten Industrietätigkeiten, ABl. 1988, L 336, 14; RL 89/369//EWG des Rates vom 8.6.1989 über die Verhütung der Luftverunreinigung durch neue Verbrennungsanlagen für Siedlungsmüll, ABl. 1989, L 163, 32, ber. in ABl. 1989, L 192, 40; RL 89/427/EWG des Rates vom 21.6.1989 zur Änderung der RL 80/779/EWG über

ten zwischen der Gemeinschaft und den Mitgliedstaaten enthalten, zu schließen sei, daß Art. 130 r Abs. 1 EWGV Kompetenznorm ist, nicht zwingend. Es obliegt nämlich dem Gemeinschaftsgesetzgeber, an welcher Stelle des Vertrages er Ermächtigungsnormen ansiedelt. Damit ist im Ergebnis der zweitgenannten Auffassung zu folgen. Es ist mit der überwiegenden Auffassung in der Literatur[6] und der damit übereinstimmenden Organpraxis davon auszugehen, daß allein Art. 130 s EWGV die Kompetenznorm im Rahmen der Artt. 130 r bis 130 t EWGV darstellt.

2. Konkretisierung der Begriffe Umwelt und Umweltrecht

a) Der gemeinschaftliche Umweltbegriff

Eine Untersuchung der Kompetenzen im Umweltbereich setzt ferner die Konkretisierung dieser Materie voraus. Damit stellt sich zunächst die Frage nach Inhalt und Grenzen des Umweltbegriffs auf Gemeinschaftsebene[7]. In primärrechtlicher Hinsicht ist vom EWG-Vertrag in der Fassung der Einheitlichen Europäischen Akte auszugehen. Der Begriff der Umwelt taucht dort in drei verschiedenen Vorschriften und einer Überschrift auf[8]. Art. 100 a Abs. 3 EWGV verwendet den Begriff „*Umweltschutz*", er findet sich auch, neben dem „*Schutz der Arbeitsumwelt*", in Abs. 4 Uabs. 1 dieser Norm. Des weiteren enthält Art. 118 a Abs. 1 EWGV den Terminus „*Arbeitsumwelt*". Schließlich ist im dritten Teil des Vertrages, der die Politik der Gemeinschaft behandelt, der Titel VII mit dem Wort „*Umwelt*" überschrieben. Dieser Wortstamm taucht dann im folgenden Art. 130 r EWGV erneut mehrfach auf. In Abs. 1 ist von „*Umweltpolitik*" die Rede, Abs. 2 Satz 2 enthält den Begriff „*Umweltschutz*" und in Abs. 4 Satz 1 wird wiederum von der „*Umwelt*" gesprochen. Diese Formulierungen sind sämtlich durch die Einheitliche Europäische Akte in den EWG-Vertrag aufgenommen worden. An keiner Stelle des Vertrags

---

Grenzwerte und Leitwerte der Luftqualität für Schwefeldioxid und Schwebestaub, ABl. 1989, L 201, 53; RL 89/428/EWG des Rates vom 21.6.1989 über die Modalitäten zur Vereinheitlichung der Programme zur Verringerung und späteren Unterbindung der Verschmutzung durch Abfälle der Titandioxid-Industrie, ABl. 1989, L 201, 56, ber. in ABl. 1989, L 357, 35; RL 89/429/EWG des Rates vom 21.6.1989 über die Verringerung der Luftverunreinigung durch bestehende Verbrennungsanlagen für Siedlungsmüll, ABl. 1989, L 203, 50; RL 90/219/EWG des Rates vom 23.4.1990 über die Anwendung genetisch veränderter Mikroorganismen in geschlossenen Systemen, ABl. 1990, L 117, 1; VO (EWG) Nr. 1210/90 des Rates vom 7.5.1990 zur Errichtung einer Europäischen Umweltagentur und eines Europäischen Umweltinformations- und Umweltbeobachtungsnetzes, ABl. 1990, L 120, 1; RL 90/313/EWG des Rates vom 23.6.1990 über den freien Zugang zu Informationen über die Umwelt, ABl. 1990, L 158, 56. Hinzu kommen die beiden, jeweils auf Artt. 130 s und 43 EWGV gestützten, Änderungsverordnungen über den Schutz des Waldes, zitiert unten in Kap. 2 E. 1. c) aa), Fn. 28 f.

[6] Siehe die Angaben oben in Fn. 2.

[7] Wie bereits oben in Kap. 1 B. 2. dargelegt, ist methodisch zunächst von der Gemeinschaftsebene auszugehen. Aus dem Umfang gemeinschaftlicher Kompetenzen ergibt sich umgekehrt der Handlungsspielraum der Mitgliedstaaten.

[8] Die ursprüngliche Fassung des EWGV von 1957 verwendete dagegen den Begriff der Umwelt nicht, dazu oben Kap. 1 A., zur Literatur dort Fn. 28.

aber wird der Umweltbegriff definiert[9]. Selbst in Art. 130 r Abs. 1 EWGV werden lediglich die Ziele gemeinschaftlicher Umweltpolitik benannt.

Allerdings findet sich außerhalb der Gemeinschaftsverträge eine Definition. Im 1. Aktionsprogramm für den Umweltschutz von 1973[10] wird der Begriff der Umwelt folgendermaßen präzisiert:

„Die Umwelt darf nicht als „Außen-Welt“ angesehen werden, deren Schäden und Eingriffen man ausgesetzt ist, sondern muß als eine Gegebenheit betrachtet werden, die von der Gestaltung und Förderung des menschlichen Fortschritts nicht zu trennen ist“ [11].

Das Aktionsprogramm stellt jedoch lediglich eine politische Absichtserklärung dar, die keine rechtlich verpflichtenden Wirkungen zu entfalten vermag[12]. Es ist allerdings dem Bereich des *„soft law“* zuzuordnen[13] und hat damit eine nicht zu unterschätzende rechtspolitische Bedeutung[14]. Die oben genannte Definition ist inhaltlich allerdings eher unscharf. Zudem erfolgte sie vierzehn Jahre vor der Einfügung des Umweltbegriffs in das primäre Gemeinschaftsrecht. Damit dürften heute selbst die politischen Wirkungen dieser Definition allenfalls gering sein. Es ist somit zu konstatieren, daß auf Gemeinschaftsebene eine rechtlich verbindliche Festschreibung des Begriffs Umwelt nicht existiert.

Auch in der Rechtsprechung des EuGH findet sich keine Konkretisierung dieses Terminus, obwohl der Gesichtspunkt des Umweltschutzes in den letzten Jahren vom Gerichtshof zunehmend herangezogen wurde und an Bedeutung gewonnen hat[15]. Schließlich hat auch die europarechtliche Literatur – so-

---

9 *Krämer*, in: Magiera/Merten (Hg.), Bundesländer und EG, 1988, 192; *Roelants du Vivier/ Hannequart*, RevMC 1988, 225; *CEDE*, 10732 D; *Grabitz*, oben Fn. 2, Art. 130 r, Rn. 10.

10 Genauer Titel: Erklärung des Rates der Europäischen Gemeinschaft und der im Rat vereinigten Vertreter der Regierungen der Mitgliedstaaten vom 22. November 1973 über ein Aktionsprogramm der Europäischen Gemeinschaft für den Umweltschutz, ABl. 1973, C 112, 1 ff.; siehe auch oben Kap. 1 A., Fn. 26.

11 ABl. 1973, C 112, 6, Nr. 2. Eine Definition des Umweltbegriffs findet sich nun auch im Richtlinienvorschlag der Komm. über das Inverkehrbringen von Pflanzenschutzmitteln. In Art. 2 Nr. 11 heißt es: *„Umwelt: Wasser, Luft und Boden und ihre gegenseitige Beziehung sowie die Beziehung zwischen ihnen und allen lebenden Organismen.“*, ABl. 1989, C 89, 24; vgl. auch Art. 3 der UVP-RL, ABl. 1985, L 175, 40.

12 Dies ist weithin anerkannt: ausführlich *Glaesner*, NuR 1988, 167 f.; ebenso: *Grabitz*, oben Fn. 2, Vorb. Titel VII: Umwelt, Rn. 8; *Koppen*, The European Community's environment policy, 1988, 4; *Zuleeg*, ZfW 1975, 133.

13 *Bothe*, „Soft law“ in den Europäischen Gemeinschaften, in: Schlochauer-FS, 1981, 763 zählt es zu den politischen Programmen.

14 *Boisserée*, Jahrbuch des Umwelt- und Technikrechts 1988, 388 sieht im Aktionsprogramm eine Mischung aus politischer Absichtserklärung, Situationsanalyse und rechtspolitischer Reflexion; *Bothe*, oben Fn. 13 und *Zuleeg*, oben Fn. 12 betonen das Element politischer Selbstverpflichtung der Gemeinschaft.

15 Der Begriff taucht erstmals in den Urteilen vom 18.3.1980 (Rs. 91/79, Komm. vs. Italien, Slg. 1980, 1099 (1106) und Rs. 92/79, Komm. vs. Italien, Slg. 1980, 1115 (1122)) auf. Dort ist von Umweltschutzbestimmungen und umweltschutzrechtlichen Vorschriften die Rede; im Urt. vom 17.12.1981 (Rs. 272/80, Biologische Producten, Slg. 1981, 3277 (3289)) werden Gefahren für die Umwelt genannt; den Umweltschutz als wesentliches Ziel der Gemeinschaft hat der EuGH erstmals in den Urt. vom 7.2. 1985 anerkannt (Rs. 173/83, Komm. vs. Frankreich, Slg. 1985, 500

weit ersichtlich – den gemeinschaftlichen Umweltbegriff dogmatisch nicht vertieft. Dies verwundert deshalb nicht, weil der Themenkomplex auf der Ebene nationaler Rechtsordnungen bereits seit längerer Zeit eingehend erörtert worden ist. In der Bundesrepublik ist anerkannt, daß aufgrund der vielfältigen Verflechtungen und gegenseitigen Einwirkungen eine weitgehende Kongruenz zwischen gemeinschaftlicher und nationaler Umweltpolitik besteht[16]. Dies zeigt sich beispielsweise daran, daß – der grundsätzlichen Aufgabenverteilung zwischen der Gemeinschaft und den Mitgliedstaaten entsprechend – die Implementierung gemeinschaftlicher Umweltrechtsakte durch die Mitgliedstaaten zu erfolgen hat[17]. Dabei sind umweltspezifische Grundsätze wie etwa das Vorsorge-, Verursacher- und Kooperationsprinzip auf beiden Ebenen gleichermaßen anerkannt[18]. Von daher kann auf die Systematisierungsansätze des Umweltbegriffs in der nationalen Rechtsordnung als Ausgangspunkt einer Begriffsnäherung durchaus zurückgegriffen werden.

Es kommt dabei weniger darauf an, eine starre, den Anspruch der Ausschließlichkeit erhebende, Defintion zu finden , als vielmehr, den Umweltbegriff in eine systematische Struktur einzubetten, um daraus Rückschlüsse auf seinen rechtlichen Bedeutungsgehalt ziehen zu können. Ziel ist es, aus der Verwendung des Umweltbegriffs im gemeinschaftsrechtlichen Kontext, Kriterien zur Bestimmung des sachlichen Anwendungsbereichs zugrundeliegender Kompetenznormen zu gewinnen.

Ausgehend vom weitestmöglichen, aber nahezu konturlosen Umweltbegriff[19], der die gesamte Umgebung in einem umfassenden Sinne einschließt[20], läßt sich zunächst einmal zwischen der natürlichen und der sozialen Umwelt differenzieren[21]. Ohne in Einzelheiten zu gehen, umfaßt die soziale Umwelt den Menschen, einschließlich seiner sozialen, kulturellen, technischen und po-

---

(506) und Rs. 240/83, ADBHU, Slg. 1985, 531 (549), besprochen von *Kreutzberger*, ZfU 1986, 169 ff.); diese Rspr. hat der EuGH im Urt. vom 20.9.1988 bestätigt und fortgeführt (Rs. 302/86, Komm. vs. Dänemark, Slg. 1988, 4607 (4630), besprochen von *Kohlhepp*, DB 1989, 1455 ff., *Schutt/Steffens*, RIW 1989, 447 ff.; *Gündling*, Jb. der Europ. Integration 1988/89, 164 f.; *Jans*, Journal of the law society of Scotland 1989, 211 f.; *Klein/Beckmann* DÖV 1990, 189; *Münster*, EG-Magazin, 12/1990, 16; *Sedemund/Montag*, NJW 1989, 1411; deutliche Kritik an dieser Rspr. bei: *d'Oliveira*, in: Schwarze/Schermers (Hg.), Structure and dimensions of EC policy, 1988, 123: „... *the European Court ... went so far as to declare more or less out of the blue, „that the protection of the environment" is „one of the essential objectives of the Community"*."). Seitdem bezieht der EuGH Belange des Umweltschutzes mit in die Entscheidungsgründe ein, ohne näher darauf einzugehen, so bspw. im Urt. vom 13.7.1989 (Rs. 380/87, Enichem Base u.a. vs. Comune di Cinisello Balsamo, Slg. 1989, 2491 (2515), dazu: *Krämer*, EuGRZ 1988, 291) und im Beschluß vom 12.7.1990 (Rs. C-195/90 R, Komm. vs. BRD, Slg. 1990, I-3351 (I-3359 f.), dazu: *von Wilmowsky*, EuZW 1990, 351 f.); aktueller Überblick zur EuGH-Rspr. im Umweltbereich bei: *Koppen*, oben Fn. 12, 33 – 45.

16 *Salzwedel/Viertel*, ZAU 1989, 144; *Hennecke*, in: Magiera/Merten (Hg.), Bundesländer und EG, 1988, 219.

17 *Zuleeg*, NVwZ 1987, 282; *Pernice*, oben Fn. 2, 39.

18 *Hennecke*, oben Fn. 16, 219.

19 Allgemein dazu: *Erbguth*, Rechtssystematische Grundfragen, 44 – 48; *Sendler*, JuS 1983, 255 f. jeweils m.w.N.

20 *Kloepfer*, UmwR, § 1, Rn. 19.

21 *Hartkopf/Bohne*, Umweltpolitik, Bd. 1, 2 f.

litischen Einrichtungen, die ihn umgeben. Umgekehrt zählen die Umweltmedien Boden, Luft und Wasser einschließlich des Lebensraumes aller Lebewesen zur natürlichen Umwelt[22].

In Art. 100 a Abs. 4 Uabs. 1 EWGV läßt sich ein Anhaltspunkt dafür finden, daß diese grundsätzliche Zweiteilung auch auf Gemeinschaftsebene gilt. Dort werden die Begriffe *„Schutz der Arbeitsumwelt“* und *„Umweltschutz“* gesondert nebeneinander verwendet. Diese Differenzierung wird dann auch in Artt. 118 a Abs. 1 EWGV bzw. 130 r Abs. 1 EWGV stringent durchgehalten. Ordnet man nun den *„Schutz der Arbeitsumwelt“* dem sozialen Umweltbegriff zu, liegt es nahe, den Begriff *„Umwelt“* in Art. 130 r Abs. 1 EWGV auf die natürliche Umwelt zu beschränken. Zwar könnte man – isoliert betrachtet – auch der Auffassung sein, daß die Begriffe *„Umwelt“* und *„Umweltschutz“* in Artt. 130 r und 100 a Abs. 4 EWGV sowohl die natürliche als auch die soziale Umwelt umfassen, dann aber wäre die Erwähnung des Schutzes der Arbeitsumwelt in Art. 100 a Abs. 4 EWGV überflüssig. Es kann somit zunächst festgehalten werden, daß mit dem Terminus *„Umwelt“* in Artt. 100 a Abs. 3 und 4, 130 r EWGV die natürliche Umwelt gemeint ist[23].

Damit stellt sich die Frage nach dem konkreten Inhalt des Begriffs der natürlichen Umwelt. Zunächst ist darauf hinzuweisen, daß sich die natürliche und die soziale Umwelt nicht immer völlig klar und eindeutig voneinander abgrenzen lassen[24]. Ferner ist zu berücksichtigen, daß die zivilisatorische Entwicklung in Europa heute derart weit fortgeschritten ist, daß eine Beschränkung des Begriffs der natürlichen Umwelt auf die vom Menschen vorgefundene, sozusagen „unberührte“ Natur realitätsfremd wäre. Es ist somit eine Erweiterung des Begriffs durch Einbeziehung der vom Menschen geformten natürlichen Umwelt notwendig[25]. Im Mittelpunkt dieses erweiterten Begriffs der natürlichen Umwelt steht der Schutz, die Erhaltung und die Wiederherstellung der natürlichen Lebensgrundlagen des Menschen[26]. Aus der in Art. 130 r Abs. 1 EWGV formulierten Zieltrias geht nun hervor, daß dieses Anliegen auf Gemeinschaftsebene in einem umfassenden, weiten Sinne verfolgt werden soll[27]. Schließlich steht dies auch in Einklang mit der Entstehungsgeschichte der Einheitlichen Europäischen Akte. Bei den Beratungen konnte sich ein Vorschlag der Kommission, die Tätigkeitsfelder gemeinschaftlicher Umweltpolitik zu

---

22 Ähnlich: *Prümm*, Umweltschutzrecht, 3; *Hartkopf/Bohne*, oben Fn. 21, 3; *Rauschning*, EA 1972, 567.

23 A. A.: *Grabitz*, oben Fn. 2, Art. 130 r, Rn. 9 f.; *de Ruyt*, 214.

24 *Hartkopf/Bohne*, oben Fn. 21, 3.

25 Ebenso: *Kloepfer*, oben Fn. 20, § 1, Rn. 22; *Prümm*, oben Fn. 22, 3, Fn. 4; *Rehbinder*, RabelsZ 40 (1976), 369.

26 *Steiger*, Begriff und Geltungsprobleme des Umweltrechts, in: Salzwedel (Hg.), Grundzüge des Umweltrechts, 10; *Rehbinder*, in: Meyer/Stolleis (Hg.), HStVerwR, 359; *Kloepfer*, oben Fn. 20, § 1, Rn. 23.

27 Im Ergebnis daher wohl auch Übereinstimmung mit *Grabitz*, oben Fn. 2, Art. 130 r, Rn. 10; ebenso: *CEDE*, oben Fn. 9, 10732 D; *Koppen*, oben Fn. 12, 49; *Jacobs*, in: Schwarze/Schermers (Hg.), Structure and dimensions, 117; *Reich*, Schutz diffuser Interessen, 1987, 305; *Roelants du Vivier/Hannequart*, oben Fn. 9, 226; *Schrenk*, NuR 1990, 393.

umschreiben, deshalb nicht durchsetzen, weil man sich nicht abschließend festlegen wollte[28]. Dennoch ist der Inhalt der angesprochenen Liste insofern von Bedeutung, als die dort genannten Sachbereiche in jedem Fall als Gegenstand einer gemeinschaftlichen Umweltpolitik anerkannt sind. Zur Illustration des weiten Spektrums tatsächlicher oder potentieller Tätigkeitsfelder der Gemeinschaft auf diesem Gebiet seien sie hier genannt:

Luftreinhaltung; Gewässerschutz; Lärmbekämpfung, Boden- und Landschaftsschutz; Erhaltung von Fauna und Flora und der Schutz der Tiere; schonender Umgang mit natürlichen Ressourcen; Wiederverwendung, Aufbereitung und Entsorgung von Abfällen; Anreize zur Berücksichtigung der Erfordernisse des Umweltschutzes; Verhütung und Entschädigung von Schäden, die durch gefährliche industrielle Tätigkeiten oder bei Gebrauch oder Handhabung gefährlicher oder giftiger Substanzen oder Produkte verursacht sind, im besonderen dann, wenn mehr als ein Mitgliedstaat von dem verursachten Risiko oder der Notwendigkeit einer Entschädigung betroffen ist; Umweltforschung[29].

Aber auch damit ist der Inhalt des gemeinschaftlichen Umweltbegriffs nicht abschließend erfaßt. Zu nennen ist beispielsweise das relativ neue Gebiet der Biotechnologie und dort insbesondere der Gentechnologie, also der Wissenschaft, die sich mit der gezielten Neukombination des genetischen Materials von Lebewesen mit technischen Methoden beschäftigt[30]. Diese Disziplin läßt sich ebenfalls dem gemeinschaftlichen Umweltbegriff unterordnen, weil eine Betätigung der Gemeinschaft den beiden erstgenannten Zielen in Art. 130 r Abs. 1 EWGV dient[31]. Tatsächlich hat sich die Gemeinschaft seit dem 4. Aktionsprogramm[32] dieser Materie angenommen[33] und übt mittlerweile darin eine Vorreiterrolle aus[34].

---

[28] *Krämer*, in: Rengeling (Hg.), Europäisches Umweltrecht, 141 f.; *de Ruyt*, 214.

[29] Aus dem Englischen übersetzt nach *Vandermeersch*, ELRev 1987, 413; die Aufzählung ist viel umfassender als die von *Seidel*, DVBl. 1989, 444 als hauptsächlicher Gegenstand der Umweltpolitik bezeichneten Bereiche: Gewässerschutz, Luftreinhaltung, Lärmbekämpfung, Abfallbeseitigung, Chemische Erzeugnisse und Schutz natürlicher Ressourcen.

[30] So die Definition des VGH Kassel, NJW 1990, 336 (338), in einem Urteil über die Genehmigungsbedürfigkeit und -fähigkeit gentechnischer Anlagen nach bundesdeutschem Recht (Vorinstanz: VG Frankfurt/M., NVwZ 1989, 1097 ff.). Aus der Literatur: Anmerkung *Deutsch*, NJW 1990, 339; *Hart*, KJ 1989, 99 – 109 und *Kloepfer/Delbrück*, UPR 1989, 281 – 287.

[31] *Krämer*, oben Fn. 9, 192; *Vandermeersch*, oben Fn. 29, 413; a. A. *Grabitz*, oben Fn. 2, Art. 130 s, Rn. 16, jedoch ohne nähere Begründung.

[32] ABl. 1987, C 70, 27 – 29, siehe auch ABl. 1987, C 328, 3.

[33] Übersicht bei: *Pernice*, NVwZ 1990, 420 f.; vgl. auch: *Boisserée*, oben Fn. 14, 400.

[34] So *Pernice*, Thesenpapier zum Vortrag: „Auswirkungen des europäischen Binnenmarktes auf das Umweltrecht" bei der 13. Jahrestagung der GfU am 3.11.1989, 3, Punkt 12. Am 8.6.1989 einigte sich der Rat auf die Annahme eines Richtlinienvorschlags über die Anwendung genetisch veränderter Mikroorganismen in geschlossenen Systemen (ABl. 1989, C 246, 6). Wegen einer Änderung der Rechtsgrundlage von Art. 100 a EWGV in Art. 130 s EWGV mußte jedoch erneut das EP konsultiert werden (*Hirsch/Schmidt-Didczuhn*, ZRP 1989, 458, Fn. 5; *Pernice*, oben Fn. 33, 205; mißverständlich wiedergegeben in Bull. EG 6-1989, 57). Am 23.4.1990 ist der Rechtsakt als RL 90/219/EWG verabschiedet worden (ABl. 1990, L 117, 1). Ferner hat der Rat am gleichen Tag eine Richtlinie über die absichtliche Freisetzung genetisch veränderter Organismen in die Umwelt

Damit stellt sich die Frage nach den inhaltlichen Grenzen des gemeinschaftlichen Umweltbegriffs. In sachlicher Hinsicht sind die Ziele des Art. 130 r Abs. 1 EWGV formell zwar abschließend, wie sich aus dem Fehlen des Wortes „*insbesondere*“ ergibt[35], dennoch liegt dem in materieller Hinsicht ein derart weitgefaßter Begriff der naütrlichen Umwelt zugrunde, daß davon potentiell auch neue Regelungsfelder erfaßt werden können[36]. Des weiteren ist der gemeinschaftliche Umweltbegriff auch nicht lediglich auf den Schutzaspekt begrenzt. Zwar ist in Art. 130 r Abs. 2 Satz 2 EWGV ausdrücklich vom „*Umweltschutz*“ die Rede, aus dem in Art. 130 r Abs. 2 Satz 1 EWGV zur Leitmaxime erhobenen Vorsorgeprinzip[37] folgt jedoch, daß die Gemeinschaft nicht nur auf eine rein reaktive Gefahrenabwehr nach polizeirechtlichem Verständnis bundesdeutscher Dogmatik beschränkt ist[38]. Vielmehr deckt der Umweltbegriff auch Maßnahmen der Umweltvorsorge und -pflege sowie allgemein flankierende Tätigkeiten[39] ab, die im weitesten Sinne dazu dienen, die Funktionsfähigkeit der Umwelt zu erhalten[40].

Schließlich ist der Gemeinschaft auch in räumlicher Hinsicht primärrechtlich keine zwingende Schranke gesetzt. Im Innenbereich ist sie nicht auf grenzüberschreitende Probleme beschränkt, solange den Voraussetzungen des Art. 130 r Abs. 4 Satz 1 EWGV[41] Genüge getan ist. Dieser Vorschrift kann jedenfalls nicht entnommen werden, daß die Gemeinschaft nur Umweltprobleme an-

---

(90/220/EWG) auf der Grundlage von Art. 100 a EWGV verabschiedet (ABl. 1990, L 117, 15); zum Inhalt der beiden Richtlinien: *Delbrück*, EuZW 1990, 373 ff. Siehe zu Umsetzungsproblemen in bundesdeutsches Recht: *Hirsch/Schmidt-Didczuhn*, a.a.O., 458 ff. *Weber*, in: Schwarze (Hg.), Legislation for Europe 1992, 1989, 155, stellt in diesem Zusammenhang fest, daß Probleme der Biotechnologie in letzter Zeit zunehmend in das Bewußtsein der Öffentlichkeit gedrungen sind.

35 Überzeugend: *Grabitz*, oben Fn. 2, Art. 130 r, Rn. 4.

36 Aufgrund des zunehmend als bedrohlich empfundenen sog. Treibhauseffekts (dazu oben Kap. 1 A., Fn. 9) könnte sich in Zukunft bspw. der Klimaschutz zur eigenständigen Materie entwickeln (siehe *Kloepfer*, oben Fn. 20, § 1, Rn. 38, 42). Dafür sind Ansätze auf Gemeinschaftsebene vorhanden: VO Nr. 3322/88 des Rates vom 14.10.1988 über bestimmte Fluorchlorkohlenwasserstoffe und Halone, die zu einem Abbau der Ozonschicht führen, ABl. 1988, L 297, 1; dazu: *Grabitz*, oben Fn. 2, Art. 130 s, Rn. 246 f. Die Kommission hat dem Rat am 14.3.1990 einen Vorschlag zur Verschärfung dieser Verordnung unterbreitet (EWS 1990, 3). Die Umweltminister verständigten sich am 21.12.1990 darauf, die Produktion und Verwendung von FCKW ab 7.7.1997 zu verbieten (FAZ, Nr. 298 vom 22.12.1990, 1). Umfassend zu gemeinschaftlichen Initiativen zum Schutz der Ozonschicht: *Jachtenfuchs*, JCMSt 1990, 261 ff.

37 Dazu: *Rengeling*, Umweltvorsorge und ihre Grenzen im EWG-Recht, 1989.

38 Allgemein wird der Begriff des Umwelt*schutzes* als zu eng in Bezug auf die Notwendigkeiten einer umfassenden Umweltpolitik angesehen, siehe *Ossenbühl*, in: Bitburger Gespräche, Jb. 1983, 9 f. Dennoch hat sich der Begriff des Umweltschutzes, losgelöst vom rein juristischen Bedeutungsgehalt, zur Kennzeichnung dieser Materie eingebürgert. Dies ist auch solange unschädlich, als man sich dessen bewußt ist. Im übrigen ist ein solches Phänomen gerade dem deutschen Recht nicht fremd. Bspe.: die üblicherweise verwendeten Begriffe „*positive Vertragsverletzung*“ und „*enteignender/enteignungsgleicher Eingriff*“ werden ebenfalls als zu eng hinsichtlich der zugrundeliegenden Rechtsinstitute angesehen (zum erstgenannten: *Kallwass*, Privatrecht, 162; zum zweitgenannten: *Zuleeg*, Fälle zum Allg. VerwR., 268, Fn. 4).

39 Siehe etwa die VO (EWG), Nr. 2242/87 des Rates vom 23.7.1987 über gemeinschaftliche Umweltaktionen, ABl. 1987, L 207, 8.

40 *Gronemeyer*, Umweltschutz und Wirtschaft, 1987, 5.

41 Dazu unten Kap. 2 B. 2.

gehen darf, die mindestens zwei Mitgliedstaaten betreffen[42]. Für den Außenbereich[43] läßt sich Art. 130 r Abs. 1 und Abs. 5 EWGV entnehmen, daß der gemeinschaftliche Umweltbegriff nicht nur das in Art. 227 EWGV genannte Vertragsgebiet erfaßt[44]. Der Versuch eines Mitgliedstaates, bei den Beratungen zur Einheitlichen Akte, den Umweltbegriff auf die Umwelt innerhalb der Gemeinschaft zu begrenzen, wurde ausdrücklich zurückgewiesen[45].

Im Ergebnis bleibt somit festzuhalten, daß der Umweltbegriff auf Gemeinschaftsebene von der natürlichen Umwelt als Gegenstück zur sozialen Umwelt ausgeht. Erstere wird allerdings in einem modernen, also ganz umfassenden Sinne verstanden. Aufgrund praktischer Abgrenzungsschwierigkeiten zwischen natürlicher und sozialer Umwelt sind dem gemeinschaftlichen Terminus der Umwelt rechtlich keine absoluten Grenzen gesetzt. Er ist vielmehr in sachlicher und örtlicher Hinsicht offen und besitzt somit die notwendige Elastizität[46] zur Anpassung an neue Entwicklungen.

b) Das Umweltrecht und seine Erscheinungsformen

Die Untersuchung gemeinschaftlicher *Recht*setzungsbefugnisse setzt nach der Konkretisierung des Umweltbegriffs voraus, daß weiter geklärt wird, was unter dem Terminus des Umweltrechts[47] zu verstehen ist. Letzteres wird in der bundesdeutschen Literatur zumeist als die Summe der Rechtssätze, die dem Schutz, der Pflege und der Wiederherstellung der Umwelt dienen, definiert[48]. Im Gegensatz zur Weite des überwiegend vertretenen Umweltbegriffs wird das Umweltrecht enger gefaßt. Ein ausdrücklicher, eindeutiger oder spezifischer Bezug zur Umwelt soll notwendige Voraussetzung dafür sein, daß eine Norm zum Umweltrecht zählt[49]. Teilt man das so verstandene Umweltrecht nach Regelungsgebieten ein[50], ist beispielsweise das Recht des Gewässerschutzes, der Luftreinhaltung, der Lärmbekämpfung, der Abfallbeseitigung, des Schutzes von Fauna und Flora, des Raumes, der natürlichen Ressourcen

---

42 *Krämer*, oben Fn. 9, 193; vgl. auch: *Jacobs*, oben Fn. 27, 120.

43 Dazu unten Kap. 4 A., C.

44 *Grabitz*, oben Fn. 2, Art. 130 r, Rn. 8; *Jacobs*, oben Fn. 27, 117; *Koppen*, oben Fn. 12, 49; *Krämer*, oben Fn. 28, 142.

45 *De Ruyt*, 214.

46 Dieser Aspekt wird hervorgehoben von: *Beyerlin*, UPR 1989, 362.

47 Die Terminologie ist auch hier nicht einheitlich. Manche sprechen auch vom Umweltschutzrecht, so z. B.: *Breuer*, in: von Münch, Bes. VerwR., 622; *Eiden*, Die Rechtsangleichung gemäß Art. 100 des EWG-Vertrages, 1984, 135. Wie oben, Fn. 38, dargelegt, ist dieser Terminus allerdings zu eng. Daher sei hier, mit dem überwiegenden Schrifttum (unten Fn. 48), vom Begriff des Umweltrechts ausgegangen.

48 *Breuer*, oben Fn. 47, 622 f.; *Hoppe/Beckmann*, UmwR, § 1, Rn. 68; *Rehbinder*, oben Fn. 26, 359; *Steiger*, oben Fn. 26, 10 jeweils m.w.N.

49 *Kloepfer*, oben Fn. 20, § 1 Rn. 22; *Steiger*, oben Fn. 26, 10.

50 Kritisiert von *Steiger*, oben Fn. 26, 11, weil dadurch gebietsübergreifende Zusammenhänge verdeckt würden. Umgekehrt warnt *Cerexhe*, in: Knoche (Hg.), Wege zur europäischen Rechtsgemeinschaft, 1987, 56, 60 vor der Gefahr einer Überbetonung des Gesamtzusammenhangs.

sowie Regelungen hinsichtlich chemischer Erzeugnisse als dazugehörig anerkannt[51]. Gegen eine solch restriktive Auffassung bestehen aber Bedenken.

Sie enthält ohne zwingenden Grund einen inneren Widerspruch. Dieser besteht darin, daß einem extensiv verstandenen Umweltbegriff ein restriktiv formulierter Begriff des Umweltrechts gegenüber steht. Die inhaltliche Ungereimtheit bewirkt eine Verdeckung des umfassenden und gebietsübergreifenden Charakters des Umweltrechts. Dieser kommt beispielsweise in der unterschiedlichen Intensität umweltschützender Rechtsakte zum Ausdruck. Neben Vorschriften, die eine ausdrückliche, spezifisch umweltbezogene Funktion haben, gibt es Normen, die zusätzlich zum Umweltschutz in gleichem Maße einem oder mehreren anderen Zwecken dienen. Ferner bestehen Rechtssätze, die primär mindestens einen anderen Zweck verfolgen, zudem aber mittelbar umweltschützend wirken. Schließlich existieren auch Vorschriften, die außerhalb ihres hauptsächlichen Regelungszwecks eine, wenn auch nur marginale, Auswirkung auf die Umwelt haben[52]. Die Grenzen zwischen diesen einzelnen Normgruppen sind in der Regel fließend.

Diese Strukturierung zeigt, daß die übliche, oben genannte Klassifizierung künstlich den Querschnittscharakter[53] des Umweltrechts verwischt. Einen – wie auch immer gearteten – Bezug zum hier vertretenen Begriff der Umwelt haben nämlich auch oftmals Normen, die herkömmlicherweise dem Gebiet der Landwirtschaft, des Verkehrs oder dem Subventionsrecht zugerechnet werden, um nur einige zu nennen[54]. Ganz allgemein sind auf dem gesamten Gebiet des Wirtschaftsrechts, also dem sachlichen Hauptanwendungsbereich des EWG-Vertrages, Auswirkungen auf die Umwelt denkbar und in vielfältigem Maße möglich. Diese zunehmende Verflechtung ist auf Gemeinschaftsebene in Art. 130 r Abs. 2 Satz 2 EWGV ausdrücklich rechtlich anerkannt[55].

Es besteht somit die Notwendigkeit, den Terminus des Umweltrechts diesem Befund anzupassen. Ziel ist die Herstellung einer Kongruenz zwischen den Begriffen Umwelt und Umweltrecht. Letzteres kann somit als die Gesamtheit der verbindlichen Rechtsnormen bezeichnet werden, die eine Auswirkung auf den oben formulierten Begriff der Umwelt[56] haben. Das nunmehr entscheidende Merkmal der Auswirkung ist in Übereinstimmung mit dem Umweltbegriff ebenfalls weit zu fassen. Ein ausdrücklicher, spezifischer oder eindeutiger Bezug zur Umwelt ist keine notwendige Voraussetzung für die Zugehörigkeit einer Norm zum Umweltrecht mehr. Das Merkmal ist lediglich dann nicht erfüllt, wenn eine Rechtsnorm offensichtlich und unter keinem Gesichtspunkt Auswirkungen auf die Umwelt im oben formulierten Sinne hat. Jedoch ist die

---

[51] Aus der bundesdeutschen Literatur: siehe das oben in Fn. 47 zitierte Schrifttum; aus der europarechtlichen Literatur: *Eiden*, oben Fn. 47, 135; *Seidel*, oben Fn. 29, 444.

[52] Ähnliche Einteilung bei *Steiger*, oben Fn. 26, 10 f.

[53] So ausdrücklich: *Steiger*, oben Fn. 26, 10; ähnlich: *Rehbinder*, oben Fn. 25, 366.

[54] *Grabitz*, oben Fn. 2, Art. 130 r, Rn. 46 f.; ausführlich zu solchen Interdependenzen: *Behrens*, Rechtsgrundlagen der Umweltpolitik der EG, 1976, 104 – 228.

[55] Dazu: *Grabitz*, oben Fn. 2, Art. 130 r, Rn. 45 – 60 m.w.N.

[56] Dazu oben Kap. 2 A. 2. a).

Einordnung einer Norm in das Umweltrecht nicht exklusiv. Ein Rechtsakt kann daher gleichermaßen zum Umweltrecht wie auch zu einer oder mehreren anderen Kategorien gehören.

Allerdings könnte einem dermaßen weit verstandenen Begriff des Umweltrechts der Einwand der Konturlosigkeit entgegengebracht werden. Immerhin ist nach der soeben gefundenen Definition, gerade auch auf dem Hintergrund des EWG-Vertrages, kaum eine Norm denkbar, die keine Auswirkungen auf die Umwelt hat[57]. Dagegen ist jedoch anzuführen, daß diesem Bedenken eine lediglich formal begründete, tradierte Auffassung zugrunde liegt, die ohne sachlichen Grund eine zwingende Notwendigkeit darin erblickt, Rechtsgebiete nach herkömmlichen Kriterien zu systematisieren. Diese aber passen kaum auf die umfassende Erscheinungsform des Umweltrechts. Ferner ist selbst die hier vertretene Defintion nicht so unscharf, wie es auf den ersten Blick vielleicht scheinen mag. Einerseits liegt ihr der Begriff der natürlichen Umwelt, der von dem der sozialen Umwelt zu trennen ist[58], zugrunde. Andererseits ist es durchaus möglich, auch ein umfassend verstandenes Umweltrecht zu strukturieren. Dafür bieten sich vielfältige Ansätze an. Man kann zunächst einmal an die üblicherweise verwendete, enge Definition anknüpfen und zwischen Umweltrecht im weiteren und im engeren Sinne differenzieren. Zur erstgenannten Gruppe gehören alle Normen mit Auswirkungen auf die Umwelt, zur zweiten lediglich die oben erwähnten einzelnen Regelungsbereiche. Denkbar erscheint es auch, das materielle Element der Intensität[59] der Umweltauswirkung als Kriterium für eine Klassifizierung heranzuziehen. Wählt man, in Kenntnis fließender Grenzen, eine dreigeteilte Skala, läßt sich zwischen Rechtsakten, die einen unmittelbaren, mittelbaren oder marginalen Bezug zur Umwelt haben, differenzieren.

Weiterhin bietet sich eine Systematisierung nach den Instrumentarien des Umweltrechts an[60]. Innerhalb dieses Bereichs läßt sich wiederum an verschiedenen Stellen ansetzen[61]. Im Hinblick auf das Gemeinschaftsrecht, das vielfach lediglich Ziele formuliert, erscheint dementsprechend eine Differenzierung nach dem Zielbezug rechtlicher Umweltschutzinstrumentarien sinnvoll. So läßt sich zwischen Rechtsakten, die umweltqualitätsbezogenen, emissionsbezogenen, ressourcenbezogenen, produktionsbezogenen, produktbezogenen und konsumbezogenen Zielen dienen, unterscheiden[62]. In der gemeinschaftlichen Rechtsetzungspraxis spielen Umweltqualitäts sowie Produkt- und Pro-

---

[57] Damit wäre das von *Winter*, DVBl. 1988, 665 postulierte Ziel, wonach alles Recht Umweltrecht werden müsse, erreicht.

[58] Dazu oben Kap. 2 A. 2. a).

[59] Ein solches Kriterium ist gerade dem Gemeinschaftsrecht nicht fremd. In Art. 100 EWGV ist bspw. das Merkmal der Unmittelbarkeit ausdrücklich formuliert.

[60] Dazu: *Schachel*, NuR 1982, 206 ff.; *Endres*, ZRP 1985, 197 ff.; *Hartkopf/Bohne*, oben Fn. 21, 172 – 254; *Prümm*, oben Fn. 22, 5.

[61] Siehe dazu die Auflistung bei *Kloepfer*, oben Fn. 20, § 4, Rn. 2 –4.

[62] Einzelheiten und Beispiele aus dem deutschen Recht bei: *Kloepfer*, oben Fn. 20, § 4, Rn. 3.

duktionsnormen eine erhebliche Rolle[63]. Die Kommission hat diese Begriffe daher in der Anlage I zum 1. Aktionsprogramm definiert[64].

Schließlich erscheint es für den Bereich der Kompetenzen auch praktikabel, nach den objektiven Regelungszwecken eines Rechtsakts zu differenzieren[65]. Nimmt man Anzahl und Gewicht der Regelungszwecke als Parameter, lassen sich unterschiedliche Erscheinungsformen feststellen[66].

Im Ergebnis erweist sich somit auch ein weit verstandener Begriff des Umweltrechts als konturiert und praktikabel. Gegenüber den üblichen Definitionen bietet er einen zweifachen Vorteil. Zum einen besteht eine Kongruenz mit dem weiten Umweltbegriff, wie er zumindest auf Gemeinschaftsebene rechtlich festgeschrieben ist. Zum anderen vermag er den Querschnittscharakter des Umweltrechts besser zum Ausdruck zu bringen. Im folgenden ist daher von diesem extensiven Begriff des Umweltrechts auszugehen.

3. Auswirkungen der Wertigkeit des Umweltschutzes auf den Anwendungsbereich von Art. 130 s EWGV

Art. 130 s EWGV ist die Vorschrift des Titels *„Umwelt"*, die die Gemeinschaft zum Erlaß umweltschützender Rechtsakte ermächtigt[67]. Der Anwendungsbereich dieser Norm erschließt sich in seinem vollen Bedeutungsgehalt erst durch die Beantwortung der Frage, welche Relevanz der EWG-Vertrag den Belangen des Umweltschutzes einräumt. Dazu ist es notwendig, einen Blick auf die Ziele und Tätigkeitsfelder der Gemeinschaft zu werfen, wie sie vornehmlich in der Präambel sowie in Artt. 2 und 3 EWGV zum Ausdruck kommen. Der Umweltschutz wird dort nicht ausdrücklich genannt. Allerdings finden sich an anderer Stelle des Vertrages normative Anhaltspunkte, daß dieser Ziel und Tätigkeitsfeld der EG ist. Aus Art. 130 r Abs. 1 Spstr. 1 EWGV folgt, daß die Umweltpolitik der Gemeinschaft darauf abzielt, *„die Umwelt zu erhalten, zu schützen und ihre Qualität zu verbessern"*. Ferner postuliert Art. 130 r Abs. 2 Satz 2 EWGV, daß die *„Erfordernisse des Umweltschutzes Bestandteil der anderen Politiken der Gemeinschaft"* sind. Dieser grundsätzlichen Ausrichtung gemeinschaftlicher Politik stehen die Präambel sowie die Artt. 2 und 3 des Vertrages nicht entgegen. Vielmehr ergibt sich aus einer systematischen Auslegung, daß der in den Art. 130 r Abs. 1, 2 Satz 2 EWGV zum Ausdruck gekommene Gedanke des Umweltschutzes stillschweigend auch in den erstgenannten Rechtssätzen enthalten ist. In der Präambel läßt sich das an dem Ziel einer stetigen *„Besserung der Lebens- und Beschäfti-*

---

63 *Breuer*, Jb. des Umwelt- und Technikrechts 1989, 84.

64 ABl. 1973, C 112, 49 f. (Nr. 3).

65 *Stettner*, Kompetenzlehre, 1983, 422.

66 Siehe oben Fn. 58 mit dazugehörigem Text. Es besteht insoweit eine Sachnähe zum Intensitätskriterium; ähnlich: *Steiger*, oben Fn. 26, 10 f.

67 Oben Kap. 2 A. 1.

gungsbedingungen" festmachen[68]. Ferner ist die Sicherung einer ökologisch funktionsfähigen Umwelt heute als eine zwingende Voraussetzung anzusehen, um „*eine beschleunigte Hebung der Lebenshaltung*"[69] und eine „*harmonische Entwicklung des Wirtschaftslebens*"[70] im Sinne von Art. 2 EWGV sicherzustellen. Bei der Schaffung des Binnenmarktes ist der Umweltschutz sogar ausdrücklicher Anknüpfungspunkt für besondere primärvertragliche Regelungen (Artt. 100 a Abs. 3, 4; 100 b Abs. 2 EWGV)[71]. Schließlich läßt sich aus dem Schutz der Rechtsgüter Leben und Gesundheit in Art. 36 EWGV folgern, daß der Umweltschutz in einem umfassenden Sinne ein Ziel der Gemeinschaft darstellt[72].

Dieser Befund findet sich durch die einschlägige Rechtsprechung des Gerichtshofs bestätigt. Bereits vor Inkrafttreten der EEA hat der EuGH den Umweltschutz als ein „*wesentliches Ziel*" der Gemeinschaft bezeichnet[73]. Seitdem ist diese Bewertung, unter Hinweis auf die durch die EEA bewirkten Vertragsergänzungen, ausdrücklich aufrecht erhalten worden[74].

Fraglich ist nun, welche Bedeutung diesem Ziel an sich und im Verhältnis zu anderen Zielsetzungen des Vertrages zukommt. Beide Fragen lassen sich nicht isoliert voneinander beantworten. Absolut gesehen folgt aus der vertraglich einzigartigen, sogenannten Querschnittsklausel des Art. 130 r Abs. 2 Satz

---

68 *Zuleeg*, oben Fn. 12, 137; *Riegel*, DVBl. 1977, 83.

69 So: *Behrens*, oben Fn. 54, 73 m.w.N.

70 So: *Rehbinder/Stewart*, Environmental Protection Policy, 1985, 20 f.; *Kreutzberger*, oben Fn. 15, 172.

71 Dazu: *Langeheine*, in: Grabitz (Hg.), EWGV-Komm., Art. 100 a, Rn. 51 ff. m.w.N.; Einzelheiten dazu: unten Kap. 2 C. 3., 4.; E. 3. b) bb), 4. c), d) sowie Kap. 3 C. 2. b).

72 Dies dürfte im Ergebnis heute nahezu unbestritten sein: *Beyerlin*, oben Fn. 46, 362; *Grabitz/Zacker*, NVwZ 1989, 300; *Gronemeyer*, oben Fn. 40, 22; *Haagsma*, Fordham International Law Journal 1989, 334; *Krämer*, oben Fn. 15, 288; *Scheuing*, oben Fn. 1, 176 f.; *Vandermeersch*, oben Fn. 29, 412; *Zuleeg*, oben Fn. 17, 280. Demgegenüber erscheint der Schluß verfehlt, aus dem Fehlen einer expliziten Nennung in der Präambel und in Artt. 2 f. EWGV zu folgern, daß der Umweltaspekt nicht als wesentlicher Bestandteil europäischer Integration erfaßt sei; so aber: *Binswanger/Meiners*, Aussenwirtschaft 1988, 413 f. Zur Schaffung einer Europäischen Wirtschafts- und Umweltgemeinschaft (EWUG) (Begriff bei: *Binswanger/Meiners*, a.a.O., 399; vgl. auch: *Schmuck*, Umweltpolitik: Grenzüberschreitende Probleme – europäische Lösungen, 1988, 4, 26; *Weinstock*, ZfU 1983, 31) erscheint eine nochmalige Vertragsrevision durch eine entsprechende Änderung des Art. 2 EWGV daher nicht notwendig (so aber: *Binswanger/Meiners*, a.a.O., 414 mit einem Formulierungsvorschlag). Zwar hätte es durchaus nahegelegen, dies im Rahmen der EEA zu tun (so: *Beyerlin*, oben Fn. 46, 362; siehe auch *Vandermeersch*, oben Fn. 29, 412; auch das EP hatte dies in einer Entschließung vom 18.2.1986 gefordert, ABl. 1986, C 68, 46), das rechtliche Instrumentarium des EWGV in seiner aktuellen Fassung ist jedoch ausreichend, um ein qualitativ-ökologisches Wirtschaftswachstum zu bewirken (vgl. *Roelants du Vivier/Hannequart*, oben Fn. 9, 230; *Hailbronner*, EuGRZ 1989, 105). Ob sich die EG in Zukunft tatsächlich zu einem Verband entwickelt, für den die Bezeichnung Wirtschafts- und Umweltgemeinschaft angemessen ist, dürfte eher eine Frage des politischen Willens der Organe, denn die einer erneuten Vertragsänderung sein (vgl. *Kloepfer*, oben Fn. 20, § 6, Rn. 12; *Lenz*, Europäisches Recht als Integrationsfaktor, in: Bitburger Gespräche, Jb. 1987, 35).

73 EuGH, Urt. vom 7.2.1985, Rs. 240/83, ADBHU, Slg. 1985, 531 (549).

74 EuGH, Urt. vom 20.9.1988, Rs. 302/86, Komm. vs. Dänemark, Slg. 1988, 4607 (4630); EuGH, Beschl. vom 12.7.1990, Rs. C-195/90 R, Komm. vs. Bundesrepublik Deutschland, Slg. 1990, I-3351 (I-3359); siehe auch: EuGH, Urt. vom 13.7.1989, Rs. 380/87, Enichem Base u. a. vs. Comune di Cinisello Balsamo, Slg. 1989, 2491 (2515).

2 EWGV[75], daß dem Umweltschutz eine besondere, herausragende Bedeutung zukommt[76]. Auch aus der genannten Formulierung des Gerichtshofs in der Rs. 240/83[77], kann der Schluß gezogen werden, daß es, neben diesem „*wesentlichen Ziel*" der Gemeinschaft noch andere gibt, von denen mindestens eines, möglicherweise aber auch mehrere, keine derartige Relevanz besitzen.

Damit stellt sich die Frage, welcher Rang dem Umweltschutz innerhalb der primärrechtlichen Zielsetzungen zukommt. Theoretisch sind drei Möglichkeiten denkbar: der Umweltaspekt ist von höherem, gleichem oder niedrigerem Rang im Verhältnis zu anderen Zielen der Gemeinschaft. Sämtliche Auffassungen werden in der Literatur vertreten. Teilweise wird angenommen, daß bei einem Zielkonflikt zwischen Umweltschutz und wirtschaftlichen Interessen, angesichts der unverändert ökonomischen Ausrichtung des EWG-Vertrages, letztgenannten der Vorzug zu geben ist[78]. Andere gehen davon aus, daß alle Vertragsziele grundsätzlich gleichberechtigt nebeneinander stehen. Bei Zielkonflikten sei im Wege einer, von den dafür zuständigen Organen vorzunehmenden, Abwägung, entsprechend den Grundsätzen der EuGH-Rechtsprechung zu Art. 39 EWGV[79], dem einen oder anderen Vertragsziel Priorität einzuräumen. Auch aus Art. 130 r Abs. 2 Satz 2 könne jedoch kein Vorrang umweltschützender Aspekte abgeleitet werden[80]. Umgekehrt folgern andere gerade aus der Tatsache, daß diese Querschnittsklausel im Vertrag ein einzigartiges Novum darstellt, einen grundsätzlichen Vorrang des Umweltschutzes vor anderen Zielen der Gemeinschaft[81].

Die erstgenannte Auffassung, die von einer grundsätzlichen Nachrangigkeit des Umweltschutzes ausgeht, läßt sich nicht mit einer teleologischen, an der Sicherung praktischer Wirksamkeit orientierten Auslegung von Art. 130 r Abs. 2 Satz 2 EWGV vereinbaren. Die Querschnittsklausel stellt vielmehr ein allgemeines Rechtsgebot dar[82], das systematisch mißachtet würde, wenn ökonomische Gesichtspunkte ökologischen prinzipiell vorgingen. Zudem steht diese Meinung in Widerspruch zur einschlägigen EuGH-Rechtsprechung[83]. Der

---

[75] So: *Scheuing*, oben Fn. 1, 176.

[76] *Grabitz/Zacker*, oben Fn. 72, 300; *Hailbronner*, oben Fn. 72, 101; *Krämer*, oben Fn. 15, 287 - 289.

[77] Oben Fn. 73.

[78] *Cerexhe*, oben Fn. 50, 56; *Kloepfer*, oben Fn 20, § 6, Rn. 12.

[79] Dazu: EuGH, Urt. vom 13.3.1968, Rs. 5/67, Fa. W. Beus GmbH & Co vs. Hauptzollamt München, Slg. 1968, 127 (147); EuGH, Urt. vom 17.12.1981, Rs. 197-200, 243, 245, 247/80, Ludwigshafener Walzmühle Erling KG et al. vs. Rat und Komm., Slg. 1981, 3211 (3252); Überblick zur Rechtsprechung bei: *Gilsdorf/Priebe*, in: Grabitz (Hg.), EWGV-Komm., Art. 39, Rn. 33.

[80] *Battis*, NuR 1989, 366; *Beyerlin*, oben Fn. 46, 362; *Glaesner*, oben Fn. 12, 169; *Grabitz*, oben Fn. 2, Art. 130 r, Rn. 47, auch: Rn. 45, 59; *Lietzmann*, oben Fn. 1, 178; *Molkenbur*, oben Fn. 2, 678; *Pernice*, oben Fn. 2, 50; *Steiger*, CIVIS 4/87, 33; *Wichmann*, EG-Magazin, 9/1989, 9.

[81] *Hey/Jahns-Böhm*, Ökologie und freier Binnenmarkt, 1989, 40; *Krämer*, oben Fn. 15, 288; *Ress*, HdUR, Bd. 1, Sp. 460; *Scheuing*, oben Fn. 1, 176 f.; *Schwenn*, Die Drohung mit dem „nationalen Alleingang", FAZ v. 27.4.1989; *Soell*, NuR 1990, 157 f.; wohl auch: *Hailbronner*, oben Fn. 72, 101; von einer „*besonderen Bedeutung*" des Umweltschutzes spricht auch: *Gröbl*, ET 1989, 661.

[82] So: *Scheuing*, oben Fn. 1, 176.

[83] Oben Fn. 74 f.

Bedeutung des Umweltschutzes als wesentliches Gemeinschaftsziel ist gerade dann nicht Rechnung getragen, wenn im Falle eines Zielkonflikts den Belangen anderer Politikbereiche regelmäßig ein größeres Gewicht zuzubilligen ist.

Das Problem reduziert sich somit auf die Frage, ob den Umweltaspekten ein gleicher oder höherer Rang gegenüber sonstigen Gemeinschaftspolitiken zukommt. Dabei spricht für einen Vorrang des Umweltschutzes in der Tat die beispiellose Formulierung des Art. 130 r Abs. 2 Satz 2 EWGV. Eine solche Querschnittsklausel gilt für keine andere Gemeinschaftspolitik[84]. Die optimale Wirksamkeit dieser Vorschrift im Sinne des effet utile läßt sich aber nur dann erreichen, wenn man dem Umweltschutz Priorität einräumt. Dieses teleologisch begründete Auslegungsergebnis findet sich auch durch eine systematische Betrachtungsweise bestätigt. Selbst bei dem Herzstück ökonomischer Integration, nämlich der Verwirklichung des Binnenmarktkonzepts, ist den Belangen des Umweltschutzes nach der ausdrücklichen Regelung in Artt. 100 a Abs. 3 und 4, 100 b Abs. 2 EWGV in besonderem Maße Rechnung zu tragen. Dies läßt sich aber lediglich dann erreichen, wenn man, bei Auftreten eines Zielkonflikts, der Ökologie einen prinzipiellen Vorrang gewährt[85]. Diese Sichtweise steht schließlich auch in Einklang mit der dargelegten Rechtsprechung des Gerichtshofs. Danach sind Gründe des Umweltschutzes imstande, die Warenverkehrsfreiheit gemäß Artt. 30, 34 EWGV einzuschränken. Da nun die Sicherung derselben selbst ein nach Art. 3 lit. a, b EWGV vertraglich herausragendes Ziel darstellt[86], kann davon ausgegangen werden, daß dem Umweltaspekt ein allen anderen Zielsetzungen übergeordneter Rang zukommt.

Letztlich bedarf der Klärung, welche konkreten Auswirkungen die soeben festgestellte Priorität des Zieles „Umweltschutz" auf die Rechtsetzungstätigkeit der Gemeinschaft hat. Zunächst kann der Vorrang begriffsnotwendig nur im Falle eines Zielkonflikts zum Tragen kommen. Ein solcher ist, in Übereinstimmung mit dem weiten, gemeinschaftlichen Umweltbegriff[87] dann gegeben, wenn ein Rechtsakt Auswirkungen auf die Umwelt hat. Dies wird in der Mehrzahl der Fälle gemeinschaftlicher Rechtsetzung der Fall sein[88]. Der Gemeinschaftsgesetzgeber hat dann, unter Berücksichtigung des grundsätzlichen Vorrangs der Umweltbelange, abzuwägen, ob und welche Regelung er trifft. Diese ist in ihrer inhaltlichen Gestaltung grundsätzlich an den Gesichtspunkten auszurichten, die dem Umweltschutz in optimaler Weise Rechnung tragen.

Fraglich ist, ob es in Ausnahmefällen zulässig sein kann, nach sorgfältiger Abwägung, die Erfordernisse des Umweltschutzes dann zurückzustellen, wenn beispielsweise besonders wichtige Gemeinwohlbelange anderer Art be-

---

84 *CEDE*, 10733 D; ausführlich dazu: *Toulemon*, La prise en considération de l'environnement dans les autres politiques communautaires: en particulier dans la réforme de la politique agricole commune, in: La protection de l'environnenment par les communautés européennes, 1988, 69 – 75.

85 Übereinstimmung mit der in Fn. 81 genannten Literatur.

86 *Eiden*, oben Fn. 47, 22 – 29 m.w.N.

87 Dazu: oben Kap. 2 A. 2. a).

88 Siehe oben Kap. 2 A. 2. b).

troffen sind. Eine solche Relativierung des zuvor festgestellten Vorrangs kann sich lediglich aus dem Grundsatz der Verhältnismäßigkeit ergeben[89]. Dieser bewirkt, daß dem Gemeinschaftsgesetzgeber auch bei Erlaß umweltschützender Rechtsakte ein weiter politischer Gestaltungsspielraum zusteht[90]. Folglich ist eine Einschränkung der Priorität umweltschützender Belange in Einzelfällen dann gerechtfertigt, wenn die Umwelt dadurch nicht irreparabel geschädigt wird und die betreffende Maßnahme zur Abwehr schwerer Gefahren für ein überragend wichtiges Gemeinschaftsgut zwingend notwendig ist[91]. Das zuständige Legislativorgan hat die Beachtung dieser Voraussetzungen bei der nach Art. 190 EWGV notwendigen Begründung einer solchen Maßnahme nachvollziehbar darzulegen. Aus der Begründung muß somit hervorgehen, daß der grundsätzlich prioritären Stellung des Umweltschutzes bei der erforderlichen Interessenabwägung hinreichend Rechnung getragen wurde[92].

Nach Maßgabe von Art. 173 EWGV ist die Beachtung der vorrangigen Bedeutung von Umweltschutzaspekten somit justitiabel. Der Gerichtshof hat im Rahmen dieser Vorschrift darüber zu wachen, daß die Legislativorgane ihr Ermessen rechtmäßig, d. h. in Übereinstimmung mit den oben genannten Kriterien ausüben[93]. Ferner stellt ein Abwägungsdefizit zum Nachteil der Umweltschutzbelange eine Vertragsverletzung nach Art. 173 Abs. 1 Satz 2 EWGV dar, weil das Rechtsgebot des Art. 130 r Abs. 2 Satz 2 EWGV nicht angemessen beachtet wurde[94].

4. Materielle Bindungen bei der Ausschöpfung der Kompetenz nach Art. 130 s EWGV

Die Wahrnehmung der Legislativbefugnis nach Art. 130 s EWGV ist an rechtsverbindliche inhaltliche Maßgaben geknüpft[95]. Auf primärrechtlicher Ebene enthält diese Vorschrift selbst zwar keine materiellen Vorgaben, diese sind aber den Artt. 130 r und 130 t EWGV zu entnehmen, da die Normen des Titels „*Umwelt*" eine aufeinander abgestimmte Regelungseinheit bilden[96]. Bei Wahrnehmung der Ermächtigung des Art. 130 s EWGV hat die Gemeinschaft mithin die in Art. 130 r Abs. 1 EWGV genannten Ziele unter Beachtung der in

---

89 *Krämer*, oben Fn. 15, 289; siehe zum Grundsatz der Verhältnismäßigkeit im Gemeinschaftsrecht: *Pernice*, NJW 1990, 2415 m.w.N. aus der Rspr.; umfassend zu den Abwägungskriterien bei umweltpolitischen Entscheidungen auf Gemeinschaftsebene: *Salzwedel*, in: Knoche (Hg.), Wege zur europäischen Rechtsgemeinschaft, 1987, 68 f.

90 Siehe allgemein zum politischen Ermessen des Rates: *Grabitz*, integration 1985, 103 ff.

91 Ähnlich: *Scheuing*, oben Fn. 1, 177; *Pieper*, oben Fn. 1, Rn. 1945.

92 *Glaesner*, oben Fn. 12, 169.

93 *Grabitz*, oben Fn. 2, Art. 130 r, Rn. 60.

94 *Glaesner*, oben Fn. 12, 169; *Seidel*, oben Fn. 29, 446.

95 Daneben existieren noch rechtlich unverbindliche Grundsätze, die zumeist im Bereich des soft law angesiedelt sind. Auf dem Gebiet des Umweltschutzes entfalten beispielsweise die in den Aktionsprogrammen niedergelegten Prinzipien zumindest eine politische Bindungswirkung. Zu deren Inhalt und Rechtscharakter im einzelnen: *Grabitz*, oben Fn. 2, Art. 130 r, Rn. 22 – 30 m.w.N.

96 Vgl. *Pernice*, oben Fn. 2, 3.

Art. 130 r Abs. 2 Satz 1 EWGV niedergelegten Grundsätze und unter Berücksichtigung der in Art. 130 r Abs. 3 EWGV aufgezählten Abwägungskriterien[97] zu verfolgen[98].

Die Zielsetzung des Art. 130 r Abs. 1 EWGV ist in einem derart umfassenden, aber auch elastischen und entwicklungsoffenen Sinne formuliert, daß den denkbaren Tätigkeitsfeldern bei der Gestaltung einer gemeinschaftlichen Umweltpolitik rechtlich keine ausdrücklichen Schranken gesetzt sind[99]. Art. 130 r Abs. 2 Satz 1 EWGV nennt das Vorsorge-[100] und das Verursacherprinzip[101] sowie den Grundsatz der Korrektur von Umweltbeeinträchtigungen an der Quelle[102] als rechtlich verbindliche Handlungsanweisungen im Falle eines gemeinschaftlichen Handelns[103]. Ferner hat der Gemeinschaftsgesetzgeber bei einem Vorgehen aufgrund von Art. 130 s EWGV zumindest auch die in Art. 130 r Abs. 3 EWGV genannten Kriterien zu berücksichtigen[104]. Schließlich folgt aus Art. 130 t EWGV, daß gemeinschaftliche Maßnahmen nach Art. 130 s EWGV insoweit keinen abschließenden Charakter haben, als die Mitgliedstaaten befugt sind, abweichendes innerstaatliches Recht anzuwenden, sofern ein höheres als das gemeinschaftliche Schutzniveau besteht[105]. Umgekehrt sind auf Art. 130 s EWGV gestützte Rechtsakte aber dahingehend verbindlich, als die dort gesetzten Normen von den Mitgliedstaaten qualitativ nicht unterschritten werden dürfen. Die Gemeinschaft kann somit nur Mindeststandards festlegen[106].

Bereits durch diese keineswegs abschließende Skizzierung inhaltlich verbindlicher Vorgaben bei einem Tätigwerden nach Art. 130 s EWGV wird klar, daß der Titel „*Umwelt*“ des EWG-Vertrages die Grundlage für eine eigenständige Umweltpolitik der Gemeinschaft bildet[107]. Das Regelungsgefüge der

---

[97] So bezeichnet von *Grabitz*, oben Fn. 2, Art. 130 r, Rn. 61. *Scheuing*, oben Fn. 1, 177 und *Pieper*, oben Fn. 1, Rn. 1952, sprechen von „*Berücksichtigungsgeboten*“.

[98] Die materiellen Bindungen der gemeinschaftlichen Umweltpolitik sind nicht der Hauptgegenstand dieser Arbeit. Die wichtigsten Vorgaben sollen hier allerdings insoweit kurz dargestellt werden, als es für das weitere Verständnis der Untersuchung notwendig erscheint.

[99] Vgl. oben Kap. 2 A. 2. a).

[100] Dazu: *Rengeling*, oben Fn. 37; *Salzwedel*, oben Fn. 89, 72 – 75.

[101] Dazu: *Duren*, Le polleur-payeur. L'application et l'avenir du principe, RevMC 1987, 144 ff.; *Grabitz*, in: Bitburger Gespräche, Jb. 1989, 84 ff.; *Krämer*, Das Verursacherprinzip im Gemeinschaftsrecht – Zur Auslegung von Artikel 130 r EWG–Vertrag, EuGRZ 1989, 353 ff.; vgl. auch *Ercman*, ZfRV 1978, 275.

[102] Dazu etwa: *Koppen*, oben Fn. 12, 51.

[103] Einen Überblick zu den genannten Grundsätzen gibt: *Grabitz*, oben Fn. 2, Art. 130 r, Rn. 31 – 44 m.w.N.

[104] *CEDE*, 10734 D; siehe dazu im einzelnen: *Grabitz*, oben Fn. 2, Art. 130 r, Rn. 61 – 68; *Haagsma*, oben Fn. 72, 341 f.; *Koppen*, oben Fn. 12, 52 – 54; *Krämer*, oben Fn. 9, 193 f.; *Roelants du Vivier/Hannequart*, oben Fn. 9, 227; *Scheuing*, oben Fn. 1, 177 f.; *Vandermeersch*, oben Fn. 29, 419 – 422.

[105] Dazu: *Grabitz*, oben Fn. 2, Art. 130 t, Rn. 4; *Krämer*, oben Fn. 15, 288; *Scheuing*, oben Fn. 1, 167 ff.; *Vandermeersch*, oben Fn. 29, 426 f.; *Zuleeg*, oben Fn. 17, 284.

[106] *Møller*, EA 1987, 503.

[107] *Bongaerts/Heinrichs*, Jb. der Europäischen Integration 1986/87, 183; *Hailbronner*, oben Fn. 72, 105; *Roelants du Vivier/Hannequart*, oben Fn. 9, 230.

Artt. 130 r bis 130 t EWGV enthält in rechtlich bindender Form die wesentlichen Handlungskriterien und Befugnisse, um eine effektive gemeinschaftliche Umweltpolitik zu betreiben, sofern der Gesetzgeber davon tatsächlich auch in rechtsschöpferischer Weise Gebrauch macht[108]. Zwar kann die von diesen Vorschriften ausgehende Innovationswirkung, wegen der relativ kurzen Zeit ihres Bestehens, noch nicht abschließend beurteilt werden; es läßt sich jedoch bereits heute feststellen, daß den Artt. 130 r bis 130 t EWGV ein inhaltlich überzeugendes Innovationspotential immanent ist[109]. Damit besteht das vor Inkrafttreten der EEA in Bezug auf den Umweltbereich am meisten beklagte Manko, daß aufgrund des EWG-Vertrags in der ursprünglichen Fassung eine originäre und innovative gemeinschaftliche Umweltpolitik nicht möglich sei[110], nicht mehr. Auch der von anderer Seite der früheren Rechtslage entgegengebrachte Einwand, daß der Hauptmangel einer vor allem auf die Artt. 100 und 235 EWGV gestützten Umweltpolitik das Fehlen substantieller Standards als Leitmaximen einer eigenständigen gemeinschaftlichen Tätigkeit auf dem Gebiet des Umweltschutzes sei[111], kann nun nicht mehr aufrecht erhalten werden.

An dieser Stelle ist eine erste, tendenzielle Umschreibung des Anwendungsbereichs von Art. 130 s EWGV möglich. Dieser wird von den drei folgenden Determinanten geprägt: erstens sind dem gemeinschaftlichen Umweltbegriff in sachlicher und räumlicher Hinsicht keine ausdrücklichen rechtlichen Schranken gesetzt; dementsprechend ist auch das Umweltrecht grundsätzlich sehr weit zu fassen[112]. Zweitens stellt der Umweltschutz ein vorrangiges Ziel der Gemeinschaft dar; eine Relativierung dieser Priorität ist nur in Ausnahmefällen und bei Beachtung strenger Voraussetzungen möglich. Drittens setzen die in den Artt. 130 r bis 130 t EWGV niedergelegten materiellen Vorgaben die Gemeinschaft in den Stand, eine engagierte und innovative Umweltpolitik betreiben zu können. Für die weitere Untersuchung des Anwendungsbereichs von Art. 130 s EWGV ist nunmehr bedeutsam, wie das Verfahren der Rechtsetzung nach dieser Vorschrift ausgestaltet ist und welche legislativen Handlungsformen der Gemeinschaft gegeben sind.

---

108 Vgl. *Kupfer*, AgrarR 1989, 60; *Lietzmann*, oben Fn. 1, 167; *Nicolaysen*, Umweltschutz im Europäischen Gemeinschaftsrecht, in: Thieme (Hg.), Umweltschutz im Recht, 1988, 207; *Steiger*, oben Fn. 80, a.a.O.

109 Ähnlich: *Beyerlin*, oben Fn. 46, 361; bei *Hey*, ZAU 1989, 284, fällt die Bewertung zwar insgesamt nicht so positiv aus; allerdings konzediert auch er, Art. 130 s EWGV biete den Vorteil, daß weitergehende nationale Maßnahmen erlaubt seien, wobei aus den Mitgliedstaaten innovatorische Impulse kommen könnten.

110 So bspw.: *Böhm*, Kompetenzauslegung und Kompetenzlücken im Gemeinschaftsrecht, 1985, 353, 359; *Bungarten*, Umweltpolitik in Westeuropa, 1978, 122; *Lausch*, Europäische Umweltpolitik auf dem Gebiet des Gewässerschutzes, 1986, 137; *Lukes*, Umweltschutz und Rechtsangleichung in den Europäischen Gemeinschaften, in: Götz/Rauschning/Zieger (Hg.), Umweltschutz und Internationale Wirtschaft, 1975, 161; *Olschowy*, Der Landkreis 1987, 246; *Reich*, oben Fn. 27, 36; *Vygen*, ZRP 1974, 61.

111 So: *Rehbinder/Stewart*, oben Fn. 70, 22, siehe dort auch Seite 203.

112 Bereits oben in Kap. 2 A. 2. a) festgestellt.

5. Verfahren und Handlungsformen legislativer Tätigkeit auf der Grundlage des Vertragstitels „Umwelt"

Art. 130 s EWGV eröffnet für ein gemeinschaftliches Handeln die Möglichkeit eines zweistufigen Verfahrens. Entscheidungen über das *„Tätigwerden der Gemeinschaft"* erfolgen im Rahmen von Art. 130 s Abs. 1 EWGV, während der Rat gemäß Art. 130 s Abs. 2 EWGV festlegt, *„was unter die mit qualifizierter Mehrheit zu fassenden Beschlüsse fällt"*. Diese Zweiteilung stellt ein prozedurales Novum im EWG-Vertrag dar[113].

Solche unterschiedlichen Verfahrensvoraussetzungen bei Erlaß eines Rechtsakts können sich in manifester Weise auf den Inhalt desselben auswirken[114]. Beispielsweise wird sich eine zwischen den Mitgliedstaaten umstrittene Maßnahme eher durchsetzen lassen, wenn keine Einstimmigkeit zur Beschlußfassung notwendig ist, sondern bereits die qualifizierte Mehrheit ausreicht. Vergegenwärtigt man sich nun, daß diese bedeutsamen verfahrensrechtlichen Fragen im EWG-Vertrag zusammen mit den entsprechenden Kompetenznormen geregelt sind[115] und daß die Gemeinschaftsorgane grundsätzlich an die in der betreffenden Ermächtigungsnorm aufgeführten formellen Voraussetzungen gebunden sind[116], wird klar, daß sich die Auswahl der Kompetenznorm entscheidend auf den Inhalt einer Maßnahme auszuwirken vermag[117]. Hinzu kommt, daß innerhalb der einzelnen Befugnisnormen auch festgelegt ist, in welche Form des Art. 189 EWGV ein Rechtsakt gekleidet werden kann[118]. Der Wahl der Rechtsgrundlage kommt somit ein eminenter Einfluß auf Verfahren, Inhalt, Form und Durchsetzbarkeit eines gemeinschaftlichen Rechtsetzungsvorhabens zu[119]. Dies gilt in besonderem Maße seit Inkrafttreten der EEA, weil damit weitere verfahrensrechtliche Spezifika und zusätzlich

---

113 *Koppen*, oben Fn. 12, 58.

114 EuGH, Urt. vom 26.3.1987, Rs. 45/86, Komm. vs. Rat, Slg. 1987, 1493 (1520).

115 *Magiera*, Jura 1989, 602; *Würtenberger*, WRP 1990, 16 f.

116 EuGH, Urt. vom 23.2.1988, Rs. 68/86, Vereinigtes Königreich vs. Rat, Slg. 1988, 855 (900); *Bieber*, NJW 1989, 1395; zu Einzelheiten und Einschränkungen dieses Grundsatzes: unten Kap. 2 E. 1. c) aa).

117 EuGH, oben Fn. 114, a.a.O.; ebenso: EuGH, Urt. vom 2.2.1989, Rs. 275/87, Komm. vs. Rat, Slg. 1989, 259 (262); aus der Lit.: *Behrens*, oben Fn. 54, 60; *Bieber*, ÖZöRV 1988, 226 – 228; *Grunwald*, EuR 1988, 94; *Karpenstein*, Doppelte Rechtsgrundlagen im Gemeinschaftsrecht, in: Ress (Hg.), Rechtsprobleme der Rechtsangleichung, 1988, 79; *Pernice*, oben Fn. 33, 205 f; *Ungerer*, integration 1989, 99. Tatsächlich hat in der Praxis der Streit zwischen den Organen um die Wahl der richtigen Rechtsgrundlage in den letzten Jahren merklich an Intensität gewonnen. Dabei wird zunehmend der Gerichtshof zur Klärung angerufen, wie folgende Verfahren zeigen: Rs. 45/86; 56/86; 68/86; 131/86; 51/87; 131/87; 165/87; 242/87; 275/87; 288/87; C-11/88; C-62/88; C-70/88; C-300/89; C-295/90 (teilweise noch nicht abgeschlossen).

118 Allerdings spielt dieser Punkt im Umweltbereich keine allzu große Rolle, da nach den beiden wichtigsten Vorschriften, nämlich Artt. 100 a und 130 s EWGV, sowohl der Erlaß von Verordnungen wie auch von Richtlinien möglich ist. Ferner besteht auch in den Rechtswirkungen derselben, durch die Rechtsprechung des EuGH zur unmittelbaren Anwendbarkeit von Richtlinien (siehe unten Kap. 3 B. 1. a)), kein derart großer Unterschied mehr, wie es nach dem Wortlaut von Art. 189 Abs. 2 und Abs. 3 EWGV der Fall zu sein scheint.

119 Schlüsselt man den Prozeß der Rechtsetzung chronologisch auf, stellt sich heraus, daß die oben beschriebene Abfolge gerade umgekehrt verläuft. Aus praktischen Erwägungen steht die Wahl der Rechtsgrundlage meist nicht am Beginn, sondern erst am Ende der Überlegungen. Es ist

Bestimmungen über die Zulässigkeit nationaler Abweichungen vom Gemeinschaftsstandard Eingang in den EWG-Vertrag gefunden haben.

Im Zusammenhang mit den genannten rechtlichen Vorgaben kommt der praktischen Anwendung dieser Verfahrensregeln eine entscheidende Rolle im gemeinschaftlichen Rechtsetzungsverfahren zu. Es ist somit zunächst notwendig, die einzelnen Stufen des Verfahrens, nämlich Initiative, Beratung und Entscheidung[120], im Hinblick auf ihre praktische Handhabung näher zu untersuchen.

a) Grundzüge des gemeinschaftlichen Rechtsetzungsverfahrens

aa) Initiative und Beratung

Für die vorliegende Abhandlung ergeben sich aus dem Initiativrecht der Kommission[121] keinerlei Besonderheiten. Bedeutsam sind hingegen die unterschiedlichen Formen der Mitwirkung des Parlaments. Praktiziert werden vier verschiedene Formen der Beteiligung des EP. Zunächst einmal ist zwischen der obligatorischen und der fakultativen Konsultation zu unterscheiden. In beiden Fällen wird dem Parlament ein Anhörungsrecht eingeräumt, d. h. es kann Stellungnahmen abgeben, an die der Rat jedoch nicht gebunden ist[122]. Teilweise ist die Konsultation zwingend vorgeschrieben (obligatorische Konsultation, so z. B. in Artt. 100 Abs. 1, 130 s Abs. 1, 235 EWGV), teilweise wird sie – auf politischen Selbstverpflichtungen beruhend – durchgeführt, ohne daß dies primärrechtlich notwendig wäre (fakultative Konsultation[123]). Ferner liegt auch der dritten Form, dem sog. Konzertierungsverfahren, eine interinstitutio-

---

oftmals gebräuchlich, zunächst Inhalt und Form einer Maßnahme festzulegen und erst dann - sofern zur kompetenziellen Abstützung mindestens zwei Normen in Betracht kommen – eine oder ggf. mehrere davon auszuwählen (Schriftliche Auskunft des Juristischen Dienstes des Rats der Europäischen Gemeinschaften vom 15.6.1990 an den Verfasser). Dafür wird dann oftmals maßgeblich sein, nach welcher Vorschrift sich der zu erlassende Rechtsakt, in der angestrebten Form und mit dem vorgesehenen Inhalt, voraussichtlich zügig und problemlos durchsetzen läßt. Dieser Komplex ist bislang allerdings – soweit ersichtlich – wissenschaftlich nicht aufgearbeitet.

120 Aus Art. 4 I EWGV ergibt sich, daß den einzelnen Gemeinschaftsorganen verschiedene und jeweils spezifische Befugnisse zugewiesen sind. Dies gilt auch für das Verfahren der Rechtsetzung. In der Literatur wird diese Aufteilung der Kompetenzen zwischen den Organen folgerichtig als *„horizontale Kompetenzverteilung“* bezeichnet, so etwa: *Schweitzer/Hummer*, Europarecht, 243.

121 Vgl. Art. 149 I EWGV und die einzelnen Ermächtigungsgrundlagen. In der Praxis hat es jedoch durch den häufigen Gebrauch des Rates von der Möglichkeit des Art. 152 EWGV eine erhebliche Einschränkung erfahren, *Bieber*, in: BBPS, 192; *Hailbronner*, JuS 1990, 267. Einzelheiten zum Initiativrecht: *Würtenberger*, oben Fn. 115, 15; *Hailbronner*, a.a.O., 442; zur kommissionsinternen Erarbeitung eines Vorschlags: *Barth*, GewArch 1990, 91.

122 Vgl. EuGH, Urteile vom 29.10.1980, Rs. 138/79, SA Roquette Frères vs. Rat, Slg. 1980, 3333 (3360 f.) und Rs. 139/79, Maizena GmbH vs. Rat, Slg. 1980, 3393 (3424 f.).

123 In der Praxis etwa durchgeführt bei Artt. 113, 114 EWGV, *Schweitzer/Hummer*, oben Fn. 120, 89.

nelle Vereinbarung zwischen Rat, Parlament und Kommission zugrunde[124]. Zweck des Verfahrens ist es, Meinungsverschiedenheiten zwischen Rat und Parlament bei Rechtsakten allgemeiner Bedeutung mit spürbaren finanziellen Auswirkungen, deren Erlaß nicht bereits aufgrund früherer Rechtsakte notwendig ist, durch einen Dialog auszuräumen.

Schließlich wurde durch die EEA das sog. Kooperationsverfahren gemäß Art. 149 Abs. 2 EWGV in den Vertrag eingefügt[125]. Es kommt lediglich dann zur Anwendung, wenn dies ausdrücklich in der betreffenden Rechtsgrundlage bestimmt ist[126]. Dies ist bei insgesamt zehn Kompetenznormen der Fall[127], bei deren Auswahl eine Systematik jedoch nicht erkennbar ist[128]. Es handelt sich dabei sämtlich um Rechtsgrundlagen, nach denen der Rat mit qualifizierter Mehrheit entscheiden kann[129]. Dieses Verfahren bezweckt, den Einfluß des Parlaments und damit das demokratische Element zu stärken sowie – im Hinblick auf das Ziel Binnenmarkt[130] – den legislativen Entscheidungsprozeß zu effektuieren[131]. In der Sache ist das Kooperationsverfahren durch die Notwendigkeit zweier, teilweise an Fristen gekoppelter, Lesungen gekennzeichnet, wobei die erste im wesentlichen dem oben dargestellten Konsultationsverfahren entspricht[132]. Anschließend faßt der Rat einen Gemeinsamen Standpunkt, der zur zweiten Lesung wiederum dem Parlament zugeleitet wird (Art. 149 Abs. 2 lit. a, b EWGV). Stimmt dieses zu oder äußert es sich innerhalb von drei Monaten nicht, kann der Rat den Rechtsakt in Form des Gemeinsamen Standpunktes mit qualifizierter Mehrheit verabschieden[133]. Hat das Parlament den Gemeinsamen Standpunkt mit absoluter Mehrheit abgelehnt, kann der Rat den Rechtsakt gleichwohl, allerdings nur einstimmig, verabschieden (Art. 149 Abs. 2 lit. c) EWGV). Äußert das Parlament schließlich Abänderungsvorschläge am Gemeinsamen Standpunkt, bestimmt sich der weitere

---

124 Gemeinsame Erklärung vom 4.3.1975, ABl. 1975, C 89, 1; dazu: *Beutler*, Rechtsfragen des Konzertierungsverfahrens, in: Sasse-GS, 1981, Bd. 1, 311 ff.; *Foreman*, The joint declaration between Council, Parliament and Commission, 1979; *Glaesner*, integration 1981, 22 ff.

125 In Anlehnung an die Formulierung in Art. 149 II EWGV auch Verfahren der Zusammenarbeit genannt; dazu: *Bieber*, oben Fn. 116, 1395 ff.; *Corbett*, integration 1989, 22 ff.; *Glaesner*, EuR 1988, 121 ff.; *Legrand*, La politique communautaire de l'environnement: Les grands sujets actuels (pollution atmosphérique, risques ...) et les principes de base, in: La protection de l'environnement par les communautés européennes, 1988, 59; *Ungerer*, oben Fn. 117, 95 ff.

126 *Bieber*, oben Fn. 116, 1398; *Schweitzer*, in: Grabitz (Hg.), EWGV, Art. 149, Rn. 6.

127 Es handelt sich um die Artt. 7, 49, 54 II, 56 II 2, 57 mit Ausnahme von Abs. 2 Satz 2, 100 a, 100 b, 118 a, 130 e, 130 q II EWGV.

128 *De Ruyt*, 127; *Bieber*, oben Fn. 116, 1398; *Ress*, Über die Notwendigkeit der parlamentarischen Legitimierung der Rechtsetzung der EG, in: Geck-GS, 1989, 659.

129 *Glaesner*, oben Fn. 125, 121.

130 Siehe Art. 8 a EWGV und Kommission der Europäischen Gemeinschaften, Vollendung des Binnenmarktes – Weißbuch der Kommission an den Europäischen Rat, Dok. KOM (85) 310 endg.

131 *Bieber*, oben Fn. 116, 1396; *Ungerer*, oben Fn. 117, 95.

132 *Glaesner*, oben Fn. 125, 122; zu den Einzelheiten siehe: *Schweitzer*, oben Fn. 126, Art. 149, Rn. 7 sowie die restliche in Fn. 125 angegebene Literatur.

133 Überzeugend: *Bieber*, oben Fn. 116, 1401 und *Glaesner*, oben Fn. 125, 124; a. A.: *Schweitzer*, oben Fn. 126, Art. 149, Rn. 7, der die einfache Mehrheit nach Art. 148 I EWGV für ausreichend hält.

Fortgang des Verfahrens nach dem Verhalten der Kommission. Macht sie sich die Vorschläge des Parlaments zu eigen, kann der Rat diese entweder mit qualifizierter Mehrheit annehmen oder einstimmig abändern. Folgt die Kommission hingegen nicht den Änderungswünschen, kann der Rat entweder einstimmig den Vorschlag des Parlaments dennoch annehmen oder den Kommissionsvorschlag mit qualifizierter Mehrheit verabschieden[134]. Einzelheiten des Verfahrens sind noch immer umstritten, weil die redaktionelle Fassung von Art. 149 Abs. 2 EWGV teilweise verunglückt ist[135].

Gespalten ist auch die Bewertung des Verfahrens der Zusammenarbeit in Praxis und Literatur. Teilweise wird die Verbesserung des Entscheidungsprozesses in der konkreten Anwendung sowie die Stärkung der Position des Parlaments, das nunmehr die Möglichkeit habe, Druck auf den Rat auszuüben, positiv vermerkt[136]. Andere heben hervor, daß auch nach dem Kooperationsverfahren das Parlament noch nicht einmal in der Lage sei, einen Rechtsakt des Rates zu verhindern, weil dieser sich durch Einstimmigkeit noch immer über dessen Votum hinwegsetzen könne. Das Verfahren kompliziere mithin die Setzung gemeinschaftlichen Rechts nur unnötig, so daß nach dieser Auffassung die Beurteilung insgesamt negativ ausfällt[137].

Man wird zu differenzieren haben. Was den Abbau des Demokratiedefizits in der Gemeinschaft anbetrifft, bringt das Verfahren der Zusammenarbeit allenfalls einen marginalen Fortschritt[138]. Das Parlament ist weder in der Lage, alleine einen Rechtsakt zu verabschieden, noch hat es die Möglichkeit, den Erlaß eines solchen gegen den geschlossenen Willen des Rates zu verhindern. Eine echte Mitentscheidungsbefugnis des EP ist nach wie vor nicht gegeben[139]. Vielmehr bleibt der Rat weiterhin das entscheidende Legislativorgan der Gemeinschaft[140]. Das in der Präambel der EEA geäußerte Anliegen der Mitgliedstaaten, entschlossen für die Demokratie einzutreten, harrt auf Gemeinschaftsebene mithin noch seiner Verwirklichung. Negativ steht daher der weiterhin eklatante und, aufgrund des durch die Einheitliche Akte bewirkten Kompetenzzuwachses der Gemeinschaft zunehmend unerträglicher werdende Mangel an demokratischer Legitimation zu Buche[141].

---

134 *Glaesner*, oben Fn. 125, 126.

135 *Bieber*, oben Fn. 116, 1397; *Hailbronner*, oben Fn. 121, 265; *Würtenberger*, oben Fn. 115, 18.

136 So: *Bieber*, oben Fn. 116, 1402; *Corbett*, oben Fn. 125, 29; *Ungerer*, oben Fn. 117, 105.

137 *Ress*, oben Fn. 128, 660; *Schweitzer*, oben Fn. 126, Art. 149, Rn. 9; wohl auch: *Wessels*, integration 1986, 67.

138 *Everling*, Probleme der Rechtsangleichung zur Verwirklichung des europäischen Binnenmarktes, in: Steindorff-FS, 1990, 1165; *Haneklaus*, DVBl. 1990, 1139; *Scholz*, Der europäische Rechtsstaat, in: Steindorff-FS, 1990, 1434; *Zuleeg*, in: AK-GG, Bd. 1, Art. 24 Abs. 1, Rn. 12; wohl auch: *Magiera*, oben Fn. 115, 603.

139 *Arnull*, ELRev 1986, 363; *Barth*, oben Fn. 121, 92; *Glaesner*, oben Fn. 125, 128; *Grabitz*, EEA – Bilanz und Analyse des Luxemburger Gipfels, in: Knoche (Hg), Wege zur europäischen Rechtsgemeinschaft, 1987, 45; *Hailbronner*, oben Fn. 121, 266, 446; *Ress*, oben Fn. 128, 660.

140 *Bleckmann*, ZRP 1990, 266; *Rupp*, ZRP 1990, 3.

141 Pointiert dargestellt von: *Schumann*, Europa 1992: Markt ohne Staat, in: Der Spiegel, Nr.

Andererseits hat sich das Kooperationsverfahren in der Praxis, trotz seiner Komplexität, weitgehend bewährt. Es hat den sachlichen Dialog zwischen den Organen verbessert und einen Trend hin zu Mehrheitsentscheidungen bewirkt[142]. Dadurch konnte auch der vorgesehene Zeitplan zur Verwirklichung des umfangreichen Binnenmarktprogramms bislang weitgehend eingehalten werden[143]. Als Fazit ist somit zu konstatieren, daß das Verfahren der Zusammenarbeit zwar keinen nennenswerten Abbau des demokratischen Defizits bewirkt, zumindest aber doch die Entscheidungsfähigkeit der Gemeinschaft verbessert hat.

Schließlich ist teilweise, zusätzlich zur Beteiligung des Parlaments, die Anhörung des Wirtschafts- und Sozialausschusses (Artt. 193 bis 198 EWGV) vorgesehen, bevor der Rat über den Erlaß eines Rechtsaktes entscheiden kann. Dieses Erfordernis ist beispielsweise bei Maßnahmen auf der Grundlage der Artt. 43 Abs. 2, 100 Uabs. 1, 100 a Abs. 1 Satz 2 EWGV zu beachten[144].

bb) Beschlußfassung

Die dritte und letzte Stufe des gemeinschaftlichen Rechtsetzungsverfahrens ist schließlich die Beschlußfassung im Rat. Die Grundsätze der Willensbildung in diesem Organ sind allgemein in Art. 148 EWGV geregelt. Der Vorschrift sind fünf unterschiedliche Abstimmungsmodalitäten zu entnehmen[145], wobei grundsätzlich zwischen der Beschlußfassung mit einfacher (Art. 148 Abs. 1 EWGV) und qualifizierter Mehrheit (Art. 148 Abs. 2 EWGV) sowie mit Einstimmigkeit (vgl. Art. 148 Abs. 3 EWGV) zu unterscheiden ist[146]. Die jeweils einschlägige Beschlußform ergibt sich aus der zugrundeliegenden Kompetenznorm. Sind dort keine besonderen Erfordernisse genannt, kann mit einfacher Mehrheit nach Art. 148 Abs. 1 EWGV abgestimmt werden[147]. Allerdings schreibt die größte Anzahl der Rechtsgrundlagen die Notwendigkeit des Zustandekommens einer qualifizierten Mehrheit zur Verabschiedung eines Rechtsaktes vor[148].

Fraglich ist, ob diese vertraglichen Regelungen in der Praxis durch eine anderslautende Übung im Rat faktisch außer Kraft gesetzt sind. Es geht darum, ob die primärrechtlich vorgesehene Möglichkeit der Mehrheitsentscheidungen

---

27, 1988 vom 4.7.1988, 94 f. (Zitat von Seite 94: *„Denn Demokratie, so sie auch in den nationalen Parlamenten immer häufiger zur Karikatur verkommt, findet im Europa der zwölf gar nicht erst statt.“*); eine ausführliche juristische Analyse des Problems findet sich bei: *Ress*, oben Fn. 128, 625 ff.

142 *Ungerer*, oben Fn. 117, 102, 105; ferner auch: *Bieber*, oben Fn. 116, 1402; *Corbett*, oben Fn. 125, 29.

143 So die Zwischenbilanz der Komm. vom 22.11.1990, zitiert nach FAZ, Nr. 273 vom 23.11.1990, 17; siehe auch: *Hauschka*, NJW 1989, 3048 ff.; *Emmerich*, WM 1990, 1 ff.

144 Siehe dazu: *Würtenberger*, oben Fn. 115, 15.

145 Siehe *Schweitzer*, oben Fn. 126, Art. 148, Rn. 2.

146 *Bieber*, in: BBPS, 126.

147 *Schweitzer*, oben Fn. 126, Art. 148, Rn. 3.

148 *Bieber*, oben Fn. 146, a.a.O.

durch eine, von allen Mitgliedstaaten beachtete, Vereinbarung, dennoch nur bei Zustandekommen von Einstimmigkeit einen Beschluß zu fassen, unterlaufen wird. Eine solche Übereinkunft besteht in Gestalt des Ratsbeschlusses vom 28. Januar 1966[149]. Darin vereinbarten die Mitglieder des Rates, sich bei Beschlüssen, die mit Mehrheit auf Vorschlag der Kommission gefaßt werden können, dann um einen Konsens zu bemühen, wenn dabei sehr wichtige Interessen eines Mitgliedstaates auf dem Spiel stehen. Dies führte in der Praxis dazu, daß, in den vertraglich vorgesehenen Fällen, das Mehrheitsprinzip faktisch aufgehoben wurde[150]. Es fragt sich daher, ob vom sog. Luxemburger Kompromiß auch heute noch Bindungswirkungen gleich welcher Art ausgehen, ob sich ein Mitgliedstaat also in Fällen vertraglich vorgesehener Möglichkeit von Mehrheitsentscheidungen zulässigerweise und wirksam darauf berufen kann. Dies ist insbesondere deshalb von Bedeutung, weil durch die EEA die mögliche Anwendung des Mehrheitsprinzips bei der Rechtsetzung beträchtlich erweitert worden ist[151] und auch das Kooperationsverfahren nach Art. 149 Abs. 2 EWGV nur bei tatsächlichen Entscheidungen mit qualifizierter Mehrheit sinnvoll zur Anwendung kommen kann[152].

Die Einheitliche Europäische Akte enthält keinerlei Äußerungen zum Luxemburger Kompromiß. Er ist dort weder förmlich festgeschrieben noch explizit aufgehoben worden[153]. Aus der fehlenden Aufhebung wurde von manchen Autoren das Fortbestehen und die weitere Verbindlichkeit der Vereinbarung geschlossen[154]. Nach dieser Auffassung könnten die Mitgliedstaaten somit einer drohenden Majorisierung bei der Rechtsetzung weiterhin durch Berufung auf den Luxemburger Kompromiß entgehen.

Dagegen spricht jedoch, daß es einer vertraglichen Aufhebung gar nicht bedurfte, da die Vereinbarung nicht als gemeinschaftlicher Rechtsakt zu qualifizieren ist, sondern lediglich eine politische Erklärung darstellt[155]. Davon gehen ersichtlich auch die Mitgliedstaaten aus, war doch der Kompromiß noch nicht einmal Gegenstand der Beratungen zur Einheitlichen Akte[156]. Ferner ist festzustellen, daß seit Inkrafttreten der EEA die Vereinbarung rechtlich unzu-

---

149 Zumeist als *„Luxemburger Kompromiß"* oder *„Luxemburger Vereinbarung"* bezeichnet; Text abgedruckt in: EuR 1966, 79; aus der Literatur: *Lahr*, Die Legende vom „Luxemburger Kompromiß", EA 1983, 223 ff.; *Streinz*, Die Luxemburger Vereinbarung, 1984.

150 *Schweitzer*, oben Fn. 126, Art. 148, Rn. 11. Diese faktische Bindung an das Erfordernis der Einstimmigkeit hat in der Praxis teilweise zu einer gegenseitigen Blockade von Mitgliedstaaten und Gemeinschaft geführt. In der Literatur ist dies treffend als *„Politikverflechtungs-Falle"* bezeichnet worden, so: *Scharpf*, PVS 1985, 323 ff.

151 Siehe vor allem die binnenmarktrelevanten Vorschriften der Artt. 100 a und 100 b EWGV.

152 Vgl. oben Kap. 2 A. 5. a) aa).

153 *Glaesner*, EuR 1986, 132.

154 Ausdrücklich: *Schweitzer*, oben Fn. 126, Art. 148, Rn. 13; ähnlich: *Grabitz*, oben Fn. 139, 45; von der Notwendigkeit einer Aufhebung und damit letztlich vom Fortbestehen der Vereinbarung gehen ersichtlich auch aus: *Pescatore*, EuR 1986, 155; *Seidel*, EA 1987, 555 und *Wessels*, oben Fn. 137, 68.

155 *Bieber*, in: BBPS, 127; *Bothe*, oben Fn. 13, 766 m.w.N. in Fn. 24; *Everling*, Zur föderalen Struktur der EG, in: Doehring-FS, 1989, 191; *Schweitzer/Hummer*, oben Fn. 120, 74.

156 *Kellermann*, ELRev 1987, 222.

lässig geworden ist und auch von den Mitgliedstaaten als politisch nicht mehr bindend angesehen wird. Dies ergibt sich inzidenterweise aus dem Inhalt und Zweck wichtiger Bestimmungen der Akte. Ihre wesentliche Bedeutung ist zwar die rechtliche Verbindlichkeit[157], von der EEA gehen darüber hinaus aber auch beträchtliche politische Implikationen aus. Am sinnfälligsten folgt dies aus der, in der Präambel formulierten, Zielsetzung einer Politischen Union. Es ist nun nicht möglich, weiterhin am Luxemburger Kompromiß festzuhalten und gleichzeitig den neu eingefügten Vorschriften, wie etwa Artt. 100 a, 100 b und 149 Abs. 2 EWGV, eine praktische Wirksamkeit zu verleihen. So würden Artt. 100 a Abs. 4 und 100 b Abs. 2 EWGV, die – dem Wortlaut nach[158] – bei qualifizierten Mehrheitsentscheidungen unter bestimmten Voraussetzungen die Möglichkeit eines einzelstaatlichen Abweichens vom Gemeinschaftsstandard erlauben, faktisch leerlaufen, wenn der Rat sich aufgrund der Luxemburger Vereinbarung an das Einstimmigkeitserfordernis gebunden fühlt[159]. Ebenso ist der Ablauf des Kooperationsverfahrens gemäß Art. 149 Abs. 2 EWGV auf Ratsbeschlüsse mit Mehrheit zugeschnitten. Es kann sinnvoll nicht ohne die tatsächliche Praxis solcher Mehrheitsentscheidungen angewandt werden. Umgekehrt ist der hinter der Vereinbarung stehende politische Zweck, nämlich die Verhinderung der Majorisierung einzelner Mitgliedstaaten, die in einem derartigen Falle gegen ihren Willen an eine verbindliche Gemeinschaftsregelung gebunden wären, durch die EEA nunmehr in wesentlichen Bereichen rechtlich gelöst. Die Akte hat zu diesem Zweck in wichtigen Sachgebieten die strikte Bindung an den Gemeinschaftsstandard mehr oder minder stark gelockert. Beispielsweise ist durch die Artt. 100 a Absätze 4 und 5, 100 b Abs. 2, 118 a Abs. 3, 130 t EWGV den Mitgliedstaaten ein teilweise beträchtlicher eigener Handlungsspielraum gegeben[160]. Hinzu kommt, daß nach der neueren EuGH-Rechtsprechung den Gemeinschaftsorganen die Verfügungsbefugnis über die Abstimmungsmodalitäten im Rat grundsätzlich entzogen ist[161]. Dies gilt nach dem zugrundeliegenden Rechtsstreit uneingeschränkt jedenfalls für Verfahrenserschwernisse, wie etwa die Berufung auf Einstimmigkeit, wenn vertraglich Mehrheitsentscheidungen vorgesehen sind. Eine solche Abrede liegt aber gerade der Luxemburger Vereinbarung zugrunde. Insgesamt ist somit davon auszugehen, daß die Berufung eines Mitgliedstaates auf den Luxemburger Kompromiß nunmehr gemeinschaftsrechtlich unzulässig ist[162].

---

157 *Bieber*, oben Fn. 117, 215.

158 Dazu unten Kap. 3 C. 2. b) bb).

159 *De Ruyt*, 175.

160 *Langeheine*, Das neue Rechtsetzungsverfahren im Bereich des Gemeinsamen Marktes, Vortrag beim Jahreskolloquium des Arbeitskreises Europäische Integration e.V., 3.-5.12.1987, Manuskript, 10 f. und in: Grabitz (Hg.), EWGV, Art. 100 a, Rn. 38.

161 Siehe oben Fn. 14.

162 *Wagner-Wieduwilt*, WM 1988, 603; anders noch: *Schweitzer*, oben Fn. 126, Art. 148, Rn. 14, der insoweit jedoch die Neuerungen durch die EEA nicht einbezieht; vgl. auch *Glaesner*, oben Fn. 153, 132.

Diesem rechtlichen Befund entspricht die Praxis der Gemeinschaftsorgane schon seit einigen Jahren[163]. Bereits im Jahre 1982 wurde, entgegen der Übereinkunft im Luxemburger Kompromiß, von der vertraglich bestehenden Möglichkeit der Mehrheitsentscheidung gegen den ausdrücklichen Willen eines Mitgliedstaates Gebrauch gemacht[164]. Zunächst nur Beschlüsse im Agrarbereich betreffend, wurde die Berufung einzelner Mitgliedstaaten auf vitale nationale Interessen von der Mehrheit immer weniger beachtet[165]. Mittlerweile ist der Rat von seiner, lange Zeit der Luxemburger Vereinbarung entsprechenden, Entscheidungspraxis abgerückt. Dies hat im Jahre 1987 auch zu einer Anpassung der Geschäftsordnung des Rates an die, nunmehr häufig gewordene, Übung von Mehrheitsentscheidungen geführt[166]. Damit ist im Ergebnis wieder – entsprechend dem Postulat des Gerichtshofs in der Rs. 68/86 – die Befolgung primärrechtlich statuierter Abstimmungsmodalitäten in der Praxis des Rates gesichert.

b) Das zweigeteilte Rechtsetzungsverfahren nach Art. 130 s EWGV

aa) Gemeinschaftliches Tätigwerden nach Art. 130 s Abs. 1 EWGV

Auf dem Hintergrund vorstehender Ausführungen soll im folgenden zunächst die Rechtsetzung nach Art. 130 s Abs. 1 EWGV untersucht werden. Die Vorschrift erfaßt sowohl Einzelmaßnahmen als auch ganze Tätigkeitsfelder[167]. Die Gemeinschaft ist somit befugt, bereits im Rahmen von Art. 130 s Abs. 1 EWGV einzelne Rechtsakte zu erlassen[168] und muß nicht erst ein allgemeines umweltpolitisches Tätigkeitsfeld festlegen, das dann jeweils über Abs. 2 der Vorschrift durch Verabschiedung von Einzelmaßnahmen auszugestalten wäre[169].

Das Rechtsetzungsverfahren gliedert sich nach Art. 130 s Abs. 1 EWGV in die üblichen drei Stufen der Initiative, Beratung und Beschlußfassung[170]. Voraussetzung jeden gemeinschaftlichen Handelns ist ein Vorschlag der Kommission. Sie ist als einziges Organ initiativbefugt[171], allerdings besteht auch im Rahmen von Art. 130 s Abs. 1 EWGV die allgemeine Möglichkeit des Art. 152 EWGV[172]. Die

---

163 *Everling*, oben Fn. 155, 192.

164 *Klein*, DÖV 1984, 1013; *Schweitzer*, oben Fn. 126, Art. 148, Rn. 12.

165 *Götz*, EuR 1988, 299.

166 *Ungerer*, oben Fn. 117, 98 f. mit Einzelnachweisen.

167 Oben in Kap. 2 A. 3. bereits festgestellt.

168 *Krämer*, oben Fn. 28, 149; *Grabitz*, oben Fn. 2, Art. 130 s, Rn. 27. Dies findet sich im übrigen auch in der Organpraxis bestätigt: siehe die bislang auf diese Kompetenznorm gestützten Rechtsakte, Nachweise oben Kap. 2 A. 1., Fn. 5.

169 Wenn auch ein solches Vorgehen nicht zwingend notwendig ist, so ist es andererseits rechtlich nicht unzulässig. Art. 130 s EWGV räumt dem Rat insoweit einen weiten Gestaltungsspielraum ein; siehe: *Scheuing*, oben Fn. 1, 182, dort Fn. 179.

170 Allgemein dazu: oben Kap. 2 A. 5. a).

171 *Grabitz/Zacker*, oben Fn. 72, 299.

172 Siehe dazu: oben Kap. 2 A. 5. a) aa), Fn. 121 m.w.N.

Beratung des Kommissionsvorschlags erfolgt durch eine obligatorische Konsultation des Europäischen Parlaments und des Wirtschafts- und Sozialausschusses. Bei Verletzung dieser Anhörungspflichten kann der betreffende Rechtsakt unter den Voraussetzungen des Art. 173 EWGV vor dem Gerichtshof angegriffen werden[173]. Der EuGH kann nach dieser Vorschrift nicht von selbst tätig werden, vielmehr ist die Einleitung eines Verfahrens durch vorlageberechtigte Rechtsträger notwendig. Klagebefugt ist über den zu engen Wortlaut von Absatz 1 der Bestimmung hinaus auch das Parlament, sofern die Klage auf den Schutz seiner Befugnisse gerichtet ist und nur auf Gründe gestützt wird, mit denen die Verletzung dieser Rechte geltend gemacht wird[174]. Die Beschlußfassung erfolgt schließlich durch den Rat. Er entscheidet nach Art. 130 s Abs. 1 EWGV einstimmig im Sinne von Art. 148 Abs. 3 EWGV[175].

Es fragt sich nun, welcher der rechtsverbindlichen Handlungsformen sich die Gemeinschaft im Rahmen von Art. 130 s Abs. 1 EWGV bedienen kann. Von den drei verbindlichen Rechtsinstituten der Verordnung, Richtlinie und Entscheidung nach Art. 189 Abs. 2 bis 4 EWGV wird in Art. 130 s Abs. 1 EWGV keines genannt, sondern es ist lediglich in allgemeiner Form von einem *„Tätigwerden“* der Gemeinschaft die Rede. Enthält eine Kompetenznorm keine ausdrückliche Regelung zulässiger Rechtsakte, gilt das Prinzip der Wahlfreiheit, sofern keine anderslautenden Anhaltspunkt ersichtlich sind[176]. Der Vorschrift selbst ist kein Hinweis zu entnehmen, daß das Regelungsinstrumentarium des Art. 189 EWGV nur eingeschränkt zur Anwendung kommen kann. Dies findet sich ebenfalls durch systematische Erwägungen bestätigt. Art. 130 r Abs. 4 Satz 2 EWGV enthält den ebenfalls allgemeinen und alle Formen gemeinschaftlicher Rechtsakte abdeckenden Begriff der *„Maßnahmen“*. Daraus folgt, daß die EG die Kompetenz hat, sowohl Verordnungen als auch Richtlinien und Entscheidungen auf der Grundlage von Art. 130 s Abs. 1 EWGV zu erlassen[177].

---

173 EuGH, Urt. vom 29.10.1980, Rs. 139/79, Maizena vs. Rat, Slg. 1980, 3393 (3424).

174 EuGH, Urt. vom 22.5.1990, Rs. C-70/88, EP vs. Rat, Slg. 1990, I-2041 (I-2067 ff.). Das Urteil wird besprochen von: *Faber*, DVBl. 1990, 1095 ff.; *Hilf*, EuR 1990, 273 ff.

175 Der Festschreibung des Einstimmigkeitserfordernisses lagen die Befürchtungen vieler Mitgliedstaaten zugrunde, bei umstrittenen Rechtsetzungsvorhaben mit weitreichenden politischen und wirtschaftlichen Implikationen überstimmt zu werden (*Jacqué*, RTDE 1986, 608; *de Ruyt*, 217 f.). In der Literatur wird dies teilweise als gravierender Nachteil angesehen, weil damit ein – umweltpolitischen Herausforderungen in aller Regel angemessenes – effektives und schnelles Handeln des gemeinschaftlichen Gesetzgebers nicht möglich sei und somit ein von anderer Seite als *„Politikverflechtungs-Falle“* gekennzeichneter Zustand (dazu oben Kap. 2 A. 5. a) bb) Fn. 150) aufrecht erhalten bleibe (so: *Hey*, oben Fn. 109, 284). Jedoch ist bei einer solchen Wertung auch Art. 148 Abs. 3 EWGV einzubeziehen. Für eine einstimmige Beschlußfassung ist danach keineswegs die Zustimmung aller Ratsmitglieder erforderlich, sondern es reicht bereits aus, wenn sich lediglich ein Mitglied für die Annahme ausspricht, sofern alle anderen sich der Stimme enthalten (dazu: *Ress*, oben Fn. 128, 659). Dies senkt die Schwelle des Einstimmigkeitserfordernisses etwas ab, ohne jedoch das durchaus bestehende grundsätzliche Dilemma dieser Entscheidungsform zu beseitigen. Letztlich gibt damit doch der Langsamste das Tempo vor. Es bleibt somit prinzipiell beim *„Geleitzug-System“* (so: *Zuleeg*, oben Fn. 17, 283).

176 *Zuleeg*, JöR 20 (1971), 15.

177 Im Schrifttum ganz überwiegend vertreten: *Glaesner*, oben Fn. 12, 169; *Grabitz*, oben Fn. 2, Art. 130 s, Rn. 27; *Krämer*, oben Fn. 28, 149; *Kupfer*, oben Fn. 108, 58; *Lietzmann*, oben Fn. 1, 170; *Scheuing*, oben Fn. 1, 189; *Soell*, oben Fn. 81, 156; *Steiger*, Europarechtliche Grundlagen, in:

In der Literatur ist nun jedoch die Meinung vertreten worden, daß, trotz des Bestehens einer grundsätzlichen Wahlfreiheit, eine vertragliche Präferenz für die Handlungsform der Richtlinie gemäß Art. 189 Abs. 3 EWGV bestehe. Dies ergebe sich aus der Formulierung *„Durchführung der anderen Maßnahmen“* in Art. 130 r Abs. 4 Satz 2 EWGV[178]. Dagegen spricht jedoch, daß diese Begründung aus dem Vertrag im Ergebnis nicht zwingend ist. So taucht im deutschen Text der Begriff *„Durchführung“* in Art. 189 Abs. 3 EWGV nicht auf. Auch die Auffassung, daß bei den Beratungen zur EEA mit der genannten Formulierung in Art. 130 r Abs. 4 Satz 2 EWGV eine gewisse Bindung an die Handlungsform der Richtlinie beabsichtigt war, läßt sich nicht belegen. Im Gegenteil fehlt eine, der Zusatzerklärung der Regierungskonferenz zu Art. 100 a EWGV entsprechende, Äußerung zur parallelen Thematik bei Art. 130 s Abs. 1 EWGV. Der Schluß, daß die Regierungsvertreter mit dieser Erklärung auch eine Präferenz zugunsten der Richtlinie bei gesetzgeberischer Tätigkeit auf der Grundlage von Art. 130 s Abs. 1 EWGV zum Ausdruck bringen wollten, läßt sich weder mit grammatischen noch mit teleologischen Erwägungen stützen. Zum einen hebt der Wortlaut dieser Äußerung explizit auf Art. 100 a Abs. 1 EWGV und der danach möglichen Angleichung von Vorschriften ab. Aber auch die Interessenlage ist nicht vergleichbar, da die Zusatzerklärung bezweckt, als Ausgleich für die in Art. 100 a Abs. 1 EWGV geschaffene Möglichkeit von Mehrheitsentscheidungen, den Mitgliedstaaten einen gewissen Spielraum bei der Anwendung des Gemeinschaftsrechts zu verschaffen, den sie bei Verordnungen nicht hätten[179]. Im Rahmen von Art. 130 s Abs. 1 EWGV besteht dieses Bedürfnis wegen des Erfordernisses der Einstimmigkeit aber gerade nicht. Es bleibt somit bei der eindeutigen Auslegung nach dem Wortlaut dieser Bestimmung. Der Begriff des Tätigwerdens ist mangels anderslautender Anhaltspunkte in einem umfassenden Sinne zu verstehen. Die Gemeinschaftsorgane sind vertraglich nicht an die bevorzugte Nutzung bestimmter Handlungsformen gebunden. Ihre politische Handlungsfreiheit ist insoweit rechtlich nicht eingeschränkt[180].

Salzwedel (Hg.), Grundzüge des Umweltrechts, Manuskript zur Neuauflage, 8; *Vandermeersch*, oben Fn. 29, 423 f.; *Zuleeg*, oben Fn. 17, 281; a. A. wohl, jedoch ohne nähere Begründung, *CEDE*, 10736 D, dort ist hinsichtlich der Einzelmaßnahmen lediglich von Richtlinien die Rede. Neben diesen rechtsverbindlichen Handlungsformen, die – entsprechend der Definition von Kompetenz (oben Kap. 1 B. 1.) – Gegenstand dieser Arbeit sind, kann aber auch die gesamte Palette unverbindlicher gemeinschaftlicher Handlungsformen auf Art. 130 s Abs. 1 EWGV gestützt werden (*Grabitz*, a.a.O.; *Zuleeg*, a.a.O.).

178 So: *Vandermeersch*, oben Fn. 29, 423 f. Er geht dabei vom Vertragstext in englischer Sprache aus, der an dieser Stelle lautet: *„implement the other measures“*. Implementierungsbedürftig seien aber nur Richtlinien und keine Verordnungen. Im Ergebnis ähnlich: *Zuleeg*, oben Fn. 17, 281, der aus der Zusatzerklärung der Regierungskonferenz zu Art. 100 a EWGV folgert, daß sowohl nach dieser Norm als auch nach Art. 130 s EWGV das Instrument der Richtlinie vorzugswürdig sei. Beide Autoren äußern sich allerdings nicht zu der eigentlich bedeutsamen Frage, welche rechtlichen Konsequenzen etwa eine systematische Mißachtung dieser Präferenz – unterstellt es gäbe sie – zur Folge hätte.

179 *Glaesner*, oben Fn. 153, 133 f.

180 Dies findet sich auch in der Praxis der Organe bestätigt: Die Gemeinschaft hat, gestützt auf Art. 130 s EWGV, seit Inkrafttreten der EEA auch von der Rechtsform der Verordnung Gebrauch gemacht; Einzelnachweise oben: Kap. 2 A. 1., Fn. 5.

bb) Anwendungsbereich und Verfahren von Art. 130 s Abs. 2 EWGV

Nach Art. 130 s Abs. 2 EWGV legt der Rat *„unter den in Absatz 1 genannten Bedingungen fest, was unter die mit qualifizierter Mehrheit zu fassenden Beschlüsse fällt*“. Zunächst ist also das durch Mehrheitsvotum zu regelnde Sachgebiet einstimmig vom Rat auf Vorschlag der Kommission und nach Anhörung von EP und WSA festzulegen, wenn Art. 130 s Abs. 2 EWGV zum Zuge kommen soll[181]. Für das weitere Vorgehen stellen sich dann zwei Probleme. Zum einen ist fraglich, unter welchen Voraussetzungen diese Vorschrift zur Anwendung kommt, d. h. in welchem Verhältnis sie zu Art. 130 s Abs. 1 EWGV steht. Zum anderen sind die einschlägigen Verfahrensmodalitäten bei einem Gebrauchmachen von Mehrheitsentscheidungen zu ermitteln.

Zunächst zum erstgenannten Problembereich. Im Kern geht es um die Frage, ob Mehrheitsentscheidungen nach Art. 130 s Abs. 2 EWGV obligatorisch oder fakultativ sind; mit anderen Worten: ob und wann der Rat verpflichtet ist, nach dieser Norm vorzugehen oder ob dies ausschließlich dem politischen Willen dieses Organs obliegt.

Der Wortlaut von Art. 130 s Abs. 2 EWGV ist in dieser Frage nicht eindeutig[182]. Er kann einerseits dahingehend ausgelegt werden, daß der Rat zu einem solchen Vorgehen im Sinne einer Ermächtigung zwar befugt, zu einem tatsächlichem Gebrauchmachen aber rechtlich nicht verpflichtet ist. Nach dieser Auffassung stellt sich die Entscheidung für ein Tätigwerden nach Art. 130 s Abs. 2 EWGV ausschließlich als eine rechtlich ungebundene und damit politische dar, die in vollem Umfang dem Ermessen des Rates unterliegt[183]. Andererseits wird in der Literatur auch die Auffassung vertreten, die Formulierung: *„Der Rat legt ... fest.*“ sei im Sinne eines imperativen Indikativs zu verstehen. Die Vertreter dieser Meinung sehen in Art. 130 s Abs. 2 EWGV eine an den Rat gerichtete bindende Aufforderung, so daß aus der Ermächtigung zum Tätigwerden eine Verpflichtung werde[184]. Falls sich diese Sichtweise als vorzugswürdig erweisen sollte, wäre noch die Frage zu klären, wie diese im einzelnen ausgestaltet ist.

Zunächst läßt sich der letztgenannten Auffassung entgegenhalten, daß sie angesichts des wenig ergiebigen Wortlauts von Art. 130 s Abs. 2 EWGV kaum praktikabel ist. Der Vertrag legt weder fest, auf welche Gebiete des Umweltrechts sich eine solche Verpflichtung erstrecken könnte noch lassen sich der Vorschrift Anhaltspunkte darüber entnehmen, in welcher Art und Weise die Gemeinschaft umweltschützend tätig werden soll.

---

181 *Grabitz/Zacker*, oben Fn. 72, 299.

182 Von *Ress*, oben Fn. 81, Sp. 460, als offensichtlicher Mangel dieser Regelung bezeichnet.

183 So: *Grabitz*, oben Fn. 2, Art. 130 s, Rn. 28; *Grabitz/Zacker*, oben Fn. 72, 299; *Haagsma*, oben Fn. 72, 347; *Krämer*, oben Fn. 28, 150; *de Ruyt*, 218; *Zuleeg*, oben Fn. 17, 283; von einem *„Können*“ des Rates und damit gegen eine rechtliche Verpflichtung sprechen auch: *Glaesner*, oben Fn. 153, 141; *Jacqué*, oben Fn. 175, 608; *Kloepfer*, oben Fn. 20, § 6, Rn. 10; *Steiger*, oben Fn. 177, 8.

184 So: *Lietzmann*, oben Fn. 1, 185, auch: 171 f.; *Pernice*, oben Fn. 2, 37 f.

Allenfalls ließe sich aus Sinn und Zweck der Norm dann eine Rechtspflicht zur Wahrnehmung herleiten, wenn andernfalls die praktische Wirksamkeit der Vorschrift nicht sichergestellt wäre. Im Schrifttum wurde jedoch bereits überzeugend nachgewiesen, daß auch einem lediglich als Ermächtigung verstandenen Art. 130 s Abs. 2 EWGV eine eigenständige, konstitutive und nicht bloß rein deklaratorische Bedeutung zukommt[185]. Bei extensiver Nutzung ist es danach möglich, auch grundsätzliche Entscheidungen mit Mehrheit zu treffen[186]. Aus Art. 130 s EWGV folgt nämlich nicht, daß alle Grundsatzentscheidungen auf Abs. 1 und lediglich die Durchführungsbestimmungen auf Abs. 2 zu stützen sind[187].

Schließlich bietet auch die neuere EuGH-Rechtsprechung zur Verfügungsbefugnis der Organe und Mitgliedstaaten über das Beschlußregime des Rates[188] einen Anhaltspunkt für eine konstitutive Bedeutung von Art. 130 s Abs. 2 EWGV, selbst wenn es sich dabei nur um eine Ermächtigungsnorm handelt. Unterliegen nämlich die vertraglichen Verfahrensregeln grundsätzlich nicht der Dispositionsbefugnis der Organe[189], dann besteht die Daseinsberechtigung von Art. 130 s Abs. 2 EWGV bereits darin, die Möglichkeit von Mehrheitsentscheidungen bereitzustellen[190]. Teleologisch läßt sich somit die Auffassung eines in dieser Norm enthaltenen verbindlichen Anwendungsbefehls nicht begründen. Umgekehrt ergibt sich aus Sinn und Zweck des Einstimmigkeitserfordernisses nach Art. 130 s Abs. 1 EWGV, nämlich auf dem sensiblen und weitreichenden Gebiet des Umweltschutzes eine Majorisierung einzelner Mitgliedstaaten zu verhindern[191], daß dies ersichtlich nicht durch Absatz 2 der Vorschrift wieder unterlaufen werden sollte. Diese Gefahr bestünde aber, wenn man Art. 130 r Abs. 2 EWGV als Rechtsgebot interpretiert. Dann wäre dies ein Instrument, um das nach Absatz 1 jedem Mitgliedstaat eingeräumte Vetorecht faktisch auszuhöhlen[192]. Der systematische Vergleich mit Sinn und Zweck von Art. 130 s Abs. 1 EWGV zeigt somit, daß der Rat zu Mehrheitsentscheidungen in dem Bereich zwar befugt, aber rechtlich nicht gezwungen ist.

---

185 *Scheuing*, oben Fn. 1, 182 f.

186 In der Praxis hat das EP bereits 1987 gefordert, der Rat solle alle Maßnahmen des 4. AP mit Mehrheit nach Art. 130 s Abs. 2 EWGV beschließen, ABl. 1987, C 156, 137, Nr. 15; ein häufigeres Gebrauchmachen von dieser Möglichkeit wird auch von Mitgliedern der Komm. angemahnt: *Brinkhorst*, Die Vorhaben der EG-Komm., in: Europäische Liga für wirtschaftliche Zusammenarbeit (Hg.), Die europäische Dimension im Umweltschutz, 1988, 29.

187 Überzeugend: *Scheuing*, oben Fn. 1, 181 f.; demgegenüber unklar: *Binswanger/Meiners*, oben Fn. 72, 411.

188 EuGH, Urt. vom 23.2.1988, Rs. 68/86, Vereinigtes Königreich vs. Rat, Slg. 1988, 855 (900).

189 EuGH, oben Fn. 188, a.a.O., ebenso: *Bieber*, oben Fn. 116, 1395.

190 *Scheuing*, oben Fn. 1, 182 f.

191 Oben Fn. 175.

192 Dies ist bspw. dann vorstellbar, wenn zwischen den beiden Entscheidungen nach Art. 130 s Abs. 1 und Abs. 2 EWGV ein Mitgliedstaat seine einmal erteilte Zustimmung zu Mehrheitsbeschlüssen wieder aufgibt, etwa wegen eines Regierungswechsels in dem betreffenden Land oder auch wegen neuer wissenschaftlicher Erkenntnisse, und nun die Gefahr der Überstimmung droht.

Art. 130 s Abs. 2 EWGV enthält also keine Verpflichtung zu Mehrheitsentscheidungen.

Hat sich der Rat aber einmal entschlossen, nach dieser Vorschrift vorzugehen, stellt sich die Frage, welches Verfahren der Rechtsetzung einzuschlagen ist. Im Schrifttum ist dazu insbesondere umstritten, ob und ggf. in welcher Form das Parlament und der Wirtschafts- und Sozialausschuß zur Mitwirkung befugt sind. Der Norm selbst ist in diesem Punkt eine eindeutige Regelung nicht zu entnehmen. Ein Teil der Literatur erblickt darin das Bestehen einer Vertragslücke. Diese sei durch eine ergänzende Auslegung entsprechend den allgemeinen Grundsätzen der gemeinschaftlichen Organverfassung auszufüllen. Ein essentieller Bestandteil derselben sei die Beteiligung von Parlament und Wirtschaftsausschuß bei der Rechtsetzung. Was nun die Mitwirkung des EP anbetrifft, folge aus einem systematischen Vergleich mit anderen Kompetenznormen, die ebenfalls eine mehrheitliche Beschlußfassung vorsehen, daß in solchen Fällen grundsätzlich das Kooperationsverfahren nach Art. 149 Abs. 2 EWGV[193] zur Anwendung komme. Es sei sachgerecht, diese Form der Beratung auch auf den Anwendungsbereich von Art. 130 s Abs. 2 EWGV auszudehnen[194].

Nach einer anderen Auffassung besteht bereits keine ausfüllungsbedürftige Vertragslücke. Aus der Formulierung „... *unter den in Absatz 1 genannten Bedingungen ...*“ folge vielmehr, daß auch nach Art. 130 s Abs. 2 EWGV lediglich eine Anhörung von Parlament und Wirtschaftsausschuß vorgesehen sei. Wenn das Kooperationsverfahren bei Anwendung dieser Vorschrift einschlägig wäre, hätte dies ausdrücklich kenntlich gemacht werden müssen, wie es bei den Artikeln 130 d/130 e EWGV und 130 q Abs. 1/Abs. 2 EWGV geschehen sei[195].

Angesichts der unmittelbaren räumlichen Nähe und inhaltlichen Aufeinander-Bezogenheit der beiden Tatbestände in Art. 130 s EWGV erscheint es in der Tat wenig überzeugend, vom Vorliegen einer Vertragslücke auszugehen. Ein Verständnis der beiden Absätze als systematische Regelungseinheit legt vielmehr eine Sichtweise nahe, die in dem Verweis auf Art. 130 s Abs. 1 EWGV in Abs. 2 der Norm, konkludent auch die Verfahrensmodalitäten des ersten Absatzes eingeschlossen sieht. Art. 130 s Abs. 2 EWGV ist somit als lex specialis zu Abs. 1 der Vorschrift anzusehen mit der Folge, daß das doppelte Anhörungserfordernis von EP und WSA einheitlich für beide Tatbestände gilt. Es bestand keine Notwendigkeit für den Gemeinschaftsgesetzgeber, das in Art. 130 s Abs. 2 EWGV nochmals zu wiederholen. Mag zwar der Festschreibung des Kooperationsverfahrens in einzelne Vertragsbestimmungen

---

193 Dazu oben Kap. 2 A. 5. a) aa).

194 Zuerst vertreten von: *Lietzmann*, oben Fn. 1, 180 f.; ihm folgend: *Scheuing*, oben Fn. 1, 183 – 185; im Ergebnis ebenso: *Koppen*, oben Fn. 12, 59; *Pernice*, oben Fn. 2, 38; *Roelants du Vivier/Hannequart*, oben Fn. 9, 231. Dies ist auch Bestandteil der Forderungen des EP an den Rat, ABl. 1987, C 156, 137, Nr. 15.

195 So: *Grabitz*, oben Fn. 2, Art. 130 s, Rn. 33; *Grabitz/Zacker*, oben Fn. 72, 299; im Ergebnis ebenso: *Vandermeersch*, oben Fn. 29, 425.

durch Art. 6 EEA eine nachvollziehbare Sachlogik nicht zugrunde gelegen haben[196], kann daraus doch nicht ohne weiteres gefolgert werden, daß Art. 149 Abs. 2 EWGV im Rahmen von Art. 130 s Abs. 2 EWGV zur Anwendung kommt. Vielmehr ist die Einführung dieses Verfahrens in die Tatbestände, die in Art. 6 EEA ausdrücklich genannt sind, als abschließend anzusehen. Art. 130 s Abs. 2 EWGV findet dort aber gerade keine Erwähnung. Ein anderes Auslegungsergebnis läßt sich auch durch eine am Grundsatz der Demokratie orientierte Interpretation[197] nicht gewinnen. Der Zugewinn an demokratischer Legitimation durch das Kooperationsverfahren im Vergleich zur obligatorischen Konsultation ist letztlich nicht von solchem Gewicht[198], daß der eindeutige Verweis in Art. 130 s Abs. 2 EWGV auf Abs. 1 der Norm davon überspielt werden könnte.

Im Ergebnis sind somit die Verfahrensmodalitäten bei Art. 130 s Abs. 1 und 2 EWGV bis auf das Beschlußregime jeweils identisch. Hat der Rat also einstimmig festgelegt, auf welchen Gebieten mit qualifizierter Mehrheit zu entscheiden ist, bedarf es eines erneuten Vorschlags der Kommission sowie der Anhörung von Parlament und Wirtschaftsausschuß, bevor eine mehrheitliche Beschlußfassung im Rat erfolgen kann. Hinsichtlich der dabei zulässigen rechtlichen Handlungsformen gilt schließlich das zu Art. 130 s Abs. 1 EWGV Gesagte entsprechend[199].

Zusammenfassend hat die Analyse von Art. 130 s EWGV ergeben, daß die Vorschrift nach der legislativen Ausgestaltung des Vertragstitels *„Umwelt"* potentiell in der Lage ist, als zentrale Kompetenznorm für alle Rechtsetzungsvorhaben zu dienen, die Auswirkungen auf die Umwelt im Sinne des gemeinschaftlichen Begriffsverständnisses zeitigen[200]. Für die These, daß Art. 130 s EWGV auch tatsächlich die zentrale Rechtsgrundlage des EG-Umweltrechts ist, läßt sich schließlich der Begriff des Tätigwerdens in Absatz 1 der Norm anführen. Darin sind sämtliche denkbaren Handlungsformen der Gemeinschaft in einem umfassenden Sinne einbezogen[201]. Es zählen nicht nur ganze Tätigkeitsfelder dazu, sondern auch Einzelmaßnahmen, wie etwa die in Art. 189 EWGV genannten Handlungsformen[202]. Eine derart umfassende Zuweisung von Handlungsbefugnissen deutet darauf hin, daß der Anwendungsbereich

---

196 Übereinstimmend konstatiert von: *Bieber*, oben Fn. 116, 1398; *de Ruyt*, 127; *Ress*, oben Fn. 128, 659.

197 Dazu: EuGH, Urteile vom 29.10.1980, Rs. 138/79, SA Roquette Frères vs. Rat, Slg. 1980, 3333 (3360) und Rs. 139/79, Maizena vs. Rat, Slg. 1980, 3393 (3424); siehe auch Präambel der EEA, 3. Erwägungsgrund.

198 Oben in Kap. 2 A. 5. a) aa) festgestellt.

199 Siehe oben Kap. 2 A. 5. b) aa).

200 Im Ergebnis ähnlich: *CEDE*, 10733 D; *Grabitz/Zacker*, oben Fn. 72, 299. Vgl. auch: *Scheuing*, oben Fn. 1, 161. In der Literatur ist bereits folgerichtig festgestellt worden, daß der Vertragstitel *„Umwelt"* die *„magna charta"* des europäischen Umweltschutzes sei (so: *Pernice*, oben Fn. 2, 3).

201 *Grabitz*, oben Fn. 2, Art. 130 s, Rn. 27.

202 *Krämer*, oben Fn. 9, 194; *CEDE*, 10736 D.

von Art. 130 s EWGV eher weit denn eng zu verstehen ist[203]. Insgesamt spricht nach den vorstehenden Ausführungen also mehr dafür, daß Art. 130 s EWGV die zentrale Kompetenznorm für den Erlaß gemeinschaftlicher Rechtsakte auf dem Gebiet des Umweltschutzes ist, während sich kaum Anhaltspunkte für die These ergaben, die Bestimmung habe lediglich die Bedeutung einer Reservekompetenz[204].

Die genaue Reichweite des Anwendungsbereichs dieser Rechtsgrundlage kann aber erst dann verbindlich bestimmt werden, wenn einerseits feststeht, unter welchen Voraussetzungen die Gemeinschaft überhaupt nach dieser Vorschrift tätig werden kann (Art. 130 r Abs. 4 Satz 1 EWGV)[205] und andererseits das Konkurrenzverhältnis von Art. 130 s EWGV zu anderen Einzelermächtigungen des Vertrages geklärt ist[206].

---

[203] *Schrenk*, oben Fn. 27, 393. Es trifft zwar zu, daß dieser Schluß nicht zwingend ist, weil auch bei einem kleinen Anwendungsbereich von Art. 130 s EWGV verschiedene Handlungsformen notwendig sein könnten, dennoch spricht der erste Anschein – und nur darum geht es an dieser Stelle – für die hier vertretene Auffassung.

[204] So aber: *Haneklaus*, oben Fn. 138, 1136; *Pernice*, oben Fn. 2, 32 und *Scheuing*, oben Fn. 1, 186, die in Art. 130 s EWGV nur eine ergänzende Auffangkompetenz sehen.

[205] Dazu unten Kap. 2 B.

[206] Dazu unten Kap. 2 C.

B. Bedeutungsgehalt, kompetenzielle Auswirkungen und Justitiabilität von Art. 130 r Abs. 4 Satz 1 EWGV

Um den soeben in grundsätzlicher Weise umrissenen Anwendungsbereich von Art. 130 s EWGV genau zu bestimmen, bedarf zunächst der Klärung, ob und ggf. wie die Aufgabenverteilung zwischen der Gemeinschaft und den Mitgliedstaaten im Anwendungsbereich des Vertragstitels „*Umwelt*“ geregelt ist. Bei der Beantwortung dieser Frage könnte Art. 130 r Abs. 4 Satz 1 EWGV eine Rolle spielen. Der Bedeutungsgehalt, die kompetenziellen Auswirkungen und die Justitiabilität dieser Norm sind in der Judikatur des Gerichtshofs noch nicht geklärt. In der Literatur wird dieser Themenkomplex höchst unterschiedlich interpretiert und ist im einzelnen lebhaft umstritten.

1. Meinungsstand im Schrifttum

a) Zum Bedeutungsgehalt von Art. 130 r Abs. 4 Satz 1 EWGV

Die im Schrifttum vertretenen Auffassungen lassen sich ganz grob in zwei Hauptgruppen einteilen. Während die wohl deutlich überwiegende Anzahl der Autoren in Art. 130 r Abs. 4 Satz 1 EWGV eine Kompetenzverteilungsnorm zwischen der Gemeinschaft und ihren Mitgliedstaaten auf dem Gebiet des Umweltschutzes im Sinne des Subsidiaritätsprinzips[1] erblickt, wird dies von anderen grundsätzlich in Abrede gestellt. Im folgenden werden zunächst Einzelheiten der erstgenannten Auffassung dargestellt.

aa) Die Vertreter eines Subsidiaritätsgedankens

Das Subsidiaritätsprinzip entstammt ursprünglich der katholischen Soziallehre, wurde aber bereits früh auf politische, gesellschaftliche und rechtliche Ordnungsmodelle angewandt. Im Kern beinhaltet es einen Zuständigkeitsvorrang der unteren sozialen Ebene. Ausgangspunkt ist eine hierarchische Strukturierung der Gesellschaft in einzelne Individuen und multipersonale Organisationseinheiten. Auf der obersten Stufe steht der Einzelmensch, es folgen die Familie, private Vereine, Gemeinden und Gemeindeverbände, Bundesländer, Bund, supranationale und internationale Organisationen. Unter Zugrundelegung dieser Einteilung soll die Befugnis zur Erfüllung bestimmter Aufgaben grundsätzlich der personell jeweils kleinsten Einheit obliegen, sofern dies mehreren gleichermaßen möglich ist. Dies wird als fundamentaler Ausdruck der Gerechtigkeit und Vernünftigkeit angesehen, wobei die geistesgeschichtlichen Wurzeln des Subsidiaritätsgedankens in den Strömungen des Liberalismus und Individualismus zu suchen sind[2]. In seinen Einzelheiten und Konse-

1 Allgemein dazu: *Herzog*, in: Evangelisches Staatslexikon, Bd. II, Sp. 3564 – 3571 m.w.N.

2 Zu allem: *Herzog*, oben Fn. 1, Sp. 3564 – 3566; siehe auch: *Everling*, Zur föderalen Struktur der EG, in: Doehring-FS, 1989, 193.

quenzen ist dieser Grundsatz aber selbst innerhalb der katholischen Soziallehre teilweise sehr unterschiedlichen Interpretationen ausgesetzt[3].

Im rechtlichen Bereich läßt sich auf innerstaatlicher Ebene dem deutschen Grundgesetz zumindest ansatzweise eine Verwirklichung dieses Prinzips entnehmen[4]. Auch auf dem Gebiet des internationalen Rechts ist das Subsidiaritätsprinzip nicht unbekannt[5]. Im Verhältnis zwischen der Europäischen Gemeinschaft und ihren Mitgliedstaaten ist die rechtsverbindliche Geltung dieses Grundsatzes (bislang) nicht anerkannt[6]. In letzter Zeit wird jedoch zunehmend diskutiert, ob auch auf dieser Ebene der Gedanke der Subsidiarität, als politische Maxime verstanden, zu beachten ist[7]. Die Kommission hat die Bedeutung des Prinzips als politische Leitlinie ihrer Initiativen neuerdings sogar ausdrücklich hervorgehoben[8].

Für das Gebiet des Umweltrechts vertritt ein Teil der Literatur die Auffassung, daß das Subsidiaritätsprinzip durch Art. 130 r Abs. 4 Satz 1 EWGV zu einem verbindlichen Grundsatz erhoben sei. Bei der Frage, welcher Bedeutungsgehalt dieser Vorschrift konkret zukomme, setzen jedoch auch diese Autoren teilweise unterschiedliche inhaltliche Schwerpunkte. Im folgenden werden die einzelnen Meinungen, nach materiellen Kriterien geordnet, kurz vorgestellt.

Die Vertreter einer strengen Subsidiarität interpretieren Art. 130 r Abs. 4 Satz 1 EWGV im Sinne einer vorrangigen Zuständigkeitszuweisung an die Mitgliedstaaten und sehen die Gemeinschaftskompetenzen im Umweltbereich lediglich als Ergänzung an. Die Vorschrift könne nur dann Inhalt und Bedeutung gewinnen, wenn sie restriktiv zu Lasten gemeinschaftlicher Befugnisse ausgelegt werde. Indem es der jeweils bürgernächsten Ebene die Entscheidungsgewalt zuweise, werde ein so verstandenes Subsidiaritätsprinzip dem demokratischen Gedanken am besten gerecht. Keinesfalls dürfe es durch ein ex-

---

[3] Siehe: *Herzog*, oben Fn. 1, Sp. 3565.

[4] *Isensee*, Subsidiaritätsprinzip und Verfassungsrecht, 1968, 158 – 178.

[5] Einzelheiten und Beispiele bei: *Seidl-Hohenveldern*, Das Recht der Internationalen Organisationen einschließlich der Supranationalen Gemeinschaften, 91.

[6] *Van Miert*, EuZW 1990, 402.

[7] Das Europäische Parlament fordert für die Verhandlungen der im Dezember 1990 eingesetzten Regierungskonferenz zur Schaffung der Politischen Union, daß eine ausdrückliche Festschreibung des Subsidiaritätsprinzips in den Römischen Verträgen erfolgt. Danach soll die Gemeinschaft nur dann tätig werden, wenn es gegenüber einem einzelstaatlichen Vorgehen Vorteile bietet. Die Einhaltung des Prinzips soll vom Gerichtshof überwacht werden (FAZ, Nr. 159 vom 12.7.1990, 5; EuZW 1990, 302 f.). Die deutschen Bundesländer drängen seit längerem ebenfalls auf eine vertragliche Festschreibung dieses Grundsatzes (BR.-Dr. 220/90 und 550/90). Die Problematik wurde auch auf der 50. Tagung der Vereinigung der deutschen Staatsrechtslehrer vom 3.-6.10.1990 in Zürich diskutiert (Tagungsbericht von: *Gramlich*, NJW 1990, 3186 (3187)). Aus der Lit.: *Bleckmann*, ZRP 1990, 268; *Böttcher*, ZRP 1990, 332; *Pernice*, NJW 1990, 2420; *Schelter*, EuZW 1990, 217 f. jeweils m.w.N.

[8] *Pernice*, NVwZ 1989, 334, Einzelnachweise dort Fn. 9 a; *Knemeyer*, ZRP 1990, 173 f. m.w.N. Darüber hinaus fordert auch die Kommission, daß die Regierungskonferenz zur Schaffung der Politischen Union das Subsidiaritätsprinzip als allgemein geltenden Grundsatz in den EWG-Vertrag aufnimmt (EuZW 1990, 524).

tensiv verstandenes europäisches Integrationskonzept ausgehöhlt und damit seiner Wirkung beraubt werden[9].

Nach einer anderen Auffassung bezweckt das in Art. 130 r Abs. 4 Satz 1 EWGV enthaltene Subsidiaritätsprinzip die Erhaltung dezentraler Entscheidungssphären. Zunächst und primär seien die Mitgliedstaaten entsprechend der innerstaatlichen Kompetenzverteilung zuständig[10]. Die EG sei erst dann befugt, wenn ein besonderes gemeinschaftliches Regelungsbedürfnis bestehe. Dies sei grundsätzlich dann nicht der Fall, wenn auf dezentraler Ebene zu treffende Lösungen dem Regelungszweck in gleicher Weise dienten[11]. Gerade im Hinblick auf die Bundesrepublik bewirke dies eine positiv zu bewertende Stärkung kommunaler Selbstverwaltung[12]. In vielen Fällen sei auf dieser Ebene eine wirksamere Umweltpolitik möglich als im Rahmen einer zentralen Einheit, weil durch die Beachtung regionaler Interessen bessere und menschengerechtere Entscheidungen gefällt würden[13].

Wieder andere entnehmen dem Subsidiaritätsgedanken keinen starren, rechtsverbindlichen Kompetenzausübungsvorrang der Mitgliedstaaten, sondern sehen darin ein grundsätzlich gleichberechtigtes Nebeneinander von Befugnissen normiert[14]. Es liege somit keine vertikale, sondern eine horizontale Kompetenzverteilung vor[15]. Das Problem der konkreten Zuständigkeit im Einzelfall wird dahingehend gelöst, daß Art. 130 r Abs. 4 Satz 1 EWGV lediglich den in allen Aktionsprogrammen enthaltenen Grundsatz der geeigneten Ak-

---

9 Eine strenge Subsidiarität wird in der Bundesrepublik zumeist von Autoren vertreten, die besonderen Wert auf die Erhaltung und Funktionsfähigkeit einer föderativen Verfassungsordnung legen. Diese sehen sie vor allem durch einen Kompetenzzuwachs der Gemeinschaft bedroht. Manche sprechen in diesem Zusammenhang sogar von *„Kompetenzanmaßungen"* der Gemeinschaftsorgane (so: *Ossenbühl*, bei den 21. Bitburger Gesprächen am 13./14.1.1990; zitiert nach: FAZ, Nr. 13 vom 16.1.1990, 4). Für den Umweltbereich wird diese Richtung wohl am entschiedensten vertreten von: *Hennecke*, Aufgabenverflechtung zwischen EG, Bund und Ländern, dargestellt am Beispiel des Umweltschutzes, in: Magiera/Merten (Hg.), Bundesländer und EG, 1988, 218, 220. In der Sache ebenso, aber weniger kategorisch: *Bieber*, ÖZöRV 1988, 232 f., 235; *Cerexhe*, Welche Chancen bietet die EEA?, in: Knoche (Hg.), Wege zur europäischen Rechtsgemeinschaft, 1987, 56; *Steindorff*, Grenzen der EG-Kompetenzen, 1990, 17; *Vandermeersch*, ELRev 1987, 422. Dagegen äußert sich *Hey*, ZAU 1989, 282, kritisch gegenüber einer *„strukturkonservativen Besitzstandswahrung der deutschen Bundesländer"*.

10 *Steiger*, Europarechtliche Grundlagen, Manuskript zur Neuauflage von: Salzwedel (Hg.), Grundzüge des Umweltrechts, 1982, 5 – 7.

11 *Dauses*, BayVBl. 1989, 615; *Everling*, EuR 1987, 220; allgemein zu den Vorteilen einer Dezentralisierung: *Mezger*, Diskussionsbeitrag in: Schefold (Hg.), Europa und der Nationalstaat, ZERP, 1986, 18 f.

12 *Battis*, NuR 1989, 369.

13 *Battis*, oben Fn. 12, a.a.O.

14 Explizit: *Boisserée*, Jb. des Umwelt- und Technikrechts 1988, 396; *CEDE*, 10735 D; *Grabitz/Zacker*, NVwZ 1989, 299.

15 So: *Lietzmann*, in: Rengeling (Hg.), Europäisches Umweltrecht, 1988, 173; *Reich*, Schutz diffuser Interessen, 1987, 305: *„horizontales Konkordanzverhältnis"*. Die Verwendung des Begriffs *„horizontal"* ist in diesem Zusammenhang mißverständlich, weil damit nicht – wie üblich – die Aufteilung der Kompetenzen zwischen den einzelnen Gemeinschaftsorganen (vgl. oben Kap. 2 A. 5., dort Fn. 120), sondern ein gleichberechtigtes, sich gegenseitig ergänzendes Zusammenwirken von EG und Mitgliedstaaten zum Zwecke eines effektiven Schutzes der Umwelt gemeint ist.

tionsebene primärrechtlich fixiere. Dieser wurde beispielhaft im ersten Aktionsprogramm definiert:

„Bei jeder Art von Umweltbelastung muß die Aktionsebene (örtlich, regional, national, gemeinschaftsweit, international) festgestellt werden, die der Art der Belastung sowie der zu schützenden geographischen Zone am besten angepaßt ist. Auf Gemeinschaftsebene müssen die Aktionen konzentriert werden, die auf dieser Ebene am wirksamsten sein können; die Prioritäten müssen mit besonderer Sorgfalt festgelegt werden.“[16]

Diese flexible, am Einzelfall orientierte Funktionszuweisung biete den Vorteil, den vielfältigen umweltpolitischen Herausforderungen am besten gerecht zu werden[17]. Allerdings sei dieser Grundsatz der problemadäquaten Handlungsebene politisch noch immer nicht flächendeckend umgesetzt[18].

Einen anderen Ansatzpunkt zur Interpretation von Art. 130 r Abs. 4 Satz 1 EWGV, der letztlich jedoch zu nahezu gleichen Ergebnissen wie die soeben dargestellte Meinung führt, wählen die Vertreter eines Effektivitätsgedankens. Entscheidende Bedeutung für die Verteilung der Zuständigkeiten kommt danach dem in der Norm enthaltenen Begriff *„besser“* zu. In Analogie zu Art. 12 Abs. 2 Satz 2 des Vertragsentwurfs des Europäischen Parlaments[19] sei dieser im Sinne einer doppelten Effektivität auszulegen. Auch nach dieser Auffassung ist Art. 130 r Abs. 4 Satz 1 EWGV keine starre, sondern eine flexible, am Einzelfall orientierte Kompetenzzuweisung zu entnehmen. Die Gemeinschaft sei dann zuständig, wenn eine, den in Art. 130 r Abs. 1 EWGV genannten Zielen dienende, Maßnahme effektiver auf Gemeinschaftsebene getroffen werden könne. Dabei beziehe sich das Effektivitätskriterium sowohl auf die Frage, ob die EG überhaupt tätig werden solle als auch darauf, wie sie vorgehen könne[20]. Die konkreten Voraussetzungen für ein gemeinschaftliches Handeln werden zumeist nicht besonders streng formuliert. Es sei nicht notwen-

---

16 ABl. 1973, C 112, 7, Nr. 10; wortgleich übernommen im 2. AP, ABl. 1977, C 139, 8, Nr. 22; mit leicht veränderter Formulierung auch im 3. AP enthalten, ABl. 1983, C 46, 6. Schließlich wird im 4. AP hinsichtlich der Ziele und Grundsätze gemeinschaftlicher Umweltpolitik auf die vorherigen Aktionsprogramme verwiesen, ABl. 1987, C 70, 4; im Anhang 1 wird dann explizit auf den Grundsatz Nr. 22 des 2. Aktionsprogramms Bezug genommen, ABl. 1987, C 70, 40. In der Lit. wird dieses Prinzip behandelt von: *von Moltke/Meiners*, Raumforschung und Raumordnung 1983, 49, 57; *Donkers*, in: Tudyka (Hg.), Umweltpolitik in Ost- und Westeuropa, 1988, 216.

17 *Lietzmann*, oben Fn. 15, 172 – 174; *Binswanger/Meiners*, Aussenwirtschaft 1988, 411; *CE-DE*, 10735 D; *Kupfer*, AgrarR 1989, 58; *Grabitz*, RIW 1989, 623; *Grabitz/Zacker*, oben Fn. 14, 299; *Hey*, oben Fn. 9, 282. In der Sache ebenso: *Roelants du Vivier/Hannequart*, RevMC 1988, 228; *Boisserée*, oben Fn. 14, 296, die allerdings Bedenken gegen die Zuordnung des Grundsatzes der geeigneten Aktionsebene zum Subsidiaritätsprinzip hegen. Diese sind jedoch unbegründet, da der Subsidiaritätsgedanke teilweise auch lediglich als allgemeiner Grundsatz verstanden wird, der gleichermaßen flexible Formen der Zusammenarbeit umfaßt, *Herzog*, oben Fn. 1, Sp. 3567 f.

18 Konstatiert von: *Hey*, oben Fn. 9, 282.

19 *Capotorti/Hilf/Jacobs/Jacqué*, Der Vertrag zur Gründung der Europäischen Union, 1986, 77 ff.; dort lautet die entsprechende Formulierung: *„... gemeinsam wirkungsvoller wahrgenommen ...“*.

20 Wohl zuerst vertreten von: *Steiger*, in: Deutsche Stiftung für Umweltpolitik (Hg.), Keine deutsche Umweltpolitik mehr?, 1986, 13, 15 f.; in der Sache ebenso: *Bosco*, CahDrEur 1987, 379; *Gronemeyer*, Umweltschutz und Wirtschaft, 1987, 25; *Jacobs*, in: Schwarze/Schermers (Hg.),

dig, daß die Gemeinschaft als ganzes involviert ist, vielmehr reiche es aus, daß ein Umweltproblem mehr als einen Mitgliedstaat betreffe[21].

Eine weitere Auffassung deutet den als Subsidiaritätsklausel verstandenen Art. 130 r Abs. 4 Satz 1 EWGV im Sinne eines Kooperationsprinzips, das durch den Grundsatz der Erforderlichkeit begrenzt wird. Diese Meinung stimmt insofern mit den beiden zuletzt genannten überein, als auch hier eine flexible Kompetenzverteilung angenommen wird. Grundsätzlich seien die Gemeinschaft und ihre Mitgliedstaaten zu einem arbeitsteiligen Zusammenwirken im Umweltsektor verpflichtet. Die EG könne und müsse aber lediglich dann tätig werden, wenn die Mitgliedstaaten nicht oder nicht mehr imstande seien, ein konkretes Umweltproblem zu bewältigen. In allen anderen Fällen seien hingegen gemeinschaftliche Maßnahmen nicht erforderlich und damit unzulässig[22]. Der Gedanke der Kooperation wird mit dem Loyalitätsgebot des Art. 5 EWGV begründet[23], während dem Erforderlichkeitskriterium der gemeinschaftliche Grundsatz des Interventionsminimums zugrunde liegen dürfte. Danach ist die Gemeinschaft verpflichtet, bei Bestehen mehrerer gleich wirksamer Möglichkeiten, diejenige Maßnahme zu ergreifen, die die Rechte des Adressaten und die der Mitgliedstaaten am wenigsten beeinträchtigt[24].

Schließlich äußern sich eine Reihe von Stimmen lediglich dahingehend, daß in Art. 130 r Abs. 4 Satz 1 EWGV das Subsidiaritätsprinzip verwirklicht sei, ohne näher zu erläutern, was sie im einzelnen darunter verstehen. Da mit dem Gedanken der Subsidiarität – wie gezeigt – durchaus vielfältige und inhaltlich divergierende Vorstellungen verbunden sein können, lassen sich diese Autoren nicht ohne weiteres einer der vorgestellten Gruppen zuordnen. Zur Abrundung des Meinungsstandes in der Literatur seien sie hier jedoch, ggf. mit kurzen Erläuterungen versehen, genannt[25].

Structure and dimensions of EC policy, 1988, 119 f.; *Jacqué*, Environmental Protection Policy and Law 1986, 122; *Koppen*, EC's environment policy, 1988, 54; *Grabitz*, in: ders (Hg.), EWGV-Komm., Art. 130 r, Rn. 71, der allerdings eine Analogie zum Vertragsentwurf des EP ablehnt.

21 So: *Jacobs*, oben Fn. 20, 120; *Koppen*, oben Fn. 20, 55; *de Ruyt*, 215.

22 So vor allem: *Beyerlin*, UPR 1989, 362 f.; den Kooperationsgedanken betonen auch: *Kellermann*, ELRev 1987, 223; *Schrenk*, NuR 1990, 395, der für ein gemeinschaftliches Handeln allerdings nicht zusätzlich fordert, daß dieses auch *erforderlich* ist. Ähnlich: *Scheuing*, EuR 1989, 167, der von einem *„fortlaufenden arbeitsteiligen Zusammenwirken"* spricht, die Kennzeichnung als Subsidiarität aber für mißverständlich hält, a.a.O., 164, dort Fn. 67; dazu unten Kap. 2 B. 1. a) bb).

23 *Beyerlin*, oben Fn. 22, 363.

24 Existenz und Geltung dieses Grundsatzes sind in der Literatur nicht unbestritten. Für eine Verbindlichkeit: *Zuleeg*, JöR 20 (1971), 16; *Dorn*, Art. 235 EWGV – Prinzipien der Auslegung, 1986, 34 jeweils m.w.N. zum Meinungsstand.

25 *Brammer*, Kompetenzen der EG im Bereich Binnenmarkt, 1988, 26; *Breuer*, Jahrbuch des Umwelt und Technikrechts 1989, 99, der auf das Moment inhaltlicher Verbesserungen abstellt; *Brinkhorst*, Die Vorhaben der EG-Komm., in: Europäische Liga für wirtschaftliche Zusammenarbeit (Hg.), Die europäische Dimension im Umweltschutz, 1988, 30; *Glaesner*, Die EEA – Versuch einer Wertung, in: Schwarze (Hg.), Der Gemeinsame Markt, 1987, 22: Art. 130 r IV 1 EWGV sei als Kompetenzausübungsschranke für die Gem. zu verstehen; *ders.*, NuR 1988, 169: das Subsidiaritätsprinzip beschränke die Gemeinschaftskompetenzen allenfalls gering, die EG sei bei allen grenzüberschreitenden Problemen zuständig; *Hohmann*, Aus Politik und Zeitgeschichte, B 47–48/1989, 37; *Hrbek/Läufer*, EA 1986, 178; *Klein*, DÖV 1986, 953, dort Fn. 22; *Kloepfer*,

bb) Andere Auffassungen: Ablehnung des Subsidiaritätsgedankens

Nach einer bereits kurz nach Inkrafttreten der EEA erstmals geäußerten Auffassung stellt Art. 130 r Abs. 4 Satz 1 EWGV keine kompetenzverteilende Norm im Sinne des Subsidiaritätsgedankens dar, weil es sich dabei um Termini handele, die auf die Besonderheiten nationalen Verfassungsrechts zugeschnitten seien, der dynamischen Natur supranationalen Rechts aber nicht gerecht werden könnten[26]. Die Frage, auf welcher Ebene umweltschützende Maßnahmen besser vorzunehmen sind, lasse sich nicht zuverlässig im voraus beantworten. Vielmehr sei eine rechtspolitische Prognose notwendig, der grundsätzlich ein spekulatives Element immanent sei, weshalb dies kein Anknüpfungspunkt für die wichtige Frage der Kompetenzverteilung sein könne. Vielmehr sei Art. 130 r Abs. 4 Satz 1 EWGV eher eine politische Leitlinie für die Gemeinschaftsorgane als eine genau definierte Vorschrift, der zwingende Rechtsfolgen zu entnehmen seien[27]. Im Bereich des Umweltrechts seien die Gemeinschaft und die Mitgliedstaaten nebeneinander und wechselseitig aufeinander bezogen zuständig. Da es der Gemeinschaft nach Art. 130 r Abs. 4 Satz 1 EWGV zufalle, zu prognostizieren, auf welcher Ebene besser gehandelt werden könne, sei sie in weiten Bereichen auch primär legislativbefugt[28].

Ausgangspunkt einer weiteren Meinung ist die, auch von anderer Seite geäußerte, Feststellung, daß Art. 130 r Abs. 4 Satz 1 EWGV keine Kompetenzverteilung im Sinne strenger Subsidiarität entnommen werden könne, sondern ein gemeinschaftliches und mitgliedstaatliches Zusammenwirkungsgebot zwecks Sicherstellung effektiven Umweltschutzes[29]. Neu ist allerdings das Verständnis von Art. 130 r Abs. 4 Satz 1 EWGV als Optimierungsklausel. Danach besteht eine primäre Kompetenz der Gemeinschaft, die immer dann ermächtigt, aber auch zum Tätigwerden nach Art. 130 s EWGV verpflichtet ist, sobald nationale Umweltpolitik – aus welchen Gründen auch immer – den Anforderungen optimalen Umweltschutzes nicht gerecht wird. Die Frage, ob und wie die Gemeinschaft tätig wird, sei danach allenfalls eingeschränkt in das politische Ermessen der Organe gestellt[30]. Vielmehr bestehe durch die Optimie-

---

UmwR, § 6, Rn. 10 spricht von einem „*Quasi-Subsidiaritätsprinzip*“, ohne diesen Begriff allerdings näher zu erläutern; *Läufer*, EA 1988, 682; *Molkenbur*, DVBl. 1990, 679 f.; *Müller-Graff*, EuR 1989, 122; *Nollkaemper*, LIEI 1987, 62; *Pescatore*, EuR 1986, 164; *Prümm*, UmwR, 133; *Ress*, HdUR, Bd. 1, Sp. 459; *Schmidhuber*, EA 1989, 79; *Schmidt*, Einführung in das Umweltrecht, 140; *Schwartze*, Die Einwirkungsmöglichkeiten der EG auf nationales Umweltrecht und ihr Einfluß auf das Schutzniveau, in: Donner/Magoulas/Simon/Wolf (Hg.), Umweltschutz zwischen Staat und Markt, 1989, 565; *Schweitzer/Hummer*, Europarecht, 386; *Soell*, NuR 1990, 156; *Wolf*, KJ 1990, 124. Die ökonomischen Auswirkungen eines umweltpolitischen Subsidiaritätsprinzips analysiert: *Siebert*, Europe ’92, Environmental Policy in an Integrated Market, 1989, 6 ff.

26 *Krämer*, in: Rengeling (Hg.), Europäisches Umweltrecht, 1988, 143; ebenso in: Magiera/Merten (Hg.), Bundesländer und EG, 1988, 198.

27 *Krämer*, in: Rengeling (Hg.), Europäisches Umweltrecht, 1988, 142, 144; *Everling*, oben Fn. 2, 194, der Art. 130 r IV 1 EWGV zwar ebenso als politische Orientierungsnorm ansieht, die Vorschrift aber dennoch als Subsidiaritätsprinzip bezeichnet.

28 *Krämer*, oben Fn. 27, 146; ähnlich: *Pieper*, in: Bleckmann, Europarecht, Rn. 1930, 1935.

29 *Pernice*, DV 1989, 34 f. unter Berufung auf *Zuleeg*, NVwZ 1987, 281 – 284; *Soell*, oben Fn. 25, 156.

30 Vgl. *Kloepfer*, oben Fn. 25, § 6, Rn. 11.

rungsklausel des Art. 130 r Abs. 4 Satz 1 EWGV in allen Fällen, in denen innerstaatliche Schutzstandards nicht in bestmöglicher Weise dem Umweltschutz dienten, eine obligatorische Rechtspflicht der Gemeinschaft, dieses Defizit auszugleichen[31].

Schließlich sind in diesem Zusammenhang noch zwei weitere Auffassungen zu nennen, die beide übereinstimmend Art. 130 r Abs. 4 Satz 1 EWGV nicht als die Festschreibung subsidiärer Gemeinschaftszuständigkeiten im Umweltbereich interpretieren, sondern zur Bestimmung der Kompetenzverteilung auf die Wendung „... *besser auf Gemeinschaftsebene* ..." abstellen.

Zunächst wird von einem Autor die Kennzeichnung dieser Norm als Subsidiaritätsprinzip als in der Sache mißverständlich gerügt und durch den Begiff der „*Besserklausel*" ersetzt[32]. Der genannten Formulierung komme eine entscheidende Bedeutung zu. Dieses Erfordernis sei dann erfüllt, wenn ein gemeinschaftliches Vorgehen sinnvoller sei als ein unkoordiniertes Tätigwerden einzelner Mitgliedstaaten. Eine EG-Zuständigkeit bestehe mithin immer dann, wenn ein Bedürfnis nach einer gemeinschaftlichen Regelung vorliege, was in Übereinstimmung mit Art. 72 Abs. 2 GG interpretiert werden müsse[33]. Dementsprechend sei ein solches Bedürfnis in den seltensten Fällen nicht gegeben, so daß der Gemeinschaft in weiten Bereichen Legislativbefugnisse zukämen[34].

Letztlich wendet sich ein anderer Autor deshalb gegen eine strenge Subsidiarität gemeinschaftlicher und damit gegen einen Primat nationaler Umweltpolitik, weil sich dies nicht zwingend aus Art. 130 r Abs. 4 Satz 1 EWGV ergebe[35]. Die Vorschrift umschreibe lediglich in allgemeiner Weise Verantwortungsbereiche. Ansatzpunkt zur Bestimmung des Umfangs gemeinschaftlicher Zuständigkeit seien vielmehr ebenfalls die Begriffe „... *besser auf Gemeinschaftsebene* ...". Zum einen bestehe eine Gemeinschaftskompetenz jedenfalls dann, wenn einzelne Umweltprobleme in räumlicher Hinsicht eine mindestens europaweite Dimension hätten[36]. Zum anderen sei das Merkmal auch in Fällen erfüllt, in denen durch Maßnahmen der EG Umweltstandards qualitativ insgesamt höher gesetzt würden als bei einem isolierten Handeln einzelner Mitgliedstaaten[37].

---

31 *Pernice*, oben Fn. 29, 34 f.; in diesem Punkt ähnlich: *Beyerlin*, oben Fn. 22, 363, der von einem gemeinschaftlichen „*Muß*" zum Tätigwerden spricht.

32 *Scheuing*, oben Fn. 22, 164, dort auch Fn. 67.

33 *Scheuing*, oben Fn. 22, 165 unter Berufung auf *Vandermeersch*, oben Fn. 9, 422 f. und *Nicolaysen*, in: Thieme (Hg.), Umweltschutz im Recht, 1988, 205.

34 *Scheuing*, oben Fn. 22, 165.

35 *Gündling*, in: ders./ Weber (Hg.), Dicke Luft in Europa, 1988, 36.

36 *Gündling*, oben Fn. 35, 37.

37 *Gündling*, oben Fn. 35, 36.

b) Zu den kompetenziellen Auswirkungen von Art. 130 r Abs. 4 Satz 1 EWGV

In gleichem Maße umstritten wie der Inhalt von Art. 130 r Abs. 4 Satz 1 EWGV ist die Frage der kompetenziellen Auswirkungen dieser Norm. Beide Problemkreise stehen zumindest in einem engen Zusammenhang, nach einigen Auffassungen bedingen sie sogar einander. Für diejenigen, die Art. 130 r Abs. 4 Satz 1 EWGV als rechtsverbindliche Kompetenzverteilungsnorm ansehen, handelt es sich um Tatbestand und Rechtsfolge einer Vorschrift. Aber auch nach den anderen Meinungen lassen sich dieser Vertragsbestimmung zumindest Anhaltspunkte für die Zuweisung von Legislativbefugnissen entnehmen.

Hier soll nun der Meinungsstand in der europarechtlichen Literatur speziell zur Frage, ob Reichweite und Umfang gemeinschaftlicher Umweltkompetenzen nach Inkrafttreten der EEA im Verhältnis zur früheren Rechtslage geringer oder zumindest von gleicher Größe sind, dargestellt werden. In Übereinstimmung mit den vorangegangenen Ausführungen wird auch dieser Komplex im Schrifttum ganz überwiegend im Zusammenhang mit Art. 130 r Abs. 4 Satz 1 EWGV behandelt.

Quantitativ in der Minderzahl sind Autoren, die einen Verlust gemeinschaftlicher Umweltkompetenzen durch Einfügung der EEA konstatieren. Dies wird vor allem an drei Punkten festgemacht. Zum einen folge aus der Zusatzerklärung der Regierungskonferenz zu Art. 130 r Abs. 1 Spstr. 3, wonach sich gemeinschaftlicher Umweltschutz nicht störend auf eine nationale Politik zur Nutzung von Energieressourcen auswirken darf, eine Einschränkung des Handlungsspielraums der EG[38]. Andererseits sind für einige der Autoren, die aufgrund des neu eingefügten Titels *„Umwelt“* im Vertrag nunmehr die Lückenschließungsbefugnis des Art. 235 EWGV im Umweltsektor für nicht mehr anwendbar halten[39], die Gemeinschaftskompetenzen in diesem Bereich beschnitten[40]. Zum gleichen Ergebnis kommen schließlich auch solche Autoren, die Art. 130 r Abs. 4 Satz 1 EWGV als rechtsverbindliche Kompetenzverteilungsnorm im Sinne strenger Subsidiarität interpretieren. Während alle Rechtsgrundlagen gemeinschaftlicher Umweltpolitik vor Inkrafttreten der EEA ein derartiges Prinzip jedenfalls nicht ausdrücklich enthielten, seien die Befugnisse der EG, zumindest bei einem Vorgehen nach Art. 130 s EWGV, nunmehr eingeschränkt[41].

Mehrheitlich wird in der Literatur jedoch ein Kompetenzverlust der Gemeinschaft verneint. Dies wird vor allem damit begründet, daß der EEA eine

---

[38] So: *Glaesner*, EuR 1986, 140 f.; ihm folgend: *Kloepfer*, oben Fn. 25, § 6, Rn. 11.

[39] Nachweise unten Kap. 2 E. 8., Fn. 43 – 46.

[40] *Glaesner*, oben Fn. 38, 141; *Kloepfer*, oben Fn. 25, § 6, Rn. 11, *Ress*, oben Fn. 25, Sp. 460.

[41] Explizit hervorgehoben von: *Cerexhe*, oben Fn. 9, 56; *Vandermeersch*, oben Fn. 9, 422; eine lediglich marginale Beeinträchtigung konstatieren: *Haagsma*, Fordham International Law Journal 1989, 344; *Nicolaysen*, oben Fn. 33, 205, dort Fn. 42.

Einschränkung des gemeinschaftlichen Besitzstandes (acquis communautaire)[42] und damit eine Rückübertragung von Legislativbefugnissen an die Mitgliedstaaten nicht zu entnehmen sei[43]. Vielmehr sei die EG weiterhin ermächtigt, umweltpolitisch all das zu tun, was sie für erforderlich halte[44]. Zudem sei in vielen Fällen ein supranationales Vorgehen im Sinne von Art. 130 r Abs. 4 Satz 1 EWGV angezeigt, weil ein großer Teil aktueller Umweltprobleme eine zumindest europäische Dimension hätte. In der praktischen Anwendung seien daher umfangreiche Kompetenzen der Gemeinschaft anzunehmen[45]. Schließlich ist für alle Vertreter der Auffassung, wonach Art. 130 r Abs. 4 Satz 1 EWGV die primärrechtliche Fixierung des aus den Aktionsprogrammen bekannten Grundsatzes der geeigneten Aktionsebene darstellt, ebenfalls keine Veränderung gegenüber der früheren Rechtslage eingetreten[46].

c) Zur Justitiabilität von Art. 130 r Abs. 4 Satz 1 EWGV

In der Praxis ist es für die Beachtung des Inhalts und der damit verbundenen kompetenziellen Auswirkungen von Art. 130 r Abs. 4 Satz 1 EWGV schließlich von eminenter Bedeutung, ob und bejahendenfalls in welchem Umfang diese Vorschrift justitiabel ist. Ordnet man die dazu vertretenen Auffassungen nach inhaltlichen Kriterien, lassen sich drei hauptsächliche Strömungen ausmachen.

Selten findet sich eine Sichtweise, die Art. 130 r Abs. 4 Satz 1 EWGV wegen der vagen Formulierungen für extrem schwer gerichtlich überprüfbar hält und damit im Ergebnis faktisch wohl gegen eine Justitiabilität ist[47]. Ganz überwiegend wird im Schrifttum hingegen eine eingeschränkte Nachprüfbarkeit durch den Gerichtshof vertreten. Wegen des prognostizierenden Charakters der Formulierung „*... besser ... erreicht werden können ...*“, die einen unbestimmten Rechtsbegriff darstelle, sei dem Rat ein grundsätzlich weiter Beurteilungsspielraum eröffnet. Dieser könne lediglich daraufhin überprüft werden, ob der Entscheidung die richtigen Tatsachenfeststellungen zugrunde gelegen hätten, ob die Verfahrensvoraussetzungen beachtet worden seien und ob der Rat sachgerecht und nicht willkürlich abgewogen habe[48]. Zwar seien damit jedenfalls Verfahren nach den Artt. 169, 173 und 177 EWGV prinzipiell möglich, in der Praxis sei aber lediglich eine uneingeschränkte Kontrolle formeller

---

42 Dazu: *Grabitz/von Bogdandy*, JuS 1990, 175.

43 *Seidel*, DVBl. 1989, 446; *Lietzmann*, oben Fn. 15, 174.

44 *Roelants du Vivier/Hannequart*, oben Fn. 17, 228; in der Sache ebenso: *Krämer*, oben Fn. 27, 146.

45 *Glaesner*, NuR 1988, 169; *Ketteler/Kippels*, Umweltrecht, 45 f.; *Pieper*, oben Fn. 28, Rn. 1931 – 1934 jeweils mit Beispielen.

46 So ausdrücklich: *Kupfer*, oben Fn. 17, 58; im Ergebnis ebenso: *Grabitz*, in: Knoche (Hg.), Wege zur europäischen Rechtsgemeinschaft, 1988, 47.

47 So: *Koppen*, oben Fn. 20, 54; skeptisch abwartend: *Everling*, oben Fn. 2, 194; für eine Justitiabilität in „*Grenzfällen*“: *Boisserée*, oben Fn. 14, 396.

48 So ausdrücklich: *Grabitz*, oben Fn. 20, Art. 130 r, Rn. 76; *Vandermeersch*, oben Fn. 9, 422 f.; ähnlich auch: *Haagsma*, oben Fn. 41, 343; *McGrory*, ELRev 1990, 313 f.

Erfordernisse, insbesondere der Begründungspflicht nach Art. 190 EWGV, denkbar[49].

Schließlich wird teilweise angenommen, daß auch Art. 130 r Abs. 4 Satz 1 EWGV in gleichem Maße gerichtlich überprüfbar sei wie alle anderen primärvertraglichen Normen auch. Entwicklungsfähige Anhaltspunkte dazu seien in der Rechtsprechung des EuGH vorhanden[50].

2. Würdigung und Weiterentwicklung der dargestellten Theorien

a) Bedeutungsgehalt von Art. 130 r Abs. 4 Satz 1 EWGV

aa) Isolierte Analyse der Norm

Eine Untersuchung des Bedeutungsgehalts von Art. 130 r Abs. 4 Satz 1 EWGV sieht sich zunächst vor die Frage gestellt, ob es sich bei diesem Artikel um eine verbindliche Rechtsnorm oder um eine rechtlich nicht bindende politische Leitmaxime handelt. Die Vorschrift ist durch einen völkerrechtlichen Abänderungsvertrag zu einem Bestandteil des EWG-Vertrages geworden[51]. Es sind auch keine Anhaltspunkte ersichtlich, warum ausgerechnet dieser Artikel von der rechtlichen Verbindlichkeit des gesamten Vertragswerkes ausgenommen worden sein könnte[52]. Handelt es sich somit um einen verbindlichen Rechtssatz, stellt sich die Frage nach dessen Inhalt. Konkret geht es darum, ob durch Art. 130 r Abs. 4 Satz 1 EWGV die Legislativkompetenzen auf dem Gebiet des Umweltschutzes zwischen der Gemeinschaft und ihren Mitgliedstaaten verteilt werden oder ob dies vertraglich offen gelassen wird und die Vorschrift lediglich in allgemeiner Weise Verantwortungsbereiche umschreibt[53]. Eine Analyse des Wortlauts stärkt die erstgenannte Auffassung: es wird festgelegt, unter welchen Voraussetzungen die Gemeinschaft im Bereich Umwelt tätig wird. Dies findet sich durch eine systematische Betrachtungsweise bestätigt, denn Art. 130 s EWGV stattet die Gemeinschaft mit den notwendigen Befugnissen für ein solches Handeln aus. Schließlich spricht auch die Erwägung dafür, daß gerade die in aller Regel als sensibel geltende Frage nach der Kompetenzverteilung im Umweltsektor viel zu bedeutsam ist, als daß sie bei der Einfügung eines besonderen Umweltkapitels in den EWG-Vertrag ungeregelt geblieben sein könnte[54]. Die allgemeine Feststellung, daß Art.

---

[49] *Steiger*, oben Fn. 10, 6.

[50] So: *CEDE*, 10735 D; wohl auch: *Beyerlin*, oben Fn. 22, 362 f.

[51] *Bieber*, oben Fn. 9, 215.

[52] Überzeugend: *Steiger*, oben Fn. 20, 12; im Ergebnis ebenso: *Beyerlin*, oben Fn. 20, 10 f.; *Glaesner*, Diskussionbeitrag, in: Rengeling (Hg.), Europäisches Umweltrecht, 1988, 182; *Gronemeyer*, oben Fn. 20, 23; *Magiera*, Die EEA und die Fortentwicklung der EG zur Europäischen Union, in: Geck-GS, 1989, 515; *Pernice*, oben Fn. 29, 34, dort Fn. 181; *Scheuing*, oben Fn. 22, 164.

[53] So: *Gündling*, oben Fn. 35, 36.

[54] Überzeugend: *Beyerlin*, oben Fn. 22, 362 gegen *Krämer*, oben Fn. 27, 142 und *Gündling*, oben Fn. 35, 36.

130 r Abs. 4 Satz 1 EWGV die Aufteilung von Befugnissen festlegt, ist jedoch dahingehend zu präzisieren, daß diese Norm konstitutiv jedenfalls lediglich den Umfang der Gemeinschaftskompetenzen zu bestimmen vermag. Hingegen sind die Mitgliedstaaten bereits kraft originärer Staatsgewalt umfassend zur Gesetzgebung ermächtigt[55]. Es findet insoweit erneut der Grundsatz begrenzter Einzelermächtigung Anwendung, d. h. der EWG-Vertrag legt positiv lediglich die Befugnisse der EG fest, wodurch faktisch die bereits zuvor vorhandenen und bis dato uneingeschränkten Kompetenzen der Mitgliedstaaten begrenzt werden[56].

Ist somit Art. 130 r Abs. 4 Satz 1 EWGV eine rechtlich bindende Kompetenzverteilungsnorm, führt dies, dem Meinungsstand in der Literatur entsprechend, zur Problematik, ob die Norm inhaltlich in einer näher zu bestimmenden Weise das Subsidiaritätsprinzip enthält oder ob der Vorschrift ein anderer Inhalt zukommt. Versteht man Subsidiarität ganz allgemein als den grundsätzlichen Zuständigkeitsvorrang kleinerer Organisationseinheiten[57], läßt sich dies mit einer grammatischen Auslegung von Art. 130 r Abs. 4 Satz 1 EWGV durchaus vereinbaren. Es werden zwei Handlungsebenen genannt, wobei die größere Einheit, nämlich die Gemeinschaft, lediglich dann tätig wird, wenn sie imstande ist, bestimmte Ziele besser zu erreichen. Einem solchen Verständnis gegenüber erscheinen die sonstigen im Schrifttum entwickelten Modelle nicht vorzugswürdig. Insbesondere die Ablehnung einer Subsidiarität zugunsten einer entsprechenden Anwendung der Bedürfnisklausel des Art. 72 Abs. 2 GG[58] überzeugt nicht. Zunächst enthält der Wortlaut von Art. 130 r Abs. 4 Satz 1 EWGV den Begriff des *„Bedürfnisses"* nach einer gemeinschaftlichen Regelung im Unterschied zum einschlägigen Grundgesetzartikel gerade nicht. Aber selbst wenn dies der Fall wäre, würde entscheidend gegen eine solche Parallele sprechen, daß das Gemeinschaftsrecht eine autonome Rechtsordnung mit einer eigenständigen Terminologie ist. Der Bedeutungsgehalt innerstaatlicher Rechtstermini kann daher nicht ohne weiteres auf Gemeinschaftsebene übernommen werden[59]. Schließlich paßt im besonderen auch das in der Bundesrepublik verwirklichte Modell statischer Kompetenzverteilung zwischen Bund und Ländern nach den Artt. 70 bis 75 GG nicht zur dynamischen Struktur des Gemeinschaftsrechts[60]. Insgesamt läßt sich somit konstatieren, daß die alternativ zu den Subsidiaritätstheorien vertretenen Auffassungen den Bedeu-

55 Siehe oben Kap. 1 B. 2.

56 Siehe unten Kap. 3 A. 2. d).

57 Vgl. *Herzog*, oben Fn. 1, Sp. 3565.

58 So explizit: *Scheuing*, oben Fn. 22, 165.

59 EuGH, Urt. vom 14.1.1982, Rs. 64/81, Nicolaus Corman & Fils SA vs. Hauptzollamt Gronau, Slg. 1982, 13 (24); *Streil*, in: BBPS, 223 m.w.N. aus der Rspr. Ganz abgesehen davon wäre auch der EuGH nicht gehalten, einen solchen Begriff in Übereinstimmung mit dem BVerfG auszulegen.

60 *Krämer*, oben Fn. 27, 143; ihm folgend: *Pieper*, oben Fn. 28, Rn. 1934.

tungsgehalt von Art. 130 r Abs. 4 Satz 1 EWGV weniger überzeugend zu deuten vermögen[61].

Diese Feststellung zieht die Frage nach sich, welche konkrete Form der Subsidiarität denn nun verwirklicht ist. In der Literatur werden zu diesem Problem die dargestellten fünf mehr oder minder unterschiedlichen Auffassungen vertreten[62]. Darin ist vollständig auch das Meinungsspektrum enthalten, das allgemein zum rechtlichen Gehalt des Subsidiaritätsprinzips geäußert wird[63]. Die Lösung des Problems ist somit in den einschlägigen im Schrifttum vertretenen Auffassungen zu suchen, die einer kritischen Würdigung zu unterziehen sind. Zunächst ist zu konstatieren, daß die Vertreter einer strengen und einer dezentralistisch ausgerichteten Subsidiarität letztlich zu nahezu gleichen Ergebnissen kommen. Den Mitgliedstaaten wird ein grundsätzlicher Kompetenzausübungsvorrang zugewiesen, der den gemeinschaftlichen Regelungsbereich im Verhältnis zur Rechtslage vor Inkrafttreten der EEA mehr oder minder stark einschränkt. Gegen diese Theorien spricht mithin, daß der EEA eine Rückübertragung von Kompetenzen an die Mitgliedstaaten und damit eine Verringerung des gemeinschaftlichen Besitzstandes gerade nicht entnommen werden kann[64]. Eine Beschneidung von Befugnissen der EG hätte aber aus Gründen der Rechtsklarheit und Rechtssicherheit eindeutig und unmißverständlich zum Ausdruck gebracht werden müssen. Dafür bietet die EEA keinerlei Anhaltspunkte. Ein solchermaßen verstandenes Subsidiaritätsprinzip kann daher Art. 130 r Abs. 4 Satz 1 EWGV nicht entnommen werden.

Es bleiben somit die drei Theorien der geeigneten Aktionsebene, der Effektivität und der Kooperation übrig. Diese gehen zunächst übereinstimmend nicht von einer starr-vertikalen, sondern von einer flexibel verstandenen horizontalen Kompetenzverteilung aus, d. h. die Befugnisse von Gemeinschaft und Mitgliedstaaten stehen nicht in einem Über- und Unterordnungsverhältnis, sondern ergänzen sich durch eine wechselseitig aufeinander bezogene Arbeitsteilung. Dieses Zusammenwirken beider Handlungsebenen ist in der Literatur treffend als *„Konkordanzverhältnis“*[65] bezeichnet worden ist. Eine solche Auslegung findet sich zunächst durch den Wortlaut von Art. 130 r Abs. 4 Satz 1 EWGV bestätigt, dem ein exklusives Rangverhältnis verschiedener

---

[61] Die Meinung, daß Art. 130 r IV 1 i.V.m. Art. 130 s EWGV zu einem Optimierungsgebot erstarke (oben Kap. 2 B. 1. a) bb)), thematisiert die Konsequenzen eines systematischen Zusammenspiels beider Vorschriften. Dementsprechend wird sie auch dort behandelt (unten Kap. 2 B. 2. a) bb).

[62] Oben Kap. 2 B. 1. a) aa).

[63] *Herzog*, oben Fn. 1, Sp. 3565 – 3571.

[64] *Seidel*, oben Fn. 43, 446; *Lietzmann*, oben Fn. 15, 174; vgl. auch: *Roelants du Vivier/Hannequart*, oben Fn. 17, 228.

[65] *Reich*, oben Fn. 15, a.a.O.: *„horizontales Konkordanzverhältnis“*. Allerdings ist die Verwendung des Begriffs *„horizontal“* aus den oben dargelegten Gründen mißverständlich, so daß hier darauf verzichtet wird. *Reich* rekurriert damit offensichtlich auf den von *Hesse* (Grundzüge des Verfassungsrechts, Rn. 317 ff.) für den Bereich der Grundrechtsdogmatik entwickelten Begriff der *„praktischen Konkordanz“*. Damit ist gemeint, daß ein Konflikt zwischen Grundrechtsverbürgungen und grundrechtsbeschränkenden Rechtsgütern in einer Weise aufzulösen ist, daß beide zu optimaler Wirksamkeit gelangen (*Hesse*, a.a.O., Rn. 318).

Handlungsebenen nicht zwingend entnommen werden kann[66]. Aber auch der Zweck dieser Vorschrift, nämlich eine möglichst gute Verwirklichung der Ziele des Art. 130 r Abs. 1 EWGV sicherzustellen, kann durch ein arbeitsteiliges Zusammenwirken von Gemeinschaft und Mitgliedstaaten eher erreicht werden als durch eine starr-vertikale Kompetenzverteilung[67]. Schließlich entspricht dies auch einem modernen, der Komplexität gesellschaftlicher und politischer Probleme angemessenen Verständnis des Subsidiaritätsprinzips. Nach überzeugender Auffassung beinhaltet es kein strenges Rangverhältnis, sondern vielmehr einen, in seiner rechtlichen Verbindlichkeit eingeschränkten, allgemeinen Grundsatz, der darauf abzielt, eine möglichst vernünftige Form der Zusammenarbeit und der gegenseitigen Abstimmung verschiedener Handlungsebenen zu erreichen[68]. In diesem Sinne ist, entsprechend den drei genannten Theorien, das Art. 130 r Abs. 4 Satz 1 EWGV immanente Subsidiaritätsprinzip inhaltlich auszufüllen.

Darüber hinaus bestehen jedoch Unterschiede zwischen diesen Auffassungen. Die Vertreter einer hier als Kooperationstheorie bezeichneten Richtung interpretieren zusätzlich eine Art Erforderlichkeitskriterium in Art. 130 r Abs. 4 Satz 1 EWGV hinein, mit der Folge, daß die Gemeinschaft nur dann und insoweit tätig werden kann, als dies im Einzelfall nach Art, Umfang und Intensität des Handelns unbedingt notwendig ist[69]. Dagegen ist jedoch ein doppeltes Bedenken anzumelden. Zum einen ist dies weder vom Wortlaut der Bestimmung gedeckt noch durch systematische Erwägungen gerechtfertigt, weil ein solches Erforderlichkeitsmoment im Gegensatz etwa zu Art. 235 EWGV in Art. 130 r Abs. 4 Satz 1 EWGV gerade nicht enthalten ist. Die letztgenannte Vorschrift zählt auch nicht zu den Harmonisierungskompetenzen gemäß Artt. 100 ff. EWGV, für die sich möglicherweise aus Art. 3 lit. h) EWGV eine solche Voraussetzung gemeinschaftlichen Handelns herleiten ließe[70]. Zudem erscheint die Annahme eines derart einschränkenden Erfordernisses aber auch aus teleologischen Gründen nicht überzeugend. Die Zuständigkeitsverteilung im Sinne einer als Konkordanz verstandenen Subsidiarität bietet den Vorteil eines flexiblen, arbeitsteiligen Zusammenwirkens verschiedener Handlungsebenen. Dieses positiven Aspekts würde man sich aber gerade dann begeben, wenn ein gemeinschaftliches Tätigwerden zusätzlich an die Voraussetzung strenger Erforderlichkeit gebunden wäre. Diese Theorie ist mithin ebenfalls abzulehnen.

Es bleibt die Frage, ob die Auffassung, die in Art. 130 r Abs. 4 Satz 1 EWGV den Grundsatz der geeigneten Aktionsebene oder die, die darin Effektivitätskrite-

---

66 *Gündling*, oben Fn. 35, 36.

67 Vgl. *Pernice*, oben Fn. 29, 35.

68 *Herzog*, oben Fn. 1, Sp. 3567 f.

69 Explizit: *Beyerlin*, oben Fn. 22, 363.

70 Für eine Beschränkung des Anwendungsbereichs der Artt. 100 ff. EWGV durch Art. 3 lit. h) EWGV votieren: *Seidl-Hohenveldern*, Rechtsakte der Organe der EWG als Mittel der Angleichung, in: KSE 11, 1971, 190 ff.; *Marx*, Funktion und Grenzen der Rechtsangleichung nach Art. 100 EWG-Vertrag, 1976, 146, 160; *Steindorff*, oben Fn. 9, 108 f. Abgelehnt wird diese Auffassung von: *Ipsen*, Gemeinschaftsrecht, 689 f.; *Zuleeg*, in: GBTE, Art. 3, Rn. 5, 14; *Eiden*, in: Bleckmann, Europarecht, Rn. 1521.

rien verwirklicht sieht, vorzugswürdig ist. Wie dargelegt, schließen sich diese beiden Theorien nicht notwendig aus; im Gegenteil: es sind oftmals sogar gleiche Ergebnisse denkbar[71]. Unterschiedlich ist jedoch zumindest der theoretische Ansatzpunkt in der Herleitung. Dabei spricht für die Effektivitätstheorie, daß sie in ihrer Begründung mehr am Wortlaut von Art. 130 r Abs. 4 Satz 1 EWGV orientiert ist. Vergleicht man hingegen den Grundsatz der geeigneten Aktionsebene, wie er in den Aktionsprogrammen formuliert ist, mit dieser Vorschrift, fallen Unterschiede auf. Während nämlich in Art. 130 r Abs. 4 Satz 1 EWGV lediglich von zwei Handlungsebenen, der der Gemeinschaft und der Mitgliedstaaten, die Rede ist, sind dem Grundsatz der Aktionsebene deren fünf zu entnehmen, wobei allein drei (örtlich, regional, national) den innerstaatlichen Bereich betreffen. Es ist somit zu konstatieren, daß nach diesem Prinzip das Zusammenwirken verschiedener Handlungsebenen in einem umfassenderen Sinne gemeint ist als dies nach dem Wortlaut von Art. 130 r Abs. 4 Satz 1 EWGV der Fall ist. Die diesbezügliche Zurückhaltung des Gemeinschaftsgesetzgebers hat auch seinen Grund, ist doch das Gemeinschaftsrecht nicht imstande, das Gefüge rein innerstaatlicher Kompetenzverteilung verbindlich festzulegen. Das obliegt ausschließlich dem nationalen Gesetzgeber, weil es nicht in den Anwendungsbereich des EWG-Vertrages fällt[72]. Aus diesen Erwägungen heraus erscheint es nicht befriedigend, das in Art. 130 r Abs. 4 Satz 1 EWGV enthaltene Subsidiaritätsprinzip im Sinne des in den Aktionsprogrammen enthaltenen Grundsatzes der geeigneten Aktionsebene zu interpretieren.

Bestehen somit gegen die vorgenannte Theorie erhebliche Einwände, bleibt zu klären, ob die verbleibende Effektivitätstheorie überzeugender ist. Nach dieser Auffassung ist die EG immer dann zumindest neben den Mitgliedstaaten zuständig, wenn eine von den Gemeinschaftsorganen vorzunehmende ex-ante Beurteilung ergibt, daß ein gemeinschaftliches Vorgehen geeignet ist, die Ziele des Art. 130 r Abs. 1 EWGV effektiver zu verwirklichen als ein Tätigwerden der Mitgliedstaaten[73]. Das im Sinne tatsächlichen Könnens zu interpretierende Tatbestandsmerkmal „... *besser auf Gemeinschaftsebene erreicht werden können* ...“ stellt einen unbestimmten Rechtsbegriff dar, der dem Rat einen Beurteilungsspielraum einräumt[74]. Dagegen ist der Einwand erhoben worden, daß es unabdingbar notwendig sei, daß Zuständigkeitsvorschriften immer vor Ergreifen einer Maßnahme zuverlässig entnommen werden könne, welche Instanz zum Tätigwerden befugt sei. Dies aber sei bei einer vagen ex-ante Prognose nach Art. 130 r Abs. 4 Satz 1 EWGV nicht möglich[75]. Hiergegen ist jedoch überzeugend vorgebracht worden, daß es bereits seit langem

---

71 Oben Kap. 2 B. 1. a) aa).

72 *Falke/Joerges*, DVBl. 1987, 1054. Zum Anwendungsbereich des EWGV, allerdings in jeweils anderem Zusammenhang: EuGH, Urt. vom 15.1.1986, Rs. 44/84, Derrick Guy Edmond Hurd vs. Kenneth Jones (Her Majesty's Inspector of Taxes), Slg. 1986, 29 (81, 84); EuGH, Urt. vom 23.10.1986, Rs. 355/85, Driancourt vs. Lognet, Slg. 1986, 3231 (3242); dazu: *Kleier*, RIW 1988, 628; *Dauses*, oben Fn. 11, 612.

73 Siehe die oben in Fn. 20 f. angegeben Lit.

74 *Grabitz*, oben Fn. 20, Art. 130 r, Rn. 76; *Kloepfer*, oben Fn. 25, a. a. O.; *Pernice*, oben Fn. 29, 34; *Steiger*, oben Fn. 10, 7; *Vandermeersch*, oben Fn. 9, 423.

75 *Krämer*, oben Fn. 27, 143 f.

anerkannt ist, daß die Zuweisung von Befugnissen im öffentlichen Recht, aber auch im Strafrecht, durchaus von einer im voraus vorzunehmenden Beurteilung abhängig gemacht werden kann[76]. Eine solche Regelung ist bei Vorliegen sachlicher Gründe vom politischen Gestaltungsspielraum des Gesetzgebers gedeckt; Bestimmtheitserfordernisse müssen zugunsten einer sachgerechten Kompetenzverteilung zurückstehen. Damit erweist sich im Ergebnis die Effektivitätstheorie als der überzeugende Deutungsversuch.

In erster Linie bewirkt die Effektivitätstheorie also eine flexible, umweltpolitisch sinnvolle Kompetenzabstimmung zwischen den beiden Handlungsebenen. Zweitens erwächst der Gemeinschaft aus Art. 130 r Abs. 4 Satz 1 EWGV eine Prognosepflicht. Das bedeutet, daß die Gemeinschaftsorgane, vor allem Kommission und Rat, Gefährdungen eines der in Art. 130 r Abs. 1 EWGV niedergelegten Ziele, die einen oder mehrere Mitgliedstaaten betreffen[77], zu beobachten und zu registrieren haben. Diesem Zweck dient bspw. das in eine Ratsentscheidung gefaßte Versuchsvorhaben vom 27. Juni 1985 für die Zusammenstellung, Koordinierung und Abstimmung der Informationen über den Zustand der Umwelt und der natürlichen Ressourcen in der Gemeinschaft (CORINE)[78]. Sodann ist zu untersuchen, ob und ggf. welche rechtlichen Instrumentarien geeignet erscheinen, die Gefahr zu beseitigen. Dies hat unter Einbeziehung bis dato erfolgter oder geplanter Aktivitäten der Mitgliedstaaten zu geschehen. Anschließend ist die voraussichtliche Wirksamkeit einer gemeinschaftlichen Maßnahme in ein Verhältnis zu setzen mit bereits angelaufenen oder konkret geplanten Vorhaben der Mitgliedstaaten[79]. Ergibt ein solcher Vergleich, daß die Gemeinschaft effektiver tätig werden könnte, stellt sich die Frage, ob die Gemeinschaft zum Erlaß eines entsprechendes Rechtsaktes lediglich ermächtigt oder sogar dazu verpflichtet ist.

---

[76] *Grabitz*, oben Fn. 20, Art. 130 r, Rn. 72. In der Bundesrepublik normiert das Strafprozeßrecht eine Zuständigkeitsverschiebung bei „*Gefahr im Verzuge*" (bspw. §§ 98 I, 100 I, 104 I, 105 I StPO); gleiches gilt für das Selbsteintrittsrecht bestimmter Polizeibehörden in den Bundesländern, siehe für Hessen: § 88 HSOG i.d.F. vom 26.6.1990 (GVBl. I, 197 (223)).

[77] Zu eng: *Jacobs*, oben Fn. 20, 120; *Koppen*, oben Fn. 20, 55; *de Ruyt*, 215.

[78] ABl. 1985, L 176, 14 (85/338/EWG), dazu: *Grabitz*, oben Fn. 19, Vor Art. 130 r – t, Rn. 5. Die Kommission hat am 22.9.1989 einen Vorschlag zur Änderung dieser Entscheidung vorgelegt, der darauf abzielt, das Programm über den Zustand der Umwelt in Europa zu verlängern (Bull. EG 9-1989, 35). Mittelfristig könnte die VO (EWG) Nr. 1210/90 des Rates vom 7.5.1990 zur Errichtung einer Europäischen Umweltagentur und eines Europäischen Umweltinformations- und Umweltbeobachtungsnetzes (ABl. 1990, L 120, 1) das genannte Versuchsvorhaben ersetzen. Die Verordnung ist zwar grds. beschlossen, wegen des Streits über die Standortfrage (dazu: FAZ, Nr. 69 vom 22.3.1990, 2; Nr. 151 vom 3.7.1990, 17) aber noch nicht in Kraft gesetzt (Art. 21 VO). Daneben ist im 4. AP vorgesehen, daß die Kommission alle 3 Jahre einen Bericht über den Zustand der Umwelt in der Gemeinschaft veröffentlicht (ABl. 1987, C 328, 15 f.). Dieser Turnus ist Teilen des EP zu lang, weshalb angeregt wurde, jährlich einen solchen Lagebericht vorzulegen. Die Kommission hat sich dem bisher versagt (ABl. 1990, C 39, 18).

[79] Zur Frage, ob dies Eingang in die nach Art. 190 EWGV notwendige Begründung eines Rechtsaktes finden muß, siehe unten Kap. 2 B. 2. c).

bb) Systematisches Zusammenspiel mit Art. 130 s EWGV

In der Literatur wird, wenn auch mit teilweise unterschiedlichen Begründungen, mehrheitlich die Auffassung vertreten, daß sich die fakultative Ermächtigung des Art. 130 s Abs. 1 EWGV unter Einbeziehung von Art. 130 r Abs. 4 Satz 1 EWGV zu einer obligatorischen Handlungspflicht wandelt. Einige folgern dies aus dem Wortlaut von Art. 130 s Abs. 1 EWGV, der als *„imperativer Indikativ"* formuliert sei und ein Ermessen des Rates ausschließe[80]. Andere bezeichnen Art. 130 r Abs. 4 Satz 1 EWGV als Optimierungsklausel, d. h. die Gemeinschaft sei zum Handeln verpflichtet, sobald durch ein supranationales Vorgehen die Ziele des Art. 130 r Abs. 1 EWGV effektiver zu erreichen seien[81].

Der Wortlaut von Art. 130 s Abs. 1 EWGV stützt die vorgenannte Sichtweise. Dieser Befund findet sich auch durch einen systematischen Vergleich mit Inhalt und Zweck von Art. 130 r Abs. 4 Satz 1 EWGV bestätigt. Entnimmt man letztgenannter Vorschrift ein Konkordanzverhältnis[82], dann läßt sich eine optimale Wahrung der Belange des Umweltschutzes nicht allein durch eine arbeitsteilige Kompetenzverteilung erreichen, sondern nur durch eine zusätzliche Ergänzung um eine optimierende und obligatorische gemeinschaftliche Handlungspflicht. Im Ergebnis ist dieser Meinung mithin zu folgen.

cc) Optimierungsgebot und mitgliedstaatliche Pflichten

Ausgangspunkt der folgenden Überlegungen ist die Erkenntnis, daß die Gemeinschaft der aus Art. 130 r Abs. 4 Satz 1 EWGV folgenden Prognosepflicht nur sachgerecht und einigermaßen zuverlässig nachkommen kann, wenn sie umfassend über die in den Mitgliedstaaten bestehenden Rechts- und Verwaltungsvorschriften umweltschützenden Charakters sowie über künftige Absichten und Vorhaben unterrichtet wird[83]. Insbesondere die Kommission als Initiativorgan muß über solche Informationen verfügen, um geeignete Vorschläge zur Verwirklichung des Optimierungsgebots der Artt. 130 r Abs. 4 Satz 1, 130

---

[80] So explizit: *Lietzmann*, oben Fn. 15, 185, 174 f.; *Grabitz*, oben Fn. 20, Art. 130 s, Rn. 30; nach *Krämer*, oben Fn. 27, 150, ist Art. 130 s I EWGV „Muß-" und nicht „Kann-Bestimmung", ebenso: *Beyerlin*, oben Fn. 22, 363; *Jacqué*, 20, 124; sibyllinisch: *CEDE*, 10735 D.

[81] *Pernice*, oben Fn. 29, 34 f. unter Berufung auf *Zuleeg*, oben Fn. 29, 281 ff.; dies lediglich kommentierend: *Kloepfer*, oben Fn. 25, § 6, Rn. 11. Pernices Argumentation erscheint allerdings insoweit nicht folgerichtig, als er mit der Bezeichnung von Art. 130 r IV 1 EWGV als Optimierungsklausel glaubt, gleichzeitig widerlegt zu haben, daß diese Vorschrift das Subsidiaritätsprinzip enthalte (*Pernice*, oben Fn. 29, 35). Da wohl auch er Art. 130 s EWGV und nicht Art. 130 r EWGV als Kompetenznorm ansieht (*Pernice*, oben Fn. 29, 2, 31), kann eine gemeinschaftliche Rechtspflicht zum Erlaß von Rechtsakten nur aus einem Zusammenspiel von Art. 130 s und 130 r IV 1 EWGV folgen. Ein solches Optimierungsgebot kann also nur beiden Vorschriften gemeinsam entnommen werden. Damit ist aber keineswegs zwingend widerlegt, daß Art. 130 r IV 1 EWGV allein nicht eine Subsidiaritätsklausel im hier dargelegten Sinne enthält.

[82] Siehe oben Fn. 65.

[83] Zur generellen Notwendigkeit umfassender Information bei internationaler Zusammenarbeit auf dem Gebiet des Umweltchutzes: *Ercman*, ZfRV 1978, 267.

s EWGV vorlegen zu können. Gleichermaßen ist es für den Rat als Beschlußorgan unerläßlich, über systematische Kenntnisse der Rechtslage und umweltrechtlicher Entwicklungen in den Mitgliedstaaten zu verfügen. Zwar existiert auf Gemeinschaftsebene bereits eine dahingehende Vereinbarung, diese ist jedoch nicht rechtsverbindlicher Natur[84]. Ferner wird das Übereinkommen auch dem inhaltlichen Konzept des vertraglichen Umweltkapitels nicht gerecht, da es, der früheren Rechtslage entsprechend, vor allem auf das Funktionieren des Gemeinsamen Marktes ausgerichtet ist, während der umweltpolitische Handlungsauftrag nach Artt. 130 r bis 130 t EWGV nun viel umfassender angelegt ist. Im 4. Aktionsprogramm ist zwar vorgesehen, derartige Unterrichtungspflichten nunmehr sekundärrechtlich festzuschreiben[85], dies wäre jedoch möglicherweise dann obsolet, wenn die Mitgliedstaaten bereits primärrechtlich dazu gehalten wären[86]. In der Literatur ist der Vorschlag gemacht worden, eine solche Informationspflicht aus Art. 5 EWGV herzuleiten[87]. Isoliert betrachtet ist das darin enthaltene Loyalitätsgebot jedoch zu allgemein formuliert, um derartige Verpflichtungen begründen zu können. Allerdings erscheint es möglich, aus einem Zusammenspiel der Artt. 130 r Abs. 4 Satz 1, 130 s und 5 EWGV ein rechtsverbindliches, an die Mitgliedstaaten gerichtetes Gebot herauszulesen, die Gemeinschaft umfassend und rechtzeitig über alle bestehenden Rechts- und Verwaltungsvorschriften sowie über sämtliche konkret geplanten Legislativprojekte umweltschützenden Charakters in Kenntnis zu setzen. Nur auf diese Weise ist die praktische Wirksamkeit der Artt. 130 r Abs. 4 Satz 1, 130 s EWGV sichergestellt. Zur Vermeidung von Rechtsunsicherheiten über den genauen Inhalt und das Ausmaß[88] mitgliedstaatlicher Verpflichtungen erscheint es aber noch immer sachgerecht, dieses primärrechtliche Informationsgebot mittels eines sekundärrechtlichen Rechtsaktes im einzelnen konkret auszugestalten.

Führen die auf diese Weise gewonnenen Fakten zu dem Ergebnis, daß ein gemeinschaftliches Tätigwerden effektiver im Sinne von Art. 130 r Abs. 4 Satz 1 EWGV ist, sind die Mitgliedstaaten nach dem Optimierungsgebot über Art. 5 EWGV zur Mitwirkung im Rat rechtlich gehalten[89].

b) Kompetenzielle Auswirkungen des Optimierungsgebots

Es fragt sich, welche kompetenziellen Auswirkungen ein im Sinne von Effektivität interpretiertes Subsidiaritätsprinzip nach Art. 130 r Abs. 4 Satz 1 EWGV, das in Verbindung mit der Handlungspflicht nach Art. 130 s Abs. 1

---

[84] Siehe die als *„Gentleman's Agreement"* bezeichnete Vereinbarung der im Rat vereinigten Vertreter der Regierungen der MS vom 5.3.1973, ABl. 1973, C 9, 1.

[85] ABl. 1987, C 328, 5, 8, Ziff. 2.1.7.

[86] Das EP hat in einer Entschließung vom 18.2.1986 gefordert, eine solche Pflicht ausdrücklich in den EWG-Vertrag aufzunehmen; ABl. 1986, C 68, 46, 48.

[87] *Haagsma*, oben Fn. 41, 358.

[88] Vor allem zur Festlegung von Procedere und Fristen.

[89] *Grabitz*, oben Fn. 20, Art. 130 s, Rn. 30; noch eher fragend: *Lietzmann*, oben Fn. 15, 175.

EWGV zu einem Optimierungsgebot wird, im Vergleich zur Rechtslage vor Inkrafttreten der EEA zur Folge hat. Zwar wird ein Handeln auf Gemeinschaftsebene erst dann als *„besser"* angesehen, wenn dies sowohl für das „ob" als auch das „wie" einer Maßnahme gilt[90], in der Praxis folgt allein daraus aber keine Einschränkung gemeinschaftlicher Befugnisse. Das Merkmal der Effektivität wird nämlich nicht in einem strengen Sinne verstanden. Es ist in aller Regel bereits dann erfüllt, wenn die Ziele des Art. 130 r Abs. 1 EWGV in mehr als einem Staat gefährdet sind[91]. Da nun zum einen diese Ziele selbst einen sehr weiten Bereich abdecken[92] und zum anderen ein Großteil moderner Umweltprobleme eine grenzüberschreitende Dimension aufweist[93], werden die rechtlichen Voraussetzungen für eine gemeinschaftliche Handlungspflicht in vielen Fällen gegeben sein.

Teilweise wird nun der Einwand erhoben, daß die umweltpolitischen Befugnisse der Gemeinschaft, zumindest im Energiesektor, durch den in der Zusatzerklärung zur EEA geäußerten Vorbehalt eingeschränkt seien[94]. Übereinstimmend wird im Schrifttum festgestellt, daß es sich bei dieser gemeinsamen Erklärung aller Mitgliedstaaten nicht um einen Vertragsvorbehalt im Sinne von Artt. 2 Abs. 1 lit. d, 19 ff. WVRK handelt[95]. Hingegen nehmen einige an, daß die Äußerung nach Art. 31 Abs. 2 lit. a, b WVRK als maßgebliche Auslegungsregel heranzuziehen sei[96]. Speziell die präzise und bestimmt formulierte Erklärung zur Nutzung der Energieressourcen verschaffe der nationalen Energiepolitik eine Priorität vor einer gemeinschaftlichen Umweltpolitik[97]. Konsequent zu Ende gedacht, hätte dies eine erhebliche Einschränkung des potentiellen Tätigkeitsfeldes der EG zur Folge. Gegen eine solche Sichtweise bestehen aber Bedenken. Zunächst läßt sich ins Felde führen, daß es sich bei Art. 31 Abs. 2 WRVK um eine völkerrechtliche Auslegungsregel handelt, deren Anwendbarkeit im Europarecht jedenfalls dann ausscheidet, wenn speziellere ge-

---

[90] *Steiger*, oben Fn. 20, 15 f.

[91] *De Ruyt*, 215; *Gündling*, oben Fn. 35, 37; *Jacobs*, oben Fn. 20, 120; *Koppen*, oben Fn. 20, 55.

[92] Oben Kap. 2 A. 2. a).

[93] *Ercman*, oben Fn. 83, a.a.O.; *Kloepfer*, oben Fn. 25, § 6, Rn. 201; *Simonis/von Weizsäcker*, EA 1990, 3. Das Bestehen staatenübergreifender umweltpolitischer Herausforderungen wurde auch vom Gerichtshof bereits mehrfach anerkannt; so bezeichnete er den Schutz der Vogelarten als ein *„typisch grenzübergreifendes Umweltproblem"*, EuGH, Urteile vom 8.7.1987, Rs. 247/85, Komm. vs. Belgien, Slg. 1987, 3029 (3059) und Rs. 262/85, Komm. vs. Italien, Slg. 1987, 3073 (3096).

[94] So: *Grabitz*, oben Fn. 20, Art. 130 r, Rn. 18 - 21; *Haagsma*, oben Fn. 41, 338; *Kloepfer*, oben Fn. 25, § 6, Rn. 11; *Nicolaysen*, oben Fn. 33, 206; vgl. auch *Hailbronner*, EuGRZ 1989, 111 f.

[95] *Toth*, CMLRev 1986, 803 ff.; *Grabitz*, oben Fn. 20, Art. 130 r, Rn. 19.

[96] *Glaesner*, oben Fn. 38, 122; *Grabitz*, integration 1986, 99; *Haagsma*, oben Fn. 41, 338; *Hailbronner*, oben Fn. 94, 122.

[97] *Grabitz*, oben Fn. 20, Art. 130 r, Rn. 21; *Nicolaysen*, oben Fn. 33, 206; *Pieper*, oben Fn. 28, Rn. 1946. Implikationen zwischen gemeinschaftlicher Energie- und Umweltpolitik behandelt: *Häkkel*, Jb. der Europäischen Integration 1988/89, 167 f., 173 m.w.N. Es handelt sich dabei um ein wissenschaftlich noch wenig durchdrungenes Feld, das in den nächsten Jahren zunehmend an Relevanz gewinnen dürfte.

meinschaftliche Interpretationsmethoden einschlägig sind[98]. Diese können hier darin erblickt werden, daß die praktische Wirksamkeit (effet utile) von Art. 130 r Abs. 1 Spstr. 3 EWGV, aber auch von Artt. 130 r Abs. 2 Satz 2, Abs. 4 Satz 1 EWGV und 130 s EWGV, also essentieller Bestandteile des vertraglichen Umweltkapitels, zumindest stark eingeschränkt wären, wenn der weitreichende Bereich der Nutzung von Energieressourcen aus der Anwendung herausgenommen wäre. Damit wäre insbesondere auch das durch eine teleologische und systematische Auslegung von Art. 130 r Abs. 2 Satz 2 EWGV gewonnene Ergebnis der prioritären Stellung des Umweltschutzes im EWG-Vertrag[99] wieder unterlaufen. Zudem erscheint es vom Ergebnis her widersinnig, den eindeutigen Bedeutungsgehalt vertraglicher Rechtsnormen durch eine Heranziehung inhaltlich konträrer Zusatzerklärungen in ihr diametrales Gegenteil zu verkehren[100]. Hinzu kommt, daß die Schlußakte, in der diese Äußerung enthalten ist, nach Artt. 31, 33 EEA kein Bestandteil der Einheitlichen Akte ist und auch nicht ratifiziert wurde[101]. Es fehlt ihr mithin an demokratischer Legitimität, was eine Berücksichtigung bei der Auslegung des Primärrechts noch bedenklicher erscheinen läßt. Es ist somit der wohl überwiegenden Auffassung im Schrifttum zu folgen, wonach keiner der Zusatzerklärungen eine irgendwie geartete rechtliche Wirkung zukommt[102]. Vielmehr ist die Bedeutung der genannten Äußerung zur Energiepolitik letztlich darin zu erblicken, daß sie Ausdruck der Ängste einiger Mitgliedstaaten vor den weitreichenden Konsequenzen des neuen Umweltkapitels ist. Es handelt sich somit um ein zeitgeschichtliches Dokument, das die atmosphärische Situation in der Regierungskonferenz beleuchtet. Juristisch mag es allenfalls für rechtsgeschichtliche Exegesen, nicht aber zur Auslegung geltenden Gemeinschaftsrechts relevant sein. Im Vergleich zur Rechtslage vor Inkrafttreten der EEA ist der kompetenzielle Handlungsspielraum der EG durch diese Erklärung im Ergebnis nicht eingeschränkt.

Schließlich bleibt noch der in der Literatur vorgebrachte Einwand, daß die gemeinschaftlichen Befugnisse seit Einfügung des Umweltkapitels deshalb geschmälert seien, weil Art. 235 EWGV seitdem als Grundlage umweltschützender Rechtsakte nicht mehr herangezogen werden könne. Diese Vorschrift sei aufgrund des allgemeinen Begriffs der „*Ziele*" inhaltlich viel weiter gefaßt als die Artt. 130 r bis 130 t EWGV. Vor allem aber sei die Subsidiaritätsklausel des Art. 130 r Abs. 4 Satz 1 EWGV nicht in Art. 235 EWGV enthalten[103].

---

98 *Langeheine*, EuR 1988, 238; *Schwarze*, EuR 1983, 31 – 33; vgl. auch: *Böhm*, Kompetenzauslegung und Kompetenzlücken im Gemeinschaftsrecht, 1985, 13 ff.

99 Oben Kap. 2 A. 3.

100 *Toth*, oben Fn. 95, 806. Diese Sichtweise deckt sich mit der bisherigen Rspr. des Gerichtshofs zur interpretatorischen Berücksichtigung außervertraglicher Übereinkünfte: EuGH, Urt. vom 8.4.1976, Rs. 43/75, Defrenne vs. Société anonyme belge, Slg. 1976, 455 (478); EuGH, Urt. vom 30.1.1985, Rs. 143/83, Komm. vs. Dänemark, Slg. 1985, 427 (435 f.).

101 *Langeheine*, oben Fn. 98, 238 f.

102 *Toth*, oben Fn. 95, 812; *Scheuing*, oben Fn. 22, 163; *Vandermeersch*, oben Fn. 9, 414; *Roelants du Vivier/Hannequart*, oben Fn. 17, 226; *Langeheine*, oben Fn. 98, 238 f.; *Scharrer*, integration 1986, 108; in der Tendenz ähnlich: *CEDE*, 10733 D; *Pescatore*, oben Fn. 25, 167 f.

Selbst wenn man die Richtigkeit der Prämisse dieser Auffassung einmal unterstellt, daß nämlich Art. 235 EWGV seit dem 1. Juli 1987 im Umweltsektor unanwendbar ist[104], kann der Befund doch nicht unwidersprochen bleiben. Zum einen wurde bereits ausführlich dargestellt, daß die Subsidiaritätsklausel nach hier dargelegtem Verständnis die Gemeinschaftsbefugnisse im Vergleich zur früheren Rechtslage nicht einschränkt[105]. Zweitens enthält Art. 235 EWGV ausdrücklich das einschränkende Tatbestandsmerkmal der *„Erforderlichkeit“*[106], während dies bei den Artt. 130 r bis 130 t EWGV weder explizit noch implizit der Fall ist[107]. Drittens war die Tauglichkeit von Art. 235 EWGV als Rechtsgrundlage einer gemeinschaftlichen Umweltpolitik nicht unbestritten. Insbesondere die Frage, ob die Belange des Umweltschutzes unter den Begriff *„Ziel“* der Gemeinschaft subsumiert werden können, war lange Zeit heftig umstritten[108]. Zwar ließ sich diese Auffassung in den letzten Jahren vor Inkrafttreten der EEA nur schwerlich mit der Rechtsprechung des Gerichtshofs vereinbaren[109], dennoch ist ein umfassender und substantiierter umweltpolitischer Handlungsauftrag erst durch die Artt. 130 r bis 130 t EWGV geschaffen worden. Viertens sind auch die der Gemeinschaft zur Verfügung stehenden Handlungsformen jeweils identisch. Sowohl nach Art. 235 EWGV (*„geeignete Vorschriften“*) als auch nach Art. 130 s Abs. 1 EWGV (*„Tätigwerden“*) kann von der gesamten Palette verbindlicher Rechtsakte nach Art. 189 EWGV uneingeschränkt Gebrauch gemacht werden[110].

Ein praktisches Beispiel mag verdeutlichen, daß eine Einschränkung gemeinschaftlicher Befugnisse auch bei Unterstellung der Unanwendbarkeit von Art. 235 EWGV nicht eingetreten ist. Rechtsgrundlage der Richtlinie 79/409/EWG des Rates vom 2. April 1979 über die Erhaltung der wildlebenden Vogelarten[111] ist die Vertragsergänzungsklausel. In der Literatur wurde nun überzeugend nachgewiesen, daß dieser Regelungszweck vor Inkrafttreten der EEA weder ein gemeinschaftliches Ziel im Sinne der Lückenschließungsklausel darstellte noch wirtschaftliche Auswirkungen auf den Gemeinsamen Markt zeitigte und die Richtlinie damit nicht mehr von Art. 235 EWGV gedeckt war[112]. Nach neuer Rechtslage hätte die Richtlinie hingegen problemlos

---

103 Am wohl akzentuiertesten vertreten von: *Ress*, oben Fn. 25, Sp. 460; in der Sache ebenso: *Kloepfer*, oben Fn. 25, § 6, Rn. 11; *Glaesner*, oben Fn. 38, 141.

104 Dazu unten Kap. 2 E. 8.

105 Oben Kap. 2 B. 2. b).

106 Dazu: *Dorn*, oben Fn. 24, 32 ff., 126 ff.; *Böhm*, oben Fn. 98, 111 ff. jeweils m.w.N.

107 Oben Kap. 2 B. 2. a) aa).

108 Dagegen etwa: *Zuleeg*, ZfW 1975, 136 f.; *Vygen*, ZRP 1974, 60; *Lachmann*, CMLRev 1981, 453, 456, 459.

109 EuGH, Urt. vom 7.2.1985, Rs. 240/83, ADBHU, Slg. 1985, 531 (549); siehe auch: EuGH, Urt. vom 7.2.1985, Rs. 173/83; Komm. vs. Frankreich, Slg. 1985, 500 (506).

110 Oben Kap. 2 A. 5. b).

111 ABl 1979, L 103, 1.

112 *Böhm*, oben Fn. 98, 363 – 371; wohl auch: *Steindorff*, oben Fn. 9, 113 f. Zwar nahm der EuGH in den Rs. 247/85 und 262/85 (oben Fn. 93), in denen die mangelhafte Umsetzung dieser RL gerügt wurde, keinen Anstoß an der Abstützung auf Art. 235 EWGV, dies war aber auch nicht Streitgegenstand des Verfahrens.

auf Art. 130 s EWGV gestützt werden können. Sie dient dem Ziel des Art. 130 r Abs. 1 Spstr. 1 EWGV, und es handelt sich um ein mehrere Mitgliedstaaten betreffendes, grenzübergreifendes Umweltproblem[113], das nach Art. 130 r Abs. 4 Satz 1 EWGV effektiver auf Gemeinschaftsebene angegangen werden kann. Im Ergebnis zeigt sich damit, daß ein Kompetenzverlust der EG nicht eingetreten ist[114]. Wie das Beispiel ebenfalls verdeutlicht, können die Befugnisse nach Art. 130 s EWGV unter Umständen sogar weiter reichen als ein umweltpolitisches Handeln auf der Grundlage des Art. 235 EWGV nach alter Rechtslage.

Dieser Befund führt zu der Frage, ob und ggf. wie die Mitgliedstaaten bei derart umfassenden Gemeinschaftskompetenzen vor einem Verlust an umweltpolitischer Handlungsbefugnis gesichert sind. Dazu ist zunächst erneut darauf hinzuweisen, daß Art. 130 r Abs. 4 Satz 1 EWGV die Setzung und Anwendung mitgliedstaatlichen Rechts grundsätzlich nicht ausschließt; vielmehr soll sich ein Tätigwerden beider Handlungsebenen gegenseitig optimieren[115]. Nach Art. 130 t EWGV bleiben die Mitgliedstaaten sogar ausdrücklich befugt, qualitativ höhere Schutzstandards anzuwenden[116]. Darüber hinaus wird in der Literatur oftmals vorgebracht, daß ein Schutz mitgliedstaatlicher Kompetenzen vor allem über das Einstimmigkeitserfordernis des Art. 130 s Abs. 1 EWGV bewirkt werde[117]. Nach hier vertretener Auffassung trifft das jedoch nicht zu, da den Mitgliedern des Rates bei Vorliegen der Voraussetzungen des Art. 130 r Abs. 4 Satz 1 EWGV ein Handlungsermessen gerade nicht zukommt, sie vielmehr über Art. 5 EWGV zur Mitwirkung verpflichtet sind[118]. Hinsichtlich der vorgelagerten Frage, ob die Gemeinschaft tatsächlich effektiver handeln kann, steht dem Rat jedoch ein Beurteilungsspielraum zu[119]. Die legislative Ausfüllung des Optimierungsgebots der Artt. 130 r Abs. 4 Satz 1, 130 s EWGV wird daher – aller praktischen Erfahrung nach – in entscheidender Weise davon abhängen, ob und in welchem Umfang dieser Beurteilungsspielraum justitiabel ist. Dies führt zu der generellen Frage nach der gerichtlichen Überprüfbarkeit der Optimierungsklausel.

c) Justitiabilität des Optimierungsgebots

Zunächst bedarf der Klärung, ob die Artt. 130 r Abs. 4 Satz 1, 130 s EWGV ihrem Inhalt nach einer gerichtlichen Überprüfung überhaupt zugänglich sind. Das Bestehen einer Justitiabilität erscheint bei einer isolierten Betrachtungsweise von Art. 130 r Abs. 4 Satz 1 EWGV durchaus zweifelhaft.

---

113 EuGH, oben Fn. 93, a.a.O.

114 So wohl auch: *Zuleeg*, oben Fn. 29, 281.

115 Dazu oben Kap. 2 B. 2. a) bb).

116 Dazu unten Kap. 3 C. 2. a).

117 So bspw. *Scheuing*, oben Fn. 22, 165; *Jacqué*, RTDE 1986, 606.

118 Oben Kap. 2 B. 2. a) cc).

119 Oben Kap. 2 B. 2. a) aa).

Der dort enthaltenen Formulierung „... *besser auf Gemeinschaftsebene erreicht werden können* ...“ läßt sich nämlich entnehmen, daß es sich dabei um eine wertende Entscheidung handelt, die sich aus unterschiedlichen, höchst komplexen Faktoren, einschließlich einer Prognose über zukünftige Entwicklungen zusammensetzt[120]. Dementsprechend ist in der Literatur geltend gemacht worden, daß die Gerichte jedenfalls nicht zur Kompensation[121] umweltpolitischer Handlungsdefizite des Gesetzgebers berufen seien. Es handele sich dabei vielmehr um eine originär politische Aufgabe, zu deren Wahrnehmung die Judikative kein demokratisch legitimiertes Mandat besitze[122]. Konsequenz dieser Auffassung ist, daß das Vorliegen der Tatbestandsvoraussetzung des Optimierungsgebots, zumindest in Fällen, in denen der Rat dies (konkludent durch Untätigkeit) verneint, gerichtlich nicht überprüft werden kann[123].

Die Auffassung erscheint, in dieser Radikalität vertreten, bedenklich. Dem Rechtsschutzsystem der Artt. 164 ff. EWGV läßt sich nicht entnehmen, daß unbestimmte Rechtsbegriffe keiner Nachprüfung unterliegen sollen. Insbesondere widerspräche es sowohl dem Wortlaut als auch dem Sinn und Zweck von Art. 31 EEA, bestimmte Vorschriften des Titels II nicht für justitiabel zu halten. Wenn schließlich das prägende Charakteristikum der EG die verbindliche Geltung des Rechtsprinzips ist[124], muß jede Bestimmung des Gemeinschaftsrechts grundsätzlich auch einer gerichtlichen Überprüfung zugänglich sein können.

Mit dieser allgemeinen Bejahung der Justitiabilität des umweltpolitischen Optimierungsgebots ist aber noch nicht dargetan, in welchem Umfang der Gerichtshof sie auszuüben befugt ist. Dieses Problem soll im folgenden anhand einzelner Verfahrensarten näher untersucht werden.

Zunächst geht es um die Konstellation, daß der Rat nach Art. 130 s EWGV verbindliches Recht gesetzt hat und eine der klagebefugten Personen[125] nun dagegen nach Art. 173 EWGV mit der Begründung vorgeht, die Voraussetzun-

---

120 *Grabitz*, oben Fn. 20, Art. 130 r, Rn. 76; *Pieper*, oben Fn. 28, Rn. 1935.

121 – Je nach Sichtweise, ggf. lediglich vermeintlich bestehender –.

122 So: *Bugiel/Meyer*, NJW 1985, 778 – 780 m.w.N., allerdings lediglich auf den innerstaatlichen Bereich bezogen; vgl. für das europäische Umweltrecht: *Kloepfer*, oben Fn. 25, § 6, Rn. 11.

123 So wohl die oben in Fn. 48 zitierte Lit.

124 EuGH, Urt. vom 23.4.1986, Rs. 294/83, Les Verts vs. EP, Slg. 1986, 1339 (1365); darauf Bezug nehmend: GA *Lenz*, in seinen Schlußanträgen vom 29.1.1987 zu EuGH, Urt. vom 26.3.1987, Rs. 45/86, Slg. 1987, 1493 (1505).

125 Nach EuGH, Urt. vom 12.7.1979, Rs. 166/78, Italien vs. Rat, Slg. 1979, 2575 (2596) ist auch ein MS, der dem Rechtsakt zuvor zugestimmt hat, klagebefugt; Art. 173 I 2 EWGV lasse sich nichts Gegenteiliges entnehmen. Der von *Jacqué*, oben Fn. 114, 606, erhobene Einwand, daß die Vorstellung realitätsfremd sei, ein MS könne zunächst einem Rechtsakt nach Art. 130 s I EWGV zustimmen, um diesen anschließend durch Negierung einer Gemeinschaftskompetenz vor dem EuGH anzugreifen, wurde durch die Praxis widerlegt. Ein Beispiel aus dem Umweltbereich findet sich in dem Verfahren EuGH, Urt. vom 18.3.1980, Rs. 91/79, Komm. vs. Italien, Slg. 1980, 1099 (1103 ff.). Italien stimmte der auf Art. 100 EWGV gestützten RL 73/404/EWG des Rates vom 22.11.1973 zur Angleichung der Rechtsvorschriften der MS über Detergentien (ABl. 1973, L 347, 51) erst zu, stellte aber in dem späteren Vertragsverletzungsverfahren – zumindest inzident – die Zuständigkeit der Gemeinschaft in Frage. – Zur Klagebefugnis des EP, siehe Kap. 1 A., dort vor allem Fn. 50.

gen des Art. 130 r Abs. 4 Satz 1 EWGV hätten nicht vorgelegen. Hier taucht nun das Spannungsverhältnis auf, daß der Gerichtshof einerseits nach Artt. 164 EWGV, 31 EEA zur Rechtskontrolle verpflichtet, dem Rat andererseits aber ein rechtlich allenfalls skizzenhaft umrissener Beurteilungsspielraum eingeräumt ist. In anderen vergleichbaren Fällen überprüft der EuGH das Handeln des Rates nur in eingeschränktem Umfang. Prognostizierende Würdigungen durch den Rat seien lediglich auf die Richtigkeit zugrundeliegender Tatsachen sowie ihrer Subsumtion unter eine Norm, das Vorliegen offensichtlicher Fehler oder willkürlichen Handelns[126] sowie auf die Einhaltung der Verfahrensvorschriften[127] nachprüfbar. Im Ergebnis entspricht das dem Umfang, in dem bundesdeutsche Gerichte einen der Verwaltung eingeräumten Beurteilungsspielraum überprüfen[128].

Konkret bedeutet dies, daß der Gerichtshof bei einem Tätigwerden der Gemeinschaft nach Art. 130 s EWGV zunächst zu untersuchen hat, ob der Rat überhaupt seiner Prognosepflicht gemäß Art. 130 r Abs. 4 Satz 1 EWGV nachgekommen ist. In einem zweiten Schritt ist der gemeinschaftliche Rechtsakt dann auf seine generelle Vereinbarkeit mit den materiellen Vorgaben der Art. 130 r Abs. 1 bis 3 EWGV im Lichte der EuGH-Rechtsprechung zu überprüfen. Es muß zumindest erkennbar sein, daß der Rat die prioritäre Stellung des Umweltschutzes nach Art. 130 r Abs. 2 Satz 2 EWGV sowie die umweltrechtlichen Grundsätze nach Art. 130 r Abs. 2 Satz 1 EWGV und die Abwägungskriterien nach Art. 130 r Abs. 3 EWGV in seine Entscheidung einbezogen hat. Allerdings führt lediglich ein offensichtlicher oder willkürlicher Verstoß gegen die genannten Vorschriften zur Aufhebung der betreffenden Maßnahme. Um dem Gerichtshof insoweit überhaupt die Möglichkeit der Rechtskontrolle zu eröffnen, hat der Rat die wesentlichen tatsächlichen Feststellungen und rechtlichen Erwägungen, die ihn zum Erlaß des Rechtsakts bewegt haben, innerhalb der nach Art. 190 EWGV notwendigen Begründung des Rechtsaktes darzulegen[129]. Nach Inhalt und Umfang muß die Begründung es dem Gerichtshof ermöglichen, die Maßnahme innerhalb des gesteckten Rahmens zu über-

---

[126] EuGH, Urt. vom 25.5.1978, Rs. 136/77, Fa. A. Racke vs. Hauptzollamt Mainz, Slg. 1978, 1245 (1256). Der Gerichtshof spricht in diesem Urteil zwar von einem *„weiten Ermessensspielraum"*, dies ist aber nicht im Sinne bundesdeutscher verwaltungsrechtlicher Dogmatik zu verstehen. Aus den Entscheidungsgründen geht eindeutig hervor, daß es sich dabei um eine Wertungsfreiheit auf Tatbestands- und nicht auf Rechtsfolgenseite handelte. Zur Vermeidung von Mißverständnissen soll hier jedoch, entsprechend deutscher Terminologie, eine solche Einschätzungsprärogative als Beurteilungsspielraum bezeichnet werden; so auch die oben in Fn. 72 angegebene Literatur. Weitere Nachweise aus der Rspr. bei: *Wenig*, in: Grabitz (Hg.), EWGV-Komm., Art. 173, Rn. 38.

[127] EuGH, Urt. vom 23.2.1988, Rs. 68/86, Vereinigtes Königreich vs. Rat, Slg. 1988, 855 (900); ebenso: *Steiger*, oben Fn. 10, 6, der im Umweltsektor eine generelle Reduzierung der Rechtmäßigkeitskontrolle auf den formellen Bereich konstatiert.

[128] Siehe: *Maurer*, Allg. VerwR, 7, Rn. 23 im Vergleich zu: *Grabitz*, oben Fn. 20, Art. 130 r, Rn. 76.

[129] Seit EuGH, Urt. vom 20.3.1957, Rs. 2/56, Geitling vs. Hohe Behörde, Slg. 1957, 9 (37 f.) ständige Rspr.; weitere Nachweise bei: *Grabitz*, oben Fn. 20, Art. 190, Rn. 4. Speziell zur Begründungspflicht bei Erlaß umweltrechtlicher Maßnahmen: *Salzwedel*, in: Knoche (Hg.), Wege zur europäischen Rechtsgemeinschaft, 1987, 77; *Steiger*, oben Fn. 10, 6; *Wolf*, oben Fn. 25, 125.

prüfen, was nach der bisherigen Praxis nicht in hinreichendem Maße der Fall ist[130]. Im Endeffekt wird aber auch dadurch der weite Beurteilungsspielraum des Rates nur marginal eingeschränkt. Dies erklärt sich zum einen daraus, daß die Inhalte gemeinschaftlicher Umweltpolitik nach Art. 130 r Abs. 1 bis 3 EWGV selbst vage und offen formuliert sind. Hinzu kommt, daß es sich um eine Vielzahl, teils sogar widerstreitender Handlungsgebote handelt, deren rechtliche Verbindlichkeit zudem nicht absolut ist[131]. Letztlich erscheint – auch unter Berücksichtigung der bisherigen Rechtsprechung zum Beurteilungsspielraum – die Prognose gerechtfertigt, daß der Gerichtshof in den anhängig gemachten Fällen wohl zumeist der Entscheidung des Rates folgen wird[132]. Sollte dem Rat doch einmal nach den dargelegten Kriterien ein Fehler bei der Ausübung des Beurteilungsspielraums unterlaufen, kommen als Nichtigkeitsgründe nach Art. 173 Abs. 1 Satz 2 EWGV die Unzuständigkeit und die Vertragsverletzung in Betracht. Ein Ermessensmißbrauch wird, aufgrund der restriktiven Interpretation dieses Begriffs durch den Gerichtshof[133], hingegen kaum einmal nachweisbar sein.

Eine weitere Verfahrensart, innerhalb derer die Tatbestandsvoraussetzungen des umweltpolitischen Optimierungsgebots einer gerichtlichen Überprüfung zugeführt werden können, ist das Vorabentscheidungsverfahren nach Art. 177 lit. b) EWGV[134]. Ist ein innerstaatliches Gericht der Auffassung, daß bei einem auf Art. 130 s EWGV gestützten Rechtsakt die Voraussetzungen von Art. 130 r Abs. 4 Satz 1 EWGV nicht vorgelegen haben, kann es nach Maßgabe von Art. 177 EWGV den Gerichtshof anrufen[135]. In der Sache gelten die Ausführungen zur Nichtigkeitsklage hier in entsprechender Weise. Ein Beispiel aus der Judikatur stellt die Rs. 240/83[136] dar, in der es unter anderem um eine Abwägung der Belange des Umweltschutzes mit anderen Rechtsgütern

---

130 Neuere Richtlinienvorschläge der Komm. enthalten zumeist knapp formulierte und eher allgemein gehaltene Ausführungen zum Vorliegen der Voraussetzungen von Art. 130 r IV 1 EWGV. Im Vorschlag für eine RL zum freien Zugang zu Informationen über die Umwelt, ABl. 1988, C 335, 5 ff., heißt es: *„Einzelaktionen der Mitgliedstaaten können die Beseitung der Hemmnisse für den Zugang zu den im Besitz der Behörden befindlichen Umweltdaten insbesondere in Fällen grenzüberschreitender Verschmutzung nicht angemessen gewährleisten; daher erscheint eine Gemeinschaftsaktion gemäß Art. 130 r IV EWGV erforderlich*"; noch stereotyper erscheint die entsprechende Formulierung im Vorschlag für eine RL über die Behandlung kommunaler Abwässer, ABl. 1989, C 300, 8 ff.: *„Die Gewässerverschmutzung infolge unzureichender Abwasserreinigung in einem Mitgliedstaat wirkt sich häufig auch auf die Gewässer anderer Staaten aus; deshalb ist auch aufgrund von Art. 130 r IV eine Aktion der Gemeinschaft erforderlich.*". Begründungsdefizite werden ebenfalls konstatiert von *Scheuing*, oben Fn. 22, 165 und vehement beklagt von *Salzwedel*, oben Fn. 129, a.a.O.

131 *Grabitz*, oben Fn. 20, Art. 130 r, Rn. 60, 62.

132 So auch: *Haagsma*, oben Fn. 41, 343.

133 Einzelnachweise bei: *Wenig*, oben Fn. 126, Art. 173, Rn. 51.

134 Allgemein dazu: *Dauses*, Das Vorabentscheidungsverfahren nach Art. 177 EWGV, 1986; *Everling*, Das Vorabentscheidungsverfahren vor dem Gerichtshof der Europäischen Gemeinschaften, 1986.

135 *Krämer*, EuGRZ 1988, 289; *Steiger*, oben Fn. 10, 7; *Grabitz*, oben Fn. 20, Art. 130 s, Rn. 258.

136 EuGH, Urt. vom 7.2.1985, Rs. 240/83, ADBHU, Slg. 1985, 531 ff.

im Rahmen der Richtlinie des Rates vom 16. Juni 1975 über die Altölbeseitigung[137] ging.

Auf der Rechtsfolgenseite stellt sich die Frage, ob der Rat bei Vorliegen der Voraussetzungen von Art. 130 r Abs. 4 Satz 1 EWGV gerichtlich verpflichtet werden kann, nach Art. 130 s EWGV tätig zu werden. Hier kommt grundsätzlich eine Untätigkeitsklage nach Art. 175 EWGV in Betracht[138]. Dabei sind zwei Bereiche zu trennen: nämlich einerseits das Bestehen eines rechtlich verbindlichen umweltpoltischen Optimierungsgebots[139] und andererseits dessen Justitiabilität im Sinne der Möglichkeit einer Verurteilung zur Vornahme konkreter Maßnahmen entsprechend Art. 176 Abs. 1 EWGV[140]. Dieses letztgenannte Erfordernis ist nach der einschlägigen Rechtsprechung des Gerichtshofs nur dann gegeben, wenn eine vertragswidrig unterlassene Maßnahme soweit konkretisierbar ist, daß ein stattgebendes Urteil nach Art. 176 EWGV vollzogen werden könnte[141]. Wendet man diese Voraussetzungen auf eine legislative Untätigkeit des Rates im Umweltsektor an, ergibt sich folgendes: zunächst muß der Gerichtshof für ein konkretes umweltpolitisches Sachgebiet im Gegensatz zum Rat zu der Auffassung gelangen, daß die Voraussetzungen des Art. 130 r Abs. 4 Satz 1 EWGV erfüllt sind. Aus den oben dargelegten Gründen wird bereits dies in der Praxis, insbesondere wegen des eingeschränkten Prüfungsumfangs, nur selten der Fall sein[142]. Darüber hinaus muß sich aus den vertraglichen Handlungsgeboten, wie sie vor allem in Art. 130 r Abs. 1 bis 3 EWGV ihren Niederschlag gefunden haben, zwingend die Vornahme einer konkreten, bislang seitens des Rates unterlassenen Maßnahme ergeben. Aufgrund der zuvor angedeuteten, weitgehend abstrakten Fassung dieser Vorschriften und der Vielzahl dort genannter Faktoren, ist praktisch kaum eine Situation vorstellbar, in der dem Rat zwingend lediglich eine Handlungspflicht auferlegt werden könnte. Zwar steht mit der festgestellten Priorität des Umweltschutzes[143] ein Parameter fest, aufgrund der inhaltlich vagen und rechtlich nicht absolut verbindlichen Handlungsgebote des Art. 130 r Abs. 1 bis 3 EWGV sind aber immer noch mehrere Variablen einzubeziehen[144]. In aller Regel ist einem gemeinschaftlichen Tätigwerden daher eine politische Abwägung vorgelagert, die nach Artt. 130 r Abs. 4 Satz 1, 130 s EWGV dem Rat zugewiesen ist und die nicht ersatzweise durch den Gerichtshof ausgeübt werden kann[145]. Eine Untätigkeitsklage kann somit nur

---

137 ABl. 1975, L 194, 31.

138 *Grabitz*, oben Fn. 20, Art. 130 s, Rn. 257.

139 Oben festgestellt in Kap. 2 B. 2. a) bb).

140 *Grabitz*, integration 1985, 107.

141 EuGH, Urt. vom 22.5.1985, Rs. 13/83, EP vs. Rat, Slg. 1985, 1556 (1595 ff.).

142 Einen solchen Streitfall stellt etwa der Kommissionsvorschlag einer Verordnung des Rates über ein europäisches Umweltzeichen dar. In der Lit. wird die Auffassung vertreten, daß in diesem Bereich ein gemeinschaftliches Tätigwerden gegen das Subsidiaritätsprinzip verstoße (*Scherer*, RIW 1990, 911). Vgl. in diesem Zusammenhang auch den Entwurf einer VO (EWG) des Rates über den biologischen Landbau und die entsprechende Kennzeichnung der landwirtschaftlichen Erzeugnisse und Lebensmittel, ABl. EG 1990, C 4, 4; dazu: *Schüler*, EuZW 1990, 279 ff.

143 Oben Kap. 2 A. 3.

144 *Salzwedel*, oben Fn. 129, 69, nennt dies einen *„vielschichtigen Prozeß schrittweiser Konkretisierung“*.

145 *Hey*, oben Fn. 9, 283; verkannt von *Wicke/Huckestein*, ZAU 1989, 122.

dann begründet sein, wenn die Effektivität gemeinschaftlichen Handelns sowohl hinsichtlich des „ob“ als auch des „wie“ einer Maßnahme feststeht und auch nur eine einzige, inhaltlich klar bestimmbare Regelung möglich ist. In der Praxis wird eine solche Konstellation aber kaum einmal gegeben sein.

C. Zur Abgrenzung der umweltrechtlichen Handlungsbefugnis nach Art. 130 s EWGV von anderen Kompetenznormen des EWG-Vertrages

1. Notwendigkeit der Abgrenzung

Zur Bestimmung der genauen Reichweite des Anwendungsbereichs von Art. 130 s EWGV ist schließlich die Frage zu klären, in welchem Verhältnis diese Kompetenznorm zu anderen primärrechtlichen Ermächtigungen steht. Konkret geht es darum, ob und ggf. in welchem Umfang gemeinschaftliche Rechtsakte auf dem Gebiet des Umweltschutzes auch auf sonstige Rechtsgrundlagen außerhalb des Vertragstitels „*Umwelt*" gestützt werden können[1]. Es ist somit zunächst zu untersuchen, ob eine Abstützung umweltbezogener Rechtsakte auf Ermächtigungen außerhalb von Art. 130 s EWGV überhaupt möglich ist. Das wäre jedenfalls dann nicht der Fall, wenn diese Vorschrift in exklusiver und abschließender Weise die Grundlage sämtlicher umweltrechtlicher Maßnahmen bilden würde. Der EWG-Vertrag nimmt dazu nicht ausdrücklich Stellung. Das Problem ist mithin durch Auslegung der einschlägigen Vorschriften des Umweltkapitels, aber auch anderer Vertragsbestimmungen, zu lösen.

In erster Linie spricht die Existenz von Art. 130 r Abs. 2 Satz 2 EWGV gegen einen abschließenden Charakter von Art. 130 s EWGV. Einer solchen „Querschnittsklausel"[2] hätte es dann nicht bedurft, wenn sämtliche umweltbezogenen Rechtsakte ausschließlich in Art. 130 s EWGV ihre vertragliche Grundlage haben sollten[3]. In diesem Fall wäre das Postulat des Art. 130 r Abs. 2 Satz 2 EWGV vollständig seiner praktischen Wirksamkeit beraubt, da bei jedem umweltrelevanten Handeln der Gemeinschaft unmittelbar Art. 130 s EWGV zum Zuge käme. Ein Auslegungsergebnis, nach dem Rechtsnormen keinen *effet utile* zeitigen, berücksichtigt aber teleologische Gesichtspunkte nicht in angemessener Weise[4] und ist daher abzulehnen[5].

Gegen die Ausschließlichkeitsthese sprechen aber auch andere Erwägungen. Wenn es so ist, daß dem Vertragsterminus „*Umwelt*" ein potentiell inhaltsoffener und sehr weit zu verstehender Begriff der natürlichen Umwelt zugrunde liegt[6] und dementsprechend auch das Umweltrecht verstanden wird als die

---

1 Siehe oben Kap. 2 A. 5. b) bb), dort Text zu Fn. 206.

2 Dazu oben Kap. 2 A. 3.

3 *Grabitz*, in: ders. (Hg.), EWGV-Komm., Art. 130 s, Rn. 16.

4 Zur besonderen Bedeutung einer teleologischen Auslegung des Gemeinschaftsrechts: EuGH, Urt. vom 29.3.1979, Rs. 231/78, Komm. vs. Vereinigtes Königreich, Slg. 1979, 1447 (1459); *Forwood/Clough*, ELRev 1986, 406; vgl. auch: *Everling*, Zur föderalen Struktur der EG, in: Doehring-FS, 1989, 195.

5 EuGH, Urt. vom 22.9.1988, Rs. 187/87, Saarland vs. Minister für Industrie, Post- und Fernmeldewesen und Fremdenverkehr u.a., Slg. 1988, 5013 (5042) m.w.N. aus der Rspr.; vgl. auch *Scheuing*, EuR 1989, 182.

6 Oben in Kap. 2 A. 2. a) festgestellt.

Summe der Rechtssätze, die eine Auswirkung auf die Umwelt haben[7], dann sind im Falle eines abschließenden Charakters von Art. 130 s EWGV kaum noch Sachbereiche denkbar, die nicht auf diese Vorschrift zu stützen wären[8]. Man wird nämlich in den seltensten Fällen davon ausgehen können, daß ein gemeinschaftlicher Rechtsakt unter keinen Umständen irgendwie geartete Auswirkungen auf die Umwelt zeitigt. Überdies folgt aus einem systematischen Vergleich mit dem hier vertretenen Begriff des Umweltrechts, daß Art. 130 s EWGV die umweltpolitische Handlungsbefugnis der Gemeinschaft nicht abschließend normiert. Sieht man die Zuordnung einer Rechtsnorm zum Umweltrecht als nicht exklusiv an[9], dann erscheint es nur konsequent, wenn auch Art. 130 s EWGV nicht die einzige Vertragsbestimmung ist, die die Gemeinschaft zu umweltrechtlicher Tätigkeit ermächtigt.

Letztlich findet sich dieser Befund ebenfalls durch die Praxis der Organe bestätigt. Seit Inkrafttreten der EEA ist eine bedeutende Anzahl von Rechtsakten, darunter sogar auch solche, die eine objektive Sachnähe zu den Belangen des Umweltschutzes aufweisen bzw. deren Zielsetzung eine unmittelbar umweltschützende ist, nicht oder nicht allein[10] auf Art. 130 s EWGV gestützt worden. Insbesondere Art. 100 a Abs. 1 EWGV ist oftmals als Grundlage umweltpolitischer Maßnahmen herangezogen worden[11]. Dies gilt in noch stärke-

---

[7] Oben in Kap. 2 A. 2. b) festgestellt.

[8] *Grabitz*, oben Fn. 3, Art. 130 s, Rn. 16 mit Beispielen.

[9] Oben in Kap. 2 A. 2. b) festgestellt.

[10] Beispiele für eine Doppelabstützung auf Artt. 43 und 130 s EWGV: VO (EWG) Nr. 1613/89 des Rates vom 29.5.1989 zur Änderung der VO (EWG) Nr. 3528/86 über den Schutz des Waldes in der Gemeinschaft gegen Luftverschmutzung, ABl. 1989, L 165, 8; VO (EWG) Nr. 1614/89 des Rates vom 29.5.1989 zur Änderung der VO (EWG) Nr. 3529/86 über den Schutz des Waldes in der Gemeinschaft gegen Brände, ABl. 1989, L 165, 10. – Im Zusammenhang mit der deutschen Vereinigung ist eine Maßnahme auf Art. 130 s EWGV und zusätzlich acht weitere Rechtsgrundlagen gestützt (Artt. 28, 42, 43, 75, 100 a, 103, 113, 235 EWGV): VO (EWG) Nr. 2684/90 des Rates vom 17.9.1990 über die vorläufigen Maßnahmen, die nach der deutschen Einigung vor Erlaß der vom Rat entweder in Zusammenarbeit mit dem Europäischen Parlament oder nach dessen Anhörung zu treffenden Übergangsmaßnahmen anwendbar sind, ABl. 1990, L 263, 1.

[11] Siehe bspw.: RL 88/76/EWG des Rates vom 3.12.1987 zur Änderung der RL 70/220/EWG über die Angleichung der Rechtsvorschriften der Mitgliedstaaten über Maßnahmen gegen die Verunreinigung der Luft durch Abgase von Kraftfahrzeugmotoren, ABl. 1988, L 36, 1; RL 88/77/EWG des Rates vom 3.12.1987 zur Angleichung der Rechtsvorschriften der Mitgliedstaaten über Maßnahmen gegen die Emission gasförmiger Schadstoffe aus Dieselmotoren zum Antrieb von Fahrzeugen, ABl. 1988, L 36, 33; RL 88/180/EWG des Rates vom 22.3.1988 zur Änderung der RL 84/538/EWG zur Angleichung der Rechtsvorschriften der Mitgliedstaaten betreffend den zulässigen Schalleistungspegel von Rasenmähern, ABl. 1988, L 81, 69; RL 88/181/EWG des Rates vom 22.3.1988 zur Änderung der RL 84/538/EWG zur Angleichung der Rechtsvorschriften der Mitgliedstaaten über den zulässigen Schalleistungspegel von Rasenmähern, ABl. 1988, L 81, 71; RL 88/183/EWG des Rates vom 22.3.1988 zur Änderung der RL 76/116/EWG hinsichtlich flüssiger Düngemittel, ABl. 1988, L 83, 33; RL 88/379/EWG des Rates vom 7.6.1988 zur Angleichung der Rechts- und Verwaltungsvorschriften der Mitgliedstaaten für die Einstufung, Verpackung und Kennzeichnung gefährlicher Zubereitungen, ABl. 1988, L 187, 14, dazu: 1. Anpassungsrichtlinie an den technischen Fortschritt, RL 89/178/EWG, ABl. 1989, L 64, 18, 2. Anpassungsrichtlinie an den technischen Fortschritt, RL 90/492/EWG, ABl. 1990, L 275, 35; RL 88/320/EWG des Rates vom 9.6.1988 über die Inspektion und Überprüfung der Guten Laborpraxis, ABl. 1988, L 145; 35, dazu: Anpassungsrichtlinie an den technischen Fortschritt, RL 90/18/EWG, ABl. 1990, L 11, 37; RL 88/436/EWG des Rates vom 16.6.1988 zur Änderung der RL 70/220/EWG zur Angleichung der Rechtsvorschriften der Mitgliedstaaten über Maßnahmen

rem Maße für Rechtsakte, deren Auswirkungen auf die Umwelt nur mittelbar oder gar lediglich marginal sind. In diesen Fällen ist erst gar nicht auf Art. 130 s EWGV zurückgegriffen worden[12].

Im Ergebnis läßt sich somit festhalten, daß Art. 130 s EWGV weder die einzige noch die abschließende Ermächtigungsgrundlage gemeinschaftlicher Umweltpolitik ist[13]. Es können dafür vielmehr auch andere Vertragsbestimmungen herangezogen werden, so daß sich die Frage nach dem Konkurrenzverhältnis von Art. 130 s EWGV zu diesen Vorschriften stellt. Dies führt zunächst zum grundsätzlichen Problem, nach welchen allgemeinen Prinzipien der Anwendungsbereich primärrechtlicher Kompetenznormen voneinander abzugrenzen ist.

2. Die allgemeinen Grundsätze der Abgrenzung des Anwendungsbereichs vertraglicher Kompetenznormen

a) Die einschlägige Rechtsprechung des Gerichtshofs

Der Gerichtshof ist in neuerer Rechtsprechung im wesentlichen einer Auffassung gefolgt, die an objektiven Kriterien ausgerichtet ist[14]. In einer Grundsatzentscheidung aus dem Jahre 1987 hat er festgestellt, daß sich die Wahl der Rechtsgrundlage nicht allein nach der subjektiven Zielsetzung des gemeinschaftlichen Gesetzgebers bei Erlaß des Rechtsaktes richtet, sondern sich auf *„objektive, gerichtlich nachprüfbare Umstände gründen"* muß[15]. Damit hat er die Tauglichkeit eines subjektiven Abgrenzungskriteriums zwar nicht gänzlich negiert, es in seiner

gegen die Verunreinigung der Luft durch Abgase von Kraftfahrzeugmotoren (Begrenzung der Emissionen luftverunreinigender Partikel aus Dieselmotoren), ABl. 1988, L 214, 1, ber. in ABl. 1988, L 303, 36; RL 89/235/EWG des Rates vom 13.3.1989 zur Änderung der RL 78/1015/EWG zur Angleichung der Rechtsvorschriften der Mitgliedstaaten über den zulässigen Geräuschpegel und die Auspuffanlage von Krafträdern, ABl. 1989, L 98, 1; RL 89/342/EWG des Rates vom 3.5.1989 zur Erweiterung des Anwendungsbereichs der RL 65/65/EWG und 75/319/EWG zur Festlegung zusätzlicher Vorschriften für radioaktive Arzneimittel, ABl. 1989, L 142, 16; RL 89/344/EWG des Rates vom 3.5.1989 zur neunten Änderung der RL 73/241/EWG zur Angleichung der Rechtsvorschriften der Mitgliedstaaten für zur Ernährung bestimmter Kakao- und Schokoladeerzeugnisse, ABl. 1989, L 142, 19; RL 89/458/EWG des Rates vom 18.7.1989 zur Änderung der RL 70/220/EWG zur Angleichung der Rechtsvorschriften der Mitgliedstaaten über Maßnahmen gegen die Verunreinigungen der Luft durch Emissionen von Kraftfahrzeugen hinsichtlich der europäischen Emissionsnormen für Kraftfahrzeuge mit einem Hubraum unter 1,4 Litern; ABl. 1989, L 226, 1, ber. in ABl. 1989, L 270, 16; RL 90/220/EWG des Rates vom 23.4.1990 über die absichtliche Freisetzung genetisch veränderter Organismen in die Umwelt, ABl. 1990, L 117, 15; RL des Rates vom 17.5.1990 zur Angleichung der Rechts- und Verwaltungsvorschriften der Mitgliedstaaten über den höchstzulässigen Teergehalt von Zigaretten, ABl. 1990, L 137, 36.

[12] Beispiele unten in Kap. 2 E.

[13] EuGH, Urt. vom 29.3.1990, Rs. C-62/88, Griechenland vs. Rat, Slg. 1990, I-1527 (I-1550); EuGH, Urt. vom 11.6.1991, Rs. C-300/89, Komm. vs. Rat, EuR 1991, 175 (178); aus der Lit.: *Grabitz*, oben Fn. 3, Art. 130 s, Rn. 16; *Gronemeyer*, Umweltschutz und Wirtschaft, 1987, 26; vgl. auch *Zuleeg*, NVwZ 1987, 281.

[14] *Gilsdorf*, Die Grenzen der gemeinsamen Handelspolitik, 1988, 4; *Pernice*, NVwZ 1990, 206, Fn. 75.

[15] EuGH, Urt. vom 26.3.1987, Rs. 45/86, Komm. vs. Rat, Slg. 1987, 1493 (1520). Das Urteil wird kritisch gewürdigt von: *Steenbergen*, CMLRev 1987, 731 ff.

Bedeutung gegenüber objektiven Anhaltspunkten jedoch stark relativiert. Dieser Ansatz ist seitdem mehrfach ausdrücklich bestätigt worden[16].

Der Rechtsprechung des EuGH läßt sich aber auch entnehmen, daß es sich dabei lediglich um allgemeine Grundsätze der Abgrenzung handelt, die bei Vorliegen spezieller rechtsmethodischer Regeln oder ausdrücklicher Vertragsbestimmungen zurücktreten. Die objektive Theorie ist beispielsweise dann unanwendbar, wenn nach der Spezialitätsregel[17] eine Kompetenznorm einer anderen vorgeht. So hat der Gerichtshof wiederholt entschieden, daß Art. 43 EWGV als Teil der besonderen Bestimmungen des Agrarrechts gegenüber der allgemeinen Vorschrift über die Errichtung des Gemeinsamen Marktes (Art. 100 EWGV) vorrangig ist[18]. Dies gilt selbst dann, wenn der Hauptregelungszweck eines Rechtsaktes außerhalb des unmittelbaren Anwendungsbereichs der speziellen Befugnisnorm liegt, solange die Maßnahme im Rahmen der zugrundeliegenden gemeinsamen Gemeinschaftspolitik erlassen wurde. Dies ergebe sich daraus, daß bei der Verfolgung der Ziele gemeinschaftlicher Politiken Erfordernisse von allgemeinen Interesse nicht außer acht gelassen werden dürften[19]. Damit hat der Gerichtshof nicht nur den Grundsatz der Spezialität als Abgrenzungskriterium bei der Wahl einer Rechtsgrundlage anerkannt, sondern darüber hinaus ebenfalls zum Ausdruck gebracht, daß der Anwendungsbereich solcher Spezialnormen gegenüber allgemeineren Bestimmungen weit auszulegen ist[20].

Weiterhin hat der EuGH auch explizite primärrechtliche Bestimmungen zum Konkurrenzverhältnis von Kompetenznormen in ständiger Rechtsprechung genau beachtet. Beispielsweise hat er aus der in Art. 235 EWGV enthaltenen Formulierung „*... und sind in diesem Vertrag die hierfür erforderlichen Befugnisse nicht vorgesehen ...*“, gefolgert, daß diese Bestimmung erst und nur dann herangezogen werden kann, wenn keine anderen Vorschriften entsprechende Befugnisse verleihen[21]. In dieser streng am Wortlaut von Art. 235 EWGV ausgerichteten Interpretation kommt zum Ausdruck, daß auch eine vertraglich vorgesehene Subsidiarität einzelner Kompetenznormen den allgemeinen Abgrenzungskriterien vorgeht.

---

[16] EuGH, Urteile vom 23.2.1988, Rs. 68/86, Vereinigtes Königreich vs. Rat, Slg. 1988, 855 (898) und Rs. 131/86, Vereinigtes Königreich vs. Rat, Slg. 1988, 905 (933), in denen zusätzlich darauf hingewiesen wird, daß auch eine dauerhafte Praxis der Gemeinschaftsorgane entgegenstehende vertragliche Bestimmungen nicht abzuändern vermag; EuGH, Urt. vom 30.5.1989, Rs. 242/87, Komm. vs. Rat, Slg. 1989, 1425 (1452); EuGH, Urt. vom 29.3.1990, Rs. C-62/88, Griechenland vs. Rat, Slg. 1990, I-1527 (I-1549); EuGH, Urt. vom 4.10.1991, Rs. C-70/88, EP vs. Rat, noch nicht in Slg., Rn. 9 m.w.N.

[17] Dazu allgemein: *Larenz*, Methodenlehre, 256 f. m.w.N.

[18] EuGH, Urteile vom 23.2.1988, Rs. 68/86, Vereinigtes Königreich vs. Rat, Slg. 1988, 855 (896) und Rs. 131/86, Vereinigtes Königreich vs. Rat, Slg. 1988, 905 (930).

[19] EuGH, Urt. vom 16.11.1989, Rs. C-11/88, Komm. vs. Rat, Slg. 1989, 3743 (3767 f.); siehe auch: EuGH, Urt. vom 16.11.1989, Rs. C-131/87, Komm. vs. Rat, Slg. 1989, 3799 (3801 f.).

[20] Siehe oben Kap. 1 B. 2.

[21] EuGH, Urt. vom 26.3.1987, Rs. 45/86, Komm. vs. Rat, Slg. 1987, 1493 (1520); EuGH, Urt. vom 27.9.1988, Rs. 165/87, Komm. vs. Rat, Slg. 1988, 5545 (5562); EuGH, Urt. vom 2.2.1989, Rs. 275/87, Komm. vs. Rat, Slg. 1989, 259 (261 f.); EuGH, Urteile vom 30.5.1989, Rs. 56/86, Vereinigtes Königreich vs. Rat, Slg. 1989, 1615 (1618 f.) und Rs. 242/87, Komm. vs. Rat, Slg. 1989, 1425 (1452).

b) Praxis der Kommission

Die Kommission vertritt seit langem überwiegend einen objektiv-instrumentalen Ansatz. Welche Rechtsgrundlage heranzuziehen sei, bemesse sich danach, ob der betreffende Rechtsakt das der Kompetenznorm zugrundeliegende Sachgebiet aufgrund objektiver Kriterien beeinflusse. Entscheidend sei mithin, welcher sachliche Regelungszweck hauptsächlich verfolgt werde[22].

Die seit Einfügung der EEA immer wichtiger gewordene Problematik ist am 4. April 1990 Gegenstand einer Interorganvereinbarung zwischen Kommission und Parlament geworden[23]. Nach Punkt 4.6. dieser rechtlich nicht verbindlichen Übereinkunft wird die Wahl der Rechtsgrundlage entsprechend dem Inhalt des geplanten Vorschlags beschlossen. Die Kommission hat sich dazu bereit erklärt, die informellen Kontakte mit den Juristischen Diensten von Rat und Parlament insbesondere dann zu verstärken, wenn sie sich anschickt, Initiativen in neuen Bereichen zu ergreifen.

c) Praxis des Parlaments

Für das Parlament bildet Art. 36 Abs. 3 Satz 1 GO[24] den Ausgangspunkt bei der Prüfung der einschlägigen Kompetenznorm. Danach kontrolliert der federführende Ausschuß *„die Richtigkeit und Angemessenheit der gewählten Rechtsgrundlage für den Vorschlag, zu dem das Parlament gehört wird.“*. Da die Kommission in der Regel bereits eine Vorschrift benannt hat, sucht das Parlament aber nicht systematisch danach, ob alternative Rechtsgrundlagen in Betracht kommen. Das Problem wird vielmehr erst vertieft, wenn konkrete Zweifel an der Richtigkeit der vorgeschlagenen Bestimmung auftauchen. In diesem Fall gilt das Verfahren nach Art. 36 Abs. 3 Satz 2 GO. Stellt der federführende Ausschuß die genannte Rechtsgrundlage in Frage, *„so kann er, bevor er sich mit dem Inhalt des Vorschlags befaßt und nach Anhörung des für Rechtsfragen zuständigen Ausschusses, die Angelegenheit dem Parlament unterbreiten, wobei er mündlich oder schriftlich Bericht erstattet.“*.

In der Praxis entstehen solche Zweifel vor allem in Zusammenhang mit der Verfahrensbeteiligung des Parlaments, die durch die Kompetenznorm vorgegeben wird. Inhaltlich hält sich das EP an die vom Gerichtshof genannten Kriterien zur Bestimmung der jeweils einschlägigen Rechtsgrundlage. Es lehnt eine vorgeschlagene Bestimmung jedenfalls nicht allein deshalb ab, weil ihm danach geringere Mitwirkungsrechte zustehen als nach anderen Vorschriften[25].

---

22 Die Bezeichnung als "objektiv-instrumentaler Ansatz" stammt von GA *Lenz*, Schlußanträge vom 29.1.1987 in der Rs. 45/86, EuGH, Slg. 1987, 1493 (1509). Vorbringen der Kommission in der Rs. 45/86, EuGH, Slg. 1987, 1493 (1499); dazu: *Gilsdorf*, oben Fn. 14, a.a.O.

23 Vgl.: Verhandlungen des Europäischen Parlaments, ABl. 1990, Anhang Nr. 3-386, 34 ff. (36).

24 Geschäftsordnung des Europäischen Parlaments, ABl. 1981, C 90, 49; zuletzt geändert durch Beschluß vom 24.1.1991, ABl. 1991, C 48, 67.

25 Zu allem: Schriftliche Auskunft des Parlamentsbediensteten *Bieber* (Juristischer Dienst) vom 23.5.1990 an den Verfasser.

d) *Praxis des Rates*

Der Rat vertrat früher zumeist[26] eine subjektiv-finalistische These[27]. Danach kommt es für die Wahl der Rechtsgrundlage entscheidend auf die subjektive Zielsetzung des gemeinschaftlichen Gesetzgebers an. Verfolgt dieser mit dem Erlaß eines Rechtsaktes nicht nur ein Ziel, sondern mehrere verschiedene, ist diejenige Kompetenznorm heranzuziehen, die für die hauptsächliche Zielsetzung einschlägig ist[28]. Der Vorteil dieser Methode bestehe darin, daß durch die Notwendigkeit der Ermittlung des angestrebten Ziels ein materielles Abgrenzungskriterium gefunden sei, das sachgerechte Ergebnisse gewährleiste[29].

Angesichts der neueren Rechtsprechung des Gerichtshofs geht der Rat mittlerweile ebenfalls davon aus, daß sich die Rechtsgrundlage aus dem objektiven Zweck der geplanten Maßnahme ergebe. Falls über die Richtigkeit der von der Kommission vorgeschlagenen Kompetenznorm Zweifel bestehen, holt der Rat vor Beschlußfassung ein Gutachten seines Juristischen Dienstes ein. Finden sich darin die Bedenken bestätigt, wechselt er die Rechtsgrundlage aus[30]. Teilt die Kommission die Rechtsauffassung des Rates nicht, ist dazu eine einstimmige Entscheidung notwendig, ansonsten reicht ggf. qualifizierte Mehrheit aus[31].

e) *Meinungsstand im Schrifttum*

In der europarechtlichen Literatur sind über die dargestellten, in der Praxis der Gemeinschaftsorgane gebräuchlichen Differenzierungsmethoden hinaus kaum eigenständige Systematisierungsversuche unternommen worden[32]. Das grundsätzliche Problem der Trennung des Anwendungsbereichs verschiedener Kompetenznormen wird in aller Regel anhand konkreter Konkurrenzkonflikte und damit entweder unter Verweis auf die Organpraxis oder nach pragmatischen Gesichtspunkten abgehandelt. Der wohl noch immer umfassendste dogmatische Ansatz stammt von *Ehlermann*[33] und ist mittlerweile über zwanzig

---

[26] GA *Lenz* weist in seinen Schlußanträgen vom 29.1.1987, oben Fn. 22, a.a.O., darauf hin, daß sich die Berufung auf eine Abgrenzungstheorie bei Rat und Kommission im Einzelfall durchaus nach der Interessenlage richtet und daher nicht immer einheitlich ist. In der Regel entspricht die hier getroffene Zuordnung jedoch der früheren Praxis.

[27] So die Kennzeichnung von GA *Lenz*, oben Fn. 22, 1508 f.

[28] Exemplarisch: Vorbringen des Rates in der Rs. 45/86, EuGH, Slg. 1987, 1493 (1499 f.); ebenso zu dem Gutachten 1/78, EuGH, Slg. 1979, 2871 (2884 und passim) sowie in den Rs. 68/86, EuGH, Slg. 1988, 855 (861 f.) und 131/86, EuGH, Slg. 1988, 905 (910 f.); zusammenfassend: *Gilsdorf*, oben Fn. 14, 5 - 7.

[29] Vorbringen des Rates zu dem Gutachten 1/78, EuGH, Slg. 1979, 2871 (2888).

[30] Schriftliche Auskunft des Juristischen Dienstes des Rats der Europäischen Gemeinschaften vom 15.6.1990 an den Verfasser.

[31] Vgl. Art. 149 Abs. 2 lit. e) EWGV; Einzelheiten oben Kap. 2 A. 5. a) bb).

[32] Dies verwundert vor allem deshalb, weil spätestens seit Inkrafttreten der EEA immer wieder darauf hingewiesen worden ist, daß die Abgrenzungsfrage nicht nur von theoretischer, sondern in erheblichem Maße auch von praktischer Relevanz ist; siehe bspw.: *Grabitz*, oben Fn. 3, Art. 130 s, Rn. 17; *Pernice*, oben 14, 205 f.

[33] Grenzen der gemeinsamen Agrarpolitik, in: Agrarrecht der EWG, KSE, Bd. 10, 1969, 82 ff.

Jahre alt. Zwar geht auch diese Untersuchung von dem Umfang einer konkreten Befugnisnorm aus, nämlich von Art. 43 EWGV; die Ausführungen sind jedoch von allgemeiner Art, so daß die dort entwickelten Kriterien auch zur Abgrenzung anderer Rechtsgrundlagen herangezogen werden können. Inhalt und Ergebnisse dieser Abhandlung werden in der Literatur auch heute noch diskutiert. Sie sollen daher im folgenden kurz vorgestellt werden.

Ehlermann stellt zunächst theoretisch denkbare Abgrenzungsmodelle vor, die er jedoch sämtlich verwirft. Nach der so bezeichneten *Wahlthese* steht es im opportunen und grundsätzlich weiten Auswahlermessen des gemeinschaftlichen Gesetzgebers, welche Kompetenznorm herangezogen wird, sofern mehrere in Betracht kommen. Das gemeinschaftliche Rechtsetzungsorgan ist mithin frei, je nach Interessenlage, einen Rechtsakt allein auf die eine oder die andere Vorschrift zu stützen[34]. Der Verfasser zweifelt jedoch selbst an der rechtlichen Zulässigkeit dieser These, weil sie nicht berücksichtigt, daß der Vertrag unterschiedliche Verfahrensvorschriften statuiert, die bei einer nahezu beliebigen Auswahl der Rechtsgrundlage übergangen werden könnten[35]. Dieses Bedenken wiegt mittlerweile umso schwerer, als durch die EEA weitere einschneidende Differenzierungen im Rechtsetzungsverfahren Eingang in den Vertrag gefunden haben[36]. Aus diesem Grunde ist die Wahlthese dann auch zunächst in der Literatur[37] und später vom Gerichtshof[38] als unvereinbar mit dem System vertraglicher Ermächtigungen verworfen worden.

Der Antipode dieser Theorie ist nach *Ehlermann* die *Kumulationsthese*. Sie besagt, daß im Falle einer Überlagerung des Anwendungsbereichs mindestens zweier Kompetenznormen diese sämtlich gleichzeitig heranzuziehen sind. Das Problem möglicherweise unterschiedlicher Verfahrensvorschriften wird dahingehend gelöst, daß die jeweils strengste Bestimmung anzuwenden ist[39]. Diese Auffassung sei deshalb abzulehnen, weil sie Rechtsakte im Bereich eines materiell zusammenhängenden Sachgebiets verfahrensmäßig aufsplittere und im übrigen auch keinen nennenswerten Einfluß auf die Praxis der Organe gehabt habe[40]. Letztgenannter Befund dürfte, insbesondere angesichts des langjährigen Gebrauchmachens von doppelten Rechtsgrundlagen im Umweltsektor[41], heute nicht mehr uneingeschränkt aufrecht erhalten werden können. Anderer-

---

[34] *Ehlermann*, oben Fn. 33, 91.

[35] *Ehlermann*, oben Fn. 33, 92.

[36] Oben Kap. 1 A.

[37] *Schmeder*, Die Rechtsangleichung als Integrationsmittel der EG, 1978, 58; sibyllinisch hingegen: *Lietzmann*, EEA und Umweltschutz, in: Rengeling (Hg.), Europäisches Umweltrecht, 1988, 178.

[38] Am deutlichsten: EuGH, Urt. vom 23.2.1988, Rs. 131/86, Vereinigtes Königreich vs. Rat, Slg. 1988, 905 (933): „... *die Bestimmung der geeigneten Rechtsgrundlage eines Rechtsakts* (kann) *nicht von der Beurteilung des Gemeinschaftsgesetzgebers* ...“ abhängen.

[39] *Ehlermann*, oben Fn. 33, 92 f.

[40] *Ehlermann*, oben Fn. 33, 92 – 94.

[41] *Eiden*, Die Rechtsangleichung gemäß Art. 100 des EWG-Vertrages, 1984, 107; *Karpenstein*, Doppelte Rechtsgrundlagen im Gemeinschaftsrecht, in: Ress (Hg.), Rechtsprobleme der Rechtsangleichung, 1988, 55 ff.; *Offermann-Clas*, ZfU 1983, 56 f., 58, 64; *Rehbinder/Stewart*, Environmental Protection Policy, 1985, 28 jeweils mit Beispielen.

seits sind der Kumulationsthese, als Modell für eine allgemeingültige Abgrenzung, die gleichen Einwände vorzuhalten, die der Praxis dualer Rechtsgrundlagen entgegnet werden[42]. Sie ist zwar nicht per se unzulässig[43], die Abstützung einer Maßnahme auf mehr als eine Befugnisnorm kann jedoch, um eine Aushöhlung des Prinzips der begrenzten Einzelermächtigung zu verhindern, nur in Ausnahmefällen erfolgen[44]. Letztlich spricht gegen die Kumulationsthese – ebenso wie gegen die Wahlthese – in entscheidender Weise, daß auch sie die primärrechtlichen Verfahrensunterschiede bei der Rechtsetzung in unzulässiger Weise verwischt und damit gegen das Postulat des Gerichtshofs verstößt, wonach die Grundsätze über die Willensbildung der Organe grundsätzlich nicht zur Disposition stehen[45]. Daher ist sie ebenfalls abzulehnen.

Schließlich stellt *Ehlermann* verschiedene, von ihm als *Spezialitätsthesen* bezeichnete Modelle vor, deren gemeinsamer Ansatzpunkt darin besteht, daß, im Falle des In-Betracht-Kommens mehrerer Kompetenznormen, lediglich eine, und zwar die speziellste, zur Anwendung gelangt[46]. Die Frage, nach welchen Kriterien sich eine solche Spezialität nun konkret bemißt, kann verschieden beantwortet werden. Dies führt *Ehlermann* am Beispiel der agrarpolitischen Ermächtigung des Art. 43 EWGV vor. Nach der sogenannten *Subsidiaritätsthese* ist diese Vorschrift lediglich und nur dann anwendbar, wenn eine Abstützung auf andere Vertragsbestimmungen unter keinen Umständen möglich ist[47]. Das diametrale Gegenstück dazu ist die *Exklusivitätsthese*. Danach ist Art. 43 EWGV immer dann alleine heranzuziehen, wenn eine gemeinschaftliche Regelung auch nur ein einziges landwirtschaftliches Erzeugnis betrifft[48]. Der Verfasser lehnt auch diese beiden Modelle ab, weil sie in ihren Konsequenzen zu radikal seien und sich nicht geschmeidig in das System vertraglicher Zuständigkeiten einfügten[49]. Stattdessen bevorzugt er eine vermittelnde Lösung, die als *Intensitätsmethode* bezeichnet wird. Nach dieser Auffassung bemißt sich die Wahl einer Rechtsgrundlage entscheidend nach Art und Intensität der Beziehung zwischen dem Regelungsinhalt eines gemeinschaftlichen Rechtsakts und dem der vertraglichen Kompetenznorm zugrundeliegenden Sachgebiet. Dies setze eine Bewertung der betreffenden Maßnahme in einer Gesamtschau voraus, die darauf abziele, den Regelungsschwerpunkt zu ermitteln. Der Vorteil dieser Methode bestehe darin, daß sie als einzige die Praxis der Gemeinschaftsorgane zu erklären vermöge. Nachteilig sei allerdings, daß ihr eine gewisse Rechtsunsicherheit immanent sei[50]. Im übrigen Schrifttum

---

[42] Dazu: *Zuleeg*, ZfW 1975, 137; *Offermann-Clas*, oben Fn. 41, 60; *Gronemeyer*, oben Fn. 13, 20; *Eiden*, oben Fn. 41, 107.

[43] EuGH, Urt. vom 27.9.1988, Rs. 165/87, Komm. vs. Rat, Slg. 1988, 5545 (5561).

[44] Einzelheiten dazu: unten Kap. 2 E. 1. c) aa).

[45] EuGH, Urt. vom 23.2.1988, Rs. 68/86, Vereinigtes Königreich vs. Rat, Slg. 1988, 855 (905); wohl ebenso: *Schmeder*, oben Fn. 37, 58 f.

[46] *Ehlermann*, oben Fn. 33, 93.

[47] *Ehlermann*, oben Fn. 33, 93 f.

[48] *Ehlermann*, oben Fn. 33, 94.

[49] Einzelheiten: *Ehlermann*, oben Fn. 33, 93 f.

[50] *Ehlermann*, oben Fn. 33, 94 – 98.

hat die Intensitätsmethode weitgehende Zustimmung erfahren[51]. Ihr liege ein sachgerechter Abgrenzungsmaßstab zugrunde; das verbleibende Maß an Unwägbarkeit sei hinnehmbar, weil dadurch eine, im Rahmen praktischer Rechtsetzung notwendige, Flexibilität gewährleistet werde[52, 53].

Bevor nun die angeführten, in der Praxis gebräuchlichen und in der Literatur vertretenen Theorien systematisiert, kritisch gewürdigt und im Hinblick auf den Gegenstand dieser Abhandlung weiterentwickelt werden[54], soll noch der Meinungsstand im Schrifttum[55] speziell zur Abgrenzung des Anwendungsbereichs der aus umweltrechtlicher Sicht bedeutsamsten Ermächtigungen, nämlich Art. 130 s einerseits und Artt. 100 a, 100 b EWGV andererseits, dargestellt werden.

3. Die umweltrechtlich wichtigste Konstellation: Meinungsstand im Schrifttum zur Abgrenzung des Anwendungsbereichs von Art. 130 s EWGV zu den binnenmarktrelevanten Kompetenzen gemäß Artt. 100 a, 100 b EWGV

a) Bewertung der Ausgangssituation

Im Schrifttum wird die Abgrenzung zwischen Artt. 130 s und 100 a EWGV[56], mangels ausdrücklicher vertraglicher Regelung und aufgrund der Tatsache, daß beide Vorschriften die Belange des Umweltschutzes explizit erwähnen, allgemein

---

51 Ausdrücklich: *Behrens*, Rechtsgrundlagen der Umweltpolitik der EG, 1976, 105, 109; *Breuer*, Jb. des Umwelt- und Technikrechts 1989, 89, Fn. 205; *Karpenstein*, oben Fn. 41, 67; *Lietzmann*, oben Fn. 37, 178, Fn. 40; *Marx*, Funktion und Grenzen der Rechtsangleichung nach Art. 100 EWG-Vertrag, 1976, 163; *Schmeder*, oben Fn. 37, 58 f.; *Winkler*, Umweltschutz, europäische Agrarpolitik und europäisches Agrarrecht, in: Rengeling (Hg.), Europäisches Umweltrecht, 1988, 126; in der Sache ebenso: *Gilsdorf*, oben Fn. 14, 7; *Grabitz*, oben Fn. 3, Art. 130 s, Rn. 18.

52 *Behrens*, oben Fn. 51, 105; *Schmeder*, oben Fn. 37, 59.

53 Zur Abrundung sei hier kurz – unter Hinweis auf das Bestehen grundsätzlicher Vorbehalte gegen einen solchen Vergleich – der Meinungsstand zu dem Problemkreis auf innerstaatlicher Ebene am Beispiel der Bundesrepublik Deutschland dargestellt. Nach ständiger Rechtsprechung des Bundesverfassungsgerichts bemißt sich die Zuordnung eines Gesetzes zu einer Kompetenznorm nach dessen alleinigem Zweck und dem konkret abschätzbaren Effekt. Werden mehrere Zwecke verfolgt und kommt daher nach dem Inhalt einer Regelung eine Einordnung in unterschiedliche Grundgesetzartikel in Betracht, ist der primäre Normzweck, d. h. der Schwerpunkt der Maßnahme entscheidend (BVerfGE 26, 281 (298); 28, 119 (149); 36, 314 (319)). Diese Rechtsprechung hat im Schrifttum weitgehende Billigung erfahren (*Pestalozza*, DÖV 1972, 183 f.; *Stettner*, Kompetenzlehre, 1983, 421 f.; neuerdings zum Regelungsgebiet Gentechnik: *Rahner*, ZRP 1990, 63). Sie entspricht inhaltlich somit weitgehend der dargestellten Intensitätsmethode, wenn auch das BVerfG stärker auf eine historische Auslegung abstellt (*Pieroth*, in: Jarass/ders., GG-Komm., Art. 70, Rn. 4).

54 Unten Kap. 2 D.

55 Bislang existiert dazu erst ein Urteil des Gerichtshofs: Urt. vom 11.6.1991, Rs. C-300/89, Komm. vs. Rat, EuR 1991, 175–178. Einzelheiten dazu oben Kap. 1 A., dort Fn. 48.

56 Die Ermächtigungen nach Artt. 100 a und 100 b EWGV bilden eine inhaltliche Einheit, da sie beide der Errichtung des Binnenmarktes verpflichtet sind. Im folgenden wird daher – der Einfachheit halber – lediglich Art. 100 a EWGV als binnenmarktfinale Harmonisierungskompetenz erwähnt. Die Ausführungen gelten jedoch in gleicher Weise auch für das Verhältnis von Artt. 130 s zu 100 b EWGV. Unterschiede zwischen Art. 100 a und 100 b EWGV, die eine abweichende Bewertung erfordern, werden gesondert behandelt.

als problematisch bis schwierig empfunden[57]. Dementsprechend vielgestaltig stellt sich auch das Spektrum vertretener Auffassungen dar[58]. Gleichermaßen stehen Thesen, die sich auf eine gewisse Verbreitung und Zustimmung stützen können neben solchen, die bislang keine oder kaum eine Resonanz in der übrigen Literatur gefunden haben. Im folgenden sollen diese Thesen, nach inhaltlichen Gesichtspunkten systematisiert, kurz vorgestellt werden.

Im Rahmen einer ersten groben Differenzierung läßt sich primär zwischen materiellen und formellen Theorien unterscheiden. Die erstgenannten stellen auf den Inhalt eines Rechtsakts ab und folgen im wesentlichen den beiden oben dargestellten, in der Organpraxis gebräuchlichen Abgrenzungsmethoden, nämlich der objektiv-instrumentalen und der subjektiv-finalistischen[59].

b) Materielle Theorien

Die Vertreter einer objektiven Theorie sehen in Artt. 130 s und 100 a EWGV zwei gleichberechtigt nebeneinander stehende Vorschriften, wobei keiner von beiden eine grundsätzliche Priorität zukomme[60]. Die Grenzlinie zwischen diesen Rechtsgrundlagen verlaufe fließend[61]. Entscheidend sei die objektive Sachnähe einer Regelung zum Komplex Binnenmarkt bzw. zu den eigentlichen Belangen des Umweltschutzes[62]. Je nachdem, wo der Schwerpunkt einer Maßnahme liege, sei entweder Art. 130 s oder Art. 100 a EWGV heranzuziehen[63]. Ein konkretisierender Anhaltspunkt könne zusätzlich darin erblickt werden, wie streng eine gemeinschaftliche Umweltschutznorm sei. Hohe Schutzstandards, die geeignet seien, die Gleichheit des Wettbewerbs zu beeinflussen, müßten eher auf Art. 100 a EWGV gestützt werden, während im umgekehrten Fall Art. 130 s EWGV vorzugswürdig erscheine[64].

Ein anderer Autor vertritt diese Auffassung in modifizierter Form. Danach sei zwar auch zunächst auf Herkunft und Zweck einer Regelung abzustellen,

---

[57] *Everling*, Zur Funktion der Rechtsangleichung in der EG, in: Pescatore-FS, 1987, 241; *Gündling*, Umweltschutz in einer übernationalen Wirtschaftsgemeinschaft, in: ders./ Weber (Hg.), Dicke Luft in Europa, 1988, 34, Fn. 16; *de Ruyt*, 218; resignativ: *Wolf*, KJ 1990, 126: *„Dieses Normengestrüpp ist rechtsdogmatisch kaum sinnvoll zu lichten"*; ähnlich: *Krämer*, Aufgabenverflechtung zwischen EG, Bund und Ländern, in: Magiera/Merten (Hg.), Bundesländer und EG, 1988, 215; *Schreiber*, ZAU 1989, 148; das Problem wurde bspw. auch ausgiebig auf der 13. Umweltrechtlichen Fachtagung der GfU (oben Kap. 1 A., Fn. 42) diskutiert, siehe Tagungsberichte von *Sellner*, NVwZ 1990, 245 und *Stüer*, DVBl. 1990, 199.

[58] Unvollständiger Überblick bei: *CEDE*, 10739 D.

[59] Oben Kap. 2 C. 2. a), d).

[60] *Grabitz/Zacker*, NVwZ 1989, 300; *Molkenbur*, DVBl. 1990, 682.

[61] *Battis*, NuR 1989, 366; *Grabitz*, oben Fn. 3, Art. 130 s, Rn. 21; *Krämer*, EEA und Umweltschutz, in: Rengeling (Hg.), Europäisches Umweltrecht, 1988, 162.

[62] *Grabitz*, oben Fn. 3, Art. 130 s, Rn. 21; *Grabitz/Zacker*, oben Fn. 60, 301; *Krämer*, oben Fn. 61, 159; in der Sache ebenso: *Jacobs*, Protection of the environment under the SEA, in: Schwarze (Hg.), Structure and dimensions of EC Policy, 1988, 121; widersprüchlich: *Müller-Graff*, EuR 1989, 133.

[63] *Grabitz*, oben Fn. 3, Art. 130 s, Rn. 18.

[64] *Krämer*, oben Fn. 61, 160 f.; *Battis*, oben Fn. 61, a.a.O.

in den verbleibenden Zweifelsfällen sei aber Art. 130 s EWGV heranzuziehen. Dies wird damit begründet, daß die Vorschrift im Gegensatz zu Art. 100 a EWGV zeitlich nicht befristet und damit besser geeignet sei[65].

Der Ansatzpunkt zwischen diesen objektiven und der finalistischen Theorie ist identisch; auch nach letztgenannter Auffassung besteht ein gleichrangiges Nebeneinander und kein formaler Vorrang einer der beiden Vorschriften. Lediglich hinsichtlich des dann notwendigen materiellen Abgrenzungskriteriums wird – im Unterschied zu objektiven Thesen – auf die subjektive Zielsetzung, die der Gemeinschaftsgesetzgeber mit der betreffenden Maßnahme verfolgt, abgestellt. Wenn dieser, im Hinblick auf die Ziele des Art. 8 a EWGV, ein bestimmtes Sachgebiet harmonisiere, sei Art. 100 a EWGV heranzuziehen. Umgekehrt sei Art. 130 s EWGV in den Fällen einschlägig, in denen eine Maßnahme getroffen werde, um mindestens eines der Ziele des Art. 130 r Abs. 1 EWGV zu verwirklichen[66]. Das Problem, daß in der Praxis Regelungen häufig bi- oder multifinal ausgerichtet sind, müsse dahingehend gelöst werden, daß auf das Schwergewicht der Zielverwirklichung abzustellen sei[67], wobei Maßnahmen mit unmittelbar umweltpolitischer Zielsetzung ihre Grundlage in Art. 130 s EWGV finden müßten[68].

c) Formale Theorien

Der entscheidende Unterschied zwischen diesen materiellen und den formalen Theorien besteht darin, daß die zuletzt genannten bereits die Gleichrangigkeit der Artt. 130 s und 100 a EWGV negieren. Vielmehr stünden diese Vorschriften aufgrund allgemeiner methodischer Grundsätze[69] in einem hierarchischen Verhältnis. Dies wird entweder mit dem Gedanken der Spezialität oder dem der Subsidiarität[70] begründet.

aa) Spezialitätsthesen

Die Vertreter einer Spezialitätsthese sehen mehrheitlich Art. 100 a EWGV als lex specialis zu Art. 130 s EWGV an, sofern ein Rechtsakt Auswirkungen

---

65 *Vandermeersch*, ELRev 1987, 418 f.

66 Am deutlichsten: *Ehlermann*, Rechtliche Instrumentarien zur Verwirklichung eines Gemeinsamen Marktes, in: Lukes (Hg.), EWG-Binnenmarkt für Elektrizität, 1988, 35: „... *maßgebliches Handlungsmotiv* ...“; in der Sache ebenso: *Brammer*, Kompetenzen der EG im Bereich Binnenmarkt nach der EEA, 1988, 51 f., Fn. 81; *Everling*, Probleme der Rechtsangleichung zur Verwirklichung des europäischen Binnenmarktes, in: Steindorff-FS, 1990, 1168 f.; *Glaesner*, EuR 1986, 131 und NuR 1988, 170; *Jadot*, Journal des tribunaux 1988, 727; *Montag*, RIW 1987, 941; *Reich*, Schutz diffuser Interessen, 1987, 300; *Schweitzer/Hummer*, Europarecht, 387; *Soell*, NuR 1990, 158, teilweise unter Berufung auf EuGH, Gutachten vom 4.10.1979, 1/78, Slg. 1979, 2871 (2909); wiederum widersprüchlich *Müller-Graff*, oben Fn. 62, a.a.O.

67 *Reich*, oben Fn. 66, a.a.O.

68 *Glaesner*, NuR 1988, 170; von *Scheuing*, oben Fn. 5, 185, Fn. 193 und *Grabitz*, oben Fn. 3, Art. 130 s, Rn. 20, als wenig hilfreich gerügt.

69 Von *Scheuing*, oben Fn. 5, 185, als *„rechtstechnischer Wirkungsbereich“* bezeichnet.

70 Dazu oben Kap. 2 B. 1. a) aa).

auf den – umfassend verstandenen – Binnenmarktbegriff[71] zeitige. Aus Art. 130 r Abs. 2 Satz 2 EWGV folge, daß der Umweltschutz eine übergreifende Aufgabe der Gemeinschaft sei. Dieses allgemeine Postulat werde durch die Artt. 100 a Abs. 3, 4 und 100 b Abs. 2 EWGV für den binnenmarktrelevanten Bereich konkretisiert[72]. Die Harmonisierungskompetenzen gemäß Artt. 100 a und 100 b EWGV vereinten mithin die Ziele Binnenmarkt und Umweltschutz miteinander und verhinderten somit eine Anwendung der allgemeineren Vorschrift des Art. 130 s EWGV. Dieser komme lediglich der Charakter einer Reservekompetenz zu, weil sämtliche produkt-, anlagen- und produktionsbezogenen Normen ihre Grundlage in Art. 100 a EWGV hätten[73]. Dementsprechend seien bei einem Vorgehen nach Art. 100 a Abs. 1 EWGV die allgemeinen Ziele und Grundsätze gemeinschaftlicher Umweltpolitik nach Art. 130 r Abs. 1, Abs. 2 Satz 1 EWGV ebenfalls verbindlich zu berücksichtigen[74].

Diese Auffassung wird von einem anderen Autor nur in einschränkender Weise geteilt. Die Spezialitätswirkung von Art. 100 a Abs. 1 EWGV gegenüber Art. 130 s EWGV sei lediglich dann gegeben, wenn der betreffende Rechtsakt einen unmittelbaren, direkten Bezug zu den Zielen des Binnenmarktes aufweise; bloße ökonomische Auswirkungen einer umweltschützenden Maßnahme könnten die Anwendbarkeit von Art. 100 a Abs. 1 EWGV nicht rechtfertigen. Konkret bedeute dies, daß lediglich die Harmonisierung umweltrechtlicher Produktnormen[75] nach Art. 100 a Abs. 1 EWGV erfolgen könne. Die soeben vorgestellte weitergehende Auffassung verkenne hingegen Wortlaut und Zweck des vertraglichen Umweltkapitels[76].

Nach einer weiteren Auffassung besteht zwischen Artt. 100 a und 130 s EWGV zwar auch ein Verhältnis der Spezialität, dieses wird aber gerade in umgekehrter Weise verstanden als zuvor dargestellt. Art. 100 a EWGV, als Teil allgemeiner Harmonisierungskompetenzen, lasse nach seinem Absatz 2 die besonderen Bestimmungen für andere Sachgebiete unberührt. Das Umweltrecht zähle nach der Systematik des Vertrages implizit zu den nach Art. 100 a Abs. 2 EWGV vom Anwendungsbereich dieser Vorschrift ausgenommenen

---

71 Ausführlich dazu: unten Kap. 2 E. 3. b) bb) m.w.N.

72 *Scheuing*, oben Fn. 5, 186.

73 Wohl zuerst entwickelt von: *Pernice*, DV 1989, 6, 31 ff., ebenso: *ders.*, oben Fn. 14, 206; zustimmend: *Gündling*, Jb. der Europ. Integration 1988/89, 162; *Haneklaus*, DVBl. 1990, 1136; *Langeheine*, in: Grabitz (Hg.), EWGV-Komm., Art. 100 a, Rn. 94; *Meyer/Rath*, Forum Recht 1990, 48; *Scheuing*, oben Fn. 5, 186; *Schmidt*, Einführung in das Umweltrecht, 141 f.; *Schwartze*, Die Einwirkungsmöglichkeiten der EG auf nationales Umweltrecht und ihr Einfluß auf das Schutzniveau, in: Donner/Magoulas/Simon/Wolf (Hg.), Umweltschutz zwischen Staat und Markt, 1989, 568; *Steiger*, Europarechtliche Grundlagen, unveröffentlichtes Manuskript zur Neuauflage von: Salzwedel (Hg.), Grundzüge des Umweltrechts, 14; wohl auch favorisiert von: *Hey/Jahns-Böhm*, Ökologie und freier Binnenmarkt, 1989, 31.

74 *CEDE*, 10739 D; *Gündling*, oben Fn. 73, a.a.O.; *Hailbronner*, EuGRZ 1989, 105; *Montag*, oben Fn. 66, 941; *Pernice*, oben Fn. 14, 203; *Scheuing*, oben Fn. 5, 176 f., 186; a. A.: *Lietzmann*, oben Fn. 37, 179.

75 Dazu oben Kap. 2 A. 2. b).

76 *Hailbronner*, oben Fn. 74, a.a.O.

Materien[77]. Aus Gründen des Umweltschutzes erlassene Maßnahmen, die zusätzlich einen harmonisierenden Effekt haben, seien demgemäß auf Art. 130 s EWGV als der spezielleren Norm abzustützen[78].

bb) Subsidiaritätsthese

Schließlich legen andere Befürworter eines formellen Ansatzes nicht den Gedanken der Spezialität, sondern den der Subsidiarität für das Verhältnis zwischen Artt. 130 s und 100 a EWGV zugrunde[79]. Aus Sinn und Zusammenhang der EEA, insbesondere aufgrund des größeren integrationsdynamischen Potentials von Art. 100 a EWGV im Vergleich zum Vertragstitel *„Umwelt"*, folge ein Vorrang der binnenmarktbezogenen Harmonisierungskompetenzen[80]. Über die Bestimmung der Binnenmarktrelevanz wird das formale Abgrenzungskriterium der Subsidiarität jedoch mit materiellen Gesichtspunkten angereichert und damit wieder durchbrochen. Ein solcher Bezug zum Binnenmarkt sei nämlich nicht bereits bei jeder peripheren Auswirkung einer Maßnahme auf die Ziele des Art. 8 a EWGV gegeben, sondern erst, wenn nach objektiven Kriterien der Schwerpunkt der Regelung im ökonomischen Bereich liege. Demgemäß trete Art. 130 s EWGV als subsidiäre Vorschrift gegenüber Art. 100 a Abs. 1 EWGV bei allen Produkt- sowie Anlagen- und Produktionsnormen, mit Ausnahme derjenigen in den Bereichen Abfallentsorgung und Abwasserbeseitigung, zurück[81]. Trotz der Heranziehung dieser Rechtsangleichungskompetenz sei die Gemeinschaft jedoch auch auf diesen Gebieten wegen Art. 130 r Abs. 2 Satz 2 EWGV gehalten, die in Art. 130 r Abs. 1 bis 3 niedergelegten Ziele und Grundsätze zu beachten[82].

d) Kompetenzielle Zuordnung einzelner Normkategorien

Über diese theoretisch-dogmatischen Abgrenzungsversuche hinaus erscheint schließlich – zur Abrundung des Meinungsbildes – eine Untersuchung der Frage sinnvoll, in welchen quantitativen Dimensionen das Schrifttum die drei umweltrechtlich bedeutsamsten Instrumente, nämlich Produkt-, Anlagen- und Produktions- sowie Umweltqualitätsstandards[83], kompetenziell zuordnet.

---

77 *Glaesner*, Bemerkungen zur Interpretation von Art. 100 a EWGV, in: Ress (Hg.), Rechtsprobleme der Rechtsangleichung, 1988, 52.

78 *Glaesner*, oben Fn. 77, 48; wohl ebenso: *Dauses*, EuZW 1990, 9, dort auch Fn. 14.

79 *Breuer*, oben Fn. 51, 88, 98; in der Sache ähnlich: *Koppen*, The European Community's environment policy, 1988, 52.

80 *Breuer*, oben Fn. 51, 87 f.

81 *Breuer*, oben Fn. 51, 89 f.

82 *Breuer*, oben Fn. 51, 92, 42: *„programmatische Querschnittsfunktion"* von Art. 130 r EWGV.

83 Dazu oben Kap. 2 A. 2. b).

Hinsichtlich der Produktnormen vertritt die Literatur, soweit ersichtlich, unisono die Auffassung, daß gemeinschaftliche Rechtsakte auf Art. 100 a Abs. 1 EWGV zu stützen seien[84]. In nahezu gleichem Umfang Einigkeit besteht bezüglich der Einordnung von Qualitätsstandards. Die ganz überwiegende Auffassung sieht hier Art. 130 s EWGV als einschlägig an[85], während lediglich zwei Autoren insoweit ebenfalls Art. 100 a EWGV heranziehen [86]. Gespalten präsentiert sich letztlich der Meinungsstand zu den Produktions- und Anlagennormen. Die zahlenmäßig größte Gruppe ist wiederum für eine Abstützung auf Art. 100 a EWGV[87]. Dagegen sehen die Vertreter zweier Mindermeinungen diese Vorschrift als nicht einschlägig an. Nach einer Auffassung ist vielmehr erneut Art. 130 s EWGV als richtige Rechtsgrundlage heranzuziehen[88], während andere dafür votieren, in diesem Bereich weiterhin von Art. 100 EWGV Gebrauch zu machen[89].

4. Kritische Würdigung und Herausarbeitung allgemeiner Kriterien der Abgrenzung

a) Ausgangssituation und methodische Vorbemerkung

Mit Inkrafttreten der EEA ist hinsichtlich der Rechtsgrundlagen gemeinschaftlicher Umweltpolitik eine völlig neue und bislang einmalige Situation entstanden. Erstmals enthält der Vertrag für ein Sachgebiet zwei unterschiedliche und in getrennte Normkomplexe eingebundene Ermächtigungen. Bei entsprechend extensiver Auslegung wären sowohl Art. 130 s EWGV als auch

---

84 *Beutler*, in: BBPS, 499; *Boisserée*, Jahrbuch des Umwelt- und Technikrechts 1988, 394; *Breuer*, oben Fn. 51, 89; *Ehlermann*, oben Fn. 66, 35 und CMLRev 1987, 383; *Everling*, oben Fn. 66, 1168; *Grabitz*, oben Fn. 3, Art. 130 s, Rn. 21; *Grabitz/Zacker*, oben Fn. 57, 301; *Hailbronner*, oben Fn. 74, 105; *Hey/Jahns-Böhm*, oben Fn. 73, 30; *Koppen*, oben Fn. 79, 61; *Krämer*, oben Fn. 61, 159; *Kupfer*, AgrarR 1989, 59; *Langeheine*, oben Fn. 73, Art. 100 a, Rn. 94; *Lietzmann*, oben Fn. 37, 179; *Müller-Graff*, oben Fn. 62, 133; *Pernice*, DV 1989, 6 und NVwZ 1990, 205; *Roelants du Vivier/Hannequart*, RevMC 1988, 230; *Scheuing*, oben Fn. 5, 186; *Schmidt*, oben Fn. 73, 142; *Seidel*, DVBl. 1989, 446 f.; *Soell*, oben Fn. 66, 158.

85 *Beutler*, in: BBPS, 499; *Breuer*, oben Fn. 51, 90; *Grabitz*, oben Fn. 3, Art. 130 s, Rn. 23; *Grabitz/Zacker*, oben Fn. 60, 302; *Krämer*, oben Fn. 61, 157 f.; *Müller-Graff*, oben Fn. 62, 133; *Soell*, oben Fn. 66, 159; wohl auch: *Scheuing*, oben Fn. 5, 186.

86 *Pernice*, oben Fn. 74, 22, mit dem Argument, auch Qualitätsvorschriften wiesen eine (indirekte) Wettbewerbsrelevanz auf und hätten daher Auswirkungen auf die Marktgleichheit; ihm folgend: *Langeheine*, oben Fn. 73, Art. 100 a, Rn, 94.

87 *Ehlermann*, CMLRev 1987, 383, nun aber differenzierend in: Lukes (Hg.), EWG-Binnenmarkt für Elektrizität, 1988, 35; *Hey/Jahns-Böhm*, oben Fn. 73, 30 f.; *Langeheine*, oben Fn. 73, Art. 100 a, Rn. 94; *Müller-Graff*, oben Fn. 62, 133; *Pernice*, DV 1989, 18 f., 21 f. und NVwZ 1990, 205; *Scheuing*, oben Fn. 5, 186; *Schmidt*, oben Fn. 73, 142; implizit auch: *Battis*, oben Fn. 61, 366; einschränkend: *Breuer*, oben Fn. 51, 90 (außer Abfallentsorgung und Abwasserbeseitigung) und *Krämer*, oben Fn. 61, 160; explizit gegen Art. 100 a EWGV: *Kupfer*, oben Fn. 84, 59.

88 *Beutler*, in: BBPS, 499; *Seidel*, oben Fn. 84, 446; einschränkend: *Breuer*, oben Fn. 51, 90 (nur Abfallentsorgung und Abwasserbeseitigung); *Grabitz*, oben Fn. 3, Art. 130 s, Rn. 22 und *Soell*, oben Fn. 66, 158 f. (je nachdem, ob der Schwerpunkt im ökonomischen oder ökologischen Bereich liegt, sei entweder Art. 100 oder 130 s EWGV heranzuziehen).

89 *Steiger*, oben Fn. 73, 12 f.; *Grabitz/Zacker*, oben Fn. 60, 301 f.; einschränkend nun: *Grabitz*, oben Fn. 3, Art. 130 s, Rn. 22 (siehe oben Fn. 85).

Art. 100 a Abs. 1 EWGV potentiell geeignet, sämtliche umweltrechtlichen Maßnahmen zumindest nahezu vollständig abzudecken[90]. Wie den beiden diametral konträren Spezialitätsthesen von *Pernice* [91] und *Glaesner*[92] zu entnehmen ist, werden derartige Auffassungen auch im Schrifttum vertreten und haben mittlerweile – das gilt nur für die erstgenannte Theorie – sogar eine nicht unbedeutende Anhängerschaft gefunden[93]. Nach dem von *Pernice* entwickelten Lösungsmodell werden sämtliche produkt-, produktions- und qualitätsbezogenen Maßnahmen als Auswirkungen auf das Ziel Binnenmarkt verstanden und sind dementsprechend auf Art. 100 a Abs. 1 EWGV zu stützen. Folglich ist der noch für Art. 130 s EWGV verbleibende Anwendungsbereich sachlich stark eingeschränkt[94] und hat damit wohl die Grenze dessen erreicht, was aus teleologischen Gesichtspunkten gerade noch vertretbar erscheint. Eine darüber hinausgehende Interpretation der binnenmarktfinalen Harmonisierungskompetenz wäre wohl unvereinbar mit der Sicherung des *effet utile* der Ermächtigung im Vertragstitel „*Umwelt*"[95]. Ein in spiegelbildlicher Weise umgekehrtes Ergebnis ergibt die konsequente Anwendung der Spezialitätsthese *Glaesners* [96]. Danach wären nahezu alle umweltrechtlichen Vorschriften auf Art. 130 s EWGV zu stützen. Gleichfalls müßte auch insoweit überlegt werden, welche Bereiche dennoch über Art. 100 a Abs. 1 EWGV verabschiedet werden könnten, um den umweltrechtlichen *effet utile* dieser Norm, der erkennbar in Art. 100 a Abs. 3 und 4 EWGV angelegt ist, zu sichern[97].

Neben diesen, in ihren Konsequenzen radikal anmutenden Meinungen existieren noch vermittelnde, differenzierende, an der Organpraxis orientierte und eher pragmatisch ausgerichtete Auffassungen[98]. Da eine explizite oder dem Vertrag in evidenter Weise zu entnehmende Abgrenzung des Anwendungsbereichs von Art. 130 s EWGV zu Art. 100 a Abs. 1 EWGV nicht ersichtlich ist, sind diese Thesen im folgenden auf ihre dogmatische Stringenz

---

[90] Auch der Rat und die Kommission sind sich dessen bewußt, hätten sie doch sonst wohl kaum eine gemeinsame Erklärung abgegeben, wonach die Wahl von Art. 100 a EWGV als Rechtsgrundlage der Kfz-Emissionsrichtlinien die Anwendung von Art. 130 s EWGV für Maßnahmen, deren wesentliches Ziel der Schutz und die Verbesserung der Umwelt sind, unberührt läßt (Bull. EG 7/8-1987, 64). Im Ergebnis ähnlich: *CEDE*, 10739 D; *Everling*, oben Fn. 66, 1169. *Rehbinder*, Diskussionsbeitrag, in: Umwelt- und Technikrecht in den Europäischen Gemeinschaften - Antrieb oder Hemmnis?, UTR, Bd. 7, 1989, 171, befürchtet, daß die Entwicklung dahin geht, daß in Zukunft praktisch das gesamte Umweltrecht auf Art. 100 a EWGV gestützt werden wird.

[91] Oben Kap. 2 C. 3. c) aa), dort Fn. 73, a.a.O.

[92] Oben Kap. 2 C. 3. c) aa), dort Fn. 77, a.a.O.

[93] Siehe oben Kap. 2 C. 3. c) aa), dort Fn. 73, jeweils a.a.O.

[94] Dazu: *Pernice*, DV 1989, 36 f. und NVwZ 1990, 208 f.; *Ehlermann*, integration 1986, 103, hebt ebenfalls den enorm umfangreichen Anwendungsbereich von Art. 100 a EWGV hervor.

[95] Vgl. dazu die oben in Fn. 5 genannten Nachweise aus Rspr. und Lit., jeweils a.a.O.

[96] Oben Kap. 2 C. 3. c) aa), dort Fn. 77, a.a.O., der diese Auffassung jedoch nicht in gleich dezidierter Weise herleitet und begründet wie *Pernice*.

[97] Nach übereinstimmender Auffassung in der Lit., oben Fn. 84, jeweils a.a.O., dürften dies wohl nur Produktnormen sein.

[98] Einzelheiten oben Kap. 2 C. 3.

und praktische Effizienz zu überprüfen und ggf. weiterzuentwickeln. Für diese kritische Würdigung erscheinen vor allem folgende Parameter bedeutsam[99].

Zum einen erweist sich die Tragfähigkeit eines Differenzierungsmodells an der Übereinstimmung mit fundamentalen methodischen Prinzipien und Allgemeinen Grundsätzen des Gemeinschaftsrechts. Auffassungen, die diesen in möglichst optimaler Weise entsprechen, erscheinen zunächst einmal vorzugswürdig. Umgekehrt scheiden solche Meinungen von vornherein aus, die methodisch unhaltbar bzw. in sich widersprüchlich sind oder in evidenter Weise gegen Allgemeine Rechtsgrundsätze verstoßen. Im Rahmen des letztgenannten Komplexes sind vor allem das Demokratiegebot[100] sowie der Aspekt der Rechtssicherheit[101] zu berücksichtigen. Gerade für den kompetenziellen Bereich läßt sich der Rechtsprechung des Gerichtshofs entnehmen, daß zur Bestimmung des Umfangs vertraglicher Ermächtigungen dem Interesse der Rechtssicherheit eine herausragende Bedeutung zukommt[102]. Ein klares Zuordnungsmodell wirkt sich nämlich auf beide Ebenen der Zuständigkeiten positiv aus. In horizontaler Hinsicht läßt sich der Anwendungsbereich primärrechtlicher Befugnisse (Artt. 130 s, 100 a Abs. 1 EWGV) dann ebenso eindeutig bestimmen wie – vertikal gesehen – der verbleibende nationale Handlungsspielraum der Mitgliedstaaten (Artt. 130 t, 100 a Abs. 4 EWGV). Dadurch wird in doppelter Weise vermeidbaren Kompetenzkonflikten wirksam vorgebeugt. Im Ergebnis läßt sich konstatieren, daß das Gemeinschaftsrecht den Rahmen dessen absteckt, was an Möglichkeiten der Abgrenzung überhaupt zulässig ist.

Die Vorzugswürdigkeit von Thesen, die dieses erste grobe Raster passiert haben, bemißt sich sodann maßgeblich nach ihren konkreten Aus- und Folgewirkungen[103]. Im Rahmen einer teleologischen Interpretation ist eine umfassende Interessenabwägung vorzunehmen[104], die hier vor allem an zwei Haupt-

---

99 Natürlich gelten auch insoweit in vollem Umfang die allgemeinen Auslegungsgrundsätze, dazu etwa: *Bernhardt*, Zur Auslegung des europäischen Gemeinschaftsrechts, in: Kutscher-FS, 1981, 17 ff.; *Bleckmann*, EuR 1979, 239 ff.; *ders.*, NJW 1982, 1177 ff.; *Kutscher*, EuR 1981, 400 f. jeweils m.w.N. Die folgenden Ausführungen beleuchten darüber hinaus die besonderen methodischen Schwerpunkte des hier zu behandelnden Problemkreises.

100 Dazu etwa: *Lenz*, in: Bitburger Gespräche, Jb. 1987, 13; *Ress*, Über die Notwendigkeit der parlamentarischen Legitimierung der Rechtsetzung der EG, in: Geck-GS, 1989, 640; *Zuleeg*, DSt 17 (1978), 44.

101 Dazu etwa: EuGH, Urt. vom 13.7.1962, Rs. 19/61, Mannesmann vs. Hohe Behörde, Slg. 1962, 717 (749); *Gündisch*, Allgemeine Rechtsgrundsätze in der Rechtsprechung des Europäischen Gerichshofs, in: Schwarze (Hg.), Das Wirtschaftsrecht des Gemeinsamen Marktes in der aktuellen Rechtsentwicklung, 1983, 108; *Pernice*, in: Grabitz (Hg.), EWGV-Komm., Art. 164, Rn. 89 f.; jeweils mit weiteren umfangreichen Nachweisen aus der Rspr. des Gerichtshofs.

102 EuGH, Urt. vom 12.7.1973, Rs. 8/73, Hauptzollamt Bremerhaven vs. Massey-Ferguson GmbH, Slg. 1973, 897 (907); für die hier gegebene Problematik ebenfalls betont von: *Scheuing*, oben Fn. 5, 185.

103 Bereits hier kann angedeutet werden, daß dieser Aspekt die Literatur bei der Abgrenzung von Art. 130 s zu 100 a I EWGV bislang insgesamt sehr stark und wohl zu Lasten einer dogmatisch fundierten Absicherung beherrscht hat. Das soll im folgenden näher untermauert werden, Kap. 2 C. 3. b) und c).

104 *Zuleeg*, EuR 1969, 103 f.

zielen auszurichten ist. Einerseits der Sicherstellung praktischer Konkordanz[105] der voneinander abzugrenzenden Vorschriften und andererseits einer möglichst optimalen systematischen Übereinstimmung mit expliziten oder impliziten vertraglichen Wertungen[106]. All diese Gesichtspunkte fließen in eine Gesamtwürdigung ein, an deren Ende sich die Überlegenheit einer der Thesen erweisen soll. Ziel dieses Vorgehens ist es, ein allgemeingültiges Lösungsmodell zu finden oder ggf. zu entwickeln, das nicht nur speziell zur Abgrenzung von Art. 130 s EWGV zu Art. 100 a Abs. 1 EWGV geeignet ist, sondern darüber hinaus eine generelle Trennung des Anwendungsbereichs der Kompetenzen nach dem Vertragstitel *„Umwelt"* von sonstigen primärrechtlichen Ermächtigungen zu bewirken vermag. Ein solches Anliegen entspricht nicht nur dem Streben nach dogmatischer Stringenz, sondern zudem auch dem umfassenden Charakter sowohl des gemeinschaftlichen Umweltbegriffs wie auch dem des Umweltrechts nach hier vertretener Auffassung[107].

b) Kritische Würdigung der Rechtsprechung, Organpraxis und Literatur zur Abgrenzung des Anwendungsbereichs primärrechtlicher Kompetenznormen

Wie bereits zuvor kurz angedeutet, läßt sich der Rechtsprechung des Gerichtshofs zur Abgrenzung des Anwendungsbereichs vertraglicher Ermächtigungen ein zweistufiges Denkmodell entnehmen[108]. Dem liegt ersichtlich die Erkenntnis zugrunde, daß sich das Konkurrenzverhältnis zwischen primärrechtlichen Kompetenznormen prinzipiell in zwei Hauptgruppen einteilen läßt. Einerseits gibt es Befugnisnormen, die in einem besonderen, rechtsmethodisch begründeten Über- und Unterordnungsverhältnis stehen. Eine solche Hierarchie ergibt sich entweder explizit aus dem Vertrag oder sie ist dort implizit angelegt. Als Beispiel einer Vorschrift, die eine ausdrückliche Subsidiaritätsklausel enthält, die ihrem Wortlaut nach gegenüber allen anderen Rechtsgrundlagen wirkt, wurde bereits Art. 235 EWGV angeführt[109]. Aber auch Art. 100 a Abs. 1 Satz 1 EWGV enthält im ersten Halbsatz eine ähnliche Formulierung: *„Soweit in diesem Vertrag nichts anderes bestimmt ist, ..."*[110]. Ferner hat der Gerichtshof entschieden, daß sich aus Sinn und Zweck von Art. 43 EWGV ergibt, daß diese Norm für den Bereich der Agrarpolitik, trotz Fehlens einer entsprechenden ausdrücklichen Vertragsklausel, lex specialis zu Art. 100 EWGV ist[111]. Ganz überwiegend wird in der Literatur darüber hinaus auch die Auffassung vertreten, daß Art. 100 a Abs. 1 EWGV für den Bereich Binnenmarkt als Spezialvorschrift die allgemeine Harmonisierungsbefugnis nach

---

105 Dazu: *Hesse*, Grundzüge des Verfassungsrechts, Rn. 317 ff.; zur Anwendung im Gemeinschaftsrecht: vgl. *Reich*, oben Fn. 66, 305.

106 Wertvorstellungen des Gemeinschaftsrechts behandelt: *Lenz*, ZRP 1988, 452 f.

107 Oben Kap. 2 A. 2. a) und b).

108 Oben Kap. 2 C. 2. a).

109 Oben Kap. 2 C. 2. a), dort Fn. 21.

110 *Götz*, EuR 1988, 299; dazu gleich unten Kap. 2 C) 3.) c).

111 Nachweise oben Kap. 2 C. 2. a), dort Fn. 18, a.a.O.

Art. 100 EWGV verdrängt[112]. Zusammenfassend lassen sich diese Phänomene in vielfältiger Weise bezeichnen. Man kann ebensogut das Attribut eines *rechtstechnischen Wirkungsbereichs*[113] heranziehen wie den – bundesdeutscher Strafrechtsdogmatik entlehnten – Begriff der Gesetzeskonkurrenz[114]. Entscheidend ist lediglich das damit Gemeinte: läßt sich ein gemeinschaftlicher Rechtsakt seinem Inhalt nach unter die Tatbestände mindestens zweier Rechtsgrundlagen subsumieren, ergibt die Auslegung dieser Vorschriften jedoch, daß nach allgemeinen methodischen Grundsätzen, wie etwa denen der Spezialität und Subsidiarität, nur eine davon anwendbar ist, so ist diese Rechtsfolge zwingend zu beachten. Dementsprechend soll dieses Phänomen im folgenden als *methodisches Konkurrenzverhältnis* bezeichnet werden.

Andererseits verleiht der Vertrag der Gemeinschaft aber auch Befugnisse, die weder ihrem Wortlaut noch ihrem Sinn und Zweck nach in einem solchen Verhältnis stehen. In der Regel handelt es sich dabei um Vorschriften, deren zugrundeliegende Sachbereiche zumindest nicht in einem unmittelbaren Zusammenhang stehen. Vielmehr sind diese Ermächtigungen ihrem Inhalt oder Wesen nach isoliert nebeneinander angesiedelt. Als Beispiel hierzu seien die Kompetenznormen der Vertragskapitel über die gemeinsame Agrar- und Verkehrspolitik, also Art. 43 EWGV einerseits und Artt. 75, 84 EWGV andererseits, genannt. Dort sind weder ausdrücklich noch implizit spezifische Beziehungen subordinationsrechtlicher Natur festgelegt.

Für die Abgrenzungsproblematik ist nun zwischen diesen beiden Gruppen zu differenzieren. Innerhalb der erstgenannten ist die Frage verhältnismäßig einfach zu lösen, sofern das Bestehen eines besonderen methodischen Konkurrenzverhältnisses durch Auslegung diagnostiziert ist: es gilt die Rangfolge entsprechend dem allgemein-methodischen Grundsatz. Sie geht zwingend den sonstigen Abgrenzungstheorien vor, die dadurch in ihrer Anwendung präkludiert sind.

Schwieriger lösbar ist das Problem der Trennung des Anwendungsbereichs verschiedener Kompetenznormen, wenn eine solche Hierarchie nicht besteht. Hier kommen nun die allgemeinen Thesen, die in der Organpraxis und Literatur vertreten werden, ins Spiel. Bekanntermaßen handelt es sich dabei um die subjektive, die objektive und die Intensitätsmethode[115]. An dieser Stelle ist folglich zu untersuchen, ob eines der drei und ggf. welches dieser Modelle zur Abgrenzung von Vertragsermächtigungen, die nicht in einem Verhältnis methodischer Konkurrenz stehen, in befriedigendem Maße geeignet ist.

---

112 *Bieber*, ÖZöRV 1988, 231; *Brammer*, oben Fn. 66, 75; *Breuer*, oben Fn. 51, 87; *Ehlermann*, oben Fn. 87, 382; *Glaesner*, oben Fn. 77, 39; *Langeheine*, EuR 1988, 241 f.; *ders.*, oben Fn. 70, Art. 100 a, Rn. 92; *Müller-Graff*, oben Fn. 62, 132; *Pernice*, oben Fn. 74, 6; *Krämer*, oben Fn. 61, 154, betont, daß beide Normen nebeneinander anwendbar seien; zu den Unterschieden zwischen diesen Vorschriften: *CEDE*, 10737 D.

113 So: *Scheuing*, oben Fn. 69, a.a.O.

114 Dazu: *Sch-Sch-Stree*, StGB-Komm., Vor §§ 52 ff., Rn. 5, 102 ff. m.w.N.

115 Einzelheiten: oben Kap. 2 C. 2.

Gegen die subjektive Theorie in Reinform spricht, daß sie kaum praktikabel ist. Die inneren Motive und Ziele legislativen Handelns sind kaum ergründbar und lassen sich auch nicht vollständig und abschließend den Begründungen gemeinschaftlicher Rechtsakte entnehmen[116]. In ihren faktischen Konsequenzen liegt sie nahe bei der von *Ehlermann* so bezeichneten *Wahlthese*, die allgemein aus den oben genannten Gründen abgelehnt wird[117]. Entscheidend ist letztlich, daß der Gerichtshof mittlerweile die subjektive Zielsetzung der Urheber gemeinschaftlicher Maßnahmen, jedenfalls als alleiniges Kriterium zur Bestimmung der einschlägigen Rechtsgrundlage, ausdrücklich für unzulässig erklärt hat[118].

Es verbleiben mithin noch die objektive und die Intensitätsmethode. Eine Entscheidung zwischen diesen beiden Thesen ist allerdings lediglich dann notwendig, wenn inhaltliche Unterschiede bestehen. In der Tat ist der Ansatzpunkt beider Theorien identisch, denn zur Bestimmung der einschlägigen Ermächtigungsvorschrift wird jeweils nicht auf subjektive, sondern auf objektive Umstände abgestellt[119]. Wenn auch die Intensitätsmethode in ihren Voraussetzungen und Konsequenzen wissenschaftlich mehr durchdrungen ist als dies bei der objektiven Theorie der Fall ist[120], so führen beide durchweg doch zu gleichen Ergebnissen. Ein weiterer wichtiger Vorteil dieser Erklärungsversuche besteht darin, daß sie mit der neueren ständigen Rechtsprechung des Gerichtshofs übereinstimmen[121]. Wenn danach die Abgrenzung vertraglicher Ermächtigungen maßgeblich aufgrund objektiver und justitiabler Umstände zuerfolgen hat, so erfüllen beide Theorien dieses Kriterium in gleicher Weise. Zudem hat die objektiv ausgerichtete Intensitätsmethode auch in der Literatur als sachgerechte und praktikable Theorie weitestgehende Zustimmung gefunden[122]. Schließlich spricht ebenfalls für diesen Ansatz, daß er nicht nur in sachgerechter Weise das Konkurrenzverhältnis einzelner Kompetenznormen zu erklären vermag, sondern bei allen Konflikten über den Anwendungsbereich vertraglicher Ermächtigungen zu befriedigenden Lösungen führt[123]. Es handelt sich mithin um ein allgemeingültiges Lösungsmodell.

Trotz aller Vorzüge dieser Theorie sind jedoch zwei Einschränkungen zu machen. Zum einen erscheint die dogmatische Zuordnung der Intensitätsmethode zu den Spezialitätsthesen[124] nach hier vertretener Auffassung zumindest als mißverständlich. In Übereinstimmung mit den vorangegangenen Ausführungen handelt es sich dabei vielmehr um ein allgemeines Abgrenzungsmodell, das erst und nur dann zur Anwendung gelangt, wenn zwischen den in Be-

---

116 *Gilsdorf*, oben Fn. 14, 7; GA *Lenz*, oben Fn. 22, a.a.O.; Kommission, oben Fn. 20, a.a.O.

117 *Ehlermann*, oben Fn. 33, 91 f.; *Schmeder*, oben Fn. 37, 58; Einzelheiten oben Kap. 2 C. 2. e).

118 EuGH, Urt. vom 26.3.1987, Rs. 45/86, Komm. vs. Rat, Slg. 1987, 1493 (1520).

119 Vgl. oben Kap. 2 C. 2. a) und e).

120 Dies braucht deshalb nicht zu verwundern, weil in der Praxis derartiges als nicht notwendig empfunden wird und daher unüblich ist.

121 Siehe die Nachweise oben, Kap. 2 C. 2. a), dort Fn. 25 f., a.a.O.

122 Siehe die Nachweise oben, Kap. 2 C. 2. e), dort Fn. 51, a.a.O.

123 Vgl. *Schmeder*, oben Fn. 37, 59.

124 So: *Ehlermann*, oben Fn. 33, 93.

tracht kommenden Kompetenznormen ein vorrangiges Verhältnis methodischer Konkurrenz, wozu auch der Spezialitätsgrundsatz zählt, gerade nicht besteht. Dieser Gesichtspunkt wird nun verwischt, wenn man die Intensitätsmethode zur Gruppe der Spezialitätsthesen zählt. Zudem ist eine solche Klassifizierung mittlerweile auch irrelevant. Nach *Ehlermann* leitet sie sich aus dem Verhältnis zur Wahl- und zur Kumulationsthese[125] ab[126]. Da diese beiden Lösungsmodelle sowohl in der Rechtsprechung wie auch im Schrifttum einhellig verworfen wurden, ist die von *Ehlermann* verwendete Charakterisierung heute überholt. Zur Vermeidung von Mißverständnissen erscheint daher nunmehr eine Kennzeichnung als allgemeine Abgrenzungstheorie, im Gegenteil zu speziellen rechtsmethodischen Grundsätzen, sachgerecht.

Die zweite Einschränkung betrifft den Grad der Verbindlichkeit einer rein objektiv verstandenen Intensitätsmethode. Nach der einschlägigen Leitentscheidung des Gerichtshofs ist die Geltung objektiver Elemente nicht absolut, sondern in einem gewissen Umfang relativiert. Wenn der EuGH formuliert, daß „... *die Wahl der Rechtsgrundlage ... nicht allein davon abhängen* (kann), *welches nach der Überzeugung eines Organs das angestrebte Ziel ist, ...*“[127], so bedeutet das im Umkehrschluß, daß subjektive Kriterien jedenfalls nicht gänzlich außer acht zu lassen sind. Im Ansatz paßt dieses Erfordernis sogar, auch wenn dies im ersten Moment überraschend erscheinen mag, zur Intensitätsmethode. Bestandteil der danach erforderlichen Bewertung der Maßnahme in einer Gesamtschau[128] können nämlich ohne weiteres auch die subjektiven Handlungsmotive des Gesetzgebers sein. Entscheidend ist lediglich das Gewicht dieses Kriteriums im Verhältnis zu objektiven Gesichtspunkten. Hierzu folgt sowohl aus der oben genannten Grundsatzentscheidung des EuGH[129] als auch den Ausführungen *Ehlermanns* [130], daß die zur Wahl der Rechtsgrundlage maßgeblichen Kriterien vor allem voll justitiabel sein müssen. Dies ist aber dann nicht angemessen gewährleistet, wenn subjektiven, d. h.kaum nachprüfbaren Beweggründen eine mehr als untergeordnete Relevanz zukommt. Dementsprechend werden die letztgenannten Gesichtspunkte allenfalls dann eine eigenständige Bedeutung erlangen können, wenn dem gemeinschaftlichen Legislativorgan das Handlungsmotiv eines evidenten, bewußten und gewollten Fehlgebrauchs von Kompetenzen nachzuweisen ist[131]. In der Praxis erscheint dies allerdings kaum einmal vorstellbar.

Im Ergebnis bleibt es somit dabei, daß sich die Abgrenzung des Anwendungsbereichs von Ermächtigungsnormen, die nicht in einem Verhältnis methodischer Konkurrenz stehen, maßgeblich nach der objektiv zu bestimmenden Art und Intensität der Beziehung zwischen dem Regelungsinhalt einer Maßnahme und dem gemeinschaftlichen Kompetenznormen zugrundeliegenden Sachgebiet bzw. ihrer

125 Dazu oben Kap. 2 C. 2. e).

126 *Ehlermann*, oben Fn. 33, 91 – 93.

127 EuGH, Urt. vom 26.3.1987, Rs. 45/86, Komm. vs. Rat, Slg. 1987, 1493 (1520).

128 So ausdrücklich: *Ehlermann*, oben Fn. 33, 96.

129 Oben Fn. 127, a.a.O.

130 *Ehlermann*, oben Fn. 33, 98.

131 Ebenso: GA *Lenz*, oben Fn. 22, 1511: „*détournement de pouvoir*“.

Zielsetzung bemißt. Dieses Intensitätskriterium, das inhaltlich der objektiven Theorie entspricht, ist – soweit erkennbar – um subjektive Handlungsmotive des Gesetzgebers zu ergänzen, die in ihrer Bedeutung jedoch allenfalls einen marginalen Grad der Verbindlichkeit zu erreichen vermögen. Von diesem vermittelnden Modell der Grenzziehung mit eindeutigem Schwerpunkt auf dem objektiven Regelungsgehalt eines Rechtsakts ist vorerst als sachgerechter und praktikabler Theorie auszugehen[132]. Sie soll im folgenden, in Übereinstimmung mit der bislang wissenschaftlich fundiertesten Untersuchung, weiterhin als Intensitätsmethode bezeichnet werden.

c) Anwendung des zweistufigen Differenzierungsmodells auf die umweltrechtlich bedeutsamste Konstellation: Abgrenzung zwischen Artt. 130 s und 100 a EWGV

Im folgenden soll das gerade herausgearbeitete zweistufige Differenzierungsmodell auf die Abgrenzung der Anwendungsbereiche der Artt. 130 s und 100 a Abs. 1 EWGV, als den beiden umweltrechtlich wichtigsten Ermächtigungen, angewendet werden, um dessen Tauglichkeit zu überprüfen und es ggf. weiterzuentwickeln. Es ist somit zunächst zu untersuchen, ob ein besonderes methodisches Konkurrenzverhältnis zwischen diesen Vorschriften besteht. Wie dargelegt, wird in der Literatur sowohl die Existenz eines Spezialitäts- als auch die eines Subsidiaritätsverhältnisses vertreten[133]. Zuerst sollen die beiden konträren Spezialitätsthesen nach *Pernice* und *Glaesner* behandelt werden.

aa) Kritische Würdigung der Spezialitätsthesen

Ganz allgemein wird das Vorliegen eines Verhältnisses der Spezialität zwischen Rechtssätzen immer dann angenommen, wenn sämtliche Tatbestandsmerkmale einer Vorschrift und zusätzlich mindestens ein weiteres im Tatbestand einer anderen Norm enthalten sind[134]. Dies gilt jedoch nur dann, wenn beide Bestimmungen demselben Rechtsgut dienen[135], d. h. eine Ermächtigung kann gegenüber einer anderen erst und nur dann spezieller sein, wenn beide die gleichen Zwecke in gleicher Intensität verfolgen. Als Rechtsfolge wird die Anwendung der allgemeineren Norm durch die der spezielleren präkludiert[136].

Nach der wohl zuerst von *Pernice*[137] vertretenen Auffassung soll Art. 100 a Abs. 1 EWGV bei allen umweltrelevanten Rechtsakten mit Auswirkungen

---

132 Eine ähnlich differenzierende Lösung bejaht auch: *Gilsdorf*, oben Fn. 14, 7.

133 Oben Kap. 2 C. 3. c) aa), bb).

134 *Larenz*, oben Fn. 17, 256 f.

135 *Schwartz*, Zur Konzeption der Rechtsangleichung in der EWG, in: Hallstein-FS, 1966, 480 f.; *Eckert*, NJW 1967, 475.

136 *Larenz*, oben Fn. 17, 257: *lex specialis derogat legi generali.*

137 Oben Fn. 73, a.a.O.

auf den Binnenmarkt lex specialis zu Art. 130 s EWGV sein. Dies kann somit zunächst nur dann zutreffen, wenn beide Kompetenznormen in gleicher Stärke dem Ziel Umweltschutz dienen. Als einzige Rechtsgrundlage des Vertragstitels *„Umwelt"* bezweckt Art. 130 s EWGV ersichtlich, durch Verfolgung der in Art. 130 r Abs. 1 genannten Ziele unter den in Art. 130 r Abs. 2 bis 4 EWGV genannten Bedingungen[138], die Funktionsfähigkeit der Umwelt zu erhalten und ggf. wiederherzustellen[139]. Hingegen dient Art. 100 a Abs. 1 EWGV dem Wortlaut nach zur Verwirklichung der in Art. 8 a EWGV genannten Ziele[140]. Es handelt sich dabei um Maßnahmen, die die Errichtung und das Funktionieren des Binnenmarktes bezwecken, der in Art. 8 a Abs. 2 EWGV umschrieben ist[141]. Nach allen zum Inhalt des Binnenmarktbegriffs vertretenen Auffassungen ist der Umweltschutz als eigenständiges Ziel darin aber nicht enthalten[142].

Möglicherweise läßt sich der Umweltschutz aber über Art. 100 a Abs. 3 EWGV in die Zielsetzung binnenmarktfinaler Harmonisierungskompetenzen einbeziehen[143], zumal auf ökologische Belange explizit auch in Art. 100 a Abs. 4 EWGV Rekurs genommen wird.

Zur Klärung dieser Frage ist eine nähere Analyse der Schutzniveau-Klausel des Art. 100 a Abs. 3 EWGV notwendig. Es handelt sich dabei um die einzige Vertragsbestimmung, die materielle Anforderungen an die Vorschläge der Kommission statuiert[144]. Bei der Formulierung *„hohes Schutzniveau"* handelt es sich um einen unbestimmten Rechtsbegriff[145], der höchst vage und allgemein gehalten ist[146]. Art. 100 a Abs. 3 EWGV konkretisiert für den Binnenmarktbereich das Postulat des Art. 130 r Abs. 2 Satz 2 EWGV[147]. Es stellt

---

138 Zu den materiellen Vorgaben bei einem Gebrauchmachen von Art. 130 s EWGV: oben Kap. 2 A. 4.

139 Siehe nur: *Grabitz*, oben Fn. 3, Art. 130 s, Rn. 14.

140 Betont von: *Beyerlin*, UPR 1989, 361; *Ehlermann*, oben Fn. 87, 383; *Molkenbur*, oben Fn. 60, 682.

141 Während der ganz überwiegende Teil der Lit. diese Vorschrift entweder als abschließende oder als nicht-abschließende Legaldefinition versteht, wird dies von *Taschner*, Qualifizierte Mehrheit für Maßnahmen zur Rechtsangleichung, in: Ress (Hg.), Rechtsprobleme der Rechtsangleichung, 1988, 90, grds. in Frage gestellt.

142 Siehe die detaillierte Darlegung und Würdigung des Streitstandes zum Inhalt des Binnenmarktbegriffs unten in Kap. 2 E. 3. b) bb) m.w.N.

143 Am akzentuiertesten bejaht von: *Pernice*, oben Fn. 14, 203, 206; dagegen *Glaesner*, oben Fn. 68, 170, der Art. 100 a III EWGV lediglich als Kriterium bei der Anwendung von Art. 100 a I EWGV versteht, dadurch aber nicht dessen sachlichen Anwendungsbereich, der durch Art. 8 a EWGV abschließend definiert sei, verändert sieht.

144 *Gröbl*, ET 1989, 661; *Krämer*, oben Fn. 61, 196; wohl auch: *Meier*, NJW 1987, 539.

145 *Breuer*, oben Fn. 51, 91.

146 *Gündling*, oben Fn. 73, a.a.O.; *Steiger*, CIVIS 4/87, 36; *Vandermeersch*, oben Fn. 65, 417. Aus diesem Grunde ist man sich im Schrifttum über die Frage der Justitiabilität dieser Vorschrift nicht einig. Während die Mehrheit der gerichtlichen Überprüfbarkeit der Klausel eher skeptisch bis ablehnend gegenüber steht (so: *CEDE*, 10737 D; *Ehlermann*, oben Fn. 87, 389; *Krämer*, oben Fn. 57, 197; *Müller-Graff*, oben Fn. 62, 136, dort Fn. 188; *Pernice*, oben Fn. 74, 9; *Roelants du Vivier/Hannequart*, oben Fn. 84, 229), sieht eine Minderheit diese Möglichkeit durchaus gegeben (so: *Breuer*, oben Fn. 51, 93; *Krämer*, EuGRZ 1988, 289).

147 *Grabitz/Zacker*, oben Fn. 60, 300; *Pernice*, oben Fn. 14, 203.

sich nun die Frage, in welcher Weise diese Konkretisierung erfolgt ist, d. h. in welcher Intensität Belange des Umweltschutzes bei der Errichtung des Binnenmarktes zu beachten sind. Zunächst einmal kann der Begriff des *„hohen Schutzniveaus“* – trotz aller Unbestimmtheit – negativ dahingehend eingegrenzt werden, daß damit jedenfalls nicht der höchste Standard gemeint ist[148]. Dieser Befund findet sich ebenfalls durch die Entstehungsgeschichte der EEA[149] bestätigt, konnte sich ein dahingehender Vorschlag zur Formulierung von Art. 100 a Abs. 3 EWGV doch gerade nicht durchsetzen[150]. Ferner handelt es sich bei dem Adressaten dieses Gebots nicht um das nach Art. 100 a Abs. 1 Satz 2 EWGV zuständige Legislativorgan, also den Rat, sondern lediglich um das Initiativorgan, nämlich die Kommission[151]. Zwar geht von dem Kommissionsvorschlag über Art. 149 Abs. 2 lit. e) EWGV insofern eine gewisse Bindungswirkung auch auf den Rat aus, als dieser nur einstimmig davon abweichen kann[152], dennoch ist der Rat nach dem eindeutigen Wortlaut von Art. 100 a Abs. 3 EWGV nicht unmittelbar auf die Einhaltung eines hohen Schutzniveaus verpflichtet. Teleologische und systematische Erwägungen stützen dieses Ergebnis, denn die in Art. 100 a Abs. 4 EWGV geschaffene Möglichkeit eines nationalen Abweichens vom gemeinschaftlichen Standard umweltpolitisch unbefriedigender Rechtsakte ließe sich dann kaum sinnvoll erklären, wenn auch der Rat durch Art. 100 a Abs. 3 EWGV zwingend auf ein hohes Schutzniveau verpflichtet wäre.

Darüber hinaus ist zusätzlich der von Art. 100 a Abs. 3 EWGV ausgehende Grad der Verbindlichkeit in der Literatur umstritten. Einige stellen maßgeblich auf den Wortlaut ab und differenzieren zwischen dem Ausgangspunkt, d. h. der kommissionsinternen Erarbeitung eines Vorschlags und der letztlich dem Rat vorgelegten Fassung. Lediglich in der ersten Phase sei ein hohes Schutzniveau zu beachten, hingegen müsse der Vorschlag selbst nicht dieser Qualität entsprechen. Dies biete sich beispielsweise in Fällen an, in denen von vornherein abzusehen sei, daß eine umweltbewußte Initiative der Kommission im Rat keine Mehrheit finden könne[153]. Dagegen wird von anderer Seite eingewandt, daß es Sinn und Zweck des in Art. 100 a Abs. 3 EWGV enthaltenen Rechtsgebots widerspreche, wenn ein hohes Schutzniveau nicht unmittelbar auch Eingang in den Vorschlag selbst findet[154].

---

148 *Glaesner*, oben Fn. 66, 131; *Langeheine*, oben Fn. 73, Art. 100 a, Rn. 55; *Reich*, oben Fn. 66, 300; *Vandermeersch*, oben Fn. 65, 417; *Wolf*, oben Fn. 57, 125.

149 Dazu: *de Ruyt*, 169 f.; *Ehlermann*, oben Fn. 87, 387.

150 *CEDE*, 10737 D.

151 Betont von: *Breuer*, oben Fn. 51, 91; *Pernice*, oben Fn. 74, 9.

152 *Hailbronner*, oben Fn. 74, 114; *Müller-Graff*, oben Fn. 62, 136; *Seidel*, oben Fn. 84, 447 f.; wohl auch: *Gündling*, oben Fn. 57, 34.

153 So: *Krämer*, oben Fn. 57, 196; ebenso: ders., Diskussionsbeitrag, in: Rengeling (Hg.), Europäisches Umweltrecht, 1988, 183; *CEDE*, 10737 D; sympathisierend: *Hailbronner*, oben Fn. 74, 114.

154 *Zuleeg*, Diskussionsbeitrag, in: Rengeling (Hg.), Europäisches Umweltrecht, 1988, 182 f.; ihm folgend: *Scheuing*, oben Fn. 5, 179.

Zur Lösung der Streitfrage ist eine Differenzierung geboten. Einerseits erscheint es konstruiert und wenig stimmig, aufgrund einer streng am Wortlaut von Art. 100 a Abs. 3 EWGV ausgerichteten Interpretation anzunehmen, daß hier explizit zwischen dem Ausgangspunkt eines Vorschlags und der letztlich vorgelegten Version unterschieden wird. Jedenfalls findet sich an keiner anderen Stelle des Vertrages eine derartige Trennung. Bezieht sich somit Art. 100 a Abs. 3 EWGV seinem Sinn und Zweck nach ersichtlich unmittelbar auf die Qualität des Vorschlags selbst, so folgt aus der Formulierung *„auszugehen"* doch auch, daß der Grad der Verbindlichkeit dieses Rechtsgebots nicht absolut ist. Aus sachlichen, im Vertrag angelegten Gründen, kann der Vorschlag der Kommission in Einzelfällen vom Postulat eines hohen Schutzniveaus abweichen. Es handelt sich also um ein Regel-Ausnahme-Verhältnis, das auch Auswirkungen auf die Begründung eines Vorschlags hat. Während die Kommission die Beachtung eines hohen Schutzniveaus als Regelfall nicht zu rechtfertigen braucht, ist sie für Abweichungen davon begründungspflichtig[155].

Eine Einschränkung des Art. 100 a Abs. 3 EWGV erscheint beispielsweise dann sachlich gerechtfertigt, wenn differenzierende Regelungen oder Ausnahmebestimmungen nach Art. 8 c EWGV erforderlich sind[156]. Hingegen lassen sich dem Vertrag keinerlei Anhaltspunkte dafür entnehmen, daß bereits dann von Art. 100 a Abs. 3 EWGV abgewichen werden könnte, wenn es sich abzeichnet, daß ein Vorschlag, der ein hohes Schutzniveau enthält, im Rat keine Mehrheit findet[157]. Es kommt hinzu, daß sich das Abstimmungsverhalten einzelner Ratsmitglieder nicht immer im voraus zuverlässig beurteilen läßt, zumal zwischen dem ersten Entwurf eines Kommissionsvorschlags und der letztlich vorgelegten Fassung durchaus ein gewisser Zeitraum vergehen kann. Gerade aufgrund der Diskussion umweltpolitisch engagierter Kommissionsvorschläge in der europäischen Öffentlichkeit kann erfahrungsgemäß nicht ausge-

---

155 So auch: *Müller-Graff*, oben Fn. 62, 136.

156 *Glaesner*, oben Fn. 66, 131; *Langeheine*, oben Fn. 73, Art. 100 a, Rn. 53; *Müller-Graff*, oben Fn. 62, 136. In Zukunft könnte sich möglicherweise die Notwendigkeit ergeben, wegen der deutschen Vereinigung verstärkt von Art. 8 c EWGV Gebrauch machen zu müssen. Aufgrund der volkswirtschaftlichen Situation in der ehemaligen DDR erscheinen Übergangsregelungen, Sonderbestimmungen und spezifische Anpassungen sowohl im primär- wie auch im sekundärrechtlichen Bereich angezeigt (*Everling*, FAZ, Nr. 63 vom 15.3.1990, 14; *Scherer*, BB 1990, Beilage 16, 15). Insbesondere entspricht ein Großteil der dortigen Produktionsstätten nicht dem gemeinschaftlichen Umweltrecht (*Grabitz/von Bogdandy*, NJW 1990, 1076), so daß gerade auf diesem Gebiet Ausnahmeregelungen und Übergangsfristen notwendig sind (*Pernice*, Diskussionsbeitrag, zitiert nach: Dörr/Rublack, NJW 1990, 1897; *Scherer*, EuZW 1990, 245). Einer Studie der Tübinger Unternehmensberatung *Kaiser* zufolge, beläuft sich der Investitionsbedarf für Umwelttechnik in der DDR auf 250 Milliarden DM, wenn die in der Bundesrepublik derzeit gültigen Umweltgesetze zugrunde gelegt und alle in der DDR in Betrieb befindlichen Anlagen auf diesen Stand gebracht werden (FAZ, Nr. 62 vom 14.3. 1990, 18). – Der Rat hat zwei Wochen vor dem Beitritt sekundärrechtlich explizit die Möglichkeit zum Erlaß vorläufiger Maßnahmen geschaffen: VO (EWG) Nr. 2684/90 des Rates vom 17.9.1990 über die vorläufigen Maßnahmen, die nach der deutschen Einigung vor Erlaß der vom Rat entweder in Zusammenarbeit mit dem Europäischen Parlament oder nach dessen Anhörung zu treffenden Übergangsmaßnahmen anwendbar sind, ABl. 1990, L 263, 1; RL des Rates vom 17.9.1990 über die vorläufigen Maßnahmen, die nach der deutschen Einigung vor Erlaß der vom Rat in Zusammenarbeit mit dem Europäischen Parlament zu treffenden Übergangsmaßnahmen anwendbar sind (90/476/EWG), ABl. 1990, L 266, 1.

157 Überzeugend: *Zuleeg*, oben Fn. 154, 183.

schlossen werden, daß ein oder sogar mehrere Vertreter der Mitgliedstaaten eine möglicherweise zuvor geäußerte ablehnende Haltung kurzfristig aufgeben und doch dem Vorschlag der Kommission folgen[158].

Als Fazit ist daher zu konstatieren, daß nach Art. 100 a Abs. 3 EWGV Belange des Umweltschutzes bei der Ausschöpfung der Kompetenz nach Art. 100 a Abs. 1 Satz 2 EWGV zu beachten sind. Diese Verpflichtung ist jedoch von deutlich geringerer Intensität als im Vertragstitel *„Umwelt"*. Deutlich wird dies bereits am quantitativ weit größeren Umfang umweltbezogener Regelungen in Art. 130 r EWGV im Vergleich zu Art. 100 a Abs. 3 EWGV. Ferner bestehen aber auch hinsichtlich der substantiellen Anforderungen erhebliche Unterschiede. Den in Art. 130 r Abs. 1 bis 3 EWGV konkret benannten und weithin anerkannten Zielen und Handlungsgrundsätzen gemeinschaftlicher Umweltpolitik[159] steht in Art. 100 a Abs. 3 EWGV der diffuse Begriff des hohen Schutzniveaus gegenüber. Während aus Art. 130 r Abs. 2 Satz 2 EWGV die grundsätzlich prioritäre Stellung des Umweltschutzes vor anderen Zielen der Gemeinschaft folgt[160], statuiert Art. 100 a Abs. 3 EWGV für den Bereich des Binnenmarktes eine ausdrückliche Ausnahme davon. Es soll gerade nicht das höchste, sondern lediglich ein hohes Schutzniveau beachtet werden müssen. Dies ist eine explizite Relativierung ökologischer zugunsten ökonomischer Belange, deren Zweck darin besteht, das in Art. 8 a Abs. 1 EWGV festgeschriebene Datum zur Verwirklichung des Binnenmarktes[161] möglichst einzuhalten. Bei einem Gebrauchmachen von Art. 100 a Abs. 1 EWGV ist die Sorge um die Umwelt mithin von nachrangiger Bedeutung[162], was sich auch in systematischer Hinsicht dadurch bestätigt findet, daß dieser Aspekt in Art. 8 a EWGV keinerlei Erwähnung findet. Schließlich ist nach Art. 100 a Abs. 3 EWGV, im Gegensatz zur Regelung im Vertragstitel *„Umwelt"*, noch nicht einmal der Rat

---

158 *Von Brünneck*, EuR 1989, 257 f., betont die Bedeutung der öffentlichen Meinung für die Entscheidungsprozesse der EG, wenn sich auch eine in allen Mitgliedstaaten einheitliche öffentliche Auffassung noch nicht in wünschenswertem Maße herausgebildet habe. Verbesserte Informationsmöglichkeiten des einzelnen über den Zustand der Umwelt fördern diese Entwicklung. Diesem Ziel dient die RL 90/313/EWG des Rates vom 23.6.1990 über den freien Zugang zu Informationen über die Umwelt (ABl. 1990, L 158, 16, abgedruckt in: NVwZ 1990, 844 f.; dazu: *Kremer*, NVwZ 1990, 843 f.; *Schröder*, NVwZ 1990, 905 ff.; *Seyppel*, EG-Magazin, 10/1990, 18 f. Der Kommissionsvorschlag vom 31.10. 1988 ist auch abgedruckt in: NVwZ 1989, 1039 f.; dazu: *Gleim*, ZRP 1989, 474; *Grabitz*, oben Fn. 3, Art. 130 s, Rn. 44 a; *Gündling*, oben Fn. 73, 164; *Gurlit*, ZRP 1989, 253 ff.; *Pernice*, NVwZ 1990, 424; *Schindel*, ZRP 1990, 137). Dennoch fehlt auf Gemeinschaftsebene noch immer eine einflußreiche Umweltlobby (vgl. *Zuleeg*, EuR 1972, 7).

159 Zu den materiellen Vorgaben bei einem Gebrauchmachen von Art. 130 s EWGV: siehe oben Kap. 2 A. 4.

160 Oben in Kap. 2 A. 3. festgestellt.

161 Dies kommt in der Erklärung der Regierungskonferenz zu Art. 8 a EWGV deutlich zum Ausdruck, auch wenn das Datum des 31.12.1992 keine automatische rechtliche Wirkung mit sich bringen soll; dazu: *Dauses*, oben Fn. 78, 10.

162 Am deutlichsten: *Reich*, oben Fn. 66, 300, wonach Umweltschutz nicht das *„Primärziel der Harmonisierung"* ist; in der Sache ebenso: *Meyer, Rath*, oben Fn. 73, 48; *Steiger*, oben Fn. 73, 11; *Vandermeersch*, oben Fn. 65, 417. Während *Glaesner*, oben Fn. 66, 134, lediglich die Möglichkeit, zur Erreichung des Binnenmarktziels das Niveau umweltschützender Normen herabzusetzen, diskutiert, unterstellt *Bleckmann*, JZ 1990, 301, Fn. 3, dies bereits als faktische Gegebenheit. Demgegenüber nimmt die Kommission für sich in Anspruch, für hohe Umweltstandards im Binnenmarkt einzutreten (*Bangemann*, EG-Magazin, 12/1990, 17 f.).

als Beschlußorgan unmittelbar gebunden, sondern lediglich die initiativbefugte Kommission, wobei unter den genannten Voraussetzungen sogar ein Abweichen von diesem Postulat zulässig ist. Insgesamt kommt den Belangen des Umweltschutzes im Rahmen der binnenmarktfinalen Harmonisierungskompetenz nach Art. 100 a Abs. 1 EWGV im Vergleich zu den Artt. 130 r bis 130 t EWGV eine quantitativ wie qualitativ wesentlich geringere Relevanz zu.

Möglicherweise läßt sich diese Diskrepanz aber durch eine analoge Anwendung von Art. 130 r Abs. 1 bis 3 EWGV auf Art. 100 a Abs. 1 EWGV überwinden. In diesem Fall wäre der Unterschied in den Anforderungen an die Intensität umweltschützender Maßnahmen nivelliert. Die in Art. 130 r EWGV statuierten Ziele und Handlungsgrundsätze müßten dann nämlich gleichermaßen bei beiden Vorschriften berücksichtigt werden. In der Tat wird diese Auffassung von einem beachtlichen Teil des Schrifttums vertreten. Zur Begründung wird hauptsächlich auf die Querschnittsklausel des Art. 130 r Abs. 2 Satz 2 EWGV abgestellt. Die dort genannten Erfordernisse des Umweltschutzes seien in Art. 130 r EWGV normiert und bei der Errichtung des Binnenmarktes handele es sich um eine andere Politik der Gemeinschaft[163].

Diese Meinung begegnet Bedenken. Anerkanntermaßen setzt eine Analogie zum einen das Bestehen einer Regelungslücke, also einer planwidrigen Unvollständigkeit positiver Rechtsquellen voraus. Zum zweiten muß – kumulativ dazu – die Interessenlage des geregelten und des ungeregelten Sachverhalts weitgehend gleich sein und der Normzweck eine Übertragung der getroffenen Regelung gebieten[164]. Während die Vertreter der soeben dargestellten Auffassung das Vorliegen der zweiten Voraussetzung übereinstimmend und durchaus überzeugend bejahen, hat sich bislang davon niemand dem erstgenannten Erfordernis gewidmet. Gerade das Bestehen einer Lücke erscheint hier aber problematisch[165]. Der Gemeinschaftsgesetzgeber hat bei der Schaffung von Art. 100 a EWGV erkennbar den Umweltaspekt gesehen und auch geregelt, wie die Absätze 3 und 4 dieser Vorschrift zeigen. Dabei wurde die Intensität des Umweltschutzes im dargelegten Maße unterschiedlich zu der im Vertragstitel „*Umwelt*" festgelegten ausgestaltet. Eine analoge Anwendung von Art. 130 r Abs. 1 bis 3 EWGV auf Art. 100 a Abs. 1 EWGV war dabei auch offensichtlich nicht vom Willen der Mitgliedstaaten getragen, sonst wäre statt der ungewöhnlichen Vorschrift des Art. 100 a Abs. 3 EWGV ein bloßer Verweis auf die Ziele und Grundsätze des Umwelttitels erfolgt.

---

163 Detailliert ausgeführt von: *Hailbronner*, oben Fn. 74, 105; in der Sache ebenso: *Breuer*, oben Fn. 51, 46, 92; *CEDE*, 10739 D; *Gündling*, oben Fn. 73, a.a.O.; *Haneklaus*, oben Fn. 73, 1138; *Montag*, oben Fn. 66, 941; *Pernice*, DV 1989, 3, 9; *ders.*, NVwZ 1990, 203; *Scheuing*, oben Fn. 5, 177; wobei teilweise noch differenziert wird, ob nur Art. 130 r II 1 EWGV oder zusätzlich auch Art. 130 r Abs. 1 EWGV bzw. Art. 130 r Abs. 3 EWGV oder sogar sämtliche Absätze von Art. 130 r EWGV analoge Anwendung finden.

164 *Canaris*, Lücken im Gesetz, 1983, 71 f.

165 Davon geht ersichtlich auch *Lietzmann*, oben Fn. 37, 179, aus, der den in Art. 130 r EWGV genannten Grundsätzen und Handlungskriterien im Rahmen von Art. 100 a EWGV dadurch Geltung verschaffen will, daß umweltrelevante Maßnahmen zur Errichtung des Binnenmarktes zusätzlich auf Art. 130 s EWGV zu stützen seien.

Umgekehrt kann auch nicht aus der Existenz von Art. 130 r Abs. 2 Satz 2 EWGV auf das Bestehen einer planwidrigen Unvollständigkeit gerade innerhalb von Art. 100 a Abs. 1 EWGV geschlossen werden. Die Querschnittsklausel zielt ihrem Sinn und Zweck nach vielmehr lediglich auf die Bestimmungen ab, die bereits vor Inkrafttreten der EEA Bestandteil des EWG-Vertrages waren. Für diese Vorschriften bot es sich gesetzgebungstechnisch an, durch eine Verweisungsklausel im Vertragstitel „*Umwelt*" ökologische Belange zum Gegenstand aller anderen Sachbereiche zu machen[166]. Demgegenüber wäre eine jeweils gesonderte Einfügung einer inhaltlich Art. 130 r Abs. 2 Satz 2 EWGV entsprechenden Formulierung in die einzelnen Vertragsermächtigungen bedeutend umständlicher und technisch weniger elegant gewesen. Aus diesen Erwägungen heraus scheidet die Anwendung der Querschnittsklausel auf solche Vorschriften aus, die ebenfalls mit der EEA in den Vertrag gelangt sind und zusätzlich explizite und von Art. 130 r EWGV abweichende Regelungen über die Art und Weise des Umweltschutzes enthalten. Der Geltungsbereich von Art. 130 r Abs. 2 Satz 2 EWGV ist in diesen Fällen mithin teleologisch reduziert. Damit erweist sich die analoge Anwendung von Art. 130 r EWGV auf Art. 100 a Abs. 1 EWGV als systematische Überdehnung der Querschnittsklausel[167], die mit der expliziten Regelung in Art. 100 a Abs. 3 EWGV unvereinbar ist. Es bleibt daher bei der herausgearbeiteten deutlich unterschiedlichen Intensität des Umweltschutzes nach den Bestimmungen im Vertragstitel „*Umwelt*" und nach der Harmonisierungskompetenz gemäß Art. 100 a EWGV[168]. Daraus folgt aber auch, daß Artt. 130 s und 100 a Abs. 1 EWGV dem Schutz des Rechtsguts Umwelt nicht in gleicher Weise dienen. Da dies eingangs aber als zwingende Voraussetzung für eine Anwendung der Spezialitätsregel formuliert wurde, kann die These, daß Art. 100 a EWGV für den Binnenmarktkomplex lex specialis zu Art. 130 s EWGV sei, nicht zutreffen.

Aus den gleichen Gründen ist die umgekehrte Spezialitätsthese *Glaesners*[169] ebenfalls abzulehnen. Sie erscheint zudem in ihrer dogmatischen Begründung nicht frei von Widersprüchen. Der Vertrag bietet nämlich keinerlei Anhaltspunkte für die Vermutung, daß der Umweltschutz implizit nach Art. 100 a Abs. 2 EWGV vom Anwendungsbereich dieser Vorschrift ausgenommen sein könnte. Eine solche Vermutung findet sich im Gegenteil, wie ausgeführt, durch die Existenz von Art. 100 a Abs. 3, 4 EWGV widerlegt.

---

166 *Grabitz*, oben Fn. 3, Art. 130 r, Rn. 45.

167 *Cerexhe*, Welche Chancen bietet die EEA?, in: Knoche (Hg.), Wege zur europäischen Rechtsgemeinschaft, 1987, 60, warnt generell vor einer Überbetonung des Gesamtzusammenhangs, weil dadurch die Erreichung vertraglich gesteckter Ziele gefährdet werden könne.

168 Zur Frage, ob dies gleichermaßen auch für Art. 100 b EWGV gilt: siehe unten Kap. 2 E. 4. d).

169 Oben Fn. 77 f., jeweils a.a.O.

bb) Kritische Würdigung der Subsidiaritätsthese

Scheiden somit die Spezialitätsthesen aus, bleibt noch die Frage zu klären, ob zwischen Artt. 130 s und 100 a Abs. 1 EWGV nicht möglicherweise ein Verhältnis der Subsidiarität besteht. Ganz allgemein versteht man darunter, daß eine an sich einschlägige Rechtsnorm, ausdrücklich oder sonst erkennbar, im Fall des Vorliegens der Tatbestandsvoraussetzungen einer anderen Vorschrift, in ihrer Anwendbarkeit hinter diese zurücktritt[170]. Im Schrifttum wird nun die Auffassung vertreten, daß Art. 130 s EWGV als subsidiäre Bestimmung bei allen umweltbezogenen Produkt- und einem wesentlichen Teil der Produktions- und Anlagennormen zugunsten von Art. 100 a Abs. 1 EWGV zurücktrete[171]. Im Wortlaut von Art. 130 s EWGV findet diese These keine Stütze. Nach der insoweit eindeutigen Formulierung wirkt auch die Subsidiaritätsklausel in Art. 130 r Abs. 4 Satz 1 EWGV[172] lediglich in vertikaler Hinsicht, also im Verhältnis zwischen der Gemeinschaft und ihren Mitgliedstaaten, nicht aber im Rahmen der auf horizontaler Ebene angesiedelten Frage, welche der vertraglichen Ermächtigungen im Einzelfall heranzuziehen ist. Hingegen findet sich umgekehrt innerhalb von Art. 100 a Abs. 1 Satz 1 EWGV eine ausdrückliche Subsidiaritätsklausel: *„Soweit in diesem Vertrag nichts anderes bestimmt ist, ...“*. Dieser Eingangssatz wird in der Literatur zwar regelmäßig dahingehend gedeutet, daß sich der Vorbehalt lediglich auf speziellere Harmonisierungskompetenzen, zu denen Art. 130 s EWGV nicht zählt[173], beziehe[174], mit dem Wortlaut läßt sich diese Interpretation aber jedenfalls nicht zwingend belegen. Nach einer rein grammatikalischen Auslegung könnte sich mithin die in Art. 100 a Abs. 1 Satz 1 EWGV enthaltene Subsidiaritätsklausel auch auf das Verhältnis zu Art. 130 s EWGV beziehen[175]. Dies hätte zur Folge, daß Art. 100 a EWGV bei Vorliegen der Voraussetzungen für ein gemeinschaftliches Handeln nach dem Umwelttitel zurücktreten müßte.

Entscheidend gegen das Bestehen jedes irgendwie gearteten Verhältnisses der Subsidiarität zwischen diesen beiden Normen spricht aber auch hier ihr unterschiedlicher Charakter. Es handelt sich, wie dargelegt, um Vorschriften, die das Gemeinschaftsziel Umweltschutz nach Art und Intensität derart unterschiedlich verfolgen, daß die Annahme eines hierarchischen Rangverhältnisses im Sinne der Subsidiarität dem nicht gerecht zu werden vermag.

Schließlich kann die These eines konkludent zum Ausdruck gekommenen Verhältnisses der Subsidiarität auch nicht überzeugend mit Sinn und Zusam-

---

170 *Larenz*, oben Fn. 17, 257 f.

171 Einzelheiten und Nachweise oben Kap. 2 C. 3. d).

172 Dazu oben Kap. 2 B.

173 *Steiger*, Europarechtliche Grundlagen, in: Salzwedel (Hg.), Grundzüge des Umweltrechts, 71, spricht von einer ***initiativen*** Kompetenz. Demgegenüber sind die Harmonisierungsermächtigungen ***funktionell*** ausgerichtet (so etwa: *Schwartz*, EuR SH 1976, 37).

174 *Langeheine*, oben Fn. 73, Art. 100 a, Rn. 15; *Brammer*, oben Fn. 66, 46, 76, die der Auffassung ist, daß Spezialnormen, die bislang schon Art. 100 EWGV verdrängten (siehe die Aufzählung bei *Taschner*, in: GBTE, Vorb. Art. 100 – 102, Rn. 2), nun auch Art. 100 a EWGV vorgingen.

175 In diese Richtung zielen die Ausführungen von *Dauses*, oben Fn. 78, a.a.O.

menhang der EEA bzw. dem größeren integrationsdynamischen Potential von Art. 100 a EWGV begründet werden[176]. Diese teleologischen Argumente können problemlos im Rahmen einer Abgrenzung isoliert nebeneinander stehender Ermächtigungen zur Geltung kommen; der Annahme eines besonderen methodischen Konkurrenzverhältnisses, das aus den dargelegten Gründen hier nicht paßt, bedarf es dazu nicht.

Als Zwischenergebnis ist somit festzuhalten, daß ein subordinationsrechtliches Konkurrenzverhältnis methodischer Art zwischen den Ermächtigungen nach Artt. 130 s und 100 a Abs. 1 EWGV nicht besteht.

d) Zur Notwendigkeit einer Weiterentwicklung der Intensitätsmethode im Umweltbereich

Die Abgrenzung des Anwendungsbereichs dieser Kompetenznormen hat somit nach allgemeinen Grundsätzen zu erfolgen. Dazu wurde zuvor der Ansatz der Intensitätsmethode für generell tauglich befunden. Dennoch bestehen Zweifel, ob dieses Abgrenzungsmodell ohne eine Modifizierung zur Trennung des Geltungsbereichs von Art. 130 s EWGV zu anderen Rechtsgrundlagen herangezogen werden kann. Diese Bedenken resultieren aus folgenden Überlegungen. Dem Maßstab der Intensität ist anerkannterweise ein gewisses Element der Rechtsunsicherheit immanent[177]. Die Bewertung von Art und Intensität der Beziehungen eines Rechtsakts zu den Sachgebieten, die einzelnen Ermächtigungsnormen zugrunde liegen, beinhaltet nun einmal ein bestimmtes Maß an Unkalkulierbarkeit, auch wenn primär lediglich objektiv nachprüfbare Umstände herangezogen werden[178].

Dies mag solange hinnehmbar sein und aufgrund der damit einhergehenden Flexibilität evtl. sogar begrüßenswert erscheinen[179], als die mittels einer Befugnisnorm verfolgten Aufgaben sämtlich gleichrangig sind. Zur Verdeutlichung mag hier wiederum das Beispiel der gemeinsamen Politiken auf den Gebieten Landwirtschaft und Verkehr dienen. Der Aufzählung in Art. 3 lit. d) und lit. e) EWGV läßt sich entnehmen, daß diese Ziele auf gleicher Stufe nebeneinander stehen. Zur Abgrenzung des Anwendungsbereichs der zugrundeliegenden Kompetenzen kann in diesen Fällen somit ohne Bedenken die Intensitätsmethode herangezogen werden, weil davon auszugehen ist, daß sich im Einzelfall eine, durch die damit verbundene Rechtsunsicherheit bewirkte Bevorzugung der einen oder der anderen Rechtsgrundlage in der Gesamtzahl der Fälle die Waage halten wird.

Etwas anderes gilt aber für das Gemeinschaftsziel Umweltschutz. Diesem ist, wie dargelegt, eine prioritäre Stellung gegenüber allen anderen in Art. 3

---

176 So aber: *Breuer*, oben Fn. 51, 87 f.

177 *Ehlermann*, oben Fn. 33, 97; *Behrens*, oben Fn. 51, 105; *Schmeder*, oben Fn. 37, 59.

178 So das Postulat des EuGH, Urt. vom 26.3.1987, Rs. 45/86, Komm. vs. Rat, Slg. 1987, 1493 (1520).

179 Ausdrücklich: *Schmeder*, oben Fn. 37, 59.

EWGV genannten Zielen eingeräumt[180]. Die durch eine unveränderte Anwendung der Intensitätsmethode bewirkte lediglich gleichberechtige und nicht bevorzugte Heranziehung von Art. 130 s EWGV läßt sich aber mit der vorrangigen Wertigkeit des Umweltschutzes nicht in Einklang bringen. Letztlich hätte dies eine Relativierung und Nivellierung dieses Vertragsziels zur Folge, weil die dafür vorgesehene Ermächtigung nach Art. 130 s EWGV nicht in angemessenem Umfang herangezogen werden würde. Wenn auch diese Priorität nicht zur Begründung eines methodischen Konkurrenzverhältnisses zwischen Art. 130 s EWGV und sonstigen Kompetenznormen, etwa im Sinne der Spezialität und Subsidiarität, ausreicht, so handelt es sich doch um eine Form der Normenhierarchie, die im Rahmen der Abgrenzung zum Ausdruck kommen muß. Sie gründet sich auf den materiellen Gesichtspunkt der besonderen Bedeutung des Umweltschutzes. Dieses auf einer Wertung beruhende Konkurrenzverhältnis geht in Richtung auf den Begriff der Konsumtion, wie er aus der bundesdeutschen strafrechtlichen Dogmatik bekannt ist[181].

Es stellt sich daher die Frage, ob nicht speziell zur Abgrenzung des Anwendungsbereichs von Art. 130 s EWGV zu sonstigen Vertragsermächtigungen eine präzisierende Weiterentwicklung der im Ansatz überzeugenden Intensitätsmethode möglich ist. Eine aufgrund dessen notwendige Modifizierung ist an folgenden Zielen auszurichten. Einerseits soll die Bedeutung von Art. 130 s EWGV dem grundsätzlichen Vorrang des Umweltschutzes angepaßt werden. In kompetenzieller Hinsicht bedeutet dies, daß die Intensitätsmethode derart abzuändern ist, daß jene Rechtsgrundlage, die die besten Voraussetzungen für eine Berücksichtigung ökologischer Belange bietet, bevorzugt herangezogen wird.

Es ist daher zu ermitteln, um welche Kompetenznorm es sich dabei handelt. Wie soeben dargelegt, ist von den beiden vertraglichen Ermächtigungen, die ausdrücklich den Umweltschutz erwähnen, Art. 130 s EWGV gegenüber Art. 100 a Abs. 1 Satz 2 EWGV vorzugswürdig. Für die verbleibenden Fälle könnte man nun der Auffassung sein, daß aufgrund von Art. 130 r Abs. 2 Satz 2 EWGV die in Art. 130 r EWGV statuierten Vorgaben insgesamt auch bei der Heranziehung sonstiger Rechtsgrundlagen bindend sind. Es ist jedoch zu differenzieren. Nach dem Wortlaut und der vertraglichen Stellung der Querschnittsklausel erstreckt sich ihr Anwendungsbereich, überwiegender Auffassung nach, allenfalls auf die Absätze 1 bis 3 von Art. 130 r EWGV[182]. Damit wird die umweltpolitisch bedeutsame Subsidiaritätsklausel gemäß Art. 130 r Abs. 4 Satz 1 EWGV, die in Verbindung mit Art. 130 s EWGV zum Optimie-

---

[180] Oben Kap. 2 A. 3.

[181] Darunter versteht man Fälle, in denen die konsumierende Norm ihrem Wesen und Sinn nach eine andere, ebenfalls anwendbare Vorschrift dermaßen umfaßt, daß diese in der ersten aufgeht; dazu etwa: *Wessels*, Strafrecht, Allgemeiner Teil, 249. Allerdings ist diese Form der Gesetzeskonkurrenz auch in der strafrechtlichen Literatur nicht unumstritten, siehe: *Sch-Sch-Stree*, oben Fn. 112, Vor §§ 52 ff., Rn. 131 m.w.N.

[182] Ausdrücklich: *Breuer*, oben Fn. 51, 92; *CEDE*, 10739 D; noch enger: *Pernice*, oben Fn. 14, 203: nur Art. 130 r I, II 1 EWGV und *Montag*, oben Fn. 66, 941: sogar nur Art. 130 r II 1 EWGV; nicht differenzierend: *Hailbronner*, oben Fn. 74, 105; *Scheuing*, oben Fn. 5, 177.

rungsgebot wird[183], nicht über Art. 130 r Abs. 2 Satz 2 EWGV in andere Politikbereiche transferiert[184]. Dies läßt sich ebenfalls mit systematischen Erwägungen belegen. Eine Vorschrift wie Art. 130 r Abs. 4 Satz 1 EWGV paßt ihrem Inhalt nach nicht ohne weiteres in andere Sektoren gemeinschaftlicher Politik, weil sie aus dem bisherigen System der Einzelermächtigungen herausfällt[185]. Insbesondere mit der gemeinsamen Agrar- und Verkehrspolitik sowie der binnenmarktbezogenen Rechtsangleichung ist der Gedanke der Subsidiarität unvereinbar[186]. Der Tendenz nach gilt dies ebenfalls für die anderen gemeinschaftlichen Tätigkeitsfelder nach Art. 3 EWGV. Umgekehrt ist die Vorschrift, aus den dargelegten Gründen[187], aber eine notwendige und wichtige Voraussetzung zur Verwirklichung einer effektiven Umweltpolitik. Damit erweist sich von allen vertraglichen Ermächtigungen Art. 130 s EWGV als diejenige Kompetenznorm, die am besten geeignet ist sicherzustellen, daß der Prozeß gemeinschaftlicher Rechtsetzung an ökologischen Belangen ausgerichtet ist.

Die zweite Vorgabe bei der Weiterentwicklung der Intensitätsmethode ist das Ziel einer Minimierung der Rechtsunsicherheit, die mit der bislang bekannten Erscheinungsform dieses Abgrenzungsmodells einhergeht und die sich auch zu Lasten des Anwendungsbereichs von Art. 130 s EWGV auszuwirken vermag. Drittens ist das Element dogmatischer Stringenz dahingehend einzubeziehen, daß die Modifizierung des Intensitätsmodells anhand allgemeiner Grundsätze des Gemeinschaftsrechts erfolgen soll. Dafür bietet sich der in der Literatur entwickelte Grundsatz bestmöglichen Umweltschutzes an[188].

---

183 Oben Kap. 2 B. 2. a) bb).

184 Noch fragend: *Boisserée*, oben Fn. 84, 394.

185 *Müller-Graff*, oben Fn. 62, 122.

186 *Müller-Graff*, oben Fn. 62, 128, dort auch Fn. 138.

187 Oben Kap. 2 B. 2. a).

188 *Zuleeg*, oben Fn. 13, 283 – 286.

D. Weiterentwicklung der Intensitätsmethode zur In-dubio-Regel durch Einbeziehung des Grundsatzes bestmöglichen Umweltschutzes

I. Allgemeine Rechtsgrundsätze im Europäischen Gemeinschaftsrecht

Das Prinzip bestmöglichen Umweltschutzes, verstanden als Allgemeiner Rechtsgrundsatz[1], kann nur dann zur Modifizierung der Intensitätsmethode herangezogen werden, wenn es als solches überhaupt existiert. Dies führt zunächst zur Frage nach Bedeutung, Wirkung, Nachweis und Inhalt Allgemeiner Rechtsgrundsätze im Europäischen Gemeinschaftsrecht. Ursprünglich entstammt der Begriff dem völkerrechtlichen Kontext[2]. Nach Art. 38 Abs. 1 lit. c) IGH-Statut gehören die Allgemeinen Rechtsgrundsätze zu den Quellen des Völkerrechts. Auf europarechtlicher Ebene haben sie in Art. 215 Abs. 2 EWGV explizite Erwähnung gefunden. Anerkanntermaßen gelten sie jedoch, über den engen Wortlaut dieser Vorschrift hinaus, generell für das gesamte Gemeinschaftsrecht[3] und sind vom Gerichtshof nach Art. 164 EWGV bei der Wahrung des Rechts zu beachten[4].

Ihrem Wesen und Inhalt nach handelt es sich um Struktur- und Organisationsprinzipien, die zwar nicht expliziter Bestandteil des geschriebenen Vertragsrechts sind, jedoch durch anerkannte Auslegungsmethoden, vor allem durch eine an der Einheitlichkeit und praktischen Wirksamkeit des Gemeinschaftsrechts ausgerichteten Interpretation, aus der Summe vertraglicher Vorschriften erschlossen werden können[5]. Nach überwiegender Auffassung stellen sie eine eigenständige Rechtsquelle des Gemeinschaftsrechts dar[6]. Hinsichtlich der Wirkungen Allgemeiner Rechtsgrundsätze ist zu differenzieren. Ein Vorrang gegenüber anderslautendem ausdrücklichen Vertragsrecht kommt ihnen nicht zu[7], d. h. sie vermögen explizite Regelungen des EWG-Vertrages

---

1 So ausdrücklich: *Zuleeg*, NVwZ 1987, 283.

2 *Ress*, in: LdR/VR, 216 ff.

3 EuGH, Urt. vom 12.7.1957, Verb. Rs. 7/56, 3/57 - 7/57, Algera u.a. vs. Gemeinsame Versammlung, Slg. 1957, 83 (118); *Grabitz*, NJW 1989, 1778 f.; *Ipsen*, Gemeinschaftsrecht, 114; *Meessen*, JIR 1974, 283; *Pernice*, in: Grabitz (Hg.), EWGV-Komm., Art. 164, Rn. 7, 46; *Rengeling*, Rechtsgrundsätze beim Verwaltungsvollzug des europäischen Gemeinschaftsrechts, 1977, 81 ff.; *Schwarze*, Europäisches Verwaltungsrecht, Bd. 1, 1988, 65.

4 Der in der Lit. ausgetragene Meinungsstreit, ob Art. 164 EWGV selbst den Geltungsgrund abgibt und die Anwendbarkeit der Allgemeinen Rechtsgrundsätze damit derivativ, d. h. vom Bestehen dieser Vorschrift abzuleiten ist (so wohl: *Gündisch*, Allgemeine Rechtsgrundsätze in der Rechtsprechung des Europäischen Gerichtshofs, in: Schwarze (Hg.), Das Wirtschaftsrecht des Gemeinsamen Marktes in der aktuellen Rechtsentwicklung, 1983, 102) oder ob diese Grundsätze unabhängig davon, also in originärer Weise als Gewohnheitsrecht gelten (so wohl: *Meessen*, oben Fn. 3, 288), braucht wegen identischer Ergebnisse hier nicht entschieden zu werden (weitere Literaturnachweise zu diesem Streitpunkt: *Schwarze*, oben Fn. 3, 65, Fn. 118).

5 Vgl. *Schwarze*, oben Fn. 3, 70 f.; *von Borries* (Hg.), Europarecht von A – Z, 1982, 27.

6 *Grabitz*, oben Fn. 3, 1778; *Zuleeg*, AK-GG, Art. 24 Abs. 1, Rn. 5; a. A.: *Streil*, in: BBPS, 218, wonach es sich dabei lediglich um eine „*Rechtserkenntnisquelle*" handelt; in den praktischen Auswirkungen sind dadurch jedoch keine Unterschiede ersichtlich.

7 EuGH, Urt. vom 1.4.1965, Rs. 40/64, Sgarlata vs. Komm., Slg. 1965, 295 (312).

nicht zu überspielen[8]. Als Rechtsquelle des Primärrechts gehen sie hingegen sekundärrechtlichen Bestimmungen grundsätzlich vor, es sei denn, einem Allgemeinen Rechtsgrundsatz läßt sich im Einzelfall etwas anderes entnehmen[9]. Die Hauptbedeutung besteht jedoch in ihrer Funktion als Interpretationshilfe zur Auslegung geschriebenen Rechts sowie zur Ausfüllung vertraglicher Lükken[10].

Der Nachweis des Bestehens und die Ermittlung des konkreten Inhalts Allgemeiner Rechtsgrundsätze bemißt sich nach folgenden Kriterien. Ausgangspunkt ist eine wertende Rechtsvergleichung kodifizierter Regelungen des internationalen, gemeinschaftlichen und nationalen Rechts[11]. Dabei sind, sofern vorhanden, materielle und formelle Bestimmungen des EWG-Vertrags bzw. darin zum Ausdruck kommende Überzeugungen, in besonderem Maße zu berücksichtigen[12]. Aber auch übereinstimmende oder vergleichbare Regelungen auf mitgliedstaatlicher Ebene fließen, wegen der Verschränkung gemeinschaftlicher und innerstaatlicher Rechtsordnungen[13], in eine solche Synthese ein[14]. In Übereinstimmung mit dem dynamischen Charakter des Gemeinschaftsrechts unterliegt der konkrete Inhalt Allgemeiner Rechtsgrundsätze dem Wandel gesellschaftlicher Wertvorstellungen[15].

2. Nachweis und Inhalt des gemeinschaftlichen Grundsatzes bestmöglichen Umweltschutzes

Der Gemeinschaftsrechtsordnung lassen sich sowohl in expliziter wie auch in impliziter Weise deutliche Anhaltspunkte für das Bestehen eines Grundsatzes bestmöglichen Umweltschutzes entnehmen. Ausdrückliche Hinweise enthalten das umweltrechtliche Optimierungsgebot[16], Vorschriften, die aus Gründen des Umweltschutzes strengere innerstaatliche Maßnahmen unter Abweichung vom gemeinschaftlichen Standard zulassen[17] sowie die Querschnitts-

---

[8] Vgl. *Zuleeg*, oben Fn. 1, a.a.O.

[9] *Magiera*, Jura 1989, 605; *Meessen*, oben Fn. 3, 294 f.

[10] *Streil*, in: BBPS, 217; *Schwarze*, oben Fn. 3, 63.

[11] *Everling*, RabelsZ 50 (1986), 211; *Gündisch*, oben Fn. 4, 114; *Rengeling*, oben Fn. 3, 73 ff.; *Zweigert*, RabelsZ 28 (1964), 610 f.

[12] *Meessen*, oben Fn. 3, 303.

[13] *Zuleeg*, DÖV 1977, 467; *Pernice*, Grundrechtsgehalte, 1979, 221; *Müller-Graff*, Binnenmarktziel und Rechtsordnung, 1989, 54 f.; plastisch: *Steinberger*, Rechtsprechung des BVerfGs zum Verhältnis zwischen Gemeinschaftsrecht und deutschem Recht, in: Doehring-FS, 1989, 955: *„Bild kommunizierender oder osmotischer Normensysteme"*.

[14] *Gündisch*, oben Fn. 4, 115.

[15] *Bleckmann*, Die Bindungswirkung der Praxis der Organe und derMitgliedstaaten der EG bei der Auslegung und Lückenfüllung des Europäischen Gemeinschaftsrechts: Die Rolle des Art. 5 EWG-Vertrag, in: Bieber/Ress (Hg.), Die Dynamik des Europäischen Gemeinschaftsrechts, 1987, 165 f.; Beispiel aus dem internationalen Seerecht bei: *Zuleeg*, oben Fn. 1, a.a.O.; zur Rechtsfigur des Verfassungswandels auf Gemeinschaftsebene: *Schneider*, DVBl 1990, 282 ff.

[16] Oben Kap. 2 B. 2. a) bb).

[17] Umfassend dazu: unten Kap. 3 C.

klausel[18]. Wie bereits zuvor ausgeführt[19], bewirkt das Optimierungsgebot nach Art. 130 s EWGV in Verbindung mit Art. 130 r Abs. 4 Satz 1 EWGV, eine obligatorische Handlungspflicht der Gemeinschaft in allen Fällen, in denen durch ein supranationales Vorgehen die in Art. 130 r Abs. 1 EWGV statuierten Ziele effektiver zu erreichen sind. Umgekehrt bleibt es den Mitgliedstaaten über die Artt. 130 t, 100 a Abs. 4, 100 b Abs. 2 EWGV vorbehalten, solche nationalen Vorschriften anzuwenden, die den Belangen des Umweltschutzes in stärkerem Maße dienen. Schließlich werden ökologische Aspekte durch Art. 130 r Abs. 2 Satz 2 EWGV in den Rang einer übergreifenden Leitmaxime allen gemeinschaftlichen Handelns erhoben. Insgesamt zielen sämtliche dieser Vorschriften auf einen möglichst optimalen Schutz der Umwelt ab. Es handelt sich mithin nicht um isoliert nebeneinander stehende Einzelnormen, sondern um Vertragsartikel, die ihrem Wortlaut sowie Sinn und Zweck nach, einem ganzheitlichen, konsequent durchgehaltenen programmatischen Konzept entspringen[20], das in der Erhaltung einer funktionsfähigen Umwelt ein prioritäres Anliegen sieht[21].

Daneben existieren Rechtssätze, die zwar nicht in ausdrücklicher Weise diesem Vorhaben verpflichtet sind, deren systematische und teleologische Interpretation jedoch ergibt, daß sie gleichermaßen auf dieses Ziel ausgerichtet sind. Eine dahingehende Finalität läßt sich nämlich sowohl der Präambel des EWG-Vertrags wie auch Art. 2 EWGV entnehmen[22]. Sowohl die *„stetige Besserung der Lebens- und Beschäftigungsbedingungen“* als auch die Förderung einer *„harmonischen Entwicklung des Wirtschaftslebens innerhalb der Gemeinschaft“* ist nach heutigem Verständnis ohne die Einbeziehung ökologischer Belange nicht mehr denkbar. Dieser normative Kernbereich wird schließlich durch Vorschriften mit ergänzender Zielsetzung umlagert. Sowohl Art. 36 Satz 1 EWGV (*„Schutz der Gesundheit und des Lebens von Menschen, Tieren oder Pflanzen“*)[23] als auch Art. 118 a Abs. 1 EWGV (*„... die Verbesserung insbesondere der Arbeitsumwelt zu fördern, um die Sicherheit und die Gesundheit der Arbeitnehmer zu schützen, ...“*)[24] tragen im weitesten Sinne zur Erhaltung der Umwelt bei[25].

Hingegen statuiert die Schutzniveau-Klausel des Art. 100 a Abs. 3 EWGV eine singuläre, lediglich auf den unmittelbar binnenmarktrelevanten Bereich

---

[18] Oben Kap. 2 A. 3.; so: *Zuleeg*, oben Fn. 1, 284; *Scheuing*, EuR 1989, 179, der die Vorschriften, die einen nationalen Alleingang zulassen als *„Schutzverstärkungsklauseln“* bezeichnet.

[19] Oben Fn. 16.

[20] *Breuer*, Jb. des Umwelt- und Technikrechts 1989, 46.

[21] Zum Vorrang des Umweltschutzes vor anderen Vertragszielen: oben Kap. 2 A. 3.

[22] *Zuleeg*, oben Fn. 1, a.a.O.; siehe auch Kap. 2 A. 3., dort insbesondere die Nachweise und Anmerkungen in Fn. 72.

[23] Dazu: *Matthies*, in: Grabitz (Hg.), EWGV-Komm., Art. 36, Rn. 14 f.; *Skordas*, Umweltschutz und freier Warenverkehr im EWG-Vertrag und GATT, 1986, 59 – 103; speziell zum Tierschutz nach europäischem Recht: *Gündisch*, MDR 1986, 534 – 537.

[24] Dazu: *Kloepfer/Veit*, NZA 1990, 123; *Koll*, DB 1989, 1234 ff.; vgl. auch *Schneider*, Arbeitund Umwelt, in: Gündling/Weber (Hg.), Dicke Luft in Europa, 1988, 69 – 94.

[25] Zum gemeinschaftlichen Begriff der Umwelt: Kap. 2 A. 2. a).

begrenzte, explizite Ausnahme vom Grundsatz bestmöglichen Umweltschutzes[26]. Dennoch zeigt auch diese Vorschrift, daß selbst bei Schaffung des genuin und primär ökonomisch inspirierten Binnenmarktes die Belange des Umweltschutzes jedenfalls keine unbeachtliche Rolle spielen. Art. 100 a Abs. 3 EWGV wird in seiner Bedeutung durch die ausdrückliche Zubilligung eines nationalen Ausscherrechts gemäß Art. 100 a Abs. 4 EWGV zusätzlich wieder relativiert, so daß dadurch das Bestehen eines Grundsatzes bestmöglichen Umweltschutzes als solches nicht in Frage gestellt wird[27]. Dem systematischen Zusammenhang wird vielmehr nur eine Sichtweise gerecht, die Art. 100 a Abs. 3 EWGV als eine Ausnahme begreift, die die Regel bestätigt.

Neben dem supranationalen Vertragsrecht[28] ist die Gemeinschaft Vertragspartei einer großen Anzahl internationaler umweltrechtlicher Abkommen, vor allem in den Bereichen Gewässerschutz, Luftreinhaltung[29], Schutz von Fauna und Flora[30] und in neuerer Zeit auch auf dem Gebiet des Klimaschutzes[31].

Darüber hinaus bieten aber auch die nationalen Rechtsordnungen einiger Mitgliedstaaten teilweise zahlreiche normative Anhaltspunkte dafür, daß ein Ziel hoheitlichen Handelns darin besteht, in optimaler Weise die Umwelt zu schützen. Beispielsweise verpflichtet Art. 24 Abs. 2 der griechischen Verfassung von 1975 den Staat, „... *der Sicherung bestmöglicher Lebensbedingungen zu dienen.*“[32]. Eine dahingehende Staatszielbestimmung enthalten auch Art. 45 der spanischen und Art. 21 der niederländischen Verfassung; zusätzlich garantiert Art. 66 der portugiesischen Verfassung ein Individualgrundrecht auf eine menschenwürdige Umwelt[33]. In der Bundesrepublik finden sich in den Verfassungen der Länder Baden-Württemberg, Bayern, Hamburg und Nordrhein-Westfalen Bestimmungen über den Umweltschutz[34]. Das Grundgesetz weist dem Bund in Art. 74 Nr. 24 GG eine konkurrierende Regelungszuständigkeit in drei explizit benannten Kernbereichen des Umweltschutzrechts zu. Wenn auch die Einführung einer ausdrücklich diesem Ziel verpflichteten Staatszielbestimmung bislang lediglich ein rechtspolitisches Desiderat geblie-

---

26 Zu Art. 100 a Abs. 3 EWGV: oben Kap. 2 C. 4. c) aa).

27 Vgl. den von *Rabe* dokumentierten Verlauf der Diskussion im Arbeitskreis C der 10. wiss. Fachtagung der GfU am 14./15.11.1986, u. a. abgedruckt in EuR 1987, 181.

28 Zur Frage, inwieweit auch der hier ausgeklammerte EAG-Vertrag (Vertrag zur Gründung der Europäischen Atomgemeinschaft vom 25.3.1957, BGBl. 1957 II, 766, ber. in BGBl. 1957 II, 1678) umweltschützende Zielsetzungen aufweist: oben Kap. 1 A. 3., dort Fn. 130 m.w.N.

29 Dazu: *Gündling*, UPR 1985, 403 ff.

30 Nachweise bei: *Grabitz*, in: ders. (Hg.), EWGV-Komm., Art. 130 s, Rn. 227 – 249 d; Einzelheiten unten Kap. 4 A. 5.

31 Wiener Übereinkommen zum Schutz der Ozonschicht vom 22.3.1985 und Montreal-Protokoll betreffend die Überwachung der Fluorchlorkohlenwasserstoffe vom 16.9.1987, siehe dazu: *Jachtenfuchs*, JCMSt 1990, 263 ff.; *Pernice*, EuZW 1990, 3 m.w.N.

32 Aus: *Kimmel* (Hg.), Die Verfassungen der EG-Mitgliedstaaten, 1987, 126.

33 *Kimmel*, oben Fn. 32, 366, 251, 297; insgesamt dazu: *Krämer*, EuGRZ 1988, 286 f.

34 Nachweise bei: *Rauschning*, DÖV 1986, 489, Fn. 2.

ben ist[35], so wird dieser Aspekt vom Grundgesetz doch nicht ausgeklammert. Grundrechtliche Schutzpflichten des Staates (z. B. nach Artt. 1, 2 Abs. 2 Satz 1, 14 GG) sowie das Sozialstaatsprinzip (Artt. 20 Abs. 1, 28 Abs. 1 GG) umfassen anerkanntermaßen ebenfalls ökologische Gesichtspunkte[36]. Festzuhalten bleibt somit, daß auch mitgliedstaatliches Recht in vielfältiger Weise dem übergeordneten Ziel eines wirksamen Umweltschutzes dient.

Dementsprechend wird vom Bestehen eines Grundsatzes bestmöglichen Umweltschutzes in der europarechtlichen Literatur häufig ausgegangen[37]. Kontinuierlich auf dieser Linie liegt auch die neuere Rechtsprechung des Gerichtshofs, wonach der Umweltschutz ein wesentliches Ziel der Gemeinschaft ist[38].

Schließlich steht diese Entwicklung auf rechtlichem Sektor auch in Einklang mit dem nachweislich gestiegenen und mittlerweile ausgeprägten Umweltbewußtsein der in der Gemeinschaft zusammengeschlossenen europäischen Völker[39]. Nach einer 1986 durchgeführten Meinungsumfrage sehen 72 Prozent der Gemeinschaftsbürger den Schutz der Natur als dringendes und unmittelbares Problem an[40]. Damit ist eine wirksame Verfolgung ökologischer Belange auf gemeinschaftlicher Ebene von einem breiten Konsens getragen[41] und entspricht aktuellen Anschauungen der Menschen. Im Ergebnis ist damit

---

[35] So: *von Münch*, in: ders. (Hg.), GG-Komm., Bd. 1, Art. 2, Rn. 61 m.w.N. In der 11. Legislaturperiode des Bundestages konnten sich die Fraktionen von CDU/CSU, FDP und SPD auf die Formulierung *„Die natürlichen Lebensgrundlagen des Menschen stehen unter dem Schutz des Staates.“* einigen, die als Art. 20 a in das Grundgesetz eingefügt werden sollte. Am Streit über die Frage der Beifügung eines Gesetzesvorbehalts (Vorschlag der Regierungskoalition: *„Das Nähere regeln die Gesetze.“*) ist das Zustandekommen der gemäß Art. 79 II GG notwendigen Zweidrittelmehrheit letztlich jedoch gescheitert (FAZ, Nr. 129 vom 6.6.1990,1 f.). Zur Genese dieses Vorschlags: *Müller-Bromley*, Staatszielbestimmung Umweltschutz im Grundgesetz?, 1990; zur Diskussion um die Installierung eines Grundrechts auf Umwelt im GG: *Karpen*, Zu einem Grundrecht auf Umweltschutz, in: Thieme (Hg.), Umweltschutz im Recht, 1988, 9 ff.; zu den Voraussetzungen der Anerkennung eines solchen Rechts als allgemeinem Grundsatz des Gemeinschaftsrechts: *Meessen*, oben Fn. 3, 298; neuerdings: *Krämer*, oben Fn. 33, 285 ff.

[36] *Badura*, DÖV 1989, 492 m.w.N.

[37] *Breuer*, oben Fn. 20, 99 f., der nochmals zwischen einem kompetenzrechtlichen und materiell-rechtlichen Grundsatz bestmöglichen Umweltschutzes differenziert; *Falke/Joerges*, DVBl. 1987, 1056; *Gündling*, Umweltschutz in einer übernationalen Wirtschaftsgemeinschaft, in: ders./ Weber (Hg.), Dicke Luft in Europa, 1988, 37 – 39, der zwar keine Einwände gegen das Beste hen eines solchen Grundsatzes hegt, jedoch die Ableitung eines Primats nationaler Umweltpolitik für verfehlt hält; *Hailbronner*, EuGRZ 1989, 115; *Haneklaus*, DVBl. 1990, 1141; *Hey/Jahns Böhm*, Ökologie und freier Binnenmarkt, 1989, 12; *Krämer*, oben Fn. 33, 288; *Meyer/Rath*, Forum Recht 1990, 46, 50; *Molkenbur*, DVBl. 1990, 679; *Pernice*, DV 1989, 35 ff. und NVwZ 1990, 206; *Pieper*, in: Bleckmann, Europarecht, Rn. 1955; *Scheuing*, oben Fn. 18, 178 f.; *Schweitzer/Hummer*, Europarecht, 387; *Wolf*, KJ 1990, 124; vgl. auch: *Schmidt*, Einführung in das Umweltrecht, 141.

[38] EuGH, Urt. vom 7.2.1985, Rs. 240/83, ADBHU, Slg. 1985, 531 (549); EuGH, Urt. vom 20.9.1988, Rs. 302/86, Kommission vs. Dänemark, Slg. 1988, 4607 (4630).

[39] Siehe die Umfrage der Kommission, die unter dem Titel *„Die Europäer und ihre Umwelt“* 1986 veröffentlicht wurde; zitiert nach: *Weber*, Die ungeliebte Gemeinschaft, in: Gündling/ dies. (Hg.), Dicke Luft in Europa, 1988, 11 f.; dazu auch: *Pieper*, oben Fn. 37, Rn. 1902; *Schmuck*, Umweltpolitik: Grenzüberschreitende Probleme – europäische Lösungen, 1988, 28 –32.

[40] Zitiert nach: *Pag-Kuhn/Schmuck* (Hg.), Umweltpolitik – eine europäische Aufgabe, 1987, 9.

[41] Von *Meessen*, oben Fn. 3, 291, als Voraussetzung der Geltung eines Allgemeinen Rechtsgrundsatzes gefordert.

der Nachweis des Bestehens eines Grundsatzes bestmöglichen Umweltschutzes als Allgemeiner Rechtsgrundsatz geführt. Der Name dieses Grundsatzes ist gleichzeitig auch sein inhaltliches Programm. Die Gemeinschaft ist danach rechtlich in einem umfassenden Sinne gehalten, ein Optimum an Umweltschutz zu bewirken. Bestmöglich ist danach nicht – relativierend – als ein Bemühen nach besten Kräften zu verstehen, sondern die EG ist zu größtmöglicher Anstrengung, im Sinne eines optimalen Umweltschutzes verpflichtet[42]. Diese allgemeine Umschreibung bedarf der Konkretisierung durch Darstellung einzelner Wirkungsweisen dieses Grundsatzes.

3. Rechtswirkungen des Grundsatzes bestmöglichen Umweltschutzes

a) Anerkannte Funktionen

Der Grundsatz bestmöglichen Umweltschutzes ist zunächst einmal ein höchst abstraktes Gebilde, das in seinen Auswirkungen durch Anwendung auf konkrete Rechtsprobleme zu präzisieren ist. Nach der ersten und bislang umfangreichsten Untersuchung dieser Thematik von *Zuleeg* kommen dem Grundsatz folgende fünf Funktionen zu. Erstens handelt es sich um eine Kompetenzregel zur Ermöglichung über das Gemeinschaftsniveau hinausgehender Umweltstandards auf innerstaatlicher Ebene. Zweitens ist ihm eine Kollisionsregel für weitergehende mitgliedstaatliche Maßnahmen im Rahmen von Schutzklauseln zu entnehmen. Drittens stellt er eine Interpretationsregel bei der Ermittlung weitergehender nationaler Regelungsvorbehalte im gemeinschaftlichen Sekundärrecht dar. Viertens beeinflußt er als Handlungsregel die gesamte gemeinschaftliche Rechtsetzung. Fünftens kommt ihm eine Leitfunktion bei der Überprüfung der Notwendigkeit einzelstaatlicher Alleingänge zu[43]. Wegen des umfassenden Charakters des Umweltrechts und der hochgradig abstrakten Fassung des Grundsatzes bestmöglichen Umweltschutzes ist jedoch davon auszugehen, daß damit nicht alle Funktionen dieses Rechtsprinzips abschließend umschrieben sind. Vielmehr erscheint er im erforderlichen Maße entwicklungsoffen, um auf darüber hinausgehende Problemstellungen ebenfalls Anwendung finden zu können.

b) Entwicklung der modifizierten Intensitätsmethode durch Einbeziehung des Grundsatzes bestmöglichen Umweltschutzes in seiner Funktion als horizontale Kompetenzregel

Ausgangspunkt für die im Rahmen vorliegender Abhandlung beabsichtigte Herausarbeitung einer zusätzlichen Wirkungsweise ist die erstgenannte Funktion. Es ist bereits dargestellt worden, daß dem Grundsatz eine Kompetenzregel zugunsten mitgliedstaatlicher Handlungsbefugnisse zu entnehmen ist, die

---

42 *Zuleeg*, oben Fn. 1, a.a.O.

43 *Zuleeg*, oben Fn. 1, 284 f.; siehe auch die übersichtliche Zusammenfassung bei: *Rabe*, oben Fn. 27, 181.

ihre positivrechtliche Ausprägung in den Artt. 130 t, 100 a Abs. 4, 100 b Abs. 2 EWGV gefunden hat[44]. Mit der Feststellung dieser vertikal wirkenden Zuständigkeitsregel ist jedoch lediglich ein Teilbereich der kompetenzrechtlichen Seite des Grundsatzes bestmöglichen Umweltschutzes[45] umschrieben. Im folgenden gilt es darzulegen, daß dieser Grundsatz auch auf horizontaler Ebene, also innerhalb der Gemeinschaftsrechtsordnung, zu wirken vermag.

Konkreter Anlaß für dieses Unterfangen ist die aus den angeführten Gründen bestehende Notwendigkeit, den Anwendungsbereich von Art. 130 s EWGV im Verhältnis zu anderen Kompetenznormen abzugrenzen. Dafür ist die Intensitätsmethode nach *Ehlermann* zwar für grundsätzlich tauglich, speziell im Bereich des Umweltrechts jedoch für modifizierungsbedürftig befunden worden[46]. Diese Weiterentwicklung ist am gemeinschaftlichen Umweltbegriff auszurichten und nicht etwa an dem des Binnenmarktes[47], da andernfalls der prioritären Stellung ökologischer Belange nicht hinreichend Rechnung getragen wäre. In Übereinstimmung damit bewirkt der Grundsatz bestmöglichen Umweltschutzes bei der Abgrenzung des Anwendungsbereichs der einzelnen vertraglichen Ermächtigungsnormen, daß diejenige Vorschrift bevorzugt heranzuziehen ist, die in möglichst optimaler Weise dem Rechtsgut Umwelt dient. Wie zuvor festgestellt, handelt es sich dabei um Art. 130 s EWGV[48]. Es erscheint sachgerecht, auf dem Gebiet des Umweltrechts den allgemein durch die Intensitätsmethode definierten Umfang des Anwendungsbereichs von Art. 130 s EWGV durch ein Hineinwirken des Grundsatzes bestmöglichen Umweltschutzes dahingehend zu erweitern, daß in Zweifelsfällen nunmehr ebenfalls diese Rechtsgrundlage heranzuziehen ist. Im Bereich gemeinschaftlichen Umweltrechts besteht also eine Vermutung für die Einschlägigkeit von Art. 130 s EWGV, die jedoch durch objektive Anhaltspunkte, die dem Inhalt eines Rechtsakts zu entnehmen sein müssen, widerlegbar ist; d. h. durch Anreicherung der Intensitätsmethode um den Grundsatz bestmöglichen Umweltschutzes wird diese zur In-dubio-Regel[49]. In der Einräumung einer Präferenz für die Kompetenznorm, die am besten Gewähr für eine effektive Umweltpolitik bietet, zeigt sich somit eine neue Funktion des Grundsatzes bestmöglichen Umweltschutzes, nämlich die einer horizontalen Kompetenzregel[50].

---

[44] *Zuleeg*, oben Fn. 1, 284; scharf kritisiert von *Gündling*, oben Fn. 37, a.a.O.

[45] *Breuer*, oben Fn. 20, 99, spricht ausdrücklich von einem kompetenzrechtlichen Grundsatz bestmöglichen Umweltschutzes. *Wolf*, oben Fn. 37, a.a.O., verweist ebenfalls auf die kompetenziellen Auswirkungen dieses Grundsatzes.

[46] Oben Kap. 2 C. 4. d).

[47] So aber *Pernice*, DV 1989, 9. Ähnlich wohl auch der EuGH, Urt. vom 11.6.1991, Rs. C-300/89, Komm. vs. Rat, EuR 1991, 175 (178).

[48] Oben Kap. 2 C. 4. d); im Ergebnis ebenso: *Schwartze*, Die Einwirkungsmöglichkeiten der EG auf nationales Umweltrecht und ihr Einfluß auf das Schutzniveau, in: Donner/Magoulas/Simon/Wolf (Hg.), Umweltschutz zwischen Staat und Markt, 1989, 568.

[49] Im Ergebnis ähnlich, jedoch ohne diese dogmatische Herleitung: *Vandermeersch*, ELRev 1987, 419.

[50] Damit nicht zu verwechseln ist die Funktion als Handlungsregel (oben Kap. 2 D. 3. a)). Während es dabei um den Erlaß gemeinschaftlicher Rechtsakte geht, die nicht dem Umweltschutz dienen (vgl. *Rabe*, oben Fn. 27, a.a.O.), wirkt die horizontale Kompetenzregel gerade im Bereich des allerdings weit verstandenen Umweltrechts.

Das auf theoretischer Ebene entwickelte Modell bedarf der Konkretisierung. Zur Verdeutlichung lassen sich Fallgruppen bilden, wobei die Intensität der umweltschützenden Auswirkungen eines Rechtsakts als Differenzierungskriterium herangezogen wird[51]. Dieses materielle Element bietet einen doppelten Vorteil. Zum einen steht es in Einklang mit der gleichnamigen Abgrenzungstheorie nach *Ehlermann*. Zum anderen ist das Merkmal der Auswirkung im EWG-Vertrag selbst enthalten, wie der Vergleich mit Art. 100 EWGV zeigt; es ist also vertragskonform[52]. Eine solche Auswirkung auf den gemeinschaftlichen Begriff der Umwelt liegt immer dann vor, wenn eine wertende Gesamtschau des betreffenden Rechtsakts[53] ergibt, daß dieser, seinem Inhalt nach, zur Verwirklichung der in Art. 130 r Abs. 1 EWGV statuierten Ziele beiträgt. In Kenntnis fließender Grenzen kann zur Demonstration eine dreigeteilte Skala unterschiedlicher Intensität umweltschützender Maßnahmen herangezogen werden. Differenziert man zwischen Rechtsakten mit unmittelbar[54], mittelbar und marginal umweltschützenden Auswirkungen gilt folgendes. Bei der erstgenannten Fallgruppe ist Art. 130 s EWGV in der Regel bereits nach der unveränderten Intensitätsmethode einschlägig; der Heranziehung des Grundsatzes bestmöglichen Umweltschutzes als horizontale Kompetenzregel mit Vermutungswirkung bedarf es daher in der ganz überwiegenden Mehrzahl der Fälle wohl nicht. Bei Maßnahmen mit mittelbar umweltpolitischen Auswirkungen, wenn also mindestens ein anderer Zweck der Verwirklichung der in Art. 130 r Abs. 1 EWGV genannten Ziele vorgeht, diese aber erkennbar einbezogen sind, liegt der Hauptanwendungsbereich der In-dubio-Regel. Ausgehend von einer Vermutung für die Anwendbarkeit von Art. 130 s EWGV ist im Einzelfall zu prüfen, welche Rechtsgrundlage nach der Intensitätsmethode heranzuziehen ist. Bestehen danach noch Zweifel, bleibt es bei dieser Kompetenznorm. Schließlich wird bei Rechtsakten mit marginal umweltschützenden Auswirkungen auf die Ziele des Art. 130 r Abs. 1 EWGV regelmäßig die betreffende Ermächtigungsnorm entsprechend dem Hauptregelungszweck einschlägig sein. Die Vermutung für Art. 130 s EWGV wird also in den allermeisten Fällen widerlegt werden können.

Damit gewinnt die Frage, welche Maßnahmen denn nun unmittelbare, mittelbare oder marginale Auswirkungen auf die umweltpolitische Zieltrias zeiti-

---

[51] So bereits oben Kap. 2 A. 2. b).

[52] Die in der Lit. zu Art. 100 EWGV geäußerte Kritik am Tatbestandsmerkmal der Auswirkung, die vor allem mit der rechtlichen Unbestimmtheit dieses Kriteriums begründet worden ist (*Eiden*, Die Rechtsangleichung gemäß Art. 100 des EWG-Vertrages, 1984, 53 – 59; *Langeheine*, in: Grabitz (Hg.), EWGV, Art. 100, Rn. 31 jeweils m.w.N.) kann in diesem Zusammenhang nicht aufrechterhalten werden. Zum einen entspricht diese terminologische Offenheit einer Flexibilität, die gerade der Intensitätsmethode immanent ist (*Ehlermann*, Grenzen der gemeinsamen Agrarpolitik, in: Agrarrecht der EWG, 1969, 96). Zum anderen stellt die Vermutungsregel ein Korrektiv dazu dar, so daß im Falle von Rechtsunsicherheiten hinsichtlich der einschlägigen Kompetenznorm von Art. 130 s EWGV Gebrauch zu machen ist.

[53] *Ehlermann*, oben Fn. 52, a.a.O.

[54] *Glaesner*, NuR 1988, 170, spricht ebenfalls von Maßnahmen mit unmittelbar umweltpolitischer Zielsetzung, die auf Art. 130 s EWGV zu stützen seien; dagegen sind die Einwände von *Grabitz*, oben Fn. 30, Art. 130 s, Rn. 20 und *Scheuing*, oben Fn. 18, 185, Fn. 193, unsubstantiiert.

gen, in erheblichem Umfang an Bedeutung. Entsprechend der Intensitätsmethode darf dabei jedoch nicht schematisch vorgegangen werden, sondern in jedem Einzelfall ist eine genaue Analyse des vollständigen Inhalts eines Rechtsakts notwendig, an deren Ende eine voll justitiable[55] Zuordnung zu einer Kompetenznorm steht. Diese neue Abgrenzungstheorie soll im folgenden, ihrem Ursprung gemäß, als *modifizierte Intensitätsmethode* bezeichnet werden.

c) Vor- und Nachteile der modifizierten Intensitätsmethode

Die praktische Brauchbarkeit und dogmatische Stringenz jeder These zur Abgrenzung vertraglicher Kompetenznormen erweist sich unter anderem an ihren konkreten Folgewirkungen. Dementsprechend sind auch hier die Vor- und Nachteile der gerade entwickelten modifizierten Intensitätsmethode zu untersuchen.

Mit den Vorzügen dieser Theorie beginnend, läßt sich zunächst sagen, daß es sich um ein für den gesamten Bereich des weit verstandenen Umweltrechts taugliches und damit partiell-allgemeingültiges, dogmatisch stimmiges, Allgemeinen Grundsätzen des Gemeinschaftsrechts verpflichtetes Abgrenzungsmodell handelt, das sowohl bei der Bestimmung positiver Gemeinschaftskompetenzen (also z. B. Artt. 130 s, 100 a Abs. 1 Satz 2, 100 b Abs. 1 Satz 2 EWGV) als auch der nationaler Vorbehaltsklauseln (bspw. Artt. 130 t, 100 a Abs. 4, 100 b Abs. 2 EWGV) zu klaren Ergebnissen führt. Ferner ist dadurch eine optimale Zwecksicherung der verschiedenen vertraglichen Ermächtigungsnormen und damit deren praktische Konkordanz gewährleistet. Die Gemeinschaft kann nämlich auf der Grundlage von Art. 130 s EWGV eine originäre, innovative, von ökonomischen Zwängen befreite[56] und mit substantiellen materiellen Vorgaben[57] versehene Umweltpolitik betreiben und damit dem vertraglichen Postulat der prioritären Bedeutung des Umweltschutzes gerecht werden. Auch ist ein nationaler Alleingang zugunsten eines höheren Schutzstandards gemäß Art. 130 t EWGV verhältnismäßig leicht möglich, von dem dann eine – umweltpolitisch wünschenswerte – Vorbildfunktion ausgehen kann[58]. Umgekehrt werden wirtschaftliche Zielsetzungen, insbesondere das ohnehin sowohl quantitativ als auch qualitativ anspruchsvolle Binnenmarktprogramm, nicht übermäßig mit dem sensiblen Bereich des Umweltrechts überlastet[59] und haben damit bessere Realisierungschancen. Weiterhin entsprechen die praktischen Auswirkungen der modifizierten Intensitätsmethode, nämlich die Ausdehnung des Anwendungsbereichs von Art. 130 s EWGV vor

---

[55] *Ehlermann*, oben Fn. 52, 96, 98.

[56] Zu dieser Notwendigkeit: *Battis*, NuR 1989, 369; *Bungarten*, Umweltpolitik in Westeuropa, 1978, 226.

[57] Dazu oben Kap. 2 A. 3.

[58] *Pernice*, oben Fn. 37, 44; *Schwenn*, Die Drohung mit dem „nationalen Alleingang", FAZ vom 27.4.1989.

[59] *Scheuing*, oben Fn. 18, 181, weist darauf hin, daß gerade im Umweltrecht die schwierigsten Probleme in der Lösung von Detailfragen, wie etwa der Festsetzung von Grenzwerten liegen.

allem zu Lasten der allgemeinen Harmonisierungskompetenzen, einer Tendenz in der neueren Rechtsprechung des Gerichtshofs, derzufolge die Tragweite konkreter Einzelermächtigungen extensiv, die allgemeiner Handlungsbefugnisse aber restriktiv interpretiert wird[60]. Schließlich bewirkt das auch Mehrheitsentscheidungen vorgeschaltete Einstimmigkeitserfordernis nach Art. 130 s Abs. 1 EWGV eine größtmögliche Akzeptanz umweltrechtlicher Maßnahmen in den Mitgliedstaaten, die gemäß Art. 130 r Abs. 4 Satz 2 EWGV primär zur Durchführung verpflichtet sind. Es ist davon auszugehen, daß bei einem Konsens über umweltbezogene Rechtsakte tendenziell weniger Umsetzungs- und Vollzugsdefizite[61] zu verzeichnen sind als bei einer Majorisierung einzelner Mitgliedstaaten, deren Implementations-Engagement dann erfahrungsgemäß niedriger anzusetzen ist[62].

Eventuelle Nachteile der modifizierten Intensitätsmethode lassen sich ebenfalls erst abschätzen, wenn man sich deren praktische Auswirkungen vor Augen hält. Wegen der beträchtlichen Ausweitung des Anwendungsbereichs von Art. 130 s EWGV im Verhältnis zu den Artt. 100 a Abs. 1 Satz 2, 100 b Abs. 1 Satz 2 EWGV könnte man geneigt sein, Verfahrensmodalitäten, die vielfach als Vorzüge der binnenmarktfinalen Harmonisierungskompetenzen gepriesen werden[63], umgekehrt nun der modifizierten Intensitätsmethode anzulasten.

Im wesentlichen handelt es sich dabei um zwei Punkte. Zum einen steht das Argument im Raum, wegen des Kooperationsverfahrens nach Art. 149 Abs. 2 EWGV sei bei einem Vorgehen auf der Grundlage von Art. 100 a Abs. 1 EWGV das demokratische Element besser gewahrt als bei einem Gebrauchmachen von Art. 130 s EWGV, der lediglich eine obligatorische Konsultation vorsehe[64]. Nun ist das Demokratieprinzip zwar anerkanntermaßen bei der Anwendung und Auslegung des Gemeinschaftsrechts zu berücksichtigen[65], mit dieser Begründung kann die modifizierte Intensitätsmethode jedoch lediglich

---

60 Oben in Kap. 1 B. 2. festgestellt.

61 Im 4. AP hat die Komm. die Beseitigung von Vollzugsmängeln ausdrücklich zur vordringlichen Aufgabe erhoben, ABl. 1987, C 328, 8 f.; allgemein zu diesem Problem europäischen Umweltrechts: *Boisserée*, Jb. des Umwelt- und Technikrechts 1988, 397 f.; *Krämer*, Keine Absichtserklärungen, sondern durchsetzbares Recht – Die Kontrolle der Anwendung von EWG-Umweltrichtlinien, in: Gündling/Weber (Hg.), Dicke Luft in Europa, 1988, 201 – 218; *ders.*, RevMC 1988, 22 – 28; *Pernice*, NVwZ 1990, 422 - 426; *Scheuing*, oben Fn. 18, 190 ff.

62 Vgl. allgemein dazu: *Bleckmann*, oben Fn. 15, 172, 184 und passim; *Zuleeg*, oben Fn. 6, Art. 24 Abs. 1, Rn. 10 m.w.N.

63 Siehe dazu etwa: *Breuer*, oben Fn. 20, 93 f.; *Pernice*, oben Fn. 47, 9; *Scheuing*, oben Fn. 18,181. Vor allem die Kommission ist der Auffassung, daß Art. 100 a im Verhältnis zu Art. 130 s EWGV vorzugswürdig sei (*Ungerer*, integration 1989, 97) und hat dementsprechend im 4. AP angekündigt, in vollem Umfang von Art. 100 a EWGV Gebrauch zu machen (ABl. 1987, C 70, 8). Eine Gegenüberstellung der Verfahrensmodalitäten, die allgemein als jeweilige Vor- und Nachteile der beiden Kompetenznormen empfunden werden, findet sich bei: *Hey*, ZAU 1989, 284.

64 Ausdrücklich: *CEDE*, 10739 D; *Kromarek*, R.J.E. 1988, 90; *Hey*, oben Fn. 63, a.a.O., der jedoch Konsultation und Kooperation verwechselt; wohl auch *Breuer*, oben Fn. 20, 93 ff.; *Gündling*, Jb. der Europ. Integration, 1988/89, 162; *Schmuck*, oben Fn. 39, 26.

65 EuGH, Urteile vom 29.10.1980, Rs. 138/79, SA Roquette Frères vs. Rat, Slg. 1980, 3333 (3360) und Rs. 139/79, Maizena vs. Rat, Slg. 1980, 3393 (3424), sog. Isoglukose-Fälle; aus der Lit.: *Ress*, Über die Notwendigkeit der parlamentarischen Legitimierung der Rechtsetzung der EG, in: Geck-GS, 1989, 640 m.w.N.

dann ernsthaft in Zweifel gezogen werden, wenn die zugrundeliegende Prämisse tatsächlich auch zutrifft. Wie zuvor bereits ausführlich dargelegt[66], ist der durch das Verfahren der Zusammenarbeit bewirkte demokratische Zugewinn aber allenfalls als marginal zu veranschlagen. Daher erscheint letztlich sogar umgekehrt das Verfahren nach Art. 130 s Abs. 1 EWGV wegen des Einstimmigkeitserfordernisses im Verhältnis zur Mehrheitsregel nach Art. 100 a Abs. 1 Satz 2 EWGV potentiell demokratischer, weil die Ratsmitglieder zumindest mittelbar über die nationalen Parlamente legitimiert sind und eine Majorisierung in diesem Verfahren ausgeschlossen ist. Angesichts der vielfältigen Vorteile des hier dargelegten Abgrenzungsmodells kann jedenfalls aus dem Demokratiegebot eine – auf horizontaler Ebene angesiedelte – Schlußfolgerung in Form der Einräumung einer Präferenz für Art. 100 a EWGV nicht hergeleitet werden. Vielmehr müßte eine strikte Beachtung des Grundsatzes der Demokratie kompetenzielle Auswirkungen in vertikaler Hinsicht zeitigen. Konsequenz des generellen Legitimationsdefizits gemeinschaftlicher Rechtsetzung wäre dann eine grundsätzlich restriktive Interpretation sämtlicher Einzelermächtigungen des EWG-Vertrags[67]. Derart weitreichende Schlußfolgerungen erscheinen jedoch allein bereits deshalb verfehlt, weil das Demokratiegebot isoliert in den Vordergrund gestellt und der faktische Zwang einer übernationalen Kooperation gerade im Umweltbereich ignoriert wird[68]. In diesem Zusammenhang bleibt festzuhalten, daß aus dem Grundsatz der Demokratie jedenfalls keine Einwände gegen die modifizierte Intensitätsmethode geltend gemacht werden können.

Schließlich könnte gegen ein bevorzugtes Abstellen auf Art. 130 s EWGV noch vorgebracht werden, daß dies einen Rückschlag für die Integrationsdynamik im Umweltsektor bewirkt[69]. Immerhin biete die Möglichkeit von Mehrheitsentscheidungen potentiell bessere Voraussetzungen, das gemeinschaftliche Beschlußverfahren zu effektuieren als das strukturell schwerfällige Einstimmigkeitserfordernis bei Art. 130 s Abs. 1 EWGV[70]. Diese Argumentation findet sich jedoch durch die Praxis nicht bestätigt. Auch nach Inkrafttreten der Einheitlichen Akte war der Rat bislang immer bestrebt, alle umweltrelevanten Maßnahmen einstimmig zu verabschieden[71]. Selbst in Fällen, in denen derarti-

---

66 Oben Kap. 2 A. 5. a) aa).

67 Dafür plädieren: *Beyerlin*, UPR 1989, 363 f.; *Schreiber*, ZAU 1989, 149 f., die dies jeweils auch mit dem Mitwirkungsdefizit individuell Betroffener und ihrer Interessenvertretungen begründen.

68 Vgl. dazu oben Kap. 1 A.; unten Kap. 4 A.

69 So: *Breuer*, oben Fn. 20, 100; *Müller-Graff*, oben Fn. 13, 45 – 50, hebt hervor, daß Art. 100a EWGV eine wesentliche Dynamisierung des Primärrechts und eine Verdichtung des Sekundärrechts bewirke.

70 Plastisch: *Hey*, oben Fn. 63, a.a.O., der in diesem Fall erneut die Gefahr einer *Politikverflechtungs-Falle* beschwört, dazu oben Kap. 2 A. 5. b) bb)); ähnlich: *Grabitz*, in: Bitburger Gespräche, Jb. 1989, 75; *Hort*, FAZ vom 16.6.1988 und FAZ vom 25.11.1988, 1; *Schmuck*, oben Fn. 39, 26.

71 *Hey/Jahns-Böhm*, oben Fn. 37, 39; *Ungerer*, oben Fn. 63, a.a.O. Dieses Bestreben ist nicht nur auf umweltbezogene Rechtsakte beschränkt: *Everling*, Probleme der Rechtsangleichung zur Verwirklichung des europäischen Binnenmarktes, in: Steindorff-FS, 1990, 1164.

ge Rechtsakte mit Mehrheit auf der Grundlage von Art. 100 a EWGV beschlossen worden sind, haben überstimmte Mitgliedstaaten bislang nicht von der Möglichkeit eines Alleingangs nach Art. 100 a Abs. 4 EWGV Gebrauch gemacht[72]. Es ist somit davon auszugehen, daß es der Schaffung der Möglichkeit zu Mehrheitsentscheidungen im umweltbezogenen Anwendungsbereich von Art. 100 a Abs. 1 Satz 2 EWGV gar nicht bedurft hätte, da die bislang verabschiedeten Rechtsakte in aller Regel von einem breiten Konsens der Ratsmitglieder getragen worden sind. Es sprechen also deutliche Anhaltspunkte für die Prognose, daß der allergrößte Teil dieser Maßnahmen auch bei einem obligatorischen Zwang zu einstimmiger Beschlußfassung zustande gekommen wäre. Aber selbst wenn man der Mehrheitsregel, der von ihrer Existenz ausgehenden psychologischen Wirkung wegen[73], ein in geringem Umfang größeres integrationsdynamisches Potential zugesteht, wird dies jedenfalls durch den höheren Grad an Akzeptanz und die damit einhergehenden verbesserten Umsetzungs- und Vollzugschancen[74] wieder kompensiert. Damit vermag auch dieses Argument eine negative Beurteilung der hier entwickelten These nicht zu rechtfertigen.

Im Ergebnis kommt somit den Vorzügen der modifizierten Intensitätsmethode ein weit größeres Gewicht zu als eventuellen negativen Auswirkungen. Es handelt sich um eine sachgerechte und zu zufriedenstellenden Ergebnissen führende Abgrenzungstheorie, die speziell auf die Erfordernisse gemeinschaftlichen Umweltrechts zugeschnitten ist. Sie ist daher bei den kommenden Ausführungen zugrunde zu legen. Zur weiteren Verdeutlichung ist im folgenden zunächst der verbleibende Anwendungsbereich sonstiger ausgewählter Vertragsermächtigungen, die potentiell ebenfalls zum Erlaß umweltbezogener Rechtsakte geeignet erscheinen, im Verhältnis zu Art. 130 s EWGV anhand der modifizierten Intensitätsmethode darzulegen[75]. Dabei wird diese Theorie auf ausgewählte Maßnahmen unterschiedlicher Sparten des Umweltrechts, die bereits erlassen worden oder noch in Vorbereitung sind, angewendet, um ihre praktischen Konsequenzen im Einzelfall zu demonstrieren.

---

72 *Pernice*, oben Fn. 61, 206, 419, nach dessen Auffassung sich nun ein erstes Gebrauchmachen von der Möglichkeit des Abweichens abzeichnet, weil die Bundesrepublik den Stoff Pentachlorphenol (PCP) völlig verbieten will, während ein Richtlinienentwurf der EG lediglich eine Verwendungsbeschränkung vorsieht.

73 Darauf stellt *Pernice*, oben Fn. 61, 206, ab.

74 Vgl. dazu *Bieber*, in: BBPS, 125.

75 Die Rechtslage vor Inkrafttreten der EEA beleuchtet: *Behrens*, Rechtsgrundlagen der Umweltpolitik der EG, 1976, 71 ff.

E. Der verbleibende umweltrechtliche Anwendungsbereich sonstiger Vertragsermächtigungen außerhalb von Art. 130 s EWGV

Allein mit der Entwicklung und Darlegung der modifizierten Intensitätsmethode als Modell zur Abgrenzung vertraglicher Handlungsermächtigungen im Bereich des Umweltrechts wird der im Einzelfall verbleibende Anwendungsbereich sonstiger Kompetenznormen zum Erlaß umweltschützender Maßnahmen nicht deutlich genug umschrieben. Erstens könnte es nach dem zugrundeliegenden zweistufigen Prüfungsmodell sein, daß im Verhältnis einzelner Rechtsgrundlagen zu Art. 130 s EWGV eine vorrangige, methodische Konkurrenz[1] besteht und damit die modifizierte Intensitätsmethode überhaupt nicht zur Anwendung kommt. Zweitens ist angesichts der umfangreichen Praxis der Gemeinschaftsorgane zu untersuchen, ob und inwieweit jeweils die Möglichkeit gegeben ist, Art. 130 s EWGV gemeinsam mit einer anderen Befugnisnorm heranzuziehen. Drittens lassen sich die praktischen Auswirkungen jedes theoretisch entwickelten Denkmodells erst durch dessen konkrete Anwendung in einer Mehrzahl von Fällen zuverlässig abschätzen. Daher werden im folgenden typische Beispiele aus den jeweils konkurrierenden Regelungsbereichen herangezogen und einer Rechtsgrundlage zugeordnet. Der besseren Übersichtlichkeit wegen bemißt sich die Reihenfolge der behandelten Sachgebiete nach ihrer Anordnung im EWG-Vertrag.

1. Landwirtschaft: Art. 43 Abs. 2 Uabs. 3 EWGV

a) Verhältnis zu Art. 130 s EWGV

Agrar- und Umweltpolitik beeinflussen sich in vielfältiger Weise wechselseitig[2]. Eine intensiv betriebene und konsequent ökonomischen Erfordernissen angepaßte Landwirtschaft ist potentiell geeignet, zur Verursachung gravierender Umweltschäden zumindest beizutragen[3]. Umgekehrt vermag eine engagierte Umweltpolitik deutliche Auswirkungen auf die Gestaltung der Agrarpolitik zu zeitigen. Auf Gemeinschaftsebene ist die Notwendigkeit der Verknüpfung beider Sachbereiche mittlerweile anerkannt[4], wenn auch politisch und

---

1 Dazu: oben Kap. 2 C. 2., 4. b).

2 *Roelants du Vivier*, Gegner oder Partner: Agrarpolitik und Umweltschutz, in: Gündling/Weber (Hg.), Dicke Luft in Europa, 1988, 43.

3 Einzelheiten bei: *von Meyer*, ZfU 1983, 363 ff.; *Toulemon*, La prise en considération de l'environnement dans les autres politiques communautaires: en particulier dans la réform de la politique agricole commune, in: La protection de l'environnement par les communautés européennes, 1988, 75 ff.; *von Urff*, Umweltschutz und europäische Agrarpolitik, in: Rengeling (Hg.), Europäisches Umweltrecht, 1988, 105 ff.

4 Bspw. wird im 4. AP eine Integration der Belange des Umweltschutzes in die gemeinsame Agrarpolitik angestrebt, ABl. 1987, C 328, 10. In einer Mitteilung der Kommission an den Rat vom 8.6.1988 mit dem Titel *„Umwelt und Landwirtschaft"* wird ein Programm zur Ökologisierung der Agrarpolitik zur Diskussion gestellt (KOM (88), 338 endg.). Konkret ist im Arbeitsprogramm der Komm. für 1990 vorgesehen, daß ein Vorschlag für eine Richtlinie über die Umweltverträglichkeitsprüfung bei großen landwirtschaftlichen Vorhaben (in Form einer Änderung der RL 85/337/EWG) vorgelegt werden soll (EG-Bull., Beil. 1/90, 37).

rechtlich noch längst nicht vollständig umgesetzt[5]. Es besteht daher die begründete Erwartung, daß dieser, teilweise als *Agrarumweltrecht* bezeichnete[6] Grenzbereich in Zukunft verstärkt Gegenstand legislativer Tätigkeit der EG sein wird[7]. In jedem Einzelfall stellt sich somit die Frage nach der einschlägigen Rechtsgrundlage.

Art. 43 Abs. 2 Uabs. 3 EWGV ermächtigt die Gemeinschaft in umfassender Weise zu agrarpolitischer Rechtsetzung[8], während Art. 130 s EWGV die Grundlage des Umweltrechts bildet[9]. Nach dem zuvor herausgearbeiteten zweistufigen Prüfungsmodell ist mithin zunächst zu untersuchen, ob zwischen diesen beiden Vorschriften ein besonderes, methodisch begründetes Konkurrenzverhältnis besteht[10]. Die Literatur geht wohl mehrheitlich davon aus, daß dies in Gestalt einer Spezialität von Art. 43 Abs. 2 Uabs. 3 EWGV zu Art. 130 s EWGV gegeben sei[11]. Das wird vornehmlich mit der Querschnittsklausel des Art. 130 r Abs. 2 Satz 2 EWGV und der neueren Rechtsprechung des Gerichtshofs zu Art. 43 EWGV begründet.

Legt man auch hier die übliche Definition von Spezialität zugrunde[12], fällt auf, daß sich die Tatbestandsvoraussetzungen von Art. 130 s EWGV in Verbindung mit Art. 130 r EWGV einerseits und Art. 43 Abs. 2 Uabs. 3 EWGV andererseits nicht in einem Punkt decken. Während der Umweltschutz mit keiner Silbe in den Artt. 38 ff. EWGV Erwähnung findet, weisen umgekehrt die Artt. 130 r bis 130 t EWGV keinerlei explizite Bezüge zur Agrarpolitik auf. Aus den zuvor dargelegten Gründen vermag auch Art. 130 r Abs. 2 Satz 2 EWGV

---

5 *Von Urff*, oben Fn. 3, 103; *Krämer*, Diskussionsbericht, in: Rengeling (Hg.), Europäisches Umweltrecht, 1988, 134, weist pointiert darauf hin, daß die Fragestellung nicht laute, wieviel Umweltschutz sich die Landwirtschaft leisten könne, sondern: „*Wieviel Landwirtschaft kann sich die Umwelt bzw. der Umweltschutz leisten?*"; *Hey*, ZAU 1989, 280, beklagt ebenfalls eine mangelnde umweltpolitische Durchdringung des Gemeinchaftsrechts.

6 So: *Götz*, EuR 1988, 301.

7 *Grafen/Engert*, Mehr Markt – mehr Umwelt, Ökologische Marktwirtschaft in der Landwirtschaft, in: Landwirtschaft, Verlagsbeilage zur FAZ, Nr. 95 vom 24.4.1990, B 3 f., verweisen auf die Notwendigkeit der Internalisierung von Umweltkosten in die landwirtschaftliche Produktion. Auf diese Weise könne der begrüßenswerte Trend in der gemeinsamen Agrarpolitik, hin zu einer stärkeren Ausrichtung auf marktwirtschaftliche Mechanismen, zur Gestaltung einer umweltverträglichen Agrarwirtschaft genutzt werden. Dies erfordere ein Bündel ordnungsrechtlicher Maßnahmen wie z. B.: Bindung der Tierhaltung an die Fläche durch Viehbesatzobergrenzen, strengere Regeln artgerechter Tierhaltung, verschärfte Zulassungsbestimmungen für Pflanzenschutzmittel im Hinblick auf die vielfältigen Gefährdungen der gesamten Biosphäre, Einführung einer Abgabe auf synthetische Stickstoffdüngemittel. Wie noch zu zeigen ist, hat die Kommission in Teilbereichen bereits entsprechende Vorschläge vorgelegt.

8 *Gilsdorf/Sack*, in: Grabitz (Hg.), EWGV-Komm., Art. 43, Rn. 1; *Winkler*, Umweltschutz, europäische Agrarpolitik und europäisches Agrarrecht, in: Rengeling (Hg.), Europäisches Umweltrecht, 1988, 127.

9 Oben in Kap. 2 A. 1. festgestellt.

10 Oben Kap. 2 C. 4. b).

11 *Breuer*, Jb. des Umwelt- und Technikrechts 1989, 101; *Grabitz/Zacker*, NVwZ 1989, 300, 302; *Pernice*, DV 1989, 15 f., 23 f., 32; wohl auch: *Steiger*, Europarechtliche Grundlagen, unveröffentlichtes Manuskript zur Neuauflage von: Salzwedel (Hg.), Grundzüge des Umweltrechts, 14 f.; sibyllinisch: *Molkenbur*, DVBl. 1990, 683.

12 Siehe oben Kap. 2 C. 4. c) aa).

keinen vollständigen Transfer umweltpolitischer Vorgaben für ein Tätigwerden der Gemeinschaft, wie sie in Art. 130 r EWGV umschrieben sind, nach Art. 43 EWGV Abs. 2 Uabs. 3 EWGV zu bewirken, da jedenfalls die Subsidiaritätsklausel gemäß Art. 130 r Abs. 4 Satz 1 EWGV nicht zu den transferierten Erfordernissen des Umweltschutzes gehört[13]. Art. 43 Abs. 2 Uabs. 3 EWGV enthält also nicht sämtliche Tatbestandsmerkmale von Art. 130 s EWGV, so daß bereits aus diesem Grunde das Vorliegen eines Spezialitätsverhältnisses zwischen diesen beiden Normen ausscheidet.

Was die neuere ständige Rechtsprechung des Gerichtshofs anbetrifft, ist zunächst festzustellen, daß die im Schrifttum zitierten Urteile[14] sämtlich das Verhältnis von Artt. 43 zu 100 EWGV betreffen. Eine Judikatur zum hier einschlägigen Problemkreis existiert hingegen bislang noch nicht. – Der EuGH sieht Art. 43 EWGV im Verhältnis zu Art. 100 EWGV dann als einschlägig an, wenn die von dem Rechtsakt betroffenen Erzeugnisse im Anhang II des EWG-Vertrages genannt und die Maßnahme zusätzlich zur Erreichung mindestens eines Ziels der gemeinsamen Agrarpolitik beiträgt[15]. Implizit ist damit zum Ausdruck gebracht, daß für agrarpolitische Maßnahmen Art. 43 Abs. 2 Uabs. 3 EWGV lex specialis zu Art. 100 EWGV ist[16]. Diese Feststellung betrifft aber lediglich das Verhältnis der beiden genannten Vorschriften zueinander und hat keinerlei Auswirkungen auf das von Art. 43 EWGV zu Art. 130 s EWGV. Die Ausführungen des Gerichtshofs zur allgemeinen Harmonisierungskompetenz sind bereits deshalb nicht auf die umweltrechtliche Ermächtigung übertragbar, weil auch die Artt. 100 bis 102 EWGV zu Art. 130 s EWGV, nach hier vertretener Auffassung, nicht in einem methodisch begründeten Konkurrenzverhältnis stehen[17]. Während die allgemeinen Kompetenzen zur Rechtsangleichung der Gruppe funktionaler Ermächtigungen angehören, zählt Art. 130 s EWGV zur wesensverschiedenen Kategorie materieller Befugnisnormen[18]. Seinem Inhalt nach gehört Art. 43 Abs. 2 Uabs. 3 EWGV aber ebenfalls zur letztgenannten Gruppe, weil die Artt. 38 ff. EWGV einer gemein-

---

13 Siehe oben Kap. 2 C. 4. c).

14 Vgl. z. B. *Pernice*, NVwZ 1990, 206, Fn. 75.

15 EuGH, Urt. vom 23.2.1988, Rs. 68/86, Vereinigtes Königreich vs. Rat, Slg. 1988, 855 (896); EuGH, Urt. vom 23.2.1988, Rs. 131/86, Vereinigtes Königreich vs. Rat, Slg. 1988, 905 (930); EuGH, Urt. vom 16.11.1989, Rs. C-131/87, Komm. vs. Rat, Slg. 1989, 3743 (3767); EuGH, Urt. vom 16.11.1989, Rs. C-11/88, Komm. vs. Rat, Slg. 1989, 3799 (3801 f.).

16 Am deutlichsten: EuGH, Rs. C-11/88, oben Fn. 15, a.a.O.: „... *der Umstand, daß die im Rahmen der gemeinsamen Agrarpolitik erlassenen Rechtsakte zugleich Ziele verfolgen, die in Ermangelung besonderer Vorschriften auf Art. 100 EWG-Vertrag gestützt werden, entzieht diese Rechtsakte nicht dem Anwendungsbereich des Artikels 43.*".

17 Oben in Kap. 2 C. 4. c) festgestellt; die dortigen Ausführungen zu Art. 100 a EWGV sind in entsprechender Weise auch auf den allgemeineren Art. 100 EWGV übertragbar, da die Artt. 100 – 102 EWGV sämtlich zur Gruppe funktionaler Harmonisierungskompetenzen zählen (*Schwartz*, EuR SH 1976, 37). Etwas anderes muß für diejenigen gelten, die Art. 100 a EWGV als lex specialis zu Art. 130 s EWGV ansehen (siehe oben Kap. 2 C. 3. c) aa)). Nach dieser hier abgelehnten Auffassung erscheint folgende Schlußfolgerung nur konsequent: wenn Art. 43 EWGV lex specialis zu Art. 100 EWGV, Art. 100 a EWGV aber spezieller als Art. 100 und 130 s EWGV ist, dann muß Art. 43 EWGV auch lex specialis zu Art. 130 s EWGV sein (so ausdrücklich: *Pernice*, oben Fn. 11, 32).

18 Siehe oben Text zu Fn. 17 sowie Kap. 2 A. 4.

schaftlichen Sachpolitik dienen, zu deren Verwirklichung konkrete, materielle Vorgaben gegeben sind. Damit zeigt sich, daß sich der Rechtsprechung des Gerichtshofs keinerlei Anhaltspunkte dafür entnehmen lassen, daß Art. 43 lex specialis zu Art. 130 s EWGV sei[19]. Beide Vorschriften stehen also nicht in einem methodisch begründeten Über- und Unterordnungsverhältnis, so daß ihr Anwendungsbereich bei umweltbezogenen Rechtsakten im Einzelfall anhand der modifizierten Intensitätsmethode zu bestimmen ist.

Damit ist das vor Inkrafttreten der EEA bestehende Manko, daß weder Art. 43 noch Art. 100 EWGV der Gemeinschaft eine umfassende umweltpolitische Kompetenz im Bereich der Landwirtschaft verlieh[20], nunmehr beseitigt. Mit Art. 130 s EWGV hält der Vertrag eine ausreichende Rechtsgrundlage für weite Bereiche des Agrarumweltrechts bereit. Freilich tritt die Vorschrift dann zugunsten von Art. 43 Abs. 2 Uabs. 3 EWGV zurück, wenn die ökologischen Aspekte einer Maßnahme dem agrarpolitischen Hauptzweck derart untergeordnet sind, daß nach der Intensitätsmethode kein vernünftiger Zweifel an der Einschlägigkeit des Vertragstitels über die Landwirtschaft (Artt. 38 ff. EWGV) besteht.

b) Aktuelle Problemfelder

Zur weiteren Verdeutlichung sollen nun die konkreten Auswirkungen der modifizierten Intensitätsmethode im Agrarumweltrecht anhand aktueller Vorschläge und Maßnahmen beispielhaft dargestellt werden.

Zweck des Vorschlags für eine Richtlinie des Rates über das Inverkehrbringen von Pflanzenschutzmitteln[21] ist eine Verbesserung des Schutzes der Personen, die solche Stoffe verwenden sowie der Verbraucher von Pflanzen und pflanzlichen Erzeugnissen. Nach den Erwägungsgründen soll durch den Schutz von Mensch und Umwelt vor Pflanzenschutzmitteln dem Gedanken der Risikovorsorge Rechnung getragen werden. Weiterhin dient sie der Angleichung unterschiedlicher mitgliedstaatlicher Bestimmungen, die Handelshemmnisse für Pflanzenschutzmittel und Pflanzenerzeugnisse bewirken und sich damit negativ auf den Gemeinsamen Markt auswirken. Dabei sollen aber auch die Grundsätze der Schädlingsbekämpfung und die Möglichkeit von Produktionssteigerungen in der Landwirtschaft berücksichtigt werden. Hauptsächliches Mittel zur Erreichung dieser Ziele ist die Einführung eines Zulassungsverfahrens für das Inverkehrbringen von Pflanzenschutzmitteln (Art. 4)[22]. Diese können nur dann zugelassen werden, wenn sie hinreichend wirksam sind, auf

---

[19] *Dauses*, EuZW 1990, 9, Fn. 14, geht davon ersichtlich ebenfalls aus.

[20] Beklagt von *Winkler*, oben Fn. 8, 127.

[21] ABl. 1989, C 89, 22 ff.

[22] Die Gemeinschaft hat die nationalen Rechtsvorschriften über das Inverkehrbringen und die Anwendung von Pflanzenschutzmitteln bislang noch nicht vollständig harmonisiert (EuGH, Urt. vom 7.11.1989, Rs. 125/88, Nijman, Slg. 1989, 3533 (3546)). Nach Auffassung von *Pernice*, oben Fn. 14, 419, enthält der hier behandelte Vorschlag nunmehr eine abschließende Regelung.

Pflanzen keine unannehmbaren und auf die Gesundheit von Menschen und Tieren keine schädlichen Auswirkungen haben. Zusätzlich dürfen sie keinen unannehmbar nachteiligen Einfluß auf die Umwelt haben. Der Richtlinienvorschlag enthält schließlich auch Verpackungs- und Kennzeichnungsvorschriften für EWG-zugelassene Pflanzenschutzmittel (Art. 15).

Es sind also vor allem drei Regelungszwecke erkennbar. Zum einen soll die menschliche Gesundheit sowie die Umwelt im allgemeinen geschützt werden. Der Vorschlag dient damit auch den beiden erstgenannten Zielen in Art. 130 r Abs. 1 EWGV. Zweitens ist eine Harmonisierung von Rechtsvorschriften im Sinne der Artt. 3 lit. h), 8 a Abs. 1 EWGV durch Normierung von Produktbeschaffenheitskriterien bezweckt. Drittens ist aber auch ersichtlich das agrarpolitische Ziel der Produktivitätssteigerung gemäß Art. 38 Abs. 1 lit. a) EWGV beachtet.

Die Kommission hat Art. 43 EWGV als alleinige Rechtsgrundlage vorgeschlagen. Nach hier vertretener Auffassung zur Ermittlung der einschlägigen Rechtsgrundlage ist zunächst festzustellen, daß es sich um eine Maßnahme auf dem Gebiet des Umweltrechts handelt, da zu erwarten steht, daß sie zumindest auch positive Auswirkungen auf die Ziele des Art. 130 r Abs. 1 EWGV hat. Den drei Hauptregelungszwecken entsprechend kommen die Artt. 130 s, 100 bzw. 100 a und 43 EWGV als Ermächtigungsnormen in Betracht. Da Art. 130 s EWGV weder zu den allgemeinen Harmonisierungskompetenzen noch zu Art. 43 EWGV in einem methodischen Konkurrenzverhältnis steht, erfolgt die Abgrenzung nach der modifizierten Intensitätsmethode. Danach ist lediglich entscheidend, ob der Aspekt des Umweltschutzes, neben anderen Regelungszwecken, zumindest eine nicht völlig untergeordnete Rolle spielt und erkennbar mitverfolgt wird. Nach den Erwägungsgründen und dem Inhalt des Vorschlags ist dies zu bejahen. Eine entsprechende Richtlinie wäre somit nicht auf Art. 43 EWGV, sondern auf Art. 130 s EWGV zu stützen.

Nach der Begründung des Richtlinienvorschlags der Kommission über Maßnahmen der Gemeinschaft zum Schutz von Süß-, Küsten- und Meerwasser vor der Verunreinigung durch Nitrate aus diffusen Quellen[23] soll diese der Bekämpfung nachteiliger Auswirkungen von Tierhaltungsabfällen und exzessiver Verwendung von Düngemitteln auf Gewässer dienen. Hauptziel ist der Schutz der menschlichen Gesundheit und der Umwelt vor einer Nitrat-Verseuchung. Dies soll unter anderem durch eine Einschränkung der Verwendung von Dung auf landwirtschaftlichen Flächen und die Sicherstellung ausreichender Lagermöglichkeiten für Dung (Art. 4) bewirkt werden. Es handelt sich also um eine umweltrechtliche Maßnahme, da sie die Verwirklichung der in Art. 130 r Abs. 1 EWGV genannten Ziele erstrebt. Die Verabschiedung im Rat und Umsetzung in den Mitgliedstaaten vorausgesetzt, hätte sie aber auch möglicherweise beträchtliche Auswirkungen auf die Landwirtschaft, weil danach – in oftmals spürbarem Umfang – das Ausmaß des Ausbringens von Dung auf landwirtschaftlich genutzte Flächen verringert werden müßte. Als

[23] ABl. 1989, C 54, 4 ff.

Rechtsgrundlage wäre nach der modifizierten Intensitätsmethode aber dennoch lediglich Art. 130 s EWGV, wie von der Kommission auch vorgeschlagen, und nicht Art. 43 EWGV heranzuziehen, da dem Aspekt des Umweltschutzes nach dem Richtlinienvorschlag keinesfalls eine lediglich marginale Bedeutung zukommt, sondern es sich dabei vielmehr um den hauptsächlichen Regelungszweck handelt.

c) Doppelabstützungen

Ferner bedarf der Klärung, ob und unter welchen Bedingungen es möglich ist, daß ein Rechtsakt gleichzeitig auf Artt. 130 s und 43 Abs. 2 Uabs. 3 EWGV gegründet werden kann. Dies führt zunächst zu der Frage, ob die kompetenzielle Abstützung eines Legislativakts auf mehr als eine Rechtsgrundlage gemeinschaftsrechtlich überhaupt zulässig ist.

aa) Generelle Zulässigkeit doppelter Rechtsgrundlagen

Im umweltrelevanten Bereich war die frühere Praxis der Organe durch eine häufige Verwendung doppelter Rechtsgrundlagen gekennzeichnet[24]. Vor Inkrafttreten der EEA war vor allem im Gewässerschutzrecht, aber auch im Abfallrecht die gemeinsame Abstützung auf Artt. 100 und 235 EWGV die Regel[25]. Auch die bedeutsame Richtlinie des Rates vom 27. Juni 1985 über die Umweltverträglichkeitsprüfung bei bestimmten öffentlichen und privaten Projekten[26] ist auf diese beiden Vorschriften gestützt. Ferner findet ein Großteil der Rechtsnormen zum Schutz von Fauna und Flora in Artt. 43 und 100 EWGV seine Grundlage[27]. Seit Inkrafttreten der EEA ist diese Praxis auch aufgrund der nunmehr explizit zugewiesenen gemeinschaftlichen Umweltkom-

---

24 Explizit dazu: *Karpenstein*, Doppelte Rechtsgrundlagen im Gemeinschaftsrecht, in: Ress (Hg.), Rechtsprobleme der Rechtsangleichung, 1988, 55 ff.

25 *Eiden*, Die Rechtsangleichung gemäß Art. 100 des EWG-Vertrages, 1984, 107; *Offermann-Clas*, ZfU 1983, 56 f., 58, 64; *Rehbinder/Stewart*, Environmental Protection Policy, 1985, 28.

26 RL 85/337/EWG, ABl. 1985, L 175, 40; zur Umsetzung in bundesdeutsches Recht siehe BGBl. 1990 I, 205; aus der umfangreichen Literatur: *Bothe/Gündling*, Neuere Tendenzen des Umweltrechts im internationalen Vergleich, 1990, 163 – 170; *Steinberg/Müller*, NuR 1989, 277 ff.; *Weber*, Die Umweltverträglichkeitsrichtlinie im deutschen Recht, 1988 jeweils m.w.N.

27 *Offermann-Clas*, oben Fn. 25, 58 mit Einzelnachweisen. Generell ist die frühere Praxis des Rates, bei vielen Rechtsakten im Agrarbereich Artt. 43 und 100 EWGV gleichzeitig heranzuziehen, durch die Urteile des EuGH vom 23.2.1988, Rs. 68/86, Verinigtes Königreich vs. Rat, Slg. 1988, 855 ff. und Rs. 131/86, Vereinigtes Königreich vs. Rat, Slg. 1988, 905 ff. mit Anm. *Götz*, oben Fn. 6, 298 ff. deutlich eingeschränkt worden. Der Gerichtshof hat dort den Anwendungsbereich von Art. 43 EWGV sehr weit gefaßt, was zu Lasten der zusätzlichen Heranziehung von Art. 100 EWGV geht. Diese Rspr. ist durch einige nachfolgende Urteile bestätigt worden: EuGH, Urteile vom 16.11.1989, Rs. C-131/87, Komm. vs. Rat, Slg. 1989, 3743 (3767 f.) und Rs. C-11/88, Komm. vs. Rat, Slg. 1989, 3799 (3801 f.). Dennoch werden auch in neuerer Zeit noch Richtlinien auf Art. 43 EWGV und nunmehr zusätzlich Art. 100 a EWGV gestützt: RL des Rates vom 14.7.1989 zur dritten Änderung der RL 75/726/EWG zur Angleichung der Rechtsvorschriften der Mitgliedstaaten für Fruchtsäfte und einige gleichartige Erzeugnisse (89/394/EWG), ABl. 1989, L 186, 14; vgl. insgesamt dazu: *de Ruyt*, 169; *Karpenstein*, oben Fn. 24, 62 – 68.

petenz zurückgegangen. Dennoch gibt es beispielsweise im Naturschutzbereich zwei Rechtsakte, die jeweils eine doppelte Rechtsgrundlage aufweisen. Es handelt sich dabei um zwei Änderungsverordnungen zum Schutz des Waldes gegen Luftverschmutzung[28] und gegen Brände[29], die beide gleichzeitig auf Artt. 130 s und 43 EWGV gestützt sind.

In der Literatur sieht sich die Praxis doppelter Rechtsgrundlagen seit langem erheblichen Einwänden ausgesetzt. Als eine Umgehung des fundamentalen Prinzips begrenzter Einzelermächtigungen wurde insbesondere die vielfach gebräuchliche, doppelte Heranziehung von Artt. 100 und 235 EWGV gerügt. Bereits der Anwendungsbereich jeder dieser beiden Vorschriften für sich alleine sei so groß, daß dadurch faktisch eine Allzuständigkeit der Gemeinschaft begründet werden könne[30]. Ferner werde auch der Anwendungsbereich jeder einzelnen der beiden Normen verwischt[31]. Diese grundsätzlichen Bedenken beschränken sich nicht nur auf die gleichzeitige Heranziehung von Artt. 100 und 235 EWGV, sondern gelten entsprechend für jede Abstützung auf doppelte Rechtsgrundlagen. Schließlich spreche speziell gegen die Zugrundelegung von Art. 235 EWGV in Verbindung mit einer anderen Ermächtigungsnorm, daß diese Lückenschließungsvorschrift eine Subsidiaritätsklausel enthalte; die *„erforderlichen Befugnisse“* würden aber dann gerade nicht fehlen, wenn zusätzlich zu Art. 235 EWGV eine andere Rechtsgrundlage herangezogen werde[32].

Der Gerichtshof hat hingegen die langjährige Praxis doppelter Rechtsgrundlagen erst kürzlich ausdrücklich gebilligt. Wenn die Zuständigkeit eines Organs auf zwei Vertragsermächtigungen beruhe, sei es sogar verpflichtet, einen entsprechenden Rechtsakt auf beide Bestimmungen zu stützen. Ein solches Vorgehen entspreche zudem der ständigen Praxis der Gemeinschaftsinstitutionen[33]. Im tatsächlichen Bereich liegt dem ersichtlich die Einsicht zugrunde, daß es politisch sinnvoll sein kann, Maßnahmen, die zwei unterschiedlichen Kompetenznormen zuzuordnen sind, in einem Rechtsakt zu verbinden[34]. Dabei sind jedoch bestimmte Voraussetzungen zu beachten. Die parallele Abstützung auf zwei Rechtsnormen erfordert zunächst, daß diese nach allgemeinen methodischen Grundsätzen auch nebeneinander anwendbar sind. Die Heranziehung doppelter Ermächtigungen ist somit bereits dann unzulässig, wenn die Anwendung einer Vorschrift die der anderen, beispielsweise aus Gründen der Spezialität, ausschließt. Hinsichtlich des Sonderfalls der Lückenschließungs-

---

28 VO (EWG) Nr. 1613/89 des Rates vom 29.5.1989 zur Änderung der VO (EWG) Nr. 3528/86 über den Schutz des Waldes in der Gemeinschaft gegen Luftverschmutzung, ABl. 1989, L 165, 8.

29 VO (EWG) Nr. 1614/89 des Rates vom 29.5.1989 zur Änderung der VO (EWG) Nr. 3529/86 über den Schutz des Waldes in der Gemeinschaft gegen Brände, ABl. 1989, L 165, 10.

30 *Zuleeg*, ZfW 1975, 137; *Offermann-Clas*, oben Fn. 25, 60; *Gronemeyer*, Umweltschutz und Wirtschaft, 1987, 20.

31 *Eiden*, oben Fn. 25, 107.

32 So: *Taschner*, Rechtsangleichung in der Bewährung?, 1982, 26.

33 EuGH, Urt. vom 27.9.1988, Rs. 165/87, Kommission vs. Rat, Slg. 1988, 5545 (5561).

34 *Eiden*, oben Fn. 25, 112; *Gulmann*, CMLRev 1987, 37.

klausel gilt, daß die Heranziehung von Art. 235 EWGV, zusätzlich zu einer anderen Ermächtigungsnorm dann notwendig und geboten sein kann, wenn letztere zu einer sinnvollen Regelung der Materie nicht ausreicht[35]. Dies ist im Einzelfall jeweils sorgfältig zu prüfen. Ist der Anwendungsbereich einer Kompetenznorm tatsächlich nicht weit genug, steht aber auch die in Art. 235 EWGV enthaltene Subsidiaritätsklausel einer zusätzlichen Abstützung auf diese Vorschrift nicht entgegen[36].

Weiterhin sind die Anforderungen an die Begründungspflicht gemäß Art. 190 EWGV zu beachten. Auch die Wahl doppelter Rechtsgrundlagen muß sich somit auf objektive, gerichtlich nachprüfbare Umstände gründen[37]. Konkret bedeutet dies, daß ein Rechtsakt nur dann auf mehr als eine Ermächtungsnorm gegründet werden kann, wenn derart viele und unterschiedliche Einzelmaßnahmen in einem Paket zusammengefaßt werden, daß es zu dessen vertraglicher Abstützung auch nach den Grundsätzen der modifizierten Intensitätsmethode mehr als einer Rechtsgrundlage bedarf. Im Regelfall hat die hier entwickelte Abgrenzungstheorie jedoch zur Folge, daß bereits eine Rechtsgrundlage zur Abstützung des gesamten Rechtsaktes ausreicht.

Hinsichtlich der Ausgestaltung des Gesetzgebungsverfahrens ist danach zu differenzieren, ob der betreffende Rechtsakt inhaltlich in mindestens zwei unterscheidbare Einzelkomplexe teilbar ist. In diesem Fall hat jede der beiden Rechtsgrundlagen zur Abstützung mindestens eines solchen Sachbereichs zu dienen[38]. Als Beispiel für die Teilbarkeit einer gemeinschaftlichen Maßnahme sei hier das sog. Erasmus-Programm des Rates[39] genannt. Dessen doppelte Abstützung auf Artt. 128 und 235 EWGV wurde von der Kommission vor dem EuGH angegriffen. Dieser hat in seinem Urteil darauf abgestellt, daß das Programm in zwei Sachbereiche teilbar ist: das Gebiet der Berufsausbildung war auf Art. 128 EWGV zu stützen, wohingegen für den Bereich der wissenschaftlichen Forschung Art. 235 EWGV[40] zugrundezulegen war[41]. Sehen beide Rechtsgrundlagen ein identisches Beschlußverfahren im Rat und identische Mitwirkungsrechte anderer Gemeinschaftsorgane vor, findet ein einheitliches Verfahren statt. Sind jedoch entweder das Beschlußverfahren oder die Mitwirkungsbefugnisse unterschiedlich ausgestaltet, wie etwa bei den besonders umweltrelevanten Kompetenzen nach Artt. 100 a Abs. 1 und 130 s Abs. 1

---

[35] *Böhm*, Kompetenzauslegung und Kompetenzlücken im Gemeinschaftsrecht, 1985, 350 f.; vgl. auch: *Gulman*, oben Fn. 34, a.a.O.

[36] Insoweit ist der Einwand *Taschners*, oben Fn. 32, unberechtigt.

[37] EuGH, Urt. vom 26.3.1987, Rs. 45/86, Komm. vs. Rat, Slg. 1987, 1493 (1520).

[38] Ansatzweise erkannt von: *Eiden*, oben Fn. 25, 112 f. und *Haneklaus*, DVBl. 1990, 1140.

[39] ABl. 1987, L 166, 20.

[40] In diesem Fall war noch die Rechtslage vor Inkrafttreten der EEA maßgebend; siehe nun Artt. 130 f – 130 q EWGV.

[41] EuGH, Urt. vom 30.5.1989, Rs. 242/87, Komm. vs. Rat, Slg. 1989, 1425 (1458). Weitere Beispiele für Maßnahmen, die sich inhaltlich aufspalten lassen bei: *Scheuing*, EuR 1989, 189; *Haneklaus*, oben Fn. 38, 1141.

EWGV, gelten für die einzelnen Teile einer Maßnahme die jeweils entsprechenden Verfahrensmodalitäten[42].

Zweitens besteht aber auch die Möglichkeit, daß die einzelnen Teilbereiche unauflösbar miteinander verflochten sind[43]. Eine solche Verflechtung hat in der Praxis oftmals zur Folge, daß eine zusammenfassende, äußerlich in einen Rechtsakt gekleidete Regelung der gesamten Materie erfolgt. In diesem Fall stellt sich die Frage, ob die Organe unterschiedliche formelle Voraussetzungen[44] abändern dürfen, um dem Rechtsakt ein einheitliches Verfahren zu geben. Der Gerichtshof hat dazu apodiktisch festgestellt, daß die vertraglichen Grundsätze über die Willensbildung nicht der Verfügungsbefugnis der Organe oder der Mitgliedstaaten unterliegen[45]. Versteht man den Geltungsbereich dieser Feststellung in einem absoluten Sinne, könnten die Organe in keinem Fall von den vertraglichen Verfahrensvoraussetzungen abweichen. Der Wirkungsbereich dieser Aussage unterliegt aus nachfolgenden Gründen jedoch einer zweifachen Einschränkung. Gegen eine solche Interpretation spricht nämlich zum einen, daß der Streitgegenstand dieses Urteils nur eine Erschwernis im Beschlußverfahren des Rates war[46]. Angesichts der überragenden Bedeutung, die der EuGH dem *effet utile* einer Vorschrift zumißt[47], kann daraus nicht gefolgert werden, daß auch das Zugeständnis einer erleichterten Beschlußfassung im Rat der Disposition der Organe entzogen sei[48]. Schließlich bezieht sich das Urteil auch nicht auf die Beratung eines Gesetzesvorhabens im Parlament. Aus dem auch auf Gemeinschaftsebene als fundamental anerkannten Grundsatz der Demokratie[49] folgt insoweit, daß es den einvernehmlich handelnden Organen nicht verwehrt sein kann, das demokratische Element zu stärken, sofern die allgemeinen vertraglichen Formen zulässiger Mitwirkung (z. B.: Anhörung, Verfahren der Zusammenarbeit) beachtet werden. Es steht somit im Belieben der Organe, dem Parlament bei der Beratung ein Mehr an Rechten zuzugestehen[50]. Eine primärrechtlich vorgesehene Beteiligung des EP ist also, auch nach der zitierten EuGH-Rechtsprechung, jeweils als Min-

---

42 *Müller-Graff*, EuR 1989, 133.

43 EuGH, Urt. vom 11.6.1991, Rs. C-300/89, Komm. vs. Rat, EuR 1991, 175 (177); *Haneklaus*, oben Fn. 38, 1141.

44 Z.B. hinsichtlich der Beteiligung des EP: Konsultation und Kooperation oder bzgl. des Beschlußregimes im Rat: Mehrheit und Einstimmigkeit.

45 EuGH, Urt. vom 23.2.1988, Rs. 68/86, Vereinigtes Königreich vs. Rat, Slg. 1988, 855 (900); vgl. auch: EuGH, Urt. vom 12.7.1973, Rs. 8/73, Hauptzollamt Bremerhaven vs. Massey-Ferguson GmbH, Slg. 1973, 897 (907 f.).

46 Es ging um die Zulässigkeit einer einstimmigen statt der vertraglich vorgesehenen mehrheitlichen Beschlußfassung.

47 Vgl. aus der neueren Rspr. etwa: EuGH, Urteile vom 30.5.1989, Rs. 56/88, Vereinigtes Königreich vs. Rat, Slg. 1989, 1615 (1618 f.) und Rs. 242/87, Vereinigtes Königreich vs. Rat, Slg. 1989, 1425 (1453). Die Judikatur ist umfassend aufgearbeitet von: *Böhm*, oben Fn. 35, 98 – 103; *Pernice*, in: Grabitz (Hg.), EWGV-Komm., Art. 164, Rn. 27.

48 Ähnlich: *Scheuing*, oben Fn. 41, 183, dort Fn. 181.

49 Dazu etwa: *Lenz*, in: Bitburger Gespräche, Jb. 1987, 13; *Ress*, Über die Notwendigkeit der parlamentarischen Legitimierung der Rechtsetzung der EG, in: Geck-GS, 1989, 640; *Zuleeg*, DSt 17 (1978), 44.

50 Bsp.: Kooperation statt Konsultation.

destform der Mitwirkung zu verstehen. Letztlich ist damit die Verabschiedung des Rechtsakts in einem einheitlichen Verfahren gewährleistet. Da den Organen aus den dargelegten Gründen sowohl eine Mißachtung des Demokratiegebots bei der Beteiligung des Parlaments als auch eine Erschwerung des Beschlußverfahrens im Rat verwehrt ist, gelten folglich jeweils die strengsten Anforderungen, die in einer der beiden zugrundegelegten Kompetenznormen enthalten sind.

Dieses, am Beispiel doppelter Rechtsgrundlagen entwickelte, Lösungsmodell, gilt in entsprechender Weise auch, wenn eine Maßnahme auf mehr als zwei Kompetenznormen abgestützt ist. Allerdings ist dies in der Praxis eher selten der Fall[51]. Je mehr Ermächtigungsnormen jedoch für einen Rechtsakt herangezogen werden, umso gewichtiger wird der Einwand einer rechtsmißbräuchlichen Umgehung des Enumerationsprinzips. Dabei ist das Bestehen einer absoluten Grenze denkbar, bei deren Überschreitung eine Verletzung dieses Grundsatzes unabdingbar gegeben ist. Dies könnte beispielsweise dann der Fall sein, wenn eine Maßnahme auf sämtliche, einzeln benannte Kompetenznormen des EWG-Vertrages gestützt wäre. Eine weitere Vertiefung des Problems erübrigt sich allerdings, da dies kaum von praktischer Relevanz ist.

bb) Gleichzeitige Heranziehung der Artt. 43 Abs. 2 Uabs. 3, 130 s EWGV

Nach den vorangegangenen Ausführungen[52] kommt eine solche Doppelabstützung zunächst überhaupt nur dann in Betracht, wenn die beiden betreffenden Rechtsgrundlagen sich in ihrer Anwendbarkeit nach rechtsmethodischen Grundsätzen nicht gegenseitig ausschließen. Aufgrund der oben genannten Umstände stehen die Artt. 130 s und 43 Abs. 2 Uabs. 3 EWGV aber nicht in einem methodischen Konkurrenzverhältnis, so daß dieses Erfordernis einer gemeinsamen Heranziehung nicht im Wege steht. Ferner setzt eine doppelte Abstützung auf die beiden genannten Bestimmungen voraus, daß derart viele und unterschiedliche Einzelmaßnahmen in einem Gesetzesvorhaben zusammengefaßt werden, daß es zu dessen Abstützung auch nach den Grundsätzen der modifizierten Intensitätsmethode mehr als einer Rechtsgrundlage bedarf. Beispielhaft soll dies nun anhand der beiden Änderungsverordnungen über den Schutz des Waldes in der Gemeinschaft demonstriert werden, die jeweils gemeinsam auf Artt. 130 s und 43 EWGV gestützt sind.

---

51 Im Zuge der deutschen Einigung hat der Rat ausnahmsweise zwei Rechtsakte auf der Grundlage mehrerer Kompetenznormen verabschiedet. Die VO (EWG) Nr. 2684/90 des Rates vom 17.9.1990 über die vorläufigen Maßnahmen, die nach der deutschen Einigung vor Erlaß der vom Rat entweder in Zusammenarbeit mit dem Europäischen Parlament oder nach dessen Anhörung zu treffenden Übergangsmaßnahmen anwendbar sind (ABl. 1990, L 263, 1) ist auf die Artt. 28, 42, 43, 75, 100 a, 103, 113, 130 s, 235 EWGV gestützt. Kompetenzielle Grundlage der RL (90/476/EWG) des Rates vom 17.9.1990 über die vorläufigen Maßnahmen, die nach der deutschen Einigung vor Erlaß der vom Rat in Zusammenarbeit mit dem Europäischen Parlament zu treffenden Übergangsmaßnahmen anwendbar sind (ABl. 1990, L 266, 1) sind die Artt. 49, 57, 66, 100 a, 118 a EWGV.

52 Oben Kap. 2 E. 1. c) aa).

Die Verordnung (EWG) Nr. 1613/89 des Rates vom 29. Mai 1989 zur Änderung der Verordnung (EWG) Nr. 3528/86 über den Schutz des Waldes in der Gemeinschaft gegen Luftverschmutzung[53] bezweckt eine Eindämmung des Waldsterbens, saurer Niederschläge und der Luftverschmutzung sowie den Schutz des Bodens gegen Ungleichgewichte in der Nährstoffbilanz[54]. Die Verordnung ergänzt die, noch vor Inkrafttreten der EEA ergangene und auf die Artt. 43 und 235 EWGV gestützte VO (EWG) 3528/86[55] zum einen um ein Programm zur Verwertung des Informationsmaterials der Mitgliedstaaten (Art. 1 Nr. 2); zum zweiten werden die in der VO (EWG) 3528/86 vorgesehenen Aufgaben des Ausschusses für den Waldschutz dem Ständigen Forstausschuß übertragen, der mit der Entscheidung 89/367/EWG[56] eingesetzt worden ist (Art. 1 Nr. 4). Drittens enthält die Änderungsverordnung eine Anpassung des finanziellen Beteiligungsbeitrags der Gemeinschaft an diesen Maßnahmen (Art. 1 Nr. 6, 7). Die Verordnung (EWG) Nr. 1614/89 des Rates vom 29. Mai 1989 zur Änderung der Verordnung (EWG) Nr. 3529/86 über den Schutz des Waldes in der Gemeinschaft gegen Brände[57] ergänzt bereits getroffene Verhütungsmaßnahmen um die Förderung von Pilot und Versuchsvorhaben zur forcierten Erprobung neuer Verfahren und Technologien sowie neuen Materials und Geräts (Art. 1 Nr. 1). Ferner werden auch hier die Aufgaben des Ausschusses für den Waldschutz dem Ständigen Forstausschuß übertragen (Art. 1 Nr. 2) und der Finanzbeitrag der Gemeinschaft an diesen Maßnahmen wird entsprechend angepaßt (Art. 1 Nr. 4, 5). Sämtliche Einzelmaßnahmen beider Verordnungen dienen also erkennbar zumindest auch den in Art. 130 r Abs. 1 Spstr. 1 EWGV genannten Zielen. Der Schutz des Waldes vor Immissionen und Bränden sowie des Bodens vor Übersäuerung ist ein wesentliches Mittel zur Erhaltung einer funktionsfähigen natürlichen Umwelt. Nach der modifizierten Intensitätsmethode hätte damit Art. 130 s EWGV als alleinige Rechtsgrundlage ausgereicht; der zusätzlichen Abstützung auf Art. 43 EWGV bedurfte es mithin nicht.

Hinsichtlich des Rechtsetzungsverfahrens sehen beide Normen eine obligatorische Konsultation des Europäischen Parlaments vor. Für Artt. 43 Abs. 2 Uabs. 3 und 130 s Abs. 1 EWGV folgt dies aus dem Wortlaut, für Art. 130 s Abs. 2 EWGV aus dem expliziten Verweis auf Absatz 1 der Vorschrift[58]. Es handelt sich mithin um eine jeweils identische Voraussetzung, so daß die Mit-

---

[53] ABl. 1989, L 165, 8 f.; dazu: *Grabitz*, in: ders. (Hg.), EWGV-Komm., Art. 130 s, Rn. 166.

[54] Den Beitrag des Gemeinschaftsrechts zur Bekämpfung der Waldschäden würdigen: *Gündling*, Zwischenstaatliches Recht – Hemmschuh oder Promotor von Schutzmaßnahmen zugunsten des Waldes?, in: Baumann (Hg.), Rechtsschutz für den Wald, 1986, 85 ff.; *Schröder*, DVBl. 1986, 1178 ff. und UPR 1989, 49 ff. Als Fazit konstatiert *Schröder*, daß die EG die Chance verspielt habe, *„ihre Handlungsfähigkeit auf diesem umweltpolitisch bedeutsamen Feld unter Beweis zu stellen.“* (UPR 1989, 59).

[55] ABl. 1986, L 326, 2.

[56] ABl. 1989, L 165, 14.

[57] ABl. 1989, L 165, 10 f.; dazu: *Grabitz*, oben Fn. 53, Art. 130 s, Rn. 167.

[58] Oben in Kap. 2 A. 5. b) bb) festgestellt.

wirkungsbefugnisse des EP einheitlich für den gesamten Rechtsakt wahrgenommen werden können.

Hinsichtlich des Beschlußverfahrens im Rat können Maßnahmen auf der Grundlage von Art. 43 Abs. 2 Uabs. 3 EWGV mittlerweile mit qualifizierter Mehrheit verabschiedet werden, weil die Übergangsphase abgelaufen ist[59]. Art. 130 s Abs. 2 EWGV sieht ebenfalls eine Beschlußfassung mit qualifizierter Mehrheit vor. Dem Rechtsakt kann also, unabhängig davon ob die Einzelkomplexe inhaltlich getrennt werden können, dann ein einheitliches Verfahren gegeben werden, wenn die Gemeinschaft gleichzeitig Artt. 130 s Abs. 2 und 43 Abs. 2 Uabs. 3 EWGV heranzieht.

Problematischer ist die Konstellation, wenn statt des Absatzes 2 von Art. 130 s EWGV der Absatz 1 gemeinsam mit Art. 43 EWGV zur Abstützung dient, denn dieser sieht Einstimmigkeit vor. Entsprechend den vorausgegangenen prinzipiellen Ausführungen zur Praxis dualer Rechtsgrundlagen ist nunmehr danach zu differenzieren, ob sich die einzelnen Teilbereiche aufspalten und jeweils einer der beiden Kompetenznormen zuordnen lassen. In diesem Fall wird auch das Verfahren gespalten und es gilt jeweils der Beschlußmodus, der in der zugrundeliegenden Bestimmung genannt ist. Ist hingegen eine solche Trennung nicht möglich, erfolgt eine Verabschiedung des Rechtsakts in einem einheitlichen Verfahren. Zur Beschußfassung reicht dann bereits die qualifizierte Mehrheit aus, weil das Verfahrenserfordernis nach Art. 43 Abs. 2 Uabs. 3 EWGV im Verhältnis zur Einstimmigkeit gemäß Art. 130 s Abs. 1 EWGV strenger ist.

2. Verkehr: Artt. 75, 84 Abs. 2 EWGV

Zwischen der Verkehrs- und der Umweltpolitik besteht eine eng verflochtene Wechselwirkung[60]. Angesichts der mittlerweile eingetretenen Verbreitung des Transportmittels Kraftfahrzeug kann häufig eine direkte Proportionalität zwischen der Höhe des Verkehrsaufkommens einerseits und dem Ausmaß von Luftverschmutzung und Lärmbelästigung andererseits – um nur zwei Faktoren zu nennen – konstatiert werden[61]. Mit der beabsichtigten Verwirklichung des

---

59 *Götz*, oben Fn. 6, 299.

60 *Behrens*, Rechtsgrundlagen der Umweltpolitik der EG, 1976, 115; *Riegel*, EuR 1977, 77.

61 Vgl. *Grabitz*, oben Fn. 53, Art. 130 r, Rn. 55. Neuerdings wird zunehmend der Beitrag des CO_2-Ausstoßes am Phänomen weltweit auftretender Klimaveränderungen (sog. Treibhauseffekt, siehe dazu auch oben Kap. 1 A., Fn. 9 m.w.N.) thematisiert. Der gestiegene Anteil dieser Verbindung in der Erdatmosphäre ist zu einem beträchtlichen Teil auf Kfz-Emissionen zurückzuführen. Wegen der Risiken und weitreichenden Auswirkungen eines globalen Klimawechsels votieren sowohl die Bundesrepublik als auch die Gemeinschaft für eine Doppelstrategie. Trotz der bislang noch ausstehenden zweifelsfreien Klärung naturwissenschaftlicher Zusammenhänge sollen bereits jetzt Maßnahmen zur Reduzierung der Freisetzung von Kohlendioxid ergriffen werden. Im Arbeitsprogramm der Kommission für 1990 ist demgemäß die Ausarbeitung eines Plans konkreter Maßnahmen zur Kontrolle und Verringerung der für den Treibhauseffekt verantwortlichen Emissionen (insbesondere CO_2) enthalten (Bull. EG, Beil. 1/90, 37). Gleichzeitig soll weiterhin Ursachenforschung betrieben werden. Aufgrund ökonomisch motivierter Widerstände der USA konnte sich diese Vorgehensweise auf der internationalen Konferenz über globale Klimaveränderungen

Binnenmarktes gewinnt dieses Problem noch an Brisanz. Aufgrund der prognostizierten Dynamisierung des Wirtschaftswachstums[62] wird unter anderem auch mit einem eklatanten Anstieg des Verkehrsaufkommens[63] und somit einer generellen Verstärkung der Umweltbelastung gerechnet[64].

Da der Vertrag in den Artt. 3 lit. e), 74 EWGV die Einführung einer gemeinsamen Verkehrspolitik vorsieht, stellt sich das Problem, auf welche Rechtsgrundlage umweltschützende Maßnahmen verkehrspolitischer Art zu stützen sind. Mit Art. 75 Abs. 1 lit. c) EWGV für den Bereich des Eisenbahn-, Straßen- und Binnenschiffsverkehrs sowie Art. 84 Abs. 2 EWGV für den der Seeschiffahrt und Luftfahrt sind der Gemeinschaft umfassende Regelungsbefugnisse zur Verfolgung einer gemeinsamen Verkehrspolitik zugewiesen[65]. Damit taucht die Frage auf, in welchem Verhältnis diese Kompetenznormen zu Art. 130 s EWGV stehen. Im Schrifttum findet sich die Auffassung, die verkehrspolitischen Ermächtigungen seien leges speciales zu dieser Vorschrift[66]. Auch hier gilt jedoch das zum Verhältnis von Art. 43 Abs. 2 Uabs. 3 EWGV zu Art. 130 s EWGV Gesagte in entsprechender Weise: mangels Kongruenz der jeweiligen Tatbestandsvoraussetzungen läßt sich eine methodische Konkurrenz in Form der Spezialität nicht feststellen. Daher kommt erneut die modifizierte Intensitätsmethode als Abgrenzungskriterium zur Anwendung. Auf dem Gebiet der *Verkehrsumweltpolitik* [67] hat dies eine generell bevorzugte Heranziehung von Art. 130 s EWGV zu Lasten des Anwendungsbereichs der Artt. 75 Abs. 1 lit. c), 84 Abs. 2 EWGV zur Folge.

Hinsichtlich der bislang verabschiedeten oder vorgeschlagenen Einzelmaßnahmen der Gemeinschaft ist zunächst die Gruppe der Rechtsakte zur Harmonisierung technischer Produktnormen von Kraftfahrzeugen zu nennen. Diese bezwecken teilweise auch eine Verringerung des Lärms und der Luftverschmutzung. In der Praxis werden sie, wegen der Auswirkungen auf den freien Warenverkehr, jedoch auf die allgemeinen Harmonisierungskompetenzen

---

(Weltklimakonferenz) Mitte April 1990 in Washington jedoch nicht durchsetzen (FAZ, Nr. 91 vom 19.4.1990, 6).

62 Umfassend: *Cecchini*, Europa '92: Der Vorteil des Binnenmarktes, 1988.

63 Siehe dazu: *Schreiber*, ZAU 1989, 146 f. m.w.N.; vgl. auch: *von Weizsäcker*, Umweltpolitik in Europa – mit Blick auf 1992, in: Europäische Umweltpolitik von unten?!, Ev. Akademie Bad Boll, Protokolldienst 38/88, 57; *Wicke/Huckestein*, ZAU 1989, 126 f.

64 Nach einer Anfang Juni 1990 vorgelegten Studie der Kommission wird die Zahl der in der EG zugelassenen Fahrzeuge in den nächsten 20 Jahren nochmals um 35 % zunehmen. Die durch den Autoverkehr in den Städten verursachten Umweltschäden würden damit ein dramatisches Ausmaß annehmen. Selbst der Einbau von Abgasfiltern in alle Neuwagen werde angesichts dieser Zahlen wahrscheinlich keinen positiven Effekt haben (Darmstädter Echo, Nr. 130 vom 7.6.1990, 1). Zu ähnlichen Bewertungen kommt das Schrifttum: *Corcelle*, RevMC 1990, 128 ff.; *Kreile*, Politische Dimensionen des europäischen Binnenmarktes, Aus Politik und Zeitgeschichte, B 24 – 25/1989, 25; *Wolf*, KJ 1990, 113, 115, sieht im Verkehr die derzeit größte *„Realbedrohung der natürlichen Lebensgrundlagen"*.

65 *Behrens*, oben Fn. 60, 120; *Pernice*, oben Fn. 11, 25.

66 *Pernice*, oben Fn. 11, 25, 32; *Steiger*, oben Fn. 11, 15; wohl auch: *Grabitz/Zacker*, oben Fn. 11, 302.

67 Ausdruck bei: *Wolf*, oben Fn. 64, 114.

nach Artt. 100 ff. EWGV gestützt[68]. Seit Inkrafttreten der EEA wird von Art. 100 a EWGV Gebrauch gemacht[69]. Die Frage der kompetenzrechtlichen Zuordnung solcher Rechtsakte wird daher im Zusammenhang mit Art. 100 a EWGV behandelt[70].

Außerhalb dieses Regelungsbereichs spielen Umweltaspekte bei verkehrsrechtlichen Maßnahmen bislang eine eher untergeordnete Rolle[71]. In neuerer Zeit scheint sich das jedoch zu ändern. Die Auswirkungen der modifizierten Intensitätsmethode in diesem Grenzbereich sollen nun anhand zweier aktueller Beispiele, die diesen Trend bestätigen, verdeutlicht werden.

Der Vorschlag der Kommission für eine Richtlinie des Rates über Geschwindigkeitsbegrenzungen für bestimmte Kraftfahrzeugklassen in der Gemeinschaft stützt sich auf Art. 75 EWGV[72]. Den Erwägungsgründen nach soll die Festlegung gemeinsamer Regeln für den grenzüberschreitenden Verkehr der Erleichterung des Kfz-Verkehrs im Hinblick auf die Sicherheit dienen. Handlungsbedarf sieht die Kommission vor allem deshalb, weil der automobile Verkehr mittlerweile ernste Probleme für die Verkehrssicherheit und den Umweltschutz mit sich bringe. Dabei bestehe der Beitrag eines Tempolimits zum Umweltschutz darin, daß Kfz-Emissionen, die mit Höhe der Geschwindigkeit zunähmen, eine Verschmutzung der Luft verursachten. Zusätzlich bezweckt die Maßnahme ausdrücklich die Einsparung von Kraftstoff. Dies soll durch eine normative Festlegung bestimmter Geschwindigkeitsbegrenzungen je nach Fahrzeugklasse und Straßenkategorie (Art. 2) erreicht werden. Nach den Begriffsbestimmungen in Art. 1 gilt dies jedoch lediglich für Personenkraftwagen mit mehr als acht Sitzplätzen außer dem Fahrer sowie für Lastkraftwagen. Art. 3 gesteht den Mitgliedstaaten ausdrücklich zu, ein niedrigeres Tempolimit festzulegen.

Selbst wenn man nun in der Verbesserung der Verkehrssicherheit den Hauptzweck und in der Verringerung der Emissionen lediglich einen Nebeneffekt dieses Richtlinienvorschlags erblickt[73], läßt sich doch konstatieren, daß dieser im Verhältnis zum objektiven Schwerpunkt erkennbar einbezogen ist.

---

68 *Behrens*, oben Fn. 60, 125; vgl. dazu auch: *Rehbinder/Stewart*, oben Fn. 25, 1985, 20.

69 Übersicht zu den auf dieser Grundlage bislang erlassenen Maßnahmen: oben Kap. 2 C. 1., Fn. 11. Die Kommission legte 1990 ferner den Entwurf einer Richtlinie zur Kontrolle der Emission gasförmiger Schadstoffe und der Schadstoffteilchen von Dieselmotoren schwerer Nutzfahrzeuge (Änderung der Richtlinie 88/77/ EWG) vor (EuZW 1990, 528 f m.w.N.). Geplant war zudem die Erarbeitung des Vorschlags einer Richtlinie über die Kontrolle der Emissionen gasförmiger Schadstoffe bei Lieferwagen bis zu 3,5 t (Bull. EG, Beil. 1/90, 37). Es steht zu erwarten, daß auch diese beiden Rechtsakte, bisheriger Übung entsprechend, auf Art. 100 a EWGV gestützt werden.

70 Unten Kap. 2 E. 4. c).

71 Ebenfalls konstatiert von: *Wolf*, oben Fn. 64, 114; Überblick zu Einzelmaßnahmen bei: *Pernice*, oben Fn. 11, 25; *Offermann-Clas*, oben Fn. 25, 57, 61; *Riegel*, BayVBl. 1979, 98; *Behrens*, oben Fn. 60, 122 – 126.

72 ABl. 1989, C 33, 9. Das EP fordert darüber hinaus, die gesetzliche Festlegung einer Höchstgeschwindigkeit von 120 km/h bzw. 100 km/h auf Autobahnen bzw. Schnellstraßen für Pkw und Motorräder und von 80 km/h für alle übrigen Fahrzeuge (EuZW 1990, 429, 462).

73 So: *Grabitz*, oben Fn. 53, Art. 130 s, Rn. 16.

Angesichts des hohen Verkehrsaufkommens ist eine gemeinschaftsweite Geschwindigkeitsbegrenzung geeignet, sich in mehrfacher Weise spürbar entlastend auf die Umwelt auszuwirken. Zum einen dient ein geringeres Lärmaufkommen sowie die Reduzierung der Kfz-Abgase den in Art. 130 r Abs. 1 Spstr. 1 EWGV genannten Zielen; zum anderen entspricht der damit einhergehende verminderte Kraftstoffverbrauch dem Postulat des Art. 130 r Abs. 1 Spstr. 3 EWGV. Der Aspekt des Umweltschutzes ist bei dieser Maßnahme also keineswegs gering zu achten, so daß nach der modifizierten Intensitätsmethode ausschließlich Art. 130 s EWGV als Rechtsgrundlage in Frage kommt[74].

Nach diesem Beispiel aus dem Bereich des Straßenverkehrs soll nun noch eines aus dem Gebiet der Luftfahrt behandelt werden. Die Richtlinie 89/629/EWG des Rates vom 4. Dezember 1989 zur Begrenzung der Schallemission von zivilen Unterschallstrahlflugzeugen[75] ist auf Art. 84 Abs. 2 EWGV gestützt. Nach Art. 2 Abs. 1 RL dürfen diese Luftverkehrsmittel nur dann eingesetzt werden, wenn sie eine bestimmte Lärmbescheinigung nach dem Abkommen über die internationale Zivilluftfahrt besitzen. Artt. 4, 5 RL erlauben den Mitgliedstaaten, in konkret festgelegten Fällen, eine Freistellung von diesem Erfordernis, allerdings sind die anderen Staaten und die Kommission davon zu unterrichten (Art. 6 Abs. 1 RL). Wie sich der Begründung entnehmen läßt, soll damit der Fluglärm unter Berücksichtigung von Umweltfaktoren, der technischen Durchführbarkeit sowie der wirtschaftlichen Folgen weiter verringert werden. Zudem sei die Aufstellung gemeinsamer Regeln im Hinblick auf eine Liberalisierung des europäischen Luftverkehrs notwendig.

Der Aspekt des Umweltschutzes ist also in diesem Fall erneut als expliziter Regelungszweck angegeben. Die Maßnahme ist auch tauglich, eine Eindämmung des Fluglärms zu bewirken. Sie dient damit den beiden erstgenannten Zielen des Art. 130 r Abs. 1 EWGV in einem nicht bloß vernachlässigbaren Umfang. Nach hier vertretener Auffassung hätte somit wiederum von Art. 130 s EWGV und nicht von Art. 84 Abs. 2 EWGV Gebrauch gemacht werden müssen.

Schließlich ist die Möglichkeit der Doppelabstützung eines Rechtsakts auf Artt. 75 Abs. 1 lit. c) bzw. 84 Abs. 2 EWGV jeweils in Verbindung mit Art. 130 s EWGV wegen des konstatierten Fehlens eines methodischen Konkurrenzverhältnisses nicht ausgeschlossen. Eine dahingehende Praxis der Gemeinschaftsorgane existiert – soweit ersichtlich – bislang allerdings nicht. Es wären jedoch auch hier die allgemeinen Voraussetzungen für die Zulässigkeit dualer Rechtsgrundlagen zu beachten[76]. Dabei erscheint allein ein unter Umständen gegebenes unterschiedliches Beschlußverfahren im Rat problematisch. Während sowohl nach Art. 75 Abs. 1 lit. c) EWGV als auch nach Art.

---

[74] Im Ergebnis ebenso: *Lütkes*, Zulässigkeit von Geschwindigkeitsbeschränkungen auf Autobahnen nach dem EWG-Vertrag, 1990, 119. In die gleiche Richtung zielen die Ausführungen von *Steiger*, oben Fn. 11, 15, der ebenfalls Bedenken gegen Art. 75 EWGV als Rechtsgrundlage einer solchen Maßnahme hat.

[75] ABl. 1989, L 363, 27.

[76] Oben Kap. 2 E. 1. c) aa).

84 Abs. 2 EWGV eine Entscheidung mit qualifizierter Mehrheit möglich ist, schreibt Art. 130 s Abs. 1 EWGV Einstimmigkeit vor. In einem solchen Fall gilt das zuvor zur doppelten Abstützung auf die Artt. 130 s Abs. 1 und 43 Abs. 2 Uabs. 3 EWGV Gesagte[77] entsprechend.

3. Indirekte Steuern: Art. 99 EWGV

a) Generelle Zulässigkeit von Umweltabgaben auf der Grundlage des EWG-Vertrags

Auch für das Recht des Umweltschutzes wird seit längerem der Einsatz von Instrumenten, die eine indirekte Verhaltenssteuerung bewirken sollen, diskutiert[78]. Vor allem handelt es sich dabei um ökonomische Anreize wie Abgaben und Beihilfen, es kommen jedoch auch andere Formen mittelbarer Lenkung in Betracht[79]. Die Bewertung solcher Mechanismen in der einschlägigen Literatur geht heute dahin, daß ihnen, neben dem klassischen ordnungsrechtlichen Instrumentarium, überwiegend eine wichtige Ergänzungs- und Optimierungsfunktion zuerkannt wird[80]. Das macht ihren Einsatz auch und gerade auf Gemeinschaftsebene interessant[81], ist zuvor doch bereits festgestellt worden, daß aus den Artt. 130 r Abs. 4 Satz 1 in Verbindung mit 130 s EWGV ein umweltrechtliches Optimierungsgebot für die EG erwächst.

Damit stellt sich die Frage nach der generellen Zulässigkeit der Einführung ökonomischer Anreize auf Gemeinschaftsebene[82]. Nach dem Grundsatz der begrenzten Einzelermächtigung bedarf es auch dafür jeweils einer vertraglichen Rechtsgrundlage[83]. Im Rahmen von Art. 99 EWGV reduziert sich das Problem vorerst auf das Instrument der Umweltabgaben.

Dieser Terminus ist zunächst zu konkretisieren. Abgabe ist der Oberbegriff für alle Geldleistungen, die natürliche oder juristische Personen an staatliche Stellen abzuführen haben[84]. Wie sich Wortlaut und Systematik der Artt. 95 bis 99 EWGV entnehmen läßt, gilt dies auch auf der Ebene des Vertragsrechts[85].

---

77 Oben Kap. 2 E. 1. c) bb).

78 Für den Einsatz wirtschaftlicher Anreize auf europäischer Ebene bereits: *Ercman*, ZfRV 1978, 276 ff.

79 *Hoppe/Beckmann*, UmwR, § 9, Rn. 3; Überblick bei: *Kloepfer*, UmwR, § 4, Rn. 143; allgemein zur Wirtschaftslenkung durch die EG: *Grabitz*, WiVerw 1990, 50 ff.

80 *Hoppe/Beckmann*, oben Fn. 79, a.a.O.; *Kloepfer*, oben Fn. 79, § 4, Rn. 149 jeweils m.w.N.

81 Dieser Auffassung ist auch der Bundesrat: BR.-Dr. 238/89 (Beschluß).

82 Fragend: *Schröder*, UPR 1989, 58.

83 Oben Kap. 1 B. 2.

84 *Strickrodt*, Stichwort: Abgabe, in: HwStR, Bd. 1, 3 f.

85 *Andel*, in: GBTE, Art. 95, Rn. 7, mit Nachweisen aus der Rechtsprechung des EuGH.

Zu den Abgaben zählen anerkannter Dogmatik zufolge: Steuern[86], Gebühren[87], Beiträge[88] und Sonderabgaben[89]. Es ist davon auszugehen, daß diese Klassifizierung auf Gemeinschaftsebene ebenfalls gilt[90]. Von einer Umweltabgabe kann, in Übereinstimmung mit dem Begriff des Umweltrechts[91], dann gesprochen werden, wenn damit – im weitesten Sinne – zumindest auch den in Art. 130 r Abs. 1 EWGV genannten Rechtsgütern gedient wird[92]. Anerkanntermaßen sind sämtliche der genannten Abgabearten grundsätzlich in der Lage, diese Funktion zu erfüllen[93]. Differenziert man weiter nach der spezifischen Steuerungswirkung solcher Abgaben, ergeben sich folgende Kategorien. Bei den Umweltlenkungsabgaben wird ein finanzieller Anreiz geschaffen, Umweltbelastungen zu vermeiden. Demgegenüber dienen Umweltfinanzierungsabgaben dazu, der öffentlichen Hand die Durchführung umweltbezogener Maßnahmen zu ermöglichen, indem der oder die jeweiligen Verschmutzer an den Kosten beteiligt werden. Schließlich werden alle Abgaben, die als Entgelt für die Inanspruchnahme von Umweltressourcen erhoben werden, als Umweltnutzungsabgaben bezeichnet[94]. Die Trennschärfe dieser Einteilung ist jedoch nicht sehr groß. In der Praxis weisen viele solcher Maßnahmen oftmals gleichzeitig Elemente verschiedener Kategorien auf[95].

Auf Gemeinschaftsebene ist dieses Instrumentarium bislang noch nicht zum Einsatz gekommen[96]. Seit einiger Zeit äußern die Organe jedoch den Wil-

---

86 Gemäß § 3 Abs. 1 AO sind dies *„Geldleistungen, die nicht eine Gegenleistung für eine besondere Leistung darstellen und von einem öffentlich-rechtlichen Gemeinwesen zur Erzielung von Einnahmen allen auferlegt werden, bei denen der Tatbestand vorliegt, an den das Gesetz die Leistungspflicht knüpft.*".

87 Entgelt, das als Gegenleistung für eine konkret in Anspruch genommene Leistung der öffentlichen Hand erhoben wird; vgl. z. B. § 10 Abs. 1 hessKAG.

88 Geldleistungen, die für die bloße Möglichkeit der Ausnutzung besonderer Vorteile einzelnen auferlegt werden, vgl. z. B. § 11 Abs. 1 hessKAG.

89 Wesentliches Merkmal dieser im Grundgesetz nicht ausdrücklich genannten und nach der Rechtsprechung des Bundesverfassungsgerichts nur ausnahmsweise zulässigen Abgaben ist, daß das Aufkommen einer gruppennützigen Zweckbindung unterliegt; vgl. BVerfGE 67, 256 (274 ff.); 75, 108 (147 f.); 78, 249 (266 ff.). Zur Abgrenzung Sonderabgabe und Steuer: *Selmer*, Finanzierung des Umweltschutzes und Umweltschutz durch Finanzierung, in: Thieme (Hg.), Umweltschutz im Recht, 1988, 37 ff. m.w.N.

90 Vgl. *Grabitz/Zacker*, CMLRev 1989, 442; *Krämer*, EuGRZ 1989, 359; *Wägenbaur*, in: Grabitz (Hg.), EWGV-Komm., Art. 95, Rn. 17, 26 – 30.

91 Dazu: oben Kap. 2 A. 2. a).

92 Zur Bestimmung des Begriffs *Umweltabgabe* im deutschen Recht: *Hoppe/Beckmann*, oben Fn. 79, § 9, Rn. 8; zur Gemeinschaftsebene siehe auch: *Grabitz*, RIW 1989, 633.

93 *Selmer*, oben Fn. 89, a.a.O.; *Kloepfer*, oben Fn. 79, § 4, Rn. 206 m.w.N.

94 Einzelheiten, Beispiele und weitere Nachweise aus dem deutschen Recht bei: *Grabitz*, oben Fn. 92, 633 f.; *Hoppe/Beckmann*, oben Fn. 79, § 9, Rn. 10 – 14.

95 Näheres bei: *Kloepfer*, oben Fn. 79, § 4, Rn. 189.

96 *Hey*, oben Fn. 5, 282; *Krämer*, oben Fn. 90, 360 f.; *Schröder*, oben Fn. 82, 58; *Schwartze*, Die Einwirkungsmöglichkeiten der EG auf nationales Umweltrecht und ihr Einfluß auf das Schutzniveau, in: Donner/Magoulas/Simon/Wolf (Hg.), Umweltschutz zwischen Staat und Markt, 1989, 569. In Gestalt von Art. 14 RL 75/439/EWG (ABl. 1975, L 194, 31) liegt jedoch eine sekundärrechtliche Norm vor, die auf staatlicher Ebene die Erhebung einer Umweltausgleichsabgabe auf Altöle gestattet (dazu: *Grabitz*, oben Fn. 92, 634).

len, davon künftig Gebrauch machen zu wollen[97]. Als Rechtsgrundlage derartiger Maßnahmen kommt zunächst die umweltrechtliche Ermächtigung gemäß Art. 130 s EWGV in Betracht. Generell erscheinen Umweltabgaben geeignet, je nach Ausgestaltung im Einzelfall, einem oder mehreren der in Art. 130 r Abs. 1 EWGV genannten Ziele zu dienen. Dem Vertragstitel „*Umwelt*" lassen sich auch keinerlei Anhaltspunkte dafür entnehmen, daß die Gemeinschaft lediglich zum Einsatz ordnungsrechtlicher Maßnahmen im klassischen Sinne ermächtigt ist. Vielmehr läßt sich aus der Tatsache, daß Art. 130 r Abs. 1 EWGV lediglich Ziele aber keine Mittel vorgibt, schließen, daß die Auswahl des rechtlichen Instrumentariums grundsätzlich dem politischen Handlungsermessen des Gemeinschaftsgesetzgebers obliegt, das lediglich durch die Zwecktauglichkeit sowie die in Art. 130 r Abs. 2, 3 EWGV formulierten Prinzipien und Berücksichtigungsgebote eingeschränkt ist. Darüber hinaus stellt zumindest die Umweltfinanzierungsabgabe eine Konkretisierung des in Art. 130 r Abs. 2 Satz 1 EWGV zur Leitmaxime erhobenen Verursacherprinzips dar[98]. Den materiellen Vorgaben gemeinschaftlicher Umweltpolitik ist daher mit der Einführung solcher Abgaben besser Rechnung getragen als etwa durch Umweltschutzbeihilfen[99]. Insgesamt ist die Gemeinschaft also befugt, das gesamte abgabenrechtliche Instrumentarium zu Zwecken des Umweltschutzes auf der Grundlage von Art. 130 s EWGV nutzbar zu machen, sofern die sonstigen Voraussetzungen für ein Tätigwerden der EG beachtet werden[100].

---

97 Bereits im 4. AP ist von der Notwendigkeit die Rede, wirksame ökonomische Mechanismen wie Abgaben, Gebühren, staatliche Beihilfen oder handelbare Deponiegenehmigungen in den Dienst des Umweltschutzes zu stellen (ABl. 1987, C 328, 4). Allerdings wird im umweltpolitischen Teil des Arbeitsprogramms der Kommission für 1990 das Aufstellen wirtschaftlicher Anreize ausdrücklich nur den Mitgliedstaaten anheimgestellt (Bull. EG, Beil. 1/90, 30; bspw. hat die Kommission vorgeschlagen, die Kommunen sollten Gebühren für das Befahren von Innenstädten mit Kraftfahrzeugen erheben; Darmstädter Echo, Nr. 130 vom 7.6.1990, 1). Wie das Diskussionspapier der Kommission zur Einführung einer gemeinschaftsweiten Energiesteuer auf fossile Brennstoffe zeigt, wird aber auch auf EG-Ebene mittelfristig der Einsatz solcher Instrumente vorbereitet (FAZ, Nr. 12 vom 15.1.1990, 11). Bei der Tagung des Rats der Umweltminister Anfang Juni 1990 in Luxemburg ist die Kommission beauftragt worden, die Einführung einer Umweltabgabe auf die Produktion der ozonschädigenden Chemikalie FCKW zu prüfen (FAZ, Nr. 132 vom 9.6.1990, 11). Daraufhin kündigte sie am 21.12.1990 an, 1991 einen Vorschlag für Abgaben und Steuern auf FCKW vorzulegen (FAZ, Nr. 298 vom 22.12.1990, 1). Darüber hinaus hat die Kommission im Dezember 1990 einen ersten Entwurf zur Bekämpfung des Treibhauseffektes durch den Einsatz wirtschaftlicher Lenkungsinstrumente vorgestellt. Im Mittelpunkt steht eine am Heizwert ausgerichtete gemeinschaftliche Steuer auf sämtliche Energieerzeugnisse in Verbindung mit einer nach dem Kohlenstoffgehalt gestaffelten EG-Abgabe auf fossile Brennstoffe. Die Energiesteuer und die CO_2-Abgabe sollen nach dem Willen der federführenden Kommissare *Ripa di Meana* (GD Umwelt) und *Cardoso e Cunha* (GD Energie) schrittweise in einem Zeitraum von 5 Jahren eingeführt werden (FAZ, Nr. 297 vom 21.12.1990, 16). In der Literatur ist die Erhebung einer solchen Abgabe bereits begrüßt worden: *Michaelis*, CO_2 – eine neue Dimension der Energiepolitik, in: Lukes-FS, 1989, 128.

98 *Behrens*, oben Fn. 60, a.a.O.; *Grabitz*, oben Fn. 92, 633; *Krämer*, oben Fn. 90, 359; vgl. auch: *Hoppe/Beckmann*, oben Fn. 79, § 9, Rn. 9; *Selmer*, oben Fn. 89, 42 f.

99 *Kloepfer*, oben Fn. 79, § 4, Rn. 178; zu den Gemeinschaftsbeihilfen: unten Kap. 2 E. 6.

100 Im Ergebnis ebenso: *Krämer*, oben Fn. 90, 359; *Pernice*, oben Fn. 11, 37 und *Soell*, NuR 1990, 159, die jedoch lediglich die Umweltsteuern behandeln.

b) Tauglichkeit von Art. 99 EWGV als Rechtsgrundlage gemeinschaftlicher Umweltabgaben

aa) Harmonisierungsfähige Abgaben

Da Art. 130 s EWGV das Umweltrecht jedoch nicht in abschließender Art und Weise regelt[101], kommen daneben möglicherweise noch andere Rechtsgrundlagen für indirekt verhaltenssteuernde Mechanismen in Betracht. Hinsichtlich der Umweltabgaben bietet sich zunächst die steuerliche Harmonisierungskompetenz nach Art. 99 EWGV an[102]. Die Bedeutung der Vorschrift auf diesem Gebiet, insbesondere im Verhältnis zu Art. 130 s EWGV, erschließt sich jedoch erst, wenn feststeht, welche Abgabeformen dieser Norm überhaupt unterfallen und an welche weiteren Voraussetzungen ein Handeln der Gemeinschaft auf dieser Grundlage gekoppelt ist.

Aus dem eindeutigen Wortlaut von Art. 99 EWGV, insbesondere der Formulierung „*... und sonstige indirekte Steuern, ...*" folgt, daß lediglich dieser Abgabetyp, jedoch keine direkten Steuern, Gebühren, Beiträge und Sonderabgaben davon erfaßt werden[103]. Dazu zählt zunächst der gesamte Bereich der produktbezogenen indirekten Steuern[104]. Damit ist dem Gemeinschaftsgesetzgeber vor allem über die speziellen Verbrauchssteuern auf Einzelprodukte ein weites, umweltpolitisch nutzbares Lenkungspotential eröffnet. Die europaweite Einführung bestimmter einheitlicher Produktabgaben zur Wahrung ökologischer Belange bietet zudem den Vorteil, weitgehend wettbewerbsneutral zu sein und ist unter diesem Aspekt von allen Harmonisierungsmaßnahmen am positivsten zu beurteilen[105].

Zur Senkung der Kfz-Emissionen könnten beispielsweise die Mineralölsteuern auf Benzin und Diesel auf einem hohen Niveau vereinheitlicht werden[106].

---

101 Oben in Kap. 2 C. 1. festgestellt.

102 *Glaesner*, Die Einführung und Entwicklung neuer Politiken in der Europäischen Gemeinschaft, in: Schwarze (Hg.), Gesetzgebung in der EG, 1985, 47; *Grabitz/Zacker*, oben Fn. 90, 444 f.; *Pernice*, oben Fn. 14, 203 f.

103 *Brammer*, Die Kompetenzen der EG im Bereich Binnenmarkt nach der EEA, 1988, 57; *Grabitz*, oben Fn. 92, 635; *Wägenbaur*, oben Fn. 90, Art. 99, Rn. 13 – 17.

104 *Andel*, oben Fn. 85, Art. 99, Rn. 25; *Wägenbaur*, oben Fn. 90, Art. 99, Rn. 13.

105 *Rasmussen*, Jb. für Sozialwissenschaft 1984, 225 – 227.

106 Am 19.12.1989 hat die Kommission einen geänderten Vorschlag für eine auf Art. 99 EWGV gestützte Richtlinie des Rates zur Annäherung der Verbrauchssteuersätze auf Mineralöle in Abänderung eines ursprünglichen Vorschlags vom 1.10.1987 (ABl. 1987, C 262, 8) vorgelegt ((KOM) 89, 526 endg.). Nachdem über feste Verbrauchssteuersätze eine politische Einigung nicht zu erzielen war (*Scharrer*, Jb. der Europ. Integration 1988/89, 137 f.), will die Kommission in ihrem geänderten Vorschlag nur noch Mindestsätze oder Bandbreiten vorschreiben. Für verbleites Benzin ist ein Verbrauchssteuermindestsatz von umgerechnet ca. DM 0,67, für bleifreies Benzin von ca. DM 0,57, für Dieselkraftstoff eine Spanne von 0,39 bis 0,41 DM vorgesehen. Damit trägt der Richtlinienentwurf, auch nach den Erwägungsgründen, den Belangen des Umweltschutzes keine Rechnung. Da den Mitgliedstaaten jedoch, zumindest für Benzin, ein nach oben offener Umsetzungsspielraum eingeräumt ist, kann diese Verbrauchssteuer in einzelnen Mitgliedstaaten theoretisch durchaus eine ökologische Lenkungsfunktion erfüllen. Dies erscheint aber nicht sehr wahrscheinlich, da ein ökologisch sinnvolles, spürbares Abweichen vom Gemeinschaftsstandard für das betreffende Land fühlbare Wettbewerbsnachteile zur Folge hätte und auch sonst politisch

Flankiert durch eine gemeinschaftsweite Abschaffung der Kfz-Steuer, wäre dies eine konsequente Umsetzung des Verursacherprinzips auf diesem Gebiet. Eine drastische Erhöhung der Kraftstoffpreise hätte zudem zur Folge, daß die Industrie hinsichtlich der Entwicklung und des Einsatzes energiesparender Motoren unter Innovationsdruck geriete[107]. Weiterhin denkbar ist die Erhebung einer lenkenden Verbrauchssteuer auf mineralische Stickstoffdünger, um die Nitratbelastung durch intensive Landbewirtschaftung zu verringern[108]. Ferner könnte diesem Abgabetyp auch die in der Bundesrepublik diskutierte Einführung einer verbrauchsabhängigen Besteuerung von Chlor unterfallen[109], sofern diese Maßnahme nicht als Sonderabgabe konzipiert wird. Der Anwendungsbereich von Art. 99 EWGV erschöpft sich allerdings nicht lediglich in den produktbezogenen, sondern erfaßt auch sonstige indirekte Steuern[110]. Außerhalb des Bereichs der Produktabgaben sind ebenfalls Möglichkeiten mittelbarer Verhaltenslenkung denkbar. So könnte eine Beförderungssteuer auf Flugreisen, deren Erhebung in der Bundesrepublik in Erwägung gezogen wird[111], zu einer Reduzierung des Luftreiseverkehrs und damit auch von Schadstoffemissionen führen.

Insgesamt zeigt sich also, daß das Instrument indirekter Steuern in vielfältiger Weise zum Schutz ökologischer Belange eingesetzt werden kann. Dazu besteht unter anderem eine Gemeinschaftskompetenz in Gestalt von Art. 99 EWGV, deren praktische Effizienz sich jedoch auch an den weiteren Voraussetzungen für ein Tätigwerden der EG erweist. Dem Wortlaut dieser Vorschrift nach muß es sich um die Harmonisierung von Rechtsvorschriften handeln[112], soweit dies *„... für die Errichtung und das Funktionieren des Binnenmarktes innerhalb der in Artikel 8 a vorgesehenen Frist notwendig ist.“*. Damit ist die Binnenmarktrelevanz solcher Maßnahmen zur entscheidenden Voraussetzung für ein Vorgehen auf der Grundlage von Art. 99 EWGV erhoben. Es fragt sich also, was unter dem Begriff des Binnenmarktes konkret zu verstehen ist.

---

kaum durchsetzbar sein dürfte (Vgl. insgesamt dazu: *Koch*, Steuerharmonisierung für den Binnenmarkt, in: Ensthaler (Hg.), Europäischer Binnenmarkt – Stand und Perspektiven der Rechtsharmonisierung, 1989, 49 ff.; *Ritter*, BB 1989, 81 f.).

107 Siehe den dahingehenden Vorschlag von *Teufel*, ZRP 1988, 375; dafür auch: *von Weizsäker*, Steuern für die Umwelt, Der Spiegel, Nr. 34 vom 22.8.1988, 86 f.; eher skeptisch gegenüber aufkommensstarken Umweltabgaben: *Töpfer*, Die europäische Dimension im Umweltschutz aus deutscher Sicht, in: Europäische Liga für wirtschaftliche Zusammenarbeit (Hg.), Die europäische Dimension im Umweltschutz, 1988, 19.

108 Einzelheiten bei: *von Urff*, oben Fn. 3, 117 -120; *Hoppe/Beckmann*, oben Fn. 79, § 9, Rn. 12 m.w.N.

109 Dazu: *Selmer*, oben Fn. 89, 47 f.

110 Beispiele bei: *Wägenbaur*, oben Fn. 90, Art. 99, Rn. 13.

111 FAZ, Nr. 9 vom 11.1.1990, 11.

112 Anerkanntermaßen erwächst aus dem Tatbestandsmerkmal der *Harmonisierung* faktisch keine Einschränkung der Gemeinschaftsbefugnisse: *Wägenbaur*, oben Fn. 90, Art. 99, Rn. 3 – 7 m.w.N. Dieser Punkt wurde wissenschaftlich vor allem im Rahmen der parallelen Problematik bei Art. 100 EWGV abgehandelt: dazu: *Eiden*, oben Fn. 25, 1984, 15 – 19; *Langeheine*, in: Grabitz (Hg.), EWGV-Komm., Art. 100, Rn. 8 – 23; *Taschner*, in: GBTE, Art. 100, Rn. 1 – 17 jeweils m.w.N.

bb) Begriff des Binnenmarktes

Im Schrifttum ist der Inhalt des Binnenmarktbegriffs höchst umstritten. Anlaß für Kontroversen bietet insbesondere die Frage, in welchem Verhältnis die nunmehr gleichermaßen im Vertrag enthaltenen Zielsetzungen der Verwirklichung eines Gemeinsamen Marktes und eines Binnenmarktes stehen. Ausgangspunkt für eine Klärung des Begriffs Binnenmarkt ist dabei zumeist der des Gemeinsamen Marktes, weil er schon immer im Mittelpunkt des EWG-Vertrags steht. Zwar wird der Gemeinsame Markt an keiner Stelle des Vertrags definiert[113], im Laufe der Zeit ist er aber in der Judikatur des Gerichtshofs und der europarechtlichen Literatur zunehmend konturiert worden. In einem vor Inkrafttreten der EEA ergangenen Urteil hat der EuGH den Gemeinsamen Markt folgendermaßen umschrieben:

„Der Begriff Gemeinsamer Markt – so wie ihn der Gerichtshof in ständiger Rechtsprechung herausgearbeitet hat – stellt ab auf die Beseitigung aller Hemmnisse im innergemeinschaftlichen Handel mit dem Ziele der Verschmelzung der nationalen Märkte zu einem einheitlichen Markt, dessen Bedingungen denjenigen eines wirklichen Binnenmarktes möglichst nahekommen.“[114]

Im Schrifttum ist diese Umschreibung weiter präzisiert worden. Danach ist der Gemeinsame Markt aus der Summe vertraglicher Bestimmungen, insbesondere den dynamisch zu interpretierenden Zielsetzungen der Artt. 2 und 3 EWGV, zu definieren[115]. Konkret werden überwiegend drei Hauptbestandteile des Gemeinsamen Marktes als prägend erachtet. Zum einen handelt es sich um die Verwirklichung der vertraglichen Freiheiten, also der Waren-, Personen-, Dienstleistungs- und Kapitalverkehrsfreiheit sowie des Niederlassungsrechts[116]. Als Korrektiv dazu kommt dem vertraglichen System wettbewerbsschützender Regelungen eine für den Gemeinsamen Markt konstituierende Funktion zu[117]. Schließlich bilden die gemeinsamen Politiken in den Bereichen Landwirtschaft, Verkehr und Außenhandel ein weiteres essentielles Element dieses Marktes[118].

Im Verhältnis dazu lassen sich die im Schrifttum geäußerten Meinungen zum Inhalt des Binnenmarktbegriffs in drei Gruppen einteilen: eine Einschrän-

---

113 *Langeheine*, oben Fn. 112, Art. 100, Rn. 25; *Magiera*, Die EEA und die Fortentwicklung der EG zur Europäischen Union, in: Geck-GS, 1989, 516.

114 EuGH, Urt. vom 5.5.1982, Rs. 15/81, Schul vs. Inspecteur der invoerrechten en accijnzen, Slg. 1982, 1409 (1431 f.).

115 *Dorn*, Art. 235 EWGV – Prinzipien der Auslegung, 1986, 121; *Ehlermann*, Die rechtlichen Instrumentarien zur Verwirklichung eines Gemeinsamen Marktes nach dem EWG-Vertrag, in: Lukes (Hg.), Ein EWG-Binnenmarkt für Elektrizität, 1988, 28 f.; *Taschner*, oben Fn. 112, Art. 100, Rn. 29.

116 *Close*, ELRev 1978, 475; *Eiden*, oben Fn. 25, 44; *Lausch*, Europäische Umweltpolitik auf dem Gebiet des Gewässerschutzes, 1986, 161.

117 *Behrens*, Jura 1989, 562; *Grabitz/von Bogdandy*, JuS 1990, 171; *Zuleeg*, in: GBTE, Art. 2, Rn. 22.

118 *Close*, oben Fn. 116, 475; *Ehlermann*, oben Fn. 115, 30; *Eiden*, oben Fn. 25, 44; *Grabitz*, Über die Verfassung des Binnenmarktes, in: Steindorff-FS, 1990, 1233.

kungs-, eine Synonymitäts- und eine Erweiterungsthese[119]. Nach der Einschränkungsthese enthält Art. 8 a Abs. 2 EWGV eine abschließende Legaldefinition des Binnenmarktes[120]. Dieser umfasse somit lediglich die dort genannten Marktfreiheitsrechte, nicht aber die übrigen Bestandteile des Gemeinsamen Marktes[121]. Folglich seien etwa die vertraglichen Bestimmungen über die Gleichheit des Wettbewerbs[122], den Außenhandel und Außenzoll[123], die Beseitigung der Steuergrenzen[124], die Koordinierung der Wirtschaftspolitik[125], die Niederlassungsfreiheit[126] sowie die landwirtschaftlichen und subventionsrechtlichen Vorschriften[127] nicht davon erfaßt. Insgesamt enthalte der Binnenmarkt somit quantitativ weniger Elemente als der Gemeinsame Markt[128].

Einen diametral entgegengesetzten Anlaß verfolgen die Vertreter der Erweiterungsthese. Aus zweierlei Gründen sei die in Art. 8 a Abs. 2 EWGV enthaltene Begriffsbestimmung nicht abschließend[129]. Zum einen folge dies im Umkehrschluß aus Art. 100 a Abs. 2 EWGV; denn die Existenz der Bereichsausnahmen hinsichtlich der Steuern und Arbeitnehmerinteressen könne nicht sinnvoll erklärt werden, wenn der Binnenmarkt lediglich die in Art. 8 a Abs. 2 EWGV genannten Freiheitsrechte umfasse[130]. Zum anderen sei in der Formulierung „... *gemäß den Bestimmungen dieses Vertrages, ...*" eine Bezugnahme auf den *normativen Funktionsrahmen* zu erblicken, in den die dort genannten Verkehrsfreiheiten eingebettet seien[131]. Dazu zähle aber der gesamte bislang erreichte acquis communautaire des Gemeinsamen Marktes[132] und insbesondere die einen unverfälschten Wettbewerb sicherstellenden Regeln[133]. Darüber hinaus sei der Binnenmarkt auch viel umfassender konzipiert. Als Inter-

---

119 In leicht modifizierter Form *Müller-Graff*, oben Fn. 42, 123, entlehnt. Kritisch zu Idee und Realisierungschance des Binnenmarktes: *Minc*, La grande illusion, 1989.

120 *Kupfer*, AgrarR 1989, 59; *Rögge*, WRP 1986, 460; *Schweitzer/Hummer*, Europarecht, 400; *Zacker*, RIW 1989, 489 f.; demgegenüber hegt *Taschner*, Qualifizierte Mehrheit für Maßnahmen zur Rechtsangleichung?, in: Ress (Hg.), Rechtsprobleme der Rechtsangleichung, 1988, 90, Zweifel, ob dieser Vorschrift überhaupt die Qualität einer Definition zukommt.

121 *Grabitz/Zacker*, oben Fn. 11, 301.

122 *Grabitz*, oben Fn. 53, Art. 130 s, Rn. 22; *Jadot*, Journal des tribunaux 1988, 727; *Pescatore*, EuR 1986, 157, Fn. 4; *Ritter*, oben Fn. 106, 80; *Schwartz*, 30 Jahre EG-Rechtsangleichung, in: von der Groeben-FS, 1987, 366; *Steiger*, oben Fn. 11, 12; *Zacker*, oben Fn. 120, 490.

123 *Brammer*, oben Fn. 103, 39; *Forwood/Clough*, ELRev 1986, 385; *Pescatore*, oben Fn. 122, a.a.O.; *Ress*, Löst Art. 100 a EWGV die Probleme der Rechtsangleichung des einheitlichen Binnenmarktes?, in: ders. (Hg.), Rechtsprobleme der Rechtsangleichung, 1988, 13.

124 *Brammer*, oben Fn. 103, 39.

125 *Forwood/Clough*, oben Fn. 123, 385; *Zacker*, oben Fn. 120, 490.

126 *Pescatore*, oben Fn. 122, a.a.O.

127 *Zacker*, oben Fn. 120, 490.

128 So ebenfalls, jedoch ohne nähere Begründung: *Lietzmann*, Diskussionsbeitrag, in: Rengeling (Hg.), Europäisches Umweltrecht, 1988, 185; *Reich*, Schutz diffuser Interessen, 1987, 298.

129 *Grabitz/von Bogdandy*, oben Fn. 117, 174.

130 *Ehlermann*, CMLRev 1987, 370; *Müller-Graff*, oben Fn. 42, 124; *Pernice*, oben Fn. 14, 205.

131 *Pernice*, oben Fn. 14, 204.

132 So: *Montag*, RIW 1987, 940.

133 *Behrens*, oben Fn. 117, 562; *Braun*, Der Binnenmarkt in der Gemeinschaft, in: Lukes

pretationshilfe sei nämlich die Erklärung der Regierungskonferenz zu Art. 8 a EWGV und damit der Verweis auf das Weißbuch der Kommission heranzuziehen. Das dort postulierte Ziel der Abschaffung aller physischen, technischen und steuerlichen Schranken im Innenbereich gehe weit über den Gemeinsamen Markt hinaus[134]. Vor allem der gemäß Art. 8 a Abs. 2 EWGV anzustrebende *„Raum ohne Binnengrenzen"* sei als ein Gebiet des Freiverkehrs ohne Binnengrenzkontrollen zu verstehen und stelle damit eine substantielle Überschreitung der ursprünglichen Zielsetzung des Gemeinsamen Marktes dar[135]. Insgesamt füge Art. 8 a EWGV den bislang bereits bestehenden Finalitäten das darüber hinausgehende Ziel des Binnenmarktes hinzu[136].

Hingegen erblicken wieder andere keine materiellen Unterschiede zwischen beiden Begriffen. Es handele sich vielmehr um zwei Termini desselben Inhalts[137]. Nach dieser Synonymitätsthese besteht die Bedeutung von Art. 8 a EWGV nicht in der Einführung eines qualitativ neuen Konzepts, sondern ist lediglich als ein Mittel zur schnelleren Verwirklichung des Gemeinsamen Marktes zu verstehen[138].

Die Vertreter der letztgenannten Auffassung können aber nicht überzeugend erklären, warum dann der weitgehend neue Begriff des Binnenmarktes in den Vertrag eingeführt und zusätzlich auch definiert worden ist. Dessen hätte es jedenfalls nicht bedurft, wenn beide Termini inhaltlich identisch wären[139]. Zudem müßte dann auch gefragt werden, warum lediglich einzelne Elemente des Gemeinsamen Marktes in Art. 8 a Abs. 2 EWGV genannt werden, andere hingegen nicht. Ferner differenziert Art. 8 c EWGV, als einzige Vorschrift, in der gleichzeitig beide Begriffe auftauchen, ausdrücklich zwischen Binnenmarkt und Gemeinsamem Markt[140].

Eine solche Sichtweise steht darüber hinaus nicht in Einklang mit der einschlägigen Rechtsprechung des Gerichtshofs, der den Gemeinsamen Markt lediglich

---

(Hg.), Ein EWG-Binnenmarkt für Elektrizität, 1988, 49; *Kewenig*, JZ 1990, 464; *Seidel*, EA 1987, 553; *Ungerer*, integration 1989, 97; auf die besondere Bedeutung der Wettbewerbsregeln im System des EWG-Vertrags verweist: *Zuleeg*, oben Fn. 117, Art. 2, Rn. 22.

[134] *Bieber*, ÖZöRV 1988, 230.

[135] *Müller-Graff*, Binnenmarktziel und Rechtsordnung: Binnenmarktrecht, 1989, 11 – 13; einen ebensolchen qualitativen Unterschied zwischen Binnenmarkt und Gemeinsamem Markt konstatieren auch: *Dauses*, BayVBl. 1989, 611; *Grabitz/von Bogdandy*, oben Fn. 117, 175; *Ress*, oben Fn. 49, 629, Fn. 15.

[136] *Everling*, Probleme der Rechtsangleichung zur Verwirklichung des europäischen Binnenmarktes, in: Steindorff-FS, 1990, 1161, 1163. Neben den bereits genannten Autoren wird diese Erweiterungsthese vertreten von: *Grabitz*, integration 1986, 98; *Ipsen*, Vier Glossen zur EEA, in: Partsch-FS, 1989, 332; *Kellermann*, ELRev 1987, 223; *Steindorff*, ZHR 1986, 689; wohl auch: *Langeheine*, oben Fn. 112, Art. 100 a, Rn. 23.

[137] *Eiden*, in: Bleckmann, Europarecht, Rn. 1526; *Everling*, Zur Funktion der Rechtsangleichung in der EG, in: Pescatore FS, 1987, 238; *Glaesner*, Bemerkungen zur Interpretation von Art. 100 a EWGV, in: Ress (Hg.), Rechtsprobleme der Rechtsangleichung, 1988, 37; *de Ruyt*, 150; *Scharrer*, integration 1986, 112; wohl auch: *Frenkel*, EA 1989, 242.

[138] So explizit: *Grabitz*, Stillhalte-Verpflichtungen vor dem Binnenmarkt, 1988, 46, 48; vgl. auch: *Langeheine*, oben Fn. 112, Art. 100 a, Rn. 23, 44.

[139] So auch: *Müller-Graff*, oben Fn. 135, 11.

[140] *Schweitzer/Hummer*, oben Fn. 120, 400; vgl. auch *Everling*, oben Fn. 136, 1162.

als Vorstufe des Binnenmarktes ansieht. Auch wenn diese Entscheidung vor Inkrafttreten der EEA ergangen ist[141] und somit das der Akte zugrundeliegende Begriffsverständnis nicht zu antizipieren vermochte, kommt der unterschiedlichen Wortwahl doch bereits eine entscheidende Bedeutung bei der Lösung des Problems zu. Eine nicht vorbelastete, ausschließlich wörtliche Auslegung der beiden Termini zeigt nämlich schon, daß ein Binnenmarkt eine qualitativ höhere Integrationsdichte als ein lediglich *gemeinsamer* Markt aufweist[142]. Von diesem Begriffsverständnis geht jedenfalls der Vertrag in seiner ursprünglichen Fassung ebenfalls ersichtlich aus, zeigt Art. 43 Abs. 3 lit. b) EWGV doch, daß im Bereich der gemeinsamen Agrarpolitik ein besonderer, über den Gemeinsamen Markt hinausgehender Grad der Vergemeinschaftung erreicht werden soll, der als Binnenmarkt bezeichnet wird[143]. Daß ein zu schaffender Binnenmarkt dabei nicht isoliert neben anderen Vertragszielen steht, sondern auf dem Gemeinsamen Markt in Gestalt des bislang erreichten acquis communautaire aufbaut, ergibt sich unmittelbar aus der Verweisungsklausel in Art. 8 a Abs. 2 EWGV und mittelbar aus den in Art. 100 a Abs. 2 EWGV formulierten Bereichsausnahmen.

Somit gelten die für den Gemeinsamen Markt konstituierenden Merkmale, wie sie in den Artt. 2 und 3 EWGV niedergelegt sind, sämtlich auch für den Binnenmarkt. Dabei kommt dem Ziel der Sicherstellung von Marktgleichheit gemäß Artt. 3 lit. f), 85 ff. EWGV nach der gesamten marktwirtschaftlichen Konzeption des Vertrages[144], die auf der notwendigen Verknüpfung von Freiheit und Gleichheit aufbaut[145], eine fundamentale Bedeutung zu[146]. Weiterhin folgt bereits aus dem Inhalt und der Systematik der Artt. 8 a, 100 a, 100 b EWGV sowie dem Wesen eines Binnenmarktes, daß dazu alle bislang noch trennenden Grenzkontrollen, technischen Handelshemmnisse und Steuerschranken notwendigerweise abzuschaffen sind[147]. Eines Rückgriffs auf die Erklärung der Regierungskonferenz zu Art. 8 a EWGV und das Weißbuch der Kommission bedarf es dazu erst gar nicht. Im Ergebnis ist folglich der Erweiterungsthese zuzustimmen. Der Binnenmarkt besteht also aus sämtlichen Bestandteilen des Gemeinsamen Marktes zuzüglich der Beseitigung aller physi-

---

141 Darauf weist *Zacker*, oben Fn. 120, 489, hin.

142 Plastisch: *Steindorff*, oben Fn. 136, 689, unter Auseinandersetzung mit dem Urteil *Schul* (oben Fn. 114); ebenso: *Dauses*, oben Fn. 19, 10; *Grabitz/von Bogdandy*, oben Fn. 117, 175; *Ress*, oben Fn. 49, 629, Fn. 15.

143 *Pernice*, oben Fn. 14, 204 f.

144 *Zuleeg*, Die Wirtschaftsverfassung der Europäischen Gemeinschaften, in: Wirtschafts- und gesellschaftspolitische Ordnungsprobleme der Europäischen Gemeinschaften, 1978, 76; *Oppermann*, Europäische Wirtschaftsverfassung nach der EEA, in: Müller-Graff/Zuleeg (Hg.), Staat und Wirtschaft in der EG, 1987, 56 f., 69.

145 *Behrens*, oben Fn. 117, 562; *Zuleeg*, oben Fn. 117, Art. 2, Rn. 22 jeweils m.w.N.

146 Treffend: *Pernice*, oben Fn. 14, 205: *„Marktfreiheit und Marktgleichheit sind nicht voneinander zu trennen, das Binnenmarktkonzept des Art. 8 a EWGV umfaßt beides.“*. Die aus dem Demokratiegebot folgende Notwendigkeit dieses Junktims akzentuiert *Mestmäcker*, FAZ, Nr. 127 vom 2.6.1990, 13: *„... Deshalb ist die Gewährleistung des Wettbewerbs bei offenen Märkten und der Kampf gegen private und öffentliche Monopole nicht nur wirtschaftspolitisch geboten, sondern ein notwendiger Bestandteil der Machtkontrolle in der Demokratie“*.

147 *Bieber*, oben Fn. 134, 230.

schen, technischen und steuerlichen Schranken[148]. In Übereinstimmung mit vorangegangenen Ausführungen zeigt sich, daß der Umweltschutz kein eigenständiges Merkmal des Binnenmarktes ist. Ökologische Belange sind bei dessen Errichtung und Aufrechterhaltung jedoch insoweit nach Maßgabe von Art. 100 a Abs. 3 EWGV zu berücksichtigen, als die betreffende Maßnahme zugleich Auswirkungen auf die Umwelt zeitigt[149]. Aus tatbestandlichen Gründen kann ein umweltschützender Rechtsakt folglich nur dann auf eine binnenmarktfinale Ermächtigung gestützt werden, wenn diese Maßnahme zusätzlich mindestens eines der vorstehenden Merkmale des Binnenmarktes verfolgt.

Insgesamt ist allerdings festzustellen, daß dem in Art. 99 EWGV enthaltenen Tatbestandsmerkmal der Binnenmarktrelevanz, aufgrund der umfassenden Weite dieses Begriffs, keine einschränkende Wirkung nennenswerten Umfangs zukommt[150]. Dies gilt schließlich auch für die Bezugnahme auf die Frist des Art. 8 a EWGV und damit auf den 31. Dezember 1992. Es handelt sich dabei um eine lediglich deklaratorische Wiederholung der ausschließlich politischen Selbstverpflichtung der Organe[151], die nicht zur Folge hat, daß Art. 99 EWGV nach Ablauf dieses Zeitpunkts etwa unanwendbar wäre[152]. Insgesamt kommt dieser Vorschrift also ein weiter Anwendungsbereich zu, der potentiell auch zur Abstützung von Rechtsakten, die umweltbezogene indirekte Steuern einführen, tauglich ist.

c) Abgrenzung zur Umweltkompetenz nach Art. 130 s EWGV

Art. 99 EWGV regelt die Steuerharmonisierung nicht in abschließender Weise[153], so daß sich die Frage der Abgrenzung zu anderen Vertragsermächtigungen stellt. Für den Bereich des Umweltrechts ist das Verhältnis der Artt. 130 s und 99 EWGV zueinander bislang im Schrifttum kaum untersucht worden. Dies entspricht der zögerlichen Haltung des Gemeinschaftsgesetzgebers bei der Einführung indirekter Umweltsteuern. Nach den dargelegten Äußerungen der Organe könnte sich das in Zukunft jedoch möglicherweise ändern, so daß sich die Abgrenzungsfrage in absehbarer Zeit voraussichtlich auch in der Praxis stellen wird.

Nach einer in der Literatur geäußerten Auffassung ist Art. 99 EWGV hinsichtlich der Harmonisierung umweltbezogener indirekter Steuern lex specialis zu Art. 130 s EWGV[154]. Gegen diese Spezialitätsthese spricht aber auch hier die fehlende vollständige Kongruenz der Tatbestandsmerkmale von Artt. 130 s in Verbindung

---

148 *Pernice*, oben Fn. 14, 204.

149 Oben Kap. 2 C. 4. c) aa).

150 Einzelheiten zu den ergänzenden Merkmalen: „*Errichtung und Funktionieren*" bei *Wägenbaur*, oben Fn. 90, Art. 99, Rn. 8 – 11.

151 *Grabitz*, oben Fn. 53, Art. 8 a, Rn. 6.

152 *Wägenbaur*, oben Fn. 90, Rn. 12; vgl. auch: *Dauses*, oben Fn. 19, 11.

153 *Von Borries* (Hg.), Europarecht von A – Z, 389; *Pipkorn*, in: BBPS, 390; *Wägenbaur*, oben Fn. 90, Vor Art. 95, Rn. 1.

154 *Grabitz*, oben Fn. 92, 636; *Grabitz/Zacker*, oben Fn. 90, 445; vgl. auch: *Pernice*, oben Fn. 11, 37, der Umweltsteuern dann auf Art. 130 s EWGV stützen will, wenn sie wegen ihrer Handels- oder Wettbewerbsrelevanz nicht spezielleren Vertragsbestimmungen unterfallen.

mit 130 r EWGV und Art. 99 EWGV. Die vorangegangenen Ausführungen zur Landwirtschafts- und Verkehrspolitik gelten insoweit entsprechend[155]. Bedenken gegen das Bestehen eines methodischen Konkurrenzverhältnisses in Form der Spezialität sind zudem aufgrund des unterschiedlichen Charakters der beiden Kompetenznormen anzumelden. Gemäß Art. 8 a Abs. 1 EWGV zählt Art. 99 EWGV zu den binnenmarktfinalen Harmonisierungskompetenzen. Gleichermaßen wie etwa Art. 100 a EWGV zählt auch diese Vorschrift zur Gruppe der funktionellen Ermächtigungen[156]. Typische Eigenschaft dieser Kompetenzkategorie ist, daß diesen Vorschriften grundsätzlich keine inhaltlichen, sondern lediglich funktionelle Schranken gesetzt sind[157]. Diesem funktionellen Charakter der Rechtsangleichung ist eine reaktive Komponente immanent. Die Vorschriften sind nämlich generell darauf angelegt, Marktbeeinträchtigungen zu verhindern oder zu beseitigen[158]. Dagegen verleiht Art. 130 s EWGV der Gemeinschaft eine materielle Befugnis, zu deren Verwirklichung konkrete inhaltliche Maßgaben aufgestellt sind[159]. Zwischen beiden Gruppen bestehen folglich durchaus erhebliche Unterschiede, so daß auch in diesem Zusammenhang das Vorliegen von Spezialität abzulehnen ist. Mangels Bestehen eines methodischen Konkurrenzverhältnisses ist somit erneut die modifizierte Intensitätsmethode als Abgrenzungsmodell heranzuziehen. Im Wege einer umfassenden Gesamtschau ist also jede Einzelmaßnahme daraufhin zu untersuchen, ob die umweltschützende Lenkungsfunktion im Vordergrund steht oder ob dieser Aspekt dem Ziel binnenmarktgerichteter Rechtsangleichung völlig untergeordnet ist. Für die Anwendbarkeit von Art. 130 s EWGV ist bereits ausreichend, daß der Zweck einer umweltbezogenen Verhaltenssteuerung beim Einsatz indirekter Steuern erkennbar einbezogen und nicht lediglich von völlig marginaler Intensität ist. In der Regel wird dies zumindest bei den Umweltlenkungsabgaben der Fall sein. Sind diese Voraussetzungen nicht gegeben, ist hingegen Art. 99 EWGV einschlägig.

d) Zulässigkeit von Doppelabstützungen

Es stellt sich ferner die Frage, ob eine Doppelabstützung ökofiskalischer Maßnahmen auf die Artt. 130 s, 99 EWGV möglich ist[160]. Rechtsmethodisch bestehen gegen die Zulässigkeit einer solchen Vorgehensweise keine Bedenken, da nach hier vertretener Auffassung ein besonderes Ausschlußverhältnis, etwa in Form der

---

155 Oben Kap. 2 E. 1. und 2.

156 *Wägenbaur*, oben Fn. 65, Art. 99, Rn. 2, 10.

157 *Schwartz*, oben Fn. 17, 37.

158 *Bruha*, ZaöRV 1986, 19, nennt dies ein statisches Element; ähnlich *Steindorff*, oben Fn. 136, 699; vgl. auch *Lomas*, McGill Law Journal 1988, 535. A. A. *Langeheine*, oben Fn. 112, Art. 100, Rn. 69 m.w.N., der der Meinung ist, daß die Harmonisierungsvorschriften durch die Gemeinschaftspraxis mittlerweile ihren instrumentalen Charakter verloren hätten. Er verkennt dabei jedoch, daß der Ausgangspunkt für eine Rechtsangleichung noch immer funktionaler Natur ist.

159 Ausführlich oben Kap. 2 A. 4.

160 Vor der Neufassung von Art. 99 EWGV durch die EEA wurden produktbezogene Steuerharmonisierungen oftmals gemeinsam auf die Artt. 99 und 100 EWGV gestützt (*Andel*, oben Fn. 85, Art. 99, Rn. 9; *von Borries*, oben Fn. 153, 390). Zur gemeinsamen Heranziehung von Artt. 75 und 99 EWGV siehe: *Wägenbaur*, oben Fn. 90, Art. 99, Rn. 23.

Spezialität, nicht besteht. In der Praxis erscheint ein solches Vorgehen aber wenig wahrscheinlich, da die Kommission seit Inkrafttreten der EEA in ihren Vorschlägen zur Harmonisierung indirekter Steuern regelmäßig allein Art. 99 EWGV heranzieht[161]. Falls die Gemeinschaftsorgane sich dennoch dazu entschließen sollten, sind die allgemeinen Zulässigkeitsvoraussetzungen zu beachten[162].

In verfahrensrechtlicher Hinsicht[163] sowie hinsichtlich der zur Verfügung stehenden Handlungsformen[164] sind die Artt. 130 s Abs. 1 und 99 EWGV identisch. Sollten hingegen die Artt. 130 s Abs. 2 und 99 EWGV gemeinsam herangezogen werden, ist diese Übereinstimmung wegen der in erstgenannter Vorschrift eingeräumten Möglichkeit qualifizierter Mehrheitsentscheidungen nicht mehr gegeben. Es gilt dann das zur doppelten Abstützung auf die Artt. 130 s Abs. 1 und 43 Abs. 2 Uabs. 3 EWGV Gesagte[165] in entsprechender Weise.

e) Zum Bestehen einer Rechtspflicht zur Einführung indirekter Ökosteuern

Schließlich stellt sich die Frage, ob der gemeinschaftliche Gesetzgeber aufgrund der Gegebenheit, daß jedenfalls die Umweltfinanzierungsabgaben in besonderer Weise dem Verursacherprinzip entsprechen[166], nicht nur berechtigt, sondern aufgrund von Art. 130 r Abs. 2 Satz 1 EWGV sogar verpflichtet ist, solche Umweltabgaben einzuführen. Die Frage ist also, ob sich zumindest der durch die Artt. 8 a Abs. 1, 99 EWGV erteilte Harmonisierungsauftrag[167] im Bereich des Ökofiskalrechts zu einem rechtlich bindenden Harmonisierungsgebot verdichtet[168]. Dagegen spricht jedoch, daß Art. 130 r EWGV die allgemein zur Verfügung stehenden umweltpolitischen Handlungsinstrumente in keiner Weise beschränkt. Der weite politische Gestaltungsspielraum des Legislativorgans ist insoweit also rechtlich nicht verengt[169]. Zudem gilt das Verursacherprinzip auch auf Gemeinschaftsebene nicht absolut. Es handelt sich vielmehr lediglich um einen allgemeinen Grundsatz, von dem auch Abweichungen zulässig sind[170]. Dieser Verbindlichkeitsgrad des Verursacherprinzips rechtfertigt es aber nicht – entgegen dem Grundsatz eines weiten politischen Gestaltungsermessens des Gesetzgebers – daraus ein verpflichtendes Handlungsgebot für diesen herzuleiten[171].

---

161 *Wägenbaur*, oben Fn. 90, Art. 99, Rn. 20.

162 Einzelheiten: oben Kap. 2 E. 1. c) aa).

163 Kommissionsvorschlag, obligatorische Konsultation des EP und einstimmige Beschlußfassung durch den Rat.

164 Jeweils das gesamte Spektrum des Art. 189 EWGV. Für Art. 99 EWGV: *Wägenbaur*, oben Fn. 90, Art. 99, Rn. 24; für Art. 130 s EWGV: oben Kap. 2 A. 5. b).

165 Oben Kap. 2 E. 1. c) bb).

166 Oben Kap. 2 E. 3. a).

167 *Wägenbaur*, oben Fn. 90, Art. 99, Rn. 13.

168 *Krämer*, oben Fn. 90, 359, tendiert in diese Richtung.

169 *Selmer*, oben Fn. 89, 43 f., lehnt eine adäquate Verpflichtung des bundesdeutschen Gesetzgebers ebenfalls ab.

170 *Krämer*, oben Fn. 90, 355.

171 Vgl. *Kloepfer*, oben Fn. 79, § 4, Rn. 178 m.w.N.

4. Allgemeine Harmonisierungskompetenzen: Artt. 100 bis 102 EWGV

a) Vorbemerkung

Das grundsätzliche Verhältnis der allgemeinen Harmonisierungskompetenzen zur umweltrechtlichen Ermächtigung gemäß Art. 130 s EWGV ist bereits behandelt worden[1]. Über den unterschiedlichen Charakter dieser Normen hinaus ist ebenfalls festgestellt worden, daß Art. 130 r Abs. 2 Satz 2 EWGV nicht sämtliche Tatbestandsmerkmale von Artt. 130 s in Verbindung mit 130 r EWGV zum Inhalt der sonstigen Vertragsermächtigungen macht[2]. Im besonderen ist bereits konstatiert worden, daß die binnenmarktfinalen Angleichungskompetenzen nach Artt. 100 a, 100 b EWGV nicht spezieller als Art. 130 s EWGV sein können, weil sie nicht in gleicher Intensität den Aspekt des Umweltschutzes einbeziehen[3]. Dies gilt gleichermaßen für die Artt. 100, 101, 102 EWGV, da der Umweltschutz dort mit keiner Silbe erwähnt ist und die Querschnittsklausel – wie dargelegt – jedenfalls Art. 130 r Abs. 4 Satz 1 EWGV nicht in den Tatbestand dieser Vorschriften transponiert. Damit muß die Abgrenzung jeder einzelnen dieser Befugnisnormen zu Art. 130 s EWGV nach der modifizierten Intensitätsmethode erfolgen[4].

Hier geht es nun um den verbleibenden umweltrechtlichen Anwendungsbereich der allgemeinen Harmonisierungskompetenzen. Dieser hängt zunächst von deren Verhältnis untereinander ab, das wiederum mit Hilfe des zweistufigen Prüfungsverfahren[5] ermittelt werden kann. In der Literatur wird dazu ganz überwiegend vertreten, daß die auf den Binnenmarkt bezogenen Ermächtigungen nach Artt. 100 a, 100 b EWGV spezieller seien als die den Gemeinsamen Markt betreffenden Artt. 100, 101, 102 EWGV[6]. Legt man auch hier vorgenannte Definition zugrunde[7], wonach Spezialität dann vorliegt, wenn ein Tatbestand sämtliche Merkmale eines allgemeinen Tatbestands enthält und zusätzlich mindestens ein weiteres Merkmal aufweist, ergibt sich folgendes. Für diese These spricht zunächst einmal, daß sie in Einklang mit dem Verhältnis der zentralen Termini Binnenmarkt und Gemeinsamer Markt steht. Nach hier vertretener Auffassung enthält der Binnenmarkt nämlich quantitativ mehr Ele-

---

1 Oben Kap. 2 E. 3. c).

2 Oben Kap. 2 C. 4. c).

3 Ebenfalls Kap. 2 C. 4. c).

4 Für das Verhältnis der Artt. 100 a, 100 b EWGV zu Art. 130 s EWGV bereits oben in Kap. 2 C. 4. c) und Kap. 2 D. 3. b) festgestellt.

5 Oben Kap. 2 C. 4. b).

6 *Bieber*, ÖZöRV 1988, 231; *Brammer*, Die Kompetenzen der EG im Bereich Binnenmarkt nach der EEA, 1988, 75; *Breuer*, Jb. des Umwelt- und Technikrechts 1989, 87; *Ehlermann*, CMLRev 1987, 382; *Everling*, Probleme der Rechtsangleichung zur Verwirklichung des europäischen Binnenmarktes, in: Steindorff-FS, 1990, 1169; *Glaesner*, Bemerkungen zur Interpretation von Art. 100 a EWGV, in: Ress (Hg.), Rechtsprobleme der Rechtsangleichung, 1988, 39; *Langeheine*, EuR 1988, 241 f.; *Müller-Graff*, EuR 1989, 132; *Pernice*, DV 1989, 6; *Schweitzer/Hummer*, Europarecht, 348; a. A.: *Matthies*, Zur Anerkennung gleichwertiger Regelungen im Binnenmarkt der EG, in: Steindorff-FS, 1990, 1290 – 1292; fragend: *Boisserée*, Jb. des Umwelt- und Technikrechts 1988, 394; zu den Unterschieden zwischen beiden Vorschriften: *CEDE*, 10737 D.

7 Oben Kap. 2 C. 4. c).

mente als der Gemeinsame Markt[8]. Ferner findet dies im Wortlaut von Art. 100 a Abs. 1 Satz 1 insoweit eine zusätzliche Stütze, als die Vorschrift eine ausdrückliche Derogation von Art. 100 EWGV statuiert, so daß sich die im Eingangssatz enthaltene Subsidiaritätsklausel nicht auf das Verhältnis dieser beiden Normen bezieht[9]. Schließlich sind auch die Rahmenbedingungen der Rechtsangleichung identisch, da das allgemein in Art. 3 lit. h) EWGV formulierte Kriterium der Erforderlichkeit[10] für den Bereich des Binnenmarktes ausdrücklich nochmals in Art. 8 a Abs. 1 EWGV wiederholt wird[11]. Auch die Artt. 100 a, 100 b EWGV sind also Bestandteil des vertraglichen Systems funktioneller Rechtsangleichung[12]. Wortlaut und Systematik dieser Vorschriften sowie Sinn und Zweck des Binnenmarktkonzepts bestätigen mithin die im Schrifttum ganz überwiegend vertretene Spezialitätsthese, so daß von ihrer Richtigkeit auch hier ausgegangen wird.

Eine konsequente Umsetzung des Spezialitätsgedankens bedeutet nun, daß sämtliche Tatbestandsmerkmale von Art. 100 EWGV auch solche der Artt. 100 a und 100 b EWGV sind. Das erscheint selbstverständlich für die Elemente, die gleichermaßen explizit in diesen Vorschriften erwähnt sind[13], muß aber auch für solche Bestandteile von Art. 100 EWGV gelten, die nicht ausdrücklich in Art. 100 a EWGV[14] erwähnt sind. Praktisch relevant ist dies lediglich für das in Art. 100 EWGV enthaltene Unmittelbarkeitskriterium[15]. Aufgrund des Spezialitätsverhältnisses zwischen den beiden Vorschriften kann also nicht davon ausgegangen werden, daß diese Voraussetzung – mangels Erwähnung – für die Harmonisierung gemäß Art. 100 a Abs. 1 Satz 2 EWGV ausdrücklich aufgegeben wurde[16], sondern daß es als ungeschriebe-

---

8 Oben Kap. 2 E. 3. b) bb).

9 *Langeheine*, in: Grabitz (Hg.), EWGV-Komm., Art. 100 a, Rn. 92.

10 In der Literatur ist dazu heftig umstritten, ob eine Harmonisierungsmaßnahme, zusätzlich zu den einzelnen Tatbestandsvoraussetzungen der Artt. 100 ff. EWGV, auch *„erforderlich"* im Sinne von Art. 3 lit. h) EWGV sein muß. Für eine Beschränkung des Anwendungsbereichs der Artt. 100 ff. EWGV durch diese Vorschrift votieren: *Seidl-Hohenveldern*, Rechtsakte der Organe der EWG als Mittel der Angleichung, in: KSE 11, 1971, 190 ff.; *Marx*, Funktion und Grenzen der Rechtsangleichung nach Art. 100 EWG-Vertrag, 1976, 146, 160; *Steindorff*, Grenzen der EG-Kompetenzen, 1990, 108 f. Abgelehnt wird diese Auffassung von: *Ipsen*, Gemeinschaftsrecht, 689 f.; *Zuleeg*, in: GBTE, Art. 3, Rn. 5, 14; *Eiden*, in: Bleckmann, Europarecht, Rn. 1521. Die Frage bedarf hier aber keiner Klärung, da es in diesem Zusammenhang lediglich auf die Identität der Rahmenbedingungen ankommt.

11 *Müller-Graff*, oben Fn. 6, 128.

12 *Müller-Graff*, oben Fn. 6, 121 f.

13 Z. B.: *Angleichung der Rechts- und Verwaltungsvorschriften der Mitgliedstaaten, Errichtung/Funktionieren des Marktes.*

14 Art. 100 b EWGV kann hier vernächlässigt werden, da er sich in den Voraussetzungen auf Art. 100 a EWGV bezieht.

15 Dazu: *Eiden*, Die Rechtsangleichung gemäß Art. 100 des EWG-Vertrages, 1984, 53 – 59; *Langeheine*, oben Fn. 9, Art. 100, Rn. 31 – 36; *Lukes*, Umweltschutz und Rechtsangleichung in den Europäischen Gemeinschaften, in: Götz/Rauschning/Zieger (Hg.), Umweltschutz und internationale Wirtschaft, 1975, 164 ff.; *Taschner*, in: GBTE, Art. 100, Rn. 26 f.; *Zweigert*, Grundsatzfragen der europäischen Rechtsangleichung, ihrer Schöpfung und Sicherung, in: Dölle-FS, 1963, 406 jeweils m.w.N.

16 So aber: *Brammer*, oben Fn. 6, 80 f.; *CEDE*, 10737 D; *Ehlermann*, oben Fn. 6, 385; *Ress*,

nes Tatbestandsmerkmal Bestandteil dieser Vorschrift ist[17]. Die Tatsache der Nichterwähnung in Art. 100 a Abs. 1 EWGV läßt sich mit gesetzgebungstechnischen Gründen erklären; eine ohnehin lediglich deklaratorische Wiederholung dieses Tatbestandsmerkmals im Wortlaut dieser Vorschrift wurde von der Regierungskonferenz als offensichtlich nicht notwendig erachtet. Die praktischen Auswirkungen dieses Befundes dürften allerdings eher gering sein. Der potentiell weite Anwendungsbereich von Art. 100 a Abs. 1 EWGV[18] wird in der Praxis dadurch jedenfalls nicht nennenswert eingeschränkt, weil das Unmittelbarkeitskriterium bei der Anwendung im Rahmen von Art. 100 EWGV bereits seit langem die Funktion eines einschränkenden Korrektivs nicht auszuüben vermochte[19].

Fraglich ist schließlich, ob auch die Schutzniveauklausel des Art. 100 a Abs. 3 EWGV in ihrer umweltpolitischen Bedeutung zum Bestandteil der allgemeinen Harmonisierungskompetenz nach Art. 100 EWGV zählt oder ob es sich dabei um ein besonderes, ausschließlich für den Anwendungsbereich von Art. 100 a EWGV geltendes Merkmal handelt[20]. Der Wortlaut von Art. 100 EWGV scheint für letztgenannte Auffassung zu sprechen, da sich eine solche Klausel dort nicht finden läßt. Dies greift allerdings zu kurz, da auch die Entstehungs- und Entwicklungsgeschichte des Gemeinschaftsrechts zu berücksichtigen ist. Während bei Abschluß der Römischen Verträge 1957 für den Aspekt der Ökologie noch kein Bewußtsein bestand, änderte sich dies in der Folgezeit der Pariser Konferenz der Staats- und Regierungschefs von 1972 nachhaltig[21]. Bereits Jahre vor Inkrafttreten der EEA galt das Postulat des Art. 100 a Abs. 3 EWGV als ungeschriebenes Prinzip der auf Art. 100 EWGV gestützten Maßnahmen[22]. Mittlerweile ist davon auszugehen, daß es dem aktuellen Entwicklungsstand des Gemeinschaftsrechts und der gemeinsamen Überzeugung aller Organe entspricht, daß die Schutzniveauklausel des Art. 100 a Abs. 3 EWGV allgemein für die Harmonisierungstatbestände der Artt. 100 ff. EWGV gilt. Normativ festmachen läßt sich das an den Zielsetzungen der Artt. 2 und 3 EWGV, die auf der Hintergrund der EEA und der Aktionsprogramme für den Umweltschutz zu interpretieren sind[23]. Schließlich folgt dies auch aus einer einheitlichen Auslegung der Vorschriften über die Rechtsangleichung, für die gemäß Artt. 3 lit. h), 8 a Abs. 1 EWGV auch gleiche Rahmenbedingungen gelten. Art. 100 a Abs. 3 EWGV postuliert also ein ungeschriebenes Tatbestandsmerkmal dieser Bestimmungen und gilt nicht lediglich für den binnenmarktrelevanten Bereich.

Löst Art. 100 a EWGV die Probleme der Rechtsangleichung des einheitlichen Binnenmarktes?, in: ders. (Hg.), Rechtsprobleme der Rechtsangleichung, 1988, 11.

17 Wohl erkannt von: *Hailbronner*, EuGRZ 1989, 105 und *Koppen*, The European Community's environment policy, 1988, 49.

18 *Ehlermann*, integration 1986, 103; *Pipkorn*, in: BBPS, 378.

19 *Müller-Graff*, oben Fn. 6, 129 f.

20 Als Frage in den Raum gestellt von: *Boisserée*, oben Fn. 6, 394.

21 Vgl. oben Kap. 1 A., Fn. 7.

22 *Pipkorn*, in: BBPS, 379.

23 Vgl. Kap. 2 A. 3.

b) Art. 100 Uabs. 1 EWGV

Nach der soeben bestätigten Spezialitätsthese ist Art. 100 EWGV nur noch in Sachgebieten anwendbar, die nicht von Art. 100 a EWGV erfaßt werden[24]. Da diese Ermächtigung nun, vor allem wegen der Weite des Binnenmarktbegriffs[25] einen sehr großen Anwendungsbereich hat[26], bleiben im Prinzip nur die in Art. 100 a Abs. 2 EWGV genannten Bereichsausnahmen für ein Vorgehen auf der Grundlage von Art. 100 EWGV übrig. Davon sind auf dem Gebiet des Umweltrechts lediglich die umweltbezogenen direkten Steuern nennenswert. Sie sind nach Art. 100 a Abs. 2 EWGV vom Geltungsbereich dieser Vorschrift ausgenommen[27]. Ferner gilt Art. 99 EWGV ausschließlich für indirekte Steuern und regelt somit die Steuerharmonisierung nicht in abschließender Weise[28]. Schließlich ist die Angleichung der direkten Steuern, wegen des umfassenden Auftrags in Art. 3 lit. h) EWGV, anerkanntermaßen nach Art. 100 EWGV möglich[29]. Da jedoch auch Art. 130 s EWGV als Rechtsgrundlage derartiger Maßnahmen tauglich ist[30], konkurrieren die beiden Kompetenznormen auf diesem Gebiet miteinander. Diese Konkurrenz ist im Einzelfall nach den Grundsätzen der modifizierten Intensitätsmethode aufzulösen. Faktisch bedeutet das, daß der umweltrechtliche Anwendungsbereich von Art. 100 EWGV sehr gering ist. Eine Abstützung auf diese Vorschrift kommt allenfalls bei der Harmonisierung direkter Steuern in Betracht, sofern sie lediglich marginal umweltschützende Auswirkungen haben. Bislang ist die Gemeinschaft dahingehend noch nicht tätig geworden, konkrete Vorhaben sind – soweit ersichtlich – auch nicht geplant.

Dementsprechend kommt Art. 100 EWGV auch in der Praxis der Gemeinschaftsorgane seit Inkrafttreten der EEA keine nennenswerte Bedeutung mehr zu. Es verwundert daher, daß der Kommissionsvorschlag für eine Richtlinie des Rates über die zivilrechtliche Haftung für die durch Abfälle verursachten Schäden auf Art. 100 EWGV gestützt ist[31]. In den Erwägungsgründen wird darauf Bezug ge-

---

[24] So ausdrücklich: *Langeheine*, oben Fn. 9, Art. 100 a, Rn. 93; *Pipkorn*, in: BBPS, 376; vgl. auch: *Krämer*, EEA und Umweltschutz, in: Rengeling (Hg.), Europäisches Umweltrecht, 1988, 154. Der Gerichtshof hat bereits vor Inkrafttreten der EEA das Heranziehen von Art. 100 EWGV als Grundlage gemeinschaftlicher Umweltrechtsakte prinzipiell gebilligt: EuGH, Urteile vom 18.3.1980, Rs. 91/79, Kommission vs. Italien, Slg. 1980, 1099 (1106) und Rs. 92/79, Kommission vs. Italien, Slg. 1980, 1115 (1122).

[25] Siehe oben Kap. 2 E. 3. b) bb).

[26] Siehe das oben in Fn. 18 angegebene Schrifttum.

[27] *Langeheine*, oben Fn. 9, Art. 100 a, Rn. 26.

[28] *Von Borries* (Hg.), Europarecht von A – Z, 389; *Pipkorn*, in: BBPS, 390; *Wägenbaur*, in: Grabitz (Hg.), EWGV-Komm., Vor Art. 95, Rn. 1.

[29] *Andel*, in: GBTE, Art. 99, Rn. 4; *Glaesner*, oben Fn. 6, 41; *Grabitz*, RIW 1989, 635; *Grabitz/Zacker*, CMLRev 1989, 442; *Langeheine*, oben Fn. 6, 242; *Pipkorn*, in: BBPS, 378; *Ritter*, BB 1989, 79; *Schweitzer/Hummer*, oben Fn. 6, 345.

[30] Oben Kap. 2 E. 3. a).

[31] ABl. 1989, C 251, 3. Das EP debattierte am 12./13.6.1990 über den Vorschlag und forderte zahlreiche Änderungen (EuZW 1990, 238). Die Stellungnahme des Bundesrates findet sich in: BR.-Dr. 528/89. Aus der Lit.: *Bongaerts*, Die Umweltpolitik der EG 1988, 8; *Pernice*, NVwZ 1990, 415; kritisch gegenüber einer ausufernden Umwelthaftung: *von Weizsäcker*, Umweltpolitik in Europa – mit Blick auf 1992, in: Europäische Umweltpolitik von unten?!, Ev. Akademie Bad

nommen, daß nach dem 4. AP die Arbeiten über die zivilrechtliche Haftung und Versicherung bei grenzüberschreitender Beförderung gefährlicher Abfälle fertiggestellt werden sollen. Eine Angleichung nationaler Bestimmungen sei deshalb erforderlich, weil rechtliche Unterschiede bei der Haftung zu künstlichen Investitions- und Abfallströmen führen könnten. Dies aber sei durch eine Harmonisierung zu vermeiden, weil ansonsten der Wettbewerb verfälscht, der freie Warenverkehr im Binnenmarkt beeinträchtigt und Unterschiede im Niveau des Gesundheits-, Güter- und Umweltschutzes verursacht werden könnten. Art. 3 RL statuiert eine verschuldensunabhängige Haftung des Abfallerzeugers für die durch Abfälle entstandenen Schäden und Umweltbeeinträchtigungen. Aus der vorgeschlagenen Begründung ergibt sich, daß damit das Verursacher- und Vorbeugeprinzip gemäß Art. 130 r Abs. 2 Satz 1 EWGV umgesetzt werden sollen[32]. Nach den Vorstellungen der Kommission sollen sich die Kosten der Umweltschäden in den Kosten der Güter oder Dienstleistungen niederschlagen, die diesen Abfällen zugrunde liegen. Eine verschuldensunabhängige Haftung sei wegen der von Abfällen ausgehenden Gefahren für den ökologischen Zustand der gesamten Umwelt sachgerecht.

Der Richtlinienvorschlag ist kompetenziell in mehrerer Hinsicht interessant. Während in einem früheren internen Entwurf der Kommission noch Art. 130 s EWGV als Rechtsgrundlage bezeichnet ist[33], wird in der deutschen Fassung nunmehr ausdrücklich auf Art. 100 EWGV Rekurs genommen. Dabei ist dem veröffentlichten Vorschlag insofern ein innerer Widerspruch immanent, als in den Begründungserwägungen explizit Art. 100 a EWGV als einschlägige Ermächtigungsnorm bezeichnet wird. Auch die Erwähnung des Verfahrens der Zusammenarbeit und des Binnenmarktbegriffs sprechen dafür, daß die Nennung von Art. 100 EWGV ein Versehen oder gar nur ein Druckfehler ist. Die Kommission wollte den Vorschlag also ersichtlich auf Art. 100 a EWGV stützen, was sich im weiteren Rechtsetzungsverfahren sicherlich auch niederschlagen wird.

Damit ist aber das Problem noch nicht gelöst, ob nun Art. 130 s oder Art. 100 a EWGV die einschlägige Rechtsgrundlage darstellt. Als Kompetenznormen einer gemeinschaftsrechtlichen Umwelthaftung kommen grundsätzlich beide Vorschriften in Betracht[34]. Nach hier geäußerter Auffassung erfolgt die Abgrenzung gemäß der modifizierten Intensitätsmethode. Einerseits bezweckt die Richtlinie die Sicherung des freien Warenverkehrs und der Wettbewerbsgleichheit im Binnenmarkt, so daß die Voraussetzungen für ein Tätigwerden auf der Grundlage von Art. 100 a Abs. 1 EWGV an sich gegeben sind. Andererseits stellt der Schutz der Umwelt vor einer Verschmutzung durch Abfälle einen weiteren, deutlich erkennbaren Regelungszweck dar. Das zeigt auch der Haftungsumfang: die Einstandspflicht erstreckt sich nicht nur auf Körper- und

---

Boll, Protokolldienst 38/88, 58; eher positiv urteilen: *Binswanger/Meiners*, Aussenwirtschaft 1988, 417.

[32] *Krämer*, EuGRZ 1989, 358, betont den dabei bestehenden weiten politischen Gestaltungsspielraum des Gemeinschaftsgesetzgebers.

[33] Zitiert bei: *Grabitz*, in: Bitburger Gespräche, Jb. 1989, 88; dazu auch: *Rest*, NJW 1989, 2158.

[34] *Grabitz*, oben Fn. 33, 89.

Sachschäden, sondern auch auf Umweltbeeinträchtigungen (Art. 3 RL)[35]. Hinzu kommt, daß das Abfallrecht als originärer Sektor der Umweltpolitik anzusehen ist[36], das sich für eine Umsetzung des Verschmutzer- und Vorbeugeprinzips in besonderem Maße anbietet. Nach der modifizierten Intensitätsmethode ist also Art. 130 s EWGV als einschlägige Kompetenznorm heranzuziehen[37].

c) Art. 100 a Abs. 1 Satz 2 EWGV

aa) Grundsätzliches

Für den verbleibenden umweltrechtlichen Anwendungsbereich von Art. 100 a Abs. 1 Satz 2 EWGV ist zunächst die Frage bedeutsam, welche verbindlichen Handlungsinstrumente überhaupt auf diese Vorschrift abgestützt werden können. Zunächst steht dem Gemeinschaftsgesetzgeber nach dem Wortlaut von Art. 100 a Abs. 1 EWGV das klassische ordnungsrechtliche Instrumentarium zur Verfügung. Wie sich Art. 100 a Abs. 2 EWGV entnehmen läßt, sind von den ökofiskalischen Maßnahmen lediglich sämtliche Steuern ausgenommen; das bedeutet im Umkehrschluß, daß umweltbezogene Gebühren, Beiträge und Sonderabgaben auf der Grundlage dieser Ermächtigung harmonisierbar sind, sofern die sonstigen Tatbestandsvoraussetzungen erfüllt sind[38]. Erwähnenswert ist insbesondere, daß das gemeinschaftliche Tätigkeitsfeld auf dem in der Praxis immer wichtiger werdenden Gebiet der Sonderabgaben keinen weiteren Restriktionen unterliegt, wie sie etwa dem deutschen Gesetzgeber nach der einschlägigen Rechtsprechung des Bundesverfassungsgerichts auferlegt sind[39].

Da sich all diese Rechtsakte auch auf Art. 130 s EWGV stützen lassen[40], stellt sich das Problem der Abgrenzung. Wie zuvor bereits ausführlich dargelegt, erfolgt diese, mangels Bestehen eines methodischen Konkurrenzverhältnisses, ebenfalls gemäß der hier entwickelten modifizierten Intensitätsmethode. Die danach erforderliche Gesamtbewertung einer Maßnahme ist in diesen Fällen mit besonderer Sorgfalt vorzunehmen. Bei der Abgrenzung der Geltungsbereiche der Artt. 130 s und 100 a Abs. 1 Satz 2 EWGV besteht, neben den vielfältigen Folgewirkungen[41], nämlich zusätzlich ein Spannungsverhältnis herausgehobener Art. Einerseits spricht die vertraglich eingeräumte Priorität des Umweltschutzes für eine grundsätzliche Präferenz von Art. 130 s EWGV, weil die Bedeutung des ökologischen Aspekts im Rahmen der allge-

---

[35] Begrüßt von: *Rest*, oben Fn. 33, 2158.

[36] *Seidel*, DVBl. 1989, 444.

[37] Im Ergebnis ebenso: *Grabitz*, oben Fn. 33, 89.

[38] *Grabitz*, oben Fn. 29, 635. Diese Abgabeformen sind sämtlich als mittelbar verhaltenslenkende Maßnahmen zum Zwecke des Umweltschutzes tauglich: *Kloepfer*, UmwR, § 4, Rn. 207 m.w.N.

[39] *Krämer*, oben Fn. 32, 359; siehe auch oben Kap. 2 E. 3. a), dort Fn. 89.

[40] Oben Kap. 2 A. 5. b) bb) und Kap. 2 E. 3. a).

[41] Oben Kap. 1 A.

meinen Harmonisierungskompetenzen nach Art. 100 a EWGV deutlich relativiert ist[42]. Andererseits ist nicht zu übersehen, daß dem Umweltschutz im Rahmen der Rechtsangleichung ausdrücklich ein bestimmter Rang zugewiesen ist. Diese Entscheidung des Gemeinschaftsgesetzgebers darf nun nicht durch eine Herausnahme des gesamten Umweltrechts aus dem Anwendungsbereich der allgemeinen Angleichungskompetenzen umgangen werden[43].

Die modifizierte Intensitätsmethode löst dieses Spannungsfeld nun dahingehend auf, daß der ganz überwiegende Teil des Umweltrechts kompetenziell auf Art. 130 s EWGV zu stützen ist[44]. Die Anwendung dieser Theorie ist aber nur dann mit dem Gemeinschaftsrecht vereinbar, wenn der umweltrechtliche effet utile der Absätze 3 und 4 von Art. 100 a EWGV gewahrt bleibt. Hingegen wäre es gemeinschaftsrechtlich nicht mehr zulässig, wenn das gesamte Umweltrecht ausnahmslos dem Geltungsbereich dieser Vorschrift entzogen würde. In diesem Fall wären wesentliche Teile der vorstehenden Bestimmungen nämlich ihrer praktischen Wirksamkeit beraubt und damit überflüssig. Ein solches Auslegungsergebnis wäre also deshalb unzulässig, weil dabei teleologische Aspekte nicht hinreichende Berücksichtigung gefunden hätten[45]. Dazu führt die modifizierte Intensitätsmethode aber gerade nicht. Sie bewirkt vielmehr, daß Rechtsakte mit zumindest auch umweltschützendem Zweck dann auf die genannten Harmonisierungskompetenzen zu stützen sind, wenn das ökologische Moment einem binnenmarktrelevanten Hauptzweck der Maßnahme deutlich erkennbar untergeordnet ist[46]. Die folgenden aktuellen Beispiele verdeutlichen, daß der umweltrechtliche Anwendungsbereich von Art. 100 a EWGV zwar quantitativ stark beschränkt, aber durchaus noch existent ist.

bb) Aktuelle Problemfelder

Rechtsgrundlage der soeben genannten Richtlinie 89/428/EWG des Rates vom 21. Juni 1989 über die Modalitäten zur Vereinheitlichung der Programme zur Verringerung und späteren Unterbindung der Verschmutzung durch Abfäl-

---

42 Oben Kap. 2 C. 4. c) aa).

43 In diesem Spannungsfeld ist unter anderem der Grund dafür zu erblicken, daß die Frage, ob ein Rechtsakt auf Artt. 100 a Abs. 1 Satz 2 oder 130 s EWGV zu stützen sei, in der Praxis oftmals zu Streitfällen führt (*Ungerer*, integration 1989, 97, 99; siehe auch: *Bieber*, oben Fn. 6, 226 – 228; *Grunwald*, EuR 1988, 94). Kompetenzstreitigkeiten dieser Art sind auf Gemeinschaftsebene nicht unbekannt. Bereits zu Beginn der siebziger Jahre, also lange vor Inkrafttreten der EEA, kam es innerhalb der Kommission zwischen der GD Binnenmarkt und der Dienststelle für Umwelt- und Verbraucherschutz über die Frage, wer zur Ausarbeitung eines Gesetzentwurfs zur Reduzierung des Schwefelgehalts flüssiger Brennstoffe zuständig sei, zu Kontroversen (Einzelheiten bei: *Bungarten*, Umweltpolitik in Westeuropa, 1978, 187). Nunmehr liegt wegen des Streits um die Rechtsgrundlage der TiO_2-Richtlinie 89/428/EWG sogar ein erstes Urteil des Gerichtshofs vor (EuGH, Urt. vom 11.6.1991, Rs. C-300/89, Komm. vs. Rat, EuR 1991, 175 - 178; siehe auch oben Kap. 1 A., Fn. 48 und *Pernice*, oben Fn. 31, 205).

44 Einzelheiten: oben Kap. 2 D. 3. b).

45 *Scheuing*, EuR 1989, 182 m.w.N.

46 Einzelheiten: oben Kap. 2 D. 3. b).

le der Titandioxid-Industrie[47] ist Art. 130 s EWGV. Die Richtlinie schließt an die RL 78/176/EWG[48] an, wonach die Mitgliedstaaten Programme zur schrittweisen Verringerung und späteren Unterbindung der Verschmutzung durch Abfälle aus diesen Anlagen aufstellen[49]. Aufgabe der Kommission sollte es sein, aus diesen Programmen heraus Vorschläge zur Verbesserung der Wettbewerbsbedingungen zu machen. Dies ist nun in Form der RL 89/428/EWG verbindlich geschehen. Den Erwägungsgründen nach sollen Abfälle aus der TiO_2-Produktion möglichst vermieden oder wiederverwendet werden. Dabei soll die Beseitigung solcher Abfälle ohne Gefährdung der menschlichen Gesundheit und Schädigung der Umwelt erfolgen. Demgemäß wird für bestimmte Stoffe ein seit 31.12.1989 geltendes Einbringungsverbot verhängt (Artt. 3, 4 RL), wobei jedoch zeitlicher Aufschub und Fristverlängerung bis spätestens 31.12.1994 gewährt werden kann (Artt. 5, 7 RL). Bestehenden Industriebetrieben wird die Verwendung geeigneter Anlagen zur Abfallbeseitigung auferlegt und schließlich werden die Mitgliedstaaten verpflichtet, für die Einleitung bestimmter Abfälle gleichwertige Qualitätsziele aufzustellen.

Die Richtlinie enthält also Produktions- oder Verfahrensnormen im Sinne der Begriffsbestimmung des 1. Aktionsprogramms[50]. Ihr Zweck besteht, wie Art. 1 RL nochmals ausdrücklich klarstellt, in der Verbesserung der Wettbewerbsbedingungen der Titandioxid-Industrie. Nach der Begründung der Maßnahme ist die Richtlinie aber auch ausdrücklich dem Schutz der Umwelt und insbesondere der menschlichen Gesundheit verpflichtet. Solche Vorschriften können anerkanntermaßen Kostenbelastungen für die betroffenenen Unternehmen mit sich bringen. Ohne eine Harmonisierung derartiger einzelstaatlicher Rechtsnormen könnte der Wettbewerb spürbar verfälscht werden[51]. Da nach hier vertretener Auffassung die Gleichheit des Wettbewerbs vom Binnenmarktbegriff umfaßt wird, dient die Richtlinie somit unmittelbar der Errichtung und dem Funktionieren desselben. Die Tatbestandsvoraussetzungen von Art. 100 a Abs. 1 Satz 2 EWGV liegen mithin vor.

Die Maßnahme bezweckt aber auch explizit den Schutz der in Art. 130 r Abs. 1 Spstr. 1, 2 EWGV genannten Rechtsgüter. Ferner erscheint nach der

---

[47] ABl. 1989, L 201, 56; ber. in ABl. 1989, L 357, 35.

[48] ABl. 1978, L 54, 19; geändert durch ABl. 1983, L 32, 28; dazu: *Jarass*, Die Anwendung neuen Umweltrechts auf bestehende Anlagen, 1987, 129 – 132; *Rengeling*, Umweltgefährdende Anlagen im EWG-Recht, in: Carstens-FS, Bd. 1, 1984, 250.

[49] *Grabitz*, in: ders. (Hg.), EWGV-Komm., Art. 130 s, Rn. 104. Zum Ausmaß der Verschmutzung: 1988 gelangten 1,7 Millionen Tonnen flüssiger Industrieabfälle, hauptsächlich Dünnsäure aus der Titanium-Dioxid-Produktion, in die Nordsee (FAZ, Nr. 56 vom 7.3.1990, 6). Auf der 3. Nordseeschutz-Konferenz Anfang März 1990 in Den Haag kamen die Teilnehmer, zu denen auch die EG-Kommission zählte, überein, bis Ende 1992 die Einbringung von Industriemüll in die Nordsee einzustellen (FAZ, Nr. 58 vom 9.3.1990, 1). Zu den internationalen Bemühungen zur Rettung der Nordsee siehe: *Jenisch*, Aussenpolitik 1/1989, 81 ff; *Möhring*, Viele Versprechungen, wenige Taten, FAZ, Nr. 62 vom 14.3.1990, 16; *Peet*, Umweltpolitik zum Schutz der Nordsee, in: Tudyka (Hg.), Umweltpolitik in Ost- und Westeuropa, 1988, 273 ff.; *Winter*, NuR 1988, 265 ff.

[50] ABl. 1973, C 112, 50.

[51] EuGH, Urteile vom 18.3.1980, Rs. 91/79, Komm. vs. Italien, Slg. 1980, 1099 (1106); Rs. 92/79, Komm. vs. Italien, Slg. 1980, 1115 (1122); dazu: *Koppen*, oben Fn. 17, 35 – 37.

Sachlage ein gemeinschaftliches Vorgehen im Sinne von Art. 130 r Abs. 4 Satz 1 EWGV ebenfalls angezeigt. Es ist also auch ein Vorgehen auf der Grundlage von Art. 130 s EWGV möglich. Nach dem gesamten Inhalt der Richtlinie kann nicht davon ausgegangen werden, daß ökologischen Belangen hier eine lediglich untergeordnete Bedeutung zukommt. Zwar ist ausdrücklich die Herstellung gleicher Wettbewerbsbedingungen bezweckt, dies soll aber durch Angleichung originär umweltschützender Bestimmungen erfolgen. Beispielsweise dient die Einführung eines Verbots, bestimmte Abfälle in Gewässer einzubringen und die Festlegung geeigneter Emissionsnormen für gasförmige Ableitungen aus der TiO_2-Produktion in gleicher Intensität dem Umweltschutz wie der Herstellung identischer Wettbewerbsbedingungen. Nach der modifizierten Intensitätsmethode verdrängt damit Art. 130 s EWGV den binnenmarktbezogenen Art. 100 a EWGV als Rechtsgrundlage[52].

In der Literatur ist das Heranziehen von Art. 130 s EWGV als Rechtsgrundlage der RL 87/416/EWG des Rates vom 21. Juli 1987 zur Änderung der RL 85/210/EWG zur Angleichung der Rechtsvorschriften der Mitgliedstaaten über den Bleigehalt von Benzin[53] heftig kritisiert worden[54]. In Ergänzung der RL 85/210/EWG[55], deren Ziel darin besteht, den Bleigehalt im Benzin schrittweise zu verringern und unverbleiten Treibstoff gemeinschaftsweit einzuführen, eröffnet diese Richtlinie den Mitgliedstaaten die Möglichkeit, das Inverkehrbringen verbleiten Normalbenzins zu verbieten. Voraussetzung ist, daß dies durch den Schutz der menschlichen Gesundheit gerechtfertigt und eine ausreichende Versorgung der Verbraucher gewährleistet ist (Art. 1 Abs. 4 RL). Den Erwägungsgründen nach ist ein Verbot verbleiten Normalbenzins wünschenswert, weil es der angestrebten Verbesserung des Schutzes der Volksgesundheit und Umwelt dient. Blei verursache ernsthafte Schädigungen im menschlichen Körper und in der Umwelt, wobei das verbleite Benzin die Hauptquelle des Ausstoßes darstelle.

Als Rechtsgrundlagen kommen die Artt. 130 s, 100 a und 75 EWGV[56] in Betracht. Da nach hier vertretener Auffassung ein Verhältnis der Spezialität zwischen diesen Ermächtigungen nicht besteht und die Regelung zumindest auch umweltschützenden Charakter hat, erfolgt die Abgrenzung nach der modifizierten Intensitätsmethode. Unmittelbarer Zweck der Richtlinie ist erkennbar die Zurückdrängung des verbleiten Normalbenzins auf dem Markt. Es handelt sich um eine die Verwendung des Produktes Benzin näher ausgestaltende Regelung[57]; mithin also um eine Produktnorm im Sinne der Anlage 1 zum 1.

---

52 Im Ergebnis gerade umgekehrt: EuGH, oben Fn. 43, 178. Der Gerichtshof erklärte die RL wegen der Wahl einer unzutreffenden Rechtsgrundlage für nichtig.

53 ABl. 1987, L 225, 33.

54 *Pernice*, oben Fn. 6, 8 und *Scheuing*, oben Fn. 45, 188 gegen *Krämer*, oben Fn. 24, 160.

55 ABl. 1985, L 96, 25; dazu: *Grabitz*, oben Fn. 49, Art. 130 s, Rn. 83; *Hey/Jahns-Böhm*, Ökologie und freier Binnenmarkt, 1989, 98 f.

56 Auf Art. 75 EWGV weist richtigerweise *Scheuing*, oben Fn. 45, 188, dort Fn. 206, hin.

57 *Scheuing*, oben Fn. 45, 188; *Weinstock*, ZfU 1983, 38.

Aktionsprogramm[58]. Dabei stehen die Auswirkungen auf den freien Warenverkehr und die Umwelt gegenüber dem verkehrspolitischen Aspekt derart im Vordergrund, daß Art. 75 EWGV als Rechtsgrundlage sogleich wieder ausscheidet.

Die Tatbestandsvoraussetzungen von Art. 100 a Abs. 1 Satz 2 EWGV liegen vor, weil die Maßnahme unmittelbar den freien Warenverkehr betrifft, der gemäß Art. 8 a Abs. 2 EWGV unstreitig zum Binnenmarkt zählt. Gleichzeitig ist aber auch Art. 130 s EWGV gegeben, weil der Rechtsakt mittelbar die beiden in Art. 130 r Abs. 1 EWGV erstgenannten Ziele verfolgt. Da sich eine pauschale Zuweisung aller Produktnormen an die eine oder andere Rechtsgrundlage[59] mit der einzelfallbezogenen modifizierten Intensitätsmethode nicht vereinbaren läßt, sind die beiden Zwecke zu gewichten. Das Nahziel der Maßnahme ist offensichtlich binnenmarktbezogen, weil Modalitäten für den freien Verkehr des Produkts Benzin aufgestellt werden. Andererseits kommt in der Begründung der Richtlinie ebenso klar zum Ausdruck, daß das mittelbare Fernziel umweltschützender Art ist. Es handelt sich also um einen typischen Fall, in dem der Grundsatz bestmöglichen Umweltschutzes zum Zuge kommt, der in solchen Zweifelsfällen eine Abstützung auf Art. 130 s EWGV gebietet. Entgegen der überwiegenden Auffassung im Schrifttum hat der Rat hier also die richtige Kompetenznorm gewählt[60].

Die Richtlinie 89/458/EWG des Rates vom 18. Juli 1989 zur Änderung der Richtlinie 70/220/EWG zur Angleichung der Rechtsvorschriften der Mitgliedstaaten über Maßnahmen gegen die Verunreinigungen der Luft durch Emissionen von Kraftfahrzeugen hinsichtlich der europäischen Emissionsnormen für Kraftfahrzeuge mit einem Hubraum unter 1,4 Litern[61] ist auf Art. 100 a EWGV gestützt. Der amtlichen Begründung nach soll die Luftverschmutzung durch Abgase aus Kraftfahrzeugmotoren in einer dem aktuellen Stand der Technik entsprechenden Weise bekämpft werden. Bezweckt sei, den größtmöglichen Nutzen für die Umwelt zu erzielen und gleichzeitig die Einheitlichkeit des Marktes herzustellen. Daher sei eine abschließende Harmonisierung auf der Grundlage gleich strenger Normen wie die der USA notwendig. Wegen des Treibhauseffekts sei vor allem der Umfang der CO_2-Emissionen zunächst zu stabilisieren und dann zu minimieren. Es wird daher ein Grenzwert von 19 g/Test für Kohlenmonoxid und 5 g/Test für die Summe der Kohlenwasserstoffe und der Stickstoffoxide eingeführt. Für neue Kleinwagentypen gilt dies ab dem 1. Juli 1992, während die Werte bei Zulassung alter Modelle erst ab dem 31. Dezember 1992 erreicht werden müssen[62].

---

58 ABl. 1973, C 112, 50.

59 Dies wird in der Literatur aber ganz überwiegend vertreten: Nachweise oben Kap. 2 C. 3. d), Fn. 84.

60 So wohl auch: *Krämer*, oben Fn. 24, 160.

61 ABl. 1989, L 226, 1; ber. in ABl. 1989, L 270, 16.

62 In Fachkreisen ist diese Richtlinie als längst überfälliger Beginn der Einführung hoher Schutzstandards weithin positiv bewertet worden: *Berendes*, Thesenpapier zum Bereich Kraftfahrzeugabgase, vorgelegt auf der 13. Jahrestagung der GfU, 1989, 1 ff.; *Corcelle*, RevMC 1989, 522

Zur Bestimmung der einschlägigen Ermächtigungsvorschrift dieser produktnormierenden Maßnahme kommen ebenfalls die Artt. 75, 100 a, 130 s EWGV in Betracht. Dabei scheidet Art. 75 EWGV aus den gleichen Erwägungen aus, die soeben bei der Benzin-Blei-Richtlinie gegen diese Vorschrift geltend gemacht worden sind. Den Erwägungsgründen nach verfolgt die RL 89/458/EWG in gleicher Intensität den Schutz der Umwelt im Sinne von Art. 130 r Abs. 1 EWGV wie das in Art. 8 a EWGV formulierte Ziel des Binnenmarktes. Da die Wahrung ökologischer Belange also einen deutlich erkennbaren Regelungszweck darstellt, welcher der Schaffung eines einheitlichen Marktes auch keineswegs völlig untergeordnet ist, wäre nach hier vertretener Auffassung nicht Art. 100 a EWGV, sondern Art. 130 s EWGV heranzuziehen gewesen[63].

Abschließend sollen zwei wichtige Richtlinien aus dem Bereich des Umwelt-Gentechnikrechts[64] besprochen werden. Zum einen handelt es sich um die Richtlinie 90/219/EWG des Rates vom 23. April 1990 über die Anwendung genetisch veränderter Mikroorganismen in geschlossenen Systemen[65]. Während die Kommission Art. 100 a EWGV als Rechtsgrundlage vorgeschlagen hatte, einigte sich der Umweltministerrat am 8. Juni 1989 auf ein Gebrauchmachen von Art. 130 s EWGV[66]. Inhaltlich differenziert die Richtlinie, abhängig vom Gefährdungspotential, zwischen zwei Hauptgruppen genetisch veränderter Mikroorganismen. Während deren erstmalige Verwendung im industriellen Maßstab anmeldepflichtig ist, sind bei der nicht-industriellen Arbeit mit weniger gefährlichen Organismen nur Aufzeichnungen zu fertigen. Von einer behördlichen Zustimmung abhängig ist lediglich die erstmalige oder industrielle Verwendung bestimmter gefährlicher Mikroorganismen[67]. Es handelt sich dabei also um reine Produktionsnormen[68]. Der Schutzzweck be-

– 526; *Grabitz*, oben Fn. 49, Art. 130 s, Rn. 72; *Gündling*, Jb. der Europäischen Integration 1988/89, 163. Hingegen waren die Vorgängerrichtlinien zumeist harscher Kritik ausgesetzt, weil sie primär ökonomischen Wünschen der südeuropäischen Automobilindustrie Rechnung trugen: *Corcelle*, RevMC 1985, 258 ff. und RevMC 1986, 125 ff.; *Hey/Jahns-Böhm*, oben Fn. 55, 94 – 98; *Lötz*, GewArch 1989, 4 – 7; *Lomas*, McGill Law Journal 1988, 524 – 531; *Schmuck*, Umweltpolitik: Grenzüberschreitende Probleme - europäische Lösungen, 1988, 15 – 17; *Vorkötter*, EG-Magazin, 1984, Heft 10, 9. Mittlerweile verständigten sich die EG-Umweltminister auf eine weitere Verschärfung der in der RL 89/458/EWG normierten Grenzwerte. Damit soll sichergestellt werden, daß künftig bei allen neuzugelassenen Autos, der Einbau eines geregelten Dreiwegekatalysators erforderlich wird (FAZ, Nr. 298 vom 22.12. 1990, 11; zur Vorgeschichte: EuZW 1990, 429).

63 Dies deckt sich mit dem Verhalten einiger Ratsmitglieder, die die Vorgängerrichtlinie 88/76/EWG (ABl. 1988, 36, 1) nicht auf der Grundlage von Art. 100 a EWGV, sondern nach Art. 130 s EWGV verabschieden wollten (*Krämer/Kromarek*, R.J.E. 1988, 309); a. A.: *Berendes*, oben Fn. 62, 1 sowie das oben in Kap. 2 C. 3. d), Fn. 84 angegebene Schrifttum.

64 Ausdruck bei: *Kloepfer/Delbrück*, URP 1989, 281 f.

65 ABl. 1990, L 117, 1; sog. System-Richtlinie; siehe dazu: *Delbrück*, EuZW 1990, 373 f.

66 Siehe den Vorschlag in ABl. 1988, C 198, 9, geändert in ABl. 1989, C 246, 6; zum Tausch der Rechtsgrundlage: *Delbrück*, oben Fn. 65, 375, Fn. 37; *Hirsch/Schmidt-Didczuhn*, ZRP 1989, 458, Fn. 5; *Pernice*, oben Fn. 31, 205; mißverständlich wiedergegeben in: Bull. EG 6/1989, 57.

67 Einzelheiten: *Pernice*, oben Fn. 31, 420 f.; noch zum unveränderten Kommissionsvorschlag: *Gündling*, oben Fn. 62, 164; *Hart*, KJ 1989, 104 f.; *Hey/Jahns-Böhm*, oben Fn. 55, 88 ff.; *Kloepfer/Delbrück*, oben Fn. 64, 287.

68 *Pernice*, oben Fn. 31, 420.

steht gemäß Art. 4 Abs. 1 RL darin, Vorkehrungen zum Schutz von Bevölkerung und Umwelt vor negativen Folgen der Verwendung gentechnisch veränderter Mikroorganismen in abgeschlossenen Systemen zu treffen[69]. Daneben wird in den Begründungserwägungen der Bezug zum Binnenmarkt hergestellt. Disparitäten mitgliedstaatlicher Regelungen über die Verwendung solcher Organismen führten zu ungleichen Wettbewerbsbedingungen und hätten damit einen direkten Einfluß auf die Verwirklichung des Binnenmarktes.

Zwar stand nach dem materiellen Inhalt des ursprünglichen Kommissionsvorschlags der wirtschaftliche Förderungszweck gegenüber dem umweltpolitischen Schutzzweck im Vordergrund[70], dies gilt aber nun aufgrund der durch das Parlament veranlaßten Änderungen nicht mehr, da jetzt hohe Standards gesetzt sind[71]. Der Schwerpunkt der Regelung besteht nun darin, die Ziele des Art. 130 r Abs. 1 zu verwirklichen[72]. Damit bildet Art. 130 s EWGV in der Tat die richtige Grundlage dieser Maßnahme.

Zum zweiten geht es um die Richtlinie 90/220/EWG des Rates vom 23. April 1990 über die absichtliche Freisetzung genetisch veränderter Organismen in die Umwelt[73], in der Art. 100 a EWGV als Kompetenznorm benannt ist. Gegenüber dem ursprünglichen Kommissionsvorschlag hat das Parlament im Verfahren der Zusammenarbeit auch hier wichtige Änderungen bewirkt[74]. Nach den Erwägungsgründen bezweckt die Richtlinie, die Entwicklung von Produkten sicherzustellen, in denen genetisch veränderte Organismen angewendet werden und die für Mensch und Umwelt keine Bedrohung darstellen. Insbesondere soll verhindert werden, daß Gefahren von freigesetzten lebenden Organismen ausgehen, die sich eventuell über Landesgrenzen fortpflanzen und ausbreiten könnten. Eine Harmonisierung wird zudem deshalb angestrebt, weil unterschiedliche nationale Vorschriften Auswirkungen auf die Endkosten dieser Produkte haben könnten und damit imstande seien, Wettbewerbsverzerrungen zu bewirken.

Inhaltlich erfaßt der Vorschlag entwicklungs- und forschungsbedingte Versuche mit gentechnisch veränderten Mikroorganismen sowie deren Inverkehrbringen[75]. In dem letztgenannten produktbezogenen Regelungsbereich wird ein gemeinschaftliches Annahmeverfahren eingeführt (Artt. 9 ff RL). Danach werden innerhalb des Anmeldeverfahrens Informationen an alle anderen Mitgliedstaaten weitergeleitet, die das Recht haben, Modifizierungen vorzuschlagen, wobei die Letztentscheidungsbefugnis der Kommission zukommt. Nach Abschluß dieses Verfahrens darf kein Staat mehr die Verbreitung des Produkts

---

69 Zu den Gefahren der Gentechnik: *Kloepfer/Delbrück*, oben Fn. 64, 99 f. m.w.N.

70 So auch: *Hart*, oben Fn. 67, 105.

71 *Pernice*, oben Fn. 31, 420.

72 Siehe die einzelnen Änderungen in: ABl. 1989, C 246, 6.

73 ABl. 1990, L 117, 15; sog. Freisetzungs-RL. Bereits am 19.9.1989 erzielte der Rat politisches Einvernehmen über den Vorschlag, Bull. EG 9-1989, 34.

74 Der Entwurf findet sich in: ABl. 1988, C 198, 19; die Änderungen in: ABl. 1989, C 246, 5.

75 Einzelheiten bei: *Delbrück*, oben Fn. 65, 374 f.; *Pernice*, oben Fn. 31, 421; noch zum unveränderten Kommissionsvorschlag: *Gündling*, oben Fn. 62, a.a.O.; *Hart*, oben Fn. 67, 105 - 108; *Hey/Jahns-Böhm*, oben Fn. 55, 88 – 94; *Kloepfer/Delbrück*, oben Fn. 64, 287.

in irgendeiner Art und Weise beeinträchtigen. Dies trägt den Erfordernissen des Binnenmarktes in besonderer Weise Rechnung, weil nationale Einfuhrverbote damit grundsätzlich ausgeschlossen sind, es sei denn, ein Mitgliedstaat macht rechtmäßig von einer Schutzklausel Gebrauch[76]. Die Vergemeinschaftung des Anmeldeverfahrens bei solchen *„gefährlichen Stoffen"* ist dabei keineswegs üblich, wie der Vergleich mit dem Richtlinienvorschlag über Pflanzenschutzmittel zeigt[77]. Darin kommt zum Ausdruck, daß der Verwirklichung der Warenverkehrsfreiheit und der Sicherstellung der Wettbewerbsgleichheit, also den binnenmarktbezogenen Zielsetzungen gegenüber dem umweltschützenden Aspekt eine klare Präferenz eingeräumt ist[78]. Die ökonomische Ausrichtung des Vorschlags überwiegt ökologischen Aspekten gegenüber derart, daß selbst nach der modifizierten Intensitätsmethode eine Abstützung auf Art. 130 s EWGV ausscheidet. Wegen der eindeutig binnenmarktorientierten Zielsetzung ist die Richtlinie also, dem Kommissionsvorschlag entsprechend, richtigerweise auf Art. 100 a Abs. 1 Satz 2 EWGV gestützt[79].

d) Art. 100 b Abs. 1 Uabs. 2 EWGV

Wie sich dem Verweis in Art. 100 b Abs. 2 EWGV auf Art. 100 a Abs. 4 EWGV entnehmen läßt, kann ein Gleichwertigkeitsbeschluß nach Art. 100 b Abs. 1 Uabs. 2 EWGV grundsätzlich auch bei umweltbezogenen Rechtsakten erfolgen. Daher stellt sich zunächst die Frage nach den einzelnen Voraussetzungen für ein Tätigwerden der Gemeinschaftsorgane auf dieser Grundlage, um die umweltrechtliche Bedeutung der Vorschrift bewerten zu können.

Aus der Bezugnahme in Art. 100 b Uabs. 1 EWGV auf Art. 100 a EWGV folgt, daß der Anwendungsbereich beider Vorschriften identisch ist[80]. Dies bezieht sich sowohl positiv auf alle unter Art. 100 a Abs. 1 EWGV fallenden Normen als auch negativ auf die in Art. 100 a Abs. 2 EWGV genannten Bereichsausnahmen[81]. Nach dem ausdrücklichen Wortlaut von Art. 100 b Abs. 1 Uabs. 1 EWGV gilt dies allerdings nur in nicht bereits nach Art. 100 a EWGV harmonisierten Bereichen[82]. Eine Rechtsangleichung ist auch dann erfolgt, wenn von der Möglichkeit des Ausscherens gemäß Art. 100 a Abs. 4 EWGV rechtmäßig Gebrauch gemacht worden ist[83], d. h. es ist der EG verwehrt, ein nationales Abweichen vom Gemeinschaftsstandard dadurch zu unterlaufen, daß in diesen Fällen, trotz Harmonisierung nach Art. 100 a EWGV, noch zu-

---

76 *Pernice*, oben Fn. 31, 421.

77 Dazu oben Kap. 2 E. 2. b).

78 Vgl. *Hart*, oben Fn. 67, 106 f.

79 Im Ergebnis wohl ebenso: *Delbrück*, oben Fn. 65, 375; a. A. *Hart*, oben Fn. 67, 107, der aus rechtspolitischen Erwägungen Art. 130 s EWGV in diesem Fall für vorzugswürdig hält.

80 *Hey/Jahns-Böhm*, oben Fn. 55, 30; *Jadot*, Journal des tribunaux 1988, 727.

81 *Brammer*, oben Fn. 6, 53, 87; siehe auch: *de Ruyt*, 158.

82 *Matthies*, oben Fn. 6, 1288; *Pernice*, oben Fn. 31, 203.

83 *Hey/Jahns-Böhm*, oben Fn. 55, 32; *Langeheine*, oben Fn. 9, Art. 100 b, Rn. 4.

sätzlich ein Gleichwertigkeitsbeschluß gemäß Art. 100 b EWGV nachgeschoben wird.

Die Bedeutung des Begriffs *„gleichwertig“* in Art. 100 b Abs. 1 Uabs. 2 EWGV ist in der Literatur umstritten. Ein Teil des Schrifttums erblickt darin lediglich eine deklaratorische Bestätigung der sog. Cassis-Rechtsprechung des EuGH zu den Artt. 30 bis 36 EWGV[84]. Vereinfacht gesprochen gilt danach der Grundsatz der gemeinschaftsweiten freien Verkehrsfähigkeit eines rechtmäßig hergestellten und auf den Markt gebrachten Produkts, es sei denn, die in Art. 36 EWGV genannten Ausnahmetatbestände oder sog. zwingende Erfordernisse im Sinne der Judikatur des Gerichtshofs stehen dem entgegen[85]. Nach der entgegengesetzten Auffassung geht Art. 100 b Abs. 1 EWGV darüber hinaus und eröffnet die Möglichkeit, eine rein formelle Gleichwertigkeit, unabhängig von den die Rechtsprechung des EuGH tragenden materiellen Erwägungen, zu verfügen[86]. Für die letztgenannte Auffassung spricht, daß nur sie dieser Vorschrift eine eigenständige, konstitutive Bedeutung zu geben vermag, da nach der anderen Meinung Art. 100 b EWGV beim heutigen Stand des Gemeinschaftsrechts keinen effet utile haben würde. Teleologische Erwägungen stützen diesen Befund: weil das rechtliche Instrumentarium in seiner Auslegung durch den Gerichtshof zur fristgerechten Schaffung des Binnenmarktes nicht für ausreichend befunden wurde, gewährt die EEA den Organen nun effektivere Befugnisse. Der ausdrückliche zeitliche Zielbezug auf 1992 in Art. 100 b EWGV zeigt, daß mit dieser Vorschrift über die bislang judikativ anerkannten Grundsätze hinaus gegangen werden sollte. Die Norm ergänzt also Art. 100 a EWGV zur Verwirklichung des in Art. 8 a Abs. 1 EWGV gesteckten Ziels[87].

Verleiht aber Art. 100 b EWGV dem Rat die Befugnis, eine bloß formelle Gleichwertigkeit zu beschließen, kann dies erhebliche Gefahren für das Umweltschutzniveau mit sich bringen. In der Literatur ist bereits dargelegt worden, daß damit faktisch der niedrigste Standard zur gemeinschaftlichen Leitmaxime wird. Wegen der freien Verkehrsfähigkeit aller von einer solchen Entscheidung betroffenen Produkte hat dies für Hersteller, die in einem Mitgliedstaat mit höherem Schutzniveau produzieren, einen Wettbewerbsnachteil zur

---

[84] So: *Kupfer*, AgrarR 1989, 58 f.

[85] Näheres und Einzelnachweise: oben Kap. 1 B. 1., dort vor allem Fn. 57 bis 63; zur neueren Rspr. des EuGH: *van Rijn*, CMLRev 1988, 593 ff.; *Sedemund/Montag*, NJW 1989, 1410 - 1412. In der Bundesrepublik steht in letzter Zeit die europarechtliche Zulässigkeit der in den einzelnen Landes-Smog-Verordnungen verhängten Fahrverbotsregelungen für nicht mit einem Dreiwegekatalysator ausgerüstete Pkw in Streit: dazu: *Moench*, NVwZ 1989, 335 ff. einerseits und *Heinz*, NVwZ 1989, 1035 ff. andererseits.

[86] *Ehlermann*, Die rechtlichen Instrumentarien zur Verwirklichung eines Gemeinsamen Marktes nach dem EWG-Vertrag, in: Lukes (Hg.), Ein EWG-Binnenmarkt für Elektrizität, 1988, 34; *Hey/Jahns-Böhm*, oben Fn. 55, 37 ff.; unklar: *Everling*, Zur Funktion der Rechtsangleichung in der EG, in: Pescatore-FS, 1987, 240.

[87] Nach *Hey/Jahns-Böhm*, oben Fn. 55, 34, ist Art. 100 b EWGV *„ultima ratio“* zur Schaffung des Binnenmarktes. *Ehlermann*, oben Fn. 6, 399, 405, weist darauf hin, daß die Kommission zunächst beabsichtigte, nach dem 31.12.1992 automatisch eine Äquivalenz aller noch nicht angeglichenen Vorschriften, ohne die Notwendigkeit eines vorgeschalteten Ratsbeschlusses zu statuieren.

Folge und kann letztlich einen Anpassungsdruck nach unten bewirken[88]. Daher stellt sich die Frage, ob dem nicht durch eine analoge Anwendung der Schutzniveauklausel des Art. 100 a Abs. 3 EWGV vorgebeugt werden kann. Zwar ist zuvor bereits festgestellt worden, daß diese Bestimmung mittlerweile als ungeschriebenes Tatbestandsmerkmal aller allgemeinen Harmonisierungskompetenzen anzusehen ist[89], Art. 100 b EWGV ist jedoch keine Angleichungsvorschrift im eigentlichen Sinne, da dort gerade vom Nichtbestehen einer Harmonisierung ausgegangen wird. Systematisch scheint gegen diese Analogie zu sprechen, daß Art. 100 b Abs. 2 EWGV explizit ausschließlich auf die entsprechende Anwendbarkeit von Art. 100 a Abs. 4 EWGV verweist. Umgekehrt ließe sich daraus folgern, daß Art. 100 a Abs. 3 EWGV dementsprechend außen vor bleiben soll. Im Schrifttum ist diese Auffassung auch damit begründet worden, daß Art. 100 a Abs. 3 EWGV dem Sinn und Zweck nach unanwendbar sei, weil die Verfügung einer formellen Äquivalenz mit der Garantie eines hohen Schutzniveaus unvereinbar sei[90]. Hingegen plädieren andere Stimmen für eine solche Analogie[91].

Ausgangspunkt für eine Lösung des Konflikts ist die Erwägung, daß sowohl Art. 100 a EWGV als auch Art. 100 b EWGV gleichermaßen dem Ziel des Art. 8 a EWGV verpflichtet sind. Rechtsharmonisierung und Anerkennung der Gleichwertigkeit ergänzen sich gegenseitig und sind quasi zwei Seiten einer Medaille. Da nun Art. 100 b EWGV keine Aussage zum Schutzniveau enthält, ist zunächst das Bestehen einer Lücke zu konstatieren. Zu deren Ausfüllung kann entweder Art. 100 a Abs. 3 EWGV oder – über die Querschnittsklausel des Art. 130 r Abs. 2 Satz 2 EWGV – der gesamte Art. 130 r EWGV herangezogen werden. Dies bemißt sich danach, welche gesetzgeberische Wertung dem Normzweck des Art. 100 b EWGV besser gerecht wird[92]. Zuvor ist bereits festgestellt worden, daß die Anwendung der Querschnittsklausel auf solche Vorschriften ausscheidet, die ebenfalls mit der EEA in den Vertrag gelangt sind und zusätzlich explizite, von den Bestimmungen des Vertragstitels „*Umwelt*“ abweichende Regelungen über die Art und Weise des Umweltschutzes enthalten[93]. Da Art. 100 b EWGV durch die Einheitliche Akte eingefügt worden ist und nach Abs. 2 der Norm in Verbindung mit Art. 100 a Abs. 4 EWGV eine von Art. 130 t EWGV abweichende Regelung enthält, scheidet die analoge Anwendung von Art. 130 r Abs. 2 Satz 2 EWGV hier aus. Zur Ausfüllung der Lücke ist es vielmehr geboten, die in Art. 100 a Abs. 3 EWGV enthaltene Wertung, dem Umweltschutz bei der Verwirklichung des Binnenmarktes lediglich eine relativierte Bedeutung einzuräumen,

---

88 Ausführlich: *Hey/Jahns-Böhm*, oben Fn. 55, 34 – 37; ebenso: *Meyer/Rath*, Forum Recht1990, 49 f.; *Sedemund*, „Cassis de Dijon“ und das neue Harmonisierungskonzept der Kommission, in: Schwarze (Hg.), Der Gemeinsame Markt, Bestand und Zukunft in wirtschaftsrechtlicher Perspektive, 1987, 42 – 46.

89 Oben Kap. 2 E. 4. a).

90 *Pernice*, oben Fn. 31, 203, dort Fn. 29.

91 *Brammer*, oben Fn. 6, 56; *Ehlermann*, oben Fn. 6, 401 f.; *Hey/Jahns-Böhm*, oben Fn. 55, 40.

92 *Canaris*, Lücken im Gesetz, 1983, 71 f.

93 Oben Kap. 2 C. 4. c) aa).

zu übernehmen[94]. Dafür spricht auch die räumliche Nähe, in der beide Vorschriften im Vertrag angeordnet sind. Der systematische Umkehrschluß aus Art. 100 b Abs. 2 EWGV steht dem nicht zwingend entgegen. Es läßt sich genauso argumentieren, daß die entsprechende Geltung von Art. 100 a Abs. 3 EWGV für selbstverständlich erachtet wurde und eine Bezugnahme deshalb als überflüssig erschien. Wie gezeigt, gelten die Bereichsausnahmen des Art. 100 a Abs. 2 EWGV anerkanntermaßen auch für Art. 100 b EWGV, ohne daß dort ein ausdrücklicher Verweis enthalten ist. Fraglich ist somit nur, in welcher Weise Art. 100 a Abs. 3 EWGV im Rahmen von Art. 100 b EWGV zur Anwendung kommt.

Im Unterschied zur Rechtsangleichung erscheint es denkbar, daß sich die Verpflichtung der Kommission, von einem hohen Schutzniveau auszugehen, auf das „ob" und nicht auf das „wie" der Ausübung des Vorschlagsrechts gemäß Art. 100 b Abs. 3 EWGV auswirkt[95]. Da diese Vorschlagsbefugnis ein rechtliches Können, nicht aber ein Müssen beinhaltet[96], wirkt sich Art. 100 a Abs. 3 EWGV dahingehend aus, daß der Kommission die Wahrnehmung dieses Rechts nur gestattet ist, wenn in allen Mitgliedstaaten Regelungen bestehen, die einen hohen Schutzstandard aufweisen. Ist das aber nicht der Fall, ist es ihr rechtlich untersagt, dem Rat Entwürfe nach Art. 100 b EWGV vorzulegen. Dementsprechend ist in diesen Fällen auch der Anwendungsbereich von Art. 152 EWGV teleologisch reduziert, d. h. der Rat kann die geschilderten Auswirkungen von Art. 100 a Abs. 3 EWGV nicht durch eine Aufforderung an die Kommission gemäß Art. 152 EWGV umgehen, da dies eine unzulässige Rechtsausübung darstellen würde.

Allerdings ist es nicht vertretbar, so weit zu gehen, daß es der Kommission generell wegen Art. 100 a Abs. 3 EWGV untersagt ist, auf Art. 100 b EWGV gestützte umweltbezogene Vorschläge zu unterbreiten[97], da sonst der umweltrechtliche effet utile dieser Norm, der erkennbar in Artt. 100 b Abs. 2 in Verbindung mit 100 a Abs. 4 EWGV angelegt ist, nicht mehr gewahrt wäre. In der Tendenz erscheint aber ein restriktives Gebrauchmachen von Art. 100 b EWGV im Umweltbereich angezeigt. Das Gegenteil nützte schließlich auch nicht dem Ziel Binnenmarkt, da dies aller Voraussicht nach in erheblichem Umfang mitgliedstaatliche Alleingänge gemäß Art. 100 b Abs. 2 EWGV zur Folge hätte, die dem einheitlichen Binnenmarkt abträglich sind[98].

Fraglich ist ferner, an welche zeitlichen Bedingungen ein Gebrauchmachen von Art. 100 b EWGV geknüpft ist[99]. Der Wortlaut von Art. 100 b Abs. 1, 3 EWGV ist in dieser Frage nicht eindeutig. Für die Anwendbarkeit im noch ver-

---

[94] So im Ergebnis auch die oben in Fn. 80 angegebene Literatur.

[95] Ähnlich: *Matthies*, oben Fn. 6, 1288.

[96] *Hey/Jahns-Böhm*, oben Fn. 55, 39.

[97] So aber: *Hey/Jahns-Böhm*, oben Fn. 55, 47.

[98] *Pernice*, oben Fn. 31, 203; in der Sache ebenso: *Matthies*, oben Fn. 6, 1295.

[99] Zu diesem Streit: *Brammer*, oben Fn. 6, 55; *Ehlermann*, oben Fn. 6, 402; *Glaesner*, EuR 1986, 133; *Langeheine*, oben Fn. 9, Art. 100 b, Rn. 6.

bleibenden Zeitraum bis Ende 1992 spricht, daß in Abs. 3 ausdrücklich nochmals auf die Relevanz der Wahrung des Zieldatums 31. Dezember 1992 rekurriert wird. Angesichts der mittlerweile erreichten Nähe zu diesem Zeitpunkt sprechen teleologische Gründe dafür, die Formulierung „..., *daß der Rat vor Ende 1992 beschließen kann.*“ dahingehend auszulegen, daß bereits jetzt von dieser Möglichkeit Gebrauch gemacht werden kann[100]. Da die Errichtung und das Funktionieren des Binnenmarktes auch über 1992 hinaus eine ständige Aufgabe der Gemeinschaft bleibt[101], besteht die Möglichkeit der gegenseitigen Anerkennung gemäß Art. 100 b EWGV auch nach Ablauf dieses Zeitpunkts fort[102]. Schließlich stimmt das Anerkennungsverfahren gemäß Art. 100 b Abs. 1 Uabs. 2 EWGV in allen Punkten mit dem des Art. 100 a Abs. 1 EWGV überein[103].

Schließlich bedarf der Klärung, welche Rechtswirkungen einem Äquivalenzbeschluß nach Art. 100 b Abs. 1 Uabs. 2 EWGV zukommen. Fraglich ist insbesondere, ob die Mitgliedstaaten an ihre für gleichwertig erklärten Standards gebunden sind oder ob sie davon – ggf. auch nach unten – abweichen können. Dazu verdeutlicht der in Art. 100 b Abs. 2 EWGV enthaltene Verweis auf Art. 100 a Abs. 4 EWGV, daß eine Abweichung lediglich unter den dort genannten Bedingungen möglich ist[104]. Umgekehrt bedeutet dies, daß einem Gleichwertigkeitsbeschluß grundsätzlich die gleichen Rechtswirkungen zukommen wie jedem anderen Gemeinschaftsrecht auch. Materiell handelt es sich dabei zwar nicht um eigenständig von der EG geschaffenes Recht, sondern lediglich um die Summe mitgliedstaatlicher Bestimmungen; formell wird es jedoch wie supranationales Recht behandelt und genießt mithin dessen Vorrang[105]. Dies hat zur Folge, daß jeder Mitgliedstaat an solche eigenen Vorschriften gebunden ist, die vom Rat für äquivalent erklärt wurden. Damit ist zumindest sichergestellt, daß kein Staat anschließend wieder zu einem niedrigeren Standard zurückkehren kann.

Im Ergebnis zeigt sich, daß der umweltrechtliche Anwendungsbereich von Art. 100 b EWGV wenig umfangreich ist. Im Verhältnis zu Art. 130 s EWGV besteht, ebenso wie zu Art. 100 a EWGV, kein methodisches Konkurrenzverhältnis. Die beiden Vorschriften stehen vielmehr gleichberechtigt nebeneinander. Die Frage,

---

[100] So: *Brammer*, oben Fn. 6, 55; *Ehlermann*, oben Fn. 6, 402; a. A. *Glaesner*, oben Fn. 99, 133, der bis dahin eine wechselseitige Anerkennung nach Art. 100 EWGV für zulässig hält; so auch: *Cerexhe*, Welche Chancen bietet die EEA?, in: Knoche (Hg.), Wege zur europäischen Rechtsgemeinschaft, 1987, 54.

[101] *Everling*, oben Fn. 6, 1171.

[102] Vgl. *Glaesner*, oben Fn. 99, 133; *Ipsen*, Vier Glossen zur EEA, in: Partsch-FS, 1989, 335.

[103] *Brammer*, oben Fn. 6, 56, 88; *Ehlermann*, oben Fn. 6, 401; *Hey/Jahns-Böhm*, oben Fn. 55, 42; *Langeheine*, oben Fn. 9, Art. 100 b, Rn. 5.

[104] Einzelheiten: unten Kap. 3 C. 2. b).

[105] Dazu: EuGH, Urt. vom 15.7.1964, Rs. 6/64, Costa vs. ENEL, Slg. 1964, 1251 (1268 ff.); EuGH, Urt. vom 17.12.1970, Rs. 11/70; Intern. Handelsgft. vs. Einfuhr- und Vorratsstelle, Slg. 1970, 1125 (1135); EuGH, Urt. vom 9.3.1978, Rs. 106/77, Staatliche Finanzverwaltung vs. S.p.A. Simmenthal, Slg. 1978, 629 (644); EuGH, Urt. vom 21.5.1987, Rs. 249/85, Albako vs. BALM, Slg. 1987, 2345 (2359); EuGH, Urt. vom 22.6.1989, Rs. 103/88, Fratelli Costanzo S.p.A. vs. Stadt Mailand, Slg. 1989, 1839 (1870 f.); EuGH, Urt. vom 19.6.1990, Rs. C-213/89, The Queen vs. Secretary of State for Transport, ex parte: Factortame Ltd. u.a., Slg. 1990, I-2433 (I-2473 f.).

ob ein Äquivalenzbeschluß nach Art. 100 b EWGV erfolgen oder gemeinschaftliches Recht nach Art. 130 s EWGV erlassen werden soll, bemißt sich also ebenfalls nach der modifizierten Intensitätsmethode. Faktisch kommt der Qualität und Unterschiedlichkeit des in den einzelnen Mitgliedstaaten bestehenden Schutzniveaus eine nicht gering zu achtende Bedeutung zu. Ist auch nur ein Staat von einem hohen Standard weit entfernt, erscheint ein Gebrauchmachen von Art. 100 b EWGV weder für den Umweltschutz noch für den Binnenmarkt nützlich. Umgekehrt ist ein Gebrauchmachen von dieser Vorschrift umso ungefährlicher, je höher und je ausgeglichener das Schutzniveau in den nationalen Rechtsordnungen ist. Insgesamt ist der Anwendungsbereich von Art. 100 b EWGV im Umweltrecht damit als gering zu veranschlagen. Bislang existieren – soweit ersichtlich – noch keine Rechtsakte der Gemeinschaft, die auf diese Norm gestützt sind.

e) Art. 101 Uabs. 2 Satz 1 EWGV

Die Artt. 101 f. EWGV vervollständigen schließlich die allgemeinen Harmonisierungskompetenzen. Wenn auch ein Gebrauchmachen zum Zwecke des Umweltschutzes potentiell nicht ausgeschlossen erscheint[106], so kommt diesen Vorschriften in der Praxis doch keine Bedeutung zu[107]. Der Rat hat bislang noch keine Richtlinie auf dieser Grundlage verabschiedet[108]. Dies hat sich auch seit Inkrafttreten der EEA nicht geändert[109]. Daher sei hier lediglich der Vollständigkeit halber erwähnt, daß für das Verhältnis von Art. 130 s EWGV zur Ermächtigung nach Art. 101 Uabs. 2 Satz 1 EWGV das zu Art. 100 EWGV Gesagte[110] in entsprechender Weise gilt.

f) Doppelabstützungen zwischen Art. 130 s EWGV und einer allgemeinen Harmonisierungskompetenz

Es fragt sich, ob ein Rechtsakt gleichzeitig auf Art. 130 s EWGV und eine allgemeine Harmonisierungskompetenz gestützt werden kann. Die genannten Ermächtigungen stehen nicht in einem methodisch begründeten Verhältnis der Subordination[111], so daß aus diesem Grunde eine gemeinsame Heranziehung nicht ausgeschlossen ist. Nach hier vertretener Auffassung ist dem Umweltschutz in beiden Normkomplexen jedoch ein unterschiedlicher Rang eingeräumt. Während bei Maßnahmen auf der Grundlage von Art. 130 s EWGV ein Vorrang ökologischer Belange normiert ist, sind binnenmarktfinale Rechtsakte dadurch gekennzeichnet, daß Art. 100 a Abs. 3 EWGV diese Erfordernisse

---

106 Einzelheiten bei: *Behrens*, Rechtsgrundlagen der Umweltpolitik der EG, 1976, 260 –265.

107 *Behrens*, oben Fn. 106, 260; *Pipkorn*, in: BBPS, 377.

108 *Langeheine*, oben Fn. 9, Art. 101, Rn. 2; *Pieper*, in: Bleckmann, Europarecht, Rn. 1915.

109 *Grabitz*, Über die Verfassung des Binnenmarktes, in: Steindorff-FS, 1990, 1242. Versuche, die Artt. 101 f. EWGV im Zusammenhang mit dem Binnenmarktkonzept in den Blickpunkt zu rükken (so: *Collins/Hutchings*, ELRev 1986, 191 ff.), sind bislang nicht erfolgreich gewesen.

110 Oben Kap. 2 E. 4. b).

111 Oben in Kap. 2 C. 4. d) festgestellt.

ausdrücklich nivelliert[112]. Gleiches gilt auch für die Ermächtigung nach Art. 100 EWGV, da die Schutzniveauklausel des Art. 100 a Abs. 3 EWGV generell für sämtliche allgemeinen Harmonisierungkompetenzen gilt[113]. Diese beiden konträren Wertungen, die bei der Rechtsetzung verbindlich zu beachten sind, sprechen gegen die Möglichkeit einer gemeinsamen Heranziehung der Artt. 100 a, 130 s EWGV. Hinzu kommt, daß die Bedingungen, unter denen die Mitgliedstaaten vom gemeinschaftlichen Standard abweichen können, in beiden Normkomplexen unterschiedlich ausgestaltet sind (Artt. 100 a Abs. 4, 130 t EWGV)[114]. Darüber hinaus ist eine gemeinsame Abstützung auf die Artt. 100 b, 130 s EWGV bereits nach dem Inhalt dieser Normen nicht möglich. Die bloße Anerkennung mitgliedstaatlicher Vorschriften und eine eigene Gesetzgebung der Gemeinschaft schließen sich nämlich gegenseitig aus. Im Ergebnis ist somit festzustellen, daß eine Maßnahme nicht gleichzeitig auf Art. 130 s EWGV und eine allgemeine Harmonisierungskompetenz gegründet werden kann[115].

5. Arbeitsumwelt: Art. 118 a Abs. 2 Uabs. 1 EWGV

Die Ermächtigung nach Art. 118 a Abs. 2 Uabs. 1 EWGV wird in der Literatur als lex specialis zu Art. 130 s EWGV angesehen, weil der Umweltbegriff dort auf das besondere Gebiet der Arbeitsumwelt eingegrenzt sei[116]. Nach hier vertretener Auffassung betrifft Art. 118 a EWGV jedoch lediglich einen Teilbereich der sozialen Umwelt, nämlich den des Arbeitsschutzes[117], während Art. 130 s EWGV ausschließlich für das Gebiet der natürlichen Umwelt gilt[118]. Dies findet sich ebenfalls durch systematische Erwägungen bestätigt, da Art. 118 a EWGV im Titel III des EWG-Vertrages angesiedelt ist, der die Sozialpolitik regelt und nicht im Umwelttitel. Wenn auch Überschneidungen zwischen natürlicher und sozialer Umwelt in vielfacher Weise denkbar sind, so ist doch grundsätzlich zwischen diesen beiden Materien zu differenzieren. Die beiden zugrundeliegenden Kompetenznormen regeln also zwei unterschiedliche Sachgebiete, womit das Vorliegen einer Spezialitätsbeziehung aus-

---

112 Oben in Kap. 2 C. 4. c) aa) festgestellt.

113 Oben Kap. 2 E. 4. a).

114 Einzelheiten unten Kap. 3 C. 2. a), b).

115 EuGH, oben Fn. 43, 177 f. So auch die überwiegende Meinung im Schrifttum hinsichtlich einer gemeinsamen Abstützung auf die Artt. 100 a, 130 s EWGV: *Hey/Jahns-Böhm*, oben Fn. 55, 31; *Jadot*, oben Fn. 80, 727; *Krämer*, oben Fn. 24, 157; *Molkenbur*, DVBl. 1990, 682; *Scheuing*, oben Fn. 45, 185, dort Fn. 191; differenzierend: *Müller-Graff*, oben Fn. 6, 132 f.; hingegen hält *Lietzmann*, EEA und Umweltschutz, in: Rengeling (Hg.), Europäisches Umweltrecht, 1988, 179, eine solche Doppelabstützung für zulässig.

116 *Grabitz*, oben Fn. 49, Art. 130 s, Rn. 25.

117 *Everling*, oben Fn. 6, 1167 f.; *Hauschka*, RIW 1990, 83; *Jansen*, in: Grabitz (Hg.), EWGV-Komm., Art. 118 a, Rn. 3; *Kloepfer/Veit*, NZA 1990, 123; *Koll*, DB 1989, 1234; *Meyer*, in: Landmann, Rohmer, GewO, Bd. 1, Vor § 120 a, Rn. 2 b; *Molkenbur*, oben Fn. 115, 683; *Wlotzke*, NZA 1990, 418. Zur Notwendigkeit des Arbeitnehmerschutzes auf Gemeinschaftsebene: *Skordas*, Umweltschutz und freier Warenverkehr im EWG-Vertrag und GATT, 1986, 65 – 69.

118 Näheres oben Kap. 2 A. 2. a).

scheidet. Besteht aber kein methodisches Konkurrenzverhältnis zwischen Artt. 130 s und 118 a Abs. 2 Uabs. 1 EWGV, erfolgt die Abgrenzung nach der modifizierten Intensitätsmethode.

Trotz dieser theoretisch klaren Trennung existieren in der Praxis – wie bereits angedeutet – dennoch Rechtsakte, die zumindest Auswirkungen sowohl auf den Arbeitsschutz als spezifischen Teil der sozialen Umwelt wie auch auf die Erhaltung einer funktionsfähigen natürlichen Umwelt haben. Ein Beispiel dafür ist der geänderte Vorschlag der Kommission für eine Richtlinie des Rates über den Schutz der Arbeitnehmer gegen Gefährdung durch biologische Arbeitsstoffe bei der Arbeit[119], der auf Art. 118 a EWGV gestützt ist[120]. Die Maßnahme stellt eine Ergänzung der Richtlinie 80/1107/EWG dar, die dem Schutz der Arbeitnehmer vor bestimmten gefährlichen Arbeitsstoffen dient[121]. Nach den vorgeschlagenen Erwägungsgründen handelt es sich dabei ferner um eine Einzelrichtlinie im Sinne von Art. 16 der Rahmenrichtlinie 89/391/EWG[122]. Sie sucht dadurch einen weitestmöglichen Schutz der Arbeitnehmer zu erreichen, daß Maßnahmen zur Vermeidung bzw. Begrenzung der Exposition auf niedrigstem Niveau getroffen werden sollen (Art. 4 RL). Die Arbeitgeber sind verpflichtet, sich über den neuesten Stand der Technik zu informieren. Sodann sind die Arbeitnehmer und ihre Vertreter über mögliche Gefährdungen der Gesundheit durch den Einsatz biologischer Arbeitsstoffe bei der Arbeit zu unterrichten (Art. 5 RL), und es sind Maßnahmen, vor allem vorbeugender Art (vgl. Art. 6 RL), zur Vermeidung einer solchen zu ergreifen (Art. 1 RL). Bspw. werden die biologischen Arbeitsstoffe in vier Gefährdungsgruppen eingeteilt, um bei einem eventuellen Austritt das Gefährdungspotential besser abschützen zu können. Art. 3 RL formuliert den Anwendungsbereich dahingehend, daß alle Tätigkeiten erfaßt sind, bei denen Arbeitnehmer biologischen Arbeitsstoffen ausgesetzt sein könnten. Art. 10 RL stellt schließlich den Bezug zu einer anderen Maßnahme der Gemeinschaft auf dem Gebiet der Biotechnologie her[123], nämlich der sog. Freisetzungsrichtlinie [124]. Der Arbeitgeber hat der Behörde zu melden, wenn er Genmanipulationen im Sinne dieser Richtlinie durchführt.

Der Schwerpunkt der Regelung liegt somit klar im Bereich des Gesundheitsschutzes der abhängig Beschäftigten bei der Ausübung ihrer Tätigkeit; mithin einem Gebiet, das originär zum Arbeitsschutz als Teil des sozialen Umweltschutzes zählt. Durch den ausdrücklichen Verweis auf die Freisetzungsrichtlinie wird aber auch deutlich, daß dieser Rechtsakt zumindest mittelbar ebenfalls einen die natürliche Umwelt schützenden Effekt bewirkt. Durch die beabsichtigte Unterbindung der Freisetzung lebender Organismen während des Arbeitsprozesses wird nämlich

---

119 ABl. 1989, C 218, 5.

120 Dazu: *Kloepfer/Delbrück*, oben Fn. 64, 286; *Koll*, oben Fn. 117, 1237; *Pernice*, oben Fn. 31, 420.

121 ABl. 1980, L 327, 8.

122 ABl. 1989, L 183, 1.

123 *Koll*, oben Fn. 117, 1237.

124 ABl. 1990, L 117, 15; dazu bereits oben Kap. 2 E. 4. c) bb).

auch möglichen Gefährdungen der natürlichen Umwelt vorgebeugt, die durch eine unkontrollierte Fortpflanzung und Ausbreitung solcher Lebewesen, über das Arbeitsumfeld hinaus, eintreten könnten. Andererseits zielt die Richtlinie ausschließlich auf den Schutz der Arbeitnehmer während der Arbeitszeit ab. Damit notwendigerweise einhergehende positive Auswirkungen auf die natürliche Umwelt stellen also einen allenfalls marginalen Nebeneffekt dar, so daß auch nach den Regeln der modifizierten Intensitätsmethode Art. 118 a Abs. 2 Uabs. 1 EWGV die einschlägige Rechtsgrundlage bildet.

Schließlich ist die Möglichkeit von Doppelabstützungen auf die Artt. 130 s in Verbindung mit 118 a Abs. 2 Uabs. 1 EWGV ebenfalls nicht ausgeschlossen, da diese Ermächtigungen nicht in einem Verhältnis der Spezialität stehen. Hinsichtlich der zu beachtenden Verfahrensregeln gelten die oben genannten allgemeinen Grundsätze[125]. Eine Aufspaltung des Verfahrens ist erforderlich, wenn sich die Maßnahme in Einzelakte teilen läßt. In diesem Fall sind für die Teilakte jeweils die Modalitäten einschlägig, die in der zugrundeliegenden Ermächtigungsnorm genannt sind. Hingegen findet ein einheitliches Verfahren statt, wenn sich der Rechtsakt inhaltlich nicht aufteilen läßt. Es gelten dann die jeweils strengsten Anforderungen, so daß die Mitwirkung des Parlaments im Verfahren der Zusammenarbeit erfolgt und der Rat mit qualifizierter Mehrheit entscheiden kann.

6. Gemeinschaftsbeihilfen, das Beispiel Regionalförderung: Art. 130 e Uabs. 1 EWGV

a) Generelle Zulässigkeit von Umweltschutzbeihilfen auf der Grundlage des EWG-Vertrages

Gemäß Art. 130 r Abs. 4 Satz 2 EWGV ist neben der Durchführung auch die Finanzierung umweltschützender Maßnahmen der Gemeinschaft grundsätzlich dem mitgliedstaatlichen Bereich zugewiesen. Die Zurückhaltung der EG bei der Subventionierung eigener Umweltaktionen hat ihren Grund, neben dem vergleichsweise geringen Umfang des Umweltbudgets[126] und der latenten Finanzschwäche dieser Organisation[127], auch im Verursacherprinzip gemäß Art. 130 r Abs. 2 Satz 1 EWGV. Gemeinschaftliche Umweltschutzbeihilfen, also unentgeltliche Vergünstigungen aus Mitteln der EG für bestimmte Unternehmen oder Produktionszweige, die sich positiv auf die in Art. 130 r Abs. 1 EWGV genannten Ziele auswirken[128], widersprechen der Maxime,

---

125 Oben Kap. 2 E. 1. c) aa).

126 *Weinstock*, oben Fn. 57, 31 f.; vgl. auch: *Bieber*, in: BBPS, 153.

127 Vgl. *Glaesner*, oben Fn. 99, 144. Dies ist etwa in der Erklärung der Regierungskonferenz zu Art. 130 d EWGV zum Ausdruck gekommen.

128 Zur Beihilfendefinition des Gerichtshofs siehe etwa: EuGH, Urt. vom 25.6.1970, Rs. 47/69, Frankreich vs. Komm., Slg. 1970, 487 (496); EuGH, Urt. vom 27.3.1980, Rs. 61/79, Amministrazione delle Finanze dello Stato vs. Denkavit, Slg. 1980, 1205 (1228). Die Rechtsprechung wird aufgearbeitet von: *Bleckmann*, WiVerw 1989, 75 – 85; *von Wallenberg*, in: Grabitz (Hg.), EWGV-Komm., Art. 92, Rn. 3 – 14; zum Begriff der Umweltschutzsubventionen: *Behrens*, EuR 1977, 243 f.; Beispiele zu möglichen Formen einer solchen Beihilfe finden sich bei: *Grabitz*, oben Fn. 29, 624 ff.

daß grundsätzlich der jeweilige Verschmutzer für die von ihm verursachten Schäden finanziell einzustehen hat[129].

Dennoch existiert in Gestalt der auf Art. 130 s EWGV gestützten Verordnung Nr. 2242/87/EWG des Rates vom 23. Juli 1987 über gemeinschaftliche Umweltaktionen[130] ein Programm der EG zur Finanzierung umweltschützender Maßnahmen. Förderungswürdige Demonstrationsvorhaben, die von gemeinschaftlichem Interesse und für den Umweltschutz oder die Bewirtschaftung natürlicher Ressourcen von Bedeutung sind, werden mit einem Volumen von 24 Millionen ECU finanziert[131]. Darüber hinaus plant die Kommission die Einrichtung eines Europäischen Umweltfonds, der der Subventionierung gemeinschaftlicher Umweltmaßnahmen dienen und die Beteiligung der EG an globalen Umweltschutzprojekten ermöglichen soll[132]. In der Literatur ist ein solches Vorhaben auf der Grundlage des EWG-Vertrages für nicht zulässig gehalten worden, weil dies in Widerspruch zu dem eingangs genannten Art. 130 r Abs. 4 Satz 2 EWGV stehe[133].

Es fragt sich daher, ob und ggf. in welchem Umfang die Gewährung gemeinschaftlicher Umweltschutzbeihilfen überhaupt möglich ist. Daß ein solches Mittel dem politischen Gestaltungsermessen des EG-Gesetzgebers nicht generell entzogen ist, folgt wiederum aus Art. 130 r Abs. 4 Satz 2 EWGV. Der Formulierung des Eingangssatzes läßt sich entnehmen, daß eine Finanzierung durch die Gemeinschaft nicht prinzipiell ausgeschlossen ist[134]. Problematisch ist aber, in welchem Umfang derartige Beihilfen zulässig sind. Im Schrifttum ist das in Art. 130 r Abs. 4 Satz 2 EWGV zum Ausdruck gekommene Regel-Ausnahme-Verhältnis als Kompetenzschranke für die Gemeinschaft gedeutet worden[135]. Danach dürfte dem Umfang bereitgestellter Subventionen in Relation zu den Gesamtkosten gemeinschaftlicher Umweltpolitik nicht mehr als eine untergeordnete Bedeutung zukommen. Eine Grenzziehung im Einzelfall erscheint angesichts solcher Wertungen jedoch schwierig.

Gegen eine derartige Sichtweise bestehen Bedenken. Es gibt keinerlei Anhaltspunkte dafür, daß der grundsätzlich weite Gestaltungsspielraum, der dem Gemein-

---

129 *Kloepfer*, oben Fn. 38, § 4, Rn. 178; *Krämer*, oben Fn. 32, 359 f.

130 ABl. 1987, L 207, 8; sie hat die VO Nr. 1872/84, ABl. 1984, L 176, 1, ersetzt.

131 Davon seien beispielhaft genannt: Schutz bedrohter Vogelarten und ihrer Lebensräume; Entwicklung umweltverträglicher Technologien; Untersuchungen über Altlasten und Bodenschutz; Erarbeitung neuer Meßtechniken, etc.; zu Einzelheiten der Durchführung siehe: Bull. EG, Nr. 7/8-1989, 48; die VO wird besprochen von: *Grabitz*, oben Fn. 49, Art. 130 r, Rn. 78; *Krämer*, Aufgabenverflechtung zwischen EG, Bund und Ländern, dargestellt am Beispiel des Umweltschutzes, in: Magiera/Merten (Hg.), Bundesländer und EG, 1988, 203; *Pernice*, oben Fn. 6, 26, 37.

132 *Grabitz*, oben Fn. 49, Art. 130 r, Rn. 77. Die fortgeschriebene Verordnung über gemeinschaftliche Umweltaktionen stellt ihrer gesamten Struktur nach einen solchen Umweltfonds nicht dar: *Germain*, Les instruments juridiques et financiers de l'action communautaire en faveur de l'environnement, in: La protection de l'environnement par les communautés européennes, 1988, 31.

133 *Krämer*, oben Fn. 131, a.a.O. und *ders.*, RevMC 1988, 551.

134 Im Ergebnis ebenso: *Matthies*, ZHR 152 (1988), 447.

135 So: *Krämer*, oben Fn. 131, a.a.O. und *ders.*, oben Fn. 24, 148.

schaftsgesetzgeber durch die Bestimmung der Zieltrias in Art. 130 r Abs. 1 EWGV ersichtlich eingeräumt ist, im Bereich der Umweltbeihilfen durch Art. 130 r Abs 4 Satz 2 EWGV wieder eingeschränkt worden sein könnte. Jedenfalls wäre die dort enthaltene Formulierung viel zu unbestimmt, um eine praktische Wirksamkeit erreichen zu können. Plausibler als die Deutung von Art. 130 r Abs. 4 Satz 2 EWGV als Kompetenzschranke erscheint es, die in dieser Vorschrift enthaltene Bezugnahme auf die Finanzierung gemeinschaftlicher Umweltmaßnahmen als Hinweis auf die eingeschränkte Leistungsfähigkeit der EG zu interpretieren. Angesichts des beachtlichen Umfangs gemeinschaftlicher Umweltkompetenzen sollte den Mitgliedstaaten ausdrücklich klargemacht werden, daß die EG zur Kostentragung lediglich in ganz geringem Maße imstande ist. Die Vorschrift übt also eine Art Warnfunktion aus. Dies schließt umgekehrt aber nicht aus, daß die Gemeinschaft im fiskalisch möglichen und politisch opportunen Umfang auch zur Finanzierung ihrer Maßnahmen beiträgt.

Wirkt Art. 130 r Abs. 4 Satz 2 EWGV somit nicht als Kompetenzschranke, bleibt dennoch die Frage, ob nicht aus anderen Bestimmungen eine Einschränkung gemeinschaftlicher Befugnisse auf diesem Gebiet folgt. Aus einer einheitlichen Interpretation des gesamten EWG-Vertrags ergibt sich, daß die Gewährung von Umweltschutzbeihilfen nicht in Widerspruch zu anderen Vertragsbestimmungen stehen darf. Hier ist eine doppelte Schranke zu beachten. Zum einen muß die Subventionierung in Einklang mit dem gegenläufigen Verursacherprinzip stehen. Ein Abweichen von diesem Grundsatz mittels Gewährung einer Subvention muß also durch sachliche, umweltpolitisch sinnvolle Gründe gerechtfertigt sein. Ferner darf der Gesamtumfang aller Beihilfen nicht ein solches Ausmaß annehmen, daß gegen den Charakter des Verschmutzerprinzips als Grundsatz verstoßen wird, d. h. es darf weder systematisch noch in der Mehrzahl der Fälle übergangen werden[136]. Zum anderen darf eine gemeinschaftliche Subvention wegen Art. 3 lit. f) EWGV keine spürbaren Wettbewerbsverzerrungen zur Folge haben.

Unter diesen Bedingungen sind solche Maßnahmen auf der Grundlage von Art. 130 s EWGV zulässig[137]. Daneben können derartige Förderungen, die sich zumindest auch positiv auf die in Art. 130 r Abs. 1 EWGV genannten Ziele auswirken, aber ebensogut über gemeinschaftliche Strukturfonds[138] finanziert werden[139]. Aufgrund der Querschnittsklausel des Art. 130 r Abs. 2 Satz 2 EWGV besteht sogar ein Rechtsgebot, bei der kommissionsinternen Beurteilung und Genehmigung aller Aktionen, für die um eine Finanzierung durch diese Fonds nachgesucht wird, ökologische Erfordernisse einzubeziehen[140]. Damit stellt sich die Frage der Abgrenzung zur Um-

---

136 *Krämer*, oben Fn. 32, 355; ähnlich auch: *Grabitz*, oben Fn. 29, 627.

137 So auch: *Grabitz*, oben Fn. 33, 83; *Pernice*, oben Fn. 6, a.a.O.

138 Z. B.: Abteilung Ausrichtung des Europäischen Ausrichtungs- und Garantiefonds für die Landwirtschaft; Europäischer Sozialfonds; Europäischer Fonds für regionale Entwicklung; ausführlich dazu: *Grabitz*, oben Fn. 29, 627, Fn. 52.

139 *Behrens*, oben Fn. 128, 252 f.; *Krämer*, oben Fn. 131, 203 f.; *Schwartze*, Die Einwirkungsmöglichkeiten der EG auf nationales Umweltrecht und ihr Einfluß auf das Schutzniveau, in: Donner/Magoulas/Simon/Wolf (Hg.), Umweltschutz zwischen Staat und Markt, 1989, 570.

140 Vgl. *Grabitz*, oben Fn. 49, Art. 130 r, Rn. 49.

weltkompetenz nach Art. 130 s EWGV. Die Problematik soll nun am Beispiel der Gemeinschaftsbeihilfe zur Regionalförderung (Art. 130 e Uabs. 1 EWGV) verdeutlicht werden.

b) Das Beispiel regionalpolitischer Umweltschutzbeihilfen: Art. 130 e Uabs. 1 EWGV

Eine auf hohem Niveau betriebene und sich der verbindlichen Mittel des Ordnungsrechts bedienende Umweltpolitik wirkt sich in wirtschaftlich unterschiedlich entwickelten Regionen in der Regel auch verschieden aus. Während sich leistungsfähige Volkswirtschaften, die über Spitzentechnologien verfügen, die notwendigen Investitionen leisten können und davon mittel- bis langfristig sogar profitieren, werden weniger entwickelte Mitgliedstaaten damit weit schlechter fertig. Strengere Umweltstandards führen oftmals zu höheren Produktionskosten, die sich wegen der starken Weltmarktkonkurrenz dort kaum auf die Abnehmer umlegen lassen. Absatzeinbußen bis hin zu Existenzgefährdungen der Betriebe sind die Folge[141].

Das Gemeinschaftsrecht stärkt also den Umweltschutz in den Regionen, in denen er bereits stark ist, schwächt ihn aber dort, wo er noch schwach ist. Es ist nun vertraglich in den Artt. 2, 130 a ff. EWGV vorgesehen, daß die EG einer solch disharmonischen Entwicklung ihrer Regionen entgegenzuwirken hat. Ein effektives Mittel dazu stellt unter anderem die Subventionierung umweltbezogener Investionen dar[142]. Die notwendigen Finanzmittel können wegen Art. 130 r Abs. 2 Satz 2 EWGV dem Europäischen Regionalfonds, dessen Aufgaben in Art. 130 c EWGV umschrieben sind, entnommen werden[143]. In Gestalt des regionalpolitischen Umweltbeihilfeprogramms ENVIREG hat die Kommission bereits eine solche Förderungsmaßnahme eingeführt[144]. Rechtsgrundlage der erforderlichen Durchführungsbeschlüsse des Rates ist dann Art.

---

141 Einzelheiten bei: *Hey/Jahns-Böhm*, oben Fn. 55, 166 – 170 m.w.N.

142 *Hey/Jahns-Böhm*, oben Fn. 55, 170 f.

143 *Grabitz*, oben Fn. 49, Art. 130 r, Rn. 49; ausführlich zur umweltpolitischen Regionalförderung nach diesem Fonds: *Krämer*, RevMC 1988, 542 – 544. Dagegen ist die allgemeine, nicht speziell umweltbezogene Regionalförderung der EG der Kritik ausgesetzt, den Naturschutz außer acht zu lassen. Die international tätigen Naturschutzorganisationen WWF und IEEP haben im Juli 1990 die Gemeinschaft aufgerufen, bei der wirtschaftlichen Förderung ärmerer Regionen Europas die Belange der Umwelt stärker zu berücksichtigen. In den letzten Jahren sei der Naturschutz vor allem beim Bau neuer Straßen, Dämme und Kraftwerke in Griechenland, Spanien, Portugal und Irland vernachlässigt worden (FAZ, Nr. 160 vom 13.7.1990, 6).

144 ENVIREG bedeutet: Gemeinschaftsinitiative für den Umweltschutz und die Förderung der sozioökonomischen Entwicklung. Das Programm ist am 2.5.1990 von der Kommission gemäß Art. 11 VO (EWG) Nr. 4253/88 des Rates vom 19.12.1988 zur Durchführung der VO (EWG) Nr. 2052/88 (ABl. 1988, L 374, 1) beschlossen worden (ABl. 1990, C 115, 3). Es zielt darauf ab, zur Verbesserung der Umweltsituation in den am stärksten benachteiligten Gebieten der EG beizutragen und damit die wirtschaftliche und soziale Entwicklung auf ein solideres Fundament zu stellen. Die Initiative soll die Durchführung der gemeinschaftlichen Umweltpolitik auf regionaler Ebene erleichtern. Dazu kann sich die EG mit Darlehen und nichtrückzahlbaren Beihilfen an bestimmten Projekten beteiligen. In der Literatur wird das Programm besprochen von: *Krämer*, oben Fn. 32, 360.

130 e Uabs. 1 EWGV. Entsprechendes gilt für die übrigen Strukturfonds. Ziehen die Organe demgegenüber finanzielle Zuwendungen außerhalb dieser Fonds vor, bleibt es bei Art. 130 s EWGV als Grundlage gemeinschaftlicher Maßnahmen im Bereich der Umweltbeihilfen.

7. Forschung und technologische Entwicklung: Art. 130 q Abs. 2 Satz 1 EWGV

Die Einführung neuer Rechtsnormen zum Schutz der Umwelt erfordert regelmäßig eine vorbereitende wissenschaftliche Grundlegung. Dies ist die Aufgabe der Forschung. Es ist bspw. zu ermitteln, welches Umweltmedium in welcher Intensität belastet ist und was getan werden kann, um Verbesserungen zu bewirken[145]. Gerade auch das in Art. 130 r Abs. 2 Satz 1 EWGV zur Leitmaxime erhobene Vorbeugeprinzip[146] läßt sich zumeist nur dann erfolgversprechend umsetzen, wenn zuvor in längerfristigen Forschungsprojekten entsprechende Modellversuche durchgeführt worden sind[147]. Dementsprechend ist das Gebiet der Umweltforschung auf Gemeinschaftsebene bereits seit Anfang der siebziger Jahre institutionalisiert[148]. Wenn auch die Rechtsetzung nicht den überwiegenden Teil gemeinschaftlicher Tätigkeit in diesem Bereich ausmacht[149], besteht doch immer wieder die Notwendigkeit, Forschungsprogramme in Gestalt eines Rechtsakts zu verabschieden. Seit Inkrafttreten der EEA geschieht dies in der Regel auf der Grundlage von Art. 130 q Abs. 2 Satz 1 EWGV[150]. Da Umweltforschung erklärtermaßen zumindest mittelbar auch den Zielen des Art. 130 r Abs. 1 EWGV zu dienen vermag, stellt sich die Frage der Abgrenzung zwischen Artt. 130 s und 130 q Abs. 2 Satz 1 EWGV.

Man könnte der Auffassung sein, Art. 130 q Abs. 2 Satz 1 EWGV sei hinsichtlich der Umweltforschung lex specialis zu Art. 130 s EWGV. Dann müßten alle Tatbestandsmerkmale der umweltrechtlichen Ermächtigung Bestandteil von Art. 130 q EWGV sein. Es gilt jedoch auch hier, daß Art. 130 r Abs. 2 Satz 2 EWGV zumindest nicht die Subsidiaritätsklausel des Art. 130 r Abs. 4 Satz 1 EWGV in den Tatbestand der übrigen Befugnisnormen überträgt[151]. Scheidet also, mangels Kongruenz der Tatbestandsmerkmale, das Vorliegen ei-

---

145 Ausführlich: *Fülgraff*, Forschung für die Umwelt, in: Gündling/Weber (Hg.), Dicke Luft in Europa, 1988, 99 f.

146 Dazu: *Koppen*, oben Fn. 17, 49 – 51; *Rengeling*, Umweltvorsorge und ihre Grenzen im EWG-Recht, 1989.

147 *Fülgraff*, oben Fn. 145, 98. Ein aktuelles Beispiel ist das Umweltforschungsprogramm BRIDGE (Biotechnologieförderung im Dienste von Innovation, Entwicklung und Wachstum in Europa, ABl. 1990, C 118, 22), womit Arbeiten zur Sicherheitsbewertung in Verbindung mit der Freisetzung gentechnisch veränderter Organismen in die Umwelt initiiert werden sollen.

148 Überblick zu den institutionellen Formen europäischer Umweltforschung bei: *Fülgraff*, oben Fn. 145, 97 f.; zum 4. Umweltforschungsprogramm der Gemeinschaft: *Koppen*, oben Fn. 17, 30; siehe insgesamt auch: *Ress*, in: HdUR, Bd. 1, 1986, Sp. 482 f.

149 *Boisserée*, oben Fn. 6, 392, Fn. 32.

150 *Grabitz*, oben Fn. 49, Art. 130 s, Rn. 206.

151 Oben Kap. 2 C. 4. d) aa).

nes Verhältnisses der Spezialität zwischen diesen Bestimmungen aus, bemißt sich die Abgrenzung nach den Grundsätzen der modifizierten Intensitätsmethode[152]. Damit kommt Art. 130 s EWGV bei allen unmittelbar und mittelbar umweltbezogenen Forschungsprojekten als Rechtsgrundlage zum Zuge, während bei marginal umweltschützenden Vorhaben weiterhin von Art. 130 q Abs. 2 Satz 1 EWGV Gebrauch zu machen ist[153].

Dies soll an einem Beispiel verdeutlich werden. Die Entscheidung 89/625/EWG des Rates vom 20. November 1989 über zwei spezifische Programme für Forschung und technologische Entwicklung im Bereich der Umwelt: STEP und EPOCH (1989 - 1992) ist auf Art. 130 q Abs. 2 EWGV gestützt[154]. Nach der amtlichen Begründung handelt es sich dabei um zwei spezifische Programme gemäß Art. 130 k EWGV, die der Durchführung eines mehrjährigen Rahmenprogramms im Sinne von Art. 130 i EWGV dienen. Das mit den Beschlüssen 87/516/Euratom, EWG angenommene Rahmenprogramm im Bereich Forschung und technologische Entwicklung[155] sieht auch Aktionen auf dem Gebiet des Umweltschutzes vor. Als Ziel gemeinschaftlicher Forschung wird die Stärkung der wissenschaftlichen und technologischen Grundlagen der europäischen Industrie, vor allem in strategischen Bereichen der technologischen Spitzenindustrie, genannt. Ferner werde auch eine Unterstützung der internationalen Wettbewerbsfähigkeit europäischer Unternehmen angestrebt. Diesen Zielen dienten zumindest auch die beiden Programme STEP und EPOCH. STEP ist die Abkürzung für *Wissenschaft und Technologie für den Umweltschutz*; EPOCH die für *Europäisches Programm für Klimatologie und natürliche Risiken*. Überdies sei damit ein Teil des im 4. Aktionsprogramms für den Umweltschutz genannten Aufgabenfeldes verwirklicht, wonach die wissenschaftlichen Grundlagen der Umweltpolitik durch den Einsatz von Forschungsprogrammen zu verbessern seien. Die Einzelheiten der beiden Projekte sind in den Anhängen 1 und 2 der Ratsentscheidung genannt.

Aus der Begründung der Maßnahme folgt, daß in gleichem Maße ökonomische wie ökologische Ziele verfolgt werden. Dabei erscheint die wirtschaftliche Ausrichtung bei dem Programm STEP stärker ausgeprägt, während der Nutzen für die Umwelt eher im Mittelpunkt des Programms EPOCH steht. Insgesamt ist bei beiden Projekten der Aspekt des Umweltschutzes aber erkenn-

---

152 Dazu oben Kap. 2 D. 3. b).

153 Ähnlich: *Soell*, NuR 1990, 159. Konsequenterweise wirken sich die in Art. 130 r Abs. 1 bis 4 EWGV formulierten materiellen Vorgaben gemeinschaftlicher Umweltpolitik dahingehend auf den Inhalt der Umweltforschungsprogramme aus, daß die EG rechtlich gehalten ist, vor allem solche Projekte zu initiieren, welche die zu einer zweckgerechten Umsetzung dieser Bestimmungen notwendigen Kenntnisse liefern. Bspw. können die Ergebnisse solcher Untersuchungen bei der Anwendung der „Besserklausel" in Art. 130 r Abs. 4 Satz 1 EWGV herangezogen werden, so daß sich die Umweltforschung durchaus auf die Kompetenzverteilung auszuwirken vermag; ansatzweise erkannt von: *Hennecke*, Aufgabenverflechtung zwischen EG, Bund und Ländern, dargestellt am Beispiel des Umweltschutzes, in: Magiera/Merten (Hg.), Bundesländer und EG, 1988, 219.

154 ABl. 1989, L 359, 9; zur Vorgeschichte: *Grabitz*, oben Fn. 49, Art. 130 s, Rn. 216; vgl. auch *Battis*, NuR 1989, 366.

155 ABl. 1987, L 302, 1.

bar einbezogen und im Verhältnis zur Relevanz der ökonomischen Komponente nicht völlig nebensächlich. Nach hier vertretener Auffassung bildet somit nicht Art. 130 q Abs. 2 Satz 1 EWGV, sondern Art. 130 s EWGV die einschlägige Kompetenznorm.

Aufgrund der in dem Vertragstitel Forschung und technologische Entwicklung enthaltenen detaillierten Regelungen kann auf dem Gebiet der Umweltforschung durchaus die Frage nach der Zulässigkeit einer Doppelabstützung auf die Artt. 130 q Abs. 2 Satz 1 und 130 s EWGV auftauchen. Diese ist mangels Bestehen eines methodischen Konkurrenzverhältnisses nicht ausgeschlossen. Das sich dann stellende Problem nach dem einschlägigen Rechtsetzungsverfahren bemißt sich nach den Grundsätzen, die zur gleichzeitigen Abstützung auf die Artt. 130 s und 118 a Abs. 2 Uabs. 1 EWGV erarbeitet worden sind[156]. Dies ist deshalb möglich, weil die formellen Bedingungen der Rechtsetzung in Artt. 118 a Abs. 2 Uabs. 1 und 130 q Absatz 2 Satz 1 EWGV jeweils identisch sind.

8. Anwendbarkeit der Lückenschließungsklausel nach Art. 235 EWGV im Umweltrecht

Die Frage des Verhältnisses zwischen den Ermächtigungen nach Artt. 130 s und 235 EWGV wird in der Literatur unter dem Aspekt diskutiert, ob die letztgenannte Lückenschließungsklausel nach Inkrafttreten der EEA im Umweltrecht überhaupt noch anwendbar ist. Während zuvor große Teile gemeinschaftlicher Umweltpolitik zumindest auch auf Art. 235 EWGV gestützt worden sind[157], ist nunmehr heftig umstritten, ob die Vorschrift auf diesem Gebiet noch herangezogen werden kann.

Der überwiegende Teil des Schrifttums verneint dies mit der Begründung, daß von Art. 235 EWGV dem Wortlaut nach lediglich dann Gebrauch gemacht werden dürfe, wenn die zur Rechtsetzung erforderlichen Befugnisse vertraglich nicht vorgesehen seien. Für die Umweltpolitik stünden aber nun mit den Artt. 130 s und auch 100 a Abs. 1 EWGV die notwendigen Ermächtigungen ausdrücklich bereit[158]. Diese Vorschriften deckten das umweltpolitische Aufgabenfeld der Gemeinschaft in umfassender Weise ab[159], so daß auf diesem Gebiet eine Vertragslücke nicht mehr bestehe[160]. Daher sei Art. 235 EWGV auch seinem Sinn und Zweck nach nicht mehr anwendbar[161].

---

156 Oben Kap. 2 E. 5.

157 Siehe die Nachweise bei: *Behrens*, DVBl. 1978, 464 ff.; *Offermann-Clas*, ZfU 1983, 53, 61 f.; *Rehbinder/Stewart*, Environmental Protection Policy, 1985, 26 ff., 245 ff.; *Haagsma*, Fordham International Law Journal 1989, 321 – 323.

158 *Glaesner*, NuR 1988, 168; *Steiger*, Europarechtliche Grundlagen, unveröffentlichtes Manuskript zur Neuauflage von: Salzwedel (Hg.), Grundzüge des Umweltrechts, 9; *Zuleeg*, NVwZ 1987, 281.

159 *Breuer*, oben Fn. 6, 88; *Zuleeg*, oben Fn. 158, a.a.O.

160 *Cerexhe*, oben Fn. 100, 57.

161 *Boisserée*, oben Fn. 6, 392; ferner votieren folgende Autoren gegen die weitere Anwendbarkeit

Demgegenüber machen andere Autoren geltend, daß, obwohl die Ziele des Art. 130 r Abs. 1 EWGV sehr weit gesteckt seien, es dennoch Materien des Umweltrechts gebe, die davon nicht erfaßt würden[162]. Dazu zählten bspw. Maßnahmen der Umwelterziehung[163] sowie Forschungsprojekte über neue Energietechnologien[164]. In diesen Fällen sei Art. 235 EWGV weiterhin anwendbar, um die gemeinschaftliche Umweltpolitik zu intensivieren[165].

Zur Lösung der Streitfrage ist zu prüfen, ob der Tatbestand von Art. 235 EWGV überhaupt noch ein Heranziehen dieser Vorschrift im Umweltrecht rechtfertigt. Zunächst müßte der Umweltschutz ein Ziel der Gemeinschaft im Rahmen des Gemeinsamen Marktes sein. Wie zuvor bereits dargelegt, ist heute allgemein anerkannt, daß die Verfolgung ökologischer Belange mittlerweile ein wesentliches Ziel des EWG-Vertrags darstellt[166], das sogar innerhalb des über den Gemeinsamen Markt hinausgehenden Binnenmarkts gemäß Art. 100 a Abs. 3 EWGV zu beachten ist[167]. Nach ständiger Rechtsprechung des Gerichtshofs ist aufgrund des Wortlauts von Art. 235 EWGV ein Rückgriff auf diese Vorschrift jedoch nur dann zulässig, wenn keine andere Ermächtigung *„den Gemeinschaftsorganen die zum Erlaß dieses Rechtsakts erforderliche Befugnis verleiht“*[168].

Es stellt sich daher die Frage, ob andere Kompetenznormen in abschließender Weise zur Normierung des Umweltrechts herangezogen werden können. In Übereinstimmung mit den vorangegangenen Ausführungen ist zunächst festzustellen, daß der Vertrag den Organen mit Art. 130 s EWGV eine umfassende umweltrechtliche Handlungsermächtigung zur Verfügung stellt[169]. Dies wird insbesondere an der weiten und grundsätzlich offenen Formulierung der Zieltrias in Art. 130 r Abs. 1 EWGV deutlich. Aus der Verwendung des Wortes *„beitragen“* in Art. 130 r Abs. 1 Spstr. 2 EWGV folgt, daß dieser Vertragstitel nicht nur Maßnahmen des unmittelbaren Umweltschutzes erfaßt[170], son-

---

von Art. 235 EWGV im Umweltrecht: *Beyerlin*, UPR 1989, 361; *Glaesner*, oben Fn. 99, 141; *Jadot*, oben Fn. 80, 726; *Kloepfer*, oben Fn. 38, § 6, Rn. 11; *Pernice*, oben Fn. 6, 18 und *ders.*, oben Fn. 31, 209; *Ress*, oben Fn. 148, Sp. 460; *de Ruyt*, 214; wohl auch: *Everling*, EuR 1987, 232.

162 *Grabitz/Zacker*, NVwZ 1989, 302; wohl auch: *Pieper*, oben Fn. 108, Rn. 1925.

163 *Krämer*, oben Fn. 24, 157; zur Notwendigkeit umweltbewußter Erziehung: *Schmuck*, oben Fn. 62, 34.

164 *Grabitz*, oben Fn. 33, 84.

165 *Jacobs*, The protection of the environment under the SEA, in: Schwarze/Schermers (Hg.), Structure and dimensions of EC Policy, 1988, 122; ferner votieren für die weitere Anwendbarkeit von Art. 235 EWGV im Umweltrecht: *Klein*, DÖV 1986, 953, Fn. 22; *Molkenbur*, oben Fn. 115, 683; *Reich*, Schutz diffuser Interessen, 1987, 300; wohl auch: *Nollkaemper*, LIEI 1987, 58.

166 Oben Kap. 2 A. 3. m.w.N.

167 In der Sache ebenso: *Grabitz*, oben Fn. 49, Art. 130 s, Rn. 26.

168 EuGH, Urt. vom 26.3.1987, Rs. 45/86, Kommission vs. Rat, Slg. 1987, 1493 (1520); seitdem bestätigt in: EuGH, Urt. vom 2.2.1989, Rs. 275/87, Kommission vs. Rat, Slg. 1989, 259 (261 f.); EuGH, Urteile vom 30.5.1989, Rs. 56/86, Vereinigtes Königreich vs. Rat, Slg. 1989, 1615 (1618 f.) und Rs. 242/87, Kommission vs. Rat, Slg. 1989, 1425 (1458).

169 Einzelheiten oben Kap. 2 A. 2. a), 5. b) bb).

170 Siehe die bislang auf der Grundlage von Art. 130 s EWGV ergangenen Rechtsakte: Nachweise oben in Kap. 2 A. 1., dort Fn. 5, sowie die vorliegenden Kommissionsvorschläge, die diese Norm nennen (Auswahl): Vorschlag für eine Richtlinie des Rates zum Schutz der natürlichen und naturnahen Lebensräume sowie der wildlebenden Tier- und Pflanzenarten (ABl. 1988, C 247, 3,

dern auch Bestimmungen einschließt, die mittelbar einen solchen Effekt erzielen, sofern der Umweltschutz anderen Regelungszwecken gegenüber nicht völlig untergeordnet ist[171]. Überdies haben die vorangegangenen Ausführungen ebenfalls klar gemacht, daß Rechtsakte, die sich innerhalb einzelner Politikbereiche in marginaler Weise positiv auf die Umwelt auswirken, auf die entsprechenden Einzelermächtigungen zu stützen sind[172].

Es ist schließlich zu untersuchen, ob demgegenüber die von einigen Autoren vorgebrachten Beispiele die These eines verbleibenden umweltrechtlichen Anwendungsbereichs von Art. 235 EWGV belegen können. Zum einen werden insoweit die beiden Vorschläge für eine Entscheidung des Rates über Maßnahmen der allgemeinen und beruflichen Bildung zur Verhütung von Umweltschäden[173] genannt[174]. Diese geplanten Aktionen dienen jedoch zumindest indirekt den in Art. 130 r Abs. 1 Spstr. 1 EWGV formulierten Zielen, weil sie die Bevölkerung zu einer umweltverträglichen Lebensweise anhalten sollen und somit mittelbar die Erhaltung, den Schutz und die Verbesserung der Umweltqualität bezwecken. Nach hier vertretener Auffassung ist, wie von der Kommission auch vorgeschlagen, die rechtliche Grundlage dieser Maßnahmen dem Vertragstitel *„Umwelt“* zu entnehmen[175]. Gleiches gilt schließlich für die von den Vertretern einer solchen Auffassung genannten Vorhaben auf den Gebieten der wissenschaftlich-technischen Forschung und der Energietechnologien[176]. Die umweltbezogenen Forschungsprojekte lassen sich ihrem Inhalt nach ebenso unter die Zieltrias des Art. 130 r Abs. 1 EWGV subsumieren wie die vorgeschlagene Verordnung zur Förderung der Energietechnologien[177] zu einer rationellen Ressourcenbewirtschaftung im Sinne von Art. 130 r Abs. 1 Spstr. 3 EWGV beiträgt. Insgesamt ist also zu konstatieren, daß seit Inkrafttreten der EEA Art. 235 EWGV, wegen der dort enthaltenen Subsidiaritätsklausel, als Grundlage gemeinschaftlicher Umweltrechtsakte nicht mehr zur Verfügung steht.

---

sog. HABITAT-RL, dazu: *Hoppe*, NVwZ 1990, 817; *Wagner*, NuR 1990, 396 ff.); Vorschlag für eine Richtlinie des Rates über die Behandlung kommunaler Abwässer, ABl. 1989, C 300, 8, auch abgedruckt in: NVwZ 1990, 344. In diesem Zusammenhang ist auch der Richtlinienentwurf zur Änderung der RL 75/442/EWG über Abfälle zu nennen. Während die Kommission Art. 100 a EWGV als Rechtsgrundlage vorgeschlagen hatte (ABl. 1988, C 295, 3; siehe auch die Änderungswünsche des Parlaments: ABl. 1989, C 158, 232), hat der Rat im Frühjahr 1990 Einvernehmen darüber erzielt, die Maßnahme auf der Grundlage von Art. 130 s EWGV zu verabschieden. Ein entsprechender förmlicher Beschluß steht noch aus. – Weiterhin könnte auch die spätestens 1992 anstehende Verabschiedung des 5. Aktionsprogramms für den Umweltschutz auf der Grundlage dieser Bestimmung erfolgen (dafür: *Pernice*, oben Fn. 6, 37 f.). Schließlich bietet sich Art. 130 s EWGV ebenfalls als Grundlage einer Richtlinie an, die festlegt, unter welchen Voraussetzungen mit umweltschützenden Eigenschaften geworben werden darf (*„Green Label“*; dazu: *Koch*, WRP 1989, 558; *Scherer*, RIW 1990, 908 ff. m.w.N.).

171 Das entspricht der modifizierten Intensitätsmethode: oben Kap. 2 D. 3. b) sowie die in Kap. 2 E. genannten Beispiele.

172 Vgl. die Beispiele in Kap. 2 E. 1. bis 7.

173 ABl. 1988, C 172, 8 und C 197, 13.

174 *Krämer*, oben Fn. 24, 157; *Grabitz*, oben Fn. 49, Art. 130 s, Rn. 26, 252; vgl. auch *Schrenk*, NuR 1990, 394.

175 Ebenso: *Pernice*, oben Fn. 11, 37; *Soell*, oben Fn. 153, 159.

176 Einzelheiten dazu: *Grabitz*, oben Fn. 49, Art. 130 s, Rn. 26, 219, 219 c.

177 ABl. 1989, C 101, 3.

Kapitel 3: Das Innenverhältnis (Teil 2): Verbleibende umweltrechtliche Gesetzgebungsbefugnisse der Mitgliedstaaten

A. Einwirkungen gemeinschaftlichen Rechts auf die Gesetzgebungskompetenzen der Mitgliedstaaten

Die Festellung von Umfang und Reichweite gemeinschaftlicher Rechtsetzungsbefugnisse im Bereich des Umweltrechts zieht die Frage nach sich, welche legislativen Handlungsbefugnisse den Mitgliedstaaten auf diesem Gebiet noch verblieben sind. Dies richtet sich danach, welche Rechtswirkungen dem Gemeinschaftsrecht im innerstaatlichen Bereich zukommen[1]. Die Existenz vertraglicher Grundfreiheiten und Verbotstatbestände, die primärrechtliche Zuweisung von Legislativermächtigungen an die EG, die Ausschöpfung dieser Kompetenzen durch Schaffung von Sekundärrecht und schließlich dessen Anwendung haben vielfältige Auswirkungen auf den verbleibenden Handlungsspielraum der Mitgliedstaaten.

Für die Frage, ob und ggf. in welchem Umfang in einem bestimmten Sachgebiet nationales Recht zur Anwendung kommen kann, ist entscheidend, ob bereits eine abschließende Regelung der Gemeinschaft besteht oder nicht. Vor einem Tätigwerden der EG sind die Mitgliedstaaten in ihrer Regelungsbefugnis grundsätzlich frei, sofern die nationale Maßnahme unmittelbar anwendbares Vertragsrecht und ggf. einschlägige abgeleitete Bestimmungen nicht verletzt. Eine einzelstaatliche Regelung kann also prinzipiell erst und nur dann zur Anwendung gelangen, wenn sie mit dem gesamten unmittelbar anwendbaren Primär- und Sekundärrecht in Einklang steht[2].

---

[1] Umfassend dazu: *Zuleeg*, Das Recht der EG im innerstaatlichen Bereich, 1969.

[2] Insgesamt dazu: EuGH, Urt. vom 28.1.1986, Rs. 188/84, Kommission vs. Frankreich, Slg. 1986, 419 (435); EuGH, Urt. vom 17.12.1981, Rs. 272/80, Biologische Producten B.V., Slg. 1981, 3277 (3290); aus der Lit.: *von Holleben*, Europäische Produktnormen als Instrumente des freien Warenverkehrs, des Umweltschutzes und der technischen Sicherheit – aus der Sicht der Wirtschaft, in: Umwelt- und Technikrecht in den EG – Antrieb oder Hemmnis?, UTR, Bd. 7, 1989, 149; *Montag*, RIW 1987, 936; *Pernice*, NVwZ 1990, 209. Zum Merkmal einer erschöpfenden Regelung: EuGH, Urt. vom 8.11.1979, Rs. 251/78, Fa. Denkavit Futtermittel GmbH vs. Minister für Ernährung, Landwirtschaft und Forsten des Landes NRW, Slg. 1979, 3369 (3390); EuGH, Urt. vom 7.11.1989, Rs. 125/88, Nijman, Slg. 1989, 3533 (3547 f.); aus der Lit.: *Ketteler/Kippels*, UmwR, 45; *Ress*, Luftreinhaltung als Problem des Verhältnisses zwischen europäischem Gemeinschaftsrecht und nationalem Recht, in: LG Saarbrücken-FS, 1985, 368 jeweils m.w.N.; Einzelheiten unten Kap. 3 B. 1.

Wenn hingegen gemeinschaftliches Sekundärrecht in Kraft getreten ist, stellt sich die Frage, ob dies insofern einen mitgliedstaatlichen Kompetenzverlust bewirkt, als diese danach bereits nicht mehr zur autonomen Setzung konträren Rechts befugt sind. In der Literatur wird dieser Komplex häufig unter dem Begriff der *„Sperrwirkung"* behandelt[3]. Das Problem wird zumeist am Beispiel der Harmonisierungsrichtlinien nach Artt. 100 ff. EWGV diskutiert[4], ist jedoch grundsätzlich bei jeder verbindlichen gemeinschaftlichen Regelung eines Sachbereichs[5] relevant[6]. Das Schrifttum geht heute mehrheitlich davon aus, daß die verbindliche und abschließende Regelung einer Materie durch Schaffung gemeinschaftlichen Sekundärrechts den Mitgliedstaaten grundsätzlich zumindest die Befugnis nimmt, abweichendes nationales Recht anzuwenden[7]. Dieser Schluß wird zumeist aus der einschlägigen Rechtsprechung des Gerichtshofs zur Warenverkehrsfreiheit nach Artt. 30, 36 EWGV gezogen. Danach ist es den Mitgliedstaaten verwehrt, Beschränkungen des freien Warenverkehrs mit zwingenden Erfordernissen im Sinne der EuGH-Rechtsprechung[8] oder mit dem Schutz der in Art. 36 EWGV genannten Rechtsgüter zu rechtfertigen, wenn der fragliche Sachbereich bereits von der Gemeinschaft abschließend geregelt ist[9]. Darüber hinausgehend nehmen manche sogar an, daß abweichendes Recht der Mitgliedstaaten bereits nicht mehr entstehen könne, da insoweit eine Einbuße an Souveränität eingetreten sei[10]. Diese von einem rechtlichen Verlust staatlicher Regelungsbefugnis ausgehende Auffassung kann sich auf ein entsprechendes Judikat des Gerichtshofs aus dem Jahre 1978 stützen, in dem bereits das Zustandekommen konträren mitgliedstaatlichen Rechts ausgeschlossen wird[11].

---

[3] *Bieber*, ÖZöRV 1988, 231 f.; *Ipsen*, Gemeinschaftsrecht, 701 f.; *Langeheine*, in: Grabitz (Hg.), EWGV-Komm., Art. 100, Rn. 69; *Taschner*, in: GBTE, Art. 100, Rn. 16; *Hailbronner*, EuGRZ 1989, 107; *Everling*, Zur Funktion der Rechtsangleichung in der EG – Vom Abbau der Verzerrungen zur Schaffung des Binnenmarktes, in: Pescatore-FS, 1987, 233; *Herdegen*, EuGRZ 1989, 313; *Pernice*, oben Fn. 2, 211; *Pipkorn*, in: BBPS, 184; *Rehbinder*, Umweltschutz in der Rechtsordnung der EG, in: Bitburger Gespräche, Jb. 1983, 59; *Ress*, Über die Notwendigkeit der parlamentarischen Legitimierung der Rechtsetzung der EG, in: Geck-GS, 1989, 627; *Schmeder*, Die Rechtsangleichung als Integrationsmittel der EG, 1978, 61; *Steindorff*, RIW 1984, 769; in der Sache ebenso: *Montag*, oben Fn. 2, 936; *Lomas*, McGill Law Journal 1988, 525; ablehnend gegenüber der Vorstellung einer Sperrwirkung: *Zuleeg*, ZGR 1980, 481, ähnlich bereits: *ders.*, ZfW 1975, 142.

[4] Z. B.: *Everling*, oben Fn. 3, 233; *Hailbronner*, oben Fn. 3, 106 f.; *Ress*, oben Fn. 2, 367 ff.

[5] Also auch außerhalb der Kompetenzen nach Art. 100 ff. EWGV und bei der Wahrnehmung anderer verbindlicher Rechtsformen als der Richtlinie.

[6] *Rehbinder*, oben Fn. 3, 59.

[7] Siehe die Literaturnachweise bei Fn. 3, jeweils a.a.O.

[8] Ständige Rspr. seit EuGH, Urt. vom 20.2.1979, Rs. 120/78, Rewe-Zentral-AG vs. Bundesmonopolverwaltung für Branntwein, Slg. 1979, 649 (662), Cassis de Dijon.

[9] Beispielhaft seien folgende Urteile genannt: EuGH, Urt. vom 5.10.1977, Rs. 5/77, Tedeschi vs. Denkavit, Slg. 1977, 1555 (1576); EuGH, Urt. vom 9.3.1978, Rs. 106/77, Staatliche Finanzverwaltung vs. S.p.A. Simmenthal, Slg. 1978, 629 (645); EuGH, Urt. vom 8.11.1979, Rs. 251/8, Denkavit Futtermittel GmbH vs. Land NRW, Slg. 1979, 3369 (3388); EuGH, Urt. vom 17.12.1981; Rs. 272/80, Biologische Producten BV, Slg. 1981, 3277 (3290).

[10] So etwa: *Constantinesco*, Recht der EG I, 624; *Taschner*, Rechtsangleichung in der Bewährung, 1982, 30; *Pernice*, oben Fn. 2, 202.

[11] EuGH, Urt. vom 9.3.1978, Rs. 106/77, Staatliche Finanzverwaltung vs. S.p.A. Simmenthal, Slg. 1978, 629 (644).

Schließlich differiert auch die dogmatische Begründung einer solchen Sperrwirkung. Manche leiten sie aus dem übergreifenden *„principle of preemption“* ab[12]. Andere sehen darin eine Folge der konkurrierenden Gesetzgebungsbefugnisse der Gemeinschaft im Bereich der Rechtsangleichung[13]. Andererseits wird teilweise eine eigenständige Sperrwirkung sekundären Gemeinschaftsrechts auch generell mit der Begründung verneint, daß sich dies bereits aus der Vorrangregel ergebe[14].

Zur Lösung der Streitfrage bietet sich eine Differenzierung an. Erläßt die Gemeinschaft einen verbindlichen Rechtsakt, der eine Materie abschließend regelt, folgt aus einer teleologischen, am Grundsatz der Sicherstellung praktischer Wirksamkeit einschlägiger Vorschriften sowie der Funktionsfähigkeit des Gemeinschaftsrechts als ganzem orientierten Auslegung, der Vorrang der gemeinschaftlichen Regelung vor jedem anderslautenden nationalen Recht[15]. Erst im Falle einer solchen Normenkollision[16] stellt sich die Frage, welches

---

[12] So: *Reich*, Förderung und Schutz diffuser Interessen, 1987, 38; *Ress*, Löst Art. 100 a EWGV die Probleme der Rechtsangleichung des einheitlichen Binnenmarktes?, in: ders. (Hg.), Rechtsprobleme der Rechtsangleichung, 1988, 18 m.w.N. aus der Lit.; allgemein zu Inhalt und Bedeutung dieses Prinzips: *Waelbroeck*, The emergent doctrine of Community pre-emption – Consent and re-delegation, in: Courts and Free Markets, Vol. II, 1982, 550 ff.

[13] So: *von Borries* (Hg.), Europarecht von A – Z, Stichwort: Sperrwirkung, 383.

[14] *Zuleeg*, ZGR 1980, 481; ähnlich wohl auch: *Pieper*, DVBl. 1990, 685; *Rehbinder/Stewart*, Environmental Protection Policy, 1985, 42.

[15] Grundlegend: EuGH, Urt. vom 15.7.1964, Rs. 6/64, Costa vs. ENEL, Slg. 1964, 1251 (1268 ff.); EuGH, Urt. vom 17.12.1970, Rs. 11/70; Intern. Handelsgft. vs. Einfuhr- und Vorratsstelle, Slg. 1970, 1125 (1135); EuGH, Urt. vom 9.3.1978, Rs. 106/77, Staatliche Finanzverwaltung vs. S.p.A. Simmenthal, Slg. 1978, 629 (644); EuGH, Urt. vom 21.5.1987, Rs. 249/85, Albako vs. BALM, Slg. 1987, 2345 (2359); EuGH, Urt. vom 22.6.1989, Rs. 103/88, Fratelli Costanzo S.p.A. vs. Stadt Mailand, Slg. 1989, 1839 (1870 f.); EuGH, Urt. vom 19.6.1990, Rs. C-213/89, The Queen vs. Secretary of State for Transport, ex parte: Factortame Ltd. u.a., Slg. 1990, I-2433 (I-2473 f.). Teile dieser Rspr. werden u.a. aufgearbeitet von: *Everling*, DVBl 1985, 1201 ff.; *Spetzler*, RIW 1990, 286 ff. – Die Mitgliedstaaten sind der Auffassung des Gerichtshofs mittlerweile weitestgehend gefolgt; teilweise zunächst geäußerte Vorbehalte wurden nach und nach aufgegeben (*Everling*, in: Doehring-FS, 1989, 187). In der Bundesrepublik hat das BVerfG einige Jahre nach der ersten grundlegenden Entscheidung des EuGH den grds. Vorrang des Gemeinschaftsrechts anerkannt (BVerfGE 31, 145 (174)). Für lange Zeit galt allerdings die Einschränkung, daß sekundäres Gemeinschaftsrecht nachrangig gegenüber den Grundrechten des Grundgesetzes ist (BVerfGE 37, 271 (278 ff), Solange I-Beschluß). Im Jahre 1986 hat das BVerfG dann seine Prüfungskompetenz auch auf diesem Gebiet zurückgenommen, da das Gemeinschaftsrecht nunmehr einen generell gleichwertigen Schutz der Individualgrundrechte garantiere (BVerfGE 73, 339 (378 ff.), Solange II-Beschluß). Darin kommt allerdings der Vorbehalt zum Ausdruck, daß dieser Grundrechtsstandard auf Gemeinschaftsebene im allgemeinen auch in Zukunft erhalten bleibt (*„solange“*, dazu: *Steinberger*, in: Doehring-FS, 1989, 967 f.). Dennoch wird in der bundesdeutschen Literatur neuerdings zunehmend die Auffassung vertreten, daß auch nach dem Solange II-Beschluß nicht alle Konflikte zwischen dem Gemeinschaftsrecht und dem Grundgesetz abschließend geklärt seien (so bspw.: *Di Fabio*, NJW 1990, 947, 953; *Herdegen*, oben Fn. 3, 309; *Scholz*, NJW 1990, 945 f, fordert bereits eine Modifizierung von Solange II durch eine neue *Solange III-Entscheidung*; dezidiert dagegen: *Everling*, EuR 1990, 195 ff.; *Tomuschat*, EuR 1990, 340 ff.). In den anderen MS wird der Vorrang des Gemeinschaftsrechts zumeist vorbehaltlos anerkannt (Überblick bei: *Beutler*, in: BBPS, 91 – 103; *Ludet/Stotz*, EuGRZ 1990, 95 f.).

[16] Eine Normenkollision liegt immer dann vor, wenn jeweils unmittelbar anwendbare Vorschriften aus dem Gemeinschaftsrecht und dem nationalen Recht tatbestandlich einen identischen Sachverhalt regeln, die Rechtsfolgen sich aber ausschließen (*Bernhardt*, Verfassungsprinzipien – Verfassungsgerichtsfunktionen – Verfassungsprozeßrecht im EWG-Vertrag, 1987, 181; *Grabitz*, Stillhalte-Verpflichtungen vor dem Binnenmarkt, 1988, 54; *Zuleeg*, oben Fn. 14, 480).

Schicksal das nationale Recht nimmt. Zwei Möglichkeiten sind denkbar. Zum einen könnte konträres mitgliedstaatliches Recht nichtig sein[17], zum anderen könnte es im Konfliktfalle lediglich als unanwendbar zurücktreten, ohne seine grundsätzliche Wirksamkeit zu verlieren[18]. Entscheidend für die zuletzt genannte Lehre vom Anwendungsvorrang spricht, daß auf diese Weise Regelungslücken vermieden und die mitgliedstaatliche Souveränität weitestmöglich geschont wird. Diese einfache Kollisionsregel ist also geschmeidiger[19] und wird mittlerweile wohl überwiegend als vorzugswürdig angesehen[20]. Im Ergebnis kommt dem gesamten Gemeinschaftsrecht somit ein Anwendungsvorrang gegenüber sämtlichen innerstaatlichen Rechtssätzen zu.

Folgt man dieser Lehre vom Anwendungsvorrang, ist im Konfliktfall sowohl abweichendes nationales Recht, das vor Inkrafttreten der gemeinschaftlichen Regelung erlassen, als auch solches, das danach geschaffen wurde, unanwendbar. Die allgemeine Regel *lex posterior derogat legi priori* ist in diesem Bereich außer Kraft gesetzt[21]. Es sind nun keine Bedenken dagegen ersichtlich, den letztgenannten Teilaspekt, also die Unanwendbarkeit späteren mitgliedstaatlichen Rechts, das von der gemeinschaftlichen Regelung abweicht, als eine von diesem Rechtsakt ausgehende Sperrwirkung zu begreifen[22]. Wie gezeigt, handelt es sich dabei in der Sache jedoch um eine Anwendung der Vorrangregel[23]. Hingegen ist es mit dem Modell des Anwendungsvorrangs nicht vereinbar, im Falle eines Widerspruchs zwischen einer gemeinschaftlichen Regelung und späterem einzelstaatlichem Recht, von einer Unwirksamkeit und damit bereits von einem Nicht-Zustande-Kommen des nationalen Rechts auszugehen[24]. Der Kompetenzverlust der Mitgliedstaaten ist deshalb nicht rechtlicher Natur, da diese sich nicht mit dinglicher Wirkung ihrer Legislativkompetenzen begeben haben[25]. Die Mitgliedstaaten sind mithin weiterhin

---

17 So die Lehre vom Geltungsvorrang.

18 So die Lehre vom Anwendungsvorrang; Einzelnachweise zu beiden Meinungen bei: *Zuleeg*, AK-GG, Bd. 1, Art. 24 Abs. 1, Rn. 27 f.

19 *Zuleeg*, JöR 20 (1971), 25 – 28.

20 BVerfGE 75, 223 (244); *Dauses*, BayVBl. 1989, 610; *Di Fabio*, oben Fn. 15, 950 – 953; *Everling*, Zur föderalen Struktur der EG, in: Doehring-FS, 1989, 188; *Grabitz*, oben Fn. 16, 53; *Ipsen*, EuR 1979, 235 – 237; *Steiger*, Europarechtliche Grundlagen, in: Salzwedel (Hg.), Grundzüge des Umweltrechts, 75; *Zuleeg*, oben Fn. 18, Art. 24 Abs. 1, Rn. 28; a. A.: *Fuß*, Die Verantwortung der nationalen Gerichte für die Wahrung des europäischen Gemeinschaftsrechts, in: Sasse-GS, Bd. 1, 1981, 189, 196; insoweit mißverständlich: *Spetzler*, oben Fn. 15, 287 f.

21 *Ipsen*, oben Fn. 20, 229; *Lenz*, DVBl. 1990, 904; *Zuleeg*, oben Fn. 19, 23.

22 So: *Steindorff*, oben Fn. 3, 769.

23 Siehe die in Fn. 14 genannten Autoren, a.a.O.

24 *Ipsen*, oben Fn. 20, 235 – 237; *Ress*, oben Fn. 12, 18, Fn. 18; *Zuleeg*, oben Fn. 18, Art. 24 Abs. 1, Rn. 28. Diese Auffassung steht auch nicht (mehr) in Widerspruch zur Rspr. des EuGH. Dieser hat nämlich die genannte Formulierung in der Rs. 106/77 seitdem nie wieder verwendet, obwohl derartige Rangkonflikte immer wieder aufgetreten sind. In neueren Entscheidungen geht der Gerichtshof nicht mehr von der Ungültigkeit entgegenstehenden nationalen Rechts aus, sondern hebt ausdrücklich dessen Unanwendbarkeit hervor: EuGH, Urt. vom 22.6.1989, Rs. 103/88, Fratelli Costanzo S.p.A. vs. Stadt Mailand, Slg. 1989, 1839 (1871); EuGH, Urt. vom 19.6.1990, Rs. C-213/89, The Queen vs. Secretary of State for Transport, ex parte: Factortame Ltd. u.a., Slg. 1990, I-2433 (I-2473 f.).

rechtlich befugt, auch nach Inkrafttreten einer abschließenden gemeinschaftlichen Regelung, wirksam abweichendes Recht zu setzen. Da dies bei einem Konflikt jedoch als unanwendbar zurücktritt, läßt sich allenfalls von einem faktischen Kompetenzverlust der Mitgliedstaaten sprechen[26]. Nach diesem Verständnis ist mit der Sperrwirkung gemeinschaftlichen Sekundärrechts das Eintreten einer faktischen Einbuße an Legislativbefugnissen, im Sinne eines Anwendungsverbots abweichenden innerstaatlichen Rechts, bei den Mitgliedstaaten gemeint.

Eine solche Sperrwirkung tritt jedoch bei weitem nicht in allen Fällen gemeinschaftlicher Rechtsetzung ein. Drei grundsätzliche Konstellationen sind denkbar, in denen Sekundärrecht existiert und den Mitgliedstaaten dennoch die Befugnis geblieben ist, anderslautendes eigenes Recht anzuwenden. Erstens sind auf primärrechtlicher Ebene durch die EEA einige Bestimmungen in den EWG-Vertrag eingefügt worden, die – unter teilweise unterschiedlichen Voraussetzungen – die Anwendung abweichenden nationalen Rechts ausdrücklich gestatten (so z. B.: Artt. 100 a Abs. 4, 118 a Abs. 3, 130 t EWGV)[27]. Diesen Hinweisen auf das Bestehen nationaler Regelungsmöglichkeiten kommt allerdings lediglich deklaratorische Bedeutung zu[28], weil die Mitgliedstaaten bereits aufgrund originärer Staatsgewalt Legislativbefugnisse besitzen und sich dieser Kompetenzen auch in den der Gemeinschaft enumerativ zugewiesenen Bereichen nicht in dinglicher Weise entledigt haben[29]. Zweitens kann diese Befugnis den Mitgliedstaaten auch sekundärrechtlich explizit zugebilligt werden (z. B. durch Schutzklauseln, vgl. das Postulat des Art. 100 a Abs. 5 EWGV)[30].

Drittens gibt es Bereiche, in denen die Gemeinschaft lediglich eine Regelung getroffen hat, die die betreffende Materie nicht in erschöpfender Weise durchnormiert. In der Praxis ist dieser Fall durchaus häufig anzutreffen[31]. Dabei kann sich der nicht-abschließende Charakter ausdrücklich oder konkludent aus dem Inhalt des gemeinschaftlichen Rechtsakts ergeben. Es ist beispielsweise denkbar, daß auf supranationaler Ebene lediglich ein Teilaspekt einer Materie geregelt wird[32] oder den Mitgliedstaaten ein eigener politischer Gestal-

---

25 Überzeugend: *Hoffmann*, DÖV 1967, 435 f.; *Zuleeg*, oben Fn. 1, 89 ff.; *Everling*, oben Fn. 20, 188; *Mögele*, BayVBl. 1989, 578; *Vedder*, in: Grabitz (Hg.), EWGV-Komm., Art. 113, Rn. 5; *Falke/Joerges*, DVBl. 1987, 1054 gegen *Ophüls*, Staatshoheit und Gemeinschaftshoheit, in: Heymanns Verlag-FS, 1965, 570; siehe auch: *ders.*, Die Geltungsnormen des Europäischen Gemeinschaftsrechts, in: Riese-FS, 1964, 3 ff.; *Tomuschat*, EuR 1977, 161.

26 So auch: *Langeheine*, oben Fn. 3, Art. 100, Rn. 69.

27 Ausführlich dazu: unten Kap. 3 C. 2.

28 *Grabitz*, RIW 1989, 624.

29 Siehe oben Text zu Fn. 25.

30 Ausführlich dazu: unten Kap. 3 C. 3.

31 *Montag*, oben Fn. 2, 936 f.; speziell zum Umweltrecht: *Pernice*, DV 1989, 46.

32 So enthält nach Auffassung des EuGH, Urt. vom 20.9.1988, Rs. 302/86, Komm. vs. Dänemark, Slg. 1988, 4607 (4629) die RL 85/339/EWG des Rates vom 27. Juni 1985 über Verpackungen für flüssige Lebensmittel (ABl. 1985, L 176, 18) keine erschöpfende Regelung hinsichtlich der zulässigen Verpackungen für Bier und Erfrischungsgetränke; siehe dazu: *Schutt/Steffens*, RIW 1989, 447.

tungsspielraum bei der Umsetzung eingeräumt wird[33]. Schließlich ist im Rahmen der Rechtsangleichung das Instrument der Mindestharmonisierung im Umweltbereich von erheblicher praktischer Relevanz[34]. Dabei stellt das Gemeinschaftsrecht lediglich Mindestanforderungen auf, die von den Mitgliedstaaten jederzeit übertroffen werden können[35]. Im Einzelfall ist vor der Annahme einer Sperrwirkung gemeinschaftlichen Rechts regelmäßig sorgfältig zu prüfen, ob die EG diesen Bereich tatsächlich erschöpfend geregelt hat oder ob den Mitgliedstaaten noch Handlungsspielräume verblieben sind[36].

In jedem Fall ist das zur Anwendung gelangende nationale Recht gemeinschaftskonform auszulegen[37] und ggf. sogar im Sinne des supranationalen Rechts fortzubilden[38]. Der Gerichtshof leitet das Gebot einer gemeinschaftskonformen Auslegung aus der in Art. 5 Satz 1 EWGV niedergelegten Gemeinschaftstreue ab[39]. In personeller Hinsicht erstreckt sich diese Verpflichtung auf jeden innerstaatlichen Träger öffentlicher Gewalt einschließlich der Gerichte. Sachlich ist damit im wesentlichen gemeint, daß eine auslegungsbedürftige Norm[40] des nationalen Rechts so zu interpretieren ist, daß sie mit Wortlaut, Zweck und Zielsetzung des Gemeinschaftsrechts vereinbar ist[41]. Jede in-

---

33 Dieser Aspekt ist lediglich relevant für Richtlinien nach Art. 189 Abs. 3 EWGV.

34 *Hey/Jahns-Böhm*, Ökologie und freier Binnenmarkt, 1989, 104 – 109 mit vielen Beispielen aus dem Sekundärrecht; ausführlich: unten Kap. 3 C. 4. c).

35 So z. B. bei der Richtlinie des Rates vom 20.3.1985 zur Angleichung der Rechtsvorschriften der MS über den Bleigehalt von Benzin (85/210/EWG), ABl. 1985, L 96, 25; geändert durch RL 87/416/EWG des Rates vom 21.7.1987, ABl. 1987, L 225, 33; allgemein dazu: *Langeheine*, oben Fn. 3, Art. 100, Rn. 58; zu den Auswirkungen der ergriffenen Harmonisierungsmethode auf den Handlungsspielraum der MS im Umweltbereich: *Hey/Jahns-Böhm*, oben Fn. 34, 82 – 99; *Pernice*, oben Fn. 2, 209 – 211.

36 Ausführlich dazu: unten Kap. 3 C. 4.

37 Zuerst: GA *Reischl*, Schlußanträge vom 16.2.1978, Rs. 106/77, Staatliche Finanzverwaltung vs. S.p.A. Simmenthal, Slg. 1978, 629 (651) und *ders.*, Schlußanträge vom 21.9.1978, Rs. 15/78, Société générale alsacienne de banque vs. Walter Koestler, Slg. 1978, 1971 (1987); nunmehr ausdrücklich: EuGH, Urt. vom 15.7.1982, Rs. 270/81, Felicitas Rickmers-Linie KG & Co. vs. Finanzamt für Verkehrssteuern in Hamburg, Slg. 1982, 2771 (2784); EuGH, Urteile vom 10.4.1984, Rs. 14/83, Sabine von Colson und Elisabeth Kamann vs. Land NRW, Slg. 1984, 1891 (1909) und Rs. 79/83, Dorit Harz vs. Deutsche Tradex GmbH, Slg. 1984, 1921 (1942); EuGH, Urt. vom 8.10.1987, Rs. 80/86, Kolpinghuis Nijmegen B.V., Slg. 1987, 3969 (3986); EuGH, Urt. vom 7.11.1989, Rs. 125/88, Nijman, Slg. 1989, 3533 (3546 f.). In der bundesdeutschen Rechtsprechung (BVerfGE 75, 223 (237)) und Literatur (*Bleckmann*, RIW 1981, 654; *Everling*, RabelsZ 50 (1986), 224 f; *Grabitz*, NJW 1989, 1782; *Söllner*, Art. 5 EWG-Vertrag in der Rspr. des EuGH, 1985, 79 – 82; *Zuleeg*, oben Fn. 1, 62, 197) ist die Existenz eines solchen Prinzips mittlerweile wohl einhellig anerkannt.

38 *Zuleeg*, RdA 1984, 330 mit Bsp.

39 Zur Gemeinschaftstreue siehe etwa: EuGH, Urt. vom 15.1.1986, Rs. 44/84, Derrick Guy Edmond Hurd vs. Kenneth Jones (Her Majesty's Inspector of Taxes), Slg. 1986, 29 (80 – 83); zusammenfassend: *Grabitz*, in: ders. (Hg.), EWGV-Komm., Art. 5, Rn. 15 – 17. Die im Schrifttum umstrittene Frage, ob Art. 5 EWGV lediglich eine singuläre Ausprägung des übergreifenden Grundsatzes der Gemeinschaftstreue darstelle (so: *Bleckmann*, in: Bieber/Ress (Hg.), Die Dynamik des Europäischen Gemeinhaftsrechts, 1987, 191; *Wuermeling*, EuR 1987, 242 m.w.N.) oder ob umgekehrt die Gemeinschaftstreue abschließend durch die Artt. 5, 6 EWGV umschrieben sei (so: *Beutler*, in: BBPS, 81 f.) bedarf hier keiner Klärung.

40 *Everling*, oben Fn. 37, 200, weist darauf hin, daß dies potentiell für jede Vorschrift gilt.

41 Siehe die Nachweise oben in Fn. 39, a.a.O.

nerstaatliche Vorschrift ist somit in einer Weise zu deuten, daß sie sowohl der ggf. unmittelbar einschlägigen Bestimmung des Gemeinschaftsrechts als auch der übergreifenden Zielsetzung der EG insgesamt gerecht wird. Zur Vermeidung von Wertungswidersprüchen umfaßt das Konformitätserfordernis also gleichermaßen den direkten Regelungszweck wie auch das dahinter stehende Integrationsziel[42]. Die gemeinschaftsfreundliche Auslegung findet ihre Grenze in den Allgemeinen Rechtsgrundsätzen wie etwa der Rechtssicherheit und dem Rückwirkungsverbot[43]. Funktionell handelt es sich bei der gemeinschaftskonformen Auslegung und Rechtsfortbildung um normerhaltende Prinzipien, die in Struktur und Wirkungsweise große Ähnlichkeiten zu den in der bundesdeutschen Jurisprudenz bekannten Grundsätzen der verfassungskonformen Auslegung bzw. Rechtsergänzung aufweisen[44].

Dagegen läßt die supranationale Rechtsordnung das innerstaatliche Kompetenzgefüge unberührt, weil es bereits nicht dem Anwendungsbereich des EWG-Vertrages unterfällt [45]. Im folgenden ist daher unter dem Oberbegriff der Existenz nationaler Regelungsmöglichkeiten ein pauschaler Verweis auf innerstaatliche Grundsätze der Kompetenzverteilung zu erblicken, der aus Gründen des Umfangs dieser Arbeit hier nicht näher spezifiziert werden kann. Die Ermittlung der jeweiligen innerstaatlichen Verbands- und Organkompetenzen erfolgt somit weiterhin nach nationalen Bestimmungen. Damit existieren bspw. in der Bundesrepublik wegen des föderalen Aufbaus vier unterschiedliche Regelungsebenen: EG, Bund, Länder, Gemeinden und deren Verbände sowie sonstige satzungsbefugte Körperschaften des öffentlichen Rechts[46].

---

[42] *Bleckmann*, oben Fn. 39, 211 – 214.

[43] EuGH, Urt. vom 8.10.1987, Rs. 80/86, Kolpinghuis Nijmegen B.V., Slg. 1987, 3969 (3986).

[44] *Zuleeg*, oben Fn. 38, 329 f. m.w.N. Diese Parallelität läßt sich sogar an wortidentischen Formulierungen des Gerichtshofs (siehe die beiden Urteile vom 10.4.1984, oben Fn. 37, a.a.O.) unddes Bundesverfassungsgerichts (E 7, 198, (208), Lüth) festmachen: die nationale (einfachgesetzliche) Norm sei *„im Lichte"* des Gemeinschaftsrechts (Verfassungsrechts) auszulegen.

[45] *Falke/Joerges*, oben Fn. 25, 1054; *Herdegen*, oben Fn. 3, 311; *Rudolf*, Das akzeptierte Grundgesetz, Europa und die Länder, in: Dürig-FS, 1990, 151; siehe auch: *Bleckmann*, JZ 1990, 306. Generell zum Anwendungsbereich des EWGV: EuGH, Urt. vom 15.1.1986, Rs. 44/84, Derrick Guy Edmond Hurd vs. Kenneth Jones (Her Majesty's Inspector of Taxes), Slg. 1986, 29 (81, 84); EuGH, Urt. vom 23.10.1986, Rs. 355/85, Driancourt vs. Lognet, Slg. 1986, 3231 (3242), in der Lit. besprochen von: *Dauses*, oben Fn. 20, 612; *Kleier*, RIW 1988, 628.

[46] *Ketteler/Kippels*, oben Fn. 2, 46. Ein geraffter Überblick zur Verteilung der Legislativkompetenzen zwischen Bund und Ländern auf dem Gebiet des Umweltschutzes findet sich bei: *Rehbinder*, in: Meyer/Stolleis (Hg.), HessStVwR, 360 f.; *Steiger*, in: La protection de l'environnement par les communautés européennes, 1988, 119 – 122. Als aktueller Streitfall ist die teilweise negierte Kompetenz des Bundes zum Erlaß eines bundesdeutschen Gentechnikgesetzes zu nennen: *Hirsch/Schmidt-Didczuhn*, BayVBl. 1990, 289 ff.; *Rahner*, ZRP 1990, 63 ff.

B. Die Rechtslage vor einem Handeln der Gemeinschaft auf dem Gebiet des Umweltschutzes

1. Gemeinschaftskonformität nationaler Bestimmungen

Eine nationale Rechtsnorm kann, wenn die Gemeinschaft die betreffende Materie sekundärrechtlich (noch) nicht geregelt hat, nur dann zur Anwendung gelangen, wenn sie mit den unmittelbar anwendbaren Vertragsbestimmungen vereinbar ist[47]. Diese Feststellung führt zunächst zur Frage, unter welchen allgemeinen Voraussetzungen eine Bestimmung des Gemeinschaftsrechts unmittelbar anwendbar ist.

a) Unmittelbare Anwendbarkeit des Gemeinschaftsrechts

Unter dem Begriff der unmittelbaren Anwendbarkeit des Gemeinschaftsrechts ist die Fähigkeit einer supranationalen Rechtsnorm zu verstehen, innerhalb der mitgliedstaatlichen Rechtsordnung, ohne ein Tätigwerden des nationalen Gesetzgebungsorgans Rechtswirkungen zu entfalten[48]. Die Begründung subjektiver Rechte und Pflichten ist zwar nicht die einzige, jedoch die stärkste Erscheinungsform der unmittelbaren Anwendbarkeit[49]. Der Gerichtshof hat die grundsätzliche Möglichkeit, daß sich Individuen auf eine im primären Gemeinschaftsrecht enthaltene Verpflichtung der Mitgliedstaaten vor nationalen Gerichten berufen können, frühzeitig anerkannt[50] und die Anzahl solcher Vorschriften quantitativ beständig erweitert[51]. Voraussetzung ist insoweit, daß sich aus dem Wortlaut der Bestimmung eine klare und unbedingte Verpflichtung ergibt, die dem Individualinteresse dient[52] und deren Verwirklichung weder weitere Maßnahmen erfordert noch zeitlichem Aufschub unterliegt[53]. Bei der Zuerkennung unmittelbarer Anwendbarkeit kommt dem teleologischen Aspekt, der Sicherung praktischer Wirksamkeit (*effet utile*) des Gemeinschaftsrechts, erhebliche Bedeutung zu[54].

---

[47] Oben Kap. 3 A. Auch wenn es im Rahmen der Gemeinschaftsaufsicht nach Art. 169 EWGV nicht auf die unmittelbare Anwendbarkeit ankommt, so ist sie doch eine notwendige Voraussetzung für die Geltung des Gemeinschaftsrechts innerhalb der mitgliedstaatlichen Rechtsordnungen.

[48] *Zuleeg*, integration 1988, 108 m.w.N.

[49] *Zuleeg*, oben Fn. 14, 474.

[50] EuGH, Urt. vom 5.2.1963, Rs. 26/62, Van Gend & Loos vs. Niederländische Finanzverwaltung, Slg. 1963, 1 (25).

[51] Die Entwicklung der Rspr. wird dokumentiert von: *Streil*, in: BBPS, 227 – 229; Zusammenstellung der Vorschriften bei: *Schweitzer/Hummer*, Europarecht, 229.

[52] EuGH, Urt. vom 17.2.1976, Rs. 45/75, Rewe-Zentrale vs. Hauptzollamt Landau, Pfalz, Slg. 1976, 181 (196).

[53] EuGH, Urt. vom 3.2.1976, Rs. 59/75, Staatsanwaltschaft vs. Manghera, Slg. 1976, 91 (101); zusammenfassend: *Wägenbaur*, ZG 1988, 306.

[54] Hervorgehoben von: *Zuleeg*, oben Fn. 14, 475.

Bei Vorliegen der genannten Voraussetzungen folgt für das sekundäre Gemeinschaftsrecht aus Art. 189 Abs. 2 EWGV, daß auch den Verordnungen eine solche Direktwirkung zukommt[55]. Sie vermögen somit ebenfalls unmittelbar Rechte und Pflichten des einzelnen zu begründen. Schließlich hat der Gerichtshof sogar für Richtlinien, trotz ihrer grundsätzlichen Umsetzungsbedürftigkeit nach Art. 189 Abs. 3 EWGV, anerkannt, daß Individuen sich dann auf einzelne Richtlinienbestimmungen gegenüber den Mitgliedstaaten berufen können, wenn diese überhaupt nicht, nicht rechtzeitig oder nicht korrekt umgesetzt worden sind und zusätzlich die oben genannten, allgemeinen Voraussetzungen für eine Direktwirkung vorliegen[56]. Dabei ist zu beachten, daß eine unmittelbar anwendbare Richtlinie lediglich subjektive Rechte, aber keine Pflichten des einzelnen begründen kann[57]. Mittlerweile ist die Fähigkeit des primären wie auch des sekundären Gemeinschaftsrechts, unter den genannten Voraussetzungen unmittelbare Individualwirkung entfalten zu können, weitestgehend anerkannt und durch die Rechtsprechung des EuGH effektiv gesichert[58].

Die dargestellte Judikatur des Gerichtshofs gilt in vollem Umfang auch für die Frage der Direktwirkung umweltschützender Richtlinienbestimmungen[59]. Es ist also in jedem Einzelfall zu untersuchen, ob die betreffende sekundärrechtliche Vorschrift die genannten Voraussetzungen für die Zubilligung einer unmittelbaren Anwendbarkeit erfüllt[60]. In der Regel kann davon ausgegangen werden, daß in Richtlinien enthaltene, konkret bezifferte Höchst- oder Grenzwerte, die den Belastungsgrad eines Umweltmediums fixieren, Direktwirkung entfalten. Das gleiche gilt für ordnungsrechtliche Verbote und Verwendungsbeschränkungen[61]. Hingegen kommt lediglich zielgebundenen Handlungsgebo-

---

[55] *Everling*, DVBl. 1985, 1203; *Streil*, in: BBPS, 230 mit Nachweisen aus der EuGH-Rspr.

[56] EuGH, Urt. vom 19.1.1982, Rs. 8/81, Becker vs. Finanzamt, Slg. 1982, 53 (70 f.); EuGH, Urt. vom 22.6.1989, Rs. 103/88, Fratelli Costanzo S.p.A. vs. Stadt Mailand, Slg. 1989, 1839 (1870 f.). Die Entwicklung der Rechtsprechung wird nachgezeichnet von: *Seidel*, NJW 1985, 517 ff.; *Pieper*, oben Fn. 14, 684 ff.; *Lenz*, oben Fn. 21, 908 f.

[57] EuGH, Urt. vom 26.2.1986, Rs. 152/84, Marshall vs. Southampton, Slg. 1986, 723 (749); zuvor bereits konstatiert von: *Zuleeg*, oben Fn. 14, 474; a. A. *Krämer*, WiVerw 1990, 152 f., der davon ausgeht, daß durch unmittelbar anwendbare Richtlinienbestimmungen auch individuelle Pflichten geschaffen werden können.

[58] *Krämer*, oben Fn. 57, 140; *Steinberger*, oben Fn. 15, 967. In der Bundesrepublik verweigerte vor allem der BFH dem EuGH zeitweise die Gefolgschaft (BFHE 133, 470 (471) und BFHE 143, 383 (386 ff.)). Der Streit wurde auch in der Literatur ausführlich behandelt (Nachweise bei: BVerfGE 75, 223 (239 f.)). Mittlerweile hat das BVerfG die Rspr. des EuGH ausdrücklich gebilligt und damit den Konflikt beigelegt (BVerfGE 75, 223 (242 ff.). In Frankreich setzt sich der Conseil d'Etat seit einer Entscheidung vom 22.12.1978 (EuGRZ 1979, 251) über die EuGH-Rspr. hinweg. Danach können EG-RL ohne Umsetzung keine unmittelbaren Rechtswirkungen entfalten. Dieser Standpunkt ist seitdem aufrecht erhalten worden; auch die neue einschlägige Rspr. des BVerfGs hat den Conseil d'Etat bislang nicht zu einem Meinungsumschwung bewegen können (Nachweise bei: *Hilf*, EuR 1988, 15). Die „Standfestigkeit" des Conseil d'Etat wird ausdrücklich begrüßt von: *Rupp*, ZRP 1990, 3.

[59] Aus der (noch) spärlichen Rspr.: EuGH, Urt. vom 13.7.1989, Rs. 380/87, Enichem Base u.a. vs. Comune di Cinisello Balsamo, Slg. 1989, 2491 (2515 f.). In diesem Verfahren lehnte der Gerichtshof es ab, Privatpersonen unmittelbar aus Art. 3 II RL 75/442 (ABl. 1975, L 194, 47) das Recht zu verleihen, biologisch nicht abbaubare Plastiktüten zu veräußern oder zu benutzen.

[60] *Krämer*, oben Fn. 57, 140.

[61] *Pernice*, oben Fn. 2, 425.

ten, deren Adressat ein mitgliedstaatlicher Hoheitsträger ist, wegen ihrer Ausgestaltungsbedürftigkeit eine solche Wirkung grundsätzlich nicht zu. Etwas anderes gilt ausnahmsweise dann, wenn eine solche Bestimmung Rechtsfolgen enthält, die klare und eindeutige Sanktionen für den Fall des Nichtbefolgens statuieren[62].

b) Primärrechtliche Vereinbarkeit

Die Klärung des Problems, unter welchen Voraussetzungen eine gemeinschaftsrechtliche Vorschrift unmittelbar anwendbar ist, führt zu der Frage, welche Anforderungen an eine mitgliedstaatliche Rechtsnorm zu stellen sind, damit diese mit den direkt wirkenden Bestimmungen des Europarechts vereinbar ist. Auf der Ebene des Primärrechts hat der Gerichtshof mittlerweile die Direktwirkung der wesentlichen, die Gemeinschaft konstituierenden, Vorschriften anerkannt[63]. Zunächst sollen nun kurz die primärrechtlichen Normkomplexe besprochen werden, die potentiell in besonderem Maße geeignet sind, mit staatlichen Umweltschutzmaßnahmen zu kollidieren.

Zum einen dürfen nationale Rechtssätze nicht gegen die Bestimmungen über die Warenverkehrsfreiheit (Artt. 12 ff., 30 ff. EWGV) verstoßen. Angesichts des bislang erreichten Integrationsstandes beinhaltet diese vertragliche Grundfreiheit folgendes: im Prinzip ist jede in einem Mitgliedstaat rechtmäßig hergestellte und in den Verkehr gebrachte Ware im gesamten EG-Binnenmarkt frei verkehrsfähig[64]. Nach der sog. Dassonville-Formel des Gerichtshofs bedeutet dies, daß jede mitgliedstaatliche Handelsregelung, *„die geeignet ist, den innergemeinschaftlichen Handel unmittelbar oder mittelbar, tatsächlich oder potentiell zu behindern“*[65] als Maßnahme gleicher Wirkung im Sinne von Artt. 30, 34 EWGV grundsätzlich nicht angewendet werden darf. Wie in späteren Urteilen klargestellt wurde, ist der Begriff der *„Handelsregelung“* nicht final zu verstehen, sondern erfaßt in gleicher Weise unterschiedslos auf einheimische und eingeführte Waren angewendete Maßnahmen[66], die primär auch anderen Regelungszielen wie etwa dem Umweltschutz dienen können[67]. Ausnahmsweise können solche Bestimmungen jedoch dann zulässig sein, wenn sie dem Schutz der abschließend in Art. 36 EWGV[68] genannten Rechtsgüter

---

62 Ausführlich und mit vielen Beispielen: *Krämer*, oben Fn. 57, 147 – 149.

63 Übersicht bei: *Schweitzer/Hummer*, oben Fn. 51, 229.

64 Weißbuch der Kommission, KOM (85) 310 endg., Ziff. 58; sog. Herkunftslandprinzip; aus der Lit.: *Dauses*, EuZW 1990, 10; *Steindorff*, ZHR 150 (1986), 691.

65 EuGH, Urt. vom 11.7.1974, Rs. 8/74, Staatsanwalt vs. Dassonville, Slg. 1974, 837 (852).

66 EuGH, Urt. vom 20.2.1979, Rs. 120/78, Rewe-Zentral-AG vs. Bundesmonopolverwaltung für Branntwein, Slg. 1979, 649 (660 ff.).

67 Ausführlich: *Breuer*, Jb. des Umwelt- und Technikrechts 1989, 79 f. mit vielen Nachweisen aus der Rspr.

68 Zur Rechtsnatur dieser Vorschrift: *Lausch*, Europäische Umweltpolitik auf dem Gebiet des Gewässerschutzes, 1986, 146 – 153; *Skordas*, Umweltschutz und freier Warenverkehr im EWG-Vertrag und GATT, 1986, 144 – 152 jeweils m.w.N.

dienen oder durch zwingende Erfordernisse im Sinne der sog. Cassis de Dijon-Judikatur des Gerichtshofs[69] gerechtfertigt sind. In dieser Entscheidung werden beispielhaft weitere Schutzgüter genannt, die als immanente Schranken den Grundsatz der Warenverkehrsfähigkeit begrenzen. Der EuGH hat mittlerweile in ständiger Rechtsprechung anerkannt, daß Belange des Umweltschutzes ein solches zwingendes Erfordernis darstellen[70]. Der gemäß Art. 130 r Abs. 1 Spstr. 2 EWGV zum Umweltschutz zählende Schutz der menschlichen Gesundheit unterfällt nach dem ausdrücklichen Wortlaut von Art. 36 EWGV dieser Ausnahmebestimmung[71]. Insgesamt ist damit sichergestellt, daß sowohl speziell gesundheitsschützende nationale Maßnahmen als auch solche, die in allgemeiner Weise dem Umweltschutz dienen, die Warenverkehrsfreiheit zu beschränken vermögen[72]. Dies gilt aber jeweils nur dann, wenn zusätzlich die in Art. 36 Satz 2 EWGV genannten Bedingungen eingehalten sind[73]. Damit ist im wesentlichen die Beachtung des rechtsstaatlichen Grundsatzes der Verhältnismäßigkeit gemeint[74]. Den Mitgliedstaaten kommt somit ein eigener Spielraum zur politischen Ausgestaltung des in ihrem Hoheitsgebiet geltenden umweltrechtlichen Schutzniveaus zu. Sie können bspw. produktbezogene Verbots- oder Verwendungsbeschränkungsregelungen aus Gründen der Gefahrenabwehr oder auch der Risikovorsorge erlassen[75].

In der Bundesrepublik gibt es zahlreiche Beispiele solcher Initiativen. Aus dem Bereich der Luftreinhaltung sind etwa die Smogverordnungen der Bundesländer zu nennen, die unter bestimmten Voraussetzungen ein Fahrverbot für nicht mit einem Dreiwegekatalysator ausgerüstete Fahrzeuge vorsehen[76].

---

69 EuGH, Urt. vom 20.2.1979, Rs. 170/78, Rewe-Zentral-AG vs. Bundesmonopolverwaltung für Branntwein, Slg. 1979, 649 (662). Die Rspr. des Gerichtshofs zum freien Warenverkehr dokumentiert: *Everling*, ZLR 1989, 309 ff.

70 EuGH, Urt. vom 17.12.1981, Rs. 272/80, Biologische Producten B.V., Slg. 1981, 3277 (3289); EuGH, Urt. vom 7.2.1985, Rs. 240/83, ADBHU, Slg. 1985, 531 (549); EuGH, Urt. vom 20.9.1988, Rs. 302/86, Kommission vs. Dänemark, Slg. 1988, 4607 (4629 f.).

71 EuGH, Urt. vom 12.3.1987, Rs. 178/84, Kommission vs. BRD, Slg. 1987, 1227 (1274); EuGH, Urt. vom 2.2.1989, Rs. 274/87, Kommission vs. BRD, Slg. 1989, 229 (252 f.); umfassend: *Matthies*, in: Grabitz (Hg.), EWGV-Komm., Art. 36, Rn. 14; *Skordas*, oben Fn. 68, 60 ff. m.w.N. aus der umfangreichen Rspr.; zur Frage des Verhältnisses zwischen Umwelt- und Gesundheitsschutz: *Jans*, Journal of the law society of Scotland 1989, 212; *Ress*, oben Fn. 2, 363 – 366.

72 Sog. Bestimmungslandprinzip; aus dem Schrifttum: *Hailbronner*, oben Fn. 3, 106; *Jadot*, Journal des tribunaux 1988, 726; *Pernice*, oben Fn. 2, 209. Der in der Literatur ausgetragene Streit, ob es nicht vorzugswürdig sei, den Umweltschutz insgesamt unter Art. 36 EWGV zu subsumieren, hat wegen identischer Rechtsfolgen keine praktischen Auswirkungen; so auch: *von Holleben*, oben Fn. 2, 149; *Montag*, oben Fn. 2, 938.

73 Bspw.: EuGH, Urt. vom 4.2.1988, Rs. 261/85, Kommission vs. Vereinigtes Königreich, Slg. 1988, 547 (574); zusammenfassend: *Matthies*, oben Fn. 71, Art. 36, Rn. 8.

74 Bspw.: EuGH, Urt. vom 12.3.1987, Rs. 178/84, Kommission vs. BRD, Slg. 1987, 1227 (1274); die Rspr. zusammenfassend: *Everling*, oben Fn. 37, 220; *von Holleben*, oben Fn. 2, 149; *Schweitzer/Hummer*, oben Fn. 51, 270; zu einzelnen Elementen der Verhältnismäßigkeitsprüfung von Umweltschutzmaßnahmen: *Grabitz*, oben Fn. 39, Art. 130 t, Rn. 12; *Montag*, oben Fn. 2, 938 f.; *Skordas*, oben Fn. 67, 177; *Zuleeg*, NVwZ 1987, 284.

75 Umfassend dazu: *Breuer*, oben Fn. 67, 81 – 84; siehe auch: *von Holleben*, oben Fn. 2, 149; *Montag*, oben Fn. 2, 938; *Ress*, oben Fn. 2, 364.

76 Siehe etwa: §§ 6, 7 Nr. 2 der hess. Polizeiverordnung zur Verhinderung schädlicher Umwelteinwirkungen bei austauscharmen Wetterlagen (Smog-Verordnung) vom 22.8.1988, GVBl. 1988

Dem Abfallrecht[77] zuzuordnen ist die Verordnung über die Rücknahme und Pfanderhebung von Getränkeverpackungen aus Kunststoffen vom 22. Dezember 1988[78], nach der für Getränkeverpackungen aus Kunststoff mit einem Füllvolumen von 0,2 bis 3 Litern ein Zwangspfand in Höhe von DM 0,50 zu entrichten ist[79]. Darüber hinaus hat die Bundesregierung am 14. November 1990 eine Rechtsverordnung verabschiedet, deren Zweck die Vermeidung, Verringerung oder Verwertung von Abfällen von Verkaufsverpackungen aus Kunststoff ist (VerpackVO)[80]. Nach einem Entwurf des Bundesministeriums für Umwelt, Naturschutz und Reaktorsicherheit soll sie auf §§ 14 Abs. 1 Nr. 1, 3 und Abs. 2 Satz 3 Nr. 1, 2 und 3 AbfG gestützt werden[81].

Weiterhin müssen staatliche Umweltschutzsubventionen[82] mit primärrechtlichen Vorschriften über die Zulässigkeit nationaler Beihilfen vereinbar sein. Diese finden sich vor allem in den Artt. 92 bis 94 EWGV, die in vollem Umfang auf solche Maßnahmen anwendbar sind[83]. Art. 92 Abs. 1 EWGV statuiert ein grundsätzliches Verbot mitgliedstaatlicher Beihilfen, sofern die einzelnen Tatbestandsvoraussetzungen gegeben sind[84]. Da die Vorschrift als Diskriminierungsverbot ausgestaltet ist[85], sind im Umkehrschluß alle Subventionen zulässig, die nicht die Merkmale des Art. 92 Abs. 1 aufweisen[86]. Darüber hinaus hat die Kommission mit Wirkung vom 1. Januar 1990 alle Beihilfen, die aus nationalen, regionalen oder lokalen Quellen gezahlt werden und die um-

---

I, 319. Die europarechtliche Zulässigkeit solcher Verordnungen ist umstritten: siehe *Moench*, NVwZ 1989, 335 ff. einerseits und *Heinz*, NVwZ 1989, 1035 ff. andererseits.

77 Ausführlich zum europäischen Abfallrecht: *von Wilmowsky*, Abfallwirtschaft im Binnenmarkt, 1990; neuerdings auch: *Schröder*, WiVerw 1990, 118 ff.; *Messinger*, FAZ, Nr. 202 vom 31.8. 1990, 17. Der Gerichtshof hat mittlerweile zum gemeinschaftsrechtlichen Abfallbegriff Stellung genommen: EuGH, Urteile vom 28.3.1990, Verb. Rs. C-206/88, C-207/88, Strafverfahren gegen G. Vessoso und G. Zanetti, Slg. 1990, I-1461 (I-1477 f.); Rs. C-359/88, Strafverfahren gegen E. Zanetti u. a., Slg. 1990, I-1509 (I-1522).

78 BGBl. 1988 I, 2455, sog. PET-Verordnung; dazu: *Kloepfer*, UmwR, § 12, Rn. 65; *Kohlhepp*, DB 1989, 1457; *Pernice*, oben Fn. 2, 208. *Versteyl*, NVwZ 1989, 126, weist darauf hin, daß die Gemeinschaft im Rahmen des Notifizierungsverfahrens dagegen keine Einwände erhoben hat. Allerdings hatte die Kommission im Herbst 1989 auf politischem Wege versucht, eine Aussetzung der Verordnung bis Ende 1990 zu erreichen. Das letztlich erfolglose Ansinnen wurde damit begründet, daß sich auch die Gemeinschaft bemühe, entsprechende Vorschriften zu erlassen (FAZ, Nr. 228 vom 2.10.1989, 1).

79 Zu den Zielfestlegungen der Bundesregierung zur Vermeidung, Verringerung und Verwertung von Abfällen aus Verpackungen für Getränke siehe: BAnz 1989, Nr. 84, 2237, ber. in BAnz 1989, Nr. 101, 2733.

80 FAZ, Nr. 267 vom 15.11.1990, 15 f.

81 Siehe zu diesem Entwurf: BAnz 1990, Nr. 20, 513.

82 Zum Begriff: oben Kap. 2 E. 6. a).

83 *Grabitz*, oben Fn. 28, 628; *Weinstock*, ZfU 1983, 18. Die Umweltrelevanz sonstiger beihilferechtlicher Bestimmungen außerhalb der Artt. 92 - 94 EWGV wird besprochen von: *Behrens*, EuR 1977, 254; *Krämer*, EuGRZ 1989, 360.

84 Einzelheiten bei: *Streil*, in: BBPS, 358 f.; *Schweitzer/Hummer*, oben Fn. 51, 336 f. jeweils m.w.N.

85 Ausdrücklich: *Behrens*, oben Fn. 83, 255.

86 *Behrens*, oben Fn. 83, 254; *Grabitz*, oben Fn. 28, 627.

fänglich von geringerem Gewicht sind, vom Verbot dieser Vorschrift befreit[87]. Sofern danach Subventionen weiterhin dem Tatbestand des Art. 92 Abs. 1 EWGV unterfallen, kann die Kommission Umweltschutzbeihilfen nach Maßgabe von Art. 92 Abs. 3 lit. a) bis c) EWGV als mit dem Gemeinsamen Markt vereinbar ansehen[88]. In Konkretisierung von Art. 92 Abs. 3 lit. b) EWGV hat sie erstmals 1974 einen sog. Gemeinschaftsrahmen für staatliche Umweltschutzbeihilfen festgelegt, der bislang kontinuierlich verlängert wurde und dessen Geltung derzeit bis zum 31. Dezember 1992 terminiert ist[89]. Faktisch handelt es sich dabei um eine Ausnahme von dem grundsätzlichen Verbot staatlicher Beihilfen[90], die im Kern bezweckt, die industrielle Umsetzung verschärfter Umweltstandards durch Vergabe von Zuschüssen zu verbessern[91]. Dadurch bedingte Investitionen können bis zur Höhe von 15 % gefördert werden, sofern die betreffende Produktionsanlage älter als zwei Jahre, gerechnet ab Inkrafttreten der strengeren Vorschrift, ist[92]. Nationale Subventionen, die nicht unter den Anwendungsbereich des Gemeinschaftsrahmens fallen, können nach den sog. Allgemeinen Anwendungsgrundsätzen von der Kommission gemäß Art. 92 Abs. 3 lit. a), c) EWGV genehmigt werden[93]. Davon werden vor allem solche Förderungsmaßnahmen erfaßt, die nicht primär dem Umweltschutz dienen, sondern lediglich mittelbar positive Auswirkungen auf die Umwelt haben[94]. Weder der Gemeinschaftsrahmen noch die Allgemeinen Anwendungsgrundsätze entbinden die Mitgliedstaaten jedoch von der Beachtung der formellen Voraussetzungen des Art. 93 Abs. 3 EWGV[95].

Es fragt sich nun, ob diese allgemeinen Verwaltungsvorschriften der Kommission, die keine Rechtssatzqualität aufweisen, auch nach Inkrafttreten der EEA mit primärrechtlichen Bestimmungen vereinbar sind. In der Literatur ist eine Kollision mit dem Verursacherprinzip gemäß Art. 130 r Abs. 2 Satz 1

---

87 FAZ, Nr. 1 vom 2.1.1990, 11: Im einzelnen gelten nachgenannte Voraussetzungen für eine Befreiung: Das geförderte Unternehmen darf nicht mehr als 150 Mitarbeiter und höchstens einen Jahresumsatz von 15 Mill. ECU haben. Zusätzlich muß mindestens eine der drei folgenden Bedingungen erfüllt sein. Die Subvention darf 7,5 % der Gesamtinvestitionen nicht übersteigen; bei Schaffung neuer Arbeitsplätze darf die öffentliche Hilfe 3.000 ECU pro Arbeitsplatz nicht übersteigen; sofern keine besonderen Investitionen für neue Arbeitsplätze vorgesehen sind, darf die Gesamtbeihilfe nicht höher als 200.000 ECU sein. Die Mitgliedstaaten haben dafür zu sorgen, daß ein Vorhaben nur einmal gefördert wird.

88 Art. 92 Abs. 2 EWGV spielt dagegen für umweltbezogene Vorhaben keine Rolle: *Behrens*, oben Fn. 83, 255.

89 Einzelheiten bei: *Grabitz/Zacker*, CMLRev 1989, 430 – 434 m.w.N.; *d'Oliveira*, RIW 1983, 325; vgl. auch: *Germain*, Les instruments juridiques et financiers de l'action communautaire en faveur de l'environnement, in: La protection de l'environnement par les communautés européennes, 1988, 29.

90 *Bungarten*, Umweltpolitik in Westeuropa, 1978, 123.

91 *Pernice*, oben Fn. 31, 26.

92 Einzelheiten bei: *Behrens*, oben Fn. 83, 256 f.; *Grabitz*, oben Fn. 28, 628 – 630; *Krämer*, oben Fn. 83, 360, *Scheuing*, EuR 1989, 175; *Vandermeersch*, ELRev 1987, 416.

93 Ausführlich dazu: *Grabitz/Zacker*, oben Fn. 89, 431 f.

94 *Behrens*, oben Fn. 83, 257.

95 *Behrens*, oben Fn. 83, 255; *Grabitz*, oben Fn. 28, 631, der darauf hinweist, daß dieses Erfordernis in der bundesdeutschen Behördenpraxis nur höchst selten beachtet wird.

EWGV angenommen worden[96], die zur Unanwendbarkeit der genannten Grundsätze führe. Gemäß Art. 130 s EWGV sei der Rat und nicht die Kommission zur Konkretisierung des Prinzips berufen. Diese Befugnis erstrecke sich auch auf den sensiblen Bereich der Beihilfen. Solange der Rat aber noch nicht tätig geworden sei, müsse die Kommission bei der Erklärung der Vereinbarkeit von Subventionen mit dem Gemeinsamen Markt zwischen dem Verursacherprinzip und den Berücksichtigungsgeboten des Art. 130 r Abs. 3 EWGV abwägen[97].

Gegen die Unanwendbarkeitsthese spricht jedoch, daß dieses Prinzip nach dem ausdrücklichen Wortlaut von Art. 130 r Abs. 2 Satz 1 EWGV lediglich für die Tätigkeit der Gemeinschaft im Umweltbereich gilt, nicht aber für die der Mitgliedstaaten[98]. Da Art. 92 EWGV nur die Zulässigkeit staatlicher Umweltschutzbeihilfen, nicht aber solcher der Gemeinschaft betrifft[99], kann das Verursacherprinzip nicht die Rechtswidrigkeit der durchaus beihilfefreundlichen Praxis der Kommission auf der Grundlage von Art. 92 Abs. 2 EWGV zur Folge haben. Daran vermag schließlich auch die Querschnittsklausel des Art. 130 r Abs. 2 Satz 2 EWGV nichts zu ändern, da sie sich ebenfalls ersichtlich nur auf die Gemeinschaftspolitiken bezieht. Im Ergebnis verbleiben den Mitgliedstaaten auf dem Gebiet der Umweltschutzsubventionen weitreichende Regelungsbefugnisse. Auch der fortgeltende Gemeinschaftsrahmen und die Allgemeinen Anwendungsgrundsätze begrenzen den Handlungsspielraum der Staaten nicht, weil es sich dabei nicht um verbindliches, mit Außenwirkung versehenes Gemeinschaftsrecht handelt.

Schließlich fragt es sich, ob und ggf. unter welchen Voraussetzungen mitgliedstaatliche Umweltabgaben[100] gemeinschaftsrechtlich zulässig sind. Da der EWG-Vertrag die kraft originärer Staatsgewalt bestehende Steuerhoheit der Mitgliedstaaten nicht beseitigt hat[101], bestehen insoweit auf nationaler Ebene grundsätzlich weite Handlungsspielräume[102]. Diese Freiräume können aber nur so lange genutzt werden, als die jeweils einschlägige Materie gemeinschaftsrechtlich noch nicht erschöpfend geregelt ist und die Maßnahme mit dem sonstigen Primärrecht vereinbar ist[103]. Jede nationale Regelung ist vor allem an Art. 95 Abs. 1, 2 EWGV zu messen, der auch für Umweltabgaben gilt[104]. Die Vorschrift sta-

96 *Krämer*, oben Fn. 83, 360; ähnlich auch: *Scheuing*, oben Fn. 92, 175.

97 *Grabitz*, oben Fn. 28, 631 f.

98 *Vandermeersch*, oben Fn. 92, 416 f.

99 *Grabitz*, oben Fn. 28, 627.

100 Zum Begriff: oben Kap. 2 E. 3. a); ein Überblick zu Lenkungsabgaben im bundesdeutschen Wirtschaftsverwaltungsrecht findet sich bei: *Arndt*, WiVerw 1990, 1 ff.

101 GA *Reischl*, Schlußanträge vom 2.10.1980, Rs. 26/89, Schneider Import GmbH & Co. KG vs. Hauptzollamt Mainz, Slg. 1980, 3469 (3492 f.); *Grabitz*, WiVerw 1990, 78.

102 *Grabitz/Zacker*, oben Fn. 89, 444.

103 Ausdrücklich zu umweltbezogenen steuerlichen Vergünstigungen: EuGH, Urt. vom 8.1.1980, Rs. 21/79, Kommission vs. Italien, Slg. 1980, 1 (12); aus der Lit.: *Jans*, oben Fn. 71, 214; *Pernice*, oben Fn. 2, 204; *Steindorff*, oben Fn. 3, 770.

104 *Grabitz*, oben Fn. 28, 634

tuiert für alle Abgaben im Sinne der Norm[105]ein Verbot diskriminierender Wirkung[106]. Üblicherweise stimmen die unterschiedlichen Formen produktbezogener Umweltabgaben zumindest darin überein, daß sie nicht zwischen einheimischen und eingeführten Waren differenzieren, so daß sie in der Regel nach Art. 95 EWGV unbedenklich sind[107]. Ein aktuelles Beispiel findet sich in der niederländischen Steuerbegünstigung besonders abgasentgifteter Fahrzeuge, die ebenfalls nicht nach der Herkunft der Autos unterscheidet[108]. Dementsprechend prüfte selbst die Kommission die Maßnahme nicht unter steuerlichen Gesichtspunkten, sondern ausschließlich aus subventionsrechtlicher Sicht[109].

Ein völlig anderes Bild ergibt sich jedoch, wenn die betreffende Umweltabgabe nicht Art. 95 EWGV unterfällt, sondern den Artt. 9, 12 EWGV. Zölle und zollgleiche Abgaben sind nämlich vertraglich generell verboten[110]. Da die beiden Normkomplexe innerhalb eines Sachverhalts nicht nebeneinander anwendbar sind[111], stellt sich das Problem der Abgrenzung. Nach der Rechtsprechung des Gerichtshofs handelt es sich dann um eine Abgabe im Sinne von Art. 95 EWGV, wenn sie Bestandteil eines allgemeinen inländischen Abgabensystems ist, das systematisch und nach gleichen Kriterien in- und ausländische Produkte erfaßt. Hingegen stellt jede einseitig wegen Überschreitens der Zollgrenze auferlegte Belastung eine unzulässige zollgleiche Abgabe dar[112]. Von den umweltbezogenen Abgaben können vor allem Gebühren und parafiskalische Sonderabgaben wegen des in den Artt. 9, 12 EWGV enthaltenen Verbots problematisch sein[113]. Aus Gründen gesundheitspolizeilicher Kontrollen oder zur Prüfung der Umweltverträglichkeit einer Ware erhobene Gebühren sind mit den genannten Bestimmungen unvereinbar[114]. Ebenso ver-

---

105 Zum Abgabenbegriff: *Wägenbaur*, in: Grabitz (Hg.), EWGV-Komm., Art, 95, Rn. 17 – 30 m.w.N.

106 EuGH, Urt. vom 8.1.1980, Rs. 21/79, Komission. vs. Italien, Slg. 1980, 1 (12 f.); *Jans*, oben Fn. 71, 214; *Steindorff*, oben Fn. 3, 770.

107 *Grabitz*, oben Fn. 28, 635. Ein aktuelles Beispiel findet sich in der vom Gerichtshof unbeanstandeten griechischen Sonderverbrauchssteuer für hubraumstarke Limousinen: EuGH, Urt. vom 5.4.1990, Rs. C-132/88, Kommission vs. Griechenland, Slg. 1990, I-1567 (I-1592 f.).

108 *Kohlhepp*, oben Fn. 78, 1457; *Seidel*, DVBl. 1989, 448; *Woyke*, Jb. der Europ. Integration 1988/89, 293; siehe auch: *Corcelle*, RevMC 1990, 129 f.; *Glatz*, Die Verträglichkeit nationaler umweltpolitischer Initiativen mit dem EWG-Vertrag: Das Beispiel der Pkw-Schadstoffbegrenzung, in: Schwarze/Bieber (Hg.), Das europäische Wirtschaftsrecht vor den Herausforderungen der Zukunft, 1985, 177.

109 EG Bull. 2-1989, 26 und 3-1989, 28; siehe auch: *Schwenn*, FAZ vom 27.4.1989; zum bundesdeutschen Gesetz zur Verbesserung der steuerlichen Förderung schadstoffarmer Personenkraftwagen: BT.-Dr. 11/5676, BR.-Dr. 676/89. Die am 1.1.1986 in Kraft getretene Erhöhung der Kraftfahrzeugsteuer für das Halten nicht schadstoffarmer Pkws ist verfassungsgemäß (BFHE 162, 141).

110 EuGH, Urt. vom 18.6.1975, Rs. 94/74, IGAV vs. ENCC, Slg. 1975, 699 (710); EuGH, Urt. vom 30.5.1989, Rs. 340/87, Kommission vs. Italien, Slg. 1989, 1483 (1510 f.).

111 *Streil*, in: BBPS, 299.

112 EuGH, Urt. vom 20.3.1984, Rs. 314/82, Kommission vs. Belgien, Slg. 1984, 1543 (1555).

113 *Grabitz/Zacker*, oben Fn. 89, 443; allgemein: *Behrens*, Jura 1989, 565; *Streil*, in: BBPS, 281.

114 Vgl. EuGH, Urt. vom 11.10.1973, Rs. 39/73, Rewe-Zentralfinanz eGmbH vs. Direktor der Landwirtschaftskammer Westfalen-Lippe, Slg. 1973, 1039 (1043 f.).

boten sind umweltbezogene parafiskalische Sonderabgaben, wenn ihr Erhebungszweck unter anderem darin besteht, die einheimische Industrie zu begünstigen[115].

c) Sekundärrechtliche Vereinbarkeit

Schließlich muß jede staatliche Maßnahme auch in Einklang mit den unmittelbar anwendbaren Bestimmungen des Sekundärrechts stehen, da ihnen ebenfalls die Vorrangwirkung des Gemeinschaftsrechts zukommt[116]. Wenn die EG das Umweltrecht auch noch längst nicht in umfassender Weise durchnormiert hat[117], so existiert mittlerweile doch gerade in diesem Bereich eine Vielzahl von Regelungen, die direkt oder indirekt staatliche Kompetenzfreiräume zu beschneiden geeignet sind[118]. Angesichts dieses Befundes muß eine ins Detail gehende Darstellung nationaler Regelungsmöglichkeiten an dieser Stelle unterbleiben[119].

2. Stillhalte- und Informationspflichten

Das Bestehen gemeinschaftlicher Stillhalte- und Informationspflichten kann der Ausübung nationaler Legislativbefugnisse faktisch im Wege stehen. Es fragt sich daher zunächst, ob das Gemeinschaftsrecht solche Stillhaltegebote enthält und unter welchen Voraussetzungen sie ggf. zum Tragen kommen. Man könnte der Auffassung sein, daß die ausdrückliche Zuweisung umweltpolitischer Rechtsetzungsermächtigungen an die EG in Art. 130 s EWGV im negativen Sinne zur Folge hat, daß den Mitgliedstaaten die Anwendung eigenständigen Rechts untersagt ist. Wie sich aber den Artt. 130 r Abs. 4 Satz 1, 130 t EWGV entnehmen läßt, ist dieser Umkehrschluß nicht gerechtfertigt. Vielmehr weist das Fehlen einer ausdrücklichen Stillhalteverpflichtung innerhalb dieses Normkomplexes darauf hin, daß die Mitgliedstaaten grundsätzlich weiterhin zur Schaffung und Anwendung eigenen Rechts befugt sind[120]. Dies steht auch in Einklang mit der bereits zuvor gemachten Feststellung, daß Art. 130 s EWGV eine – nach gemeinschaftsrechtlichem Begriffsverständnis – konkurrierende, nicht aber ausschließliche Befugnis der EG begründet[121]. Das

---

115 Vgl. EuGH, Urt. vom 18.6.1975, Rs. 94/74, IGAV vs. ENCC, Slg. 1975, 699 (711); EuGH, Urt. vom 25.5.1977, Rs. 77/76, Fa. Gebr. Cucchi vs. Avez S.p.A., Slg. 1977, 987 (1005 – 1007).

116 Dazu: oben Kap. 3 A.

117 So: *Montag*, oben Fn. 2, 936 f.; *Pernice*, oben Fn. 31, 46.

118 Eine Übersicht findet sich bei: *Umweltbundesamt* (Hg.), Rechtsakte der Europäischen Gemeinschaften auf dem Gebiete des Umweltschutzes (Stand 1. Dezember 1988), Texte 7/89.

119 Einen kursorischen Überblick bieten: *Pernice*, oben Fn. 31, 45 f.; *Grabitz*, oben Fn. 28, 630 f.

120 Vgl. *Hailbronner*, oben Fn. 3, 120.

121 Vgl. *Bleckmann*, in: GBTE, Art. 5, Rn. 18; *Schweitzer*, Rechtsetzung durch die EG und Kompetenzverlust in den Mitgliedstaaten, in: Kremer (Hg.), Die Landesparlamente im Spannungsfeld zwischen europäischer Integration und europäischem Regionalismus, 1988, 29 – 34, die dar-

gleiche gilt im Grundsatz auch für die umweltrechtlich ebenfalls bedeutsamen allgemeinen Harmonisierungskompetenzen gemäß Artt. 100, 100 a EWGV[122]. Lediglich bei Vorliegen der Tatbestandsvoraussetzungen des Art. 102 Abs. 1 EWGV ist der betreffende Staat zur vorübergehenden Stillhaltung während der dann notwendigen Kooperation mit der Kommission verpflichtet[123]. In der Praxis kommt dieser Bestimmung wegen des diffusen Begriffs der „*Verzerrung*“ aber nur eine sehr geringe Bedeutung zu[124]. In primärrechtlicher Hinsicht bleibt schließlich noch das allgemeine Loyalitätsgebot gemäß Art. 5 EWGV, aus dem sich eine derartige Pflicht herleiten ließe. Im Schrifttum wird die Auffassung vertreten, daß sich dieser Vorschrift auch auf den Gebieten konkurrierender Gemeinschaftskompetenzen ein Gebot zum „standstill“ entnehmen lasse. Dies gelte jedenfalls immer dann, wenn vor Verabschiedung einer Gemeinschaftsregelung ein Konsens zwischen den Organen der EG hergestellt sei. Dieser könne darin bestehen, daß die Gemeinschaft eigene Rechtsakte vorbereite oder auch, daß sie beschlossen habe, nicht legislativ tätig zu werden. Da die Mitgliedstaaten an eine solche einheitliche Auffassung gemäß Art. 5 EWGV gebunden seien, dürften sie einseitig keine Gesetze mehr erlassen[125].

Dagegen spricht – zumindest für den Bereich des Umweltrechts – jedoch,daß diese Meinung in Widerspruch zum ausdrücklichen Wortlaut der Artt. 130 r Abs. 4 Satz 1, 130 t EWGV steht. Aus diesem Grunde erscheint die Ableitung einer primärrechtlichen Stillhaltepflicht aus Art. 5 EWGV auch dogmatisch verfehlt. Es handelt sich dabei um eine allgemeine Bestimmung, die als *lex generalis* bei Vorliegen besonderer Normen zurücktritt[126]. Da sich im umweltrechtlichen Sektor aus den spezielleren Artt. 130 r bis 130 t, 100 ff. EWGV aber ein derartiges Stand-still-Gebot nicht ergibt, ist die Herleitung einer solchen Verpflichtung aus dem deutlich unpräziser formulierten Art. 5 EWGV nicht überzeugend. Vielmehr gebietet eine einheitliche Auslegung des Vertrags, daß die allgemeinen Loyalitätspflichten, bei Vorhandensein speziellerer Regelungen, inhaltlich konform zu diesen bestimmt werden[127]; sofern man in einem solchen Fall überhaupt von der weiteren Anwendbarkeit des Art. 5 EWGV ausgeht. Das bedeutet für das Gebiet des Umweltrechts, daß ein primärrechtliches Stillhaltegebot, sieht man einmal von dem in jeder Hinsicht marginalen Art. 102 Abs. 1 EWGV ab, nicht existiert.

---

auf hinweisen, daß bei ausschließlichen Gemeinschaftskompetenzen ein Handeln der Mitgliedstaaten nur unter sehr eingeschränkten Voraussetzungen möglich ist.

[122] *Langeheine*, oben Fn. 3, Art. 100, Rn. 63; *Taschner*, oben Fn. 3, Art. 100, Rn. 14.

[123] Umfassend dazu: *Grabitz*, oben Fn. 16, 5 – 17, am Beispiel der in der Bundesrepublik geplanten Erdgassteuer.

[124] *Behrens*, Rechtsgrundlagen der Umweltpolitik der EG, 1976, 265; *Langeheine*, oben Fn. 3, Art. 102, Rn. 10 m.w.N.

[125] *Bleckmann*, oben Fn. 39, 204 f.

[126] *Grabitz*, oben Fn. 39, Art. 5, Rn. 13 m.w.N. aus der Rspr. des EuGH.

[127] Vgl. *Taschner*, oben Fn. 3, Art. 100, Rn. 14.

Möglicherweise haben sich die Mitgliedstaaten jedoch in sekundärrechtlicher Form auf eine solche Verpflichtung geeinigt. Hier ist zunächst die Vereinbarung der im Rat vereinigten Vertreter der Regierungen der Mitgliedstaaten vom 5. März 1973 über die Unterrichtung der Kommission und der Mitgliedstaaten im Hinblick auf die etwaige Harmonisierung von Dringlichkeitsmaßnahmen im Bereich des Umweltschutzes für das gesamte Gebiet der Gemeinschaft[128] zu nennen. Aufgrund der dort auf Seite eins enthaltenen Fußnote eins, die Bestandteil der Vereinbarung ist[129], handelt es sich dabei jedoch lediglich um ein *Gentleman's Agreement*. Die Literatur hat diese Kennzeichnung übereinstimmend dahingehend gedeutet, daß das Übereinkommen keine bindenden Rechtspflichten auslöst, sondern nur auf politischer Ebene verpflichtend ist[130]. Es handelt sich also um sog. *soft law*[131].

Darin ist festgelegt, daß die Kommission über jeden Entwurf von Rechts- oder Verwaltungsvorschriften zu unterrichten ist, die entweder unmittelbare Auswirkungen auf den Gemeinsamen Markt haben oder die umweltpolitischen Aktionsprogramme der Gemeinschaft betreffen oder wegen staatenübergreifender Auswirkungen von besonderem Interesse sind. Anschließend übermittelt sie den Regierungen der anderen Mitgliedstaaten diese Informationen (Ziff. 1). Der sachliche Geltungsbereich der Übereinkunft erstreckt sich somit gleichermaßen auf ordnungsrechtliche und mittelbar verhaltenslenkende Maßnahmen wie etwa Abgaben und Beihilfen[132]. Vorschriften, die die beiden erstgenannten Voraussetzungen erfüllen, können nur dann erlassen werden, wenn die Kommission nicht innerhalb von zwei Monaten dem Rat entsprechende Vorschläge unterbreitet hat. Wenn sie nach Ablauf von fünf Monaten noch immer keinen Vorschlag vorgelegt bzw. wenn der Rat innerhalb dieser Frist einen Kommissionsvorschlag nicht angenommen hat, kann der Mitgliedstaat die Bestimmungen sofort in Kraft setzen (Ziff. 2, 3). Von diesen Regelungen kann nur ausnahmsweise aus wichtigen Gründen der Sicherheit oder Gesundheit abgewichen werden (Ziff. 4). In einer späteren Zusatzvereinbarung ist dieses Verfahren auf nationale Entwürfe zur Durchführung der Aktionsprogramme erstreckt worden, sofern die Kommission zur Ausarbeitung gemeinsamer Maßnahmen beauftragt worden ist[133].

Während das Übereinkommen in den ersten Jahren weitgehend beachtet wurde und Ausgangspunkt wichtiger Gemeinschaftsinitiativen war[134], verschlechterte sich dies seit Beginn der achtziger Jahre zusehends[135]. Ferner ka-

---

128 ABl. 1973, C 9, 1; zur Entstehungsgeschichte: *Bungarten*, oben Fn. 90, 139, 141, 144 f.

129 So ausdrücklich: *Grabitz*, oben Fn. 39, Vor Art. 130 r, Rn. 10.

130 *Boisserée*, Jb. des Umwelt- und Technikrechts 1988, 389; *Montag*, oben Fn. 2, 939; *Ress*, HdUR, Bd. 1, Sp. 482.

131 *Bothe*, „Soft Law" in den Europäischen Gemeinschaften?, in: Schlochauer-FS, 1981, 764.

132 Vgl. *Grabitz*, oben Fn. 28, 636.

133 ABl. 1974, C 86, 2.

134 *Grabitz*, oben Fn. 39, Vor Art. 130 r, Rn. 11.

135 *D'Oliveira*, oben Fn. 89, 326; *Rehbinder/Stewart*, oben Fn. 14, 259; *Ress*, oben Fn. 130, Sp. 482.

men mit dem Beitritt von Griechenland sowie Spanien und Portugal Zweifel am räumlichen Geltungsbereich der Vereinbarung auf[136]. Seit dem 3. Aktionsprogramm von 1983 sind daher Bestrebungen im Gang, das Abkommen effektiver zu gestalten[137]. Im 4. Aktionsprogramm von 1987 wird nun die Absicht bekundet, dieser und anderen ebenfalls rechtlich unverbindlichen Vereinbarungen eine verpflichtende Wirkung zu verleihen. Technisch soll dies durch eine Erweiterung des sachlichen Anwendungsbereichs der RL 83/189/EWG vonstatten gehen[138].

Diese Richtlinie des Rates vom 28. März 1983 über ein Informationsverfahren auf dem Gebiet der Normen und technischen Vorschriften[139] betrifft den Erlaß nationaler Produktnormen unter Einschluß umweltbezogener Vorschriften[140]. Im Gegensatz zur oben genannten Vereinbarung ist sie nach Maßgabe von Art. 189 Abs. 3 EWGV rechtsverbindlich[141]. In der Sache ist eine sechsmonatige Aufschubfrist festgelegt, falls die Kommission oder ein anderer Mitgliedstaat in der betreffenden Produktvorschrift ein Handelshemmnis sieht; zwölf Monate muß der Staat warten, falls die Kommission ihm nach drei Monaten ihre Absicht zur Vorlage eines gemeinschaftlichen Harmonisierungsentwurfs mitteilt. Im Ergebnis bestehen somit sekundärrechtliche Stillhalteverpflichtungen, die bei produktbezogenen Umweltschutzbestimmungen bis zu einem Jahr betragen können, während alle anderen Maßnahmen einer (derzeit) nicht rechtsverbindlichen Aufschubfrist von bis zu fünf Monaten unterliegen können.

---

136 *Boisserée*, oben Fn. 130, 389.

137 ABl. 1983, C 46, 8.

138 ABl. 1987, C 328, 5, 8.

139 ABl. 1983, L 109, 8; geändert durch RL 88/182/EWG, ABl. 1988, L 81, 75; dazu: *Mutke*, RIW 1988, 829 f.; umfassend zur Informationsrichtlinie: *Joerges/Falke/Micklitz/Brüggemeier*, Die Sicherheit von Konsumgütern und die Entwicklung der Europäischen Gemeinschaft, 1988, 342 – 345; *Lecrenier*, RevMC 1988, 121 ff.; *Schmitt von Sydow*, The basic strategies of the Commission's White Paper, in: Bieber/Dehousse/Pinder/Weiler (Hg.), 1992: One European Market, 1988, 99 f.

140 Vgl. *Pernice*, oben Fn. 2, 209.

141 Betont von: *Montag*, oben Fn. 2, 939.

C. Die Rechtslage nach einem Handeln der Gemeinschaft auf dem Gebiet des Umweltschutzes

1. Rechtspolitische Bedeutung eines nationalen Abweichens vom Gemeinschaftsstandard

Im Grundsatz ist durch den Vorrang sowie die ggf. bestehende unmittelbare Anwendbarkeit eine verbindliche und einheitliche Geltung des Gemeinschaftsrechts sichergestellt. Ausnahmsweise kann unter bestimmten Voraussetzungen jedoch ein nationales Abweichen von einem auf Gemeinschaftsebene sekundärrechtlich fixierten Standard zulässig sein. Diese Möglichkeit kann entweder primär- bzw. sekundärrechtlich explizit vorgesehen sein oder sich immanent aus Grundprinzipien des Vertragsrechts ergeben. Auf dem Gebiet des Umweltrechts hat die EEA ein mitgliedstaatliches Ausscheren durch Einfügen ausdrücklicher Kompetenzvorbehaltsklauseln[1] in den Vertrag (Artt. 100 a Abs. 4, 118 a Abs. 3, 130 t EWGV) erleichtert[2]. Sie setzen übereinstimmend lediglich voraus, daß überhaupt eine sekundärrechtliche Ausgestaltung der betreffenden Materie existiert; nicht jedoch, daß eine besondere Art der Regelung, etwa eine erschöpfende Normierung eines Sachbereichs erfolgt ist[3]. Allerdings ist ein solches „*opting out*"[4] lediglich unter bestimmten, genau bezeichneten, einschränkenden Bedingungen möglich. Bei allen Unterschieden im Detail liegt diesen Vorschriften doch eine einheitliche Konzeption zugrunde. Nationales Recht kann gemeinschaftlichen Standards grundsätzlich nur dann vorgehen, wenn es ökologischen Erfordernissen in besserem Maße Rechnung trägt. Das Gemeinschaftsrecht stellt insoweit also lediglich Mindestregeln auf[5], die unter Umständen zwar übertroffen, nie aber unterschritten werden dürfen. Das Phänomen ist im Schrifttum treffend mit dem Begriff des „*opting up*" gekennzeichnet worden[6].

Rechtspolitisch ist diese vertragliche Regelung Ausdruck eines Kompromisses. Einerseits verpflichten die Artt. 2, 3 lit. h) EWGV die Gemeinschaft zu einer Angleichung der Rechtsvorschriften und damit zur Schaffung einheitlichen Rechts, andererseits macht der aus verschiedenen Bestimmungen herauszulesende Grundsatz bestmöglichen Umweltschutzes[7] die Verfolgung ökologischer Belange zu einem herausragenden Ziel, dem unter Umständen die gemeinschaftsweite Geltung gleicher Schutzstan-

---

1 *Zuleeg*, JöR 20 (1971), 36, nennt sie Ermächtigungen.

2 *Hey/Jahns-Böhm*, Ökologie und freier Binnenmarkt, 1989, 20 f.

3 Vgl. *Langeheine*, in: Grabitz (Hg.), EWGV-Komm., Art. 100 a, Rn. 59.

4 Begriff bei: *Ehlermann*, integration 1986, 104; *Haagsma*, Fordham International Law Journal 1989, 350; *Rögge*, WRP 1986, 461.

5 *Dauses*, BayVBl. 1989, 615; *Jacobs*, The protection of the environment under the SEA, in: Schwarze/Schermers (Hg.), Structure and dimensions of EC Policy, 1988, 121; *Schmidhuber*, EA 1989, 82; *Seeler*, Die EG zwischen Aufbruchstimmung und Resignation, 1987, 32.

6 *Scheuing*, EuR 1989, 170.

7 Dazu oben Kap. 2 D. 2.

dards geopfert werden kann. Ein Konflikt zwischen diesen Finalitäten tritt immer dann auf, wenn auf EG-Ebene optimale Umweltschutzbestimmungen politisch nicht realisierbar sind[8]. Eine solche Konstellation führt regelmäßig zur Frage nach der Zulässigkeit nationaler Alleingänge[9]. Deren rechts- und umweltpolitischer Nutzen ist in der Literatur jedoch umstritten. Einige sehen darin die positiv zu wertende Möglichkeit begründet, Defizite im gemeinschaftlichen Umweltrecht optimierend zu kompensieren[10]. Andere erblicken in einem Ausscheren den rechts- wie umweltpolitisch fragwürdigen Versuch einer Rückkehr zu unkoordinierter nationaler Rechtsetzung[11].

Geht man von der mittlerweile weitverbreiteten Erkenntnis aus, daß ein gemeinschaftliches Vorgehen auf dem Gebiet des Umweltschutzes nicht abgestimmten nationalstaatlichen Politiken strukturell überlegen ist[12], ergibt sich für ein Ausscheren einzelner Mitgliedstaaten folgende umweltpolitische Bewertung. In vielfacher Hinsicht positive Auswirkungen kann ein einzelstaatlicher Alleingang dann haben, wenn die begründete Aussicht besteht, daß dieser für andere einen sog. Demonstrationseffekt bewirkt, der letztlich zu einer verbindlichen Einführung der betreffenden stärkeren Schutzmaßnahme auf Gemeinschaftsebene führt[13]. Angesichts des europaweit in beachtlichem Umfang gestiegenen Umweltbewußtseins der Bevölkerungen[14] sind die Chancen generell nicht schlecht zu veranschlagen, daß aufgrund des Ausscherens einzelner Mitgliedstaaten politischer Druck auf die Gemeinschaftsorgane erwächst, der den Weg zur Durchsetzbarkeit ökologisch hochwertiger Standards auf EG-Ebene öffnet[15]. Diese Vorreiterfunktion ist geeignet, eine innovative Dynamisierung der gemeinschaftlichen Umweltpolitik zu bewirken[16]. Dem kommt deshalb eine entscheiden-

---

[8] Vgl. *Langeheine*, oben Fn. 3, Art. 100, Rn. 54; *Steiger*, CIVIS 4/87, 30. Zu optimistisch: *Pernice*, NVwZ 1990, 206, der das Bestehen eines solchen Konflikts negiert.

[9] *Töpfer*, Die europäische Dimension im Umweltschutz aus deutscher Sicht, in: Europäische Liga für wirtschaftliche Zusammenarbeit (Hg.), Die europäische Dimension im Umweltschutz, 1988, 11.

[10] *Zuleeg*, NVwZ 1987, 284 ff.; *Falke/Joerges*, DVBl. 1987, 1056; *Hey/Jahns-Böhm*, oben Fn. 2, 21 f. Auch *Gulmann*, CMLRev 1987, 35, bewertet Mindestnormen sehr positiv: „*The importance of minimum standards cannot be stressed emphatically enough*".

[11] *Everling*, Zur föderalen Struktur der EG, in: Doehring-FS, 1989, 190 f., dort Fn. 48; *Gündling*, Umweltschutz in einer übernationalen Wirtschaftsgemeinschaft, in: ders./ Weber(Hg.), Dicke Luft in Europa, 1988, 37 – 40; vgl. auch: *Schreiber*, ZAU 1989, 151 f.

[12] *Schwenn*, FAZ vom 27.4.1989; Einzelheiten oben Kap. 1 A. und unten Kap. 4 A.

[13] *Molkenbur*, DVBl 1990, 681; *Nollkaemper*, LIEI 1987, 90; *Werner*, Perspektiven und Probleme des Gemeinsamen Marktes 1993, in: Aus Politik und Zeitgeschichte, B 24 – 25/89, 13. *Pernice*, DV 1989, 44 und *Meyer/Rath*, Forum Recht 1990, 49, nennen dies eine „*umweltpolitische Sogwirkung*".

[14] Dazu etwa: UmweltMagazin, Nr. 1/2, 1990, 24.

[15] *Rehbinder*, Diskussionsbeitrag, in: Umwelt- und Technikrecht in den Europäischen Gemeinschaften – Antrieb oder Hemmnis, UTR, Bd. 7, 188, 182; in der Sache ebenso: *Gulmann*, oben Fn. 10, 40; *Müller-Graff*, EuR 1989, 143.

[16] *Falke/Joerges*, oben Fn. 10, 1056; *Hey*, ZAU 1989, 284 m.w.N. *Schmuck*, Umweltpolitik: Grenzüberschreitende Probleme – europäische Lösungen, 1988, 35, weist darauf hin, daß die EG auf diese Weise auch international eine Vorbildrolle übernehmen kann.

de Bedeutung zu, weil die nach hier vertretener Auffassung zentrale Kompetenznorm des Art. 130 s EWGV jeder gemeinschaftlichen Maßnahme eine gemäß Art 130 s Abs. 1 EWGV einstimmige Beschlußfassung im Rat vorschaltet. Die primärrechtlich nach Art. 130 t EWGV eingeräumte Möglichkeit des *„opting up"* schafft also einen Ausgleich für das potentiell statische Einstimmigkeitserfordernis. Die Praxis hat gezeigt, daß bei den Verhandlungen im Rat häufig bereits die Drohung mit dem nunmehr grundsätzlich zulässigen nationalen Alleingang als Verhandlungsargument ausreicht, um engagierte Schutznormen europaweit durchzusetzen[17]. Dies dürfte einer der Gründe dafür sein, daß nationale Alleingänge bislang faktisch nicht existent sind[18]. Zusätzlich erklärt sich dieses Phänomen wohl auch aus den negativen Auswirkungen für die industrielle Wettbewerbsfähigkeit des ausscherenden Staates[19] sowie der weitverbreiteten Unsicherheit über die rechtlichen Konsequenzen eines Alleingangs. Von dieser Warte aus betrachtet fällt die integrations- und umweltpolitische Würdigung der bestehenden Möglichkeiten zu einem mitgliedstaatlichen Abweichen vom Gemeinschaftsstandard positiv aus.

Es sind hingegen auch Konstellationen denkbar, in denen ein solches Vorgehen wenig sinnvoll erscheint. Dies ist jedenfalls dann anzunehmen, wenn von vornherein abzusehen ist, daß das Ausscheren weder eine spürbare Verbesserung der Umweltqualität – sei es auch nur auf lokaler Ebene – zur Folge hat noch den oben beschriebenen dynamisierenden Effekt auslösen wird[20]. In einem solchen Fall belastet das aller Voraussicht nach isoliert bleibende Ausscheren eines einzelnen Mitgliedstaats die einheimische Volkswirtschaft also vergebens mit kostenbedingten Wettbewerbsnachteilen[21]. Auch die integrationspolitische Bewertung fällt negativ aus, weil eine Rechtszersplitterung innerhalb der Gemeinschaft festgeschrieben wird, ohne daß dies der Umwelt spürbar zu Gute käme.

---

[17] *Breuer*, Jb. des Umwelt- und Technikrechts 1989, 97; *Pernice*, oben Fn. 8, 206; *Rehbinder*, oben Fn. 15, 172; *Scheuing*, oben Fn. 6, 169.

[18] *Scheuing*, oben Fn. 6, 169, weist darauf hin, daß bislang kein Mitgliedstaat von den zahlreichen primär- und sekundärrechtlichen Schutzklauseln Gebrauch gemacht hat. Die Darstellung einer aktuellen Konfliktlage am Beispiel des deutschen PCP-Verbots (BGBl. 1989 I, 2235) findet sich bei: *Münster*, EG-Magazin, 12/1990, 17; *Pernice*, oben Fn. 8, 419; Umwelt-Magazin, Nr. 1/2, 1990, 19. Das Problem besteht unverändert fort, da auf der Tagung des Rats der Umweltminister Anfang Juni 1990 in Luxemburg keine Einigung über die Übernahme der bundesdeutschen Regelung auf Gemeinschaftsebene erzielt werden konnte (FAZ, Nr. 132 vom 9.6.1990, 11).

[19] *Breuer*, oben Fn. 17, 97; *von Weizsäcker*, Umweltpolitik in Europa – Mit Blick auf 1992, in: Evangelische Akademie Bad Boll (Hg.), Europäische Umweltpolitik von unten?!, 1988, 57.

[20] *Rehbinder*, oben Fn. 15, 188, bezeichnet dies als *„unsinnigen Opfergang"*.

[21] Vgl. *Glatz*, Die Verträglichkeit nationaler umweltpolitischer Initiativen mit dem EWG-Vertrag: Das Beispiel der Pkw-Schadstoffbegrenzung, in: Schwarze/Bieber (Hg.), Das europäische Wirtschaftsrecht vor den Herausforderungen der Zukunft, 1985, 181

2. Ausdrückliche Kompetenzvorbehalte im Primärrecht

a) Art. 130 t EWGV

aa) Anwendungsbereich

Art. 130 t EWGV gewährt den Mitgliedstaaten ausdrücklich die Befugnis, unter bestimmten Voraussetzungen von einem gemeinschaftlich fixierten Standard abzuweichen. Der Anwendungsbereich dieser Vorschrift ist durch formelle und materielle Erfordernisse determiniert[22]. In formeller Hinsicht ist ein Gebrauchmachen von Art. 130 t EWGV nach dem ausdrücklichen Wortlaut der Bestimmung nur, aber auch immer dann möglich, wenn die Gemeinschaft zuvor auf der Grundlage von Art. 130 s EWGV legislativ tätig geworden ist[23]. Die Anwendbarkeit der Ermächtigung nach Art. 130 t EWGV ist also streng akzessorisch zu einem Heranziehen der Kompetenznorm des Art. 130 s EWGV. Mit dieser Feststellung ist einerseits bereits das Konkurrenzverhältnis zu anderen primärrechtlichen Schutzklauseln geklärt. Ein Rückgriff auf die Artt. 100 a Abs. 4, 5, 118 a Abs. 3 EWGV ist immer dann ausgeschlossen, wenn die Gemeinschaft auf der Grundlage von Art. 130 s EWGV tätig geworden ist. Andererseits zeigt sich daran auch die fehlende Analogiefähigkeit von Art. 130 t EWGV. Der explizite Bezug auf Art. 130 s EWGV ist im Umkehrschluß dahingehend zu deuten, daß die Vorschrift im Rahmen sonstiger Rechtsgrundlagen nicht in entsprechender Weise zum Zuge kommen kann, da es bereits an einer planwidrigen Unvollständigkeit, mithin also einer Lücke fehlt.

Dies ist solange unproblematisch als die Gemeinschaft mittels einer allein auf Art. 130 s EWGV gestützten Maßnahme erstmals einen Sachverhalt regelt. Die Anwendbarkeit von Art. 130 t EWGV kann aber dann Zweifeln ausgesetzt sein, wenn ein bestimmter Regelungskomplex bereits vor Inkrafttreten der EEA normiert worden ist und nun auf der Grundlage von Art. 130 s EWGV ergänzende bzw. verschärfende Bestimmungen beschlossen werden. Dies ist bspw. im Fall der Benzin-Blei-Richtlinie 87/416/EWG[24] geschehen. Es handelt sich dabei um einen auf Art. 130 s EWGV gestützten Rechtsakt zur Änderung der Richtlinie 85/210/EWG[25], die ihre Grundlage noch in Art. 100 EWGV hatte. In einem solchen Fall wirkt sich der Wortlaut von Art. 130 t EWGV dahingehend aus, daß schutzverstärkende Maßnahmen im Sinne die-

---

[22] *Steiger*, in: Deutsche Stiftung für Umweltpolitik (Hg.), Keine deutsche Umweltpolitik mehr?, 1986, 16, bewertet die Formulierung der Tatbestandsmerkmale dieser Norm als sehr unpräzise.

[23] *Grabitz/Zacker*, NVwZ 1989, 303; *von Holleben*, Europäische Produktnormen als Instrumente des freien Warenverkehrs, des Umweltschutzes und der technischen Sicherheit – aus der Sicht der Wirtschaft, in: Umwelt- und Technikrecht in den Europäischen Gemeinschaften – Antrieb oder Hemmnis?, UTR, Bd. 7, 1989, 150; *Montag*, RIW 1987, 941.

[24] ABl. 1987, L 225, 33.

[25] ABl. 1985, L 96, 25; geändert durch RL 85/581/EWG, ABl. 1985, L 372, 37.

ser Vorschrift lediglich hinsichtlich der geänderten Teilaspekte, die ihre Grundlage in Art. 130 s EWGV haben, zulässig sind.

Ein weiteres Problem stellt sich auch bei Rechtsakten, die ihre Grundlage neben Art. 130 s EWGV noch in mindestens einer weiteren Ermächtigungsnorm haben. Exemplarisch lassen sich die beiden Ratsverordnungen über den Schutz des Waldes in der Gemeinschaft gegen Luftverschmutzung[26] und gegen Brände[27] anführen. In einem solchen Fall stellt sich die Frage, ob und ggf. in welchem Umfang seitens der Mitgliedstaaten von der Möglichkeit des Art. 130 t EWGV Gebrauch gemacht werden kann. Dazu ist eine Differenzierung vorzunehmen. Läßt sich eine Maßnahme in mindestens zwei Teilakte aufspalten, die dann einzelnen Rechtsgrundlagen zugewiesen sind[28], bietet sich konsequenterweise folgende Lösungsmöglichkeit an: Art. 130 t EWGV ist lediglich auf den oder die Komplexe anwendbar, die ihre Grundlage in Art. 130 s EWGV haben, während für den oder die übrigen Teile eine Berufung auf Art. 130 t EWGV ausscheidet. Wenn sich eine solche Aufspaltung in Einzelakte hingegen nicht vornehmen läßt, gebietet der Grundsatz bestmöglichen Umweltschutzes[29], daß den Mitgliedstaaten die Möglichkeit des Art. 130 t EWGV für den gesamten Rechtsakt gegeben ist.

Materiell ist für ein Ausscheren nach Art. 130 t EWGV zunächst erforderlich, daß eine Gemeinschaftsregelung gerade in dem Punkt existiert, in dem ein nationales Vorgehen anvisiert ist[30]. Negativ formuliert ist Art. 130 t EWGV also immer dann nicht einschlägig, wenn die EG ein ganzes Sachgebiet noch nicht geregelt hat oder eine Gemeinschaftsmaßnahme lediglich Teilaspekte normiert, der ausscherwillige Mitgliedstaat aber einen anderen, davon nicht erfaßten Bereich autonom ausgestalten will. Dies ist im einzelnen durch Auslegung der einschlägigen Bestimmungen zu ermitteln. Steht danach fest, daß der soeben umschriebene Fall vorliegt, finden die oben genannten Grundsätze zur Rechtslage vor einem Tätigwerden der Gemeinschaft Anwendung.

Streitig ist schließlich, ob und inwieweit das Tatbestandsmerkmal *„gemeinsam“* in Art. 130 t EWGV den Anwendungsbereich der Norm einschränkt. Man könnte darin eine zweifache Hürde für einen mitgliedstaatlichen Alleingang erblicken. Zum einen könnte *„gemeinsam“* im Sinne der Notwendigkeit einer einstimmigen Beschlußfassung auf der Grundlage von Art. 130 s Abs. 1 EWGV gedeutet werden. Das hätte zur Folge, daß bei einer Entscheidung mit qualifizierter Mehrheit nach Art. 130 s Abs. 2 EWGV eine Berufung auf Art. 130 t EWGV ausscheidet[31]. Einer solchen Auffassung begegnen allerdings Bedenken. Bereits aus der Wortwahl folgt, daß *„gemeinsam“* nicht mit *„einstim-*

---

26 VO Nr. 1613/89, ABl. L 165, 8.

27 VO Nr. 1614/89, ABl. L 165, 10.

28 Oben Kap. 2 E. 1. c) aa).

29 Oben Kap. 2 D. 2., 3. a).

30 *Grabitz*, in: ders. (Hg.), EWGV-Komm., Art. 130 t, Rn. 6; *von Holleben*, oben Fn. 23, 150; *Montag*, oben Fn. 23, 940.

31 *Vandermeersch*, ELRev 1987, 426.

mig" gleichzusetzen ist[32]. Auch wird in Art. 130 t EWGV nicht zwischen den beiden Absätzen von Art. 130 s EWGV differenziert, sondern die Vorschrift lediglich insgesamt bezeichnet. Das bestätigt ein systematischer Vergleich mit Art. 100 a Abs. 4 Satz 1 EWGV, da dort – im Unterschied zu Art. 130 t EWGV – wortgetreu die in Art. 100 a Abs. 1 Satz 2 EWGV statuierte Beschlußregel wiederholt wird. Schließlich spricht auch eine teleologische Interpretation gegen die vorgetragene Meinung. Wenn ein Abweichen vom Gemeinschaftsstandard bereits bei einstimmiger Entscheidung des Rates unstreitig möglich ist, dann muß dies erst recht bei Annahme eines Rechtsakts mit qualifizierter Mehrheit gelten, da insoweit die Gefahr einer Majorisierung besteht. Diese Auslegung verhilft dem in Art. 130 t EWGV zum Ausdruck gekommenen Grundsatz bestmöglichen Umweltschutzes[33] zu optimaler Wirksamkeit.

Zum zweiten ist noch vorgebracht worden, daß „*gemeinsam*" auch einschränkend im Sinne von „*einheitlich*" ausgelegt werden könnte. Das hätte zur Folge, daß bei gemeinschaftlichen Rechtsakten, die gemäß Art. 130 r Abs. 3 Spstr. 2 EWGV regional differenzierende Regelungen enthalten, ein Abweichen gemäß Art. 130 t EWGV nicht möglich wäre[34]. Angesichts der soeben genannten Argumente, die hier in entsprechender Weise zum Tragen kommen, überzeugt aber auch diese These nicht. Weder Wortlaut noch Sinn und Zweck dieser Norm lassen sich Anhaltspunkte für eine derart restriktive Interpretation entnehmen. Vielmehr ist der Begriff „*gemeinsam*" streng formell als „*gemeinschaftlich*" zu interpretieren, so daß daraus eine Einschränkung des Geltungsbereichs von Art. 130 t EWGV nicht erwächst.

Zum anderen könnte aus der Wahl des Begriffs „*Schutzmaßnahmen*" möglicherweise geschlossen werden, daß ein nationales Abweichen lediglich bei umweltschützenden, nicht aber bei umwelterhaltenden oder qualitätsverbessernden Maßnahmen im Sinne von Art. 130 r Abs. 1 EWGV zulässig ist[35]. Gegen eine solche Differenzierung spricht zunächst, daß sich die drei in Art. 130 r Abs. 1 EWGV genannten Ziele in der Praxis kaum einmal trennscharf auseinanderhalten lassen[36]. Der bereits erläuterte Zweck von Art. 130 t EWGV legt es zudem nahe, den Begriff der Schutzmaßnahmen untechnisch als einheitlichen Oberbegriff auf alle Handlungszwecke der Gemeinschaft, die auf der Grundlage von Art. 130 s EWGV zulässig sind, zu erstrecken[37]. Insgesamt erwächst damit weder aus dem Tatbestandsmerkmal „*gemeinsam*" noch aus dem

---

[32] Engl.: „*unanimously*" und „*adopted in common*"; frz.: „*l'unanimité*" und „*arretées en commun*".

[33] *Zuleeg*, oben Fn. 10, 284; ihm folgend: *Pernice*, oben Fn. 8, 206; in der Sache ebenso: *Nicolaysen*, Umweltschutz im Europäischen Gemeinschaftsrecht, in: Thieme (Hg.), Umweltschutz im Recht, 1988, 206: „*Maximierung des Umweltschutzes*".

[34] Vgl. *Vandermeersch*, oben Fn. 31, 426.

[35] Vgl. *Vandermeersch*, oben Fn. 31, 426; *Haagsma*, oben Fn. 4, 347 f.

[36] Siehe die Definitionen bei: *Grabitz*, oben Fn. 30, Art. 130 r, Rn. 12 –15.

[37] *Grabitz*, oben Fn. 30, Art. 130 t, Rn. 5; vgl. auch *Zuleeg*, oben Fn. 10, 284.

der „*Schutzmaßnahmen*" eine Einschränkung des Anwendungsbereichs von Art. 130 t EWGV.

bb) Anwendungsbefugnis

Hinsichtlich der Berechtigung zur Anwendung von Art. 130 t EWGV stellt sich die Frage, ob dem Abstimmungsverhalten des ausscherwilligen Mitgliedstaats eine Bedeutung zukommt. Es erscheint nicht abwegig, in der Tatsache der Zustimmung zu einer Maßnahme nach Art. 130 s EWGV deshalb einen Verlust dieser Befugnis zu erblikken, weil es sich dabei um eine rechtlich unzulässige Zuwiderhandlung gegen eigenes früheres Verhalten im Sinne eines verbotenen *venire contra factum proprium* handeln könnte[38]. Aus dem Wortlaut von Art. 130 t EWGV ergibt sich jedoch nicht, daß dies der Fall sein soll. Nach Systematik und Intention des Vertragstitels *Umwelt* sowie dem Grundsatz bestmöglichen Umweltschutzes ist es im Gegenteil durchaus bezweckt, zunächst einen vom Konsens getragenen Mindestschutzstandard auf Gemeinschaftsebene zu verabschieden und anschließend den Mitgliedstaaten die Möglichkeit zu geben, ein darüber hinausgehendes Niveau verbindlich zu machen[39]. Da nach Art. 130 s EWGV jeder Mehrheitsentscheidung eine einstimmige Beschlußfassung vorgeschaltet ist, wäre andernfalls der *effet utile* von Art. 130 t EWGV über Gebühr eingeschränkt[40].

Dieser Befund steht schließlich auch in Einklang mit der Rechtsprechung des Gerichtshofs zur parallel gelagerten Problematik der Klagebefugnis bei Aufhebungsklagen. Danach ist es den Mitgliedstaaten nicht deshalb verwehrt, gegen die Rechtmäßigkeit eines von Gemeinschaftsorganen erlassenen Rechtsakts zu klagen, weil sie diesem ursprünglich selbst zugestimmt haben[41]. Im Ergebnis hat das Abstimmungsverhalten der Mitgliedstaaten im Rat somit keinerlei Auswirkungen auf die Befugnis, von Art. 130 t EWGV Gebrauch zu machen[42].

cc) Materielle Voraussetzungen eines Ausscherens

Als weitere materielle Einschränkung der Zulässigkeit nationaler Alleingänge statuiert Art. 130 t EWGV, daß die Mitgliedstaaten lediglich „*verstärkte*

[38] Das Verbot des *venire contra factum proprium* entstammt rechtsgeschichtlich dem römischen Recht und soll die Bindung an eigenes Verhalten sicherstellen. Als Ausdruck allgemeiner Billigkeitserwägungen hat es Eingang in das völkerrechtliche *estoppel*-Prinzip gefunden (*Dahm/Delbrück/Wolfrum*, Völkerrecht, Bd. I/1, 68, 186, 368, 457; *Menzel/Ipsen*, Völkerrecht, 89 m.w.N.). Auf der Ebene des Gemeinschaftsrechts folgt die Geltung dieses Rechtssatzes aus Art. 5 EWGV (*Bleckmann*, in: GBTE, Art. 5, Rn. 2; siehe auch das Vorbringen der Parteien in der Rs. 166/78, Italien vs. Rat, Slg. 1979, 2575 (2580 – 2582)).

[39] *Scheuing*, oben Fn. 6, 171.

[40] *Grabitz*, oben Fn. 30, Art. 130 t, Rn. 9.

[41] EuGH, Urt. vom 12.7.1979, Rs. 166/78, Italien vs. Rat, Slg. 1979, 2575 (2596). Bei der Parallelproblematik im Rahmen von Art. 100 a IV EWGV wendet sich *Müller-Graff*, oben Fn. 15, 146, gegen ein entsprechendes Heranziehen dieser Rechtsprechung.

[42] Ebenso: *CEDE*, 10736 D; *Glaesner*, Diskussionsbeitrag, in: Rengeling (Hg.), Europäisches Umweltrecht, 1988, 182, zur Parallelproblematik bei Art. 100 a IV EWGV.

Schutzmaßnahmen" beibehalten oder ergreifen dürfen. Die Vorschrift stellt also eine notwendige Ausprägung des gemeinschaftlichen Grundsatzes bestmöglichen Umweltschutzes dar[43]. Wie bereits dargelegt, ist der Begriff der „*Schutzmaßnahmen*" untechnisch zu verstehen[44] und bezieht sich auf alle gemeinschaftlichen Aktionen, die auf der Grundlage der Artt. 130 s in Verbindung mit 130 r EWGV zulässig sind[45]. Ein Mitgliedstaat behält eine solche Maßnahme bei, wenn eine nach innerstaatlichem Recht gültige Vorschrift, die bereits vor Inkrafttreten des Gemeinschaftsrechtsakts bestand, auch nach dessen Wirksamwerden weiterhin angewendet wird. Hingegen wird eine Maßnahme ergriffen, wenn ein nationales Organ erst nach Inkrafttreten des gemeinschaftlichen Rechtsakts legislativ tätig wird und innerstaatliche Träger öffentlicher Gewalt das so gesetzte Recht anwenden.

Ferner muß es sich dabei um eine „*verstärkte*" Schutzmaßnahme handeln. In der Literatur wird dieses Tatbestandsmerkmal dahingehend gedeutet, daß – aus Sicht des Umweltschutzes - schärfere Vorschriften, Grenzwerte, etc. festgesetzt werden müssen[46]. Gemeinschaftsregeln auf der Grundlage von Art. 130 s EWGV setzen also lediglich Mindeststandards[47].

Fraglich ist nun, ob sich dieses Verstärkungskriterium lediglich auf das angestrebte Schutzziel oder auch auf die dazu herangezogenen Mittel und Methoden erstreckt[48]. Ein Beispiel aus dem Bereich der Luftreinhaltung mag den Unterschied verdeutlichen. Vor Verabschiedung der Richtlinie 89/458/EWG[49] galten die strengeren US-Abgasnormen nicht für Kleinwagen bis zu 1,4 Litern Hubraum, da die Richtlinie 88/76/EWG[50] ein solches Erfordernis in dieser Fahrzeugklasse nicht festschrieb[51]. Die niederländische Regierung beschloß daraufhin die Einführung einer Steuererleichterung für Erwerber von Kleinwagen, die mit einem Dreiwegekatalysator ausgerüstet sind[52]. Unterstellt man

---

[43] *Zuleeg*, oben Fn. 10, 284; *Pernice*, oben Fn. 8, 206; *Nicolaysen*, oben Fn. 33, 206; *Koppen*, The European Community's environment policy, 1988, 59.

[44] Vgl. *Zuleeg*, oben Fn. 10, 284.

[45] *Grabitz*, oben Fn. 30, Art. 130 t, Rn. 5.

[46] *Grabitz*, oben Fn. 30, Art. 130 t, Rn. 7; *Montag*, oben Fn. 23, 941.

[47] *Dauses*, oben Fn. 5, 615; *Glaesner*, EuR 1986, 142; *Jacobs*, oben Fn. 5, 121; *Schmidhuber*, oben Fn. 5, 81; *Seeler*, oben Fn. 5, 22.

[48] Diese Differenzierung zwischen Regelungszweck und dazu eingesetztem Mittel ist vom Gerichtshof anerkannt. In dem Urteil vom 28.1.1986, Rs. 188/74, Kommission vs. Frankreich, Slg. 1986, 419 (434 – 437) ging es um die Äquivalenz unterschiedlicher Arbeitsschutzkonzeptionen bei der Verhütung von Unfällen mit Holzbearbeitungsmaschinen. Der EuGH hat dazu ausgeführt, daß es nicht nur auf absolute Unfallzahlen, sondern auch auf andere Faktoren wie etwa den Ausbildungsstand der Benutzer ankomme. Daraus läßt sich schließen, daß nicht nur das Ziel, sondern auch das eingesetzte Instrumentarium zu berücksichtigen ist (*Hey/ Jahns-Böhm*, oben Fn. 2, 35 f.; siehe auch: *Sedemund*, „Cassis de Dijon" und das neue Harmonisierungskonzept der Kommission, in: Schwarze (Hg.), Der Gemeinsame Markt, Bestand und Zukunft in wirtschaftsrechtlicher Perspektive, 1987, 42 – 46).

[49] ABl. 1989, L 226, 1.

[50] ABl. 1988, L 36, 1.

[51] Die Entwicklung dokumentiert: *Corcelle*, RevMC 1989, 513 ff.

[52] Dabei war die Vergünstigung so bemessen, daß der einzelne Verbraucher die Mehrkosten für die Katalysatortechnik nicht zu tragen brauchte. Die Kommission hatte daraufhin ein

einmal, daß die Richtlinie 88/76/EWG nicht, wie tatsächlich, auf Art. 100 a EWGV, sondern auf Art. 130 s EWGV gestützt worden wäre, stellt sich die Frage, ob derartige Steueranreize nach Art. 130 t EWGV gerechtfertigt gewesen wären. Problematisch ist dabei vor allem der Punkt, ob die Steuererleichterungen eine verstärkte Schutzmaßnahme im Sinne der Norm darstellen. Wird dafür ausschließlich auf das beabsichtigte Schutzziel abgestellt, liegt diese Voraussetzung ohne weiteres vor. Die Senkung der Kfz-Steuer fördert den Absatz von Fahrzeugen, die einen geringeren Schadstoffausstoß haben als es die Gemeinschaftsregelung vorschrieb. Es handelt sich somit um die nationale Verstärkung einer luftreinhaltenden Gemeinschaftsmaßnahme.

Legt man hingegen zusätzlich die eingesetzten Mittel und Methoden zugrunde, ergibt sich ein anderes Bild. Die Steueranreize stellen eine indirekt verhaltenslenkende Maßnahme dar, die – im Gegensatz zur Richtlinie – keine Verschärfung der Grenzwerte für Kfz-Emissionen mit ordnungsrechtlichen Mitteln bewirkt. Da für ein Vorgehen auf der Grundlage von Art. 130 t EWGV aber das Bestehen einer gemeinschaftlichen Regelung auf dem betreffenden Gebiet zwingend notwendig ist, hätte diese Vorschrift in dem Beispiel nicht zur Rechtfertigung der Steuererleichterung dienen können. Die einzelstaatlichen Kraftfahrzeugsteuersätze sind nämlich auf Gemeinschaftsebene (noch) nicht harmonisiert. Die Vereinbarkeit der finanziellen Anreize mit EG-Recht hätte sich also nach den Regeln zu bemessen, die für die Zulässigkeit mitgliedstaatlicher Maßnahmen vor einem Handeln der Gemeinschaft gelten[53]. Aus diesen Überlegungen heraus ist zu konstatieren, daß sich die Verstärkungsklausel in Art. 130 t EWGV nicht nur auf das letztlich angestrebte Schutzziel, sondern zusätzlich auch auf die eingesetzten Mittel und Methoden bezieht. Das Gegenargument, daß Art. 130 t EWGV die Art der strengeren Schutzmaßnahme nicht näher eingrenze[54], ist durch den ausdrücklichen Bezug auf Art. 130 s EWGV als widerlegt anzusehen.

Schließlich ist die praktisch bedeutsame Frage zu klären, wer die Beweislast für die Behauptung trägt, daß die vom Gemeinschaftsstandard abweichende einzelstaatliche Maßnahme tatsächlich einen verstärkten Schutz bietet. Die Frage ist gerichtlich bislang ungeklärt. Der EuGH hat jedoch mehrfach zur Parallelproblematik bei der Zulässigkeit handelshemmender Maßnahmen vor einem Tätigwerden der EG Stellung genommen. Danach trägt der Mitgliedstaat, der sich auf das Vorliegen zwingender Erfordernisse im Sinne von Artt. 30 ff EWGV bzw. auf die in Art. 36 EWGV genannten Ausnahmetatbestände

---

Verfahren gegen die Niederländische Regierung gemäß Art. 93 Abs. 2 EWGV eingeleitet (Bull. EG, 2-1989, 26), das am 8.3.1989 wieder eingestellt wurde (Bull. EG 3-1989, 28); siehe dazu auch: *Hailbronner*, EuGRZ 1989, 102 f.; *Kohlhepp*, DB 1989, 1457; *Seidel*, DVBl. 1989, 448; insgesamt zur steuerlichen Förderung abgasreduzierter Kraftfahrzeuge: *Steindorff*, RIW 1984, 770.

[53] Dazu siehe oben Kap. 3 B. 1. Dies erklärt auch die konstitutive Bedeutung der in Art. 3 RL 89/458/EWG festgelegten Schutzklausel, die nunmehr die steuerliche Förderung abgasreduzierter Fahrzeuge ausdrücklich zuläßt.

[54] So: *CEDE*, 10736 D.

beruft, auch die Beweislast dafür[55]. Da sich die Interessenlage vor und nach einem Handeln der Gemeinschaft insoweit nicht unterscheidet, erscheint es sachgerecht, diese Judikatur in entsprechender Weise auf die Schutzverstärkungsklausel des Art. 130 t EWGV zu übertragen[56].

Ein nationales Ausscheren steht gemäß Art. 130 t EWGV weiterhin unter dem Vorbehalt der Vereinbarkeit mit dem Vertrag. Es fragt sich, in welchem Umfang und mit welcher Intensität diese Klausel mitgliedstaatlichem Tätigwerden Schranken setzt. Dabei ist zunächst zu prüfen, ob mit dem Begriff „*Vertrag*" nur das primäre oder auch das sekundäre Gemeinschaftsrecht gemeint ist. Der Wortlaut stützt eine Deutung, die darunter auch das aufgrund des Vertrages erlassene Recht versteht, nicht. Vielmehr spricht die Wendung „... *mit diesem Vertrag* ..."[57] dafür, daß ausschließlich der EWG-Vertrag selbst gemeint ist[58]. Geht man vom Zweck der Vorschrift aus, durch Schaffung mitgliedstaatlicher Handlungsmöglichkeiten den bestmöglichen Umweltschutz zu verwirklichen, kommt man zum gleichen Ergebnis. Die Vereinbarkeit eines nationalen Alleingangs mit dem gesamten Sekundärrecht, das zu einem beachtlichen Teil noch vor Inkrafttreten der EEA erlassen wurde, hätte faktisch eine beachtliche und ersichtlich nicht gewollte Einschränkung des Anwendungsbereichs von Art. 130 t EWGV zur Folge[59]. Im Grundsatz ist somit festzuhalten, daß das gesamte Sekundärrecht nicht dem Vereinbarkeitserfordernis unterfällt[60]. Davon ist jedoch insofern eine Ausnahme zu machen, als eine Maßnahme nach Art. 130 t EWGV nicht den abgeleiteten Rechtsakt unterlaufen darf, dessen Schutzniveau erhöht werden soll. Dies ergibt sich aus dem allgemeinen Loyalitätsgebot gemäß Art. 5 EWGV und dem Verbot rechtsmißbräuchlichen Verhaltens[61]. Aus der Vereinbarkeitsklausel folgt also eine explizite Beschränkung des Grundsatzes vom Anwendungsvorrang des gesamten Gemeinschaftsrechts.

Ist das Vereinbarkeitserfordernis mithin im wesentlichen auf das primäre Vertragsrecht reduziert, bleibt die Frage, was im einzelnen konkret darunter zu verstehen ist. Im Schrifttum wird ganz überwiegend darauf verwiesen, daß damit die Grundsätze des Binnenmarktes und des Gemeinsamen Marktes gemeint seien. Gewahrt werden müßten vor allem die den freien Warenverkehr sichernden Vorschriften der Artt. 30, 36, 100 a Abs. 4, 5 EWGV in Gestalt der

---

[55] Bspw.: EuGH, Urt. vom 6.5.1986, Rs. 304/84, Muller, Slg. 1986, 1521 (1528); EuGH, Urt. vom 12.3.1987, Rs. 178/84, Kommission vs. BRD, Slg. 1987, 1227 (1274); aus der Lit.: *Dauses*, oben Fn. 5, 613; *Forwood/Clough*, ELRev 1986, 387; *von Holleben*, oben Fn. 23, 149 m.w.N.

[56] *Montag*, oben Fn. 23, 941; *Pernice*, oben Fn. 8, 208; a. A. wohl: *Hey/Jahns-Böhm*, oben Fn. 2, 132, die aus umweltpolitischen Gründen eine Beweislastumkehr für notwendig erachten und *Ress*, in: LG Saarbrücken-FS, 1985, 366, der den Mitgliedstaaten die Argumentationslast abgenommen sieht, wenn sie sich entsprechend den Zielen der Aktionsprogramme verhalten.

[57] Engl.: „... *with this Treaty.*"; frz.: „... *avec le présent traité.*".

[58] *Binswanger/Meiners*, Aussenwirtschaft 1988, 412; *Grabitz*, oben Fn. 30, Art. 130 t, Rn. 8.

[59] *Hailbronner*, oben Fn. 52, 112; *Zuleeg*, oben Fn. 10, 284.

[60] *Binswanger/Meiners*, oben Fn. 58, 412; *Grabitz*, oben Fn. 30, Art. 130 t, Rn. 8; *Hailbronner*, oben Fn. 52, 112; *Zuleeg*, oben Fn. 10, 284.

[61] Im Ergebnis ebenso: *Grabitz*, oben Fn. 30, Art. 130 t, Rn. 8.

Cassis- und Dassonville-Rechtsprechung des Gerichtshofs der Europäischen Gemeinschaften[62]. Die nationalen Schutzmaßnahmen müßten also tatsächlich ökologischen Erfordernissen dienen und die Grundsätze der Nichtdiskriminierung und Verhältnismäßigkeit wahren[63]. Vereinzelt wird darüber hinaus angenommen, daß zusätzlich die Artt. 5 und 7 EWGV zu beachten seien[64].

Diese Sichtweise greift jedoch zu kurz. Aus der generellen und ausnahmslosen Verweisung auf den Vertrag insgesamt folgt, daß damit die Summe des Primärrechts gemeint ist. Das bedeutet für den Bereich nationaler Umweltrechtsetzung, daß neben den anderen Vertragsbestimmungen insbesondere die bereits behandelten Artt. 9 ff., 30 ff., 92 ff., 95 ff. EWGV von den Mitgliedstaaten zu beachten sind[65].

dd) Sonstiges

Die Mitgliedstaaten können von der Schutzverstärkungsklausel des Art. 130 t EWGV Gebrauch machen, ohne dies in irgendeiner Art und Weise näher begründen zu müssen[66]. Im Unterschied zu Art. 100 a Abs. 4 EWGV besteht bei einem Ausscheren auf der Grundlage von Art. 130 t EWGV auch keine Notifizierungspflicht gegenüber der Kommission oder einem anderen Gemeinschaftsorgan[67]. Nicht entbunden sind die Mitgliedstaaten jedoch von den allgemeinen Informations- und Stillhalteverpflichtungen, die der Anwendung nationalen Rechts unter Umständen vorgeschaltet sind[68]. Diese ergeben sich im umweltrelevanten Bereich, wie dargelegt, vor allem aus sekundärrechtlichen Bestimmungen[69]. Schließlich steht ein nationaler Alleingang nach Maßgabe der allgemeinen Bestimmungen über die Aufsichtsklage (Artt. 169 f. EWGV)[70] unter der Kontrolle des Gerichtshofs[71]. Eine Analogie zu den Verfahrenserleichterungen gemäß Artt. 100 a Abs. 4 Uabs. 3, 225 Uabs. 2 EWGV ist mangels Bestehen einer Lücke ausgeschlossen[72].

---

62 So: *CEDE*, 10736 D; *Glaesner*, NuR 1988, 169; *Grabitz*, RIW 1989, 624; *von Holleben*, oben Fn. 23, 156; *Jacobs*, oben Fn. 5, 121; *Krämer*, EEA und Umweltschutz, in: Rengeling (Hg.), Europäisches Umweltrecht, 1988, 151 f; *Lietzmann*, EEA und Umweltschutz, in: Rengeling (Hg.), Europäisches Umweltrecht, 1988, 175; *Montag*, oben Fn. 23, 941; *Pernice*, oben Fn. 13, 36; *Reich*, Förderung und Schutz diffuser Interessen durch die EG, 1987, 307; *Roelants du Vivier/Hannequart*, RevMC 1988, 228; *Vandermeersch*, oben Fn. 31, 426 f jeweils m.w.N.; a. A.: *Boisserée*, Jb. des Umwelt- und Technikrechts 1988, 396, dort Fn. 56; *Hailbronner*, oben Fn. 52, 112.

63 *Grabitz*, oben Fn. 30, Art. 130 t, Rn. 8; *Scheuing*, oben Fn. 6, 169 f.

64 *Haagsma*, oben Fn. 4, 348.

65 Dazu im einzelnen: oben Kap. 3 B. 1. b).

66 *CEDE*, 10736 D.

67 *Lietzmann*, oben Fn. 62, 175; *Scheuing*, oben Fn. 6, 172.

68 *Lietzmann*, oben Fn. 62, 175, dort Fn. 35; *Pernice*, oben Fn. 8, 209.

69 Oben Kap. 3 B. 2.

70 Dazu etwa: *Hailbronner*, JuS 1990, 443 f. m.w.N.

71 *Scheuing*, oben Fn. 6, 172; vgl. dazu auch: *Boisserée*, oben Fn. 62, 396.

72 Vgl. *Müller-Graff*, oben Fn. 15, 144.

b) *Art. 100 a Abs. 4 EWGV*

aa) Vorbemerkung

Art. 100 a Abs. 4 EWGV gestattet unter bestimmten Voraussetzungen ebenfalls ein nationales Abweichen vom Gemeinschaftsstandard. Wenn auch Art. 100 a Abs. 1 EWGV nach hier vertretener Auffassung nicht die primäre Ermächtigungsnorm gemeinschaftlicher Umweltrechtsakte darstellt, so kann die binnenmarktfinale Harmonisierungskompetenz doch Grundlage umweltrelevanter Maßnahmen sein[1]. Aus diesem Grunde besitzt Art. 100 a Abs. 4 EWGV auch im Umweltrecht eine selbständige Bedeutung[2].

Die umwelt- und integrationspolitische Bewertung der Vorschrift ist in der Literatur von Beginn an heftig umstritten[3]. Der Grund dieser Meinungsunterschiede resultiert vor allem daraus, daß die Formulierung von Art. 100 a Abs. 4 EWGV nicht unbedingt durch Klarheit gekennzeichnet ist. Die im Schrifttum dafür verwendeten Attribute reichen von *„auslegungsbedürftig“*[4] über *„schwierig“*[5] bis hin zu *„völlig undurchsichtig“*[6]. Von anderer Seite ist festgestellt worden, daß Art. 100 a EWGV *„noch ein weites Feld für akademische und politische Auseinandersetzungen“* biete[7].

Dieser Zustand ist dadurch zumindest begünstigt worden, daß die Staats- und Regierungschefs die Vorschrift in angespannter Situation selbst abgefaßt[8] und – gewollt oder unbewußt – offene Formulierungen gewählt haben[9]. Wenn auch der zwingende Nachweis fehlt, daß die Unklarheiten dazu geführt haben, daß bislang kein Mitgliedstaat von der in Art. 100 a Abs. 4 EWGV eingeräumten Möglichkeit Gebrauch gemacht hat[10], so ist dieses Faktum jedenfalls zu konstatieren. Mittlerweile hat sich der Nebel in einigen Punkten gelichtet, während über andere Probleme unvermindert heftig gestritten wird. Letztlich ist sich die Literatur nur insoweit einig, daß erst der Gerichtshof der Bestim-

---

1 Oben Kap. 2 E. 4. c).

2 *Montag*, RIW 1987, 942.

3 *Langeheine*, in: Grabitz (Hg.), EWGV-Komm., Art. 100 a, Rn. 56, geht sogar davon aus, daß es sich um die umstrittenste Bestimmung der EEA handelt; knappe Zusammenfassung der Meinungen bei: *Flynn*, CMLRev 1987, 693.

4 So: *Everling*, EuR 1987, 225.

5 So: *Pernice*, NVwZ 1990, 206.

6 So: *Pescatore*, EuR 1986, 158.

7 So: *Bieber*, ÖZöRV 1988, 232. Diese Differenzierungen spiegeln sich in einem bunten Spektrum unterschiedlicher Kennzeichnungen von Art. 100 a IV EWGV wider: *Schutzvorschrift* (*Brammer*, Die Kompetenzen der EG im Bereich Binnenmarkt nach der EEA, 1988, 63), *Freistellungsklausel* (*Breuer*, Jb. des Umwelt- und Technikrechts 1989, 96), *escape-Klausel* (*Pernice*, DV 1989, 10), *Schutzklausel* (*Reich*, Förderung und Schutz diffuser Interessen, 1987, 301), *Schutzverstärkungsklausel* (*Scheuing*, EuR 1989, 170) und *Regelungsvorbehalt* (*Wolf*, KJ 1990, 125; *Zuleeg*, NVwZ 1987, 284).

8 *De Ruyt*, 78 f.; *Ehlermann*, Die rechtlichen Instrumentarien zur Verwirklichung eines Gemeinsamen Marktes nach dem EWG-Vertrag, in: Lukes (Hg.), Ein EWG-Binnenmarkt für Elektrizität, 1988, 34. Siehe zur Entstehungsgeschichte der EEA auch: *Bieber/Pantalis/Schoo*, CMLRev 1986, 767 ff.; *de Zwaan*, CMLRev 1986, 747 ff.

9 Ähnlich: *Müller-Graff*, EuR 1989, 144.

10 Dies aber behauptet: *Pernice*, oben Fn. 5, 206.

mung nach und nach eine verbindliche Auslegung zu geben hat[11]. Mangels Praxis ist derzeit (noch) kein Verfahren wegen eines Alleingangs nach Art. 100 a Abs. 4 EWGV anhängig. Eine endgültige gerichtliche Klärung der Fragen ist in absehbarer Zeit also nicht zu erwarten.

bb) Anwendungsbereich

Zunächst setzt ein Ausscheren gemäß Art. 100 a Abs. 4 EWGV, nach dem ausdrücklichen Wortlaut der Vorschrift, eine gemeinschaftliche Harmonisierungsmaßnahme auf der Grundlage von Art. 100 a Abs. 1 Satz 2 EWGV zwingend voraus[12]. Kraft expliziten Verweises in Art. 100 b Abs. 2 EWGV kann von Art. 100 a Abs. 4 EWGV in entsprechender Weise bei Gleichwertigkeitsbeschlüssen nach Art. 100 b Abs. 1 Uabs. 2 EWGV Gebrauch gemacht werden[13]. Ein *„opting up"* gemäß Art. 100 a Abs. 4 EWGV ist also akzessorisch zu den Binnenmarktkompetenzen der Artt. 100 a, 100 b EWGV.

Es wird nun teilweise die Auffassung vertreten, daß das Bestehen der Möglichkeit, nach Art. 100 a Abs. 4 EWGV vorzugehen, von der Intensität der Rechtsangleichung abhänge. Die Alleingangsklausel sei dann unanwendbar, wenn auf Gemeinschaftsebene eine vollständige und erschöpfende Harmonisierungsregelung in Kraft gesetzt sei[14]. Dem ist mehrheitlich mit Recht entgegengehalten worden, daß bereits der eindeutige Wortlaut, darüber hinaus aber auch die *ratio legis* dieses Regelungsvorbehalts, in Widerspruch zu einer solchen Interpretation stehen[15]. Der Anwendungsbereich von Art. 100 a Abs. 4 EWGV steht mithin nicht in Abhängigkeit zur Intensität der Harmonisierung[16].

Darüber hinaus ist fraglich, in welchem Umfang von der Ausscherbefugnis bei Rechtsakten Gebrauch gemacht werden kann, die auf Art. 100 a Abs. 1 EWGV und zusätzlich mindestens einer weiteren Rechtsgrundlage gestützt sind. In der Literatur werden zwei Lösungsmöglichkeiten diskutiert. Manche erstrecken den Anwendungsbereich von Art. 100 a Abs. 4 EWGV auf den gesamten Rechtsakt, sofern dieser zumindest auch seine Grundlage in Art. 100 a

---

[11] Instruktiv: *Münster*, EG-Magazin, 12/1990, 16 f.; in der Sache ebenso: *Ehlermann*, oben Fn. 8, 34; *Gulmann*, CMLRev 1987, 36; *Krämer*, WiVerw 1990, 145; *Scharrer*, integration 1986, 110.

[12] *Ehlermann*, CMLRev 1987, 389 f.; *Glaesner*, EuR 1986, 134; *Grabitz*, in: Bitburger Gespräche, Jb. 1989, 78; *Langeheine*, EuR 1988, 247; *Meier*, NJW 1987, 539; *Pernice*, oben Fn. 5, 207.

[13] *Brammer*, oben Fn. 7, 64; *Matthies*, Zur Anerkennung gleichwertiger Regelungen im Binnenmarkt der EG, in: Steindorff-FS, 1990, 1296; *Langeheine*, oben Fn. 3, Art. 100 b, Rn. 7.

[14] *Glaesner*, Die EEA – Versuch einer Wertung, in: Schwarze (Hg.), Der Gemeinsame Markt – Bestand und Zukunft in wirtschaftsrechtlicher Perspektive, 1987, 27; *Matthies*, in: Grabitz (Hg.), EWGV-Komm., Art. 36, Rn. 9 a.

[15] *Grabitz*, in: ders. (Hg.), EWGV-Komm., Art. 130 t, Rn. 13; *Hailbronner*, EuGRZ 1989, 106; *Müller-Graff*, oben Fn. 9, 143; *Pescatore*, oben Fn. 6, 161; *Steindorff*, ZHR 150 (1986), 701.

[16] Ebenso: *Langeheine*, oben Fn. 3, Art. 100 a, Rn. 59; vgl. auch oben Kap. 3 C. 1.

Abs. 1 EWGV hat[17]. Andere sehen die Möglichkeit eines Abweichens nur für die Teilbereiche einer Maßnahme gegeben, die tatsächlich Art. 100 a Abs. 1 EWGV und keine andere Kompetenznorm zur Grundlage haben[18]. In vorliegender Abhandlung ist das Problem bereits im Rahmen von Art. 130 t EWGV aufgetaucht und behandelt worden[19]. Die dort genannten Erwägungen können hier in entsprechender Weise herangezogen werden. Lassen sich die Teile eines Rechtsaktes also aufspalten und einzelnen Rechtsgrundlagen zuordnen, ist der zweitgenannten, in allen anderen Fällen der erstgenannten Auffassung zu folgen. – Vorstehender Verweis gilt ferner auch für das Parallelproblem der nachträglichen Änderung einer vor Inkrafttreten der EEA (in der Regel auf Art. 100 EWGV) beschlossenen Maßnahme, die nunmehr auf der Grundlage von Art. 100 a Abs. 1 EWGV erfolgt.

Schließlich bedarf der Klärung, ob der Anwendungsbereich von Art. 100 a Abs. 4 EWGV sich gleichfalls auf Durchführungsbestimmungen erstreckt, die gemäß Art. 145 Spstr. 3 EWGV der Kommission übertragen sind[20], sofern der zugrundeliegende Rechtsakt nach Art. 100 a Abs. 1 EWGV verabschiedet wurde. Ein Teil des Schrifttums lehnt dies unter Berufung auf den Wortlaut von Art. 100 a Abs. 4 EWGV ab. Zum einen seien solche Maßnahmen nicht vom Rat, sondern von der Kommission erlassen[21]; zum anderen sei die rechtliche Basis dieser Vorschriften nicht unmittelbar Art. 100 a Abs. 1 EWGV, sondern die betreffende sekundärrechtliche Bestimmung[22]. Es widerspreche zudem dem Gebot der Rechtssicherheit, wenn den Mitgliedstaaten die Befugnis eingeräumt würde, von den Durchführungsbestimmungen der Kommission abzuweichen, wenn sie nicht bereits bei der zugrundeliegenden Maßnahme des Rates ausgeschert seien[23].

Demgegenüber ist in der Literatur die Mehrheit der Auffassung, daß der Geltungsbereich von Art. 100 a Abs. 4 EWGV auch solche Durchführungsvorschriften einschließt[24]. Der Wortlaut der Bestimmung werde von ihrem Zweck überspielt[25]. Die Norm ziele auf die Erhaltung eines hohen Schutzniveaus in den Mitgliedstaaten ab, das auch durch ein Tätigwerden der Kommission nicht unterlaufen werden dürfe[26]. Dieser Aspekt werde durch die Erwä-

---

[17] *Gulmann*, oben Fn. 11, 37.

[18] *Ehlermann*, oben Fn. 12, 390; *Müller-Graff*, oben Fn. 9, 144.

[19] Oben Kap. 3 C. 2. a) aa).

[20] Dazu: *Bruha/Münch*, NJW 1987, 542 ff.

[21] *Glaesner*, Bemerkungen zur Interpretation von Art. 100 a EWGV, in: Ress (Hg.), Rechtsprobleme der Rechtsangleichung, 1988, 43 f.; vgl. auch: *Bieber*, oben Fn. 7, 232; *Langeheine*, oben Fn. 12, 247.

[22] *Glaesner*, oben Fn. 21, 44; vgl. auch *Langeheine*, oben Fn. 12, 247.

[23] *Ehlermann*, oben Fn. 12, 390; *Müller-Graff*, oben Fn. 9, 144 f., der dementsprechend einen Alleingang bei Maßnahmen der Kommission nur ausnahmsweise dann für zulässig hält, wenn der betreffende Mitgliedstaat bereits von dem Rechtsakt des Rates gemäß Art. 100 a IV EWGV abgewichen ist.

[24] *Bieber*, oben Fn. 7, 232; *Gulmann*, oben Fn. 11, 38; *Møller*, EA 1987, 504; wohl auch: *Langeheine*, oben Fn. 3, Art. 100 a, Rn. 60.

[25] *Gulmann*, oben Fn. 11, 38.

[26] *Bieber*, oben Fn. 7, 232; *Langeheine*, oben Fn. 3, Art. 100 a, Rn. 60.

gung gestützt, daß es den Gesetzen der Logik widerspreche, wenn die lediglich ausführende Kommission imstande sei, den Mitgliedstaaten das Alleingangsrecht zu nehmen, während dies nach Art. 100 a Abs. 4 EWGV noch nicht einmal dem Rat möglich ist[27].

Die Lösung des Problems ist in der Tat in Sinn und Zweck von Art. 100 a Abs. 4 EWGV zu suchen, der ebenfalls eine Ausprägung des gemeinschaftlichen Grundsatzes bestmöglichen Umweltschutzes darstellt[28]. Damit unvereinbar ist eine Schmälerung materieller Rechtspositionen der Mitgliedstaaten durch die Übertragung von Durchführungsbefugnissen an die Kommission[29]. Um sicherzustellen, daß eine solche Delegation nicht zu einer Umgehung von Art. 100 a Abs. 4 EWGV führt, ist mit dem überwiegenden Schrifttum davon auszugehen, daß sich der Anwendungsbereich von Art. 100 a Abs. 4 EWGV auch auf Durchführungsmaßnahmen erstreckt, die der Kommission zugewiesen sind. In der Praxis dürfte der dargestellte Konflikt aber allenfalls ausnahmsweise auftauchen, da in aller Regel bereits der Rat die grundlegenden Schutzstandards verbindlich festlegt und dies nicht der Kommission überläßt[30].

cc) Anwendungsbefugnis

Im Rahmen von Art. 100 a Abs. 4 EWGV ist erneut problematisch, ob und in welcher Weise das subjektive Abstimmungsverhalten der Mitgliedstaaten das Recht zum nationalen Alleingang beeinträchtigt. Einigkeit besteht insoweit, daß sowohl Ablehnung als auch Stimmenthaltung im Rat den Staaten die Möglichkeit eröffnet, von Art. 100 a Abs. 4 EWGV Gebrauch zu machen[31]. Gespalten ist die Literatur jedoch in der Frage, ob eine Zustimmung den Ländern die Anwendungsbefugnis nimmt. Ein Teil des Schrifttums bejaht dies. Bereits der Wortlaut der Vorschrift passe nicht auf die Situation dieser Mitgliedstaaten. Durch ihre Zustimmung hätten sie nämlich kundgetan, daß sie eine Anwendung nationalen Rechts nicht für *„erforderlich"* hielten[32]. Darüber hinaus sprächen auch Sinn und Zweck der Bestimmung gegen die Zulässigkeit eines Ausscherens. Art. 100 a Abs. 4 EWGV diene allein dem Schutz vor einer Majorisierung. Da das Einstimmigkeitserfordernis in Art. 100 a Abs. 1 EWGV aufgegeben worden sei, müsse die Befugnis zum Alleingang als Ausgleich für das entfallene, zuvor im Rahmen von Art. 100 EWGV faktisch bestehende Vetorecht gesehen werden. Folglich könnten davon auch nur die Mitgliedstaaten Gebrauch machen, die tatsächlich überstimmt worden seien[33]. Es

---

27 *Møller*, oben Fn. 24, 504.

28 Siehe: *Zuleeg*, oben Fn. 7, 284.

29 *Bieber*, oben Fn. 7, 232; *Langeheine*, oben Fn. 3, Art. 100 a, Rn. 60.

30 *Langeheine*, oben Fn. 12, 247.

31 Siehe nur: *Brammer*, oben Fn. 7, 70; *Langeheine*, oben Fn. 3, Art. 100 a, Rn. 61, 63 m.w.N.

32 *Langeheine*, oben Fn. 12, 248.

33 *Brammer*, oben Fn. 7, 70; *Ehlermann*, oben Fn. 12, 394; *Langeheine*, oben Fn. 3, Art. 100 a, Rn. 62; *Müller-Graff*, oben Fn. 9, 145 f., spricht zusätzlich auch den Mitgliedstaaten die Anwen-

handele sich bei Art. 100 a Abs. 4 EWGV nämlich um eine dem Binnenmarkt abträgliche und deshalb restriktiv auszulegende Ausnahmevorschrift[34]. Im Ergebnis sei die Zustimmung als Verzicht auf die Möglichkeit des Ausscheren zu deuten; andernfalls liege ein Mißbrauch im Sinne von Art. 100 a Abs. 4 Uabs. 3 EWGV vor[35].

Konträr dazu argumentiert die andere Hälfte der Literatur. Der Wortlaut der Vorschrift sei rein objektiv gefaßt und schließe eine subjektive Billigung des Rechtsakts durch einzelne Mitgliedstaaten nicht aus[36]. Dies stehe auch in Einklang mit dem als Mindestschutznorm konzipierten Art. 100 a Abs. 4 EWGV. Den Staaten solle damit die Möglichkeit gegeben werden, auf Gemeinschaftsebene einem einheitlichen Schutzniveau zuzustimmen und dieses gleichzeitig im innerstaatlichen Raum zu überbieten[37]. Ein solches Vorgehen sei als konsequent umweltschützendes Verhalten zu verstehen, das nicht im Sinne eines verbotenen *venire contra factum proprium* aufgefaßt werden könne[38]. Schließlich verweisen einige erneut auf die einschlägige Rechtsprechung des Gerichtshofs zur Klagebefugnis bei Nichtigkeitsklagen, wonach eine vorangegangene Zustimmung im Rat ebenfalls unschädlich ist[39].

Zur Lösung der Problematik erscheinen folgende Erwägungen maßgeblich. Zunächst enthält der Wortlaut von Art. 100 a Abs. 4 EWGV in der Tat keine Beschränkung der Anwendungsbefugnis im Sinne einer Abhängigkeit vom individuellen Abstimmungsverhalten einzelner Mitgliedstaaten. Die sich auf das

---

dungsbefugnis zu, die in substantiierter Weise vor der Abstimmung den Vorbehalt erklären, stärkere eigene Schutzstandards anzuwenden.

34 *Brammer*, oben Fn. 7, 70; *Reich*, oben Fn. 7, 301.

35 *Meier*, oben Fn. 12, 540; im Ergebnis ebenso: *Dauses*, EuZW 1990, 9; *Eiden*, in: Bleckmann , Europarecht, Rn. 1535; *Jacqué*, RTDE 1986, 600; *Matthies*, oben Fn. 13, 1297; *de Wilmars*, SEW 1986, 614 – 616; *Seidel*, DVBl. 1989, 447.

36 *Flynn*, oben Fn. 3, 694; *Glaesner*, oben Fn. 21, 44; *Pernice*, oben Fn. 7, 11; *Ress*, Löst Art. 100 a EWGV die Probleme der Rechtsangleichung des einheitlichen Binnenmarktes?, in: ders. (Hg.), Rechtsprobleme der Rechtsangleichung, 1988, 26.

37 Wohl zuerst: *Montag*, oben Fn. 2, 942; ihm folgend: *Haneklaus*, DVBl. 1990, 1138; *Hey/Jahns-Böhm*, Ökologie und freier Binnenmarkt, 1989, 44 f.; *Grabitz*, oben Fn. 12, 78; *Grabitz/Zakker*, NVwZ 1989, 300 f.; *Pernice*, oben Fn. 7, 11.

38 *Breuer*, oben Fn. 7, 97; *Hey/Jahns-Böhm*, oben Fn. 37, 44 f.; *Scheuing*, oben Fn. 7, 171; *Soell*, NuR 1990, 160. *Hailbronner*, oben Fn. 15, 117, verlangt – wie *Müller-Graff*, oben Fn. 33, a.a.O. –, daß der ausscherwillige Staat seine Absichten durch einen Vorbehalt zu erkennen gibt.

39 Einzelheiten oben Kap. 3 C. 2. a) bb); so: *Glaesner*, oben Fn. 14, 26 f.; *Hailbronner*, oben Fn. 15, 117; *Hey/Jahns-Böhm*, oben Fn. 37, 45. Im Ergebnis ebenso: *CEDE*, 10738 D; dort wird jedoch auf die praktische Erwägung rekurriert, daß es wegen der geheimen Abstimmung im Rat nicht möglich sei, festzustellen, welche Staaten für und welche gegen einen Rechtsakt gestimmt hätten. Das überzeugt in dieser Form nicht. Aus dem Zusammenspiel der Artt. 5, 6 GeschO vom Rat (ABl. 1979, L 268, 1; geändert in ABl. 1987, L 291, 27) folgt, daß im Regelfall mündlich und damit offen, nur ausnahmsweise jedoch schriftlich abgestimmt wird (*Schweitzer*, in: Grabitz (Hg.), EWGV-Komm., Art. 148, Rn. 16). Wegen der grds. nicht-öffentlichen Tagungen gemäß Art. 3 I GeschO und des in Art. 18 GeschO statuierten Berufsgeheimnisses ist es Individuen zwar nicht möglich, das Abstimmungsverhalten einzelner Ratsvertreter in Erfahrung zu bringen, allerdings könnten andere Mitgliedstaaten oder die nach Art. 3 II GeschO grds. anwesende Kommission in einem gerichtlichen Verfahren gemäß Art. 100 a IV 3 EWGV die Vorlage der Beratungsniederschriften (Art. 7 GeschO) aufgrund von Art. 18 Satz 2 GeschO beantragen.

subjektive Merkmal des Für-Erforderlich-Haltens berufende Gegenmeinung[40] verkennt die soeben umschriebene Interessenlage. Aus ökologischer Sicht schließen sich die Zustimmung zu einem europaweiten Mindestschutzniveau und die Festlegung schärferer Standards auf nationaler Ebene nicht aus. Ein solches Verhalten stellt sich vielmehr als konsequente Umsetzung des allgemeinen Rechtsgrundsatzes bestmöglichen Umweltschutzes dar[41]. Somit bleibt nur die Frage, ob der zustimmende Mitgliedstaat ein späteres Ausscheren durch Erklärung eines Vorbehalts zu Protokoll zwingend ankündigen muß[42]. Art. 100 a Abs. 4 EWGV lassen sich keinerlei Anhaltspunkte entnehmen, daß eine solche Pflicht zur Vorwarnung besteht. Darüber hinaus ist die angesprochene Auffassung auch aus umweltpolitischer Perspektive abzulehnen. Angesichts des rasant fortschreitenden wissenschaftlich-technischen Erkenntnisstandes kann sich die Notwendigkeit strengerer nationaler Maßnahmen erst eine unbestimmte Zeit nach der Beschlußfassung im Rat zeigen[43]. Eine Rechtspflicht zur Vorbehaltserklärung wäre in dieser Situation aber einem effektiven Umweltschutz gegenüber hinderlich oder sie geriete in der Praxis zu einer bloßen Formalie.

Ist somit das subjektive Abstimmungsverhalten der Mitgliedstaaten für die Befugnis, von Art. 100 a Abs. 4 EWGV Gebrauch zu machen, irrelevant, stellt sich die Frage, ob der objektive Beschlußmodus im Rat einen Einfluß darauf hat. Das ist dann zu verneinen, wenn man das soeben ermittelte Ergebnis konsequent auf die Problemstellung überträgt. Ist nämlich die Stimmabgabe der einzelnen Mitgliedstaaten ohne Bedeutung für deren Berechtigung zum Alleingang, so muß die Möglichkeit des Ausscherens folglich auch dann bestehen, wenn die Staaten den Rechtsakt einstimmig verabschiedet haben.

Freilich wird das von der Literatur noch immer überwiegend verneint. Dem stehe der Wortlaut von Art. 100 a Abs. 4 Uabs. 1 EWGV entgegen, dem eindeutig zu entnehmen sei, daß ein Abweichen lediglich bei qualifizierter Mehrheitsentscheidung des Rates möglich ist[44]. Dies bedeute im Umkehrschluß, daß die Befugnis zur Anwendung der Klausel bei Einstimmigkeit ausgeschlossen sei[45]. Sinn und Zweck der Vorschrift stützten diesen Befund. Die Möglichkeit des Ausscherens sei der Preis für die Einführung des Mehrheitsprinzips bei der binnenmarktbezogenen Rechtsangleichung gewesen, so daß davon auch nur in diesem Fall Gebrauch gemacht werden dürfe[46]. Demnach bestehe bei einstimmiger Beschlußfassung kein legitimes Schutzbedürfnis für ein Vor-

---

40 *Langeheine*, oben Fn. 12, 248 m.w.N.

41 *Pernice*, oben Fn. 7, 11.

42 So: *Hailbronner*, oben Fn. 15, 117; *Müller-Graff*, oben Fn. 9, 146.

43 *Breuer*, oben Fn. 7, 97.

44 *Brammer*, oben Fn. 7, 65; *Langeheine*, oben Fn. 12, 246; *Meier*, oben Fn. 12, 539; *Müller-Graff*, oben Fn. 9, 145, der dieses Erfordernis jedoch bereits dann für gegeben hält, wenn alle Staaten lediglich unter dem Vorbehalt eines national höheren Schutzniveaus zustimmen.

45 *Jacqué*, oben Fn. 35, 600.

46 *Ehlermann*, oben Fn. 12, 391; *Flynn*, oben Fn. 3, 693; *Langeheine*, oben Fn. 3, Art. 100 a, Rn. 58; *Scharrer*, oben Fn. 11, 110; *Steindorff*, oben Fn. 15, 701.

gehen nach Art. 100 a Abs. 4 EWGV[47]. Die Norm sei als Ausnahmevorschrift restriktiv auszulegen[48], da andernfalls der *acquis communautaire* im Angleichungsrecht gefährdet sei[49].

Gegen diese Betrachtungsweise votiert eine im Vordringen befindliche Auffassung. Dem Wortlaut von Art. 100 a Abs. 4 EWGV sei lediglich ein genereller Verweis auf den Abstimmungsmodus des Art. 100 a Abs. 1 EWGV zu entnehmen, der aber unstreitig einstimmige Beschlußfassung nicht ausschließe[50]. Zudem stehe die grammatikalische Auslegung durch die herrschende Meinung in Kontrast zur *ratio legis* von Art. 100 a Abs. 4 EWGV[51]. Die Vorschrift sei – parallel zu Art. 130 t EWGV – als Mindestschutzklausel zu verstehen und daher unvereinbar mit einem Verbot des nationalen *„opting up"* bei Einstimmigkeit[52]. Die Gegenmeinung wirke letztlich nur als Einladung zu einem nicht gewollten taktischen Abstimmungsverhalten der Mitgliedstaaten[53].

Eine Bewertung der entgegengesetzten Auffassungen ergibt zunächst, daß der Wortlaut von Art. 100 a Abs. 4 EWGV in diesem Punkt tatsächlich nicht zwingend ist. Die Formulierung *„... mit qualifizierter Mehrheit ..."* kann gleichermaßen im Sinne eines *„nur"* als auch im Sinne eines *„sogar"* verstanden werden. Damit kommt es entscheidend auf systematische und teleologische Argumente an. Der dargelegte Streit kumuliert in einem konträren Grundverständnis von Art. 100 a Abs. 4 EWGV. Handelt es sich dabei lediglich um ein unvermeidbares Zugeständnis zur schnellstmöglichen Verwirklichung des einheitlichen Binnenmarktes oder dient er konsequent der Realisierung bestmöglicher Schutzstandards? Dahinter steht die Frage nach der Rangordnung zwischen diffusen Allgemeininteressen[54] und ökonomischem Wachstum. Zumindest für den Bereich der Ökologie folgt aus dem Grundsatz bestmöglichen Umweltschutzes, daß den Belangen der Umwelt eine vertragliche Priorität eingeräumt ist[55]. Sie kommt hier erneut zum Tragen und bewirkt, daß mitglied-

---

[47] *Glaesner*, oben Fn. 21, 44.

[48] *Brammer*, oben Fn. 7, 65; *Glaesner*, oben Fn. 14, 26.

[49] *Müller-Graff*, oben Fn. 9, 145; im Ergebnis ebenso: *Arnull*, ELRev 1986, 362; *Boisserée*, Jb. des Umwelt- und Technikrechts 1988, 392; *Ehlermann*, integration 1986, 104; *Grabitz*, EEA, in: Knoche (Hg.), Wege zur europäischen Rechtsgemeinschaft, 1987, 49; *Grabitz/Zacker*, oben Fn. 37, 300; *Hey/Jahns-Böhm*, oben Fn. 37, 43; *Ketteler/Kippels*, UmwR, 44; *Koppen*, The EC's environment policy, 1988, 61; *Krämer*, Aufgabenverflechtung zwischen EG, Bund und Ländern, in: Magiera/Merten (Hg.), Bundesländer und EG, 1988, 201; *Matthies*, oben Fn. 13, 1297; *Montag*, oben Fn. 2, 942; *Roelants du Vivier/Hannequart*, RevMC 1988, 230; *Schweitzer/Hummer*, Europarecht, 351; *Seidel*, oben Fn. 35, 447 (implizit).

[50] *Scheuing*, oben Fn. 7, 172; *Pernice*, oben Fn. 5, 207, der dies zwar *„gewagt"* nennt, im Ergebnis aber zustimmt.

[51] *Ress*, oben Fn. 36, 25 f.; *Pernice*, oben Fn. 5, 207; *Hailbronner*, oben Fn. 15, 117 f., der allerdings ein Ausscheren bei Einstimmigkeit nur dann für möglich hält, wenn der betreffende Mitgliedstaat sein Vorgehen zuvor zu Protokoll angekündigt hat. Im Ergebnis besteht damit Übereinstimmung mit *Müller-Graff*, oben Fn. 33, a.a.O. Diese Meinung ist aus den dort genannten Gründen jedoch abzulehnen.

[52] *Scheuing*, oben Fn. 7, 172.

[53] *Gulmann*, oben Fn. 11, 37 f.; *Ress*, oben Fn. 36, 26; *Scheuing*, oben Fn. 7, 172.

[54] Umfassend zu diesem Begriff: *Reich*, oben Fn. 7, 19 ff.

[55] Oben Kap. 2 A. 3.

staatliche Schutzverstärkung auch bei Einstimmigkeit im Rat möglich ist. Diese Betrachtungsweise ist aus Sicht des Umweltschutzes deshalb besonders wichtig, weil nach hier vertretener Auffassung Art. 100 a Abs. 3 EWGV die Bedeutung ökologischer Belange bei der Errichtung des Binnenmarktes ausdrücklich relativiert[56], so daß im Sinne optimalen Umweltschutzes ein nationales Abweichen faktisch unproblematisch zu erreichen sein muß. Sie ist schließlich systematisch stimmig mit dem vorgenannten Befund, daß das subjektive Abstimmungsverhalten der Mitgliedstaaten ohne negative Auswirkungen auf ihre Berechtigung ist, das gemeinschaftliche Schutzniveau zu erhöhen.

Schließlich ist noch zu klären, ob das Bestehen einer sekundärrechtlichen Schutzklausel gemäß Art. 100 a Abs. 5 EWGV den Mitgliedstaaten die Befugnis nimmt, von Art. 100 a Abs. 4 EWGV Gebrauch zu machen. Es findet sich die Auffassung, daß eine Inanspruchnahme von Art. 100 a Abs. 4 EWGV dann mißbräuchlich sei, wenn dem Schutzbedürfnis des betreffenden Staates über Art. 100 a Abs. 5 EWGV Rechnung getragen werden könne[57]. Aus der weitgehenden Identität der Rechtfertigungsgründe beider Vorschriften sowie der Tatsache, daß eine Schutzklausel im Sinne von Art. 100 a Abs. 5 EWGV die Errichtung des Binnenmarktes weniger in Frage stelle als ein nationaler Alleingang auf der Grundlage von Art. 100 a Abs. 4 EWGV, folge, daß diese Norm bei Bestehen einer solchen Klausel als unanwendbar zurücktrete[58]. Andere negieren das Bestehen einer derart strengen Formalität und heben stattdessen auf materielle Gesichtspunkte ab. Grundsätzlich lasse die Existenz einer Schutzklausel das Merkmal der Erforderlichkeit in Art. 100 a Abs. 4 EWGV entfallen. Im Einzelfall seien jedoch Konstellationen denkbar, bei denen das legitime Schutzbedürfnis eines Mitgliedstaats, trotz Vorhandensein einer Schutzklausel, nur durch ein Ausscheren nach Art. 100 a Abs. 4 EWGV zu wahren sei[59].

Ein solches (absolutes oder relatives) Rangverhältnis läßt sich jedoch dem Wortlaut der beiden Absätze nicht entnehmen. Auch erscheint die Bedeutung von Art. 100 a Abs. 4 EWGV als vertraglicher Ermächtigung der Mitgliedstaaten zur Anwendung eigenen Rechts nicht angemessen gewürdigt, wenn die Mehrheit im Rat, durch bloße Einfügung einer Schutzklausel im abgeleiteten Recht, alle anderen Mitgliedstaaten um die Möglichkeit einer Schutzverstärkung nach Art. 100 a Abs. 4 EWGV bringen könnte[60]. Es kommt hinzu, daß Art. 100 a Abs. 5 EWGV den Umweltschutz als Rechtfertigungsgrund gerade nicht erwähnt[61]. Letztlich differieren beide Normen auch darin, daß die Gel-

---

56 Oben Kap. 2 C. 4. c) aa).

57 *Meier*, oben Fn. 12, 540.

58 *Glaesner*, oben Fn. 14, 26 f.; im Ergebnis ebenso: *de Ruyt*, 171; *Matthies*, oben Fn. 14, Art. 36, Rn. 9 a.

59 *Brammer*, oben Fn. 7, 66; *Langeheine*, oben Fn. 3, Art. 100 a, Rn. 77 f.

60 Vgl. *Gulmann*, oben Fn. 11, 38; *Jacqué*, oben Fn. 35, 599 f.

61 Dazu unten Kap. 3 C. 3. b) bb). An diesem prinzipiellen Unterschied vermag auch die Möglichkeit nichts zu ändern, manche Einzelbereiche des Umweltschutzes unter einige der in Art. 36 EWGV genannten Rechtsgüter („*Gesundheit von Personen; Schutz von Fauna und Flora*“) zu sub-

tung einer Schutzklausel zeitlich zu terminieren ist („... *vorläufige Maßnahmen* ...“), während Art. 100 a Abs. 4 EWGV eine solche Einschränkung nationaler Handlungsspielräume nicht enthält[62]. Im Ergebnis ist daher – zumindest für das hier interessierende Gebiet des Umweltrechts – die Vorstellung einer Rangordnung abzulehnen und die eines isolierten, gleichrangigen Nebeneinanders beider Bestimmungen vorzuziehen. Somit schließt auch die Existenz einer sekundärrechtlichen Schutzklausel nicht die Befugnis zur Anwendung von Art. 100 a Abs. 4 EWGV aus, sofern die Tatbestandsvoraussetzungen der Vorschrift gegeben sind.

dd) Materielle Voraussetzungen eines Ausscherens

In materieller Hinsicht setzt Art. 100 a Abs. 4 Uabs. 1 EWGV voraus, daß die nationalen Bestimmungen in bezug auf den Umweltschutz gerechtfertigt sind. Sie müssen mithin objektiv und tatsächlich diesem Zweck und nicht wirtschaftlichen Gründen dienen[63]. Aus dem Tatbestandsmerkmal „*gerechtfertigt*“ sowie der aus Art. 36 Satz 2 EWGV übernommenen Formulierung in Art. 100 a Abs. 4 Uabs. 2 EWGV, folgt, daß die bereits zuvor erläuterte Cassis-Judikatur des Gerichtshofs[64] auf Art. 100 a Abs. 4 EWGV in entsprechender Weise anwendbar ist. Die einzelstaatliche Maßnahme hat also insbesondere dem Grundsatz der Verhältnismäßigkeit zu genügen[65]. Die Anwendung einer Bestimmung der nationalen Rechtsordnung ist lediglich dann erforderlich, wenn sie ein nachweisbar strengeres Niveau auf dem Gebiet des Umweltschutzes statuiert als der Gemeinschaftsrechtsakt[66]. Die Mitgliedstaaten können also zum Schutz der Umwelt von einer Harmonisierungsmaßnahme der EG, die nicht dem Umweltschutz dient, ebenso abweichen, wie sie befugt sind, einen gemeinschaftlichen Rechtsakt, der umweltschützende Wirkung entfaltet, qualitativ zu übertreffen. Trotz der offenkundigen Parallele zu den die Warenverkehrsfreiheit betreffenden Bestimmungen in Gestalt der Ausformung durch die Rechtsprechung des Gerichtshofs lassen sich Art. 100 a Abs. 4 EWGV keinerlei Anhaltspunkte dafür entnehmen, daß ein Ausscheren lediglich bei Maßnahmen im Bereich des freien Warenverkehrs zulässig ist, auch wenn dies in der Praxis wohl den hauptsächlichen Anwendungsbereich der Vorschrift aus-

---

sumieren, worauf *Krämer*, EEA und Umweltschutz, in: Rengeling (Hg.), Europäisches Umweltrecht, 1988, 156 und *Glaesner*, oben Fn. 12, 135, hinweisen.

[62] *Ehlermann*, oben Fn. 12, 399, dort Fn. 59; *Müller-Graff*, oben Fn. 9, 150; selbst von *Langeheine*, oben Fn. 3, Art. 100 a, Rn. 78, konstatiert.

[63] Vgl. *Scheuing*, oben Fn. 7, 169 f.; *Steindorff*, oben Fn. 15, 701.

[64] Oben Kap. 3 B. 1. b).

[65] Im Schrifttum – soweit ersichtlich – unbestritten: *Brammer*, oben Fn. 7, 67; *de Ruyt*, 174;*Glaesner*, oben Fn. 21, 49; *Hailbronner*, oben Fn. 15, 118 f. *Langeheine*, oben Fn. 12, 250; *Montag*, oben Fn. 2, 942; *Müller-Graff*, oben Fn. 9, 147; *Pernice*, oben Fn. 5, 207; *Schmidhuber*, EA1989, 82 f. *Seidel*, oben Fn. 35, 447; *Zuleeg*, oben Fn. 7, 284.

[66] Ausdrücklich: *Langeheine*, oben Fn. 3, Art. 100 a, Rn. 69; in der Sache ebenso: *Brammer*, oben Fn. 7, 68; *Haagsma*, Fordham International Law Journal 1989, 352; *Hailbronner*, oben Fn. 15, 118; *Müller-Graff*, oben Fn. 9, 148; *Pernice*, oben Fn. 7, 10 f. *Scheuing*, oben Fn. 7, 170.

machen wird[67]. Neu ist damit nur, daß nunmehr auch nach erfolgter Harmonisierung auf der Grundlage von Art. 100 a EWGV die Mitgliedstaaten die Grundfreiheiten des Binnenmarktes gemäß Art. 8 a Abs. 2 EWGV durch umweltschützende Maßnahmen, die in nationaler Verantwortlichkeit durchgeführt werden, einschränken dürfen[68]. Was die konkreten inhaltlichen Modalitäten eines solchen Vorgehens anbetrifft, bleibt es hingegen vollumfänglich bei der bisherigen Rechtslage vor einem Tätigwerden der EG[69]. Damit besteht im Materiellen eine weitgehende Synonymität zwischen Artt. 100 a Abs. 4 und 130 t EWGV[70].

„Dieses Anwenden oder Neueinführen von Beschränkungen wird ein ständiger Zielkonflikt sein." Hinter dieser Prophezeihung eines Bediensteten der EG-Kommission[71] steht der mit großer Vehemenz geführte Streit um die Bedeutung des Wortes *„anwenden"* in Art. 100 a Abs. 4 Uabs. 1 EWGV. Es geht dabei um die Frage, ob nach Inkrafttreten einer gemeinschaftlichen Harmonisierungsmaßnahme[72] nur zuvor bereits bestehendes nationales Recht beibehalten und angewendet oder ob danach zusätzlich neue Bestimmungen erlassen und angewendet werden dürfen. Das Spektrum vorgetragener Argumente ist breit und reicht bis zu Auffassungen hin, die die eine oder andere Möglichkeit bereits mit hinreichender Deutlichkeit aus dem Wortlaut von Art. 100 a Abs. 4 Uabs. 1 EWGV herauslesen wollen[73]. Es dürfte sich dabei um das – zumindest in der bundesrepublikanischen – nicht-juristischen Öffentlichkeit meistdiskutierte Problem im Zusammenhang mit der EEA handeln, hat es doch bereits in der Tagespresse ausgiebige Erwähnung gefunden[74].

Das juristische Schrifttum ist in zwei, etwa gleich starke Lager gespalten. Auf folgende Erwägungen stützt sich die erstgenannte, den Begriff *„anwenden"* restriktiv interpretierende Auffassung. Eines der Hauptargumente ist der grammatikalisch-systematische Vergleich mit den Parallelbestimmungen der Artt. 118 a Abs. 3, 130 t EWGV. Aus dem Fehlen der dort verwendeten Wörter *„treffen"* bzw. *„ergreifen"* in Art. 100 a Abs. 4 Uabs. 1 EWGV folge im

---

[67] *Brammer*, oben Fn. 7, 68; *Müller-Graff*, oben Fn. 9, 147 und wohl auch *Langeheine*, oben Fn. 3, Art. 100 a, Rn. 70 gegen *Meier*, oben Fn. 12, 540; *Steindorff*, oben Fn. 15, 700.

[68] *Glaesner*, oben Fn. 21, 48.

[69] *Brammer*, oben Fn. 7, 67; *Langeheine*, oben Fn. 3, Art. 100 a, Rn. 72.

[70] *Koppen*, oben Fn. 49, 61; *Zuleeg*, oben Fn. 7, 284.

[71] *Krämer*, Diskussionsbeitrag, in: UTR, Bd. 7, 167. *Krämer* selbst sieht diesen Konflikt erst mit einer Entscheidung des EuGH beendet: WiVerw 1990, 145.

[72] Bei Richtlinien gemäß Art. 189 III EWGV also mit Ablauf der Umsetzungsfrist: *Glaesner*, oben Fn. 21, 45; *Langeheine*, oben Fn. 3, Art. 100 a, Rn. 65.

[73] Diese Pole des Meinungsstandes bilden: *Grabitz/Zacker*, oben Fn. 37, 300, einerseits (*„Die Mitgliedstaaten dürfen keine neuen Schutzmaßnahmen erlassen, sondern lediglich die bestehenden beibehalten und anwenden. Das folgt schon aus dem eindeutigen Wortlaut des Art. 100 a IV EWGV, der sich deutlich von dem der Art. 118 a III und 130 t EWGV unterscheidet."*) und *Müller-Graff*, oben Fn. 9, 148, andererseits (*„Die kontroverse Frage, ob nur die Beibehaltung bereits bestehender Bestimmungen oder aber auch die Änderung alter und der Erlaß neuer Bestimmungen gedeckt ist, läßt sich bereits textlich vorbeantworten. „Anwenden" (appliquer, apply) ist nicht nur „Beibehalten", umfaßt also „Beibehalten" und „Ergreifen" wie Art. 130 t EWGV und (ähnlich) Art. 118 a Abs. 3 EWGV."*).

[74] Siehe etwa: *Schwenn*, FAZ vom 27.4.1989.

Umkehrschluß, daß „*anwenden*" nur beibehalten bedeuten könne[75]. Dafür spreche auch der Zweck von Art. 100 a EWGV, nämlich die Schaffung des Binnenmarktes. Das in Art. 8 a EWGV postulierte Ziel sei gefährdet, wenn die Mitgliedstaaten auch nach Inkrafttreten gemeinschaftlicher Rechtsakte abweichende Bestimmungen zu ergreifen befugt seien[76]. Ein solches Verhalten stelle sich zudem als Verletzung des Loyalitätsgebots gemäß Art. 5 EWGV dar, weil es die erstrebte Einheitlichkeit der Rechtsordnungen untergrabe[77]. Auch ein systematischer Vergleich mit der in der Schlußakte zur EEA niedergelegten Erklärung der dänischen Regierung bestätige diese Auffassung. Die ausdrückliche Hervorhebung, daß es ebenfalls zulässig sei, neue Maßnahmen zu treffen, mache nur dann Sinn und sei nicht überflüssig, wenn „*anwenden*" lediglich „*beibehalten*" bedeute[78]. Bereits ein Blick auf die Entstehungsgeschichte von Art. 100 a Abs. 4 EWGV zeige zudem, daß nur die Absenkung eines national vorhandenen, nicht aber erst noch zu schaffenden Schutzniveaus verhindert werden sollte[79]. Diese Sichtweise finde sich schließlich in dem übergreifenden Gebot der Rechtssicherheit bestätigt. Die Einräumung der Möglichkeit, nachträglich abweichende Bestimmungen zu ergreifen, berge für andere Mitgliedstaaten, aber auch für Drittländer, eine nicht hinnehmbare Unkalkulierbarkeit legislativen Verhaltens nationaler Parlamente in sich[80]. Jedenfalls rede die Gegenmeinung der Aufgabe eines die Gemeinschaft konstituierenden Grundprinzips das Wort, was aus Gründen der Klarheit vertraglich eindeutiger hätte formuliert werden müssen[81].

Demgegenüber interpretieren die Vertreter einer in letzter Zeit zunehmend an Anhängerschaft gewinnenden Auffassung den Begriff „*anwenden*" im oben dargestellten extensiven Sinne. Sie verweisen darauf, daß der Wortlaut nicht eindeutig sei[82]. Es handele sich dabei um einen dilatorischen Formelkompromiß, der die eigentliche Streitfrage offen lasse[83]. „*Anwenden*" sei jedenfalls nicht synonym mit „*beibehalten*"[84], so daß es durchaus naheliege,

---

75 *Bieber*, oben Fn. 7, 231 f.; *Brammer*, oben Fn. 7, 69; *CEDE*, 10738 D; *Grabitz/Zacker*, oben Fn. 37, 300; *Krämer*, oben Fn. 49, 201 f.; *Langeheine*, oben Fn. 12, 249; *Schweitzer/Hummer*, oben Fn. 49, 352.

76 *Brammer*, oben Fn. 7, 69; *CEDE*, 10738 D; *Grabitz/Zacker*, oben Fn. 37, 300; *Krämer*, oben Fn. 49, 201.

77 *Glaesner*, oben Fn. 36, 45 f.

78 *CEDE*, 10738 D; *Grabitz/Zacker*, oben Fn. 37, 300; *Krämer*, oben Fn. 49, 202.

79 *Krämer*, oben Fn. 49, 201; *Langeheine*, oben Fn. 12, 249.

80 *Langeheine*, oben Fn. 12, 249.

81 *Langeheine*, oben Fn. 3, Art. 100 a, Rn. 65; im Ergebnis ebenso: *Battis*, NuR 1989, 366; *Dauses*, oben Fn. 35, 9; *Eiden*, oben Fn. 35, Rn. 1534; *Everling*, Probleme der Rechtsangleichung zur Verwirklichung des europäischen Binnenmarktes, in: Steindorff FS, 1990, 1163; *Hrbek/Läufer*, EA 1986, 176; *Klein*, DÖV 1986, 952, dort auch Fn. 15; *Matthies*, oben Fn. 13, 1297; *Reich*, oben Fn. 7, 300; *Seidel*, EA 1987, 555; *Steiger*, CIVIS 4/87, 36.

82 *Meyer/Rath*, Forum Recht 1990, 48; *Scheuing*, oben Fn. 7, 170; von *Langeheine*, oben Fn. 3, Art. 100 a, Rn. 65, neuerdings zugestanden.

83 *Hailbronner*, oben Fn. 15, 108; *Pernice*, oben Fn. 5, 207.

84 *Gulmann*, oben Fn. 11, 38; *Hey/Jahns-Böhm*, oben Fn. 37, 44; *Møller*, oben Fn. 24, 503; *Müller-Graff*, oben Fn. 9, 148; *Zuleeg*, Diskussionsbeitrag, in: Rengeling (Hg.), Europäisches Umweltrecht, 1988, 183.

das Wort als gemeinsamen Oberbegriff zu „*beibehalten*“ und „*ergreifen*“ anzusehen[85]. Entscheidendes Gewicht käme jedoch teleologischen Argumenten zu[86]. Art. 100 a Abs. 4 EWGV gewähre – als Ausprägung des Grundsatzes bestmöglichen Umweltschutzes – der Ökologie einen grundsätzlichen Vorrang[87]. Da es Sinn und Zweck der Vorschrift sei, ein verstärktes Schutzniveau zu bewirken, bestehe die zwingende Notwendigkeit, daß die Mitgliedstaaten auch nach Inkrafttreten gemeinschaftlichen Rechts strengere Standards einzuführen imstande seien[88]. Lediglich diese Option ermögliche ein schnelles und flexibles Reagieren auf umweltpolitische Herausforderungen[89] und die Respektierung des Wählerwillens bei einem eventuellen Regierungswechsel in einem Mitgliedstaat[90]. Diese Auffassung mißachte auch nicht das Gebot der Rechtssicherheit, da in Gestalt von Art. 100 a Abs. 4 Uabs. 2, 3 EWGV verfahrensmäßige Sicherungen vertraglich vorgesehen seien[91].

Vereinzelt wird schließlich noch eine vermittelnde Auffassung vertreten. Sie differenziert danach, ob auf nationaler Ebene ein Sachbereich bei Inkrafttreten der gemeinschaftlichen Harmonisierungsmaßnahme bereits geregelt war. Wenn das der Fall ist, soll auch die nachträgliche Einführung und Anwendung strengerer Bestimmungen auf diesem Gebiet gemäß Art. 100 a Abs. 4 EWGV möglich sein; ist es hingegen nicht der Fall, dürfen die Mitgliedstaaten eine Materie nicht erstmals durch Schaffung neuen Rechts regeln[92].

Am Beginn jeder Auslegung steht die Deutung des Wortlauts der betreffenden Bestimmung[93]. Dem Begriff „*anwenden*“ in Art. 100 a Abs. 4 Uabs. 1 EWGV läßt sich keinerlei Aussage für die Frage entnehmen, ob darunter nur bereits bestehende Bestimmungen fallen oder ob auch dem gemeinschaftlichen Recht nachfolgende Vorschriften davon erfaßt werden. Das Wort ist in zeitlicher Perspektive neutral. Vielmehr bezieht es sich ersichtlich nur auf die Frage des Rangverhältnisses zwischen EG- und nationalem Recht, die bei einem Gebrauchmachen von Art. 100 a Abs. 4 EWGV in ihr Gegenteil verkehrt wird. Aus diesem Verständnis heraus liegt es nahe, die Formulierung lediglich

---

85 *Hailbronner*, oben Fn. 15, 109 f.; *Hey/Jahns-Böhm*, oben Fn. 37, 44; *Scheuing*, oben Fn. 7, 170.

86 Umfassend: *Hailbronner*, oben Fn. 15, 113 - 117.

87 *Hey/Jahns-Böhm*, oben Fn. 37, 44; *Scheuing*, oben Fn. 7, 170; *Schmidt*, UmwR, 141; *Zuleeg*, oben Fn. 7, 284.

88 *Breuer*, oben Fn. 7, 96 f.; *Hailbronner*, oben Fn. 15, 116; *Molkenbur*, DVBl. 1990, 681; *Müller-Graff*, oben Fn. 9, 148; *Pernice*, oben Fn. 7, 10; *Soell*, oben Fn. 38, 159 f.

89 *Hey/Jahns-Böhm*, oben Fn. 37, 44.

90 Plastisch: *Flynn*, oben Fn. 3, 696: „*... a new government might come to power with Green support in return for electoral promises.*“.

91 *Schmidt*, oben Fn. 87, 141; *Pernice*, oben Fn. 5, 207; im Ergebnis ebenso: *Beyerlin*, UPR 1989, 363; *Cerexhe*, EEA, in: Knoche (Hg.), Wege zur europäischen Rechtsgemeinschaft, 1987, 53; *de Ruyt*, 171; *Forwood/Clough*, ELRev 1986, 399 f., 404; *Gronemeyer*, Umweltschutz und Wirtschaft, 1987, 28; *Meier*, oben Fn. 12, 538; *Møller*, oben Fn. 24, 503 f.

92 *Ehlermann*, oben Fn. 12, 394.

93 *Zuleeg*, EuR 1969, 99 f m.w.N.

als ausdrückliches Bekenntnis zur Lehre vom Anwendungsvorrang zu verstehen[94].

Für das hier zu behandelnde Problem gibt auch der systematische Vergleich mit Artt. 118 a Abs. 3, 130 t EWGV keinen weiteren Aufschluß, auch wenn dies auf den ersten Blick vielleicht anders erscheinen mag. Je nach Sichtweise läßt sich nämlich sagen, daß bei dem Terminus *„anwenden"* entweder die ausdrückliche Nennung der Zulässigkeit des *„Neu-Ergreifens"* oder die des *„Beibehaltens"* fehle. Wie unergiebig die Wortwahl selbst bei den beiden letztgenannten Bestimmungen ist, zeigt der Vergleich mit der englischen und französischen Textfassung. Während in diesen beiden Sprachen in Artt. 118 a Abs. 3 und 130 t EWGV jeweils wortidentische Formulierungen Verwendung finden[95], heißt es im deutschen einmal *„treffen"* (Art. 118 a Abs. 3 EWGV) und einmal *„ergreifen"* (Art. 130 t EWGV). Wenn daraus auch keine inhaltlichen Konseqenzen erwachsen, zeigt es doch, wie wenig zuverlässig ein primäres Abstellen auf den Wortlaut in diesem Zusammenhang ist. Hinzu treten die besonderen Umstände bei der Abfassung des Vertragstextes von Art. 100 a Abs. 4 EWGV, auf die in der Literatur bereits ausführlich hingewiesen wurde[96].

Damit kommt in der Tat teleologischen Aspekten ein besonderes Gewicht zu. Das vorliegende Problem entscheidet sich im Grunde erneut an der Würdigung und Wertung potentiell gegenläufiger Interessen, nämlich einer möglichst raschen Verwirklichung des Binnenmarktes oder der Schaffung möglichst hoher Umweltschutzstandards[97]. Dazu ist in dieser Abhandlung bereits ausführlich das Bestehen einer grundsätzlichen Priorität ökologischer Belange[98] sowie die Existenz eines gemeinschaftlichen Grundsatzes bestmöglichen Umweltschutzes hergeleitet worden[99]. Aus diesem Verständnis heraus beantwortet sich die dargelegte Frage nahezu von selbst. Wenn der Sinn und Zweck von Art. 100 a Abs. 4 EWGV in der Sicherung und Ermöglichung denkbar hoher Standards besteht, muß dies konsequenterweise auch eine extensive Interpretation des Wortes *„anwenden"* nach sich ziehen. Wegen der Einzelheiten kann hier auf die soeben genannten und in der angeführten Literatur detailliert dargelegten Gründe verwiesen werden.

Hinzu kommt, daß sich dieser Standpunkt auch durch systematische Erwägungen stützen läßt. Die Statuierung einer Notifizierungspflicht in Art. 100 a Abs. 4 Uabs. 1, 2 EWGV wäre nämlich überflüssig gewesen, wenn lediglich bestehendes nationales Recht beibehalten werden dürfte. In aller Regel sind diese Bestimmungen durch die bestehenden Informationsverpflichtungen, vor allem gemäß der Richtlinie 83/189/EWG[100], der Kommission bereits bekannt.

---

[94] Dazu: oben Kap. 3 A.

[95] Engl. jeweils: *„maintaining or introducing"*; frz. jeweils: *„au maintien et à l'établissement"*.

[96] *Hailbronner*, oben Fn. 15, 108; *Pernice*, oben Fn. 5, 207; *Scheuing*, oben Fn. 7, 170, dort Fn. 107 m.w.N.

[97] Zu diesem Zielkonflikt: *Gündling*, Jb. der Europ. Integration 1988/89, 162.

[98] Oben Kap. 2 A. 3.

[99] Oben Kap. 2 D. 2.

[100] Dazu: oben Kap. 3 B. 2.

Die Notifizierungsklausel erhält also erst dann einen *effet utile*, wenn *„anwenden“* auch *„neu ergreifen“* beinhaltet[101]. Schließlich kommt ein weiteres Moment hinzu. Versteht man Art. 130 r Abs. 4 Satz 1 EWGV als ein der Optimierung verpflichtetes Subsidiaritätsprinzip im Sinne der Effektivität[102], erscheint es nur folgerichtig, diese Aufgabenverteilung auf den umweltrechtlichen Anwendungsbereich von Art. 100 a EWGV zu übertragen. Der Gedanke eines *„arbeitsteiligen Zusammenwirkens“*[103] läßt sich aber nur dann realisieren, wenn die Mitgliedstaaten auch noch nach einem Handeln der Gemeinschaft schutzverstärkend tätig werden können, sofern dies nach Art und Inhalt der Maßnahme sinnvoll ist[104]. Mit diesen Überlegungen ist im Ergebnis jedes restriktive Verständnis des Begriffs *„anwenden“* unvereinbar. Es ist daher der letztgenannten Auffassung zu folgen, die dieses Wort als gemeinsamen Oberbegriff für *„beibehalten“* und *„einführen“* interpretiert.

Somit bleibt schließlich nur noch zu klären, ob die Berechtigung zur Anwendung nationalen Rechts gemäß Art. 100 a Abs. 4 EWGV zeitlich befristet ist. Im Wortlaut der Vorschrift findet sich dafür kein Anhaltspunkt. Systematische Erwägungen stützen diesen Befund. Da die Bestimmung im Rahmen von Art. 100 b EWGV analog anwendbar ist (Art. 100 b Abs. 2 EWGV), dieser Artikel aber – wie zuvor festgestellt[105] – über den 31. Dezember 1992 hinaus anwendbar bleibt, gilt dies folglich auch für Art. 100 a Abs. 4 EWGV insgesamt[106]. Zum gleichen Ergebnis kommt man durch einen Umkehrschluß aus der Tatsache der ausdrücklichen zeitlichen Terminierungen, die sich in Artt. 100 a Abs. 5 (*„vorläufige Maßnahmen“*) und 8 c Uabs. 2 EWGV (*„vorübergehender Art“*) finden[107]. Vor allem aber spricht das Telos der Bestimmung gegen ein solchermaßen restriktives Verständnis. Das Postulat, bestmöglichen Umweltschutz zu verwirklichen, bleibt auf absehbare Zeit aufgrund faktischer Gegebenheiten[108] eine Daueraufgabe. Allgemeine Loyalitätspflichten aus Art. 5 EWGV sowie eine kohärente Auslegung mit Art. 234 Uabs. 2 EWGV treten folglich hinter den Vorrang des Umweltschutzes zurück[109].

---

101 Vgl. *Møller*, oben Fn. 24, 503 f.

102 Dazu: oben Kap. 2 B. 2. a) bb).

103 So: *Scheuing*, oben Fn. 7, 167.

104 Vgl. *Beyerlin*, oben Fn. 91, 363.

105 Oben Kap. 2 E. 4. d).

106 Ebenso: *Brammer*, oben Fn. 7, 68; *Langeheine*, oben Fn. 12, 250.

107 *Glaesner*, oben Fn. 21, 46 f., *Langeheine*, oben Fn. 3, Art. 100 a, Rn. 67.

108 Vgl. oben Kap. 1 A.

109 A. A. wohl *Glaesner*, oben Fn. 21, 46 f., der aus den genannten Vorschriften ableitet, daß Art. 100 a IV EWGV nur so lange in Anspruch genommen werden könne, *„als die Voraussetzungen für Sondermaßnahmen nach dieser Bestimmung vorliegen.“*. Er verkennt dabei, daß sich dies bereits aus Art. 100 a IV Uabs. 2, 3 EWGV ergibt. Die Anwendung nationalen Rechts wird dann rechtswidrig, wenn sie sich, aus welchen Gründen auch immer, als unverhältnismäßig oder rechtsmißbräuchlich im Sinne der Norm erweist. Falls *Glaesner* darüber hinaus eine zeitliche Terminierung der Alleingangsbefugnis annehmen sollte, kann dem aus den oben dargelegten Gründen nicht gefolgt werden.

ee) Formelle Voraussetzungen eines Ausscherens

Art. 100 a Abs. 4 EWGV koppelt nationales Abweichen vom Gemeinschaftsstandard an prozedurale Erfordernisse. Zunächst hat jeder ausscherwillige Mitgliedstaat die zur Anwendung bestimmten innerstaatlichen Vorschriften gemäß Art. 100 a Abs. 4 Uabs. 1 letzter Halbsatz EWGV der Kommission mitzuteilen. Der Zweck dieser Notifizierungspflicht besteht darin, die Erfüllung der ihr gemäß Art. 155 EWGV zugewiesenen Aufgaben zu ermöglichen[110]. Die Kommission soll insbesondere in den Stand gesetzt werden, in sachgerechter Weise das Bestätigungsverfahren gemäß Art. 100 a Abs. 4 Uabs. 2 EWGV durchzuführen[111]. Dies ist aber nur dann gewährleistet, wenn sie von den Vorhaben abweichender Länder überhaupt Kenntnis hat. Schließlich dient die Mitteilungspflicht auch dazu, der Kommission die Gelegenheit zu geben, durch Vorlage eigener Vorschläge einem nationalen Alleingang die Grundlage zu nehmen[112]. Das Erfordernis stellt sich mithin als Ausfluß der Gemeinschaftstreue dar, deren vertragliche Ausgestaltung in offensichtlicher Parallele zu Art. 93 Abs. 3 Satz 1 EWGV erfolgt ist[113].

Über den Zeitpunkt der Notifizierung läßt sich Art. 100 a Abs. 4 EWGV nichts entnehmen[114]. Aufgrund der soeben festgestellten Ähnlichkeit mit Art. 93 Abs. 3 Satz 1 EWGV wird aber davon auszugehen sein, daß die Mitteilung so früh wie möglich zu erfolgen hat, damit jedes nationale Ausscheren von Beginn an unter Kontrolle der Gemeinschaftsorgane steht[115]. Sollte ein Mitgliedstaat dennoch die rechtzeitige Notifizierung unterlassen stellt sich dies als gemeinschaftsrechtswidrige Verletzung primärrechtlicher Verfahrensvorschriften und damit als Vertragsverletzung im Sinne von Art. 169 EWGV dar[116]. Streitig ist, ob dies bereits auch per se die Unanwendbarkeit der betreffenden innerstaatlichen Bestimmungen zur Folge hat. Es geht dabei um die Frage, ob nach Inkrafttreten einer Verordnung gemäß Art. 191 Abs. 1 EWGV bzw. nach Ablauf der Umsetzungsfrist einer Richtlinie die vorhergehende Notifizierung konstitutiv für die Anwendbarkeit nationalen Rechts ist. In der Literatur ist geltend gemacht worden, eine derart strenge Sanktion sei abzulehnen, da sie weder aus dem Wortlaut von Art. 100 a Abs. 4 EWGV noch dem Zweck der Vorschrift als Schutzverstärkungsklausel folge[117].

Der Argumentation kann entgegengehalten werden, daß die genannte Rechtsfolge jedenfalls nicht in Widerspruch zum insoweit neutralen Wortlaut steht. Hängt die Lösung mithin entscheidend vom Normzweck ab, ist zunächst darauf hinzuweisen, daß die Möglichkeit eines nationalen Alleingangs

---

110 *Glaesner*, oben Fn. 21, 50.

111 *Hailbronner*, oben Fn. 15, 119; *Langeheine*, oben Fn. 12, 253.

112 Vgl. *Pernice*, oben Fn. 5, 207.

113 *Müller-Graff*, oben Fn. 9, 149.

114 Ebenso: *Ehlermann*, oben Fn. 12, 395.

115 Vgl. *Langeheine*, oben Fn. 3, Art. 100 a, Rn. 79; *Schmidhuber*, oben Fn. 65, 83.

116 In der Sache ebenso: *Hailbronner*, oben Fn. 15, 119; *MüllerGraff*, oben Fn. 9, 149.

117 *Hailbronner*, oben Fn. 15, 119.

ohne Bindung an die prozeduralen Voraussetzungen von Art. 100 a Abs. 4 EWGV potentiell im großen Stil zur Durchsetzung protektionistischer Maßnahmen geeignet ist[118]. *Conditio sine qua non* für die Einhaltung dieser Verfahrensregeln ist aber in jedem Fall das In-Kenntnis-Setzen der Kommission. Hinzu kommt, daß die Mitgliedstaaten bei Fehlen einer derart scharfen Sanktion kaum ein Interesse an der Durchführung der Notifizierung hätten[119], da ihre Rechtsposition davon in keiner Weise berührt wäre. Letztlich vermag die gegenteilige Auffassung auch nicht durch Verweis auf den schutzverstärkenden Zweck von Art. 100 a Abs. 4 EWGV zu überzeugen[120]. Erfolgt die Anwendung nationalen Rechts tatsächlich aus Gründen des Umweltschutzes, braucht der betreffende Mitgliedstaat weder die Notifizierung noch das Prüfungsverfahren der Kommission gemäß Art. 100 a Abs. 4 Uabs. 2 EWGV zu fürchten. Ist der Alleingang hingegen aus rein wirtschaftlichen Gründen motiviert, ist dem Umweltschutz in keiner Weise dadurch gedient, daß der Staat die betreffenden Bestimmungen auch ohne Notifizierung sogleich anzuwenden befugt ist. Es ist somit davon auszugehen, daß die Mitteilung an die Kommssion die Anwendbarkeit nationalen Rechts in konstitutiver Weise begründet[121].

Fraglich ist schließlich, in welchem Verhältnis die Notifizierungspflicht nach Art. 100 a Abs. 4 Uabs. 1 EWGV zu sonstigen Informationspflichten steht. Damit ist das Konkurrenzverhältnis zu dem zuvor behandelten Gentleman's Agreement über Dringlichkeitsmaßnahmen im Bereich des Umweltschutzes und zur Richtlinie 83/189/EWG[122] angesprochen. In dieser Hinsicht ist zu konstatieren, daß sich bereits der Anwendungsbereich der beiden sekundärrechtlichen Vereinbarungen nicht mit Art. 100 a Abs. 4 Uabs. 1 letzter Halbsatz EWGV überschneidet. Während die vorgenannten Bestimmungen lediglich die Rechtslage vor Inkrafttreten einer gemeinschaftlichen Harmonisierungsmaßnahme betreffen, gilt die vertragliche Notifizierungspflicht gemäß Art. 100 a Abs. 4 EWGV ausschließlich dann, wenn bereits ein EG-Rechtsakt existiert. Die analoge Anwendung sonstiger Informations- und Stillhaltepflichten auf Art. 100 a Abs. 4 EWGV scheidet somit, mangels Bestehen einer Lükke aus[123].

Nach dem Wortlaut von Art. 100 a Abs. 4 EWGV bestätigt die Kommission die nationalen Vorschriften, wenn „*sie kein Mittel zur willkürlichen Diskriminierung und keine verschleierte Beschränkung des Handels zwischen den Mitgliedstaaten darstellen.*". Damit wird lediglich Satz 2 von Art. 36 EWGV wiederholt, während in Art. 100 a Abs. 4 Uabs. 1 EWGV auf die gesamte Bestimmung Rekurs genommen wird. Eine ausschließlich grammatikalische Auslegung legt mithin den Schluß nahe, daß das Prüfungsrecht der Kommission

---

118 Noch weitergehend: *Pescatore*, oben Fn. 6, 160 f.

119 *Flynn*, oben Fn. 3, 700.

120 So aber: *Hailbronner*, oben Fn. 15, 119.

121 Ebenso: *Forwood/Clough*, oben Fn. 91, 398; wohl auch: *Flynn*, oben Fn. 3, 700.

122 Zu beidem: oben Kap. 3 B. 2.

123 Ausführlich dazu: *Hailbronner*, oben Fn. 15, 119 f.

nicht die Frage umfaßt, ob die Maßnahme tatsächlich auch durch die in Art. 100 a Abs. 4 Uabs. 1 EWGV genannten Schutzgüter gerechtfertigt ist[124]. Dies weckt aber Bedenken, da sich das eine vom anderen nicht trennen läßt, wie auch die zusammenhängende Regelung in Art. 36 EWGV zeigt. Zudem wäre es widersprüchlich und ineffektiv, wenn der Kommission nur eingeschränkte Prüfungsbefugnisse zukämen, der Gerichtshof im anschließenden Verfahren gemäß Art. 100 a Abs. 4 Uabs. 3 EWGV die Maßnahme aber insgesamt auf ihre Vereinbarkeit mit Art. 100 a Abs. 4 Uabs. 1 EWGV in Verbindung mit der Cassis-Judikatur zu untersuchen hätte. Es ist daher mit dem überwiegenden Schrifttum festzustellen, daß die Kommission im Bestätigungsverfahren, über den zu engen Wortlaut von Art. 100 a Abs. 4 Uabs. 2 EWGV hinaus, das Vorliegen der gesamten Tatbestandsvoraussetzungen von Art. 100 a Abs. 4 Uabs. 1 EWGV nachzuprüfen befugt ist[125].

Wie sich dem eindeutigen Wortlaut von Art. 100 a Abs. 4 Uabs. 2 EWGV entnehmen läßt („*Die Kommission ..., nachdem sie sich vergewissert hat, ...*“) liegt in diesem Verfahren die Beweislast für die Existenz der in Art. 100 a Abs. 4 Uabs. 1 EWGV statuierten materiellen Erfordernisse bei der Kommission[126]. Kann sie den Gegenbeweis nicht führen, folgt aus dem im Imperativ formulierten Einleitungssatz von Art. 100 a Abs. 4 Uabs. 2 EWGV, daß die Kommission zur Bestätigung rechtlich verpflichtet ist. Es ist ihr also kein Ermessen in dieser Frage eingeräumt[127].

Umstritten ist die Rechtswirkung einer solchen Freistellung. Dabei wird vor allem die Frage kontrovers diskutiert, ob die Mitgliedstaaten bereits vor einer Äußerung der Kommission zur Anwendung nationalen Rechts befugt sind. Das Schrifttum ist in diesem Punkt in zwei, etwa gleich starke Lager gespalten. Ein Teil geht davon aus, daß es sich bei der Bestätigung um eine Entscheidung im Sinne von Art. 189 Abs. 4 EWGV handele[128], die als echter Genehmigungsvorbehalt ausgestaltet sei und die Befugnis zur Anwendung innerstaatlichen Rechts konstitutiv begründe. Hauptsächlich wird dies durch einen systematischen Vergleich mit Art. 93 Abs. 2, 3 EWGV begründet, dem Art. 100 a Abs. 4 Uabs. 2 EWGV erkennbar nachgebildet sei. In der unmittelbar anwendbaren Vorschrift des Art. 93 Abs. 3 Satz 3 EWGV komme klar zum Ausdruck, daß die Mitgliedstaaten die Entscheidung der Kommission abzuwarten hätten[129]. Bis zur Bestäti-

---

[124] So im Ergebnis: *Arnull*, oben Fn. 49, 362; *Brammer*, oben Fn. 7, 71; *Pescatore*, oben Fn. 6, 161.

[125] So: *Ehlermann*, oben Fn. 12, 396; *Glaesner*, oben Fn. 21, 50; *Hailbronner*, oben Fn. 15, 120; *Müller-Graff*, oben Fn. 9, 149; *Langeheine*, oben Fn. 12, 253; *de Ruyt*, 174; *Steindorff*, oben Fn. 15, 701; enger: *Seidel*, oben Fn. 35, 447; *Zuleeg*, oben Fn. 7, 284, die nur das Verhältnismäßigkeitsprinzip hinzurechnen.

[126] Zuerst erkannt von: *Pescatore*, oben Fn. 6, 158; ihm folgend: *Meier*, oben Fn. 12, 540; *Montag*, oben Fn. 2, 942; a. A., jedoch ohne nähere Begründung: *Langeheine*, oben Fn. 12, 253.

[127] Im Ergebnis ebenso: *Breuer*, oben Fn. 7, 96; wohl auch: *Arnull*, oben Fn. 49, 362; *Glaesner*, oben Fn. 21, 50.

[128] So: *Flynn*, oben Fn. 3, 702; *Langeheine*, oben Fn. 12, 253.

[129] *Brammer*, oben Fn. 7, 73; *Ehlermann*, oben Fn. 12, 398; *Forwood/Clough*, oben Fn. 91, 398; *Langeheine*, oben Fn. 3, Art. 100 a, Rn. 83; *Meier*, oben Fn. 12, 540.

gung sei die Grundregel des Vorrangs gemeinschaftlichen Rechts nicht aufgehoben[130]. Andernfalls bestünde für die Mitgliedstaaten kein Anreiz, der Notifizierungspflicht nachzukommen. Dies habe im Endeffekt zur Folge, daß Maßnahmen nach Art. 100 a Abs. 4 EWGV bis zu einem entsprechenden Urteil des Gerichtshofs angewendet werden könnten[131]. Das aber sei nicht hinnehmbar, weil damit vollendete Tatsachen geschaffen würden[132].

Hingegen steht nach dem anderen Teil der Literatur bereits der Ausdruck "*Bestätigung*" der Annahme einer Konstitutivwirkung entgegen[133]. Ferner sei Art. 100 a Abs. 4 Uabs. 2 EWGV bewußt unterschiedlich zu Art. 93 Abs. 3 EWGV ausgestaltet. Da eine dem Art. 93 Abs. 3 Satz 3 EWGV entsprechende eindeutige Formulierung bei Art. 100 a Abs. 4 EWGV fehle, sei umgekehrt davon auszugehen, daß die Freistellung nicht konstitutiv wirke[134]. Letztlich spreche auch die Existenz von Art. 100 a Abs. 4 Uabs. 3 EWGV gegen eine solche Annahme. Ein Mißbrauch im Sinne der Norm sei nur vorstellbar, wenn ein Mitgliedstaat nationale Bestimmungen anwende, die die Kommission nicht bestätigt habe[135]. Zudem bestehe auch kein Bedürfnis nach einer schnellen EuGH-Entscheidung, wenn bereits die der Kommission rechtsbegründende Wirkung entfalte[136].

Am Beginn einer Bewertung des Streitstandes steht die Feststellung, daß bei einem systematischen Vergleich von Art. 100 a Abs. 4 Uabs. 2 EWGV mit Art. 93 Abs. 2, 3 EWGV mehr Unterschiede als Gemeinsamkeiten auffallen. Das wird umso deutlicher, wenn man sich vor Augen hält, daß gerade in Art. 100 a Abs. 4 EWGV Formulierungen anderer Vertragsnormen teilweise wörtlich übernommen sind (Artt. 100 a Abs. 4 Uabs. 2 und 36 Satz 2 EWGV; Artt. 100 a Abs. 4 Uabs. 3 und 225 Uabs 2 Satz 1 EWGV). Es spricht also mehr für einen Umkehrschluß zu Art. 93 Abs. 3 Satz 3 EWGV als für eine Analogie. Wenig stichhaltig erscheint auch das Argument, die Ablehnung einer Konstitutivwirkung senke in der Praxis die Bereitschaft der Mitgliedstaaten zur Notifizierung, da nach hier vertretener Auffassung bereits das Unterlassen der formellen Mitteilung gemäß Art. 100 a Abs. 4 Uabs. 1 letzter Halbsatz EWGV eine Vertragsverletzung darstellt und zur Nichtigkeit des nationalen Alleingangs führt[137]. Diese Sanktion ist stark genug, um die Länder zur Notifizierung anzuhalten. Die weiterhin beschworene Gefahr, daß das Fehlen einer konstitutiven Wirkung vorübergehend zu unhaltbaren rechtswidrigen Zuständen

130 *Meier*, oben Fn. 12, 540.

131 *Flynn*, oben Fn. 3, 700, 707.

132 Plastisch: *Müller-Graff*, oben Fn. 9, 149: Verhinderung eines „*fait accompli*".

133 *Glaesner*, oben Fn. 21, 50, dort auch Fn. 18, sieht darin jedoch ebenfalls eine Entscheidung im Sinne von Art. 189 IV EWGV.

134 *Gulmann*, oben Fn. 11, 39; *Hailbronner*, oben Fn. 15, 120 f.; *Pernice*, oben Fn. 7, 12.

135 Zuerst: *Montag*, oben Fn. 2, 942; ihm folgend: *Pernice*, oben Fn. 7, 12.

136 *Hailbronner*, oben Fn. 15, 121; im Ergebnis ebenso: *Haagsma*, oben Fn. 66, 352. Ablehnend gegenüber der Vorstellung einer „*rechtlich-konstitutiven Wirkung*" auch *Müller-Graff*, oben Fn. 9, 149, der ansonsten jedoch zwischen der Beibehaltung bestehender und der Einführung neuer Bestimmungen differenziert.

137 Oben Kap. 3 C. 2. b) ee).

führen könne, wirkt sich ebenfalls nicht entscheidend aus, da die fraglichen Zeiträume wegen der Verfahrensabkürzung gemäß Art. 100 a Abs. 4 Uabs. 3 EWGV kaum von erheblichem Gewicht sind.

Andererseits überzeugt auch das von der Gegenmeinung vorgebrachte Kriterium des Abstellens auf den Begriff des Mißbrauchs nicht. Dieser muß sich nämlich nicht notwendigerweise auf die Anwendung nationalen Rechts ohne Bestätigung gemäß Art. 100 a Abs. 4 Uabs. 2 EWGV beziehen, sondern damit kann generell auch die mißbräuchliche Berufung auf die in Art. 100 a Abs. 4 Uabs. 1 EWGV genannten Rechtsgüter gemeint sein[138]. Dennoch ist im Ergebnis letztgenannter Auffassung zu folgen, da die in Art. 100 a Abs. 4 Uabs. 3 EWGV geschaffene Möglichkeit beschleunigter Anrufung des Gerichtshofs in der Tat keinen Sinn macht, wenn man von einer Konstitutivwirkung der Freistellung ausgeht[139]. Schließlich steht diese Auffassung auch in Einklang mit der zuvor geäußerten Meinung, daß die Notifizierung das Recht zur Anwendung abweichender Bestimmungen begründet. Wirkt nämlich bereits die Mitteilung konstitutiv, kann dieser Effekt nicht nochmals von der Bestätigung ausgehen. Damit ist Art. 100 a Abs. 4 Uabs. 2 EWGV nicht funktionslos. Die Kommission äußert sich auf der Grundlage dieser Vorschrift in gutachtlicher Weise zu der gemeinschaftsrechtlichen Vereinbarkeit einer nationalen umweltschützenden Maßnahme[140]. Für die Betroffenen erfüllt Art. 100 a Abs. 4 Uabs. 2 EWGV also eine Warn- und Hinweisfunktion im Hinblick auf ein sich möglicherweise anschließendes Verfahren nach Art. 100 a Abs. 4 Uabs. 3 EWGV.

Die Ablehnung einer konstitutiven Wirkung der Bestätigung hat auch Auswirkungen auf die Rechtslage nach einer Entscheidung der Kommission. Unproblematisch ist der Fall, wenn eine Freistellung erfolgt ist. Der betreffende Mitgliedstaat bleibt weiterhin zur Anwendung abweichenden Rechts befugt. Sofern die Kommission hingegen die Erteilung der Bestätigung verweigert, ist der ausscherende Staat verpflichtet, die Anwendung eigenständiger Bestimmungen mit sofortiger Wirkung zu unterlassen und die auf Art. 100 a Abs. 1 EWGV gestützte Harmonisierungsmaßnahme durchzuführen[141]. Der darüber hinaus zuweilen vertretenen Annahme der Suspendierung einer nationalen Maßnahme durch die Versagung der Bestätigung[142], steht die fehlende Konstitutivwirkung derselben entgegen[143].

Im Rahmen von Art. 100 a Abs. 4 Uabs. 2 EWGV bleibt schließlich nur noch die Frage zu klären, ob und ggf. in welchem Umfang die Kommission an eine einmal ergangene Entscheidung gebunden ist. Bedeutsam ist dabei insbesondere, ob eine einmal erteilte Bestätigung widerrufen werden kann. Aus

---

138 *Haagsma*, oben Fn. 66, 353.

139 *Hailbronner*, oben Fn. 15, 121.

140 Ebenso: *Müller-Graff*, oben Fn. 9, 150 m.w.N.

141 *Glaesner*, oben Fn. 21, 50 f.; *Langeheine*, oben Fn. 3, Art. 100 a, Rn. 81.

142 So im Ergebnis: *Meier*, oben Fn. 12, 541.

143 Ebenso: *Glaesner*, oben Fn. 14, 28; *Hailbronner*, oben Fn. 15, 121.

dem gemeinschaftlichen Rechtsprinzip[144] wie auch dem Grundsatz bestmöglichen Umweltschutzes[145] folgt, daß die Kommission nur solange an eine bewilligende Entscheidung gebunden ist, als auch die materiellen Voraussetzungen von Art. 100 a Abs. 4 Uabs. 1, 2 EWGV gegeben sind. Danach ist ein Widerruf jedenfalls dann zulässig, wenn dem Mitgliedstaat die Bestätigung aufgrund falscher oder unvollständiger Angaben bei der Notifizierung erteilt worden ist. Auch eine Änderung der Sach- oder Rechtslage vermag einen Widerruf zu tragen. Es ist beispielsweise denkbar, daß die Kommission eine positive Entscheidung aufhebt, wenn die Gemeinschaft nach Erteilung der Bestätigung eine eigene Maßnahme auf der Grundlage von Art. 100 a Abs. 1 EWGV erlassen hat, deren Schutzniveau dem der nationalen Bestimmungen zumindest entspricht[146]. Gleiches gilt, wenn sich nachträglich aufgrund neuer wissenschaftlich-technischer Erkenntnisse herausstellt, daß die mitgliedstaatlichen Bestimmungen in Wirklichkeit nicht in stärkerem Maße die Umwelt schützen als die Gemeinschaftsregelung.

ff) Rechtsbehelfe und Justitiabilität gemäß Art. 100 a Abs. 4 Uabs. 3 EWGV

Auch wenn der Bestätigung nach Art. 100 a Abs. 4 Uabs. 2 EWGV eine rechtsbegründende Wirkung abzusprechen ist, bleibt wegen der dargelegten Rechtswirkungen der Kommissionsentscheidung die Frage von Belang, welche Rechtsbehelfe dagegen eingelegt werden können. Zunächst sollen die Rechtsschutzmöglichkeiten der Mitgliedstaaten und der Kommission untersucht werden, bevor die der Individuen näher beleuchtet werden. Die einschlägige Rechtsschutzform hängt von der Art der anzugreifenden Maßnahme ab. Hat die Kommission die Bestätigung nach Art. 100 a Abs. 4 Uabs. 2 EWGV erteilt, können die anderen Mitgliedstaaten den Gerichtshof gemäß Art. 100 a Abs. 4 Uabs. 3 EWGV anrufen[147], d. h. gegen den ausscherwilligen Staat steht ihnen das Vertragsverletzungsverfahren gemäß Art. 170 EWGV offen, ohne das dort statuierte Vorverfahren durchlaufen zu müssen[148]. Die Gewährung einer solchen Verfahrenserleichterung ist kein Einzelfall im Vertrag, wie der Vergleich mit Artt. 93 Abs. 2 Uabs. 2, 225 Abs. 2 EWGV zeigt. In Bezug auf die erstgenannte Vorschrift hat der Gerichtshof ausgeführt, daß es sich dabei um eine Sonderform der Vertragsverletzungsklage handele, die auf die speziellen Probleme abgestimmt sei, die staatliche Beihilfen für den Wettbewerb

---

144 Dazu: *Pernice*, in: Grabitz (Hg.), EWGV-Komm., Art. 164, Rn. 12, 42; *Schwarze*, Europäisches Verwaltungsrecht, 1988, Bd. 1, 307 f., 419 ff.; *Zuleeg*, AK-GG, Bd. 1, Art. 24 Abs. 1, Rn. 40.

145 Dazu: oben Kap. 2 D. 2., 3. a).

146 *Langeheine*, oben Fn. 3, Art. 100 a, Rn. 85.

147 *Glaesner*, oben Fn. 14, 28; *Müller-Graff*, oben Fn. 9, 150; *Langeheine*, oben Fn. 3, Art. 100 a, Rn. 82.

148 *Koppen*, oben Fn. 49, 62.

innerhalb des Gemeinsamen Marktes mit sich brächten[149]; entsprechendes dürfte für Art. 100 a Abs. 4 Uabs. 3 EWGV gelten.

Die übrigen Mitgliedstaaten können gleichzeitig die Kommission nach Art. 173 Abs. 1 EWGV vor dem EuGH mit der Begründung verklagen, daß die Bestätigung unter Verletzung des Vertrages erteilt worden sei[150]. Das gleiche gilt, wenn die Kommission eine ursprünglich negative Freistellungsentscheidung nachträglich wieder aufhebt.

Im Falle der Nichtbestätigung gemäß Art. 100 a Abs. 4 Uabs. 2 EWGV bemißt sich das weitere Vorgehen nach dem Verhalten des abweichenden Mitgliedstaates. Wendet er dennoch eigene Bestimmungen an, steht sowohl der Kommission als auch allen anderen Staaten das Verfahren nach Art. 100 a Abs. 4 Uabs. 3 EWGV zur Verfügung[151]. Folgt er hingegen der Kommissionsentscheidung, kann er gegen sie gemäß Art. 173 Abs. 1 EWGV mit der Behauptung einer Vertragsverletzung vorgehen[152]. Hinsichtlich des dann zu stellenden Antrags reicht es also aus, wenn lediglich die Aufhebung der Nichtbestätigung begehrt wird, da dieser nach hier vertretener Auffassung keine Konstitutivwirkung zukommt[153]. Entsprechendes gilt, wenn eine einmal erteilte Freistellung aufgehoben und durch eine Nichtbestätigung ersetzt wird. Letztlich kann ein Mitgliedstaat, der einen nationalen Alleingang plant, den Gerichtshof gemäß Art. 175 EWGV anrufen, wenn innerhalb angemessener Frist keine Entscheidung der Kommission erfolgt[154].

Es fragt sich nun, ob auch den Gemeinschaftsbürgern Rechtsschutzmöglichkeiten gegen die Nichtanwendung von EG-Recht unter Berufung auf Art. 100 a Abs. 4 EWGV zu Gebote stehen. In der Literatur ist die Auffassung geäußert worden, daß Art. 100 a Abs. 4 Uabs. 3 EWGV in abschließender Weise regele, wer unter welchen Voraussetzungen gerichtliche Hilfe gegen ein Gebrauchmachen von der Ausscherklausel in Anspruch nehmen könne. Das Recht, dagegen vorzugehen, sei auf Kommission und Mitgliedstaaten beschränkt, während Individuen davon ausgenommen seien[155]. Freilich bleibt dabei unbedacht, daß auch die Gemeinschaftsbürger teilweise sogar ausdrücklich in das Rechtsschutzsystem des EWG-Vertrages einbezogen sind (Artt. 173 Abs. 2, 175 Abs. 3 EWGV). Wenn mit Art. 100 a Abs. 4 Uabs. 3 EWGV

---

149 EuGH, Urt. vom 14.2.1990, Rs. C-301/87, Frankreich vs. Kommission, Slg. 1990, I-307 (I-357).

150 Vgl. *Glaesner*, oben Fn. 21, 50.

151 *Glaesner*, oben Fn. 21, 51; *Müller-Graff*, oben Fn. 9, 150.

152 *Brammer*, oben Fn. 7, 73; *Glaesner*, oben Fn. 21, 51; *Langeheine*, oben Fn. 3, Art. 100 a, Rn. 81.

153 A. A. *Meier*, oben Fn. 12, 541, der konsequenterweise fordert, der Antrag müsse auf Verpflichtung der Kommission zur Erteilung der Bestätigung lauten und damit implizit zum Ausdruck bringt, daß er eine Untätigkeitsklage gemäß Art. 175 EWGV für einschlägig hält.

154 *Brammer*, oben Fn. 7, 73; *Langeheine*, oben Fn. 3, Art. 100 a, Rn. 84, hält einen Prüfungszeitraum von 2 Monaten für ausreichend.

155 Zuerst: *Pescatore*, oben Fn. 6, 158, 162; wohl auch: *de Ruyt*, 173; plastisch: *Grabitz*, oben Fn. 49, 49: „*Der einzelne wäre als Motor für die Errichtung des Gemeinsamen Marktes ausgeschaltet.*“.

eine Ausnahme davon beabsichtigt gewesen wäre, hätte dies in jedem Fall deutlicher kenntlich gemacht werden müssen. Zudem sichert die Vorschrift nach Wortlaut und Zweck lediglich eine effiziente Rechtskontrolle, ohne dabei den gesamten vertraglichen Individualrechtsschutz zu beseitigen[156]. Es steht natürlichen und juristischen Personen also frei, eine bestätigende Entscheidung der Kommission nach Art. 100 a Abs. 4 Uabs. 2 EWGV gemäß Art. 173 Abs. 2 EWGV vor dem Gerichtshof anzugreifen[157]. Allerdings ist nach dieser Vorschrift erforderlich, daß die betreffende Person von der Entscheidung unmittelbar und individuell betroffen ist. Eine Klage wird also nur dann Erfolg haben, wenn die in Streit stehende nationale Rechtsnorm nicht gemäß Art. 100 a Abs. 4 Uabs. 1, 2 EWGV gerechtfertigt ist und zusätzlich eine unmittelbar anwendbare und individualschützende Bestimmung einer gemeinschaftlichen Harmonisierungsmaßnahme verletzt[158].

Ungeachtet dessen besteht die Befugnis jedes einzelnen, vor einem innerstaatlichen Gericht gemeinschaftsrechtlich begründete Rechtspositionen geltend zu machen. Beruft sich ein Mitgliedstaat dagegen gemäß Art. 100 a Abs. 4 EWGV auf nationale Bestimmungen, ist das betreffende Gericht gehalten (Art. 177 Abs. 2 EWGV) oder sogar verpflichtet (Art. 177 Abs. 3 EWGV), die Frage gemäß Art. 177 EWGV dem Gerichtshof vorzulegen[159]. Im Ergebnis schränkt Art. 100 a Abs. 4 Uabs. 3 EWGV den vertraglichen Individualrechtsschutz in keiner Weise ein.

Zu klären ist ferner der Umfang der gerichtlichen Kontrolle, die in einem Verfahren nach Art. 100 a Abs. 4 Uabs. 3 EWGV zu erlangen ist. Dazu geht aus der Vorschrift hervor, daß die Klage begründet ist, wenn *„ein anderer Mitgliedstaat die in diesem Artikel vorgesehenen Befugnisse mißbraucht.“*. Der dem EuGH eingeräumte Prüfungsumfang bemißt sich mithin entscheidend danach, wie man diese Mißbrauchsklausel interpretiert. Dabei erscheinen drei Möglichkeiten denkbar. Erstens könnte die Formulierung bedeuten, daß lediglich ein völlig willkürliches, durch nachvollziehbare Erwägungen nicht mehr begründbares Abweichen vom Gemeinschaftsstandard verhindert werden soll. Damit stünde ein nationaler Alleingang nur in begrenztem Umfang unter der Kontrolle des Gerichtshofs. Zweitens könnte sich der Begriff des Mißbrauchs rein formell auf die Mitteilungspflicht und das Bestätigungserfordernis gemäß Art. 100 a Abs. 4 Uabs. 1, 2 EWGV beziehen. In diesem Fall wäre die Klage immer, aber auch nur dann begründet, wenn ein Staat eigene Bestimmungen anwendet, die er zuvor entweder nicht notifiziert hat oder für die keine Freistellung erfolgt ist[160]. Der Gerichtshof wäre auf eine Nachprüfung der rein formalen Elemente des Art. 100 a Abs. 4 EWGV beschränkt. Schließlich läßt sich das fragliche Tatbestandsmerkmal, wegen des ausdrücklichen Bezugs auf den gesamten *„Artikel“*, auch in der Weise deuten, daß der EuGH in vollem

156 *Langeheine*, oben Fn. 3, Art. 100 a, Rn. 86 f.; *Pernice*, oben Fn. 7, 12.

157 *Forwood/Clough*, oben Fn. 91, 403.

158 *Langeheine*, oben Fn. 3, Art. 100 a, Rn. 87.

159 *Glaesner*, oben Fn. 21, 51; *Langeheine*, oben Fn. 3, Art. 100 a, Rn. 82.

160 Vgl. *Gulmann*, oben Fn. 11, 39.

Umfang zur Kontrolle aller materiellen und formellen Voraussetzungen nach Art. 100 a Abs. 4 Uabs. 1, 2 EWGV befugt ist[161].

Näherer Aufschluß zur Lösung der Frage könnte sich möglicherweise durch einen systematischen Vergleich mit Art. 225 Abs. 2 EWGV erzielen lassen, da diese Vorschrift mit Art. 100 a Abs. 4 Uabs. 3 EWGV teilweise wörtlich übereinstimmt[162]. Dieses Vorgehen führt aber auch nicht weiter, weil zu Art. 225 Abs. 2 EWGV weder eine Praxis der Gemeinschaftsorgane besteht noch eine Entscheidung des Gerichtshofs vorliegt[163]. Demnach läßt sich der durch Art. 100 a Abs. 4 Uabs. 3 EWGV eingeräumte Prüfungsumfang nur durch ein Abstellen auf Zweck und Entstehungsgeschichte der Norm näher konkretisieren. Wegen der besonderen Bedeutung des Binnenmarktprogramms dient die Klausel, als letztes Glied einer Kette, der gemeinschaftlichen Kontrolle nationaler Alleingänge[164]. Der EuGH kann dieser Aufgabe, die in Einklang mit seinen Befugnissen nach Art. 164 EWGV steht, aber nur dann wirkungsvoll gerecht werden, wenn er alle materiellen und formellen Gesichtspunkte eines mitgliedstaatlichen Ausscherens zu überprüfen befugt ist. Diese Sichtweise entspricht ebenfalls der Intention der Regierungskonferenz zur Schaffung der EEA, die eine Übertragung der Cassis-Rechtsprechung auf die in Art. 100 a Abs. 4 EWGV beschriebene Situation wollte[165]. Es ist somit der letztgenannten Auffassung zu folgen, wonach ein Mißbrauch mitgliedstaatlicher Befugnisse bereits dann vorliegt, wenn eines der in Art. 100 a Abs. 4 Uabs. 1, 2 EWGV genannten Erfordernisse, ungeachtet dessen, ob es sich dabei um materielle oder formelle handelt, nicht gewahrt ist.

Damit ist bereits auch die praxisrelevante Frage nach der Verteilung der Beweislast für diese Voraussetzungen vorbeantwortet. In Übereinstimmung mit der erwähnten Cassis-Rechtsprechung und im Unterschied zum vorgelagerten Bestätigungsverfahren der Kommission trägt bei einer Klage nach Art. 100 a Abs. 4 Uabs. 3 EWGV der ausscherwillige Mitgliedstaat in vollem Umfang die Beweislast für die Übereinstimmung seines Vorgehens mit dem Gemeinschaftsrecht[166].

Kraft des Verweises in Art. 100 a Abs. 4 Uabs. 3 EWGV stehen dem EuGH die üblichen Entscheidungsmöglichkeiten eines Vertragsverletzungsverfahrens gemäß Artt. 169 bis 171 EWGV zur Verfügung. Der Gerichtshof hat also ggf. die Begründetheit der Klage nach Art. 171 EWGV festzustellen. Hinzu kommt das vertragliche Instrumentarium an vorläufigen Maßnahmen. Zulässig ist also sowohl eine Aussetzung angefochtener Handlungen gemäß Art.

---

161 So: *Haagsma*, oben Fn. 66, 353.

162 *Ehlermann*, oben Fn. 12, 397 f.; *de Ruyt*, 173.

163 *Flynn*, oben Fn. 3, 692.

164 Vgl. *Jacqué*, oben Fn. 35, 600.

165 *De Ruyt*, 174.

166 Im Schrifttum überwiegend vertreten; ausdrücklich: *Meier*, oben Fn. 12, 540 f.; im Ergebnis ebenso: *von Holleben*, Europäische Produktnormen als Instrumente des freien Warenverkehrs, des Umweltschutzes und der technischen Sicherheit – aus der Sicht der Wirtschaft, in: Umwelt- und Technikrecht in den EG – Antrieb oder Hemmnis?, 1989, 149; *Langeheine*, oben Fn. 3, Art. 100 a, Rn. 62; *Møller*, oben Fn. 24, 502; *Montag*, oben Fn. 2, 942; *Pernice*, oben Fn. 5, 208; *Schmidhuber*, oben Fn. 65, 83; a. A.: *Hey/Jahns-Böhm*, oben Fn. 37, 130 – 132, die aus umweltpolitischen Gründen eine Beweislastumkehr fordern.

185 Satz 2 EWGV als auch der Erlaß Einstweiliger Anordnungen nach Art. 186 EWGV[167]. Darüber hinausgehende Befugnisse kommen dem Gericht auch im Verfahren nach Art. 100 a Abs. 4 Uabs. 3 EWGV nicht zu[168].

c) Art. 118 a Abs. 3 EWGV

In Übereinstimmung mit vorangegangenen Ausführungen[169] läßt sich konstatieren, daß eine vielfache Verschränkung zwischen den Belangen des Umwelt- und des Arbeitsschutzes besteht. Da der Gemeinschaft mit Art. 118 a Abs. 2 Uabs. 1 EWGV für arbeitsschutzrechtliche Maßnahmen eine eigenständige Kompetenznorm zur Verfügung gestellt ist, bedarf auch hier die Frage der Klärung, ob und unter welchen Bedingungen die Mitgliedstaaten abweichendes nationales Recht im harmonisierten Bereich anwenden dürfen. Bereits in der genannten Rechtsgrundlage zum Erlaß gemeinschaftlicher Akte werden diese explizit als „*Mindestvorschriften*" qualifiziert[170]. In normativer Ausformung dieses Postulats bestimmt Art. 118 a Abs. 3 EWGV die näheren Voraussetzungen, unter denen ein mitgliedstaatliches Abweichen zulässig ist.

Dabei zeigt ein grammatikalischer Vergleich der Artt. 118 a Abs. 3 und 130 t EWGV, daß beide Vorschriften in allen wesentlichen Passagen gleichlautend sind[171]. Unterschiede, wie etwa die Verwendung der Wörter „*treffen*" in Art. 118 a Abs. 3 EWGV und „*ergreifen*" in Art. 130 t EWGV, bestehen teilweise noch nicht einmal in sämtlichen Textfassungen des Vertrages[172]. Sie sind folglich rein sprachlicher Natur und haben keinerlei inhaltliche Auswirkungen[173]. Die Auslegung von Art. 118 a Abs. 3 EWGV hat deshalb in voller Übereinstimmung mit der von Art. 130 t EWGV zu erfolgen[174]. Aus diesem Grunde ist es an dieser Stelle ausreichend, lediglich die Ergebnisse der Interpretation von Art. 130 t EWGV auf Art. 118 a Abs. 3 EWGV zu übertragen[175].

Bereits aus dem ausdrücklichen Wortlaut von Art. 118 a Abs. 3 EWGV folgt, daß ein Gebrauchmachen von dieser Möglichkeit streng akzessorisch zur Rechtsgrundlage des Art. 118 a Abs. 2 Uabs. 1 EWGV ist[176]. Notwen-

---

167 *Brammer*, oben Fn. 7, 74; *Ehlermann*, oben Fn. 12, 397.

168 Beklagt von: *Koppen*, oben Fn. 49, 62.

169 Mit Beispielen dargelegt in Kap. 2 E. 5.; im Ergebnis ebenso: *Breuer*, Umweltschutzrecht, in: von Münch (Hg.), Bes. VerwR., 629; *Kloepfer/Veit*, NZA 1990, 123; *Koll*, DB 1989, 1235.

170 Ausdrücklich betont von: *Jansen*, in: Grabitz (Hg.), EWGV-Komm., Art. 118 a, Rn. 7; *Meyer*, in: Landmann/Rohmer, GewO, Vor § 120 a, Rn. 2b, 2d; *Wlotzke*, NZA 1990, 417.

171 *Grabitz*, oben Fn. 15, Art. 130 t, Rn. 19.

172 Im entsprechenden Teil der englischen (jeweils: „*maintaining or introducing*") und französischen Version (jeweils: „*maintien et à l'établissement*") finden sich sogar wortidentische Formulierungen.

173 Vgl. *Langeheine*, oben Fn. 3, Art. 100 a, Rn. 65.

174 *Grabitz*, oben Fn. 15, Art. 130 t, Rn. 19.

175 Siehe oben Kap. 3 C. 2. a).

176 *Jansen*, oben Fn. 170, Art. 118 a, Rn. 7.

dig ist also, daß eine Gemeinschaftsregelung gerade auf diesem Gebiet wirksam in Kraft gesetzt und im Zeitpunkt des Ausscherens noch gültig ist. Gelangt die Kompetenznorm lediglich neben anderen Vorschriften zur Anwendung, besteht die Befugnis des Art. 118 a Abs. 3 EWGV nur in den nach Art. 118 a Abs. 2 Uabs. 1 EWGV harmonisierten Teilbereichen. Wird ein vor Inkrafttreten der EEA aufgrund einer anderen Bestimmung erlassener Rechtsakt nunmehr auf der Grundlage von Art. 118 a Abs. 2 Uabs. 1 EWGV fortgeschrieben, gilt Art. 118 a Abs. 3 EWGV dementsprechend auch nur für diesen Teil. Das Recht zum Gebrauchmachen von Art. 118 a Abs. 3 EWGV hängt weder vom subjektiven Abstimmungsverhalten des ausscherwilligen Mitgliedstaats noch vom objektiven Beschlußmodus, mit dem der Rat den Rechtsakt verabschiedet hat, ab. Den Mitgliedstaaten bleibt diese Option mithin in jedem Fall erhalten. Die Schutzverstärkungsklausel des Art. 118 a Abs. 3 EWGV bezieht sich gleichermaßen auf die Ziele wie auch die dazu ergriffenen Mittel und Methoden[177]. Die Bedingung der Vereinbarkeit mit dem Vertrag meint ausschließlich die Übereinstimmung mit sämtlichen primärrechtlichen Vorschriften, nicht aber mit denen des Sekundärrechts. Die Anwendung von Art. 118 a Abs. 3 EWGV entbindet nicht von der Beachtung allgemeiner Informations- und Stillhaltepflichten, ist darüber hinaus aber weder begründungs- noch mitteilungspflichtig. Ein solches Vorgehen einzelner Mitgliedstaaten steht gemäß Artt. 169 f. EWGV unter der gerichtlichen Kontrolle des EuGH.

d) Art. 224 EWGV

Möglicherweise lassen sich schließlich auch der Schutzklausel des Art. 224 EWGV nationale Handlungsspielräume auf dem Gebiet des Umweltschutzes entnehmen. Die Vorschrift gewährt den Mitgliedstaaten die Befugnis zur Anwendung eigener Maßnahmen, sofern eine der dort genannten Notstandssituationen vorliegt[178]. Fraglich ist, ob von dieser Ermächtigung auch aus Gründen des Umweltschutzes Gebrauch gemacht werden kann. In der Literatur findet sich die Auffassung, daß eine Umweltkatastrophe mit akuten Erscheinungsformen den Tatbestand der *„schwerwiegenden innerstaatlichen Störung der öffentlichen Ordnung“* erfülle und mithin ein Vorgehen auf der Grundlage von Art. 224 EWGV rechtfertige. Hingegen lasse sich die *„schleichende Umweltkatastrophe“* nicht darunter fassen[179].

Dem wird von anderer Seite entgegengehalten, daß Art. 224 EWGV den Mitgliedstaaten keine umweltpolitischen Handlungsbefugnisse gebe[180]. Dies folge bereits aus dem Zweck der Norm, weil sie nach überwiegender Auffas-

---

[177] Einzelheiten: oben Kap. 3 C. 2. a) cc).

[178] Einzelheiten: *Hummer*, in: Grabitz (Hg.), EWGV-Komm., Art. 224, Rn. 2 f.

[179] *Zuleeg*, oben Fn. 7, 282, 284; *ders.*, oben Fn. 84, 183.

[180] *Grabitz*, oben Fn. 15, Art. 130 t, Rn. 20 m.w.N.; siehe auch den Diskussionsbericht bei: *Rabe*, EuR 1987, 182.

sung lediglich dazu diene, Spielräume bei Vorliegen politisch-militärischer Störungen zu schaffen[181], nicht aber bei umwelt-und wirtschaftspolitischen Herausforderungen. Ferner zeige ein Vergleich mit dem Völkerrecht, daß die Inanspruchnahme solcher Notstandsklauseln erst und nur dann gerechtfertigt sei, wenn der betreffende Staat bestehende eigene umweltpolitische Handlungsmöglichkeiten restlos ausgeschöpft habe. Art. 224 EWGV erhielte damit einen ultima-ratio Charakter, der selbst einen unterstellten umweltrechtlichen Anwendungsbereich in der Praxis stark einschränken würde[182].

Für die letztgenannte Auffassung spricht zunächst, daß der Umweltschutz im Wortlaut von Art. 224 EWGV nicht ausdrücklich genannt wird. Aus einem systematischen Vergleich mit den Artt. 130 t, 100 a Abs. 4 EWGV ließe sich mithin folgern, daß eine Umweltkatastrophe gerade nicht unter das Tatbestandsmerkmal der *„schwerwiegenden innerstaatlichen Störung der öffentlichen Ordnung“* subsumierbar ist. Andererseits verbietet sich hier ein solcher Umkehrschluß, weil die Artt. 130 t, 100 a Abs. 4 EWGV erst 1987 in den EWG-Vertrag eingefügt wurden, Art. 224 EWGV hingegen bereits in dessen ursprünglicher Fassung von 1957 enthalten war.

Eine Lösung des Problems ist in der Rechtsprechung des Gerichtshofs zu Art. 224 EWGV zu suchen. Dieser interpretiert die Vorschrift restriktiv, weil sie einen *„ganz besonderen Ausnahmefall“* regele[183]. Ein derartiger Ausnahmefall muß nun nicht notwendigerweise eine militärische Ursache haben, auch die Verseuchung einer ganzen Landschaft, etwa nach einem Chemieunfall[184] kann Ausgangspunkt einer schweren Störung der öffentlichen Ordnung in einem oder mehreren Mitgliedstaaten sein. Im Falle einer derart akuten Umweltkatastrophe erscheint es möglich, daß die Vorschrift den Staaten auch umweltpolitischen Handlungsspielraum gewährt. Wegen seines Ausnahmecharakters kann Art. 224 EWGV allerdings lediglich dann zur Anwendung gelangen, wenn nicht bereits andere Bestimmungen des Vertrags den Mitgliedstaaten entsprechende Freiräume einräumen. In der Praxis dürfte diese Voraussetzung auf dem Gebiet des Umweltrechts jedoch selten bestehen, da mit den zuvor genannten ausdrücklichen umweltpolitischen Ermächtigungen sowie der Subsidiaritätsklausel in Art. 130 r Abs. 4 Satz 1 EWGV, in Gestalt der hier vertretenen Auslegung, genügend nationale Handlungsmöglichkeiten bestehen, die zudem eine flexible Zusammenarbeit der einzelnen Ebenen ermöglichen.

---

181 So etwa: *Hummer*, oben Fn. 178, Vor Artt. 223 – 225, Rn. 1; Art. 224, Rn. 3; *Weber*,Schutznormen und Wirtschaftsintegration, 1982, 142.

182 Vgl. *Hailbronner*, oben Fn. 15, 108 m.w.N.

183 EuGH, Urt. vom 15.5.1986, Rs. 222/84, Marguerite Johnston vs. Chief Constable of the Royal Ulster Constabulary, Slg. 1986, 1651 (1684); in der Sache ebenso: *Nicolaysen*, Autonome Handelspolitik der EWG, in: Schlochauer-FS, 1981, 876.

184 Zu denken ist hier an den katastrophalen Dioxin-Unfall im italienischen Seveso; siehe dazu die RL des Rates vom 24.6.1982 über die Gefahren schwerer Unfälle bei bestimmten Industrietätigkeiten (82/501/EWG), ABl. 1982, L 230, 1, ber. in ABl. 1982, L 289, 35, sog. Seveso-RL.

3. Sekundärrechtliche Befugnisse zu einem nationalen Abweichen vom Gemeinschaftsstandard

a) Generelle Zulässigkeit sekundärrechtlicher Schutzklauseln

In gesetzgebungstechnischer Hinsicht sind zwei prinzipiell unterschiedliche Möglichkeiten denkbar, wie auch nach einem legislativen Handeln der Gemeinschaft die Anwendung abweichenden nationalen Rechts zugelassen werden kann. Die erste besteht – wie zuvor gezeigt – darin, den Mitgliedstaaten bereits auf der Ebene des Primärrechts diese Befugnis unmittelbar einzuräumen. Es ist zweitens aber auch vorstellbar, daß den Staaten eine solche Option erst auf der Ebene abgeleiteten Rechts zugebilligt wird.

Während die erstgenannte Möglichkeit erst durch die EEA Eingang in den Vertrag gefunden hat, wird der letztgenannte Weg von den Gemeinschaftsorganen bereits seit über 25 Jahren beschritten[185].

In Harmonisierungsrichtlinien ist es seit langem üblich, daß bei akuter Gefährdung der in Art. 36 EWGV genannten Rechtsgüter, zuzüglich der zwingenden Erfordernisse des Umweltschutzes, vorübergehend nationale Maßnahmen getroffen werden können. Regelmäßig wacht die Kommission im Rahmen eines gemeinschaftlichen Kontrollverfahrens darüber, daß dabei der Grundsatz der Verhältnismäßigkeit und das Diskriminierungsverbot gemäß Art. 7 EWGV beachtet werden[186].

Es ist hierbei nicht erforderlich, daß dem Gemeinschaftsgesetzgeber zuvor auf der Ebene des Primärrechts ausdrücklich die Befugnis zur sekundärrechtlichen Delegation von Regelungszuständigkeiten eingeräumt wird, weil sich eine solches Verhalten innerhalb des politischen Gestaltungsermessens der zur Rechtsetzung befugten Organe hält. Diese Option ist somit bereits der zugrundeliegenden vertraglichen Einzelermächtigung immanent. Dementsprechend hat der Gerichtshof zu keiner Zeit die grundsätzliche Zulässigkeit der Einführung solcher Schutzklauseln in Frage gestellt, obwohl er dazu immer wieder Gelegenheit gehabt hätte[187].

Der Zweck dieser Übung besteht darin, daß die genannten Rechtsgüter im Einzelfall wirksam geschützt und das Gemeinschaftsrecht in einem for-

---

185 Diese Zahl nennt: *Ehlermann*, oben Fn. 12, 398; vgl. auch: *Falke/Joerges*, DVBl. 1987, 1055.

186 Vgl. *Glaesner*, oben Fn. 12, 134; *Harbrecht*, Die Europäische Gemeinschaft, 1984, 220; *Langeheine*, oben Fn. 3, Art. 100, Rn. 70. Beispiele nennen: *Lausch*, Europäische Umweltpolitik auf dem Gebiet des Gewässerschutzes, 1986, 142, Fn. 1, 2; *Meier*, oben Fn. 12, 541, dort Fn. 24; *Pernice*, oben Fn. 7, 12 f., dort Fn. 62; *ders.*, oben Fn. 5, 208, dort Fn. 109.

187 Bspw. mußte sich das Gericht in folgenden Verfahren mit der Inanspruchnahme von bzw. der Berufung auf Schutzklauseln auseinandersetzen: EuGH, Urt. vom 5.10.1977, Rs. 5/77, Carlo Tedeschi vs. Denkavit Commerciale s.v.l., Slg. 1977, 1555 (1577 f.); EuGH, Urt. vom 5.4.1979, Rs. 148/78, Tullio Ratti, Slg. 1979, 1629 (1644); EuGH, Urt. vom 2.12.1980, Rs. 815/79, Gaetano Cremonini & Maria Luisa Vrankovich, Slg. 1980, 3583 (3609 f.); EuGH, Urt. vom 17.1.1985, Rs. 11/82, S. A. Piraiki-Patraiki et al. vs. Kommission, Slg. 1985, 207 (245 f.).

mell geregelten Verfahren permanent fortgeschrieben wird[188]. Ihr Vorteil gegenüber den zuvor besprochenen Regelungsvorbehalten besteht in einer größeren Flexibilät im Einzelfall, da jeweils auf der Grundlage der Harmonisierungsmaßnahme konkret entschieden werden kann, ob eine derartige Klausel notwendig und wie sie ggf. im einzelnen auszugestalten ist. Das Verfahren ist also, nicht zuletzt wegen der Beschränkung auf vorübergehende Maßnahmen, gemeinschaftsverträglicher[189].

b) Art. 100 a Abs. 5 EWGV als ausdrückliche Ermächtigung zur Einführung sekundärrechtlicher Schutzklauseln

aa) Bedeutung und Geltungsbereich

Art. 100 a Abs. 5 EWGV postuliert nunmehr auf der Ebene des Primärrechts die Einführung einer dort in ihren Einzelheiten umschriebenen Schutzklausel. Dabei gewährt diese Vorschrift die Befugnis zu einem nationalen Ausscheren – im Unterschied zu Artt. 100 a Abs. 4 Uabs. 1, 118 a Abs. 3, 130 t EWGV – nicht selbst, sondern verweist lediglich auf die Schaffung entsprechender Bestimmungen im abgeleiteten Recht. Die Berufung auf Schutzklauseln ist den Mitgliedstaaten also nur dann möglich, wenn sie ausdrücklich im Sekundärrecht enthalten sind.

Auf dem Hintergrund der soeben erläuterten Praxis stellt sich daher die Frage nach der Bedeutung von Art. 100 a Abs. 5 EWGV. Teilweise wird angenommen, daß diese Norm rein deklaratorischer Natur sei und lediglich eine seit längerem bestehende Praxis klarstelle und festschreibe[190]. Eine Auslegung, die einer Vorschrift keinen *effet utile* verleiht, ist aus methodischen Gründen jedoch grundsätzlich abzulehnen[191]. Dementsprechend ist nach einer Möglichkeit zu suchen, wie Art. 100 a Abs. 5 EWGV zu praktischer Wirksamkeit verholfen werden kann. Folgender Gedanke bietet sich an. Dem ausdrücklichen Wortlaut nach bezieht sich die Norm („*Die vorgenannten Harmonisierungsmaßnahmen ...*“) lediglich auf Rechtsakte, die ihre Grundlage in Art. 100 a Abs. 1 EWGV haben[192]. Damit ist ersichtlich eine abschließende Umschreibung von Voraussetzungen und Inhalt nichtökonomischer Schutzklauseln bei Inanspruchnahme der binnenmarktfinalen Harmonisierungskompetenz gemeint. Das Pendant zu Art. 100 a Abs. 5 EWGV bei einer Berufung auf ökonomische Gründe stellt Art. 8 c Satz 2 EWGV

---

188 *Pernice*, oben Fn. 7, 13.

189 Vgl. *Matthies*, oben Fn. 14, Art. 36, Rn. 9 a.

190 *Langeheine*, oben Fn. 3, Art. 100 a, Rn. 88; wohl ebenso: *Ehlermann*, oben Fn. 12, 398 f.; *Pernice*, oben Fn. 7, 12.

191 EuGH, Urt. vom 22.9.1988, Rs. 187/87, Saarland vs. Minister für Industrie, Post- und Fernmeldewesen und Fremdenverkehr u.a., Slg. 1988, 5013 (5043); *Scheuing*, oben Fn. 7, 182, jeweils m.w.N.

192 *Brammer*, oben Fn. 7, 61 f.; *Meier*, oben Fn. 12, 541.

dar[193]. Beide Vorschriften legen also in erschöpfender und verbindlicher Weise das Anforderungsprofil an sekundärrechtliche Schutzklauseln bei binnenmarktrelevanten Rechtsakten fest. Dies erscheint auch sinnvoll, da eine große Zahl, in Voraussetzungen und Inhalt, unterschiedlicher Schutzklauseln dem einheitlichen Markt abträglich wäre[194].

bb) Geschützte Rechtsgüter

Zweifelhaft ist, ob der Umweltschutz überhaupt unter die nach Art. 100 a Abs. 5 EWGV geschützten Rechtsgüter fällt. Die Vorschrift verweist dazu auf die *„in Artikel 36 genannten nichtwirtschaftlichen Gründe"*. Da dort der Umweltschutz als solcher nicht explizit aufgeführt ist, nimmt das Schrifttum ganz überwiegend an, daß dieses Rechtsgut nicht in den Schutzbereich der Norm einbezogen ist[195]. Ein anderer Autor geht hingegen ohne weiteres davon aus, daß auch die Erfordernisse des Umweltschutzes darin enthalten seien[196]. Diese Auffassung ist auf dem Hintergrund des früher zwischen Gerichtshof und Literatur ausgetragenen Streits zu sehen, ob Art. 36 EWGV zwar eine abschließende Aufzählung von Rechtfertigungsgründen enthält, andere Rechtsgüter, wie etwa der Umweltschutz, aber als zwingende Erfordernisse das Vorliegen der Tatbestandsvoraussetzungen der Artt. 30, 34 EWGV ausschließen oder ob dieses Ergebnis über eine Analogie zu Art. 36 EWGV zu erzielen ist[197]. Zwar führen beide Wege in der Situation des Fehlens einer gemeinschaftlichen Regelung zu identischen Ergebnissen, weshalb die Frage in letzter Zeit wissenschaftlich kaum mehr behandelt wurde; dies gilt aber nicht bei der Einführung von Schutzklauseln nach Art. 100 a Abs. 5 EWGV. Da es hier auf den Tatbestand der Artt. 30, 34 EWGV nicht mehr ankommt, bemißt sich das Problem einzig nach der Auslegung von Art. 36 EWGV. Allerdings muß zur Lösung der Frage nicht mehr die gesamte, soeben angesprochene Diskussion aufgerollt werden, da ein systematischer Vergleich mit Art. 100 a Abs. 4 Uabs. 1 EWGV deutlich zeigt, daß weder der Umweltschutz noch der der Arbeitsumwelt als Rechtfertigungsgründe im Rahmen von Art. 100 a Abs. 5 EWGV herangezogen werden können[198].

---

193 Diesen Zusammenhang betont auch: *Meier*, oben Fn. 12, 541; zu Unterschieden und Gemeinsamkeiten beider Vorschriften: *Brammer*, oben Fn. 7, 61.

194 *Ress*, oben Fn. 36, 20, wendet dagegen ein, daß diese Auslegung nicht dem Sinn von Art. 100 a EWGV entspreche, die Möglichkeiten der Mitgliedstaaten zu erweitern. Er verkennt dabei, daß diese Bestimmung gerade nicht per se nationales Handlungspotential vergrößern will, sondern nur dann, wenn damit anerkannten Schutzgütern tatsächlich gedient ist. Diesem Erfordernis ist aber durch Art. 100 a V EWGV ausreichend Genüge getan.

195 *Forwood/Clough*, oben Fn. 91, 398; *Grabitz*, oben Fn. 12, 78; *Langeheine*, oben Fn. 3, Art. 100 a, Rn. 89; *Meier*, oben Fn. 12, 541; *Pernice*, oben Fn. 7, 13; *Schwartze*, Die Einwirkungsmöglichkeiten der EG auf nationales Umweltrecht und ihr Einfluß auf das Schutzniveau, in: Donner/Magoulas/Simon/Wolf (Hg.), Umweltschutz zwischen Staat und Markt, 1989, 561; *Vandermeersch*, ELRev 1987, 427.

196 *Seidel*, oben Fn. 35, 448.

197 Dazu etwa: *Skordas*, Umweltschutz und freier Warenverkehr im EWG-Vertrag und GATT, 1986, 55 – 59.

198 *Pernice*, oben Fn. 7, 13, sieht den Sinn dieser Regelung darin begründet, daß die Intensität

Ist somit die Inanspruchnahme einer Schutzklausel bei Rechtsakten, die ihre Grundlage in Art. 100 a Abs. 1 EWGV haben, durch einen pauschalen Verweis auf Erfordernisse des Umweltschutzes ausgeschlossen, bedeutet dies im Umkehrschluß keineswegs, daß nicht einzelne Bereiche umweltschützender Tätigkeiten von Art. 36 EWGV erfaßt werden. Der Schutz von Gesundheit und Leben des Menschen sowie von Fauna und Flora ist beispielsweise durchaus imstande, Maßnahmen auf den Gebieten des Gewässerschutzes, der Luftreinhaltung, der Abfallentsorgung oder des Gefahrstoffrechts zu rechtfertigen[199].

Als Fazit kann somit festgestellt werden, daß bei binnenmarktbezogenen Rechtsangleichungsmaßnahmen eine Berufung auf sekundärrechtliche Schutzklauseln zwar nicht per se aus Gründen des Umweltschutzes möglich ist, Art. 100 a Abs. 5 EWGV im einzelnen jedoch einen beträchtlichen umweltpolitischen Anwendungsbereich aufweist, da Art. 36 EWGV die meisten ökologisch motivierten Handlungen abdeckt.

cc) Sonstige Tatbestandsvoraussetzungen einer Schutzklausel gemäß Art. 100 a Abs. 5 EWGV

Art. 100 a Abs. 5 EWGV statuiert weitere Vorgaben zur Ausgestaltung sekundärrechtlicher Schutzklauseln. Die zulässige Berufung auf die Bestimmung setzt die Einhaltung dieser Erfordernisse voraus. Das nationale Vorgehen muß tatsächlich den in Art. 36 Satz 1 EWGV genannten Rechtsgütern dienen und verhältnismäßig im Sinne von Art. 36 Satz 2 EWGV sein.

Dies bemißt sich nach der Cassis-Judikatur des Gerichtshofs[200]. Ferner muß es sich um eine „*vorläufige*" Maßnahme handeln, d. h. sie muß in zeitlicher wie in sachlicher Hinsicht einen vorübergehenden Charakter aufweisen[201]. Für

---

einer Gefährdung durch nicht-umweltverträgliche Produkte grds. nicht den Grad einer konkreten Gefahr für Leben und Gesundheit der Menschen erreiche. Dem ist entgegenzuhalten, daß eine solche Differenzierung in der Praxis kaum durchführbar sein dürfte. Jedenfalls erscheint es zu kurz gegriffen, die Inanspruchnahme von Schutzklauseln erst bei einer akuten Bedrohung der körperlichen Integrität anzuerkennen, die dieser oftmals vorgelagerte Verschmutzung der Umwelt aber für unbeachtlich zu erklären. Richtiger dürfte es vielmehr sein, daß man den Kreis anerkannter Schutzgüter bewußt eng ziehen wollte, um die Gefahr des Mißbrauchs auszuschließen. Dies erscheint jedoch deshalb halbherzig und widersprüchlich, weil Art. 100 a IV Uabs. 1 EWGV einen den Binnenmarkt in stärkerem Maße gefährdenden nationalen Alleingang aus diesem Grund ausdrücklich zuläßt. Letztlich erklärt sich diese Inkongruenz wohl durch das Faktum, daß der Übergang zu Mehrheitsentscheidungen in Art. 100 a I EWGV ohne die Klausel des Art. 100 a IV EWGV politisch nicht durchsetzbar war (*Brammer*, oben Fn. 7, 65; *Ehlermann*, oben Fn. 49, 104; *Langeheine*, oben Fn. 3, Art. 100 a, Rn. 57).

199 *Krämer*, oben Fn. 61, 156; *Pernice*, oben Fn. 5, 208; zur Abgrenzung von Gesundheits- und Umweltschutz: *Ress*, Luftreinhaltung als Problem des Verhältnisses zwischen europäischem Gemeinschaftsrecht und nationalem Recht, in: LG Saarbrücken-FS, 1985, 363 ff.; *Skordas*, oben Fn. 197, 59 ff.

200 *Breuer*, oben Fn. 7, 98; *Pernice*, oben Fn. 7, 13.

201 *Breuer*, oben Fn. 7, 98.

das Vorliegen all dieser Bedingungen ist der abweichende Mitgliedstaat in vollem Umfang beweispflichtig[202].

Fraglich ist, ob Schutzklauselbestimmungen nur in solchen Rechtsakten enthalten sein können, die mit qualifizierter Mehrheit auf der Grundlage von Art. 100 a Abs. 1 EWGV beschlossen worden sind[203]. Dagegen spricht jedoch, daß sich eine derartige Beschränkung aus dem Wortlaut von Art. 100 a Abs. 5 EWGV nicht ergibt. Da nach hier vertretener Auffassung sogar die Befugnis zur Inanspruchnahme von Art. 100 a Abs. 4 Uabs. 1 EWGV unabhängig vom Abstimmungsmodus im Rat ist[204], hat dies konsequenterweise auch für Art. 100 a Abs. 5 EWGV zu gelten. Eine einstimmige Beschlußfassung ist mithin unschädlich für die den Mitgliedstaaten anheimgestellte Möglichkeit, sich auf Schutzklauseln zu berufen. Einigkeit besteht schließlich darin, daß auch das subjektive Abstimmungsverhalten bei Art. 100 a Abs. 1 EWGV im Rahmen von Art. 100 a Abs. 5 EWGV keine Rolle spielt[205].

dd) Rechtspflicht zur Einführung von Schutzklauseln

Klärungsbedürftig ist weiterhin, ob bei Vorliegen der Tatbestandsvoraussetzungen des Art. 100 a Abs. 5 EWGV die Gemeinschaft zur Schaffung solcher Bestimmungen rechtlich verpflichtet ist. Die deutsche Textfassung („... *sind ... verbunden,* ...“) ist im Imperativ formuliert und weist auf eine zwingende Rechtsfolge hin. Dem stehen etwa die englische und französische Version nicht entgegen[206].

Dagegen wird von anderer Seite vorgebracht, daß diese Formulierungen unklar und mißverständlich seien. Art. 100 a Abs. 5 EWGV schaffe deshalb lediglich die Möglichkeit eines solchen Vorgehens[207]. Diese Erwägungen vermögen jedoch die in diesem Punkt durchaus bestimmte Textfassung nicht zu überspielen.

Einer solchen Sichtweise könnte daher einzig das Argument entgegengehalten werden, daß der politische Handlungsspielraum des Rates bei Annahme einer Rechtspflicht übermäßig eingeschränkt wäre. Zur Bewertung der Frage ist jedoch nicht nur auf die Rechtsfolge, sondern auch auf den Tatbestand von Art. 100 a Abs. 5 EWGV zu achten. Dort räumt der unbestimmte Rechtsbegriff „... *in geeigneten Fällen* ...“ dem entscheidungsbefugten Organ die notwendige Flexibilät ein[208]. Im Ergebnis ändert dies aber nichts an der Feststellung, daß, bei Vorliegen der Tatbestandsmerkmale, eine Rechtspflicht zur Einführung von Schutzklauseln besteht.

---

202 *Meier*, oben Fn. 12, 541.

203 So: *Meier*, oben Fn. 12, 541.

204 Oben Kap. 3 C. 2. b) cc).

205 *CEDE*, 10739 D; *Langeheine*, oben Fn. 3, Art. 100 a, Rn. 89.

206 *CEDE*, 10379 D; *Ehlermann*, oben Fn. 12, 398; *Vandermeersch*, oben Fn. 195, 427.

207 Explizit: *Ress*, oben Fn. 36, 31, dort Text zu Fn. 28; wohl ebenso: *Langeheine*, oben Fn. 3, Art. 100 a, Rn. 88; *Meier*, oben Fn. 12, 541.

208 *Ehlermann*, oben Fn. 12, 399.

ee) Kontrollverfahren

Die Inanspruchnahme einer Schutzklausel unterliegt gemäß Art. 100 a Abs. 5 letzter Halbsatz EWGV einem nicht näher spezifizierten *„gemeinschaftlichen Kontrollverfahren"*. Als Orientierungsmaßbstab zur Bestimmung dieses Erfordernisses bietet es sich grundsätzlich an, Art. 100 a Abs. 4 entsprechend heranzuziehen. Zum einen sind dort, in systematischer Nähe zu Art. 100 a Abs. 5 EWGV, detaillierte Regelungen über die Kontrolle nationaler Alleingänge durch die Gemeinschaftsorgane enthalten; zum anderen ist die jeweilige Interessenlage bei beiden Vorschriften prinzipiell gleich.

Es ist mithin davon auszugehen, daß ein zweistufiges Verfahren Anwendung findet. Der in jedem Fall aufgrund vertraglicher Rechtsschutzgarantien gegebenen judikativen Kontrolle ist also eine verwaltungsmäßige Überprüfung durch die Kommission vorgeschaltet[209]. Dies entpricht der langjährigen Praxis bei Schutzklauseln, steht zudem in Einklang mit den Aufgaben der Kommission gemäß Art. 155 Spstr. 1 EWGV und bewahrt den Gerichtshof letztlich vor übermäßiger Inanspruchnahme.

Nach Abschluß dieses Verfahrens ist es den Beteiligten möglich, die Rechtmäßigkeit mitgliedstaatlicher Inanspruchnahme einer Schutzklausel durch den EuGH verbindlich klären zu lassen[210]. In diesem Zusammenhang ist die Vertragsverletzungsklage gemäß Artt. 169, 170 EWGV von besonderer Bedeutung.

Aus diesem Grunde ist die Frage relevant, ob der Kommission oder den anderen Mitgliedstaaten die Verfahrenserleichterungen des Art. 100 a Abs. 4 Uabs. 3 EWGV im Rahmen von Art. 100 a Abs. 5 EWGV ebenfalls zu gewähren sind. Auch wenn die systematische Anordnung der Vorschriften im Vertrag dagegen zu sprechen scheint, legen zwei Gründe diese Annahme nahe. Erstens bezieht sich der Wortlaut von Art. 100 a Abs. 4 Uabs. 3 EWGV ausdrücklich auf die in *„diesem Artikel vorgesehenen Befugnisse"* und damit umgekehrt nicht nur allein auf den vierten Absatz von Art. 100 a EWGV[211]. Zweitens entfällt angesichts der ohnehin bestehenden Prüfung durch die Kommission die Notwendigkeit, im Rahmen der Artt. 169, 170 EWGV erneut ein Vorverfahren durchzuführen[212]. Gelangt somit die Erleichterung des Art. 100 a Abs. 4 Uabs. 3 EWGV auch im fünften Absatz der Vorschrift zur Anwendung, so ist damit bereits auch der Prüfungsumfang im gerichtlichen Verfahren umschrieben. In Übereinstimmung mit Art. 100 a Abs. 4 Uabs. 3 EWGV übt der EuGH im Schutzklauselverfahren ebenfalls eine umfassende Mißbrauchskontrolle aus[213].

209 Kontrollbefugnisse der Kommission nehmen ebenfalls an: ***Brammer***, oben Fn. 7, 62; ***Breuer***, oben Fn. 7, 98; ***Langheine***, oben Fn. 3, Art. 100 a, Rn. 91.

210 ***Ress***, oben Fn. 36, 20.

211 ***De Ruyt***, 173; ***Langeheine***, oben Fn. 3, Art. 100 a, Rn. 91.

212 ***Brammer***, oben Fn. 7, 62.

213 ***Langeheine***, oben Fn. 3, Art. 100 a, Rn. 91; Einzelheiten: oben Kap. 3 C. 2. b) ff).

4. Immanente Kompetenzvorbehalte nach dem Intensitätsgrad der „Positivintegration"

a) Vorbemerkung

Die dargelegten Einwirkungen bestehenden Gemeinschaftsrechts auf die mitgliedstaatlichen Rechtsordnungen, vor allem der Vorrang und die unmittelbare Geltung des Europarechts[1], schließen grundsätzlich die Anwendbarkeit abweichender nationaler Bestimmungen aus. Bedient sich die EG zur Erreichung ihrer Ziele also des Mittels der „Positivintegration"[2], d. h. regelt sie Interessenkonflikte durch Schaffung gemeinschaftlichen Rechts, bestehen im Prinzip keine mitgliedstaatlichen Handlungsspielräume mehr[3]. Diese Grundregel findet sich durch zwei Ausnahmen bestätigt. Die erste Ausnahmeform ist soeben bereits behandelt worden: die Anwendung anderslautenden innerstaatlichen Rechts kann dann möglich sein, wenn sie zuvor ausdrücklich, entweder auf der Ebene des Primär- oder des Sekundärrechts, für zulässig erklärt worden ist[4]. Hier soll es nun hingegen um Sachverhalte gehen, in denen solche Kompetenzvorbehaltsklauseln entweder nicht vorhanden oder die Voraussetzungen ihrer Inanspruchnahme nicht gegeben sind. Beispielsweise enthalten die durchaus ebenfalls umweltrelevanten Kompetenznormen der Artt. 43 Abs. 2 Uabs. 3, 75, 84 Abs. 2, 99, 100 Uabs. 1 EWGV keine expliziten Ermächtigungen zu mitgliedstaatlichen Alleingängen. Diese Vorschriften erlauben jedoch, ebenso wie alle anderen den Gemeinschaftsorganen zugewiesenen Rechtsetzungsbefugnisse, unterschiedliche Formen und Methoden der „Positivintegration"[5]. Die Wahl einer bestimmten Harmonisierungsmethode bemißt sich im Einzelfall vor allem nach dem sachlichen Regelungszweck, den der Gemeinschaft zur Verfügung stehenden rechtlichen Handlungsformen, den politischen Gegebenheiten und schließlich dem Grundsatz des Interventionsminimums[6]. Im Zusammenspiel führen diese Faktoren letztlich zu einem ganzen Spektrum graduell unterschiedlicher Intensitätsstufen der „Positivintegration"[7]. Ein gemeinschaftlicher Rechtsakt kann beispielsweise im Sinne von Art. 189 Abs. 3 EWGV lediglich das angestrebte Ziel vorgeben, hinsichtlich der anzuwendenden Mittel und Methoden aber äußerst flexibel sein[8]. In gleichem Maße kann es aber auch politisch angeraten und rechtlich zulässig sein, sämtliche Einzelheiten penibel genau festzulegen, wofür sich eher ein Vorgehen im Sinne von Art. 189 Abs. 2 EWGV anbietet. Dementsprechend, und dies ist die zweite Ausnahme, ergeben sich aus der konkreten Vorgehensweise

---

[1] Oben Kap. 3 A. 2. b), c).

[2] Begriff bei: *Reich*, Förderung und Schutz diffuser Interessen durch die EG, 1987, 42.

[3] Vgl. *Langeheine*, in: Grabitz (Hg.), EWGV-Komm., Art. 100, Rn. 57 m.w.N.

[4] Oben Kap. 3 C. 2., 3.

[5] *Grabitz*, Über die Verfassung des Binnenmarktes, in: Steindorff-FS, 1990, 1237; *Hey/Jahns-Böhm*, Ökologie und freier Binnenmarkt, 1989, 19; *Pipkorn*, in: BBPS, 384.

[6] Dazu: *Zuleeg*, JöR 20 (1971), 16; *Dorn*, Art. 235 EWGV – Prinzipien der Auslegung, 1986, 34 m.w.N.

[7] *Ehlers*, NVwZ 1990, 813; vgl. auch *Bruha*, ZaöRV 1986, 21.

[8] *Reich*, oben Fn. 2, 43.

der Gemeinschaftsorgane im Einzelfall immanente Handlungsspielräume der Mitgliedstaaten. Deren Umfang soll nun anhand typischer Formen der „Positivintegration" näher untersucht werden. Im Bereich des Umweltrechts sind dabei folgende Mechanismen bedeutsam: die totale -, optionelle - und alternative Integration, ferner Formen partieller Integration einschließlich der sog. Neuen Konzeption und letztlich die Mindestintegration[9]. Es sei jedoch bereits an dieser Stelle darauf hingewiesen, daß sie nicht immer in Reinform zur Anwendung gelangen, sondern teilweise miteinanander kombiniert werden[10].

b) Totale Integration

Kennzeichen der totalen oder vollständigen „Positivintegration" ist, daß die Gemeinschaft sowohl das angestrebte Ziel als auch die dazu notwendigen Mittel und Maßnahmen in erschöpfender Weise abschließend regelt[11]. Dies stellt noch immer den Normalfall der Harmonisierung dar[12] und findet sich im umweltrelevanten Bereich vor allem im Gefahrstoff-[13] und im gesundheitsschützenden Lebensmittelrecht[14]. Die Frage, ob tatsächlich ein solcher totalintegrierender Rechtsakt vorliegt, ist durch Auslegung der betreffenden Bestimmung zu ermitteln[15]. Steht dies aber einmal fest, verbleibt den Mitgliedstaaten keine Möglichkeit mehr, in dieser Materie abweichendes Recht anzuwenden, es sei denn, das Gemeinschaftsrecht läßt dies ausdrücklich zu[16].

---

9 *Rehbinder/Stewart*, Environmental Protection Policy, 1985, 7 – 9; *Reich*, oben Fn. 2, 44; *Pernice*, NVwZ 1990, 209 – 211. In der Literatur ist anstelle des hier verwendeten Begriffs der (Positiv-) Integration oftmals der der Harmonisierung zu finden. Dies erscheint jedoch zu eng und damit mißverständlich, da er sich im eigentlichen Sinne lediglich auf die allgemeinen Kompetenzen zur Rechtsangleichung gemäß Artt. 100 – 102 EWGV bezieht. Die hier zu besprechenden immanenten Kompetenzvorbehalte gelten jedoch gleichermaßen für die gemeinschaftliche Rechtsetzung aufgrund anderer Ermächtigungen, weshalb es bei dem unverfänglichen Begriff der (Positiv-) Integration bleiben soll.

10 *Streil*, in: BBPS, 384.

11 *Langeheine*, oben Fn. 3, Art. 100, Rn. 62; *Rehbinder/Stewart*, oben Fn. 9, 7; *Streil*, in: BBPS, 384.

12 *Langeheine*, oben Fn. 3, Art. 100, Rn. 57.

13 Laut EuGH, Urt. vom 14.10.1987, Rs. 278/85, Kommission vs. Dänemark, Slg. 1987, 4069 (4087), handelt es sich bei der RL des Rates vom 27.6.1967 zur Angleichung der Rechts- und Verwaltungsvorschriften für die Einstufung, Verpackung und Kennzeichnung gefährlicher Stoffe (67/548/EWG, ABl. 1967, 196, 1; Übersicht zu den Änderungsrichtlinien bei: *Umweltbundesamt* (Hg.), Rechtsakte der EG auf dem Gebiete des Umweltschutzes, Texte 7/89, 227) um eine abschließende Regelung; dazu: *Hey/Jahns-Böhm*, oben Fn. 5, 83 –86.

14 Laut EuGH, Urt. vom 3.10.1985, Rs. 28/84, Kommission vs. BRD, Slg. 1985, 3097 (3123), enthalten die sog. Zusatz- und die Schadstoffrichtlinie eine erschöpfende Regelung für Fragen der Gesundheit im Zusammenhang mit der Verwendung von Stoffen, die von ihnen erfaßt werden.

15 Zur umweltpolitischen Bewertung dieser Integrationsmethode: *Hey/Jahns-Böhm*, oben Fn. 5, 19 f.; *Pernice*, oben Fn. 9, 211; *Rehbinder/Stewart*, oben Fn. 9, 209.

16 *Hey/Jahns-Böhm*, oben Fn. 5, 82; *Langeheine*, oben Fn. 3, Art. 100, Rn. 62; *Pernice*, oben Fn. 9, 211; *Seidel*, EuR 1967, 211; a. A.: *Reich*, oben Fn. 2, 44, der bei Verwendung unbestimmter Rechtsbegriffe nationale Handlungsspielräume eröffnet sieht. Dem ist jedoch entgegenzuhalten, daß es sich in einem solchen Fall bereits begrifflich nicht um eine vollständige, sondern lediglich um eine teilweise Harmonisierung handelt.

c) Mindestintegration

Die Methode der Mindest- oder Minimalintegration ist dadurch gekennzeichnet, daß die Gemeinschaft bestimmte Standards setzt, die von den Mitgliedstaaten zwar nicht unter-, jedoch überschritten werden können. Es steht ihnen mithin frei, selbst strengere Regelungen beizubehalten oder zu treffen[17]. Im nicht-produktbezogenen Umweltrecht ist dies die weitaus häufigste Form der Harmonisierung[18]. Sie gelangt vor allem bei der Festlegung von Qualitätszielen zur Anwendung, wie etwa bei der Badegewässerrichtlinie[19], den Schwefeldioxid-und Stickstoffdioxidrichtlinien[20] und neuerdings bei zwei Richtlinien auf dem Gebiet der Biotechnologie, nämlich bei der System-[21] und der Freisetzungsrichtlinie[22]. Mittlerweile ist dieser Ansatz im Vertragsrecht durch die Artt. 130 t, 118 a Abs. 3 und – je nach Sichtweise – 100 a Abs. 4 EWGV ausdrücklich anerkannt worden[23].

Innerstaatliche Kompetenzfreiräume bleiben zwar nur eindimensional, auf dieser Ebene jedoch vollständig erhalten[24]. In faktischer Hinsicht ist aber auch bei gemeinschaftlichen Mindestregeln eine Einschränkung nationaler Handlungsspielräume zu verzeichnen. Die tatsächliche Anwendung strengerer Bestimmungen belastet die einheimische Wirtschaft in der Regel mit zusätzlichen Kosten und führt daher zu Handelshemmnissen oder Wettbewerbsnachteilen[25]. Die innerstaatlichen Entscheidungsträger werden sich daher in jedem Einzelfall genau überlegen, ob die Inanspruchnahme dieser Möglichkeiten politisch und wirtschaftlich opportun ist. Die seitherige Erfahrung zeigt dementsprechend auch ganz deutlich, daß die Option der Schutzverstärkung von den Mitgliedstaaten in aller Regel nicht genutzt wird[26], auch wenn sich in neuerer Zeit das Blatt etwas zu wenden scheint[27].

---

[17] *Hey/Jahns-Böhm*, oben Fn. 5, 18; *Langeheine*, oben Fn. 3, Art. 100, Rn. 58; *Reich*, oben Fn. 2, 44.

[18] *Rehbinder*, Umweltschutz in der Rechtsordnung der EG, in: Bitburger Gespräche, Jb. 1983, 58.

[19] RL des Rates vom 8.12.1975 über die Qualität der Badegewässer (76/160/EWG), ABl. 1976, L 31, 1.

[20] RL des Rates vom 15.7.1980 über die Grenzwerte und Leitwerte der Luftqualität für Schwefeldioxid und Schwebestaub (80/779/ EWG), ABl. 1980, L 229, 30; RL des Rates vom 7.3.1985 über Luftqualitätsnormen für Stickstoffdioxid (85/203/EWG), ABl. 1985, L 87, 1; zur Luftreinhaltepolitik der EG: *Offermann-Clas*, NJW 1986, 1388 ff.

[21] RL 90/219/EWG des Rates vom 23.4.1990 über die Anwendung genetisch veränderter Mikroorganismen in geschlossenen Systemen, ABl. 1990, L 117, 1.

[22] RL 90/220/EWG des Rates vom 23.4.1990 über die absichtliche Freisetzung genetisch veränderter Organismen in die Umwelt, ABl. 1990, L 117, 15. Nationale Handlungsspielräume bei beiden Maßnahmen eruieren: *Delbrück*, EuZW 1990, 375; *Hey/Jahns-Böhm*, oben Fn. 5, 88 – 94; *Pernice*, oben Fn. 9, 421.

[23] Oben Kap. 3 C. 2. a), b), c).

[24] Zu den Einzelheiten: siehe die Ausführungen zu Art. 130 t EWGV, die insoweit entsprechend gelten: oben Kap. 3 C. 2. a).

[25] *Rehbinder*, oben Fn. 18, 58; *Weinstock*, ZfU 1983, 27.

[26] *Scheuing*, EuR 1989, 169.

[27] Bspw. hat die BReg. jüngst beschlossen, ab 1995 die Verwendung ozonschädigender Verbin-

Dennoch fällt die Bewertung der Mindestintegrationstechnik überwiegend positiv aus. Aus umweltpolitischer Sicht sei es begrüßenswert, daß eine verbindliche Vereinheitlichung auf dem niedrigsten Niveau verhindert und nationale Handlungsspielräume für ein engagierteres Vorgehen eröffnet würden. Die Inanspruchnahme dieser Möglichkeiten durch die Mitgliedstaaten könne unter bestimmten Voraussetzungen eine Dynamisierung des europäischen Umweltrechts zur Folge haben[28]. Auch aus ökonomischer Sicht gestehen selbst die Anhänger möglichst unregulierter Märkte zu, daß es sinnvoll und notwendig sei, durch Schaffung von Mindestnormen der Verschmutzung der Umwelt entgegenzuwirken[29].

d) Alternative Integration

Die sog. alternative Integration gesteht den Mitgliedstaaten die Befugnis zu, einen oder mehrere unterschiedliche umweltpolitische Ansätze zur Erreichung bestimmter Schutzzwecke zu wählen. Ein gemeinschaftlicher Rechtsakt kann beispielsweise verschiedene Wege und Mittel vorsehen, die der Einhaltung eines Qualitätsziels dienen[30]. Paradebeispiel ist die Richtlinie des Rates vom 4. Mai 1976 betreffend die Verschmutzung infolge der Ableitung bestimmter gefährlicher Stoffe in die Gewässer der Gemeinschaft (76/464/EWG)[31]. Dort wird zwar primär auf die Beachtung von Emissionswerten abgestellt, unter näher bezeichneten Voraussetzungen ist jedoch auch die Sicherung von Qualitätsstandards (Immissionswerten) ausreichend. Die Wahl dieser Integrationsmethode ist häufig Ausdruck politischer Uneinigkeit im Rat, wie der vieldiskutierte Streit zwischen den Inselstaaten Großbritannien und Irland sowie den kontinentalen Mitgliedstaaten um die Gewässerschutzstrategie der Gemeinschaft zeigt[32]. Da die Gewährung einer Alternativ-

---

dungen wie Fluorchlorkohlenwasserstoffe und Halogene zu verbieten. Gleichzeitig hat sich die deutsche chemische Industrie verpflichtet, ab diesem Zeitpunkt die Produktion vollhalogenierter Fluorchlorkohlenwasserstoffe einzustellen (FAZ, Nr. 125 vom 31.5.1990, 1). Damit werden die Vorgaben der VO Nr. 3322/88/EWG vom 14.10.1988 über bestimmte Fluorchlorkohlenwasserstoffe und Halone, die zu einem Abbau der Ozonschicht führen, ABl. 1988, L 297, 1, deutlich übertroffen. Selbst die Ende Dezember 1990 beschlossene Verschärfung dieser VO, wonach die Produktion und Verwendung von FCKW ab dem 7.7.1997 verboten ist (FAZ, Nr. 298 vom 22.12.1990, 1; vgl. auch EWS 1990, 3), reicht nicht so weit. Das, angesichts der oben geschilderten Praxis durchaus unübliche Verhalten der Bundesregierung dürfte auch damit zusammenhängen, daß das Verbot lediglich eine geringe Anzahl von Herstellern betrifft, deren wirtschaftliche Existenz nicht von der Produktion dieser Stoffe abhängt. Hinzu tritt das allgemeine politische Umfeld: wegen des gestiegenen Umweltbewußtseins dürfte der demonstrative Beweis umweltpolitischer Handlungsfähigkeit in Wahljahren nicht ungelegen sein.

28 *Hey/Jahns-Böhm*, oben Fn. 5, 21 f.; *Pernice*, oben Fn. 9, 211; *Weinstock*, oben Fn. 25, 27 f.

29 *Giersch*, Europa '92: Nicht auf dem Verordnungswege, FAZ, Nr. 235 vom 8.10.1988, 15.

30 *Hey/Jahns-Böhm*, oben Fn. 5, 18; *Rehbinder/Stewart*, oben Fn. 9, 9; *Reich*, oben Fn. 2, 44.

31 ABl. 1976, L 129, 23.

32 Dazu: *Brinkhorst*, Die Vorhaben der EG-Kommission, in: Europäische Liga für wirtschaftliche Zusammenarbeit (Hg.), Die europäische Dimension im Umweltschutz, 1988, 24 f.; *Bungarten*, Umweltpolitik in Westeuropa, 1978, 205 – 210; *Lomas*, McGill Law Journal 1988, 516, 519; *Meller*, Der aktuelle Stand der Diskussion über die Harmonisierung von Umweltschutzmaßnahmen in Europa, in: Europäische Liga für wirtschaftliche Zusammenarbeit (Hg.), Die europäische

möglichkeit in der Regel Ausdruck eines politischen Kompromisses ist, stellt diese Harmonisierungsmethode den Mitgliedstaaten meist ein Umgehungspotential zur Verfügung und wird deshalb aus Sicht des Umweltschutzes negativ beurteilt[33].

Die nationalen Handlungsmöglichkeiten sind formell zwar auf die in dem Rechtsakt ausdrücklich benannten Alternativen beschränkt, materiell ergeben sich jedoch beträchtliche Spielräume, da ein Konsens über einheitlich strenge Standards eben nicht zu erzielen war und die eingeräumten Alternativmethoden sich in der Sache durchaus von Inhalt und Anspruch der üblichen Gemeinschaftsregelung abheben.

e) Optionelle Integration

Bei der optionellen oder fakultativen Integration haben die Rechtsunterworfenen die Option, im nationalen Bereich vom Gemeinschaftsrecht abweichendes staatliches Recht in Anspruch zu nehmen. Voraussetzung ist, daß in einem Bereich zwei unterschiedliche Regelungen nebeneinander existieren. Allerdings ist die EG-weite freie Verkehrsfähigkeit nur für solche Produkte garantiert, die dem Gemeinschaftsstandard entsprechen[34]. Von dieser Integrationsmethode ist in der Vergangenheit zumeist bei Produktnormen mit luftreinhaltender Zielsetzung, insbesondere bei der Festsetzung von Kfz-Emissionsnormen Gebrauch gemacht worden[35].

Die optionelle Harmonisierung bewirkt in der Regel eine starke Flexibilisierung des Rechts[36]. Da diese Methode keinerlei qualitativen Aspekt enthält, bleibt der ursprüngliche Gestaltungsspielraum der Mitgliedstaaten vollständig erhalten. Auf ihrem Hoheitsgebiet steht es ihnen frei, vom Gemeinschaftsrecht nach oben oder nach unten abzuweichen, indem sie bestehende Regelungen beibehalten oder neue ergreifen und anwenden[37]. Faktisch bewirkt aber auch die optionelle Integration eine Einschränkung nationaler Kompetenzen, da die Mitgliedstaaten auf die Befolgung eigener Bestimmungen nicht mehr

---

Dimension im Umweltschutz, 1988, X, XIII; *Rehbinder/Stewart*, oben Fn. 9, 212; *Reich*, oben Fn. 2, 274 f.; *Simons*, Gesellschaftliche Interessen und Umweltpolitik der EG, in: Tudyka (Hg.), Umweltpolitik in Ost- und Westeuropa, 1988, 197; *Weinstock*, oben Fn. 25, 28 f.; vgl. auch *Winter*, NuR 1988, 267.

[33] So: *Hey/Jahns-Böhm*, oben Fn. 5, 21; *Rehbinder*, oben Fn. 18, 58; *Simons*, oben Fn. 32, 197 f.; *Weinstock*, oben Fn. 25, 25 f.

[34] *Rehbinder*, oben Fn. 18, 57; *Schmeder*, Die Rechtsangleichung als Integrationsmittel der EG, 1978, 71 f.; *Schmidhuber*, EA 1989, 81.

[35] *Glatz*, Die Verträglichkeit nationaler umweltpolitischer Initiativen mit dem EWG-Vertrag: Das Beispiel der Pkw-Schadstoffbegrenzung, in: Schwarze/Bieber (Hg.), Das europäische Wirtschaftsrecht vor den Herausforderungen der Zukunft, 1985, 165; *Hey/Jahns-Böhm*, oben Fn. 5, 94 ff.; *Pernice*, oben Fn. 9, 209 f.; *Scheuing*, oben Fn. 26, 168, dort auch Fn. 93, jeweils mit zahlreichen Beispielen aus dem Sekundärrecht.

[36] *Langeheine*, oben Fn. 3, Art. 100, Rn. 59; *Rehbinder/Stewart*, oben Fn. 9, 209.

[37] Plastisch: *Hey/Jahns-Böhm*, oben Fn. 5, 22: *„Zumindest im nationalen Rahmen kann jedes Land machen, was es will“*.

mit den üblichen Mitteln des direkten Zwangs, sondern nur mittelbar über die inhaltliche Gestaltung der Maßnahme einwirken können. Aus umweltpolitischer Sicht ist diese Harmonisierungsmethode seit längerem heftiger Kritik ausgesetzt, weil sie von den Mitgliedstaaten in der Praxis fast ausschließlich zur (zumindest vorübergehenden) Absenkung des gemeinschaftlichen Schutzniveaus genutzt wurde[38].

f) Formen partieller Integration

aa) Übliche Erscheinungsform

Von der partiellen Integration werden nur zwischenstaatliche Transaktionen betroffen. Sie läßt mithin die Befugnisse der Mitgliedstaaten zur Anwendung abweichenden Rechts unberührt, solange dies nur bei einheimischen Produkten der Fall ist. Hingegen ist es verboten, anderslautende Bestimmungen auf Importe anzuwenden[39]. Diese Methode sucht also Handelshemmnisse dadurch abzubauen, daß prinzipiell von der Gleichwertigkeit unterschiedlicher Schutzstandards und damit von deren gegenseitiger Anerkennung ausgegangen wird[40]. Sie ist damit der optionellen „Positivintegration" stark angenähert[41].

Die Gemeinschaft hat sich dieses Mechanismus' beispielsweise bei der Richtlinie des Rates vom 15. Juli 1980 über die Qualität von Wasser für den menschlichen Gebrauch (80/778/EWG)[42] bedient[43]. Die nationalen Regelungsspielräume, die bei einer partiellen Harmonisierung verbleiben, entsprechen denen bei Wahl der optionellen Methode. Es besteht somit die Möglichkeit, das gemeinschaftliche Schutzniveau zu überbieten, aber auch zu unterlaufen. Allerdings gilt die bedeutsame Einschränkung, daß sich dies lediglich auf inländische Güter beziehen darf. Faktisch bemißt sich der Umfang verbleibender Gestaltungsfreiheit somit entscheidend nach dem Importvolumen der betreffenden Volkswirtschaft bzw. einzelner Märkte. In der umweltpolitischen Diskussion wird dieser Ansatz zumeist deshalb kritisiert, weil damit die Wahrung der Belange des Umweltschutzes weitgehend Marktprozessen überlassen bleibe und somit ein niedriges Schutzniveau prädestiniert sei. Unschädlich sei dieser Integrationsansatz allenfalls dann, wenn der Importanteil gering sei und

---

38 *Hey/Jahns-Böhm*, oben Fn. 5, 22 f.; *Scheuing*, oben Fn. 26, 167; *Winter*, UPR 1990, 374 jeweils m.w.N.; dagegen wird von *Pernice*, oben Fn. 9, 210, die Benzin-Blei-RL (ABl. 1985, L 96, 25) als Gegenbeispiel einer Flexibilisierung nach oben genannt. Allerdings räumt auch er ein, daß es sich dabei um einen Einzelfall handelt.

39 *Rehbinder/Stewart*, oben Fn. 9, 8; *Schmeder*, oben Fn. 34, 72; *Seidel*, oben Fn. 16, 210.

40 *Hey/Jahns-Böhm*, oben Fn. 5, 18.

41 *Rehbinder/Stewart*, oben Fn. 9, 8, dort Fn. 5, weisen auf verbleibende Unterschiede hin.

42 ABl. 1980, L 229, 11.

43 Einzelheiten bei: *Rehbinder/Stewart*, oben Fn. 9, 211.

der betreffende Staat gegenüber dem Gemeinschaftsrecht strengere Bestimmungen anwende[44].

bb) Sonderfall: „Neue Konzeption"

Ebenfalls dem Gedanken der Beseitigung von Handelshemmnissen durch gegenseitige Anerkennung nationaler Schutzstandards ist die sog. „Neue Konzeption" der technischen Harmonisierung und Normung verpflichtet. Sie geht auf eine Entschließung des Rates vom 7. Mai 1985[45] zurück, die vollständig zum Inhalt des Weißbuchs gemacht worden ist[46].

Nach diesem Ansatz erfolgt eine Harmonisierung auf der Grundlage von Art. 100 a EWGV nur noch zur Bestimmung grundlegender Standards, also beispielsweise der zwingenden Erfordernisse des Umweltschutzes im Sinne der Cassis-Rechtsprechung. Die Ausarbeitung der notwendigen technischen Spezifikationen obliegt hingegen den privaten europäischen Normungsorganisationen CEN und CENELEC[47]. Die Einhaltung der solchermaßen entstandenen Detailregelungen ist nicht zwingend. Es besteht jedoch eine widerlegbare Vermutung für die Richtlininenkonformität aller Produkte, die diesen Statuten entsprechen. Die Mitgliedstaaten haben nur die Möglichkeit, durch Inanspruchnahme zwingend vorgeschriebener Schutzklauseln das gemeinschaftliche Sicherheitsniveau anzugreifen und damit die Verbreitung des betreffenden Produkts auf ihrem Hoheitsgebiet zu verhindern. Bei Gütern, die nicht nach dem Gemeinschaftsverfahren produziert worden sind, trägt der Hersteller die Beweislast für deren Übereinstimmung mit der Harmonisierungsmaßnahme[48].

In Teilen der Literatur sieht sich dieser Ansatz heftiger Kritik ausgesetzt. Bereits der umfangreiche Verzicht auf gemeinschaftliche Harmonisierungsakte unter Berufung auf die weitgehende Gleichwertigkeit nationaler Schutzziele sei umweltpolitisch verhängnisvoll, weil die jeweils angewendeten Methoden und Mittel darin nicht einbezogen seien. Diesen unterschiedlichen Maßstäben komme aber eine entscheidende Rolle für die Höhe des Schutzniveaus zu[49], so daß

---

[44] *Hey/Jahns-Böhm*, oben Fn. 5, 23.

[45] ABl. 1985, C 136, 1.

[46] Weißbuch der Kommission an den Europäischen Rat, Vollendung des Binnenmarktes, KOM (85), 310 endg., Ziff. 61 – 73, 77 – 79.

[47] Umweltpolitische Implikationen europäischer Normung untersuchen: *Reihlen/Lehmann*, Europäische Normung und Umweltschutz, in: von Lersner-FS, 1990, 319 ff.

[48] Die Neue Konzeption ist wissenschaftlich eingehend behandelt worden, siehe z. B.: *Braun*, Der Binnenmarkt in der Gemeinschaft, in: Lukes (Hg.), Ein EWG-Binnenmarkt für Elektrizität, 1988, 47; *de Ruyt*, 152 f.; *Eiden*, in: Bleckmann, Europarecht, Rn. 1568 ff.; *Falke/Joerges*, DVBl. 1987, 1054 ff.; *Kreile*, Politische Dimensionen des europäischen Binnenmarktes, in: Aus Politik und Zeitgeschichte, B 24 – 25/89, 28; *Schmitt von Sydow*, The basic strategies of the Commissions's White Paper, in: Bieber/Dehousse/Pinder/Weiler (Hg.), 1992: One European Market?, 1988, 94 ff.; *Thieffry/van Doorn/Radtke*, RIW 1989, 125 f. Eine aktuelle Darstellung der bisherigen Praxis der Gemeinschaftsorgane findet sich bei: *Scharrer*, Binnenmarktpolitik, Jb. der Europ. Integration 1988/89, 133 f.

[49] *Hey/Jahns-Böhm*, oben Fn. 5, 34 – 40; *Sedemund*, „Cassis de Dijon" und das neue Harmonisierungskonzept der Kommission, in: Schwarze (Hg.), Der Gemeinsame Markt, Bestand und Zukunft in wirtschaftsrechtlicher Perspektive, 1987, 42 – 46.

insgesamt eine Absenkung der Umweltstandards zu befürchten sei. Auch sei eine Abgrenzung zwischen grundlegenden Sicherheitsanforderungen und Detailregelungen im Einzelfall kaum möglich. Schließlich fehle es bei der Festlegung der Grundnormen an einem aussagekräftigen Anforderungsprofil, das die Tätigkeit der Normungsinstitute steuere[50].

Dem ist von anderer Seite entgegengehalten worden, daß die Mitgliedstaaten durch Art. 100 a Abs. 4 EWGV vor einer Verschlechterung des Schutzniveaus bewahrt würden[51]. Zudem sei nur diese Methode zur rechtzeitigen Verwirklichung des anspruchsvollen Binnenmarktprojekts imstande. Die Neue Konzeption sei ferner sachgerecht und habe sich in der Praxis bewährt[52].

Die in diesem Streit aufgeworfene Frage nach der Regelungsintensität gemeinschaftlicher Umweltschutzrichtlinien hat auch entscheidenden Einfluß auf den Umfang verbleibender staatlicher Handlungsspielräume. Je umfassender die grundlegenden Sicherheitsanforderungen verstanden werden, desto mehr regeln bereits die Gemeinschaftsorgane, so daß den Mitgliedstaaten im Normalfall wenig Freiraum verbleibt. Da ein extensiver Gebrauch der Technik des Normverweises in der Tat weniger Schutz vor einer Absenkung der teilweise beachtlichen Standards in einzelnen Ländern[53] bietet als die verbindliche Regelung auf Gemeinschaftsebene, die dem materiellen Erfordernis des Art. 100 a Abs. 3 EWGV verpflichtet ist, erscheint es zumindest im umweltrelevanten Bereich sinnvoll, daß die EG in ihren Rechtsakten bereits möglichst konkrete Vorgaben macht[54]. Sollten Kommission und Rat dem in der Praxis folgen, wird die Anwendung nationalen Rechts allenfalls in geringem Umfang möglich sein. Dies wird nur mehr in den Bereichen erfolgen können, in denen der Harmonisierungsakt schweigt oder ein Mitgliedstaat sich zulässigerweise auf eine Schutzklausel beruft. Damit ist der innerstaatliche Gesetzgeber aber auch bei der Integrationsmethode der Neuen Konzeption nicht völlig ausgeschaltet[55].

5. Fazit: Bewertung mitgliedstaatlicher Handlungsspielräume im Vergleich

Insgesamt läßt sich feststellen, daß für alle wesentlichen Bereiche des Umweltrechts in Gestalt der Artt. 130 t, 100 a Abs. 4, 118 a Abs. 3 EWGV ausdrückliche Kompetenzvorbehalte auf primärrechtlicher Ebene existieren. Sie

---

50 *Breuer*, Die internationale Orientierung von Umwelt- und Technikstandards im deutschen und europäischen Recht, in: Jb. des Umwelt- und Technikrechts 1989, 112, 114; kritisch auch: *Micklitz*, CMLRev 1986, 626, 632; *Reich*, oben Fn. 2, 258 ff.

51 *Langeheine*, oben Fn. 3, Art. 100, Rn. 56.

52 *Bruha*, oben Fn. 7, 25; *Müller-Graff*, Binnenmarktziel und Rechtsordnung: Binnenmarktrecht, 1989, 50; *Scharrer*, oben Fn. 48, 134; wohl auch: *Reihlen*, EuZW 1990, 445.

53 Einzelne Beispiele finden sich bei: *Krämer*, EuGRZ 1988, 290 f.

54 Im Ergebnis ebenso: *Lötz*, GewArch 1989, 4; *Pernice*, oben Fn. 9, 210 f.

55 *Schmidhuber*, oben Fn. 34, 81.

sind in Voraussetzungen und Inhalt stark angenähert, wenn auch Unterschiede im Detail bestehen. Den umfänglich größten nationalen Handlungsspielraum gewähren die, bis auf Marginalien identischen Artt. 130 t und 118 a Abs. 3 EWGV. Dabei ist von herausragender Bedeutung, daß der – nach hier vertretener Auffassung[56] – zentralen Kompetenznorm des Art. 130 s EWGV ein materiell extensiver Vorbehalt beigefügt ist. In der Sache überträgt Art. 130 t EWGV den Mitgliedstaaten nach einem legislativen Handeln der Gemeinschaft einen größeren Freiraum zur Anwendung eigenen Rechts als er vor einem Tätigwerden der EG bestand. Diese Vorschrift gebietet nämlich grundsätzlich nicht die Einhaltung des gemeinschaftlichen Sekundärrechts[57], während die Staaten vor Verabschiedung einer Maßnahme der EG zu dessen Beachtung verpflichtet sind[58]. Die Berufung auf Art. 130 t EWGV, wie auch auf Art. 118 a Abs. 3 EWGV, ist nicht von der Einhaltung besonderer prozeduraler Erfordernisse abhängig[59] und unterliegt damit keinen verfahrensrechtlichen Restriktionen.

Diese finden sich in erheblichem Umfang jedoch bei Art. 100 a Abs. 4 EWGV. Die darin zum Ausdruck kommende Befugnis zum Ausscheren wird in konstitutiver Weise durch die Wahrung der Mitteilungspflicht gemäß Art. 100 a Abs. 4 Uabs. 1 letzter Halbsatz EWGV begründet. Hinzu tritt jeweils die Kontrolle durch die Kommission (Art. 100 a Abs. 4 Uabs. 2 EWGV). Eine Überprüfung durch den Gerichtshof ist möglich, aber nicht obligatorisch (Art. 100 a Abs. 4 Uabs. 3 EWGV)[60]. Diese strenge Bindung an verfahrensrechtliche Voraussetzungen rechtfertigt sich durch die Erfordernisse des Binnenmarktes. Dem Grundsatz der Verhältnismäßigkeit entsprechend, ist sie lediglich auf die unmittelbar binnenmarktrelevanten Materien beschränkt. Materiell entspricht der den Mitgliedstaaten eingeräumte Freiraum dem der Artt. 130 t, 118 a Abs. 3 EWGV. Die unterschiedlichen Formulierungen erklären sich daraus, daß Art. 100 a Abs. 4 EWGV primär auf den Bereich der Produktnormen abhebt, die zur Errichtung des Binnenmarktes wegen Art. 8 a Abs. 2 EWGV von besonderer Relevanz sind. Hingegen ist Art. 130 t EWGV, dem weiten Anwendungsbereich von Art. 130 s EWGV entsprechend, in dieser Hinsicht neutral formuliert. Die Vorschrift kann problemlos auf alle Arten umweltrechtlicher Bestimmungen, also Produkt-, Verfahrens- und Qualitätsnormen, angewendet werden.

Der in allen drei Artikeln gewählte Ansatz der Mindestintegration ist, wie dargelegt, imstande, Belangen des Umweltschutzes in angemessener Weise Rechnung zu tragen[61]. Zudem berücksichtigt diese Technik der Schutzverstärkung die allgemeinen politischen Gegebenheiten. In Korrelation mit der Subsidiaritätsklausel des Art. 130 r Abs. 4 Satz 1 EWGV entsteht damit ein Mecha-

---

[56] Oben Kap. 2 D. 3. b).

[57] Oben Kap. 3 C. 2. a) cc).

[58] Oben Kap. 3 B. 1. c).

[59] Oben Kap. 3 C. 2. a) dd).

[60] Ausführlich zu allem: oben Kap. 3 C. 2. b) ee).

[61] Siehe die umweltpolitische Würdigung dieser Integrationsmethode: oben Kap. 3 C. 4. c).

nismus wechselseitiger Verflechtung. Je nachdem auf welcher Handlungsebene (Gemeinschaft oder Mitgliedstaaten) eine Anhebung des Schutzniveaus politisch gerade durchsetzbar ist, ist dies nunmehr auch (gemeinschafts-)rechtlich zulässig. Die juristische Möglichkeit der gegenseitigen umweltrechtlichen Optimierung lockert das potentiell starre Kompetenzgefüge auf und schafft damit eine in der Sache begrüßenswerte Flexibilität[62]. Ferner geraten die Entscheidungsträger beider Ebenen politisch unter Handlungsdruck, der durch das Erfordernis der Schutzverstärkung (Art. 130 t EWGV) bzw. aufgrund der Besserklausel in Art. 130 r Abs. 4 Satz 1 EWGV kanalisiert und damit, unter weitgehender Ausschaltung der Mißbrauchsgefahr, in den Dienst des Umweltschutzes gestellt wird.

Umgekehrt hat die bisherige Praxis gezeigt, daß die Sorge vor einer Zersplitterung des Gemeinschaftsrechts, die letztlich zu einer Gefährdung des erreichten Integrationsstandes führen könnte[63], unbegründet ist. Die Mitgliedstaaten haben seither, wenn überhaupt, nur äußerst zurückhaltend von den gegebenen Möglichkeiten Gebrauch gemacht. Dennoch läßt sich den Artt. 130 t, 100 a Abs. 4, 118 a Abs. 3 EWGV eine schutzverstärkende Wirkung auch in der Praxis nicht absprechen. Sie ist bisher, in wohl unbeabsichtigt gemeinschaftsverträglicher Form, bereits durch die bloße Existenz dieser Vorschriften eingetreten. Sie war für die Organe nämlich das Motiv, selbst hohe Standards zu setzen, um nationale Alleingänge von vornherein zu verhindern[64], wie die Beispiele in den Bereichen Kfz-Emissionen und wohl auch Gentechnik zeigen[65]. Falls sich dies künftig einmal ändern sollte, wächst den ökonomisch starken Mitgliedstaaten, allen voran dem vereinigten Deutschland, die Aufgabe zu, durch konsequente Berufung auf die Schutzverstärkungsklauseln, den Anstoß zu entsprechenden Gemeinschaftsinitiativen zu geben[66].

Dieses insgesamt positive Fazit findet sich durch das derzeit in der Gemeinschaft und den Mitgliedstaaten geltende Umweltrecht bestätigt. Weder behindern die Kompetenzen der EG ein engagiertes Vorgehen auf innerstaatlicher Ebene, wie etwa die dänische Pfandflaschenregelung[67], das bundesdeutsche PCP-[68] und das italienische Plastiktüten-Verbot[69] zeigen, um nur einige Beispiele zu nennen[70]; noch stehen umgekehrt die vertraglichen Kompetenzvorbehaltsklauseln einer strengen oder innovativen Umweltpolitik der Gemein-

---

62 Vgl. *Wessels*, integration 1986, 70.

63 Akzentuiert vertreten von: *Pescatore*, EuR 1986, 160 ff.; in der Sache ebenso: *Bongaerts/Büttner*, Jb. der Europ. Integration 1987/88, 194; *Ipsen*, Vier Glossen zur EEA, in: Partsch-FS, 1989, 337.

64 *Pernice*, oben Fn. 9, 206 m.w.N.

65 Zu beidem: oben Kap. 2 E. 4. c) bb).

66 Siehe oben Kap. 3 C. 1.

67 Dazu: EuGH, Urt. vom 20.9.1988, Rs. 302/86, Kommission vs. Dänemark, Slg. 1988, 4607 ff.

68 BGBl. 1989 I, 2235; dazu: *Pernice*, oben Fn. 9, 419 m.w.N.

69 EuGH, Urt. vom 13.7.1989, Rs. 380/87, Enichem Base et al. vs. Comune di Cinisello Balsamo, Slg. 1989, 2491 (2511 ff.).

70 Weitere finden sich bei: *Krämer*, oben Fn. 53, 290 f.

schaft entgegen, wie ein Blick auf die Trinkwasserrichtlinie[71], das gemeinschaftliche Gefahrstoffrecht[72], die UVP-Richtlinie[73] oder auch die neueren Vorhaben auf dem Gebiet der Gentechnik[74] verdeutlicht.

Der Eindruck kompetenzieller Flexibilisierung zur Wahrung ökologischer Belange wird schließlich durch die vertraglich anerkannte Zulässigkeit sekundärrechtlicher Schutzklauseln[75] sowie das Bestehen umfänglich unterschiedlicher Handlungsspielräume entsprechend der gewählten Integrationsmethode[76] bestätigt und abgerundet.

---

[71] RL des Rates vom 15.7.1980 über die Qualität von Wasser für den menschlichen Gebrauch (80/778/EWG), ABl. 1980, L 229, 11; geändert durch ABl. 1981, L 319, 19; dazu: *Rengeling*, Umweltvorsorge und ihre Grenzen im EWG-Recht, 1989 m.w.N.

[72] Übersicht bei: *Kloepfer*, UmwR, § 6, Rn. 46; *Umweltbundesamt* (Hg.), Rechtsakte der EG auf dem Gebiet des Umweltschutzes, Texte 7/89, 219 ff.

[73] RL des Rates vom 27.6.1985 über die Umweltverträglichkeitsprüfung bei bestimmten öffentlichen und privaten Projekten (85/337/EWG), ABl. 1985, L 175, 40; dazu: *Bothe/Gündling*, Neuere Tendenzen des Umweltrechts im internationalen Vergleich, 1990, 163 – 170; zur Umsetzung in deutsches Recht: *Weber/Hellmann*, NJW 1990, 1625 ff. m.w.N.

[74] Oben Kap. 2 E. 4. c) bb).

[75] Oben Kap. 3 C. 3.

[76] Oben Kap. 3 C. 4.

Kapitel 4: Das Außenverhältnis

A. Notwendigkeit gemeinschaftlicher Umweltaußenpolitik

1. Vorbemerkung

Das Problem der Kompetenzverteilung zwischen der Gemeinschaft und ihren Mitgliedstaaten wird häufig für den Bereich des Innenverhältnisses problematisiert[1]. Dabei geht es, wie gezeigt[2], um die Frage der Rechtsetzungszuständigkeit für Sachverhalte, die räumlich auf das Hoheitsgebiet der Mitgliedstaaten begrenzt sind. Für die Gemeinschaft als supranationalen Verband kann es aber auch notwendig und sinnvoll sein, mit Drittstaaten oder internationalen Organisationen in Kontakt zu treten. Dieser Kontakt kann sich in der Form manifestieren, daß im Zusammenwirken mit gemeinschaftsfremden Subjekten Recht gesetzt wird, das im Innenverhältnis verbindlich ist (Art. 228 Abs. 2 EWGV). Der EWG-Vertrag hat diesen Aspekt nicht außer Acht gelassen, ist der Gemeinschaft durch Art. 210 EWGV doch die Völkerrechtssubjektivität verliehen, d. h. sie besitzt die Fähigkeit, selbständiger Träger völkerrechtlicher Rechte und Pflichten zu sein[3]. Dementsprechend finden sich auf primärrechtlicher Ebene auch einige Bestimmungen, die sich ausdrücklich mit den Außenbeziehungen befassen, wie etwa die Artt. 228 ff. EWGV. Der genuin ökonomischen Ausrichtung des Vertrages entsprechend, sind die außenwirtschaftsrechtlichen Bestimmungen in besonderem Maße ausgeformt (Artt. 110 bis 116 EWGV).

Im vorliegenden Zusammenhang stellt sich daher zunächst die Frage der Notwendigkeit einer gemeinschaftlichen Außenpolitik auf dem Gebiet des Umweltschutzes. Sie soll hier in dreifacher Perspektive untersucht werden. Zum einen gilt es aus ökologischer, zum anderen aus ökonomischer und schließlich aus integrationspolitischer Sicht herauszufinden, ob und in wel-

---

1 *Dauses*, Rechtliche Probleme der Abgrenzung der Vertragsschlußbefugnis der EG und der Mitgliedstaaten und die Auswirkung der verschiedenen Abgrenzungsmodelle, in: Ress (Hg.), Souveränitätsverständnis in den Europäischen Gemeinschaften, 1980, 171.

2 Oben Kap. 2 und 3.

3 EuGH, Urt. vom 14.7.1976, Verb. Rs. 3, 4, 6/76, Cornelis Kramer et al., Slg. 1976, 1279 (1310); aus der Literatur: *Arnold*, ArchVR 19 (1980/81), 432; *Krück*, Völkerrechtliche Verträge im Recht der Europäischen Gemeinschaften, 1977, 18 – 20; *Schwarze*, NJW 1979, 457; *Simma/Vedder*, in: Grabitz (Hg.), EWGV-Komm., Art. 210, Rn. 2. Faktisch setzt eine internationale Kooperation der Gemeinschaft mit Drittstaaten oder internationalen Organisationen zusätzlich voraus, daß diese die Völkerrechtsfähigkeit der EG anerkennen (*Steiger*, Europarechtliche Grundlagen, Manuskript zur Neuauflage von: Salzwedel (Hg.), Grundzüge des Umweltrechts, 28). Mittlerweile ist dies bei ca. 2/3 aller Staaten geschehen (*Schweitzer/Hummer*, Europarecht, 178).

chem Umfang es erforderlich ist, daß die EG in diesem Bereich tätig wird. Ziel ist es, damit eine Grundlegung zur Bestimmung der Reichweite gemeinschaftlicher Umweltaußenkompetenzen zu erlangen.

2. Ökologische Erfordernisse

Ausgehend von der Erkenntnis, daß ein Großteil aktueller Umweltprobleme grenzüberschreitenden Charakter aufweist[4] und daß nur eine einheitliche, ungeteilte Umwelt existiert[5], drängt sich der Schluß auf, daß eine lediglich im Gemeinschaftsinnern betriebene Umweltpolitik notwendig fragmentarisch bleiben muß[6]. Diese, aus faktischen Gegebenheiten erwachsene Einsicht, findet eine gemeinschaftsrechtliche Stütze im Grundsatz bestmöglichen Umweltschutzes[7]. Da sich auch die in der EG zusammengeschlossenen Mitgliedstaaten globalen ökologischen Kreisläufen nicht entziehen können, bewirkt die räumliche Komponente dieses Prinzips, daß die Gemeinschaft zu umweltpolitischer Außenaktivität rechtlich gehalten ist. Nur auf diese Weise ist sichergestellt, daß die Qualität der Umwelt im internen Raum sich in möglichst optimalem Zustand befindet. Schließlich ist auch der internationale Austausch wissenschaftlich-technischer Erkenntnisse und faktischer Daten zur Optimierung umweltschützender Tätigkeit der Gemeinschaft geeignet[8]. Im Ergebnis besteht also aus ökologischer Perspektive die Notwendigkeit einer möglichst breit angelegten, engagierten und auf hohem Niveau betriebenen internationalen Umweltpolitik der EG.

3. Ökonomische Erfordernisse

Aus wirtschaftlicher Sicht stellt sich Rechtsetzung zum Zwecke des Umweltschutzes als Teil der Wettbewerbspolitik dar[9]. Dabei verhindert die Geltung international einheitlicher Umweltstandards Wettbewerbsverzerrungen im Welthandel[10]. Häufig wird die Angleichung umweltrelevanter Normen eine Stärkung der europäischen Industrie bewirken, weil die Gemeinschaft im

---

4 *Grabitz*, in: ders. (Hg.), EWGV-Komm., Art. 130 r, Rn. 82; *Kloepfer*, UmwR, § 6, Rn. 201; *Simonis/von Weizsäcker*, EA 1990, 3; *Stadler*, Politikkooperation und Rechtsangleichung im Umweltschutz, in: Rack (Hg.), 30 Jahre danach: Neue Perspektiven für die Beziehungen der EFTA-Staaten zur Europäischen Gemeinschaft, 1987, 97.

5 *Krämer*, Aufgabenverflechtung zwischen Europäischer Gemeinschaft, Bund und Ländern, dargestellt am Beispiel des Umweltschutzes, in: Magiera/Merten (Hg.), Bundesländer und Europäische Gemeinschaft, 1988, 193.

6 Umfassend: *Layton*, La stratégie de la CEE dans le contexte mondial en matière d'environnement, in: La protection de l'environnement par les communautés européennes, 1988, 143 ff.

7 Dazu: Kap. 2 D. 2.

8 *Bungarten*, Umweltpolitik in Westeuropa, 1978, 197; *Leenen*, LIEI 1984, 94. Zum beabsichtigten Informationsaustausch mit den KSZE-Staaten siehe Bull. EG 9-1989, 35.

9 *Ipsen*, Vier Glossen zur Einheitlichen Europäischen Akte, in: Partsch-FS, 1989, 330; vgl. auch *Bungarten*, EA 1976, 682.

10 *Bungarten*, oben Fn. 8, 196; *Nollkaemper*, LIEI 1987, 85.

internen Bereich oftmals ein mittleres bis hohes Schutzniveau festgeschrieben hat, das bei einer internationalen Standardisierung von Drittstaaten grundsätzlich nicht mehr unterboten werden darf. Demzufolge sprechen also auch ökonomische Gründe für ein Handeln der Gemeinschaft auf diesem Gebiet.

4. Integrationspolitische Erfordernisse

Eine Untätigkeit der EG bei der internationalen Kooperation würde eine Lücke hinterlassen, die erfahrungsgemäß durch ein isoliertes Handeln der Mitgliedstaaten ausgefüllt werden würde. Die Folge wären unterschiedliche, sich möglicherweise teils widersprechende Verpflichtungen der einzelnen Staaten. Wie sich den Artt. 228 ff. EWGV, insbesondere Art. 234 Abs. 2 EWGV entnehmen läßt, strebt der Vertrag aber ein möglichst kohärentes Vorgehen der Mitgliedstaaten unter dem Dach der Gemeinschaft an[11]. Dieses Ziel läßt sich am besten dadurch erreichen, daß die Gemeinschaft die internationale Zusammenarbeit zum Zwecke des Umweltschutzes in einem umfassenden Sinne verfolgt. Auf diese Weise wird einem nicht abgestimmten, einzelstaatlichen Vorgehen die Grundlage genommen und der Zusammenhalt in der Gemeinschaft gestärkt[12]. Somit sprechen auch integrationspolitische Gründe dafür, daß die Gemeinschaft im Außenbereich tätig wird.

5. Gemeinschaftliche Umweltinitiativen: Handlungsformen und Rechtswirkungen

Die Gemeinschaft ist den dargelegten Notwendigkeiten im wesentlichen gerecht geworden, indem sie in vielfacher Hinsicht zum Schutz der Umwelt international tätig geworden ist[13]. Sie hat sich dabei vor allem auf die Bereiche Gewässer- und Meeresschutz, Erhaltung von Fauna und Flora und – neuerdings – den Schutz der Ozonschicht konzentriert[14]. Dabei ist, neben rechtlich nicht bindenden Formen der Zusammenarbeit, häufig der Abschluß völkerrechtlicher Verträge mit Drittstaaten oder internationalen Organisationen erfolgt[15]. Gemäß Art. 228 Abs. 2 EWGV sind solche Abkommen sowohl für die Gemeinschaftsorgane als auch für die Mitgliedstaaten verbindlich. Nach der Rechtsprechung des Gerichtshofs bilden sie einen *„integrierenden Bestand-*

---

[11] Vgl. *Vedder*, in: Grabitz (Hg.), EWGV-Komm., Art. 234, Rn. 6.

[12] *Bungarten*, oben Fn. 8, 196 f.; *Leenen*, oben Fn. 8, 94.

[13] Siehe die detaillierte Übersicht bei: *Grabitz*, oben Fn. 4, Art. 130 s, Rn. 227 – 249 d; a. A.: *Bongaerts/Büttner*, Jb. der Europäischen Integration 1987/88, 193, die – ohne nähere Begründung – noch immer das Fehlen einer *„funktionsfähigen Umweltaußenpolitik"* der Gemeinschaft konstatieren.

[14] *Beutler*, in: BBPS, 498; siehe auch die Zusammenstellungen bei: *Kloepfer*, oben Fn. 4, § 6, Rn. 30; *TempleLang*, ELRev 1988, 405; zu aktuellen Initiativen im Bereich des Gewässerschutzes: Bull. EG 9-1989, 33; darüber hinaus liegt bspw. ein Kommissionsvorschlag für eine Entscheidung des Rates betreffend die Unterzeichnung eines allgemeinen Übereinkommens über die Kontrolle der grenzüberschreitenden Verbringung gefährlicher Abfälle vor: KOM (89), 97 endg.

[15] *Grabitz*, oben Fn. 4, Art. 130 r, Rn. 88.

teil der Gemeinschaftsrechtsordnung“[16] und sind ohne einen weiteren Transformationsakt imstande, innergemeinschaftliche Wirkungen zu entfalten[17]. In der Praxis erfolgt die Zustimmung des Rates gemäß Art. 228 Abs. 1 Uabs. 1 Satz 2 EWGV zwar regelmäßig in Gestalt einer Verordnung[18], dies dient aber vor allem der Verbesserung des Individualrechtsschutzes[19]. Da die Rechtswirkungen dieser Abkommen somit dem eingangs definierten Begriff der Legislativkompetenzen unterfallen[20], ist im folgenden zur Bestimmung der Umweltaußenkompetenzen auf die Befugnis zum Abschluß völkerrechtlicher Verträge bzw. zum Erlaß anderer rechtsverbindlicher Hoheitsakte, die das Außenverhältnis betreffen, abzustellen. Im folgenden ist es zum besseren Verständnis notwendig, kurz die allgemeinen Grundsätze der Kompetenzverteilung im Außenbereich darzustellen, bevor die Rechtslage im Umweltrecht behandelt wird.

---

[16] EuGH, Urt. vom 30.4.1974, Rs. 181/73, R. & V. Haegeman vs. Belgien, Slg. 1974, 449 (460).

[17] Vgl. EuGH, Urt. vom 12.12.1972, Verb. Rs. 21 - 24/72, International Fruit Company N. V. u. a. vs. Produktschap voor Groenten en Fruit, Slg. 1972, 1219 (1227 ff.); EuGH, Urt. vom 24.10.1973, Rs. 9/73, Carl Schlueter vs. Hauptzollamt Lörrach, Slg. 1973, 1135 (1156 ff.); aus der Literatur: *Bleckmann*, JIR 18 (1975), 301 ff.; *Schwarze*, oben Fn. 3, 461; *Vedder*, oben Fn. 11, Art. 228, Rn. 46, jeweils m.w.N.

[18] *Schwarze*, oben Fn. 3, 461; *Schweitzer/Hummer*, Europarecht, 180 m.w.N.

[19] Bspw. gibt die VO (EWG) Nr. 3626/82 des Rates vom 3.12.1982 zur Anwendung des Übereinkommens über den internationalen Handel mit gefährdeten Arten freilebender Tiere und Pflanzen in der Gemeinschaft, ABl. 1982, L 384, 1, zuletzt geändert durch VO (EWG) Nr. 197/90 der Kommission vom 17.1.1990, ABl. 1990, L 29, 1, das Washingtoner Artenschutzübereinkommen wieder.

[20] Oben Kap. 1 B. 1.

B. Die allgemeinen Grundsätze der Kompetenzverteilung im Außenverhältnis

Hinsichtlich der Kompetenzverteilung im Außenverhältnis ist grundsätzlich ebenfalls von der Geltung des Prinzips der begrenzten Einzelermächtigung[21] auszugehen[22], d. h. die Gemeinschaftsorgane sind nur in den Bereichen rechtsetzungsbefugt, die ihnen zugewiesen sind. Diese Befugnis kann entweder explizit verliehen sein oder sich implizit aus primärrechtlichen Bestimmungen ergeben[23]. In allen anderen Materien verbleibt es bei der Regelungszuständigkeit der Mitgliedstaaten kraft originärer Staatsgewalt.

Ausdrückliche Außenkompetenzen finden sich im EWG-Vertrag eher selten. Im hier interessierenden Zusammenhang sind außer Art. 130 r Abs. 5 EWGV lediglich die Befugnisse zum Abschluß von Assoziierungs- (Art. 238 EWGV) sowie Zoll- und Handelsabkommen (Artt. 113, 114 EWGV) bedeutsam. Es handelt sich dabei um ausschließliche Zuständigkeiten der EG[24]. Dies bedeutet zwar nicht, daß die Mitgliedstaaten ihre auswärtigen Vertragsschlußbefugnisse mit dinglicher Wirkung verloren haben[25], sie sind jedoch obligatorisch zur Anwendung der von der Gemeinschaft geschlossenen Abkommen verpflichtet und dürfen keine entgegenstehenden Bindungen eingehen. Kommt die EG im Bereich ausschließlicher Außenbefugnisse einem ihr zugewiesenen Regelungsauftrag nicht nach, fällt den Mitgliedstaaten eine Zuständigkeit mit Übergangscharakter zu[26]. Als *„Sachwalter des gemeinsamen Interesses“* dürfen sie nur nichtdiskriminierende Maßnahmen treffen, die ein künftiges Handeln der Gemeinschaft nicht vorwegnehmen. Bei ihrem Vorgehen haben sie eng mit der Kommission zusammenzuarbeiten[27]. Ansonsten sind die Mitgliedstaaten lediglich im Falle einer spezifischen Ermächtigung durch die Gemeinschaft befugt, in diesen Bereichen vorläufig tätig zu werden[28].

In Anwendung der implied-powers-Lehre[29] hat der Gerichtshof aber auch anerkannt, daß der Gemeinschaft Außenkompetenzen in sämtlichen Materien

---

21 Dazu oben Kap. 1 B. 2.

22 *Bleckmann*, EuR 1977, 121; *Pipkorn*, in: BBPS, 514.

23 *Arnold*, oben Fn. 3, 430, weist zutreffend darauf hin, daß die Existenz ausdrücklicher Außenkompetenzen nicht den Umkehrschluß rechtfertigt, solche stillschweigender Art auszuschließen.

24 EuGH, Gutachten 1/75 vom 11.11.1975, OECD, Slg. 1975, 1355 (1363 f.); aus der Literatur: *Dauses*, EuR 1979, 144; *Geiger*, ZaöRV 37 (1977), 657.

25 *Tomuschat*, EuR 1977, 161.

26 EuGH, Urt. vom 14.7.1976, Verb. Rs. 3, 4, 6/76, Cornelis Kramer et al., Slg. 1976, 1279 (1312).

27 EuGH, Urt. vom 5.5.1981, Rs. 804/79, Kommission vs. Vereinigtes Königreich, Slg. 1981, 1045 (1075 f.).

28 EuGH, Urt. vom 15.12.1976, Rs. 41/76, Suzanne Donckerwolcke et al. vs. Procureur de la République, Slg. 1976, 1921 (1937); EuGH, Urt. vom 18.2.1986, Rs. 174/84, Bulk Oil (Zug) AG vs. Sun International Limited und Sun Oil Trading Company, Slg. 1986, 559 (586); dazu: *Dauses*, oben Fn. 1, 179 f.

29 *Nicolaysen*, Europäisches Gemeinschaftsrecht, 50; *Schweitzer/Hummer*, oben Fn. 3, 179.

zustehen, in denen sie im Innenverhältnis regelungsbefugt ist[30]. Es besteht somit eine generelle Parallelität gemeinschaftlicher Innen- und Außenkompetenzen. Uneingeschränkt zulässig ist die Wahrnehmung dieser Vertragsschlußbefugnis durch die EG, wenn sie bereits zuvor im Innenbereich legislativ tätig geworden ist[31]. Für die erforderliche Regelungsdichte ist darauf abzustellen, ob eine sachlich zusammenhängende Materie von der Gemeinschaft in systematischer Weise geregelt ist[32]. Werden interne Maßnahmen erstmals anläßlich des Vertragsschlusses ergriffen, kommen ihr dann auswärtige Befugnisse zu, wenn die Beteiligung an dem Vertrag notwendig ist, um eines der Vertragsziele zu verwirklichen[33]. In beiden Fällen handelt es sich wiederum um ausschließliche Vertragsschlußkompetenzen der zuvor genannten Art[34].

Hat die EG weder im Innen- noch im Außenbereich die ihr intern zugewiesenen Rechtsetzungsbefugnisse wahrgenommen, stehen gemeinschaftliche und mitgliedstaatliche Kompetenzen grundsätzlich konkurrierend nebeneinander[35]. Die Mitgliedstaaten sind jedoch gehalten, bei der Ausübung ihrer Vertragsschlußgewalt den Grundsatz der Gemeinschaftstreue gemäß Art. 5 EWGV zu beachten, d. h. sie dürfen sich weder in Widerspruch zu bisherigen Verpflichtungen der Gemeinschaft setzen, noch deren außenpolitischen Handlungsspielraum durch eigene Maßnahmen erheblich einengen[36].

Im einzelnen ist die Kompetenzverteilung im Außenbereich streitig und gerichtlich oftmals ungeklärt[37]. In der Gemeinschaftspraxis sind die Organe deshalb häufig zum Abschluß gemischter Abkommen übergegangen, bei denen sowohl die EG als auch die Mitgliedstaaten gemeinsam Vertragspartner werden[38].

---

30 Seit EuGH, Urt. vom 31.3.1971, Rs. 22/70, Kommission vs. Rat, Slg. 1971, 263 (274 f.) ständige Rechtsprechung. Diese sog. AETR-Judikatur ist bspw. bestätigt worden in: EuGH, Urt. vom 14.7.1976, Verb. Rs. 3, 4, 6/76, Cornelis Kramer et al., Slg. 1976, 1279 (1310); EuGH, Gutachten 1/76 vom 26.4.1977, Stillegungsfonds, Slg. 1977, 741 (755); EuGH, Beschluß 1/78 vom14.11.1978, Kernmaterial-Übereinkommen, Slg. 1978, 2151 (2181). Sie hat sich mittlerweile auch in der Literatur ganz überwiegend durchgesetzt; siehe etwa: *Schwarze*, oben Fn. 3, 458; *Tomuschat*, oben Fn. 25, 158; kritisch äußert sich: *Bleckmann*, oben Fn. 22, 113 – 115.

31 EuGH, Urt. vom 31.3.1971, Rs. 22/70, Kommission vs. Rat, Slg. 1971, 263 (274 f.).

32 *Pipkorn*, in: BBPS, 516 f.

33 EuGH, Gutachten 1/76 vom 26.4.1977, Stillegungsfonds, Slg. 1977, 741 (756); zum Merkmal der Notwendigkeit: *Dauses*, oben Fn. 24, 143; *Geiger*, oben Fn. 24, 655.

34 *Arnold*, oben Fn. 3, 423; *Dauses*, oben Fn. 1, 177, 179; *Tomuschat*, oben Fn. 25, 161.

35 *Arnold*, oben Fn. 3, 422; *Bleckmann*, oben Fn. 22, 115; a. A.: *Schwarze*, oben Fn. 3, 460.

36 Vgl. *Dauses*, oben Fn. 1, 179; *Geiger*, oben Fn. 24, 663.

37 Zu einigen Problempunkten siehe etwa: *Dauses*, oben Fn. 1, 180 ff.

38 Dazu: *Arnold*, oben Fn. 3, 419 ff.; *Groux/Manin*, Die Europäischen Gemeinschaften in der Völkerrechtsordnung, 1984, 60 ff.; *Steiger*, Europarechtliche Grundlagen, in: Salzwedel (Hg.), Grundzüge des Umweltrechts, 78 f. jeweils m.w.N.

C. Die auswärtigen Regelungsbefugnisse der Gemeinschaft und ihrer Mitgliedstaaten auf dem Gebiet des Umweltschutzes

1. Art. 130 r Abs. 5 EWGV als Zuweisungsnorm

a) Die Kompetenzen der Gemeinschaft

aa) Bestimmung der einschlägigen Kompetenznorm im Vertragstitel „*Umwelt*"

Fraglich ist, ob und bejahendenfalls welche Vorschrift im Vertragstitel „*Umwelt*" (Artt. 130 r – 130 t EWGV) der Gemeinschaft die Befugnis zu außenbezogener Rechtsetzung und insbesondere zum Abschluß völkerrechtlicher Verträge verleiht. Der Gerichtshof hat bisher noch keine Gelegenheit gehabt, dazu Stellung zu nehmen. Die Auffassungen in der Literatur sind gespalten. Manche heben auf die naheliegendste Möglichkeit ab, nämlich Art. 130 r Abs. 5 Uabs. 1 EWGV. Danach arbeitet neben den Mitgliedstaaten auch die Gemeinschaft mit Drittländern und internationalen Organisationen zum Zwecke des Schutzes der Umwelt zusammen (Art. 130 r Abs. 5 Uabs. 1 Satz 1 EWGV). Diese Zusammenarbeit kann sich gemäß Art. 130 r Abs. 5 Uabs. 1 Satz 2 EWGV im Abschluß völkerrechtlicher Vereinbarungen manifestieren. Dementsprechend unterstellt ein Teil des Schrifttums, daß Art. 130 r Abs. 5 Uabs. 1 Satz 2 EWGV eine ausdrückliche umweltbezogene Vertragsschlußbefugnis der Gemeinschaft begründe[39]. Andere bestreiten dies unter Bezugnahme auf die Formulierung „... *im Rahmen ihrer jeweiligen Befugnisse* ..." in Art. 130 r Abs. 5 Uabs. 1 Satz 1 EWGV. Daher könne auch dem nachfolgenden Satz keine zuständigkeitsbegründende Wirkung zukommen. Art. 130 r Abs. 5 Uabs. 1 Satz 2 EWGV sei vielmehr als lediglich deklaratorischer Verweis auf bereits unabhängig von dieser Norm bestehende Außenbefugnisse zu verstehen[40].

Am Beginn einer Würdigung des Streitstandes steht die in der Literatur unbestrittene Feststellung, daß der Vertragstitel „*Umwelt*" der Gemeinschaft nunmehr eine deutlich zum Ausdruck gekommene Kompetenz zum Abschluß völkerrechtlicher Vereinbarungen verleiht[41]. Lediglich die normative Verortung dieser Ermächtigung ist im einzelnen umstritten. Für Art. 130 r Abs. 5 Uabs. 1

[39] *Kloepfer*, oben Fn. 4, § 6, Rn. 19; *Pieper*, in: Bleckmann, Europarecht, Rn. 1940; *Pipkorn*, in: BBPS, 505; *Steiger*, oben Fn. 3, 25; *Grabitz*, oben Fn. 4, Art. 130 r, Rn. 88, nennt Art. 130 r V Uabs. 1 Satz 2 i.V.m. Art. 228 EWGV.

[40] Am deutlichsten: *CEDE*, 10735 D; *Lietzmann*, Diskussionsbeitrag, in: Rengeling (Hg.), Europäisches Umweltrecht, 1988, 189; wohl auch: *Zuleeg*, NVwZ 1987, 283; *Kiss*, L'harmonisation de l'action communautaire avec l'action d'organisations internationales plus vastes, in: La protection de l'environnement par les communautés européennes, 1988, 155, spricht davon, daß Art. 130 r V EWGV die gemeinschaftliche Vertragsschlußbefugnis lediglich bestätige („*consacre*"); vorsichtig formuliert auch *Pernice*, DV 1989, 13, wonach Art. 130 r V EWGV die Frage der Außenbeziehungen nur anspreche.

[41] *Ress*, in: HdUR, Bd. 1, 1988, Sp. 460 sowie die in den Fn. 40 f. genannten Autoren.

Satz 2 EWGV spricht, daß darin ausdrücklich das Bestehen einer gemeinschaftlichen Vertragsschlußbefugnis anerkannt ist. Die entscheidende Frage, ob diese Aussage konstitutiv oder nur deklaratorisch ist, läßt sich mit dem Wortlaut allein nicht beantworten. Näherer Aufschluß ist durch einen systematischen Vergleich mit Art. 130 r Abs. 5 Uabs. 1 Satz 1 EWGV zu erzielen. Der dort enthaltene Verweis auf bestehende Gemeinschaftsbefugnisse deutet in der Tat auf einen rein wiederholenden und bestätigenden, nicht aber auf einen rechtsbegründenden Charakter der Vorschrift hin. Hinzu kommt, daß die Regierungskonferenz bei Abfassung der EEA in voller Kenntnis der dargelegten AETR-Judikatur des Gerichtshofs handelte, wie die Erklärung zu Art. 130 r Abs. 5 Uabs. 2 EWGV verdeutlicht. Es ist also davon auszugehen, daß sich die Vertragsparteien über die Konsequenzen der expliziten Verleihung von Umweltkompetenzen an die Gemeinschaft zum Zwecke der Rechtsetzung im Innern bewußt waren. Indem sie die EG dazu aufgrund von Art. 130 s EWGV ermächtigt hatten[42], verliehen sie ihr, nach der gefestigten Rechtsprechung der Parallelität von Innen- und Außenkompetenzen, gleichzeitig die implizite Befugnis zum völkerrechtlichen Vertragsschluß. Aus diesem Verständnis heraus wird klar, daß bereits Art. 130 s EWGV die Gemeinschaftsorgane in konstitutiver Weise zum Abschluß völkerrechtlicher Abkommen ermächtigt. Art. 130 r Abs. 5 Uabs. 1 Satz 2 EWGV bestätigt diese Befugnis lediglich und beinhaltet eine gegenüber dem Innenverhältnis abgeänderte Ausgestaltung des Rechtsetzungsverfahrens in Gestalt des Verweises auf Art. 228 EWGV[43]. Im Ergebnis ist somit festzuhalten, daß Art. 130 s EWGV der Gemeinschaft ebenfalls eine implizite umweltbezogene Außenkompetenz verleiht.

bb) Umfang der Gemeinschaftsbefugnisse

Die Feststellung, daß der Gemeinschaft im Vertragstitel „*Umwelt*“ Außenkompetenzen zugewiesen sind, zieht die Frage nach sich, welcher Umfang ihnen im Verhältnis zu mitgliedstaatlichen Befugnissen zukommt. Zunächst läßt sich der bereits erwähnten Bezugnahme auf die jeweils bestehenden Zuständigkeiten in Art. 130 r Abs. 5 Uabs. 1 Satz 1 EWGV sowie der ausdrücklichen Erwähnung mitgliedstaatlicher Vertragsschlußgewalt in Art. 130 r Abs. 5 Uabs. 2 EWGV entnehmen, daß nicht die gesamte Umweltaußenpolitik in die exklusive Kompetenz der Gemeinschaft überführt worden ist[44]. Vielmehr bestehen neben Sachbereichen, die in die Zuständigkeit der Gemeinschaft fallen, auch solche fort, deren verbindliche völkerrechtliche Regelung den Mitgliedstaaten vorbehalten bleibt[45].

Eine ausschließlich grammatikalische Auslegung von Art. 130 r Abs. 5 Uabs. 2 EWGV legt den Schluß nahe, daß ein grundsätzliches Nebeneinander

---

[42] Zur Qualität von Art. 130 s EWGV als Kompetenznorm: oben Kap. 2 A. 1.

[43] Dazu unten Kap. 4 C. 1. a) cc).

[44] *Haagsma*, Fordham International Law Journal 1989, 346; *Kloepfer*, oben Fn. 4, § 6, Rn. 20; *Roelants du Vivier/Hannequart*, RevMC 1988, 228; *de Ruyt*, 215.

[45] *Grabitz*, oben Fn. 4, Art. 130 r, Rn. 86; *Lietzmann*, EEA und Umweltschutz, in: Rengeling (Hg.), Europäisches Umweltrecht, 1988, 177.

von gemeinschaftlichen und mitgliedstaatlichen Außenkompetenzen besteht. Damit wären die einzelnen Staaten auch dann zum Abschluß völkerrechtlicher Abkommen befugt, wenn es sich um eine Materie handelt, die nach der Systematik der Artt. 130 r, 130 s EWGV der Gemeinschaft zugewiesen ist. Aus der vom Gerichtshof festgeschriebenen Parallelität interner und auswärtiger Gemeinschaftsbefugnisse[46] würde eine Parallelität gemeinschaftlicher und mitgliedstaatlicher Kompetenzen. Die Grundsätze der AETR-Doktrin wären damit im Umweltbereich zu Lasten der EG aufgehoben[47]. Eine solche Sichtweise steht in klarem Widerspruch zur bereits dargelegten Auffassung der Regierungskonferenz hinsichtlich der Fortgeltung der AETR-Judikatur[48], die sowohl in Art. 130 r Abs. 5 Uabs. 1 Satz 1 EWGV durch den Verweis auf jeweils bestehende Befugnisse als auch in der genannten Zusatzerklärung zum Ausdruck gekommen ist[49]. Daher ist in der Literatur – soweit ersichtlich übereinstimmend – anerkannt, daß der Wortlaut von Art. 130 r Abs. 5 Uabs. 2 EWGV mißverständlich und verunglückt ist[50] und einer Fortgeltung der gefestigten Rechtsprechung des Gerichtshofs zu den Außenkompetenzen der Gemeinschaft nicht im Wege steht[51].

Streitig ist hingegen, in welchem Umfang die AETR-Rechtsprechung im Umweltbereich anwendbar ist. Zur Lösung der Frage bringt Art. 130 r Abs. 5 EWGV keinen weiteren Aufschluß, aber auch die erwähnte Zusatzerklärung der Regierungskonferenz ist insoweit nicht eindeutig. Die Formulierung, daß *„die sich aus dem AETR-Urteil des Gerichtshofes ergebenden Grundsätze nicht berührt“* werden, kann sowohl bedeuten, daß nur der Inhalt der Entscheidungsgründe in der Rs. 22/70 zu beachten ist als auch, daß dieses Urteil sowie alle nachfolgenden, in Konkretisierung dazu ergangenen Entscheidungen bindend sind. Beide Auffassungen werden in der Literatur vertreten.

Einer Mindermeinung zufolge bemißt sich der Umfang umweltbezogener Außenkompetenzen ausschließlich nach dem Inhalt des AETR-Urteils. Dem-

---

46 Oben Kap. 4 B.

47 *Glaesner*, EuR 1986, 141; *Grabitz*, oben Fn. 4, Art. 130 r, Rn. 89; *Jacobs*, The protection of the environment under the Single European Act, in: Schwarze/Schermers (Hg.), Structure and dimensions of European Community policy, 1988, 120; *Jacqué*, RTDE 1986, 606 f.; *Ress*, oben Fn. 41, Sp. 461 f.; *de Ruyt*, 215.

48 *Nicolaysen*, Umweltschutz im Europäischen Gemeinschaftsrecht, in: Thieme (Hg.), Umweltschutz im Recht, 1988, 205.

49 Die umstrittene Frage, welche Bedeutung dieser Erklärung zukommt (dazu oben Kap. 2 B. 2. b)), wird in diesem Zusammenhang nicht relevant, weil der Inhalt der Deklaration sich bereits mittelbar aus dem Vertragstext ergibt. Die außerhalb des Primärrechts stehende Bemerkung hat also lediglich klarstellenden Charakter.

50 *Glaesner*, NuR 1988, 169; *Scheuing*, EuR 1989, 173; besonders kritisch: *Koppen*, The European Community's environment policy, 1988, 56 f.: *„It seems a bad legislative technique to use annexed declarations to make up for the unclear formulation in the law itself.“*.

51 *Bosco*, CahDrEur 1987, 379; *CEDE*, 10736 D; *Grabitz/Zacker*, NVwZ 1989, 303; *Haagsma*, oben Fn. 44, 346; *Jacqué*, oben Fn. 47, 607; *Jacobs*, oben Fn. 47, 120; *Kloepfer*, oben Fn. 4, § 6, Rn. 20; *Krämer*, EEA und Umweltschutz, in: Rengeling (Hg.), Europäisches Umweltrecht, 1988, 147; *Lietzmann*, oben Fn. 45, 176 f.; *Pieper*, oben Fn. 39, Rn. 1942; *de Ruyt*, 216; *Schoo*, Diskussionsbeitrag, in: Rengeling (Hg.), Europäisches Umweltrecht, 1988, 187; *Steiger*, oben Fn. 3, 25 f.; *Zuleeg*, oben Fn. 40, 283; fragend: *Ress*, oben Fn. 41, Sp. 461.

entsprechend bestehe eine exklusive Regelungsbefugnis der EG nur, aber auch immer dann, wenn sie im Innenverhältnis zuständig ist und kumulativ dazu bereits Rechtsnormen erlassen hat. Umgekehrt könne die Gemeinschaft international dann nicht tätig werden, wenn sie zwar intern regelungsbefugt sei, diese Kompetenz aber noch nicht wahrgenommen habe[52].

Dagegen befürwortet die Mehrheit im Schrifttum eine extensivere Interpretation der Gemeinschaftsbefugnisse. Der Bezug auf die Grundsätze des AETR-Urteils schließe die seitdem erfolgte Fortentwicklung der Rechtsprechung ein. Folglich sei die EG nicht nur in dem von der Mindermeinung anerkannten Fall zuständig, sondern zusätzlich auch bei Vorliegen der Konstellation, die dem Gutachten 1/76[53] zugrunde gelegen habe. Damit aber sei das Bestehen einer EG-Außenkompetenz unabhängig davon, ob sie vor Abschluß eines völkerrechtlichen Abkommens bereits im internen aktualisiert worden sei. Ausreichend sei vielmehr, daß ein umweltbezogenes Tätigwerden im Außenbereich *„notwendig ist, um eines der Ziele der Gemeinschaft zu erreichen"*[54].

Zur Lösung des Problems ist auf den Zweck der Vertragsbestimmungen im Umwelttitel abzustellen. Wie zuvor bereits ausführlich dargelegt, dienen sie, in Umsetzung des grundsätzlichen Primats der Ökologie[55], einem möglichst optimalen Schutz der ganzheitlich verstandenen Umwelt[56]. Die Verleihung umweltpolitischer Außenkompetenzen an die Gemeinschaft erfüllt dabei eine wichtige Funktion, weil sich der Zustand der Umwelt außerhalb des Geltungsbereichs des EWG-Vertrags nicht trennen läßt von der gemeinschaftsinternen Situation[57]. Demzufolge ist der Umfang auswärtiger Befugnisse der EG in der Art und Weise zu definieren, daß die Handlungsfähigkeit der Gemeinschaft bei der Rechtsetzung im Innern möglichst wenig beeinträchtigt wird. In der Praxis wäre nun aufgrund des Einstimmigkeitserfordernisses in Art. 130 s Abs. 1 EWGV eine Blockade gemeinschaftsinterner Umweltrechtsetzung durch die Mitgliedstaaten zu befürchten, wenn davon der Umfang der Außenbefugnisse abhinge[58]. Dieser Gefahr kann ausgewichen werden, wenn nicht nur ausschließlich auf die Entscheidungsgründe des AETR-Urteils abgestellt, sondern auch die Folgerechtsprechung einbezogen wird. Dann kommt es für das Bestehen einer auswärtigen Zuständigkeit nämlich nicht mehr auf eine vorangegangene Rechtsetzung im Innenbereich an. Diese aus dem Zweck der Umweltbestimmungen gewonnene Überzeugung läßt sich gleicherma-

---

52 Am deutlichsten: *Krämer*, oben Fn. 51, 147 f.; wohl auch: *Glaesner*, oben Fn. 50, 169; *Kloepfer*, oben Fn. 4, § 6, Rn. 20.

53 EuGH, Gutachten vom 26.4.1977, Stillegungsfonds, Slg. 1977, 741.

54 Diese Meinung lehnt sich an die Entscheidung des EuGH im Fall Stillegungsfonds, oben Fn. 53, 756, an. Das Urteil betraf jedoch keinen umweltbezogenen Sachverhalt, so daß nur das wörtliche Zitat, nicht jedoch die davor liegenden Halbsätze aus dieser Entscheidung stammen. – Die dargelegte Auffassung wird vertreten von: *Grabitz*, oben Fn. 4, Art. 130 r, Rn. 91 - 93; *Grabitz/Zacker*, oben Fn. 51, 303; *Jacqué*, oben Fn. 47, 607; *Koppen*, oben Fn. 50, 57 f.; *Nollkaemper*, oben Fn. 10, 65; wohl auch: *Steiger*, oben Fn. 3, 26.

55 Oben Kap. 2 A. 3.

56 Oben Kap. 2 D. 2., 3.

57 Oben Kap. 4 A. 2.

58 *Krämer*, Diskussionsbeitrag, in: Rengeling (Hg.), Europäisches Umweltrecht, 1988, 188; *Schoo*, oben Fn. 51, 187.

ßen durch einen Vergleich mit den übrigen Gemeinschaftspolitiken begründen. Es erscheint aus systematischer wie integrationspolitischer Sicht wenig überzeugend, wenn das Diktum des Gerichtshofs in dem Gutachten 1/76[59] für sämtliche im EWG-Vertrag thematisierten Sachbereiche nur nicht für die Umweltpolitik gelten sollte[60]. Im Ergebnis ist die EG somit immer dann zum Abschluß umweltbezogener völkerrechtlicher Abkommen befugt, wenn sie im entsprechenden Innenbereich eine Rechtsetzungskompetenz besitzt und diese entweder zuvor bereits wahrgenommen hat oder ein auswärtiges Handeln zur Erreichung eines der Vertragsziele notwendig ist.

Diese Feststellung wirft verschiedene weitere Probleme auf. Zunächst stellt sich die Frage, nach welchen Kriterien sich die Regelungszuständigkeit der EG auf dem Gebiet des Umweltrechts im Innenverhältnis bemißt. In vorliegender Abhandlung ist bereits darauf hingewiesen worden, daß sich dies nach Art. 130 r Abs. 4 Satz 1 EWGV richtet[61], der somit auch bei der vertikalen Kompetenzverteilung im Außenverhältnis zur entscheidenden Norm wird[62].

Aus Gründen systematischer Kongruenz und mangels entgegenstehender Anhaltspunkte in Art. 130 r Abs. 5 EWGV ist hinsichtlich des Inhalts dieser Norm davon auszugehen, daß die Vorschrift in Gestalt der Auslegung gilt, die für die Verteilung der Rechtsetzungsbefugnisse im Innenverhältnis als überzeugend erachtet wurde. Demnach ist die EG immer dann zuständig, wenn ein gemeinschaftliches Vorgehen aus Sicht des Umweltschutzes einen effektiveren Erfolg verspricht[63].

Fraglich ist, ob zu einem derart verstandenen Subsidiaritätsprinzip eine gemeinschaftliche Handlungspflicht hinzutritt, die zu einer Auslegung als Optimierungsgebot führt[64]. Für das Bestehen einer obligatorischen Rechtspflicht der EG zu auswärtigem umweltbezogenem Handeln spricht zunächst, daß nach hier vertretener Auffassung Art. 130 s EWGV auch für das Außenverhältnis als Kompetenznorm einschlägig ist. Für den Innenbereich ist bereits dargelegt worden, daß eine solche Handlungspflicht gemäß Art. 130 s Abs. 1 EWGV besteht, die unter Einbeziehung von Art. 130 r Abs. 4 Satz 1 EWGV zu einem verbindlichen Optimierungsgebot erstarkt[65]. Der erste Anschein spricht also für die Annahme einer entsprechenden Verpflichtung auch im Außenverhältnis. Dieser Befund findet im Wortlaut von Art. 130 r Abs. 5 EWGV

59 EuGH, Gutachten vom 26.4.1977, Stillegungsfonds, Slg. 1977, 741 (756).

60 *Grabitz*, oben Fn. 4, Art. 130 r, Rn. 93.

61 Umfassend dazu: oben Kap. 2 B.

62 Von einer entsprechenden Anwendung von Art. 130 r IV 1 EWGV i.R.v. Art. 130 r V EWGV gehen ebenfalls aus: *CEDE*, 10735 D f.; *Haagsma*, oben Fn. 44, 346; *Kloepfer*, oben Fn. 4, § 6, Rn. 20; *Koppen*, oben Fn. 50, 57 f.; *Krämer*, oben Fn. 51, 147; *Lietzmann*, oben Fn. 45, 177; *Nollkaemper*, oben Fn. 10, 62; *d'Oliveira*, SEA and environmental policy – some questions, in: Schwarze/Schermers (Hg.), Structure and dimensions of European Community policy, 1988, 124; *Pipkorn*, in: BBPS, 516; *Scheuing*, oben Fn. 50, 173; *Zuleeg*, oben Fn. 40, 283.

63 Einzelheiten oben Kap. 2 B. 2. a) aa).

64 Siehe für das Innenverhältnis: Kap. 2 B. 2. a) bb).

65 Oben Kap. 2 B. 2. a) bb).

eine Stütze, ist die Vorschrift doch, wie Art. 130 s Abs. 1 EWGV, als *imperativer Indikativ* formuliert[66].

Das zweite Problem ergibt sich aus den Entscheidungsgründen des AETR-Urteils. Danach ist für eine Gemeinschaftskompetenz im Außenverhältnis zusätzlich erforderlich, daß die EG in einem Politikbereich gemeinsame Rechtsnormen erlassen hat[67]. Fraglich ist, ab welcher Regelungsintensität das Vorliegen dieser Voraussetzung angenommen werden kann. In diesem Punkt ist keine Notwendigkeit ersichtlich, im Umweltrecht besondere Anforderungen aufzustellen, die von den üblichen Kriterien abweichen. Entscheidend ist mithin, ob eine umweltpolitisch zusammenhängende Materie von der Gemeinschaft bereits in systematischer Weise intern geregelt worden ist oder nicht[68].

Schließlich bedarf drittens der Klärung, unter welchen Voraussetzungen das im Gutachten 1/76 aufgestellte Kriterium auf dem Gebiet des Umweltrechts erfüllt ist, wonach der EG jedenfalls auch dann Vertragsschlußbefugnisse zustehen, wenn durch die Kompetenzausschöpfung eines der Gemeinschaftsziele erreicht wird[69]. Es ist bereits festgestellt worden, daß Art. 130 r Abs. 1 EWGV den in Artt. 2, 3 EWGV formulierten Vertragszielen weitere hinzufügt[70]. Die Notwendigkeit der Verwirklichung umweltschützender Ziele gemäß Art. 130 r Abs. 1 EWGV ist nach materiellen Gesichtspunkten zu bestimmen[71]. Ausreichend ist danach, daß der Abschluß eines völkerrechtlichen Abkommens durch die Gemeinschaft zur Förderung der in Art. 130 r Abs. 1 EWGV genannten Finalitäten beiträgt; nicht erforderlich ist, daß der Vertragsschluß der einzig mögliche Weg ist, ein dort genanntes Ziel zu erreichen[72]. Im Ergebnis kommen der Gemeinschaft damit auch bei Abschluß umweltbezogener völkerrechtlicher Vereinbarungen weitreichende Befugnisse zu, deren Umfang den Vertragsschlußkompetenzen der EG vor Inkrafttreten der EEA zumindest entspricht[73], wenn nicht sogar darüber hinausgeht[74].

---

66 Ebenso: *Grabitz/Zacker*, oben Fn. 51, 302; schwächer: *Zuleeg*, oben Fn. 40, 283, der nur von einer *„Aufforderung"* zu internationaler Zusammenarbeit spricht.

67 EuGH, Urt. vom 31.3.1971, Rs. 22/70, Kommission vs. Rat, Slg. 1971, 263 (275).

68 Vgl. *Pipkorn*, in: BBPS, 517.

69 EuGH, Gutachten 1/76 vom 26.4.1977, Stillegungsfonds, Slg. 1977, 741 (756).

70 Oben Kap. 2 A. 3.

71 Allgemein dazu: *Dauses*, oben Fn. 24, 143; *Tomuschat*, oben Fn. 25, 160.

72 Der Vollständigkeit halber sei hier darauf hingewiesen, daß die Gemeinschaft materiell auch im Außenverhältnis an die in Art. 130 r II, III EWGV statuierten Erfordernisse gebunden ist (vgl. *Grabitz*, oben Fn. 4, Art. 130 r, Rn. 86; noch fragend: *d'Oliveira*, oben Fn. 62, 124), weil die systematische Nähe dafür spricht und Art. 130 r V EWGV insoweit nichts Entgegenstehendes bestimmt. Einzelheiten zu den inhaltlichen Erfordernissen gemeinschaftlicher Umweltpolitik: oben Kap. 2 A. 4.

73 *Haagsma*, oben Fn. 44, 346; *Krämer*, oben Fn. 51, 147; vorsichtiger: *Scheuing*, oben Fn. 50, 173; zu Rechtsgrundlagen und Umfang gemeinschaftlicher Umweltaußenkompetenzen nach früherer Rechtslage: *Behrens*, Rechtsgrundlagen der Umweltpolitik der Europäischen Gemeinschaften, 1976, 188 ff.; *Haagsma*, oben Fn. 44, 328 ff.; *Leenen*, oben Fn. 8, 100 ff.; *Mastellone*, ICLQ 30 (1981), 106 ff.; *Ress*, oben Fn. 41, Sp. 456 ff.; *Riegel*, BayVBl. 1979, 99 ff.; *Stadler*, oben Fn. 4, 98 f.; *Steiger*, oben Fn. 38, 78 ff.

74 So: *Grabitz*, oben Fn. 4, Art. 130 r, Rn. 86; wohl auch: *Kromarek*, R.J.E. 1988, 83.

cc) Vertragsschlußverfahren und horizontale Kompetenzverteilung

Maßgebliche Vorschriften zur Bestimmung des einschlägigen Vertragsschlußverfahrens und der Zuständigkeiten der Gemeinschaftsorgane sind Art. 130 s EWGV als Kompetenznorm und Artt. 130 r Abs. 5, 228 EWGV als ergänzende Verfahrensbestimmungen. Der auf die interne Rechtsetzung zugeschnittene Art. 130 s EWGV wird für den Abschluß völkerrechtlicher Vereinbarungen durch die Artt. 130 r Abs. 5, 228 EWGV modifiziert[75]. Die Anwendbarkeit des Verfahrens nach Art. 228 Abs. 1 EWGV ergibt sich bereits unmittelbar aus dem Wortlaut der Bestimmung, so daß der entsprechende Hinweis in Art. 130 r Abs. 5 EWGV rein deklaratorischer Natur ist[76].

Am Beginn steht anerkanntermaßen eine materiell determinierte Ermächtigung des Rates an die Kommission zur Verhandlungsführung gemäß Art. 228 Abs. 1 Uabs. 1 EWGV[77]. Für die Frage, ob und auf welche Weise das Parlament zur Mitwirkung befugt ist, verweist Art. 228 Abs. 1 Uabs. 1 Satz 2 EWGV auf die zugrundeliegenden Kompetenznormen. In Übereinstimmung mit vorangegangenen Ausführungen kann hierzu festgestellt werden, daß gemäß Art. 130 s EWGV eine obligatorische Pflicht zur Konsultation des Europäischen Parlaments besteht[78].

Die Abschlußgewalt kommt auch bei internationalen Umweltabkommen der Gemeinschaft gemäß Art. 228 Abs. 1 Uabs. 1 Satz 2 EWGV dem Rat zu, was sich in Art. 130 s EWGV nochmals bestätigt findet. Der zustimmende Beschluß des Rates, dem in der Praxis häufig die Gestalt einer Verordnung gegeben wird, hat in dem Modus zu erfolgen, den die zugrundeliegende Kompetenznorm vorgibt[79]. Damit bleibt es gemäß Art. 130 s Abs. 1 EWGV grundsätzlich bei einstimmiger Verabschiedung, es sei denn, der Rat macht von der Option des Art. 130 s Abs. 2 EWGV Gebrauch und legt sich auf eine mehrheitliche Beschlußfassung fest[80].

In der Literatur ist nun die Meinung vertreten worden, daß bei Vorliegen der Konstellation des AETR-Urteils, wenn die Gemeinschaft also vor Abschluß eines völkerrechtlichen Vertrags einen bestimmten Sachbereich bereits intern geregelt hat, der Rat zu qualifizierter Mehrheitsentscheidung gemäß Art. 130 s Abs. 2 EWGV gehalten sei[81]. Wenn dies auch zur Beschleunigung des Entscheidungsprozesses wünschenswert erscheinen mag, begegnen einer solchen Sichtweise doch rechtliche Bedenken. An anderer Stelle ist dargelegt worden, daß Art. 130 s Abs. 2 EWGV ausschließlich als politische Ermächtigung an den Rat ausgestaltet ist, ohne daß eine damit korrespondierende

---

75 Siehe: *Bosco*, oben Fn. 51, 379; *Kloepfer*, oben Fn. 4, § 6, Rn. 19; ausführlich zu prozeduralen Fragen: *Nollkaemper*, oben Fn. 10, 66 f.

76 *Glaesner*, oben Fn. 47, 141.

77 *Pipkorn*, in: BBPS, 518 m.w.N.

78 Oben Kap. 2 A. 5. b) aa), bb).

79 *Pipkorn*, in: BBPS, 519 f.

80 Einzelheiten: oben Kap. 2 A. 5. b) bb).

81 So: *Lietzmann*, oben Fn. 45, 176, dort Fn. 37.

Rechtspflicht zu mehrheitlicher Beschlußfassung besteht[82]. Eine solche Verpflichtung wäre aber anerkannt, wenn der genannten Auffassung zu folgen wäre. Es bleibt somit dabei, daß dem Rat die Möglichkeit der Mehrheitsentscheidung bei Abschluß völkerrechtlicher Umweltschutzvereinbarungen nur dann eröffnet ist, wenn er dies zuvor gemäß Art. 130 s Abs. 1 EWGV einstimmig beschlossen hat. Dabei bietet es sich durchaus an, bei Verabschiedung gemeinschaftsinterner Rechtsakte jeweils eine Klausel aufzunehmen, wonach der Abschluß entsprechender Völkerrechtsabkommen gemäß Art. 130 s Abs. 2 EWGV mit qualifizierter Mehrheit zu erfolgen hat. Anhaltspunkte für die Anerkennung einer dahingehenden Rechtspflicht sind jedoch keine ersichtlich[83]. Im Ergebnis entspricht das Vertragsschlußverfahren und die horizontale Kompetenzverteilung somit der Rechtslage vor Inkrafttreten der EEA[84].

b) Die verbleibenden Kompetenzen der Mitgliedstaaten

aa) Umfang mitgliedstaatlicher Vertragsschlußgewalt

Die Mitgliedstaaten besitzen kraft originärer Staatsgewalt zunächst einmal die unbeschränkte Kompetenz zum Abschluß völkerrechtlicher Verträge mit anderen Staaten oder internationalen Organisationen. Darin eingeschlossen ist auch das Recht, Abkommen mit umweltschützender Zielsetzung zu schließen[85]. Dieser Befugnisse haben sie sich jedoch in obligatorischer Weise durch die Zustimmung zum EWG-Vertrag in Gestalt der Einheitlichen Europäischen Akte teilweise begeben[86]. Im folgenden geht es nun darum, den Umfang einer so verstandenen Kompetenzeinbuße näher zu bestimmen.

Die einzelnen Staaten sind zum einen immer dann befugt, eigene umweltbezogene Abkommen zu schließen, wenn keine interne Regelungszuständigkeit der Gemeinschaft auf diesem Gebiet besteht. Diese Voraussetzung ist gegeben, wenn Ziele außerhalb des Art. 130 r Abs. 1 EWGV verfolgt werden oder die Subsidiaritätsklausel des Art. 130 r Abs. 4 Satz 1 EWGV einem Handeln der EG im Wege steht. Aus der erstgenannten Prämisse können die Mitgliedstaaten faktisch keinen umweltpolitischen Handlungsspielraum ziehen, da die in Art. 130 r Abs. 1 EWGV enthaltenen Finalitäten das gesamte Spektrum einer weitverstandenen Umweltpolitik lückenlos abdecken[87]. Aber auch das zweitgenannte Erfordernis bewirkt im Ergebnis keine wesentliche Einschränkung der völkerrechtlichen Abschlußgewalt der Gemeinschaft, weil nach hier vertretener Auffassung an des Effektivitätskriterium in Art. 130 r Abs. 4 Satz

---

[82] Oben Kap. 2 A. 5. b) bb).

[83] Zu den Durchführungsbefugnissen der Kommission gemäß Artt. 145 Spstr. 3, 155 Spstr. 4 EWGV bei der Verwaltung vom Rat geschlossener Vereinbarungen: *Grabitz*, oben Fn. 4, Art. 130 r, Rn. 88 a m.w.N.

[84] *Haagsma*, oben Fn. 44, 346; *Jacobs*, oben Fn. 47, 120.

[85] *Grabitz*, oben Fn. 4, Art. 130 r, Rn. 80.

[86] Vgl. *Tomuschat*, oben Fn. 25, 161.

[87] Oben Kap. 2 A. 2. a).

1 EWGV keine strengen Anforderungen zu stellen sind[88]. Somit wird das Subsidiaritätsprinzip lediglich dann zu einer umweltbezogenen Vertragsschlußgewalt eines Mitgliedstaats führen, wenn das zugrundeliegende umweltpolitische Problem rein nationaler Art ist und nur diesen Staat betrifft, andere aber nicht tangiert sind.

Zum zweiten ergeben sich auswärtige Handlungsbefugnisse der Mitgliedstaaten aus den Grundsätzen der AETR-Rechtsprechung des Gerichtshofs. Die Staaten besitzen also immer dann Außenkompetenzen, wenn die Gemeinschaft eine potentielle Zuständigkeit im Innenbereich noch nicht durch Rechtsetzung aktualisiert hat und sie zusätzlich nicht den Abschluß eines Abkommens anstrebt, das zur Erreichung eines Vertragsziels notwendig ist. Da der Umweltschutz gemäß Art. 130 r Abs. 1 EWGV ein Ziel der Gemeinschaft darstellt[89], sind die Mitgliedstaaten faktisch immer dann an der Ausübung ihrer Vertragsschlußbefugnisse gehindert, wenn die EG beschließt, eine Materie intern oder nach außen zu regeln. Die Handlungsspielräume der Staaten sind somit durch diesen umfassenden *Kompetenzausübungsvorrang*[90] stark beschnitten. Sie können nur in den Bereichen vertragliche Außenbeziehungen aufnehmen, in denen die EG (noch) nicht mit der erforderlichen Regelungsdichte gehandelt hat[91].

Da die bereits angesprochene Informationsvereinbarung über Dringlichkeitsmaßnahmen im Bereich des Umweltschutzes[92] in den Ziff. 1 und 5 ausdrücklich auch internationale Initiativen der Mitgliedstaaten einschließt, kann der beabsichtigte Abschluß eines völkerrechtlichen Vertrages durch einen Staat der Anstoß für die Gemeinschaft sein, selbst auf diese Weise tätig zu werden. Damit läßt sich die Regel aufstellen, daß der Gemeinschaft immer dann auswärtige Umweltkompetenzen zukommen, wenn sie politisch in der Lage ist, eine Regelung zu verabschieden. Umgekehrt existieren nationale Freiräume nur dort, wo sich auf EG-Ebene politisch kein Konsens für den Erlaß interner Rechtsakte oder den Abschluß völkerrechtlicher Verträge erzielen läßt.

Da nach Auffassung des Gerichtshof die gemeinschaftlichen Außenbefugnisse ausschließlicher Art sind[93], ist bei Bestehen einer Gemeinschaftskompetenz grundsätzlich die Anerkennung einer daneben bestehenden mitgliedstaat-

88 Oben Kap. 2 B. 1. a) aa) und 2. a) aa); ebenso: *Scheuing*, oben Fn. 50, 173.

89 Oben Kap. 2 A. 3.

90 Ausdruck bei: *Steiger*, oben Fn. 3, 26.

91 *Nollkaemper*, oben Fn. 10, 80, 84, 91. Bspw. plant die BReg., mit Brasilien ein umfangreiches Umweltprogramm zum Schutz der Tropenwälder abzuschließen. Im Bundeshaushalt steht eine Summe von 250 Mill. DM bereit, die vor allem mit dem Ziel eingesetzt werden soll, wirtschaftliche Nutzung und Walderhaltung vereinbar zu machen (FAZ, Nr. 171 vom 26.7.1990, 1). Die Kompetenz der BRD zum Abschluß eines solchen Vertrages ergibt sich daraus, daß auf Gemeinschaftsebene eine entsprechende Vereinbarung nicht existiert.

92 ABl. 1973, C 9, 1; dazu oben Kap. 3 B. 2.

93 Vgl. nur: EuGH, Urt. vom 31.3.1971, Rs. 22/70, Kommission vs. Rat, Slg. 1971, 263 (275); zum Begriff der ausschließlichen Gemeinschaftskompetenz: oben Kap. 1 B. 3.

lichen Vertragsschlußgewalt ausgeschlossen[94]. Eine Ausnahme davon gilt lediglich dann, wenn die EG intern zulässigerweise Umweltschutzbestimmungen erlassen hat, sie ihre entsprechenden Außenbefugnisse aber nicht wahrnimmt. In diesem Fall kommt den Mitgliedstaaten anstelle der Gemeinschaft eine Übergangskompetenz zum Abschluß internationaler Umweltschutzvereinbarungen zu[95], die jedoch nur in gemeinschaftsverträglicher Weise und unter Einbeziehung der Kommission ausgeübt werden kann[96].

bb) Anwendbarkeit von Art. 130 t EWGV

Es ist zu differenzieren zwischen dem Bestehen einer mitgliedstaatlichen Kompetenz zum Abschluß völkerrechtlicher Umweltschutzvereinbarungen und der Befugnis dieser Staaten, von der Gemeinschaft geschlossene Abkommen im Innenbereich durch Anwendung strengerer Regeln zu überbieten[97]. Wie zuvor bereits dargelegt, sind auch die Mitgliedstaaten gemäß Art. 228 Abs. 2 EWGV an bestehende Gemeinschaftsabkommen gebunden[98]. Es taucht daher die Frage nach der Intensität dieser Bindungswirkung auf. Möglicherweise können die Mitgliedstaaten davon abweichen und strengere innerstaatliche Regeln anwenden. Dies setzt voraus, daß Art. 130 t EWGV auf solche Sachverhalte zumindest entsprechend anwendbar ist. Der Wortlaut steht einer Erstreckung des Geltungsbereichs der Schutzverstärkungsklausel auf völkerrechtliche Umweltabkommen nicht entgegen. Auch dem formalen Erfordernis, daß die Maßnahme ihre Rechtsgrundlage in Art. 130 s EWGV haben muß[99], ist Rechnung getragen, weil diese Vorschrift nach hier vertretener Auffassung die Außenkompetenzen der Gemeinschaft begründet[100]. Ferner ist in der Literatur bereits darauf hingewiesen worden, daß die Entstehungsgeschichte von Art. 130 t EWGV ebenfalls gegen eine Beschränkung auf interne Rechtsakte spricht[101]. Schließlich ist den Mitgliedstaaten in diesem Bereich die Befugnis zur Anwendung strengerer nationaler Bestimmungen bereits früher sekundärrechtlich ausdrücklich zugebilligt worden, wie die Ausgestaltung

---

94 *Grabitz*, oben Fn. 4, Art. 130 r, Rn. 91; *Schweitzer*, Rechtsetzung durch die Europäischen Gemeinschaften und Kompetenzverlust in den Mitgliedstaaten, in: Kremer (Hg.), Die Landesparlamente im Spannungsfeld zwischen europäischer Integration und europäischem Regionalismus, 1988, 30; mißverständlich: *Lietzmann*, oben Fn. 45, 177.

95 Vgl. EuGH, Urt. vom 14.7.1976, Verb. Rs. 3, 4, 6/76, Cornelis Kramer et al., Slg. 1976, 1279 (1312 f.); *Zuleeg*, oben Fn. 40, 283.

96 Einzelheiten bei: *Schweitzer*, oben Fn. 94, 30 f. m.w.N.

97 Siehe: *Mastellone*, oben Fn. 73, 113; a. A.: *Nollkaemper*, oben Fn. 10, 85, der Art. 130 t EWGV als Ermächtigung der Mitgliedstaaten zum Abschluß strengerer Vereinbarungen deutet, was ersichtlich vom Wortlaut der Vorschrift nicht mehr gedeckt ist und zudem in Widerspruch zur genannten AETR-Rechtsprechung steht.

98 Oben Kap. 4 A. 5.

99 Dazu oben Kap. 3 C. 2. a) aa).

100 Oben Kap. 4 C. 1. a) aa).

101 *Scheuing*, oben Fn. 50, 173, dort auch Fn. 127.

von Art. 10 der RL 76/464/EWG als Mindestnorm zeigt[102]. Somit steht einer direkten Anwendung der Norm auch auf umweltbezogene völkerrechtliche Vereinbarungen der Gemeinschaft nichts entgegen[103]. Art. 130 t EWGV modifiziert also Art. 228 Abs. 2 EWGV: die verbindliche und einheitliche Geltung internationaler Umweltschutzabkommen der EG im innergemeinschaftlichen Raum wird zur Gewährleistung bestmöglichen Umweltschutzes durchbrochen.

c) Gemischte Umweltschutzabkommen

Vor Inkrafttreten der EEA war die auswärtige Umweltpolitik der Gemeinschaft und ihrer Mitgliedstaaten durch den Abschluß gemischter Verträge gekennzeichnet, d. h. einem Drittstaat oder einer internationalen Organisation standen sowohl die EG als auch die Mitgliedstaaten als Vertragspartner gegenüber[104]. Diese langjährige Praxis wurde durch verschiedene rechtliche und faktische Gegebenheiten hervorgerufen. Zum einen war vor Inkrafttreten der EEA das Bestehen einer umweltbezogenen Vertragsschlußgewalt der Gemeinschaft zumindest dann unklar, wenn intern noch keine Vorschriften bestanden[105]. Zum zweiten erschien es den Akteuren aus sachlichen Gründen heraus angezeigt, Materien, die teilweise in den Zuständigkeitsbereich der Gemeinschaft und teilweise in den der Mitgliedstaaten fielen, einer gemeinsamen Regelung zuzuführen[106]. Ferner traten auch Situationen auf, in denen die jeweiligen Vertragspartner ausdrücklich auf einer Beteiligung der Mitgliedstaaten beharrten, weil sie sich davon eine größere Bindungswirkung versprachen[107]. Schließlich entband diese Praxis von der oftmals schwierigen Aufgabe, den Umfang der Gemeinschaftskompetenzen genau bestimmen zu müssen[108].

Man könnte nun aus der Formulierung von Art. 130 r Abs. 5 Uabs. 1 Satz 1 EWGV, wonach sowohl die Gemeinschaft wie auch die Mitgliedstaaten zum Zwecke des Umweltschutzes international zusammenarbeiten, den Schluß ziehen, daß der Abschluß völkerrechtlicher Umweltschutzvereinbarungen grundsätzlich durch einen gemischten Vertrag zu erfolgen hat. Im Schrifttum ist aber bereits zutreffend darauf hingewiesen worden, daß der systematische Vergleich mit dem nachfolgenden Satz dahingehenden Aufschluß bringt, daß eine solche Regel nicht besteht. Art. 130 r Abs. 5 Uabs. 1 Satz 2 EWGV erwähnt

---

102 Richtlinie des Rates vom 4.5.1976 betreffend die Verschmutzung infolge der Ableitung bestimmter gefährlicher Stoffe in die Gewässer der Gemeinschaft, ABl. 1976, L 129, 23; dazu: *Mastellone*, oben Fn. 73, 113; *Nollkaemper*, oben Fn. 10, 73; *d'Oliveira*, RIW 1983, 328; *Taylor/Diprose/Duffy*, JCMSt 1986, 225 ff.

103 Ebenso: *Lietzmann*, oben Fn. 45, 177; wohl auch: *Krämer*, oben Fn. 51, 153.

104 Ausführlich zu gemischten Umweltabkommen: *Nollkaemper*, oben Fn. 10, 70 ff.; ferner: *Dauses*, oben Fn. 1, 173; *Ress*, oben Fn. 41, Sp. 456 f.; allgemein zu gemischten Verträgen: *Arnold*, oben Fn. 3, 419 ff. m.w.N.

105 *De Ruyt*, 216.

106 *Steiger*, oben Fn. 38, 78.

107 *Steiger*, oben Fn. 3, 28 f.

108 Vgl. *Krämer*, oben Fn. 51, 147.

nämlich ausdrücklich nur das Recht der Gemeinschaft zum Abschluß internationaler Abkommen[109].

Angesichts des dargelegten beachtlichen Umfangs auswärtiger Vertragsschlußbefugnisse der EG im Umweltbereich sowie der zunehmenden Anerkennung ihrer Völkerrechtssubjektivität erscheint es für die Zukunft eher wahrscheinlich, daß der Anteil gemischter Umweltabkommen zurückgehen wird[110]. Die Kommission hat denn auch in neuerer Zeit zu erkennen gegeben, daß ihrer Auffassung nach künftig allein die Gemeinschaft zum Abschluß von Vereinbarungen auf dem Gebiet des Umweltschutzes befugt ist[111].

2. Artt. 113 f. EWGV

a) Tauglichkeit als Rechtsgrundlage gemeinschaftlicher Umweltaußenpolitik

Nach hier vertretener Auffassung ist Art. 130 s EWGV auch im Außenbereich die primäre gemeinschaftliche Rechtsetzungsermächtigung[112]. Nach dem Vorangegangenen ist mit dieser Feststellung bereits zum Ausdruck gebracht, daß die Norm den Bereich gemeinschaftlicher Umweltaußenpolitik nicht abschließend regelt[113]. Es stellt sich somit die Frage, welche anderen Vorschriften ebenfalls einschlägig sein könnten. Zunächst einmal kommt die handelspolitische Komptenznorm gemäß Art. 113 EWGV in Betracht.

Die Bestimmung trägt dazu bei, den Organen *„eine zusammenhängende Regelung der Außenhandelsbeziehungen“* zu ermöglichen[114]. Zu diesem Zweck ist der Rat gemäß Artt. 113 Abs. 1, 3, 4; 114 EWGV sowohl zum Abschluß völkerrechtlicher Abkommen mit Drittstaaten oder internationalen Organisationen[115] als auch zur autonomen Rechtsetzung gemäß Art. 113 Abs. 1, 2, 4 EWGV befugt. Entscheidende Voraussetzung für ein Tätigwerden auf der Grundlage dieser Bestimmung ist, daß die Regelung zur gemeinsamen Handelspolitik zählt. Obwohl Art. 113 Abs. 1, 2. Halbsatz EWGV, in nicht abschließender Weise[116] einige Beispiele nennt, ist der genaue Inhalt des Begriffs Handelspolitik noch immer umstritten[117]. In der Rechtsprechung des Gerichtshofs ist der Terminus im Laufe der Jahre zwar präzisiert worden, eine abschließende und allgemeingültige Definition ist aber auch dort nicht zu fin-

---

109 Überzeugend: *Zuleeg*, oben Fn. 40, 283.

110 A. A.: *Grabitz*, oben Fn. 4, Art. 130 r, Rn. 88, der eine Verfestigung dieser Praxis konstatiert.

111 *Lietzmann*, oben Fn. 45, 176; lt. *Nollkaemper*, oben Fn. 10, 78, sind gemischte Abkommen für die EG ein notwendiges Übel, das nur in einem Zwischenstadium hinnehmbar ist. Vgl. dazu auch *d'Oliveira*, oben Fn. 62, 124 f.

112 Oben Kap. 4 C. 1. a) aa).

113 Für den Innenbereich: oben Kap. 2 C. 1.

114 EuGH, Urt. vom 12.7.1973, Rs. 8/73, Hauptzollamt Bremerhaven vs. Massey-Ferguson GmbH, Slg. 1973, 897 (907).

115 Dazu: EuGH, Gutachten 1/75 vom 11.11.1975, OECD, Slg. 1975, 1355 (1362 f.).

116 EuGH, Gutachten 1/78 vom 4.10.1979, Naturkautschuk, Slg. 1979, 2871 (2913).

117 *Gilsdorf*, Die Grenzen der gemeinsamen Handelspolitik, 1988, 5.

den. Anerkannt ist etwa, daß die Ausfuhrpolitik als Teil der gemeinsamen Handelspolitik auch Ausfuhrbeihilferegelungen, einschließlich bestimmter Finanzierungskredite umfaßt[118]. Ferner ist auch die Festsetzung einer statistischen Nomenklatur zur Ermittlung des Umfangs gemeinschaftlicher Außenhandelstätigkeit als unerläßliches Instrument der Handelspolitik anzusehen[119]. Im übrigen ist der Begriff inhaltsoffen und dynamisch zu verstehen. Insbesondere sind die Gemeinschaftsorgane im Rahmen von Art. 113 EWGV nicht auf die herkömmlichen Instrumente des Außenhandels beschränkt[120], sondern sie können beispielsweise auch entwicklungspolitische Maßnahmen einbeziehen[121]. Hingegen reicht der bloße Zweck, die Einfuhr tierischer Erzeugnisse in die EG zu erleichtern, nicht zur Anwendbarkeit von Art. 113 EWGV aus[122].

Diese kasuistische Judikatur zieht die Notwendigkeit nach sich, den Begriff der Handelspolitik allgemeingültig zu fassen. In der Organpraxis standen sich dazu anfangs eine finale und eine instrumentale Auffassung gegenüber[123]. Mittlerweile dürfte zumindest dahingehend Übereinstimmung hergestellt sein, daß Maßnahmen, die das Handelsvolumen und die Handelsströme regeln, vor allem solche, die den Waren-, Dienstleistungs- und den damit zusammenhängenden Zahlungsverkehr betreffen, zur Handelspolitik zählen[124]. Die Warenströme können durch Produktnormen geregelt werden, die anerkanntermaßen eine umweltpolitische Zielsetzung aufzuweisen imstande sind[125]. Damit ist es den Gemeinschaftsorganen grundsätzlich möglich, umweltschützende Bestimmungen auch auf der Grundlage von Art. 113 EWGV zu erlassen[126].

Die Praxis deckt sich mit diesem Befund. So verabschiedete der Rat die VO (EWG) Nr. 3955/87 über Einfuhrbedingungen für landwirtschaftliche Ereugnisse mit Ursprung in Drittländern nach dem Unfall im Kernkraftwerk Tschernobyl[127], die zumindest auch dem in Art. 130 r Abs. 1 Spstr. 2 EWGV genannten Ziel dient, auf der Grundlage dieser Vorschrift[128]. Auch die Kommission hat in Anwendung dieser Bestimmung wiederholt Entwürfe zum Erlaß von Rechtsakten mit umweltschützender Intention vorgelegt. Beispielswei-

---

[118] EuGH, Gutachten 1/75 vom 11.11.1975, OECD, Slg. 1975, 1355 (1362).

[119] EuGH, Urt. vom 27.9.1988, Rs. 165/87, Kommission vs. Rat, Slg. 1988, 5545 (5560).

[120] EuGH, Gutachten 1/78 vom 4.10.1979, Naturkautschuk, Slg. 1979, 2871 (2913).

[121] EuGH, Urt vom 26.3.1987, Rs. 45/86, Kommission vs. Rat, Slg. 1987, 1493 (1521 f.).

[122] EuGH, Urt. vom 16.11.1989, Rs. C-131/87, Kommission vs. Rat, Slg. 1989, 3743 (3771).

[123] GA *Lenz*, Schlußanträge vom 29.1.1987, Rs. 45/86, Kommission vs. Rat, Slg. 1987, 1493 (1508 – 1511); *Gilsdorf*, oben Fn. 117, 5 ff. m.w.N.

[124] *Ehlermann*, EuR 1982, 285; *Pipkorn*, in: BBPS, 530; *Vedder*, oben Fn. 11, Art. 113, Rn. 44; vgl. auch *Nicolaysen*, Autonome Handelspolitik der EWG, in: Schlochauer-FS, 1981, 872 f.; *Steenbergen*, CahDrEur 1980, 62 ff.

[125] Siehe die Begriffsbestimmungen im 1. AP: ABl. 1973, C 112, 50.

[126] In der Lit., soweit ersichtlich, unbestritten: *Behrens*, oben Fn. 73, 188 ff.; *Gilsdorf*, oben Fn. 117, 20 f.; *Grabitz/Zacker*, oben Fn. 51, 302; *Haagsma*, oben Fn. 44, 328; *Pernice*, oben Fn. 40, 13 f.

[127] ABl. 1987, L 371, 14.

[128] Der Gerichtshof hat dieses Vorgehen mittlerweile sanktioniert: EuGH, Urt. vom 29.3.1990, Rs. C-62/88, Griechenland vs. Rat, Slg. 1990, I-1527 (I-1550 f.); dazu ausführlich unten: Kap. 4 C. 2. b).

se war der Vorschlag für eine Verordnung des Rates zur Anwendung des Washingtoner Übereinkommens über den internationalen Handel mit gefährdeten Arten freilebender Tiere und Pflanzen in der Gemeinschaft[129] auf Art. 113 EWGV gestützt[130]; gleiches gilt für den Vorschlag einer Verordnung über eine gemeinsame Regelung für die Einfuhren von Walerzeugnissen[131]. Im Ergebnis ist somit in Lehre und Praxis anerkannt, daß sowohl im Wege autonomer als auch vertraglicher Handelspolitik umweltpolitische Maßnahmen auf der Grundlage von Artt. 113 f. EWGV ergriffen werden können.

b) Abgrenzung zur Umweltkompetenz nach Art. 130 s EWGV

aa) Einschlägige Rechtsprechung und Meinungsstand in der Literatur

Die Feststellung, daß auch Artt. 113 f. EWGV einen umweltpolitischen Anwendungsbereich aufweisen können, führt zur Frage, welche Kriterien für die Abgrenzung zu Art. 130 s EWGV maßgeblich sind. Dies ist vor allem deshalb bedeutsam, weil sich beide Bestimmungen in mehreren Punkten unterscheiden. Zum einen kann der Rat bei handelspolitischen Maßnahmen gemäß Artt. 113 Abs. 4, 114 EWGV mit qualifizierter Mehrheit beschließen, während Art. 130 s Abs. 1 EWGV grundsätzlich Einstimmigkeit vorschreibt und nur unter den Voraussetzungen von Art. 130 s Abs. 2 EWGV Entscheidungen mit qualifizierter Mehrheit getroffen werden können. Zweitens bestehen Unterschiede hinsichtlich der Beteiligungsrechte des Europäischen Parlaments. Art. 130 s EWGV räumt diesem ein obligatorisches Anhörungsrecht ein, während das EP nach Art. 113 EWGV von jeder Mitwirkung ausgeschlossen ist. Zwar wird in der Praxis aufgrund politischer Selbstverpflichtungen der Organe im Rahmen der Vorschrift ebenfalls eine Konsultation durchgeführt[132], diese fakultative Befugnis ist aber nicht primärrechtlich abgesichert, wie bei Art. 130 s EWGV.

Erheblich ins Gewicht fällt schließlich auch der unterschiedliche Umfang mitgliedstaatlicher Handlungsmöglichkeiten. Mittlerweile ist weithin anerkannt, daß der Gemeinschaft durch die gemeinsame Handelspolitik eine exklusive Kompetenz verliehen ist, die im Prinzip jedes parallele Tätigwerden der Mitgliedstaaten ausschließt[133]. Ein einzelstaatliches Vorgehen ist danach ledig-

---

[129] ABl. 1980, C 243, 16.

[130] Der Rat verabschiedete den Rechtsakt am 3.12.1982 als VO (EWG) Nr. 3626/82 auf der Grundlage von Art. 235 EWGV, ABl. 1982, L 384, 1, zuletzt geändert durch VO (EWG) Nr. 197/90 der Kommission vom 17.1.1990, ABl. 1990, L 29, 1; umfassend dazu: *Emonds*, NuR 1983, 138 ff.; *ders.*, NuR 1984, 93 ff.; *ders.*, NuR 1986, 141 ff.; zur Anwendung des Washingtoner Übereinkommens in der Gemeinschaft: EuGH, Urt. vom 29.11.1990, Rs. C-182/89, Kommission vs. Frankreich, Slg. 1990, I-4337 (I-4356 ff.).

[131] ABl. 1980, C 121, 5; der Rat verabschiedet- die Maßnahme am 20.1.1981 als VO (EWG) Nr. 348/81 ebenfalls auf der Grundlage von Art. 235 EWGV, ABl. 1981, L 39, 1.

[132] Oben Kap. 2 A. 5. a) aa).

[133] EuGH, Gutachten 1/75 vom 11.11.1975, OECD, Slg. 1975, 1355 (1364); EuGH, Urt. vom 15.12.1976, Rs. 41/76, Suzanne Donckerwolcke et al. vs. Procureur de la République, Slg. 1976,

lich bei Vorliegen der, nicht auf den Umweltschutz bezogenen Voraussetzungen des Art. 115 EWGV oder aufgrund einer spezifischen, von den Gemeinschaftsorganen erteilten Ermächtigung zu vorläufigem Tätigwerden möglich[134]. Hingegen macht Art. 130 r Abs. 4 Satz 1 EWGV den Schutz der Umwelt zu einer Aufgabe, die in gemeinsamem arbeitsteiligen Zusammenwirken von EG und Mitgliedstaaten wahrgenommen werden soll[135]. Darüber hinaus ermächtigt Art. 130 t EWGV die Staaten ausdrücklich zu eigenen, schutzverstärkenden Maßnahmen[136]. Die nationalen Freiräume sind somit bei einem Handeln auf der Grundlage von Art. 130 s EWGV wesentlich größer als bei einem auf Artt. 113 f. EWGV gestützten Vorgehen der Gemeinschaft. Damit stellt sich die Abgrenzungsfrage als in vielfacher Hinsicht bedeutsam dar.

Der Gerichtshof hatte bisher erst einmal die Gelegenheit, zu diesem Punkt Stellung zu nehmen. In der Rs. C-62/88[137] stand die Rechtsgrundlage der VO (EWG) Nr. 3955/87 des Rates über die Einfuhrbedingungen für landwirtschaftliche Erzeugnisse mit Ursprung in Drittländern nach dem Unfall im Kernkraftwerk Tschernobyl[138] in Streit. Danach dürfen bestimmte landwirtschaftliche Erzeugnisse, die außerhalb der EG produziert wurden, nur dann in den gemeinschaftsinternen Verkehr gebracht werden, wenn sie die in Art. 3 VO genannten Höchstwerte radioaktiver Kontamination nicht überschreiten[139]. Während der Rat den Rechtsakt auf Art. 113 EWGV gestützt hat, hielt die Griechische Republik entweder Art. 31 EAGV oder die Artt. 130 r, 130 s EWGV evtl. in Verbindung mit Art. 235 EWGV für einschlägig. Der Gerichtshof hat dieses Vorbringen verworfen und im Ergebnis dem Rat Recht gegeben. In Bezug auf das Verhältnis der Bestimmungen im Vertragstitel „*Umwelt*" zur Kompetenznorm nach Art. 113 EWGV hat er ausgeführt, daß die Tatsache, daß die Verordnung auch dem Gesundheitsschutz diene, der gemäß Art. 130 r Abs. 1 Spstr. 2 EWGV ein Ziel gemeinschaftlicher Umweltpolitik darstelle, an der Zuordnung der Maßnahme zur gemeinsamen Handelspolitik nichts ändere. Die genannten Umweltbestimmungen gewährten der EG „*eine besondere Zuständigkeit für die Umweltpolitik*", ließen aber die Befugnisse der Gemeinschaft aufgrund anderer Bestimmungen unberührt. Für die Abstützung eines Rechtsakts auf eine Kompetenznorm außerhalb des Vertragstitels „*Umwelt*" sei es unschädlich, daß die betreffende Maßnahme zugleich ein umweltpolitisches Ziel mitverfolge. Ein solches Vorgehen des Rates stelle auch keine Umgehung des Einstimmigkeitserfordernisses nach Art. 130 s Abs. 1 EWGV dar[140]. Der Gerichtshof stellt damit entschei-

1921 (1937); aus der Lit.: *Pipkorn*, in: BBPS, 531; *Schweitzer*, oben Fn. 94, 29 f.; *Vedder*, oben Fn. 11, Art. 113, Rn. 3 jeweils m.w.N.; differenzierend: *Gilsdorf*, oben Fn. 117, 9 ff.

134 Bspw.: EuGH, Urt. vom 18.2.1986, Rs. 174/84, Bulk Oil (Zug) AG vs. Sun International Limited und Sun Oil Trading Company, Slg. 1986, 559 (586).

135 Oben Kap. 2 B. 2. a).

136 Oben Kap. 3 C. 2. a).

137 EuGH, Urt. vom 29.3.1990, Griechenland vs. Rat, Slg. 1990, I-1527 (I-1545 ff.).; dazu: *Grunwald*, EuZW 1990, 210.

138 ABl. 1987, L 371, 14.

139 Dieses Einfuhrregime wird durch die VO (EWG) Nr. 737/90 des Rates vom 22.3.1990 (ABl. 1990, L 82, 1) im Grundsatz bis zum 31.3.1995 aufrechterhalten.

140 EuGH, Urt. vom 29.3.1990, Rs. C-62/88, Griechenland vs. Rat, Slg. 1990, I-1527 (I-1550).

dend darauf ab, daß die Verordnung den Handel zwischen der Gemeinschaft und den Drittstaaten regeln soll und interpretiert den Anwendungsbereich von Art. 113 EWGV, auch im Verhältnis zu Art. 130 s EWGV, in extensiver Weise.

Die in der Literatur vertretenen Auffassungen decken sich im Ergebnis mehrheitlich mit der des EuGH, auch wenn die dogmatische Verankerung teilweise unterschiedlich ist. Manche sind der Meinung, daß Art. 113 EWGV bei Produktnormen, die den internationalen Handel mit Waren zum Gegenstand haben, lex specialis zu Art. 130 s EWGV sei. Den Belangen des Umweltschutzes werde dadurch Rechnung getragen, daß sie gemäß Art. 130 r Abs. 2 Satz 2 EWGV auch im Rahmen der gemeinsamen Handelspolitik zu berücksichtigen seien. In diesem Bereich erübrige sich mithin die Anwendung von Art. 130 s EWGV[141].

Zum gleichen Ergebnis gelangen diejenigen, die auf die objektive Sachnähe zum Recht des Außenhandels abstellen. Damit ist Art. 113 EWGV und nicht Art. 130 s EWGV die geeignete Rechtsgrundlage für alle Maßnahmen, die dem zuvor definierten Begriff der Handelspolitik zuzuordnen sind, auch wenn dadurch dem Umweltschutz gedient wird[142].

Eine differenzierende Lösung favorisiert ein anderer Autor. Art. 113 EWGV sei immer dann einschlägig, wenn gegenüber Drittstaaten Sonderregelungen getroffen würden. In diesem Fall überwiege das handelspolitische Element und Aspekte umweltschützender Art träten zurück. Handele es sich jedoch um eine umweltschützende Regelung, die unterschiedslos innerhalb und außerhalb der Gemeinschaft gelte, reiche Art. 113 EWGV alleine nicht mehr aus. Letztlich sei die Norm keinesfalls dann einschlägig, wenn eine dem Umweltschutz dienende allgemeine Regelung nur noch eine Reflexwirkung auf den Außenhandel habe[143]. Von wieder anderer Seite wird schließlich die Meinung vertreten, daß Rechtsakte, die den Schutz der Umwelt zumindest auch betreffen, gemeinsam auf die Artt. 113, 116, 130 s EWGV zu stützen seien[144].

bb) Würdigung

Das Problem der Abgrenzung zwischen Artt. 130 s und 113 EWGV ähnelt dem zwischen Artt. 130 s und 100 a EWGV. Das vermag deshalb keine Verwunderung hervorzurufen, weil Art. 113 EWGV für den Außenhandel die gleiche Bedeutung zukommt wie Art. 100 a EWGV für den Binnenmarkt[145]. Dementsprechend kann auch hier festgestellt werden, daß sowohl Art. 113 EWGV als auch Art. 130 s EWGV, bei entsprechend extensiver Auslegung, potentiell imstande sind, alleinige Rechtsgrundlage nahezu sämtlicher umweltrelevanter

---

141 *Pernice*, oben Fn. 40, 13 f.

142 *Grabitz/Zacker*, oben Fn. 51, 302; *Grabitz*, oben Fn. 4, Art. 130 s, Rn. 24.

143 *Gilsdorf*, oben Fn. 117, 20 f.

144 *Krämer/Kromarek*, R.J.E. 1988, 309.

145 *Grabitz/Zacker*, oben Fn. 51, 302.

Maßnahmen zu sein, die über die rein innergemeinschaftliche Sphäre hinausreichen[146]. Zur Abgrenzung des Anwendungsbereichs von Art. 130 s EWGV zu sonstigen Vertragsermächtigungen ist für den Innenbereich die modifizierte Intensitätsmethode entwickelt worden[147]. Weiter ist festgestellt worden, daß sie den anderen dazu vertretenen Modellen insgesamt überlegen ist[148]. Es ist nun anhand der für den Außenbereich vertretenen Thesen zu prüfen, ob die modifizierte Intensitätsmethode auch zur Abgrenzung von Art. 130 s EWGV zu Art. 113 EWGV geeignet und ggf. vorzugswürdig ist. Danach wäre Art. 130 s EWGV bei allen außenbezogenen Rechtsakten und völkerrechtlichen Abkommen der Gemeinschaft einschlägig, wenn eine wertende Gesamtschau ergibt, daß die betreffende Maßnahme unmittelbar oder mittelbar den Zielen des Art. 130 r Abs. 1 EWGV dient. Bei lediglich marginalen Auswirkungen auf die genannten Finalitäten wäre hingegen die sachlich nächstliegende Einzelermächtigung, hier also Art. 113 EWGV heranzuziehen.

Dem vorgestellten EuGH-Judikat ist demgegenüber entgegenzuhalten, daß der Vertragstitel „*Umwelt*" für eine Restriktion des Anwendungsbereichs von Art. 130 s EWGV auf spezifische Tätigkeiten im Umweltbereich keinerlei Anhaltspunkte bietet. Dies steht vielmehr in Widerspruch zum weitgefaßten Begriff der Umwelt, der Art. 130 r Abs. 1 EWGV zugrundeliegt. Zudem wird durch die extensive Auslegung des Geltungsbereichs von Art. 113 EWGV zu Lasten von Art. 130 s EWGV der Grundsatz bestmöglichen Umweltschutzes nicht in angemessener Weise berücksichtigt. Vielmehr wird die gemeinschaftliche Umweltaußenpolitik ökonomischen Interessen untergeordnet, was mit der vertraglichen Priorität der Ökologie[149] nicht in Einklang zu bringen ist. Als besonders nachteilig wirkt es sich aus, daß durch das bevorzugte Abstellen auf Art. 113 EWGV die Anwendung der umweltpolitisch bedeutsamen Subsidiaritätsklausel des Art. 130 r Abs. 4 Satz 1 EWGV sowie die Möglichkeit mitgliedstaatlicher Schutzverstärkung nach Art. 130 t EWGV verhindert wird. Beides läßt sich nämlich mit der Ausgestaltung der gemeinsamen Handelspolitik als ausschließlichem Zuständigkeitsbereich der Gemeinschaft nicht vereinbaren. Daran ändert auch die Querschnittsklausel des Art. 130 r Abs. 2 Satz 2 EWGV nichts, weil diese Vorschrift allenfalls die Abs. 1 bis 3 von Art. 130 r EWGV zum Inhalt von Art. 113 EWGV macht[150]. Diesem Urteil des Gerichtshofs kann somit in der Abgrenzungsfrage nicht gefolgt werden.

Zur Spezialitätsthese, die in der Literatur vertreten wird, ist anzumerken, daß bereits die Voraussetzung übereinstimmender Tatbestandsmerkmale nicht gegeben ist. Art. 110 EWGV nennt den Umweltschutz nicht als Ziel der gemeinsamen Handelspolitik und Art. 130 r Abs. 2 Satz 2 EWGV transferiert nicht sämtliche Voraussetzungen für ein gemeinschaftliches Tätigwerden gemäß Artt. 130 s in Verbindung mit 130 r EWGV in den Tatbestand von Art.

---

146 Vgl. oben Kap. 2 C. 4. a).

147 Oben Kap. 2 D. 3. b).

148 Oben Kap. 2 D. 3. c).

149 Oben Kap. 2 A. 3.

150 Ausführlich dazu: oben Kap. 2 C. 4. c) aa).

113 EWGV; wie gezeigt, ist insbesondere eine entsprechende Anwendung der Subsidiaritätsklausel im Rahmen von Art. 113 EWGV nicht möglich. Daher kann auch dieser Auffassung nicht zugestimmt werden. Stellt man hingegen ausschließlich auf die objektive Sachnähe ab[151], bleibt ebenfalls das Primat des Umweltschutzes auf der Strecke, da Rechtsakte, die lediglich mittelbar der in Art. 130 r Abs. 1 EWGV genannten Zieltrias dienen, nicht notwendig dem Art. 130 s EWGV zugewiesen werden. Dies wird nur durch Anwendung der modifizierten Intensitätsmethode gewährleistet.

Schließlich weisen auch der differenzierende Lösungsansatz nach *Gilsdorf*[152] sowie das pragmatische Vorgehen von *Krämer* und *Kromarek*[153] nicht die dogmatische Stringenz der hier vertretenen Theorie auf. Insbesondere stellt keiner der beiden Lösungswege sicher, daß bei sämtlichen unmittelbar und mittelbar umweltschützenden Regelungen konsequent und systematisch Art. 130 s EWGV zur Anwendung gelangt. Damit sind diese Ansätze der modifizierten Intensitätsmethode ebenfalls unterlegen und daher abzulehnen. Im Ergebnis ist mithin festzuhalten, daß auch im Außenbereich von der hier entwickelten modifizierten Intensitätsmethode als allgemeingültigem Maßstab zur Abgrenzung von Art. 130 s EWGV zu anderen Vertragsermächtigungen Gebrauch zu machen ist. Dies gilt insbesondere für das Verhältnis von Artt. 130 s zu 113 EWGV.

cc) Aktuelles Anwendungsbeispiel

Zur Verdeutlichung der konkreten Auswirkungen dieser Methode im Außenbereich soll hier nun die Anwendung auf einen aktuellen Problemfall demonstriert werden. Zwischen der Kommission und dem überwiegenden Schrifttum einerseits sowie dem Rat andererseits war die Rechtsgrundlage der VO (EWG) Nr. 1734/88 des Rates vom 16.6.1988 betreffend die Ausfuhr bestimmter gefährlicher Chemikalien aus der Gemeinschaft bzw. deren Einfuhr in die Gemeinschaft[154] heftig umstritten. Während die erstgenannten Art. 113 EWGV für einschlägig hielten[155], zog der Rat demgegenüber eine Abstützung auf Art. 130 s EWGV vor.

Hinsichtlich des Inhalts der Verordnung läßt sich den Erwägungsgründen entnehmen, daß zum Schutz des Menschen und der Umwelt gemeinschaftliche Maßnahmen zur Kontrolle des internationalen Handels mit gefährlichen Chemikalien ergriffen werden sollen. Konkret sei die Einrichtung eines einheitlichen Bekanntgabe- und Informationssystems sowie die Aufstellung be-

---

[151] So die in Fn. 142, a.a.O., genannten Autoren.

[152] Oben Fn. 143, a.a.O.

[153] Oben Fn. 144, a.a.O.

[154] ABl. 1988, L 155, 2.

[155] Die Kommission hatte ihren Vorschlag auf diese Bestimmung gestützt: ABl. 1986, C 177, 5; dem ist die Literatur mehrheitlich gefolgt: *Gilsdorf*, oben Fn. 117, 20; *Pernice*, NVwZ 1990, 205; *Scheuing*, oben Fn. 50, 189; siehe auch: *Krämer/Kromarek*, oben Fn. 144, 309.

stimmter Kennzeichnungspflichten notwendig, um die menschliche Gesundheit und die Umwelt vor schädlichen Auswirkungen zu schützen (Art. 1 VO). Art. 2 VO legt die einschlägigen Begriffsbestimmungen fest; Art. 3 VO bezeichnet die zuständigen Stellen; Art. 4 VO gilt für die Ausfuhr in Drittländer; Art. 5 VO normiert die angesprochenen Verpackungs- und Kennzeichnungspflichten; Art. 6 VO betrifft die von Drittländern bei der Gemeinschaft notifizierten Meldungen; Art. 7 VO regelt den Informationsaustausch sowie die Überwachung und schließlich statuiert Art. 8 VO Einzelheiten zur Überarbeitung der nachfolgenden Anhänge.

In der Tat kommen als rechtliche Basis dieser Maßnahmen einzig die Artt. 130 s und 113 EWGV ernsthaft in Betracht. Eine wertende Gesamtschau des Inhalts ergibt, daß die Verordnung produktbezogene Regelungen enthält, die auch die Ausfuhrpolitik der Gemeinschaft betreffen. Sie zählt zu jenem Teilbereich der Handelspolitik, der in Art. 113 Abs. 1 EWGV explizite Erwähnung gefunden hat. Ein Ziel der Regelung ist somit die Aufrechterhaltung geordneter Handelsbeziehungen zu Drittländern durch Einwirkung auf den Umfang des internationalen Handels mit gefährlichen Chemikalien[156]. Andererseits dient der Rechtsakt, sowohl nach den Erwägungsgründen als auch entsprechend der Zweckbestimmung des Art. 1 VO, den beiden erstgenannten Zielen in Art. 130 r Abs. 1 EWGV. Dieser Befund findet sich durch den Inhalt der Folgebestimmungen bestätigt.

Es werden also gleichermaßen handels- wie umweltpolitische Zwecke verfolgt, wobei letztere zumindest erkennbar einbezogen und in ihrer Intensität dem erstgenannten Regelungsziel zumindest nicht völlig untergeordnet sind. Dies ist nach der modifizierten Intensitätsmethode aber für eine Abstützung auf Art. 130 s EWGV ausreichend. Im Ergebnis entspricht somit das Vorgehen des Rates in dieser Sache der hier vertretenen Auffassung. Die dagegen vorgebrachten Einwände und Bedenken erweisen sich daher als nicht stichhaltig.

dd) Alternativlösung

Für den Fall, daß der EuGH sich die hier vertretene modifizierte Intensitätsmethode nicht zu eigen machen sollte, erscheint es durchaus sinnvoll, eine Alternativlösung zu entwickeln. Ausgangspunkt dazu ist die Erkenntnis, daß die vorgenannte Entscheidung noch nicht einmal in Einklang mit den allgemeinen Kriterien zur Abgrenzung des Anwendungsbereichs vertraglicher Ermächtigungen steht, die der Gerichtshof in neuerer Rechtsprechung zugrunde legt[157]. Dem Urteil läßt sich nicht entnehmen, daß der EuGH das von ihm entwickelte zweistufige Prüfungsmodell in Ansatz gebracht hat. Die Beschränkung des Anwendungsbereichs der Artt. 130 r, 130 s EWGV auf „*besondere*“ Umweltrechtsakte wird in der Rechtssache C-62/88[158] nicht explizit damit begründet, daß Art. 113 EWGV spezieller sei. In

---

[156] *Gilsdorf*, oben Fn. 117, 20; *Pernice*, oben Fn. 40, 14, dort Fn. 67.

[157] Oben Kap. 2 C. 2. a).

[158] EuGH, Urt. vom 29.3.1990, Rs. C-62/88, Griechenland vs. Rat, Slg. 1990, I-1527 (I-1550).

der gleichen Entscheidung wird das Spezialitätskriterium zwei Absätze vorher für das Verhältnis von Art. 113 EWGV zu Artt. 30 ff. EAGV nämlich ausdrücklich genannt[159]. In zwei anderen Urteilen aus neuerer Zeit, in denen der Gerichtshof ebenfalls auf den Grundsatz der Spezialität abgestellt hatte, war dieses Prinzip zwar nicht explizit aufgeführt, aber doch eindeutig umschrieben worden[160]. Selbst eine solche klare Umschreibung läßt sich den Entscheidungsgründen in der Rechtssache C-62/88 für das Verhältnis der Artt. 130 r, 130 s zu 113 EWGV aber nicht entnehmen. Der EuGH geht hier also ersichtlich nicht vom Bestehen eines Spezialitätsverhältnisses aus. Weiterhin sind auch keinerlei Anhaltspunkte dafür vorhanden, daß der Gerichtshof der Auffassung ist, die Artt. 130 r, 130 s EWGV seien subsidiär zur Ermächtigung nach Art. 113 EWGV. Ein Verhältnis der Subsidiarität hat er in der Vergangenheit nämlich lediglich dann angenommen, wenn sich dies dem Wortlaut einer Bestimmung ausdrücklich entnehmen ließ[161].

Stehen die genannten Artikel somit – auch nach Meinung des EuGH – nicht in einem besonderen, rechtsmethodisch begründeten Verhältnis der Über- und Unterordnung, wäre die Abgrenzung nach ständiger Rechtsprechung auf *„objektive, gerichtlich nachprüfbare Umstände“*[162] zu gründen. Dieser Maßstab erfordert eine umfassende Würdigung von Zweck und Inhalt des betreffenden Rechtsaktes, um dessen Regelungsschwerpunkt zu ermitteln[163]. Eine solche wertende Gesamtschau nimmt der Gerichtshof in der Sache C-62/88 aber gerade nicht vor. Indem er von der nicht weiter begründeten und nach hier vertretener Auffassung irrigen Prämisse ausgeht, der Vertragstitel *„Umwelt“* sei lediglich bei spezifischen Tätigkeiten im Umweltbereich einschlägig, begibt er sich der Möglichkeit, den objektiven Regelungsschwerpunkt der Maßnahme zu ergründen und daraus die einschlägige Rechtsgrundlage herzuleiten. Falls der Gerichtshof der modifizierten Intensitätsmethode also nicht folgen sollte, erscheint es für die Zukunft zumindest geboten, daß er auch bei der Abgrenzung des Anwendungsbereichs von Art. 130 s EWGV zu anderen Ermächtigungen zu den von ihm in ständiger Rechtsprechung vertretenen Differenzierungskriterien zurückkehrt.

c) Verbleibende mitgliedstaatliche Handlungsspielräume

Abschließend stellt sich die Frage, welche Möglichkeiten den Mitgliedstaaten zu eigenständiger Tätigkeit verbleiben, wenn ein umweltrelevantes Sachgebiet nach den dargelegten Abgrenzungskriterien in den Anwendungsbereich der Artt. 113 f. EWGV fällt. Zunächst ist zu konstatieren, daß die Schutzklau-

---

159 Oben Fn. 158, a.a.O.

160 EuGH, Urteile vom 23.2.1988, Rs. 68/86, Vereinigtes Königreich vs. Rat, Slg. 1988, 855 (896); Rs. 131/86, Vereinigtes Königreich vs. Rat, Slg. 1988, 905 (930 f.).

161 Siehe oben Kap. 2 C. 2. a).

162 So die Formulierung in: EuGH, Urt. vom 26.3.1987, Rs. 45/86, Kommission vs. Rat, Slg. 1987, 1493 (1520).

163 Oben Kap. 2 C. 4. b).

sel des Art. 115 EWGV, nach Wortlaut, Zweck und Systematik[164], zum Schutz nichtwirtschaftlicher Interessen, wie etwa dem Umwelt- und Naturschutz, nicht nutzbar gemacht werden kann. Darüber hinaus schließt die Ausgestaltung der gemeinsamen Handelspolitik durch den Gerichtshof im Grundsatz jedes Vorgehen der Mitgliedstaaten aus, unabhängig davon, ob die EG bereits gehandelt hat oder nicht. Aufgrund der exklusiven Gemeinschaftskompetenzen in diesem Bereich[165], sind sie nicht mehr befugt, in eigenständiger Weise legislativ tätig zu werden. Die von der Rechtsprechung zugelassenen Ausnahmen[166] sind sehr eng gehalten und ermöglichen allenfalls ein punktuelles, in der Regel eher zufälliges und damit umweltpolitisch ineffektives Vorgehen auf nationaler Ebene[167]. Den Mitgliedstaaten ist damit rechtlich nur ein quantitativ wie qualitativ geringer Freiraum eröffnet, selbst in schutzverstärkender Weise tätig zu werden.

Aus umweltpolitischer Sicht ist das jedenfalls dann nicht verhängnisvoll, wenn man der hier vertretenen Abgrenzungstheorie folgt. In diesem Fall bleibt der umweltrechtliche Anwendungsbereich von Art. 113 EWGV derart klein, daß kaum negative Auswirkungen zu befürchten sind, auch wenn die Gemeinschaft untätig bleibt oder nur niedrige Standards setzt. Der allergrößte Teil umweltrelevanter Maßnahmen hat danach nämlich auf der Grundlage von Art. 130 s EWGV zu ergehen, der den Mitgliedstaaten einen bedeutend größeren Freiraum gewährt[168].

Dennoch gibt es im Schrifttum Versuche, den Handlungsspielraum der Mitgliedstaaten zu erweitern. Dabei geht es zunächst um die Fälle, in denen die Gemeinschaft auf der Grundlage von Artt. 113 f. EWGV handeln könnte, dies aber nicht tut. Nach einer Auffassung ist die ausschließliche Gemeinschaftskompetenz auf dem Gebiet der Handelspolitik dann *„durchbrochen“*, wenn ein Staat sich in berechtigter Weise auf das Vorliegen eines Ausnahmetatbestands berufen kann[169]. Zur Ermöglichung des Einsatzes spezifisch handelspolitischer Instrumente durch die Mitgliedstaaten sei aus den in Art. 36 EWGV genannten Gründen sowie bei Vorliegen zwingender Erfordernisse im Sinne der Cassis-Rechtsprechung eine Zurücknahme des Ausschließlichkeitsanspruchs der Gemeinschaft notwendig. Den genannten Rechtsgütern käme die Wirkung eines Kompetenzvorbehalts zu, so daß die Staaten, etwa zum Zwekke des Umweltschutzes, befugt seien, gegenüber Drittländern Handelsregelungen zu erlassen[170]. Ein anderer Autor schlägt hingegen vor, die Mitgliedstaaten nach einem handelspolitischen Tätigwerden der Gemeinschaft, in entsprechender Anwendung von Art. 100 a Abs. 4 EWGV, zu einem nationalen Aus-

---

164 Dazu: *Pipkorn*, in: BBPS, 527 f. m.w.N.

165 Oben Kap. 4 C. 2. b) aa).

166 Oben Kap. 4 B.

167 Vgl. *Schweitzer*, oben Fn. 94, 30 f.

168 Oben Kap. 4 C. 2. b) bb).

169 *Gilsdorf*, oben Fn. 117, 24; ähnlich: *Timmermans*, Common Commercial Policy (Article 113 EEC) and International Trade in Services, in: Pescatore-FS, 1987, 682.

170 *Gilsdorf*, oben Fn. 117, 24 f.; kritisiert von: *Pernice*, oben Fn. 40, 15.

scheren zu ermächtigen. Zur Begründung wird darauf verwiesen, daß dies der Rechtslage im Innenbereich entspreche, so daß eine Analogie gerechtfertigt sei[171].

Beide Auffassungen begegnen erheblichen Bedenken. Sie stehen nicht nur in Widerspruch zum Wortlaut des Vertrages, der nationale Schutzmaßnahmen eben nur aus den in Art. 115 EWGV genannten Gründen und unter den dort statuierten Voraussetzungen für zulässig erklärt, sondern auch zur langjährigen Rechtsprechung des Gerichtshofs. Sie bewirken im Ergebnis eine Schmälerung des *acquis communautaire*, die der EuGH wohl kaum sanktionieren wird. Entscheidend gegen die vorgeschlagenen Lösungswege spricht zudem, daß dafür jedenfalls dann kein Bedürfnis besteht, wenn man der hier vertretenen Meinung folgt. Der Weg über die Zuordnung nahezu sämtlicher umweltrelevanter Maßnahmen im Grenzbereich zwischen Handels- und Umweltpolitik zur Kompetenznorm des Art. 130 s EWGV ist mithin eleganter, dogmatisch stimmiger und aus umweltpolitischer Sicht zumindest gleich effektiv wie die vorgeschlagenen Alternativen. Aus diesen Gründen sind die beiden Auffassungen abzulehnen. Es bleibt im Ergebnis somit bei der eingangs beschriebenen Rechtslage.

3. Art. 238 EWGV

Im 4. Aktionsprogramm der EG für den Umweltschutz wird ein Zusammenhang zwischen Entwicklungs- und Umweltpolitik hergestellt. Danach wirkt sich eine Zusammenarbeit zwischen der Gemeinschaft und den Entwicklungsländern zum Zwecke des Schutzes der Umwelt dieser Staaten in der Regel günstig auf deren wirtschaftliche Situation aus und vermag daher ein Beitrag zur Lösung entwicklungsbedingter Probleme zu sein[172]. Ein wesentliches Instrument gemeinschaftlicher Entwicklungspolitik ist der Abschluß von Assoziierungsverträgen mit Drittstaaten oder internationalen Organisationen gemäß Art. 238 EWGV[173]. Es stellt sich daher zunächst die Frage, ob diese Vorschrift auch zum Abschluß völkerrechtlicher Verträge mit umweltschützender Zielsetzung herangezogen werden kann. Dem Wortlaut von Art. 238 EWGV läßt sich nicht entnehmen, welche Regelungsmaterien davon erfaßt werden. In Rechtsprechung und Literatur wird dazu die Auffassung vertreten, daß sich Assoziierungsverträge, über rein handelspolitische Aspekte hinaus, auf sämtliche Bereiche erstrecken können, die vom EWG-Vertrag erfaßt werden[174]. Die Gemeinschaft ist somit gemäß Art. 238 EWGV befugt, all jene Materien zum Inhalt von Assoziierungsabkommen zu machen, für die ihr Regelungskompe-

---

171 *Pernice*, oben Fn. 40, 15.

172 ABl. 1987, C 328, 13.

173 *Schweitzer/Hummer*, oben Fn. 3, 187.

174 EuGH, Urt. vom 30.9.1987, Rs. 12/86, Meryem Demirel vs. Stadt Schwäbisch Gmünd, Slg. 1987, 3719 (3751); *Pipkorn*, in: BBPS, 538 f.; *Vedder*, oben Fn. 11, Art. 238, Rn. 10 jeweils m.w.N.

tenzen im Innenbereich zugewiesen sind[175]. Da der Umweltschutz gemäß Art. 130 r Abs. 1 EWGV ein prioritäres Ziel der EG darstellt[176], zu dessen Verwirklichung ihr gemäß Art. 130 s EWGV Rechtsetzungsbefugnisse zugewiesen sind, kann sie auch Assoziierungsverträge mit umweltschützender Zielsetzung abschließen.

In der Praxis haben die Gemeinschaftsorgane von dieser Möglichkeit bereits mehrfach Gebrauch gemacht. Vor allem in den sog. Lomé-Abkommen mit nunmehr 69 Staaten des afrikanischen, karibischen und pazifischen Raums (AKP-Staaten) werden zunehmend Umweltaspekte einbezogen. Bereits im Lomé-II-Vertrag vom 30. Oktober 1979[177] wiesen die Artt. 83, 84 lit. g), 93 lit. c) mehr oder minder deutlich umweltschützende Zielsetzungen auf[178]. Im 3. Lomé-Abkommen vom 8. Dezember 1984[179] war der Bekämpfung der Dürre und Wüstenbildung in den AKP-Staaten bereits ein eigenes Kapitel (Kapitel 2, Artt. 38 – 43) gewidmet, in dem detaillierte Regelungen zu diesem Umweltproblem enthalten waren[180]. Im Vertrag Lomé-IV vom 15. Dezember 1989[181] ist die Tendenz der verstärkten Einbeziehung ökologischer Aspekte in qualitativer wie quantitativer Hinsicht weiter deutlich ausgebaut worden. Analog zum innergemeinschaftlichen Bereich[182] hat in Art. 6 das Primat des Umweltschutzes bei der wirtschaftlichen Entwicklung Anerkennung gefunden. Art. 55 verpflichtet die AKP-Staaten zur Erhaltung der tropischen Wälder und der biologischen Artenvielfalt. Eine weitere Entsprechung zur gemeinschaftsinternen Rechtslage findet sich in den Bestimmungen, die eine Umweltverträglichkeitsprüfung statuieren (Artt. 34, 37). Schließlich enthält das Abkommen auch ein Verbot des Verbringens von Giftmüll und radioaktivem Abfall in diese Länder[183].

Das Vertragsschlußverfahren richtet sich nach den Artt. 238 Abs. 2, 228 Abs. 1 EWGV. Danach handelt die Kommission das Abkommen für die Gemeinschaft aus, anschließend ist eine Zustimmung des Parlaments mit absoluter Mehrheit erforderlich. Der Vertrag ist seitens der Gemeinschaft geschlossen, wenn der Rat sodann einen einstimmigen Beschluß gefaßt hat.

Da Art. 238 EWGV somit Rechtsgrundlage umweltschützender Abkommen sein kann, taucht erneut die Frage der Abgrenzung zu Art. 130 s EWGV auf, der der Gemeinschaft ebenfalls eine Vertragsschlußgewalt zuweist[184].

---

175 *Behrens*, oben Fn. 73, 196; *Fischer*, Der Umfang der Befugnis der Europäischen Gemeinschaft zum Abschluß von Handels- und Assoziierungsabkommen, in: KSE, Bd. 25, 1974, 16 –18.

176 Oben Kap. 2 A. 3.

177 ABl. 1980, L 347, 2.

178 Dazu: *Leenen*, oben Fn. 8, 96.

179 ABl. 1986, L 86, 3 und L 292, 52.

180 Zur Entstehungsgeschichte dieser Vorschriften: *Schmuck*, Umweltpolitik: Grenzüberschreitende Probleme – Europäische Lösungen, 1988, 23 – 25.

181 Siehe dazu: ABl. 1990, C 44, 12 und L 84, 1.

182 Oben Kap. 2 A. 3.

183 Insgesamt zu Maßnahmen auf dem Gebiet des Umweltschutzes im Lomé-IV-Vertrag: *Kuschel*, EA 1990, 335 f.; vgl. auch *Cova*, RevMC 1990, 1 f.

184 Oben Kap. 4 C. 1. a) aa).

Das Problem ist, soweit ersichtlich, bislang weder Gegenstand von Gerichtsentscheidungen gewesen noch in der Literatur behandelt worden. In Übereinstimmung mit vorangegangenen Ausführungen[185] ist auch hier davon auszugehen, daß dies nach den Grundsätzen der modifizierten Intensitätsmethode zu erfolgen hat. Sie hat sich als sachgerecht, dogmatisch stimmig und praktikabel erwiesen. Danach sind alle völkerrechtlichen Abkommen der Gemeinschaft, deren primärer Regelungszweck eine unmittelbar umweltschützende Zielsetzung aufweist, auf Art. 130 s EWGV zu stützen. Normiert ein Vertrag mehrere Sachbereiche, wobei der Umweltschutz erkennbar einbezogen und anderen Zwecken gegenüber nicht völlig untergeordnet ist, bleibt es ebenfalls bei Art. 130 s EWGV. Schließlich ist Art. 238 EWGV immer dann einschlägig, wenn die erstrebten umweltschützenden Auswirkungen des Abkommens im Verhältnis zu anderen Belangen marginal und von erkennbar nebensächlichem Charakter sind.

Im letztgenannten Fall der Abstützung eines auch dem Umweltschutz dienenden Assoziierungsabkommens auf Art. 238 EWGV stellt sich die Frage nach verbleibenden staatlichen Restkompetenzen. Dazu ist zunächst festzustellen, daß der Abschluß von Assoziierungsverträgen in die ausschließliche Zuständigkeit der Gemeinschaft fällt[186]. Es gelten mithin die gleichen Grundsätze der Kompetenzverteilung wie bei der zuvor dargestellten Handelspolitik[187]. Die Mitgliedstaaten sind also nicht mehr zum eigenständigen Abschluß von Verträgen befugt, die Sachbereiche zum Gegenstand haben, welche von einem gemeinschaftlichen Assoziierungsabkommen erfaßt werden. Lediglich ausnahmsweise und unter den genannten engen Voraussetzungen ist ein solches einzelstaatliches Vorgehen zulässig. Die Außenkompetenzen der Staaten sind in diesem Bereich also wiederum von geringem Umfang.

4. Art. 235 EWGV

Vor Inkrafttreten der EEA haben die Gemeinschaftsorgane zur Entfaltung umweltschützender Außenaktivitäten, entsprechend der AETR-Doktrin, oftmals von Art. 235 EWGV Gebrauch gemacht[188]. Beispielsweise verabschiedete der Rat die bereits genannten Verordnungen zur Umsetzung des Washingtoner Artenschutz-Übereinkommens[189] und zur Regelung der Einfuhr von Walerzeugnissen[190] auf der Grundlage dieser Vorschrift. Sogar nach Einfügung der EEA in den EWG-Vertrag hat der Rat Art. 235 EWGV noch als Rechtsgrundlage gemeinschaftlicher Außenaktivitäten im Umweltbereich herangezogen. Die Beschlüsse über den Abschluß von Kooperationsabkommen zur For-

185 Oben Kap. 4 C. 2. b) bb).

186 *Dauses*, oben Fn. 1, 175; *Vedder*, oben Fn. 11, Art. 238, Rn. 16.

187 Oben Kap. 4 C. 2. c).

188 *Haagsma*, oben Fn. 44, 331; *Mastellone*, oben Fn. 73, 110; *Riegel*, oben Fn. 73, 100; *Steiger*, oben Fn. 38, 79.

189 Oben Fn. 129, a.a.O.

190 Oben Fn. 130, a.a.O.

schung und Entwicklung auf dem Gebiet des Umweltschutzes zwischen der Gemeinschaft und dem Königreich Norwegen[191] einerseits und Finnland[192] andererseits, sind auf diese Norm gestützt[193].

Klärungsbedürftig ist daher, ob Art. 235 EWGV zum Abschluß völkerrechtlicher Abkommen der Gemeinschaft mit Bezug zum Umweltschutz überhaupt noch herangezogen werden kann und ggf. welcher Anwendungsbereich der Vorschrift insoweit zukommt. Für gemeinschaftsinterne Sachverhalte ist bereits festgestellt worden, daß der Vertrag die Organe zu umfassender Rechtsetzung auf dem Gebiet des Umweltschutzes ermächtigt, ohne daß es dazu eines Rückgriffs auf Art. 235 EWGV bedürfte. Der weiteren Anwendbarkeit der Bestimmung stand folglich die dort enthaltene Subsidiaritätsklausel entgegen[194].

Aufgrund der dargelegten Judikatur des Gerichtshofs zur Parallelität von Innen- und Außenkompetenzen[195] kann nun festgestellt werden, daß Art. 130 s EWGV der Gemeinschaft auch im Bereich auswärtigen Umweltschutzes lückenlose Zuständigkeiten verleiht[196]. Dieser Befund bedeutet umgekehrt, daß erneut bereits die Tatbestandsvoraussetzungen von Art. 235 EWGV nicht gegeben sind, da die *„erforderlichen Befugnisse“* im Umweltbereich gerade gegeben sind. Hinzu kommt, daß nach hier vertretener Auffassung auch faktisch kein Bedürfnis mehr für ein Gebrauchmachen von Art. 235 EWGV besteht, da die EG mit umfassenden umweltrechtlichen Außenkomptenzen ausgestattet ist. Im Ergebnis kann somit konstatiert werden, daß die Lückenschließungsklausel des Art. 235 EWGV seit Inkrafttreten der EEA zum Abschluß völkerrechtlicher Umweltabkommen nicht mehr zur Verfügung steht.

---

191 Beschluß 89/557/EWG vom 10.10.1989, ABl. 1989, L 304, 1.

192 Beschluß 89/558/EWG vom 10.10.1989, ABl. 1989, L 304, 8.

193 Weitere Beispiele bei: *Grabitz*, oben Fn. 4, Art. 130 s, Rn. 26.

194 Oben Kap. 2 E. 8.

195 Oben Kap. 4 B.

196 Oben Kap. 4 C. 1. a) aa).

Schlußbemerkung

Die wichtigste Erkenntnis der Untersuchung besteht nicht darin, daß die Gemeinschaft Träger umfangreicher Umweltkompetenzen ist. Das war in der Praxis lange vor Inkrafttreten der EEA faktisch anerkannt – ist doch seit jeher keine gemeinschaftliche Umweltregelung an der Kompetenzfrage gescheitert[1] – und wurde durch die Einheitliche Akte nur noch rechtlich sanktioniert[2]. Von herausragender Bedeutung ist vielmehr die Einsicht, daß die Akte strukturelle und konzeptionelle Änderungen bei den Kompetenznormen des EWG-Vertrags bewirkt hat[3].

Zum einen ist die Zuständigkeitsverteilung zwischen der Gemeinschaft und ihren Mitgliedstaaten im Umweltbereich nicht mehr durch Bestimmungen geprägt, die die Tätigkeit ganzer Handlungsebenen ausschließen, sondern durch solche, die ein flexibles, arbeitsteiliges, gemeinsames Zusammenwirken zum besten des Umweltschutzes weithin ermöglichen. An Stelle des *Entweder-Oder* ist ein kompetenzielles *Sowohl-Als-Auch* getreten. Damit ist es auf sämtlichen Aktionsebenen möglich, jederzeit und ohne größere Einschränkungen, schutzverstärkend tätig zu werden[4]. Der allergrößte Teil gemeinschaftlichen Umweltrechts steht mithin der Anwendung strengerer nationaler Bestimmungen nicht mehr im Wege[5], sondern läßt optimierende Aktivitäten der Mitgliedstaaten mehrfach ausdrücklich zu. Umgekehrt ist aber auch die Gemeinschaft durch die Artt. 130 r Abs. 4 Satz 1, 130 s EWGV zur Verbesserung einzelstaatlicher Umweltbestimmungen rechtlich gehalten. Mit diesem Auftrag zu gegenseitiger Optimierung ist Umfang und Niveau des Umweltrechts in die alleinige Verantwortlichkeit der jeweiligen politischen Entscheidungsträger gestellt[6]. Das Recht macht also den Weg für die Politik frei. Damit ist seine Wirkungskraft aber auch weitgehend erschöpft. Rechtsnormen und die sie interpretieren-

---

[1] *Kupfer*, AgrarR 1989, 58; *Meyer/Rath*, Forum Recht 1990, 46.

[2] Vgl. *Jans*, LIEI 1988, 23.

[3] *Soell*, NuR 1990, 157, konstatiert einen „*Paradigmenwechsel*".

[4] Diese konsequente Umsetzung des Mindestschutzgedankens hat das Parlament schon 1986 ausdrücklich gefordert: ABl. 1986, C 68, 48.

[5] Siehe zur früheren Rechtslage und einzelnen Versuchen, dennoch umweltpolitische Handlungsspielräume der Mitgliedstaaten herzuleiten: *Ress*, Luftreinhaltung als Problem des Verhältnisses zwischen europäischem Gemeinschaftsrecht und nationalem Recht, in: LG Saarbrücken-FS, 1985, 355 ff.; *Skordas*, Umweltschutz und freier Warenverkehr im EWG-Vertrag und GATT, 1986, 152 ff.; zusammenfassend: *Ress*, Löst Art. 100 a EWGV die Probleme der Rechtsangleichung des einheitlichen Binnenmarktes?, in: ders. (Hg.), Rechtsprobleme der Rechtsangleichung, 1988, 17 ff.

[6] Im Ergebnis ebenso: *Schwartze*, Die Einwirkungsmöglichkeiten der EG auf nationales Umweltrecht und ihr Einfluß auf das Schutzniveau, in: Donner/Magoulas/Simon/Wolf (Hg.), Umweltschutz zwischen Staat und Markt, 1989, 569.

de Judikative sind kaum imstande, konkrete politische Entscheidungen zu erzwingen; Gewaltenteilung und Demokratieprinzip stehen dem entgegen. Dennoch stellt diese Rechtslage aus Sicht des Umweltschutzes einen großen Fortschritt dar, können die politischen Akteure nun doch nicht mehr juristische Zwänge als Grund eigener Untätigkeit vorschieben. Das erhöht die Möglichkeit und auch die Erfolgsträchtigkeit, öffentlichen Druck auf die Entscheidungsträger auszuüben.

Zum zweiten ist auf Gemeinschaftsebene das Primat inhaltlich nicht determinierten Wirtschaftswachstums durch einen generellen Vorrang des Umweltschutzes abgelöst, dessen Belange lediglich im unmittelbar binnenmarktrelevanten Bereich durch Art. 100 a Abs. 3 EWGV relativiert sind. Sämtliche Rechtsetzungsermächtigungen des EWG-Vertrags sind damit vom Gedanken ökologischer Qualifizierung mehr oder minder stark durchdrungen[7]. Die Verfassung der Gemeinschaft erweist sich in diesem Punkt um vieles moderner als etwa das deutsche Grundgesetz.

Schließlich hat die Arbeit auch gezeigt, daß hinter dem häufig behandelten und teilweise gerichtlich ausgetragenen Streit um die Wahl der Rechtsgrundlage innerhalb des EWG-Vertrags vielfältige, teils gegenläufige Interessen stehen. Während die Mitgliedstaaten, zur Wahrung größtmöglichen Einflusses, den Anwendungsbereich von Art. 130 s EWGV weit interpretieren, votieren Parlament und Kommission für eine extensive Auslegung von Art. 100 a EWGV. Wenn auch integrationsdynamische und demokratiebezogene Erwägungen die letztgenannte Auffassung zu stärken scheinen, so sprechen doch verschiedene umweltpolitische Gründe gegen ein bevorzugtes Heranziehen der binnenmarktfinalen Harmonisierungskompetenz. Die zur Lösung des Problems entwickelte *modifizierte Intensitätsmethode* nimmt die genannten Bedenken auf und formt daraus ein allgemeingültiges Abgrenzungsmodell, das materiell am Grundsatz bestmöglichen Umweltschutzes orientiert ist und dogmatische Stringenz mit Praktikabilität vereint. Somit versteht sich die hier vertretene These auch als ein Beitrag zur notwendigen weiteren Systematisierung des Gemeinschaftsrechts[8].

Stellt man die vorliegende Untersuchung in einen größeren Zusammenhang, fallen verschiedene Berührungspunkte auf, von denen drei genannt werden sollen. Der erste resultiert aus der hier erfolgten Beschränkung auf den Bereich der Rechtsetzung im Gegensatz zur Umsetzungs- und Vollzugsproblematik. Anerkanntermaßen existieren auf diesem Gebiet große faktische Defizite[9], die den Erfolg der engagiertesten und stimmigsten Umweltgesetzgebung vereiteln können. Wenn auch die Behandlung dieser Themen den Rahmen der Ar-

---

[7] Ähnlich: *Pernice*, NVwZ 1990, 201.

[8] *Lenz*, Europäisches Recht als Integrationsfaktor, in: Bitburger Gespräche, Jb. 1987, 35, weist darauf hin, daß das Gemeinschaftsrecht der Systematik fähig sei, „*wenngleich diese Möglichkeiten zur Zeit nicht ausgeschöpft werden.*“.

[9] *Winter*, UPR 1990, 374; vgl. zum Komplex Umsetzung: *Salzwedel*, UPR 1989, 41 ff.; zum Vollzugsproblem: *Pernice*, oben Fn. 7, 422 – 426 jeweils m.w.N.

beit gesprengt hätte, so soll zur Vervollständigung des Bildes wenigstens darauf aufmerksam gemacht werden.

Zweitens ist hier lediglich die Kompetenzverteilung nach dem EWG-Vertrag behandelt worden. Die Gemeinschaft kann aber zumindest auch umweltschützende Bestimmungen auf der Grundlage einzelner Ermächtigungen des EAG- und des EGKS-Vertrags erlassen[10]. Zwar verleiht ihr der EWG-Vertrag von allen drei Gründungsverträgen die umweltpolitisch mit Abstand weitreichendsten und in der Praxis meistgenutzten Befugnisse, dennoch können sich grundsätzlich ähnliche Probleme auch im Rahmen der anderen Verträge ergeben. Insbesondere die Anwendung von Art. 31 EAGV als Rechtsgrundlage im Bereich des Umwelt- und Gesundheitsschutzes wird immer wieder diskutiert[11]. Bei der Untersuchung gemeinschaftlicher Rechtsetzungsbefugnisse im Bereich des Umweltrechts ist also ggf. auch an Einzelermächtigungen aus den beiden anderen Verträgen zu denken.

Drittens ist die deutliche Konzentration gemeinschaftlicher Umweltgesetzgebung auf den Innenbereich anzuführen. Der Erfolg jeder umweltpolitischen Initiative ist aber bereits allein deshalb nachhaltig in Frage gestellt, weil es mit den Staaten in der Mitte und im Osten Europas, die mit gravierenden ökologischen Problemen zu kämpfen haben[12], bislang kaum zu substantieller Zusammenarbeit gekommen ist[13]. Die politischen Umwälzungen in diesem Teil des Kontinents eröffnen hier neue Chancen[14]. Die Entwicklung der letzten Zeit deutet darauf hin, daß die Gemeinschaft bestrebt ist, diese Möglichkeiten zu nutzen.

Beispielsweise übernahm die Kommission die Koordinierung der westlichen Wirtschaftshilfe für Polen, Ungarn, Bulgarien, Rumänien, Jugoslawien und die Tschechoslowakei, die auf einen Beschluß der sog. Gruppe der Sieben (führenden Industrienationen) auf der Gipfelkonferenz in Paris am 14. Juli 1989 zurückgeht. Sie hat dazu einen Plan für spezielle gemeinschaftliche Aktionen ausgearbeitet, der auch umweltpolitische Hilfsmaßnahmen umfaßt[15]. Mitte Juni 1990 fand in Dublin erstmals eine gemeinsame Konferenz der Umweltminister der EG und sieben osteuropäischer Staaten statt. Die Teilnehmer

---

[10] Ausführlich dazu: *Behrens*, Rechtsgrundlagen der Umweltpolitik der EG, 1976, 200 ff., 210 ff., 218 f. und passim.

[11] *Pieper*, in: Bleckmann, Europarecht, Rn. 1903, 1961 – 1963 m.w.N. Eine Abstützung auf diese Norm wird insbesondere bei Maßnahmen im Zusammenhang mit der Havarie des Kernkraftwerks Tschernobyl thematisiert: *Grunwald*, EuZW 1990, 209 f. m.w.N. und Beispielen aus der Ratspraxis. Neuerdings ist auch der EuGH mit dieser Frage beschäftigt worden: EuGH, Urt. vom 29.3.1990, Rs. C-62/88, Griechenland vs. Rat, Slg. 1990, I-1527 (I-1550); siehe auch: EuGH, Urt. vom 4.10.1991, Rs. C-70/88, EP vs. Rat, noch nicht in Slg.

[12] Zusammenfassende Berichte über die umweltpolitische Situation in den Staaten Osteuropas bietet das Januarheft der Zeitschrift Politische Ökologie, Jg. 1990 (Schumacherbrief 18).

[13] *Von Weizsäcker*, Umweltpolitik in Europa – Mit Blick auf 1992, in: Evangelische Akademie Bad Boll (Hg.), Europäische Umweltpolitik von unten?!, 1988, 55.

[14] *Krenzler*, RuP 1990, 4 ff.

[15] ABl. 1990, C 39, 7; zur Ausdehnung der sog. Aktion „*PHARE*“: EuZW 1990, 459. Darüber hinaus leistete die Gemeinschaft der Sowjetunion und den Ländern Osteuropas im Dezember 1990 weitere Hilfe (FAZ, Nr. 284 vom 6.12.1990, 2).

vereinbarten, vorrangig die Entwicklung eines Informations- und Datennetzes in Angriff zu nehmen[16]. Als Institution bietet sich dazu die Europäische Umweltagentur der EG an, weil sie konzeptionell bereits auf die Teilnahme dieser Länder eingerichtet ist[17].

Allerdings ist die Frage, ob die EG in Zukunft die umweltpolitische Zusammenarbeit der Staaten West- und Osteuropas maßgeblich koordinieren oder ob dies über andere Organisationen abgewickelt wird[18], politisch noch nicht entschieden[19]. Ihre Beantwortung hängt zu einem nicht geringen Teil davon ab, ob und mit welchem Erfolg die Gemeinschaft in nächster Zeit auf diesem Gebiet tätig werden wird. Aus integrations- wie umweltpolitischen Gründen sollte sie jedenfalls ein starkes Interesse daran haben, eine führende Rolle bei dem Prozeß des Zusammenwachsens der europäischen Staaten einzunehmen.

Ein besonderer Prüfstein für die Leistungsfähigkeit der EG wird die Sanierung der Umwelt auf dem Gebiet der fünf neuen Bundesländer sein[20]. Einen ersten Schritt dazu stellte das Handels- und Kooperationsabkommen zwischen der Gemeinschaft und der im Zeitpunkt des Vertragsschlußes noch bestehenden DDR dar[21], in dem auch eine Zusammenarbeit auf dem Gebiet des Umweltschutzes vereinbart war[22]. Seit dem 3. Oktober 1990 gilt nach Art. 10 des Einigungsvertrages das Recht der Europäischen Gemeinschaft auch auf dem Gebiet der neuen Länder, soweit die zuständigen Gemeinschaftsorgane nicht Ausnahme- oder Übergangsregelungen erlassen. Im Bereich des Umweltrechts hat die Kommission solche Maßnahmen für die Materien vorgeschla-

---

16 FAZ, Nr. 138 vom 18.6.1990, 2.

17 Art. 19 VO (EWG) Nr. 1210/90 des Rates vom 7.5.1990, ABl. 1990, L 120, 1 (5). Der BT hat zudem gefordert, daß Berlin Standort der Agentur wird, weil nur auf diese Weise die Offenheit nach Osten signifikant zum Ausdruck gebracht werden könne (vgl. ZRP 1990, 80). Im Rat ist darüber noch keine Einigung erzielt worden, seitens der Kommission scheint Kopenhagen als Sitz favorisiert zu werden (FAZ, Nr. 151 vom 3.7.1990, 17).

18 Im Gespräch ist etwa eine Institutionalisierung der Konferenz über Sicherheit und Zusammenarbeit in Europa (KSZE), in deren Rahmen auch umweltschützende Initiativen erfolgen sollen (FAZ, Nr. 67 vom 20.3.1990, 17). Auf dem Gipfeltreffen der Staats- und Regierungschefs der 34 KSZE-Staaten Ende November 1990 in Paris wurde eine *„Charta für ein neues Europa“* verabschiedet. Von den darin enthaltenen 10 Leitprinzipien befaßt sich eines auch mit dem Thema *„Umwelt“* (abgedruckt in: FAZ, Nr. 272 vom 22.11.1990, 4 f.). Zur Rolle der Kommission bei Tagungen des Unterausschußes *„Umweltfragen“* der KSZE: *Behrens*, oben Fn. 10, 198.

19 Siehe etwa die Vorschläge von: *Muller*, Deutschland und die neue europäische Architektur, FAZ, Nr. 74 vom 28.3.1990, 11 f.; *Weidenfeld/Janning*, Die Zukunft des Kontinents, FAZ, Nr. 50 vom 28.2.1990, 8 sowie der etwas ältere Beitrag von: *Mertes/Prill*, Der verhängnisvolle Irrtum eines Entweder-Oder, FAZ, Nr. 164 vom 19.7.1989, 8.

20 Zur aktuellen umweltpolitischen Situation in der ehemaligen DDR: *Kommission*, Die Europäische Gemeinschaft und die deutsche Vereinigung, Bull., Beil. 4/1990, 111 – 119; aus der Lit.: *Hübler*, UPR 1990, 241 ff.

21 Das Abkommen wurde am 13.3.1990 paraphiert und am 8.5.1990 in Brüssel unterzeichnet; umfassend dazu: *von Drygalski*, EWS 1990, 45; *Scherer*, EuZW 1990, 241 ff.; *Luttosch/Scherer*, BB 1990, Beilage 11, 9; insgesamt zum Verhältnis EG/DDR: *Scherer*, BB 1990, Beilage 16, 11 ff.

22 Art. 22 II, der im 4. Kapitel über wirtschaftliche Zusammenarbeit angesiedelt ist, nennt den Umweltschutz als Gebietgegenseitigen Interesses. Im einzelnen wird vor allem der Schutz der Atmosphäre und die Bekämpfung der Wasserverschmutzung anvisiert, vgl. *Scherer*, EuZW 1990, 244.

gen, in denen gemeinschaftliche Bestimmungen bei Herstellung der staatlichen Einheit Deutschlands nicht eingehalten werden konnten[23].

Den soeben genannten anspruchsvollen Aufgaben kann die Gemeinschaft aber nur dann gerecht werden, wenn ihre inneren Strukturen gestärkt und den skizzierten Herausforderungen angepaßt werden[24]. Dazu haben die zwölf Staats- und Regierungschefs im Dezember 1990 zwei Regierungskonferenzen zur Herstellung einer Politischen Union und der Wirtschafts- und Währungsunion einberufen[25]. Es geht dabei vor allem um drei Ziele: das Demokratiedefizit soll durch eine Erweiterung der Rechte des Europäischen Parlaments abgebaut werden; die Gemeinschaftsorgane, vor allem Kommission und Rat, sollen in ihrer Arbeit gestärkt werden und nach außen soll die Rolle der Gemeinschaft durch eine gemeinsame Außen- und Sicherheitspolitik verdeutlicht werden. Im einzelnen sind jedoch alle drei Ziele umstritten[26]. Die lediglich in beratender Funktion teilnehmende Kommission hat bereits einen Vertragsentwurf vorgelegt, der den EWG-Vertrag ersetzen soll. Darin ist unter anderem zwar eine Stärkung der Befugnisse des Parlaments vorgesehen, im Gesetzgebungsverfahren soll das Initiativrecht jedoch bei der Kommission verbleiben[27]. Das Parlament seinerseits fordert dagegen dieses Vorschlagsrecht sowie das Recht zur gemeinsamen Beschlußfassung mit dem Rat über die Legislativakte der Gemeinschaft[28]. Nach Vorstellung der italienischen Regierung soll der Rat künftig grundsätzlich Mehrheitsentscheidungen treffen, ferner soll das Parlament volle Mitentscheidungsrechte erhalten. Hingegen verlangen wieder andere die Einrichtung eines Zwei-Kammer-Systems, bestehend aus dem Europäischen Parlament als Unter- und dem Rat als Oberhaus[29]. Klar scheint demnach nur, daß der Gesetzgebungsprozeß auf Gemeinschaftsebene mittelfristig eine nachhaltige Änderung erfahren wird. Große Teile des Inhalts dieser Arbeit werden somit aller Voraussicht nach in absehbarer Zeit überholt sein, wenn auch das der modifizierten Intensitätsmethode zugrundeliegende Abgrenzungsmodell an eine geänderte Rechtslage angepaßt werden kann.

Die generelle Ausrichtung der europäischen Integrationsbewegung auf die Sicherung des Friedens wird hingegen bestehen bleiben[30]. Dieses Ziel findet sich als zentraler Bezugspunkt sowohl in der Präambel des EWG-Vertrags[31]

---

23 *Carl*, EuZW 1990, 564.

24 So der Vizepräsident der Kommission, *Andriessen*, in einer Rede an der Harvard-Universität im April 1990, FAZ, Nr. 98 vom 27.4.1990, 6; im Ergebnis ähnlich: *Grabitz*, Über die Verfassung des Binnenmarktes, in: Steindorff-FS, 1990, 1245.

25 FAZ, Nr. 293 vom 17.12.1990, 1 f., 12; Überlegungen zum Inhalt einer solchen Union finden sich etwa bei: *Rupp*, ZRP 1990, 1 ff.; *Zuleeg*, ZRP 1976, 118 ff. jeweils m.w.N.

26 Vgl. EuZW 1990, 559 f.

27 EuZW 1990, 524.

28 EuZW 1990, 79, 302 f.; FAZ, Nr. 273 vom 23.11.1990, 9.

29 *Haneklaus*, DVBl. 1990, 1141; zu den Vorstellungen des Bundesrates siehe: BR.-Dr. 220/90 und 550/90.

30 Stellvertretend für viele: *Zuleeg*, Europa und der Nationalstaat, in: Schefold (Hg.), ZERP, 1986, 9.

31 *„ENTSCHLOSSEN, durch diesen Zusammenschluß ihrer Wirtschaftskräfte Frieden und Freiheit zu wahren und zu festigen, ...“.*

als auch der der Einheitlichen Europäischen Akte[32]. In einer vom Rat Anfang Dezember 1989 abgegebenen „*Erklärung zu Mittel- und Osteuropa*" heißt es bekräftigend: „*Wir streben die Stärkung des Zustandes des Friedens in Europa an*, ..."[33]. Angesichts der weitreichenden Auswirkungen von Umweltzerstörungen als potentieller Quelle des Unfriedens[34] ist eine Ergänzung der Mittel zu konstatieren. Die Gemeinschaft ist nicht mehr nur auf die Schaffung materiellen Wohlstands ausgerichtet, sondern auch auf die Sicherung der natürlichen Lebensgrundlagen des Menschen. Eine darauf gerichtete Politik ist in Zukunft der beste Garant für eine stabile und dauerhafte Friedensordnung in Europa.

---

32 „..., *gemeinsam ihren eigenen Beitrag zur Wahrung des Weltfriedens und der internationalen Sicherheit zu leisten*, ...".

33 Vollständiger Text abgedruckt in: EA 1990, D 5 ff. (14).

34 Instruktiv mit vielen Beispielen: *Held*, ZAU 1990, 88 ff.; *Adam*, FAZ, Nr. 188 vom 15.8.1990, 27 spricht von der Vorstellung eines „*Klimakrieges*".

Ergebnisse

1. Effektive Umweltpolitik setzt das Bestehen einer funktionsfähigen Kompetenzordnung voraus, die alle Handlungsebenen in sinnvoller Weise koordiniert. Die Einheitliche Europäische Akte hat der Gemeinschaft zwar explizite Befugnisse auf diesem Gebiet zugewiesen, damit jedoch auch vielfältige neue Unklarheiten geschaffen. Klärungsbedürftig ist sowohl die Kompetenzverteilung zwischen der EG und ihren Mitgliedstaaten (vertikale Ebene) als auch die zwischen den einzelnen Gemeinschaftsorganen (horizontale Ebene).

2. In vorliegender Abhandlung wird Kompetenz verstanden als die positive, den zuständigen Organen der Gemeinschaft oder der Mitgliedstaaten zugewiesene Handlungsmacht, in Erfüllung der dem zugrundeliegenden Verband gestellten Aufgaben, verbindliches Recht in den dafür vorgeschriebenen Handlungsformen zu setzen.

3. Ausgangspunkt zur Bestimmung der vertikalen Kompetenzverteilung ist die Erkenntnis, daß die Gemeinschaftsorgane im Prinzip nur in den Bereichen zur Rechtsetzung befugt sind, die ihnen der EWG-Vertrag ausdrücklich zuweist. Auf diesen Sachgebieten ist die Allzuständigkeit der noch immer souveränen Mitgliedstaaten insoweit aufgehoben, als sie im Falle einer Normenkollision nicht mehr befugt sind, entgegenstehendes nationales Recht anzuwenden. In der Organpraxis hat dieses Prinzip der begrenzten Einzelermächtigung Ausnahmen erfahren. Insbesondere die Kompetenzen zur Rechtsangleichung nach Artt. 100 ff. EWGV sowie die Lückenschließungsbefugnis nach Art. 235 EWGV ermächtigen den Rat zu sachlich nahezu uneingeschränkter Rechtsetzung. In der neueren Rechtsprechung des Gerichtshofs ist jedoch eine Tendenz erkennbar, den Anwendungsbereich dieser Ermächtigungen zugunsten einer Aufwertung sachlich begrenzter Kompetenznormen zu beschneiden. Somit gilt der Einzelermächtigungsgrundsatz als allgemeine Maxime noch immer fort.

4. Für eine Systematisierung der Rechtsetzungsermächtigungen des EWG-Vertrags bietet sich die Übernahme bekannter bundesstaatlicher Kategorien, wie beispielsweise die exklusiver und konkurrierender Kompetenzen an. Die Termini sind dann auf Gemeinschaftsebene anwendbar, wenn sie deren spezifischen Strukturen angepaßt werden. Diese Abwandlung hat dahingehend zu erfolgen, daß nicht der Verlust an Legislativkompetenzen, sondern die Befugnis zur Anwendbarkeit mitgliedstaatlichen Rechts die Bezugsgröße darstellt. Danach existieren die drei Gruppen der ausschließlichen, konkurrierenden und parallelen Gemeinschaftskompetenzen. Die umweltrechtlich bedeutsamen Rechtsetzungsermächtigungen des EWG-Vertrags, also die Artt. 43 Abs. 2

Uabs. 3, 75, 84 Abs. 2, 99, 100 Uabs. 1, 100 a Abs. 1 Satz 2, 100 b Abs. 1 Uabs. 2, 101 Uabs. 2 Satz 1, 118 a Abs. 2 Satz 1, 130 e Uabs. 1, 130 q Abs. 2 Satz 1 sowie die Befugnisse nach dem Vertragstitel *„Umwelt"* sind der Kategorie konkurrierender Kompetenzen zuzuordnen. Dies folgt daraus, daß sich keiner der genannten Bestimmungen ein an die Mitgliedstaaten gerichtetes Verbot entnehmen läßt, eigenes Recht anzuwenden, auch wenn die Gemeinschaft noch nicht legislativ tätig geworden ist.

5. Im Titel *„Umwelt"* des EWG-Vertrags stellt Art. 130 s EWGV die alleinige Kompetenznorm dar, während Art. 130 r Abs. 1 EWGV lediglich die Ziele gemeinschaftlicher Umweltpolitik formuliert. Die entgegengesetzte Auffassung, wonach Art. 130 r Abs. 1 EWGV die Verbandskompetenz der EG begründe, während Art. 130 s EWGV nur eine ergänzende Bedeutung hinsichtlich der Organkompetenzen zukomme, überzeugt demgegenüber nicht. Zum einen wird an keiner anderen Stelle des Vertrags ausdrücklich zwischen Verbands- und Organkompetenzen unterschieden. Zum anderen ist in Wortlaut und Formulierung eine Parallelität zwischen Art. 130 r Abs. 1 EWGV und den Artt. 2, 3 EWGV zu konstatieren. Bei den letztgenannten Bestimmungen handelt es sich aber lediglich um Aufgabenzuweisungen an die Gemeinschaft, nicht aber um Rechtsetzungsermächtigunen. Die hier vertretene Auffassung steht schließlich auch in Einklang mit der ständigen Praxis der Gemeinschaftsorgane, die bei Erlaß von Maßnahmen aufgrund des Vertragstitels *„Umwelt"* bislang ausnahmslos Art. 130 s EWGV, nicht aber Art. 130 r Abs. 1 EWGV herangezogen haben.

6. Der EWG-Vertrag differenziert zwischen dem Begriff der sozialen und dem der natürlichen Umwelt. Den Artt. 130 r bis 130 t EWGV liegt der natürliche Umweltbegriff zugrunde, der die Medien Boden, Luft und Wasser einschließlich des Lebensraums aller Lebewesen umfaßt. Angesichts des in Westeuropa erreichten zivilisatorischen Entwicklungsstandes ist er dahingehend zu erweitern, daß auch die vom Menschen geformte natürliche Umwelt einbezogen ist. Im Mittelpunkt stehen dabei die Ziele des Schutzes, der Erhaltung und der Wiederherstellung der natürlichen Lebensgrundlagen des Menschen, die auf Gemeinschaftsebene in einem umfassenden Sinne verfolgt werden sollen. Damit ist der gemeinschaftliche Umweltbegriff in räumlicher wie sachlicher Hinsicht inhaltsoffen und entwicklungsfähig.

7. Dem weiten Umweltbegriff entsprechend ist auch der des Umweltrechts extensiv zu fassen. Demnach setzt sich das Umweltrecht aus sämtlichen verbindlichen Rechtsnormen, die eine Auswirkung auf die natürliche Umwelt im oben genannten Sinne haben, zusammen. Diese Zuordnung schließt die Zugehörigkeit einer Bestimmung zu einem anderen Rechtsgebiet nicht aus.

8. Der Umweltschutz hat als wesentliches Vertragsziel Anerkennung gefunden. Aus dem vertraglichen Novum der Querschnittsklausel gemäß Art. 130 r Abs. 2 Satz 2 EWGV folgt, daß er im Rang sämtlichen anderen primärrechtlichen Finalitäten vorgeht. Der Priorität des Umweltschutzes ist bei der Rechtsetzung Rechnung zu tragen. Insbesondere ist den in Art. 130 r EWGV nieder-

gelegten materiellen Determinanten gemeinschaftlicher Umweltgesetzgebung nachzukommen. Den genannten Vorschriften ist ein inhaltlich überzeugendes Innovationspotential immanent. Eine Relativierung der Belange des Umweltschutzes ist in Einzelfällen ausnahmsweise dann gerechtfertigt, wenn dadurch die Umwelt nicht irreparabel geschädigt wird und die betreffende Maßnahme zur Abwehr schwerer Gefahren für ein überragend wichtiges Gemeinschaftsgut zwingend notwendig ist.

9. Das gemeinschaftliche Rechtsetzungsverfahren setzt sich im Grundsatz aus den drei Elementen der Initiative, Beratung und Entscheidung zusammen; ein einheitliches Verfahren existiert jedoch nicht. Die jeweils einschlägigen Verfahrensvoraussetzungen, über die die Organe grundsätzlich keine Verfügungsgewalt besitzen, ergeben sich direkt aus den einzelnen Ermächtigungen. Praktisch relevante Unterschiede sind vor allem bei den Mitwirkungsbefugnissen des Parlaments und dem Beschlußmodus im Rat zu verzeichnen. Die Wahl der Rechtsgrundlage bestimmt somit das anwendbare Gesetzgebungsverfahren und vermag zudem Einfluß auf den Inhalt einer Maßnahme zu haben. Schließlich hängt davon auch die verfügbare Handlungsform gemäß Art. 189 EWGV sowie der Umfang mitgliedstaatlichen Handlungsspielraums ab.

10. Art. 130 s EWGV eröffnet die Möglichkeit eines zweistufigen Rechtsetzungsverfahrens. Nach Absatz eins der Vorschrift steht das Initiativrecht der Kommission zu, Parlament sowie Wirtschafts- und Sozialausschuß sind obligatorisch zu konsultieren, bevor der Rat einstimmig entscheidet. Er kann in vollem Umfang von dem in Art. 189 EWGV genannten Regelungsinstrumentarium Gebrauch machen. Die Möglichkeit zur Mehrheitsentscheidung nach Art. 130 s Abs. 2 EWGV ist fakultativ. Kraft ausdrücklichen Verweises entspricht das Rechtsetzungsverfahren bei Art. 130 s Abs. 2 EWGV dem des Absatzes eins. Als Handlungsformen stehen dem Rat ebenfalls die in Art. 189 EWGV aufgeführten zur Verfügung.

11. Insgesamt ist die Vertragsermächtigung nach Art. 130 s EWGV damit potentiell imstande, als zentrale Kompetenznorm für alle Vorhaben zu dienen, die Auswirkungen auf die Umwelt haben. Der genaue Umfang des Anwendungsbereichs dieser Vorschrift kann aber erst dann verbindlich geklärt werden, wenn einerseits feststeht, wann die Gemeinschaft überhaupt nach dieser Bestimmung tätig werden kann (Art. 130 r Abs. 4 Satz 1 EWGV) und andererseits das Konkurrenzverhältnis von Art. 130 s EWGV zu anderen Einzelermächtigungen des Vertrags geklärt ist.

12. Art. 130 r Abs. 4 Satz 1 EWGV stellt eine rechtsverbindliche Bestimmung dar, die den Umfang der Gemeinschaftskompetenzen im Umweltbereich konstitutiv festlegt. Die Norm statuiert einen allgemeinen Zuständigkeitsvorrang kleinerer Organisationseinheiten und schreibt damit das Subsidiaritätsprinzip bei der Kompetenzverteilung zwischen der Gemeinschaft und den Mitgliedstaaten fest. Art. 130 r Abs. 4 Satz 1 EWGV bringt jedoch kein striktes Rangverhältnis zum Ausdruck, sondern bezweckt eine flexible Form der Zusammenarbeit und gegenseitigen Abstimmung verschiedener Handlungsebe-

nen. Danach ist die EG, zumindest neben den einzelnen Staaten, immer dann zuständig, wenn eine von den Gemeinschaftsorganen vorzunehmende ex-ante Beurteilung ergibt, daß ein gemeinschaftliches Vorgehen geeignet ist, die in Art. 130 r Abs. 1 EWGV genannten Ziele effektiver zu verwirklichen als ein isoliertes Tätigwerden der Mitgliedstaaten. Im Vergleich zur Rechtslage vor Inkrafttreten der EEA sind dadurch die Gemeinschaftsbefugnisse nicht eingeschränkt, sondern eher noch erweitert.

13. Weiterhin erwächst den Gemeinschaftsorganen aus Art. 130 r Abs. 4 Satz 1 EWGV eine Prognosepflicht. Sie sind gehalten, Gefahren für die Umwelt zu registrieren sowie zu untersuchen, ob ein gemeinschaftliches Tätigwerden im Sinne von Art. 130 r Abs. 4 Satz 1 EWGV erforderlich ist. Steht danach fest, daß die Voraussetzungen der Norm erfüllt sind, folgt aus dem Zusammenspiel mit Art. 130 s EWGV eine obligatorische gemeinschaftliche Handlungspflicht zur Optimierung des Umweltrechts. Der Gerichtshof überprüft im Rahmen seiner Zuständigkeiten, ob die Gemeinschaftsorgane dem Optimierungsgebot gerecht werden; wegen des unbestimmten Rechtsbegriffs „*besser*" sowie der vielen unterschiedlichen Parameter in Art. 130 r Abs. 1 bis 3 EWGV kommt dem Rat faktisch allerdings ein weiter Ermessensspielraum zu. Die Mitgliedstaaten sind aus dem Zusammenspiel der Artt. 130 r Abs. 4 Satz 1, 130 s, 5 EWGV rechtlich verpflichtet, die EG umfassend und rechtzeitig über alle bestehenden Rechts- und Verwaltungsvorschriften sowie sämtliche konkret geplanten Gesetzesvorhaben umweltschützenden Inhalts zu informieren.

14. Art. 130 s EWGV verleiht den Gemeinschaftsorganen nicht die einzige und ausschließliche Befugnis zur Rechtsetzung im Umweltbereich. Insbesondere Art. 100 a Abs. 1 Satz 2 EWGV, aber auch andere Vertragsermächtigungen setzen sie in den Stand, Rechtsnormen zu schaffen, die Auswirkungen auf die Umwelt haben. Die somit notwendige Abgrenzung des Anwendungsbereichs vertraglicher Kompetenznormen bemißt sich nach der einschlägigen Rechtsprechung des Gerichtshofs zur Wahl der Rechtsgrundlage und Systematisierungen des Schrifttums. Danach ist von einem zweistufigen Abgrenzungsmodell auszugehen. Wenn zwischen den in Betracht kommenden Vorschriften ein methodisches Konkurrenzverhältnis besteht, d. h. wenn nach allgemeinen Grundsätzen, wie etwa denen der Spezialität und Subsidiarität, die Anwendbarkeit der einen die der anderen ausschließt, ist dies zwingend zu beachten. Liegt hingegen kein methodisches Konkurrenzverhältnis vor, richtet sich die Abgrenzung vor allem nach dem objektiven Inhalt der Maßnahme. In einer wertenden Gesamtschau ist ihr Regelungsschwerpunkt zu ermitteln. Einschlägig ist die Rechtsgrundlage, deren zugrundeliegendes Sachgebiet die intensivste Nähe zum Inhalt des Rechtsakts aufweist (sog. Intensitätsmethode).

15. Die Anwendung dieses zweistufigen Modells auf die Abgrenzung von Art. 130 s EWGV zu Art. 100 a EWGV ergibt, daß keine der beiden Normen im Verhältnis der Spezialität oder Subsidiarität zur anderen steht. Die somit einschlägige Intensitätsmethode ist im Bereich des Umweltrechts modifizie-

rungsbedürftig, weil die ihr immanente Rechtsunsicherheit eine Nivellierung des Vertragsziels Umweltschutz zur Folge hat.

16. Ziel der Anpassung der Intensitätsmethode ist, daß der grundsätzliche Vorrang des Umweltschutzes auch bei der Wahl der Rechtsgrundlage zum Ausdruck kommt. Dazu soll die Methode soweit verändert werden, daß jene Kompetenznorm bevorzugt herangezogen wird, die die besten Voraussetzungen für eine Berücksichtigung ökologischer Belange bietet. Dies ist Art. 130 s EWGV, weil die materiellen Bindungen gemäß Art. 130 r Abs. 1 bis 4 EWGV eine umweltgerechte Rechtsetzung ermöglichen und weithin sicherstellen. Hingegen ist die Bedeutung des Umweltschutzes bei der binnenmarktfinalen Harmonisierung nach Art. 100 a Abs. 3 EWGV ausdrücklich relativiert. Auch die sonstigen Vertragsermächtigungen dienen, trotz der Querschnittsklausel des Art. 130 r Abs. 2 Satz 2 EWGV, diesem Rechtsgut nicht in optimaler Weise, weil zumindest das Subsidiaritätsprinzip gemäß Art. 130 r Abs. 4 Satz 1 EWGV nicht in andere Politikbereiche transferiert wird.

17. Das anvisierte Ziel läßt sich durch die Einbeziehung des Grundsatzes bestmöglichen Umweltschutzes, eines Allgemeinen Rechtsgrundsatzes des Europäischen Gemeinschaftsrechts, erreichen. In seiner Funktion als horizontale Kompetenzregel bewirkt er bei der Wahl der Rechtsgrundlage eine Vermutung für die Einschlägigkeit von Art. 130 s EWGV, ohne daß das Intensitätskriterium aufgegeben wird. Die Vorschrift gelangt immer dann zur Anwendung, wenn ein Rechtsakt unmittelbar und primär zur Verwirklichung der in Art. 130 r Abs. 1 EWGV genannten Finalitäten beiträgt. Für Maßnahmen, bei denen der Umweltschutz zwar nicht das Hauptziel, aber doch erkennbar einbezogen und im Verhältnis zu anderen Regelungszwecken nicht völlig untergeordnet ist, besteht eine widerlegbare Vermutung für die Anwendbarkeit von Art. 130 s EWGV. Bei Rechtsakten mit marginal umweltschützenden Auswirkungen tritt die Vorschrift regelmäßig zugunsten anderer Vertragsermächtigungen zurück. Das so umschriebene Abgrenzungsmodell soll als modifizierte Intensitätsmethode bezeichnet werden.

18. Ihr Vorteil besteht darin, daß es sich um ein für den gesamten Bereich des Umweltrechts taugliches, dogmatisch stimmiges und praktikables Differenzierungsmodell handelt, das zu klaren Ergebnisssen führt. Ferner trägt es in optimaler Weise den Belangen des Umweltschutzes Rechnung. Demgegenüber fällt die Auswirkung, daß wegen der bevorzugten Abstützung auf Art. 130 s EWGV das Kooperationsverfahren mit dem Parlament gemäß Art. 100 a Abs. 1 Satz 2 EWGV im Umweltrecht seltener zur Anwendung gelangt, nicht erheblich ins Gewicht, weil der demokratische Zugewinn gegenüber dem Konsultationsverfahren nur gering ist. Auch eine eventuelle Einbuße an Integrationsdynamik wegen des Erfordernisses einstimmiger Beschlußfassung nach Art. 130 s Abs. 1 EWGV gegenüber der Mehrheitsregel gemäß Art. 100 a Abs. 1 Satz 2 EWGV vermag die modifizierte Intensitätsmethode nicht in Zweifel zu ziehen. Die Praxis hat gezeigt, daß der Rat bei der Umweltrechtsetzung zumeist um Konsens bemüht ist; ferner verspricht dies einen höheren Grad an Akzeptanz und damit verbesserte Umsetzungs- und Vollzugschancen.

19. Obwohl die modifizierte Intensitätsmethode dazu führt, daß weite Bereiche gemeinschaftlicher Umweltrechtsetzung auf Art. 130 s EWGV zu stützen sind, weisen andere Vertragsermächtigungen einen begrenzten umweltpolitischen Anwendungsbereich auf. Auf dem Gebiet des Agrarumweltrechts ist Art. 43 Abs. 2 Uabs. 3 EWGV dann einschlägig, wenn die ökologischen Aspekte einer Maßnahme dem agrarpolitischen Hauptzweck derart untergeordnet sind, daß nach der Intensitätsmethode kein vernünftiger Zweifel an der Einschlägigkeit des Vertragstitels über die Landwirtschaft (Artt. 38 ff. EWGV) besteht. Entsprechendes gilt für die Abgrenzung der verkehrspolitischen Befugnisse gemäß Artt. 75, 84 Abs. 2 EWGV von Art. 130 s EWGV.

20. Die Einführung von Umweltabgaben ist auf der Grundlage des EWG-Vertrags zulässig. Die kompetenzielle Abstützung kann sowohl auf Art. 130 s EWGV wie auch auf Art. 99 EWGV erfolgen. Letztgenannte Vorschrift erfaßt aber lediglich indirekte Steuern, die einen Bezug zum Binnenmarkt haben. Der Begriff des Binnenmarktes ist weiter als der des Gemeinsamen Marktes; er umfaßt sämtliche Merkmale des Gemeinsamen Marktes zuzüglich der Beseitigung aller physischen, technischen und steuerlichen Schranken. Der Umweltschutz ist zwar kein eigenständiges Merkmal des Binnenmarktes, ökologische Belange sind bei dessen Errichtung und Aufrechterhaltung jedoch insoweit einzubeziehen, als die betreffende Maßnahme zugleich Auswirkungen auf die Umwelt zeitigt. Die Abgrenzung von Art. 130 s EWGV zu Art. 99 EWGV bemißt sich ebenfalls nach der modifizierten Intensitätsmethode. Der Gesetzgeber ist zwar befugt, rechtlich aber nicht verpflichtet, Umweltabgaben einzuführen.

21. Das Verhältnis der allgemeinen Harmonisierungskompetenzen gemäß Artt. 100 bis 102 EWGV zu Art. 130 s EWGV richtet sich erneut nach der modifizierten Intensitätsmethode. Die Relativierung der Belange des Umweltschutzes durch die Schutzniveauklausel des Art. 100 a Abs. 3 EWGV gilt für sämtliche der allgemeinen Rechtsangleichungskompetenzen. Art. 100 EWGV ist nur noch in Sachgebieten anwendbar, die nicht von Art. 100 a EWGV erfaßt werden; praktisch relevant sind nur die umweltbezogenen direkten Steuern, die gemäß Art. 100 a Abs. 2 EWGV vom Geltungsbereich der Norm ausgenommen sind. Art. 100 a EWGV selbst ist dann als Rechtsgrundlage heranzuziehen, wenn die umweltschützende Maßnahme in besonders engem Zusammenhang zum Binnenmarktprogramm steht. Dies ist im Wege einer umfassenden Gesamtschau in jedem Einzelfall zu prüfen. Die ausnahmslose Zuweisung aller produktbezogenen Regelungen zu Art. 100 a EWGV ist damit unvereinbar, auch wenn letztlich ein nicht unbedeutender Teil dieser Normkategorie darunter zu fassen sein wird. Von Gleichwertigkeitsbeschlüssen nach Art. 100 b Abs. 1 Uabs. 2 EWGV können umweltrelevante Bestimmungen ebenfalls erfaßt werden. Die analog anwendbare Schutzniveauklausel des Art. 100 a Abs. 3 EWGV wirkt sich im Rahmen von Art. 100 b EWGV dahingehend aus, daß der Kommission die Ausübung ihres Initiativrechts nur gestattet ist, wenn in allen Mitgliedstaaten Vorschriften bestehen, die einen hohen Schutzstandard aufweisen.

22. Die Ermächtigungen nach Artt. 130 s und 118 a Abs. 2 Uabs. 1 EWGV stehen nicht im Verhältnis der Spezialität, ihre Abgrenzung bemißt sich folglich nach der modifizierten Intensitätsmethode. Art. 130 s EWGV ist auch die Grundlage gemeinschaftlicher Umweltschutzbeihilfen, die trotz des in Art. 130 r Abs. 2 Satz 1 EWGV festgeschriebenen Verursacherprinzips in eingeschränktem Umfang zulässig sind, sofern ihre Gewährung wettbewerbsneutral erfolgt. Rechtsgrundlage regionalpolitischer Umweltbeihilfen können zudem die Artt. 130 c, 130 e Abs. 1 EWGV sein. Umweltforschungsprogramme können sowohl auf Art. 130 s EWGV wie auf Art. 130 q Abs. 2 Satz 1 EWGV gestützt werden; zur Abgrenzung ist wiederum die modifizierte Intensitätsmethode heranzuziehen. Die Lückenschließungsklausel nach Art. 235 EWGV ist seit Inkrafttreten der EEA im Bereich des Umweltrechts unanwendbar, da Art. 130 s EWGV der Gemeinschaft umfassende Befugnisse gewährt.

23. Zumeist führt die modifizierte Intensitätsmethode dazu, daß eine Ermächtigungsnorm zur Abstützung des gesamten Rechtsaktes ausreicht. Dennoch ist in der Praxis nicht auszuschließen, daß derart viele und unterschiedliche Einzelmaßnahmen in einem Gesetz zusammengefaßt werden, daß es zu dessen vertraglicher Abstützung mehr als einer Rechtsgrundlage bedarf. Dies ist zulässig, wenn die betreffenden Vorschriften nach allgemeinen methodischen Grundsätzen nebeneinander anwendbar sind und die Wahl doppelter Ermächtigungen sich auf objektive, gerichtlich nachprüfbare Umstände gründet.

24. Hinsichtlich der Ausgestaltung des Gesetzgebungsverfahrens ist bei der Heranziehung doppelter Rechtsgrundlagen danach zu differenzieren, ob der betreffende Rechtsakt inhaltlich in mindestens zwei unterscheidbare Einzelkomplexe teilbar ist. In diesem Fall hat jede der beiden Normen zur Abstützung mindestens eines solchen Sachbereichs zu dienen. Sehen beide Vorschriften die gleichen formellen Voraussetzungen vor, findet ein einheitliches Rechtsetzungsverfahren statt. Wenn der Beschlußmodus oder die Mitwirkungsbefugnisse hingegen unterschiedlich ausgestaltet sind, gelten für die einzelnen Teile einer Maßnahme die jeweils einschlägigen Verfahrensmodalitäten. Bei der Konstellation, daß die einzelnen Teilbereiche eines Rechtsaktes unauflösbar miteinander verbunden sind, findet erneut ein einheitliches Verfahren statt. Da den Organen sowohl eine Mißachtung des Demokratieprinzips bei der Beteiligung des Parlaments als auch eine Erschwerung des Beschlußverfahrens im Rat verwehrt ist, gelten jeweils die strengsten Anforderungen, die in den zugrundegelegten Kompetenznormen enthalten sind.

25. Danach ist die gemeinsame Heranziehung der Artt. 130 s und 43 Abs. 2 Uabs. 3 EWGV grundsätzlich zulässig. Da beide Vorschriften lediglich die Anhörung des Parlaments vorsehen, können diese Mitwirkungsbefugnisse einheitlich für den gesamten Rechtsakt wahrgenommen werden. Für die Ausgestaltung des Beschlußverfahrens ist maßgeblich, ob Absatz eins oder zwei von Art. 130 s EWGV gemeinsam mit Art. 43 Abs. 2 Uabs. 3 EWGV herangezogen wird. Sofern sich der Rechtsakt im ersten Fall aufspalten läßt, gilt jeweils der Beschlußmodus, der in der zugrundeliegenden Bestimmung genannt ist. Wenn eine solche Trennung nicht möglich ist, kann die Maßnahme in einem

einheitlichen Verfahren mit qualifizierter Mehrheit verabschiedet werden. Das gleiche gilt für die zweitgenannte Konstellation. Umweltrechtsakte können auch auf die Artt. 75 Abs. 1 lit. c), 84 Abs. 2, 99 EWGV jeweils in Verbindung mit Art. 130 s Abs. 1 bzw. Abs. 2 EWGV gegründet werden. Für die Ausgestaltung des Gesetzgebungsverfahrens gilt das Vorgenannte entsprechend. Hingegen läßt sich eine Maßnahme nicht zugleich auf Art. 130 s EWGV und eine der in Artt. 100 ff. EWGV genannten allgemeinen Harmonisierungskompetenzen gründen, weil den Belangen der Ökologie im Vertragstitel „*Umwelt*" und den Bestimmungen zur Rechtsangleichung ein jeweils unterschiedlicher Rang zugewiesen ist. Schließlich können die Artt. 118 a Abs. 2 Uabs. 1 bzw. 130 q Abs. 2 Satz 1 EWGV jeweils gemeinsam mit Art. 130 s EWGV zugrundegelegt werden. Läßt sich die Maßnahme inhaltlich nicht aufspalten, findet ein einheitliches Gesetzgebungsverfahren statt. Dabei erfolgt die Mitwirkung des Parlaments im Verfahren der Zusammenarbeit, der Rat kann mit qualifizierter Mehrheit beschließen. Wenn eine solche Aufteilung nicht möglich ist, findet ein getrenntes Verfahren statt, bei dem jeweils die in der betreffenden Ermächtigungsnorm genannten Voraussetzungen einschlägig sind.

26. Die Existenz vertraglicher Grundfreiheiten und Verbotstatbestände, die primärrechtliche Zuweisung von Legislativermächtigungen an die EG, die Ausschöpfung dieser Kompetenzen durch Schaffung von Sekundärrecht und schließlich dessen Anwendung haben vielfältige Auswirkungen auf den verbleibenden kompetenziellen Handlungsspielraum der Mitgliedstaaten. In rechtlicher Hinsicht bewirkt die Schaffung gemeinschaftlichen Sekundärrechts keinen Verlust staatlicher Regelungsbefugnis, weil die Mitgliedstaaten sich nicht mit dinglicher Wirkung ihrer Legislativkompetenzen begeben haben. Vielmehr ist mit der Lehre vom Anwendungsvorrang davon auszugehen, daß im Falle einer Normenkollision sowohl abweichendes nationales Recht, das vor Inkrafttreten der gemeinschaftlichen Regelung erlassen, als auch solches, das danach geschaffen wurde, lediglich unanwendbar ist. Aus diesem Grunde läßt sich allenfalls von einem faktischen Kompetenzverlust der Mitgliedstaaten sprechen. Das zur Anwendung gelangende nationale Recht ist jeweils gemeinschaftskonform auszulegen und ggf. sogar im Sinne des supranationalen Rechts fortzubilden.

27. Der verbleibende kompetenzielle Handlungsspielraum der Mitgliedstaaten auf dem Gebiet des Umweltrechts bemißt sich entscheidend danach, ob bereits eine gemeinschaftliche Regelung der Materie vorliegt oder nicht. Wenn die EG noch nicht tätig geworden ist, können die Mitgliedstaaten sämtliche Bestimmungen beibehalten bzw. ergreifen und anwenden, die mit den unmittelbar anwendbaren Bestimmungen des Gemeinschaftsrechts vereinbar sind. Unter dem Begriff der unmittelbaren Anwendbarkeit ist die Fähigkeit einer supranationalen Rechtsnorm zu verstehen, innerhalb der mitgliedstaatlichen Rechtsordnung, ohne ein Tätigwerden des jeweiligen nationalen Gesetzgebungsorgans, Rechtswirkungen zu entfalten. Das Bestehen einer solchen Direktwirkung ist jeweils durch Auslegung zu ermitteln. In primärrechtlicher

Hinsicht sind die Artt. 30 bis 36 EWGV, die die Warenverkehrsfreiheit sichern, zu beachten. Staatliche Umweltschutzsubventionen müssen mit den Vorschriften über die Zulässigkeit nationaler Beihilfen (Artt. 92 bis 94 EWGV) vereinbar sein. Umweltabgaben können dann erhoben werden, wenn sie nicht diskriminierend im Sinne von Art. 95 EWGV sind bzw. nicht dem Verbot der Artt. 9, 12 EWGV unterfallen. Schließlich muß die Regelung auch mit der Summe sekundärrechtlicher Bestimmungen in Einklang stehen. Die Ausübung nationaler Legislativbefugnisse ist unter Umständen an die Einhaltung bestimmter Stillhalte- und Informationspflichten gebunden, die sich aus dem Vertragsrecht, dem abgeleiteten Recht sowie dem soft law ergeben können.

28. Durch die EEA sind Kompetenzvorbehaltsklauseln in den Vertrag eingefügt worden, die im Bereich des Umweltrechts die Anwendung abweichenden nationalen Rechts ausdrücklich gestatten. Voraussetzung ist allerdings, daß dadurch den Belangen des Umweltschutzes besser Rechnung getragen wird. Das Gemeinschaftsrecht enthält insoweit nur noch Mindestregeln. Rechtspolitisch können sich solche nationalen Alleingänge positiv auswirken, wenn sie eine verbindliche Einführung strengerer Maßnahmen auf Gemeinschaftsebene zur Folge haben (Demonstrationseffekt). Faktisch ist ein solches Ausscheren bislang allerdings nicht existent.

29. Im Primärrecht sind drei ausdrückliche Kompetenzvorbehalte in den Vertrag eingefügt worden: Artt. 130 t, 100 a Abs. 4, 118 a Abs. 3 EWGV. Die Anwendung von Art. 130 t EWGV ist streng akzessorisch zur Kompetenznorm des Art. 130 s EWGV. Es kommt nicht darauf an, ob die Gemeinschaft zuvor einstimmig nach Art. 130 s Abs. 1 EWGV oder mit qualifiziertem Mehrheitsbeschluß nach Art. 130 s Abs. 2 EWGV gehandelt hat. Die Anwendungsbefugnis ist unabhängig vom vorangegangenen Abstimmungsverhalten im Rat. Der Begriff der „*Schutzmaßnahme*" ist untechnisch zu verstehen und bezieht sich auf sämtliche Handlungen, die auf der Grundlage von Art. 130 s EWGV ergriffen werden können. Die Notwendigkeit verstärkten Schutzes erstreckt sich gleichermaßen auf das angestrebte Ziel wie auch die dazu eingesetzten Mittel und Methoden. Der ausscherwillige Mitgliedstaat trägt für das Vorliegen der tatsächlichen Voraussetzungen die Beweislast. Das Vereinbarkeitskriterium bezieht sich im Grundsatz nur auf das gesamte Primärrecht. Ein Gebrauchmachen von Art. 130 t EWGV steht nach Maßgabe des Vertrags unter der Kontrolle des Gerichtshofs.

30. Art. 100 a Abs. 4 EWGV hat im Umweltrecht eine umfänglich zwar eingeschränkte, aber doch selbständige Bedeutung. Die Norm gilt nur bei Harmonisierungsmaßnahmen nach Art. 100 a Abs. 1 EWGV sowie kraft expliziten Verweises bei Gleichwertigkeitsbeschlüssen nach Art. 100 b EWGV. Die Anwendungsbefugnis hängt weder vom subjektiven Abstimmungsverhalten des ausscherwilligen Mitgliedstaats noch vom Abstimmungsmodus im Rat ab. Auch die Existenz einer sekundärrechtlichen Schutzklausel gemäß Art. 100 a Abs. 5 EWGV nimmt den Mitgliedstaaten nicht das Recht, von Art. 100 a Abs. 4 EWGV Gebrauch zu machen. Materiell ist erforderlich, daß die Maß-

nahme tatsächlich dem Umweltschutz dient und nicht unverhältnismäßig ist. Der Begriff *„anwenden"* in Art. 100 a Abs. 4 Uabs. 1 EWGV umfaßt gleichermaßen das Recht, bestehende Bestimmungen beizubehalten wie neue zu ergreifen. In formeller Hinsicht begründet die vorangehende Notifizierung gemäß Art. 100 a Abs. 4 Uabs. 1 letzter Halbsatz EWGV konstitutiv die Befugnis der Mitgliedstaaten, abweichendes nationales Recht anzuwenden. Die Nachprüfungsbefugnis der Kommission gemäß Art. 100 a Abs. 4 Uabs. 2 EWGV umfaßt über den Wortlaut der Norm hinaus das Vorliegen sämtlicher Tatbestandsvoraussetzungen des Art. 100 a Abs. 4 Uabs. 1 EWGV. In diesem Verfahren liegt die Beweislast bei der Kommission. Die Überprüfung durch den Gerichtshof gemäß Art. 100 a Abs. 4 Uabs. 3 EWGV erstreckt sich auf sämtliche materiellen und formellen Voraussetzungen von Art. 100 a Abs. 4 Uabs. 1, 2 EWGV. Dabei trägt der ausscherwillige Mitgliedstaat die Beweislast für die Gemeinschaftsrechtskonformität seines Vorgehens.

31. Art. 118 a Abs. 3 EWGV weist ebenfalls einen schmalen umweltpolitischen Handlungsspielraum auf. Die Vorschrift ist in allen wesentlichen Passagen identisch mit Art. 130 t EWGV, so daß die dortigen Ausführungen in entsprechender Weise für Art. 118 a Abs. 3 EWGV gelten. Schließlich vermag auch Art. 224 EWGV die Mitgliedstaaten zu eigenständiger Umweltgesetzgebung zu ermächtigen, sofern der Eintritt einer akuten Umweltkatastrophe zu einer schweren Störung der öffentlichen Ordnung in diesen Staaten führt. Wegen seines Ausnahmecharakters kann Art. 224 EWGV allerdings lediglich dann zur Anwendung gelangen, wenn nicht bereits andere Bestimmungen des Vertrags den Mitgliedstaaten entsprechende Freiräume gewähren.

32. Es ist vom politischen Gestaltungsermessen des Gemeinschaftsgesetzgebers gedeckt, den Mitgliedstaaten auf der Ebene abgeleiteten Rechts die Option einzuräumen, abweichendes nationales Recht anzuwenden. Art. 100 a Abs. 5 EWGV umschreibt in abschließender Weise das Anforderungsprofil an derartige nichtökonomischen Schutzklauseln bei der Inanspruchnahme der binnenmarktfinalen Harmonisierungskompetenz. Zwar gehört der Umweltschutz als solches nicht zu den geschützten Rechtsgütern, durch den Verweis auf Art. 36 EWGV werden jedoch die meisten ökologisch motivierten Handlungen abgedeckt. Inhaltlich gelten die Grundsätze der Cassis-Judikatur des Gerichtshofs in entsprechender Weise. Es muß sich um Maßnahmen handeln, die in zeitlicher wie sachlicher Hinsicht einen vorübergehenden Charakter aufweisen. Bei Vorliegen der Tatbestandsvoraussetzungen besteht eine Rechtspflicht zur Einführung von Schutzklauseln. Das gemeinschaftliche Kontrollverfahren ist inhaltlich an Art. 100 a Abs. 4 EWGV auszurichten; insbesondere die Verfahrenserleichterung nach Art. 100 a Abs. 4 Uabs. 3 EWGV gilt analog.

33. Es existieren verschiedene, graduell differierende Intensitätsstufen der „Positivintegration". Daraus können sich umfänglich unterschiedliche kompetenzielle Handlungsspielräume der Mitgliedstaaten ergeben. Bei der totalen Integration verbleibt ihnen keine Möglichkeit mehr, eigenes Recht anzuwenden. Die Methode der Mindestintegration ist dadurch gekennzeichnet, daß eine Schutzverstärkung auf nationaler Ebene rechtlich zulässig ist. Wenn sich die

Gemeinschaft der alternativen Integration bedient, steht es den Staaten frei, welche der zur Wahl gestellten Möglichkeiten sie ergreifen; faktisch können sich daraus beträchtliche Freiräume ergeben. Bei der optionellen Harmonisierung können die Mitgliedstaaten den gemeinschaftlichen Standard übertreffen oder unterbieten. Das gilt in gleicher Weise bei der partiellen Integration; es ist jedoch die Einschränkung zu beachten, daß davon lediglich innerstaatliche Transaktionen betroffen sein dürfen. Die sog. Neue Konzeption ist eine Sonderform der partiellen Integration. Die Mitgliedstaaten haben bei dieser Methode die Möglichkeit, durch Inanspruchnahme zwingend vorgeschriebener Schutzklauseln für ein national höheres Sicherheitsniveau zu sorgen.

34. Die Bewertung mitgliedstaatlicher Handlungsspielräume im Vergleich ergibt, daß die Artt. 130 t, 118 a Abs. 3 EWGV den einzelnen Ländern die größten Freiräume gewähren. Verfahrensrechtliche Restriktionen begrenzen den Umfang der nach Art. 100 a Abs. 4 EWGV gewährten Handlungsfreiheit. Ferner können sich unterschiedliche Spielräume auch aus dem gewählten Grad der „Positivintegration" ergeben. Damit ist umweltpolitischen Erfordernissen weithin Rechnung getragen, ohne daß das Ziel Binnenmarkt gefährdet oder einer Rechtszersplitterung Vorschub geleistet wäre. Zur Wahrung ökologischer Belange ist ein Zustand kompetenzieller Flexibilität geschaffen worden.

35. Aufgrund der ihr verliehenen Völkerrechtssubjektivität ist es der Gemeinschaft möglich, mit Drittstaaten oder internationalen Organisationen zum Zwecke des Schutzes der Umwelt zusammenzuarbeiten. Die Entfaltung einer gemeinschaftlichen Umweltaußenpolitik ist aus ökologischer Sicht notwendig, da Umweltprobleme mittlerweile ein globales Ausmaß angenommen haben und weder vor Staatsgrenzen noch Kontinenten Halt machen. Ökonomisch bietet sich ein solches Vorgehen deshalb an, weil international einheitliche Umweltstandards Wettbewerbsverzerrungen im Welthandel verhindern. Integrationspolitisch beugt ein Tätigwerden der EG einem unkoordinierten Handeln der Mitgliedstaaten vor und stärkt den Zusammenhalt in der Gemeinschaft. Die EG ist dementsprechend Vertragspartner einer zunehmenden Zahl völkerrechtlicher Umweltschutzübereinkommen.

36. Der Umfang auswärtiger Gewalt der Gemeinschaft ergibt sich ebenfalls aus dem Prinzip begrenzter Einzelermächtigung. Die Befugnisse können der EG entweder explizit verliehen sein oder sich implizit aus primärrechtlichen Bestimmungen ergeben. Nach der AETR-Judikatur des Gerichtshofs besteht eine Parallelität zwischen Innen- und Außenkompetenzen. Die Gemeinschaft ist jedenfalls dann zu internationalem Handeln befugt, wenn sie entweder im Innern bereits Recht gesetzt hat oder die Beteiligung an einem völkerrechtlichen Abkommen notwendig ist, um eines der Vertragsziele zu verwirklichen.

37. Art. 130 s EWGV ermächtigt die Gemeinschaft auch zum Abschluß internationaler Umweltschutzverträge; Art. 130 r Abs. 5 Uabs. 1 Satz 2 EWGV nimmt auf diese Befugnisse lediglich Bezug. Der Umfang gemeinschaftlicher Kompetenz ergibt sich – entgegen dem Wortlaut von Art. 130 r Abs. 5 Uabs. 2 EWGV – aus dem Subsidiaritätsprinzip nach Art. 130 r Abs. 4 Satz 1 EWGV

sowie dem genannten AETR-Urteil des Gerichtshofs einschließlich der dazu ergangenen Folgerechtsprechung. Im Ergebnis reichen die Gemeinschaftsbefugnisse zumindest so weit wie vor Inkrafttreten der EEA. Das Vertragsschlußverfahren bemißt sich nach den Artt. 130 r Abs. 5, 130 s, 228 EWGV.

38. Die Mitgliedstaaten sind immer dann befugt, umweltbezogene Abkommen zu schließen, wenn im Innern keine Regelungszuständigkeit der Gemeinschaft auf diesem Gebiet besteht. Zum zweiten folgt aus der AETR-Rechtsprechung, daß sie zusätzlich dann kompetent sind, wenn die Gemeinschaft ihre interne Zuständigkeit noch nicht durch Rechtsetzung aktualisiert hat und auch nicht den Abschluß eines Abkommens anstrebt, das zur Erreichung eines Vertragsziels notwendig ist. Damit besteht eine mitgliedstaatliche Kompetenz faktisch nur dann, wenn sich auf Gemeinschaftsebene der Erlaß interner Rechtsakte oder der Abschluß völkerrechtlicher Verträge politisch nicht durchsetzen läßt. Der EG kommt mithin ein umfassender Kompetenzausübungsvorrang zu. Im Innenverhältnis sind die Mitgliedstaaten jedoch befugt, von der Gemeinschaft geschlossene Abkommen durch die Anwendung strengerer Regeln zu übertreffen (Art. 130 t EWGV).

39. Vor Inkrafttreten der EEA war der Abschluß gemischter Umweltabkommen weit verbreitet. Aus Art. 130 r Abs. 5 Uabs. 1 Satz 1 EWGV läßt sich nicht entnehmen, daß diese Praxis nun rechtlich festgeschrieben ist. Art. 130 r Abs. 5 Uabs. 1 Satz 2 EWGV stellt klar, daß die Gemeinschaft auch ohne Beteiligung der einzelnen Staaten zum internationalen Vertragsschluß befugt ist. Angesichts des beträchtlichen Umfangs gemeinschaftlicher Außenkompetenzen steht zu erwarten, daß sie künftig von diesem Recht verstärkt Gebrauch machen wird.

40. Art. 130 s EWGV normiert die gemeinschaftlichen Umweltaußenkompetenzen nicht in abschließender Weise. Rechtsgrundlage auswärtiger umweltpolitischer Maßnahmen können auch die Artt. 113 f. EWGV sein, sofern die Handelspolitik betroffen ist. Der Begriff ist weit zu fassen und schließt sämtliche Maßnahmen ein, die das Handelsvolumen und die Handelsströme regeln.

41. Im Gegensatz zur Auffassung von Rechtsprechung und Literatur erfolgt die Abgrenzung von Art. 130 s EWGV zu Art. 113 EWGV nach der modifizierten Intensitätsmethode. Danach ist Art. 130 s EWGV bei allen außenbezogenen Rechtsakten und völkerrechtlichen Abkommen der Gemeinschaft einschlägig, wenn eine wertende Gesamtschau ergibt, daß die Maßnahme unmittelbar oder mittelbar den Zielen des Art. 130 r Abs. 1 EWGV dient und anderen Regelungszwecken nicht völlig untergeordnet ist. Bezweckt eine handelspolitische Regelung lediglich in geringer Intensität den Schutz der Umwelt ist Art. 113 EWGV einschlägig. Ist danach die Anwendbarkeit von Art 113 EWGV festgestellt, steht die Rechtsprechung des Gerichtshofs zur gemeinsamen Handelspolitik im Grundsatz jedem einzelstaatlichen Vorgehen im Wege. Im Schrifttum anzutreffende Versuche, den Handlungsspielraum der Mitgliedstaaten über die anerkannten engen Ausnahmen hinaus auszuweiten, überzeugen nicht.

42. Auch Assoziierungsabkommen nach Art. 238 EWGV können umweltpolitische Zielsetzungen aufweisen. Die Gemeinschaft hat vor allem bei ihrer Entwicklungspolitik von dieser Option Gebrauch gemacht (Lomé-Abkommen). Die Abgrenzung zwischen Art. 130 s EWGV und Art. 238 EWGV erfolgt ebenfalls nach der modifizierten Intensitätsmethode. Handelt die EG auf der Grundlage von Art. 238 EWGV, verbleiben den Mitgliedstaaten keine Restkompetenzen mehr, weil der Abschluß von Assoziierungsabkommen in die ausschließliche Zuständigkeit der Gemeinschaft fällt. Art. 235 EWGV ist im Rahmen der Umweltaußenpolitik ebenfalls nicht mehr anwendbar.

Literaturverzeichnis

Adam, Konrad: Die Umwelt als Waffe, Wie die Dritte Welt die Erste zu erpressen sucht, FAZ, Nr. 188 vom 15. August 1990, 27

Albrechtskirchinger, Georg: 1992 – Bilanz 1000 Tage vor dem Zieldatum, EuZW 1990, 41

Arndt, Hans-Wolfgang: Lenkung durch Steuern und sonstige Abgaben auf dem Gebiet des Wirtschaftsverwaltungsrechts, WiVerw 1990, 1 – 49

Arnold, Rainer: Der Abschluß gemischter Verträge durch die Europäischen Gemeinschaften, ArchVR 19 (1980/81), 419 – 456

Arnull, Anthony: European Communities, The Single European Act, ELRev 1986, 358 – 363

Badura, Peter: Der Sozialstaat, DÖV 1989, 491 – 499

Bangemann, Martin: Industrie und Umweltschutz: Kein Gegensatz, EG-Magazin, Nr. 12, 1990, 7 f.

Barth, Thomas: Ziele, Zuständigkeiten und Verfahren bei der Binnenmarkt-Rechtsetzung der EG, GewArch 1990, 89 – 96

Battis, Ulrich: Vereinheitlichung des Umweltrechts im europäischen Binnenmarkt?, NuR 1989, 365 – 369

Behrens, Fritz: Rechtsgrundlagen der Umweltpolitik der Europäischen Gemeinschaften, Beiträge zur Umweltgestaltung, Heft A 55, Berlin, 1976

– Umweltschutzsubventionen, Verursacherprinzip und Europäisches Gemeinschaftsrecht, EuR 1977, 240 – 258

– Die Umweltpolitik der Europäischen Gemeinschaften und Art. 235 EWGV, DVBl. 1978, 462 – 469

Behrens, Peter: Das Wirtschaftsrecht des Europäischen Binnenmarktes, Jura 1989, 561 – 577

Berendes, Konrad: Thesenpapier zum Bereich Kraftfahrzeugabgase, vorgelegt zur 13. Jahrestagung der Gesellschaft für Umweltrecht am 3. November 1989 in Berlin

Bernhard, Rudolf: Zur Auslegung des europäischen Gemeinschaftsrechts, in: Grewe, Wilhelm G./ Rupp, Hans/ Schneider, Hans (Hg.), Europäische Gerichtsbarkeit und nationale Verfassungsgerichtsbarkeit, Festschrift zum 70. Geburtstag von Hans Kutscher, Baden-Baden, 1981, 17 – 24

Bernhardt, Wilfried: Verfassungsprinzipien – Verfassungsgerichtsfunktionen – Verfassungsprozeßrecht im EWG-Vertrag, Schriften zum Öffentlichen Recht, Bd. 523, Berlin, 1987

Beutler, Bengt: Rechtsfragen des Konzertierungsverfahrens, in: Bieber, Roland et al. (Hg.), Das Europa der zweiten Generation, Gedächtnisschrift für Christoph Sasse, Bd. 1, Baden-Baden, 1981, 311 – 347

Beutler, Bengt/ *Bieber*, Roland/ *Pipkorn*, Jörn/ *Streil*, Jochen: Die Europäische Gemeinschaft – Rechtsordnung und Politik –, 3. Auflage, Baden-Baden, 1987,

Beyerlin, Ulrich: Die „neue" Umweltpolitik der Europäischen Gemeinschaften, Möglichkeiten und Grenzen der Kompetenzausschöpfung, UPR 1989, 361 – 364

Bieber, Roland: Zur Bedeutung der Einheitlichen Europäischen Akte für Rechtsentwicklung und Integrationskonzept der Europäischen Gemeinschaft, ÖZöRV 39 (1988), 211 – 236

– Das Gesetzgebungsverfahren der Zusammenarbeit gemäß Art. 149 EWGV, NJW 1989, 1395 – 1402

Bieber, Roland/ *Pantalis*, J./ *Schoo*, Johann: Implications of the single act for the european parliament, CMLRev 1986, 767 – 792

Binswanger, Hans Christoph/ *Meiners*, Hubert: Von der Wirtschaftsgemeinschaft (EWG) zur Wirtschafts- und Umweltgemeinschaft (EWUG), Aussenwirtschaft 1988, 399 – 421

Bischof, Werner: EG-Strahlenschutzrecht durch unmittelbar verbindliche Verordnung?, UPR 1988, 81 – 88

Bleckmann, Albert: Die Position des Völkerrechts im inneren Rechtsraum der Europäischen Gemeinschaften, JIR 18 (1975), 300 – 319

– Die Kompetenz der Europäischen Gemeinschaft zum Abschluß völkerrechtlicher Verträge, EuR 1977, 109 – 121

– Teleologie und dynamische Auslegung des Europäischen Gemeinschaftsrechts, EuR 1979, 239 – 260

– Nationales und europäisches Souveränitätsverständnis, Strukturalistisches Modelldenken im Europäischen Gemeinschaftsrecht und Völkerrecht, in: Ress, Georg (Hg.), Souveränitätsverständnis in den Europäischen Gemeinschaften, Baden-Baden, 1980, 33 – 70

– Die Rechtsprechung des Europäischen Gerichtshofes zur Gemeinschaftstreue, RIW 1981, 653 – 655

– Zu den Auslegungsmethoden des europäischen Gemeinschaftsrechts, NJW 1982, 1177 – 1182

– Die Bindungswirkung der Praxis der Organe und der Mitgliedstaaten der EG bei der Auslegung und Lückenfüllung des Europäischen Gemeinschaftsrechts: Die Rolle des Art. 5 EWG-Vertrag, in: Bieber, Roland/ Ress, Georg (Hg.), Die Dynamik des Europäischen Gemeinschaftsrechts/The dynamics of EC-law, Baden-Baden, 1987, 161 – 227

– Das System des Beihilfeverbots im EWG-Vertrag, WiVerw 1989, 75 – 91

– Chancen und Gefahren der europäischen Integration – Zum Demokratieprinzip in der EG – , JZ 1990, 301 – 306

– Politische Aspekte der europäischen Integration unter dem Vorzeichen des Binnenmarktes 1992, ZRP 1990, 265 – 268

– Europarecht, Das Recht der Europäischen Wirtschaftsgemeinschaft, 5. Auflage, Köln, Berlin, Bonn, München, 1990

Böhm, Reinhard: Kompetenzauslegung und Kompetenzlücken im Gemeinschaftsrecht. Ein Beitrag zur Klärung und Abgrenzung von effet utile, implied powers, resulting powers und Lükkenklauseln, Diss., Frankfurt/M., Bern, New-York, 1985

Böttcher, Winfried: Europafähigkeit durch Regionalisierung, ZRP 1990, 329 – 332

Boisserée, Klaus: Perspektiven für das Europäische Umweltrecht im Vierten Aktionsprogramm für den Umweltschutz, Jahrbuch des Umwelt- und Technikrechts 1988, 385 – 400

Bongaerts, Jan C.: Die Umweltpolitik der Europäischen Gemeinschaft 1988: Nach dem Europäischen Umweltjahr und im Vorfeld des Gemeinsamen Binnenmarktes, Schriftenreihe des IÖW 26/89, Berlin, 1989

Bongaerts, Jan C./ *Büttner*, Sebastian: Umweltpolitik, Jahrbuch der Europäischen Integration 1987/88, 185 – 195

Bongaerts, Jan C./ *Heinrichs*, Dirk: Umweltpolitik, Jahrbuch der Europäischen Integration 1986/87, 182 – 189

von Borries, Reimer (Hg.): Europarecht von A – Z, Vom Gemeinsamen Markt zur Europäischen Union, München, 1982

Bosco, Giacinto: Commentaire de l'acte unique européen des 17. – 28. fevrier 1987, CahDrEur 1987, 355 – 382

Bothe, Michael: The trends in both national and international politics for achieving a unification of standards in pollution matters, ZfU 1979, 293 – 311

– „Soft Law" in den Europäischen Gemeinschaften?, in: von Münch, Ingo (Hg.), Staatsrecht – Völkerrecht – Europarecht, Festschrift für Hans-Jürgen Schlochauer, Berlin, New-York, 1981, 761 – 775

Bothe, Michael/ *Gündling*, Lothar: Neuere Tendenzen des Umweltrechts im internationalen Vergleich, Umweltbundesamt (Hg.), Berichte 2/90, Berlin, 1990

Braatz, Ulrich: Umweltschutz in der EG: Fortschritte trotz Schneckentempo, Elektrizitätswirtschaft 1987, 169 – 171

Brammer, Silke: Die Kompetenzen der EG im Bereich Binnenmarkt nach der Einheitlichen Europäischen Akte, EUI Working Papers, No. 88/365, Florenz, 1988

Braun, Fernand: Der Binnenmarkt in der Gemeinschaft, in: Lukes, Rudolf (Hg.), Ein EWG-Binnenmarkt für Elektrizität – Realität oder Utopie, Köln, Berlin, Bonn, München, 1988, 43 – 52

Breuer, Rüdiger: Umweltschutzrecht, in: von Münch, Ingo (Hg.), Besonderes Verwaltungsrecht, 8. Auflage, Berlin u. a., 1988, 601 – 694

– Die internationale Orientierung von Umwelt- und Technikstandards im deutschen und europäischen Recht, Jahrbuch des Umwelt- und Technikrechts 1989, 43 – 116

Brinkhorst, Laurens-Jan: Die Vorhaben der EG-Kommission, in: Europäische Liga für wirtschaftliche Zusammenarbeit (Hg.), Die europäische Dimension im Umweltschutz, Frankfurt/M., 1988, 21 – 32

Brown, Lester R. et al. (Hg.): Worldwatch Institute Report, Daten zur Umwelt 89/90, Frankfurt/M., 1989

Brown, Neville: Der Treibhauseffekt: eine weltweite Herausforderung, EA 1989, 231 – 240

von Brünneck, Alexander: Die öffentliche Meinung in der EG als Verfassungsproblem, EuR 1989, 249 – 261

Bruha, Thomas: Rechtsangleichung in der Europäischen Wirtschaftsgemeinschaft, Deregulierung durch „Neue Strategie"?, ZaöRV 1986, 1 – 33

Bruha, Thomas/ *Münch*, Wolfgang: Stärkung der Durchführungsbefugnisse der Kommission; Anmerkungen zu Art. 10 der Einheitlichen Europäischen Akte, NJW 1987, 542 – 545

Bryde, Brun-Otto: Völker- und Europarecht als Alibi für Umweltschutzdefizite?, in: Gedächtnisschrift für Wolfgang Martens, Berlin, 1987, 769 – 787

Bugiel, Karsten/ *Meyer*, Hubert: Umweltschutz und Handlungsdefizite des Gesetzgebers – nur begrenzt ein Thema für die Verfassungsgerichtsbarkeit!, NJW 1985, 778 – 780

Bull, Hans-Peter: Die Staatsaufgaben nach dem Grundgesetz, 2. Auflage, Kronberg/Ts., 1977

Bungarten, Harald H.: Europäische Umweltpolitik, EA 1976, 681 – 686

– Umweltpolitik in Westeuropa. EG, internationale Organisationen und nationale Umweltpolitiken, Bonn, 1978

Burhenne, Wolfgang E. (Hg.): Internationales Umweltrecht – Multilaterale Verträge, Loseblattausgabe, Berlin, 1974 ff.

Canaris, Claus-Wilhelm: Die Feststellung von Lücken im Gesetz, 2. Auflage, Berlin, 1983

Capotorti, Francesco/ *Hilf*, Meinhard/ *Jacobs*, Francis/ *Jacqué*, Jean-Paul: Der Vertrag zur Gründung der Europäischen Union, Kommentar zum Entwurf des Europäischen Parlaments, Baden-Baden, 1986

Carl, Dieter: Die Gemeinschaft und die deutsche Einigung, EuZW 1990, 561 – 564

Cecchini, Paolo: Europa '92: Der Vorteil des Binnenmarktes, Baden-Baden, 1988

Cerexhe, Etienne: Einheitliche Europäische Akte, b) Welche Chancen bietet die Einheitliche Europäische Akte?, in: Knoche, Meinhard (Hg.), Wege zur europäischen Rechtsgemeinschaft, Koblenz, 1987, 52 – 62

Chabannes, Claire/ *Lecocq*, Vincent: L'aptitude de l'Europe à un accident nucléaire majeur. Evaluation du précédent de Tschernobyl, RevMC 1988, 389 – 395

Close, George: Harmonisation of laws: use or abuse of the powers under the EEC Treaty?, ELRev 1978, 461 – 481

Collins, Philip/ *Hutchings*, Michael: Articles 101 and 102 of the EEC-Treaty: Completing the Internal Market, ELRev 1986, 191 – 199

Constantinesco, Léontin-Jean: Das Recht der Europäischen Gemeinschaften I, Das institutionelle Recht, 1. Auflage, Baden-Baden, 1977

Corbett, Richard: Die neuen Verfahren nach der Einheitlichen Europäischen Akte: Mehr Einfluß für das Europäische Parlament, integration 1989, 22 – 29

Corcelle, Guy: L'introduction de la „voiture propre" en europe, RevMC 1985, 258 – 263

– L'introduction de la „voiture propre" en europe: suite et fin?, RevMC 1986, 125 – 131

– La „voiture propre" en europe: le bout du tunnel est en vue!, RevMC 1989, 513 – 526

– La dimension „environnement" du marché unique, RevMC 1990, 125 – 136

Council on Environmental Policy/Department of State (Hg.): Global 2000, Der Bericht an den Präsidenten, Frankfurt/M., 1980

Cova, Colette: Lomé IV: une convention pour 10 ans, RevMC 1990, 1 f.

Dahm, Georg/ *Delbrück*, Jost/ *Wolfrum*, Rüdiger: Völkerrecht, Bd. I/1, 2. Auflage, Berlin, New-York, 1989

Dauses, Manfred A.: Die Beteiligung der Europäischen Gemeinschaften an mulitlateralen Völkerrechtsübereinkommen, EuR 1979, 138 – 170

– Rechtliche Probleme der Abgrenzung der Vertragsschlußbefugnis der EG und der Mitgliedstaaten und die Auswirkung der verschiedenen Abgrenzungsmodelle, in: Ress, Georg (Hg.), Souveränitätsverständnis in den Europäischen Gemeinschaften, Baden-Baden, 1980, 171 – 202

– Das Vorabentscheidungsverfahren nach Art. 177 EWGV, Brüssel, Luxemburg, 1986

– Grundlagen der Rechtsprechung des Europäischen Gerichtshofes – Auswirkungen auf Bund und Länder, BayVBl. 1989, 609 – 617

– Die rechtliche Dimension des Binnenmarktes, EuZW 1990, 8 – 11

Delbrück, Kilian: Die Gentechnikrichtlinien der EG – echtsangleichung im europäischen Technikrecht, EuZW 1990, 371 – 376

Deutsch, Erwin: Urteilsanmerkung zu VGH Kassel, NJW 1990, 336, in: NJW 1990, 339

Deutsche Stiftung für Umweltpolitik (Hg.): Keine deutsche Umweltpolitik mehr? – Zur Verteilung der Landes-, Bundes- und Europa-Kompetenzen, Berlin, 1986

Di Fabio, Udo: Richtlinienkonformität als ranghöchstes Normauslegungsprinzip?, NJW 1990, 947 – 954

Dörr, Oliver/ *Rublack*, Susanne: Sondertagung der Staatsrechtslehrer in Berlin, NJW 1990, 1894 – 1897

Donkers, R. H.: Die niederländische Regierung und die EG-Umweltpolitik. Das Beispiel der EG-Politik zur Bekämpfung der Versäurung, in: Tudyka, Kurt (Hg.), Umweltpolitik in Ost-und Westeuropa, Opladen, 1988, 213 – 227

Dorn, Dietrich W.: Art. 235 EWGV – Prinzipien der Auslegung: die Generalermächtigung zur Rechtsetzung im Verfassungssystem der Gemeinschaften, Diss., Kehl am Rhein, Straßburg, Arlington, 1986

von Drygalski, Andrea: Die Beziehung zwischen EG und DDR nach Einführung der Wirtschafts- und Währungsunion, EWS 1990, 44 – 46

Duren, Jean: Le polleur-payeur: L'application et l'avenir du principe, RevMC 1987, 144 – 149

Eckert, Dieter: Die Angleichung des Lebensmittelrechts in der Europäischen Gemeinschaft, NJW 1967, 473 – 480

Ehlermann, Claus-Dieter: Grenzen der gemeinsamen Agrarpolitik, in: Agrarrecht der EWG, KSE, Bd. 10, Köln, Berlin, Bonn, München, 1969, 57 – 118

– Thesen zum 3. Kongreßthema des 10. F.I.D.E.-Kongresses in Dublin, 24. – 26.6.1982, EuR 1982, 284 – 287

– Die Einheitliche Europäische Akte: Die Reform der Organe, integration 1986, 101 – 107

– The internal market following the single european act, CMLRev 1987, 360 – 409

– Die rechtlichen Instrumentarien zur Verwirklichung eines Gemeinsamen Marktes nach dem EWG-Vertrag, in: Lukes, Rudolf (Hg.), Ein EWG-Binnenmarkt für Elektrizität – Realität oder Utopie, Köln, Berlin, Bonn, München, 1988, 28 – 42

Ehlers, Dirk: Das Wirtschaftsverwaltungsrecht im europäischen Binnenmarkt, NVwZ 1990, 810 – 816

Eiden, Christoph: Die Rechtsangleichung gemäß Art. 100 des EWG-Vertrages, Schriften zum Internationalen Recht, Band 31, Berlin, 1984

Emmerich, Volker: Auf dem Weg zum europäischen Binnenmarkt, WM 1990, 1 – 6

Emonds, Gerhard: Gemeinsame Durchführung des Washingtoner Artenschutzabkommens in der EG, NuR 1983, 138 – 140

– Gesetz zur Durchführung der EG-Verordnung zum Washingtoner Artenschutzübereinkommen, NuR 1984, 93 – 96

– CITES-Bescheinigungen und Greifvogelhandel, NuR 1986, 141 – 144

Endres, Alfred: Instumente der Umweltpolitik, ZRP 1985, 197 – 200

Enquete Kommission des 11. Deutschen Bundestages: Vorsorge zum Schutz der Erdatmosphäre, Zwischenbericht, Bonn, 1989

Erbguth, Wilfried: Rechtssystematische Grundfragen des Umweltrechts, Berlin, 1987

Ercman, Sevinc: Europäisches Umweltschutzrecht. Kritische Analyse, Tendenzen und Vorschläge, ZfRV 1978, 267 – 291

Eriskat, Hans/ *von Pander*, Joachim: Die neuen Euratom-Strahlenschutz-Richtlinien und ihre Anwendung in den Mitgliedstaaten der Europäischen Gemeinschaften, DVBl. 1984, 69 – 73

Ernst-Friedrich-Schumacher-Gesellschaft für politische Ökologie e. V. (Hg.): Schumacherbrief 18, Politische Ökologie, München, Januar 1990

Erste Konferenz der Umweltminister der Europäischen Gemeinschaften, Beiträge zur Umweltgestaltung, Heft A 17, Berlin, 1973

Europäischer Rat für Umweltrecht (CEDE): Die Umwelt im Vertrag zur Gründung der Europäischen Wirtschaftsgemeinschaft, geändert durch die Einheitliche Europäische Akte, in: Burhenne, W. E. (Hg.), Umweltrecht der Europäischen Gemeinschaften, Band 1, Beiträge zur Umweltgestaltung, A 54, Loseblattausgabe, Berlin, 1976, Stand: I – 88

Everling, Ulrich: Die allgemeine Ermächtigung der Europäischen Gemeinschaft zur Zielverwirklichung nach Art. 235 EWG-Vertrag, EuR-Sonderheft 1976, 2 – 26

– Zum Vorrang des EG-Rechts vor nationalem Recht, DVBl. 1985, 1201 – 1206

– Rechtsvereinheitlichung durch Richterrecht in der Europäischen Gemeinschaft, RabelsZ 50 (1986), 193 – 232

– Das Vorabentscheidungsverfahren vor dem Gerichtshof der Europäischen Gemeinschaften, Baden-Baden, 1986

– Gestaltungsbedarf des Europäischen Rechts, EuR 1987, 214 – 235

– Zur Funktion der Rechtsangleichung in der Europäischen Gemeinschaft – Vom Abbau der Verzerrungen zur Schaffung des Binnenmarktes –, in: Capotorti, Francesco et al. (Hg.), Du droit international au droit de l'integration, Liber Amicorum Pierre Pescatore, 1. Auflage, Baden-Baden, 1987, 227 – 245

– Der Binnenmarkt nach der Rechtsprechung des Gerichtshofs der Europäischen Gemeinschaften, in: Lukes, Rudolf (Hg.), Ein EWG-Binnenmarkt für Elektrizität – Realität oder Utopie, Köln, Berlin, Bonn, München, 1988, 132 – 154

– Zur föderalen Struktur der Europäischen Gemeinschaft, in: Hailbronner, Kay/ Ress, Georg/ Stein, Torsten (Hg.), Staat und Völkerrechtsordnung, Festschrift für Karl Doehring, Berlin u. a., 1989, 179 – 198

– Die Rechtsprechung des EuGH zum freien Warenverkehr im Binnenmarkt, ZLR 1989, 304 – 323

– Der Weg nach Deutschland ist langwierig, FAZ, Nr. 63 vom 15. März 1990, 13 f.

– Probleme der Rechtsangleichung zur Verwirklichung des europäischen Binnenmarktes, in: Baur, Jürgen F./ Hopt, Klaus J./ Mailänder, Peter K. (Hg.), Festschrift für Ernst Steindorff zum 70. Geburtstag am 13. März 1990, Berlin, New-York, 1990, 1155 – 1173

– Brauchen wir „Solange III"?, – Zu den Forderungen nach Revision der Rechtsprechung des Bundesverfassungsgerichts – , EuR 1990, 195 – 227

Faber, Angela: Die Klagebefugnis des Europäischen Parlaments, DVBl. 1990, 1095 – 1100

Falke, Josef/ *Joerges*, Christian: Folgeprobleme der Europäisierung technischer Vorschriften und Normen für die Länder der Bundesrepublik Deutschland, DVBl. 1987, 1051 – 1057

Falkenstein, Alfred: Freier Warenverkehr in der EG, Baden-Baden, 1989

Fiedler, Wilfried: Die Funktion des Rechts in der Europäischen Einigungsbewegung, JZ 1986, 60 – 65

Fischer, Robert: Der Umfang der Befugnis der Europäischen Gemeinschaft zum Abschluß von Handels- und Assoziierungsabkommen, in: Kölner Schriften zum Europarecht, Bd. 25, 1974, 1 – 27

Flynn, James: How will Article 100 A (4) work? A comparison with Article 93, CMLRev 1987, 689 – 707

Foreman, John: The joint declaration between Council, Parliament and Commission, Saarbrükken, 1979

Forwood, Nicholas/ *Clough*, Mark: The Single European Act and free movement, Legal implications of the provisions for the completion of the Internal Market, ELRev 1986, 383 – 408

Fransen, J. T. J.: Umweltorganisationen und die EG-Umweltpolitik: Fiasko der EG-Politik zur Bekämpfung der Versäurung, in: Tudyka, Kurt (Hg.), Umweltpolitik in Ost- und Westeuropa, Opladen, 1988, 229 – 247

Frenkel, Michael: Integrationsprobleme und ökonomische Wirkungen der europäischen Binnenmarktliberalisierung, EA 1989, 241 – 250

Fülgraff, Georges: Forschung für die Umwelt, in: Gündling, Lothar/ Weber, Beate (Hg.), Dicke Luft in Europa, Heidelberg, 1988, 95 – 115

Fuß, Ernst-Werner: Die Verantwortung der nationalen Gerichte für die Wahrung des europäischen Gemeinschaftsrechts, in: Bieber, Roland/ Bleckmann, Albert/ Capotorti, Francesco et al.(Hg.), Das Europa der zweiten Generation, Gedächtnisschrift für Christoph Sasse, Bd. 1, Baden-Baden, 1981, 171 – 196

Geddes, Andrew: 1992 and the environment – sovereignty well lost?, New Law Journal 1988, 826 – 828

Geiger, Rudolf: Außenbeziehungen der Europäischen Wirtschaftsgemeinschaft und auswärtige Gewalt der Mitgliedstaaten, ZaöRV 37 (1977), 640 – 667

Gérard, Alain: Les limites et les moyens juridiques de l'intervention des Communautés Européennes en matière de protection de l'environnement, CahDrEur 1975, 14 – 30

Germain, Eric: Les instruments juridiques et financiers de l'action communautaire en faveur de l'environnement, in: La protection de l'environnement par les communautés européennes, 1988, 17 – 33

Ghazi, Anver: Treibhauseffekt: Hat die Erde Fieber?, EG-Magazin, Nr. 12, 1990, 19 – 21

Giersch, Herbert: Europa '92: Nicht auf dem Verordnungswege, FAZ, Nr. 235 vom 8. Oktober 1988, 15

Gilsdorf, Peter: Die Grenzen der gemeinsamen Handelspolitik, in: Ress, Georg/ Will, Michael R. (Hg.), Vorträge, Reden und Berichte aus dem Europa-Institut, Nr. 125, Saarbrücken, 1988

Glaesner, Hans-Joachim: Das Konzertierungsverfahren zwischen Rat und Europäischem Parlament, integration 1981, 22 – 27

– Die Einführung und Entwicklung neuer Politiken in der Europäischen Gemeinschaft, in: Schwarze, Jürgen (Hg.), Gesetzgebung in der Europäischen Gemeinschaft, Baden-Baden, 1985, 31 – 54

– Die Einheitliche Europäische Akte, EuR 1986, 119 – 152

– Die Einheitliche Europäische Akte – Versuch einer Wertung – in: Schwarze, Jürgen (Hg.), Der Gemeinsame Markt – Bestand und Zukunft in wirtschaftsrechtlicher Perspektive, Baden-Baden, 1987, 9 – 35

– Bemerkungen zur Interpretation von Art. 100 a EWGV, in: Ress, Georg (Hg.), Rechtsprobleme der Rechtsangleichung, Vorträge, Reden und Berichte aus dem Europa-Institut, Nr. 137, Saarbrücken, 1988, 35 – 54

– Umwelt als Gegenstand einer Gemeinschaftspolitik, NuR 1988, 166 – 170

– Das Verfahren der Zusammenarbeit (Art. 149 Abs. 2 EWGV), EuR 1988, 121 – 128

Glatz, Hans R.: Die Verträglichkeit nationaler umweltpolitischer Initiativen mit dem EWG-Vertrag: Das Beispiel der Pkw-Schadstoffbegrenzung, in: Schwarze, Jürgen/ Bieber, Roland (Hg.), Das europäische Wirtschaftsrecht vor den Herausforderungen der Zukunft, Baden-Baden, 1985, 161 – 182

Gleim, Andreas: Europa auf dem Weg zur gläsernen Verwaltung, ZRP 1989, 474

Götz, Volkmar: Urteilsanmerkung zu EuGH, Rs. 68/86 und 131/86, Urteile vom 23.02.1988, EuR 1988, 298 – 301

Grabitz, Eberhard: Das politische Ermessen des Rates – Zum Urteil des Gerichtshofs in Sachen Verkehrspolitik – , integration 1985, 103 – 107

– Die Einheitliche Europäische Akte: Rechtliche Bewertung, integration 1986, 95 – 100

– Einheitliche Europäische Akte, a) Bilanz und Analyse des Luxemburger Gipfels, in: Knoche, Meinhard (Hg.), Wege zur europäischen Rechtsgemeinschaft, Koblenz, 1987, 37 – 51

– Stillhalte-Verpflichtungen vor dem Binnenmarkt – Erdgassteuer – , Kehl am Rhein, Straßburg, Arlington, 1988

– Handlungsspielräume der EG-Mitgliedstaaten zur Verbesserung des Umweltschutzes – Das Beispiel der Umweltabgaben und -subventionen, RIW 1989, 623 – 636

– Europäisches Verwaltungsrecht – Gemeinschaftsrechtliche Grundsätze des Verwaltungsverfahrens, NJW 1989, 1776 – 1783

– Die neuen Umweltkompetenzen der Europäischen Gemeinschaften und das Problem der Umwelthaftung, in: Bitburger Gespräche, Jahrbuch 1989, 75 – 89

– (Hg.): Kommentar EWG-Vertrag, Loseblattausgabe, 2. Auflage, München, 1990, Stand: September 1989

– Wirtschaftslenkung durch die Europäischen Gemeinschaften, WiVerw 1990, 50 – 78

– Über die Verfassung des Binnenmarktes, in: Baur, Jürgen F./ Hopt, Klaus J./ Mailänder, Peter K. (Hg.), Festschrift für Ernst Steindorff zum 70. Geburtstag am 13. März 1990, Berlin, New-York, 1990, 1229 – 1245

Grabitz, Eberhard/ *von Bogdandy*, Armin: Vom Gemeinsamen Markt zum Binnenmarkt – Statik und Dynamik des Europäischen Marktes, JuS 1990, 170 – 175

Grabitz, Eberhard/ *von Bogdandy*, Armin: Deutsche Einheit und europäische Integration, NJW 1990, 1073 – 1079

Grabitz, Eberhard/ *Sasse*, Christoph: Umweltkompetenz der Europäischen Gemeinschaften, Vorschlag zur Ergänzung des EWG-Vertrages, Beiträge zur Umweltgestaltung, Heft A 59, Berlin, 1977

Grabitz, Eberhard/ *Zacker*, Christian: Die neuen Umweltkompetenzen der EWG, NVwZ 1989, 297 – 303

Grabitz, Eberhard/ *Zacker*, Christian: Scope for action by the EC member states for the improvement of environmental protection under EEC law: the example of environmental taxes and subsidies, CMLRev 1989, 423 – 447

Grafen, Annegret/ *Engert*, Eckhard: Mehr Markt – mehr Umwelt, Ökologische Marktwirtschaft in der Landwirtschaft, in: Landwirtschaft, Ökonomie, Ökologie, Verlagsbeilage zur FAZ, Nr. 95 vom 24.4.1990, B 3 f.

Gramlich, Ludwig: 50. Staatsrechtslehrertagung vom 3. – 6.10.1990 in Zürich, NJW 1990, 3186 – 3188

von der Groeben, Hans/ *von Boeckh*, Hans/ *Thiesing*, Jochen/ *Ehlermann*, Claus-Dieter (Hg.): Kommentar zum EWG-Vertrag, 2 Bände, 3. Auflage, Baden-Baden, 1983

Gröbl, Wolfgang: Umweltpolitik im Gemeinsamen Markt, ET 1989, 661 – 663

Gronemeyer, Steffen: Umweltschutz und Wirtschaft, Vorträge, Reden und Berichte aus dem Europa-Institut, Nr. 93, Saarbrücken, 1987

Groux, Jean/ *Manin*, Philippe: Die Europäischen Gemeinschaften in der Völkerrechtsordnung, Luxemburg, 1984

Grunwald, Jürgen: Tschernobyl und das Gemeinschaftsrecht, EuR 1986, 315 – 339

– Die Entwicklung des Gemeinschaftsrechts, EuR 1988, 91 – 112 (Teil 1); 201 – 219 (Teil 2)

– Neuere Entwicklungen des Euratom-Rechts, EuZW 1990, 209 – 214

Gündisch, Jürgen: Allgemeine Rechtsgrundsätze in der Rechtsprechung des Europäischen Gerichtshofs, in: Schwarze, Jürgen (Hg.), Das Wirtschaftsrecht des Gemeinsamen Marktes in der aktuellen Rechtsentwicklung, Baden-Baden, 1983, 97 – 118

– Tierschutz im Gefüge von Verfassungsrecht und Europäischem Recht; Dargestellt am Beispiel der Intensivhaltung von Legehennen, MDR 1986, 529 – 537

Gündling, Lothar: Völkerrechtliche und europarechtliche Aspekte der Luftreinhaltung, UPR 1985, 403 – 411

– Zwischenstaatliches Recht – Hemmschuh oder Promotor von Schutzmaßnahmen zugunsten des Waldes?, in: Baumann, Wolfgang (Hg.), Rechtsschutz für den Wald, Heidelberg, 1986, 85 – 112

– Umweltschutz in einer übernationalen Wirtschaftsgemeinschaft, in: Gündling, Lothar/ Weber, Beate (Hg.), Dicke Luft in Europa, Heidelberg, 1988, 21 – 40

– Umweltpolitik, Jahrbuch der Europäischen Integration 1988/89, 161 – 166

Gulmann, Claus: The single european act – some remarks from a danish perspective, CMLRev 1987, 31 – 40

Gurlit, Elke: Europa auf dem Weg zur gläsernen Verwaltung?, Zum Vorschlag der EG-Kommission für eine Richtlinie über den freien Zugang zu Informationen über die Umwelt, ZRP 1989, 253 – 257

Haagsma, Auke: The European Community's Environmental Policy: a case-study in federalism, Fordham International Law Journal 1989, 311 – 359

Häckel, Erwin: Energiepolitik, Jahrbuch der Europäischen Integration 1988/89, 167 – 174

Hailbronner, Kay: Der „nationale Alleingang" im Gemeinschaftsrecht am Beispiel der Abgasstandards für Pkw, EuGRZ 1989, 101 – 122

– Europa 1992: Das institutionelle System der Europäischen Gemeinschaften, JuS 1990, 263 – 268 und 439 – 446

Handwörterbuch des Steuerrechts und der Steuerwissenschaften (HwStR), Bd. 1, A – K, München, 1972

Haneklaus, Winfried: Zur Verankerung umweltpolitischer Ziele im EWG-Vertrag, DVBl. 1990, 1135 – 1141

Harbrecht, Wolfgang: Die Europäische Gemeinschaft, 2. Auflage, Stuttgart, 1984

Hart, Dieter: Rechtspolitik und Gentechnologie, KJ 1989, 99 – 109

Hartkopf, Günter/ *Bohne*, Eberhard: Umweltpolitik, Band 1, Grundlagen, Analysen und Perspektiven, 1. Auflage, Opladen, 1983

Hauschka, Christoph E.: Der Stand der gemeinschaftsrechtlichen Rechtsangleichung im Recht der privaten Wirtschaft drei Jahre vor Vollendung des Binnenmarktes 1992, NJW 1989, 3048 – 3058

– Arbeitsrechtliche Rahmenbedingungen des EG-Binnenmarktes 1992, RIW 1990, 81 – 91

Heinz, Kersten: Nochmals: Die Fahrverbotsregelungen der Smogverordnungen auf dem Prüfstand des EG-Rechts, NVwZ 1989, 1035 – 1039

Held, Martin: Friedenssicherung und Schutz der natürlichen Lebensgrundlagen, ZAU 1990, 88 – 95

Hennecke, Frank: Aufgabenverflechtung zwischen Europäischer Gemeinschaft, Bund und Ländern, dargestellt am Beispiel des Umweltschutzes, in: Magiera, Siegfried/ Merten, Detlef (Hg.), Bundesländer und Europäische Gemeinschaft, Berlin, 1988, 189 – 216

Herdegen, Matthias: Europäisches Gemeinschaftsrecht und die Bindung deutscher Verfassungsorgane an das Grundgesetz, Bemerkungen zu neueren Entwicklungen nach dem „Solange II"-Beschluß, EuGRZ 1989, 309 – 314

Herzog, Roman: Subsidiaritätsprinzip, in: Kunst, Hermann/ Schlaich, Klaus/ Schneemelcher, Wilhelm (Hg.), Evangelisches Staatslexikon, Band II, N – Z, 3. Auflage, Stuttgart, 1987, Sp. 3564 – 3572

Hesse, Konrad: Grundzüge des Verfassungsrechts der Bundesrepublik Deutschland, 16. Auflage, Heidelberg, 1988

Hey, Christian: Umweltpolitik der Europäischen Gemeinschaft – zwischen abstrakten Chancen und konkreten Risiken –, ZAU 1989, 280 – 285

Hey, Christian/ *Jahns-Böhm*, Jutta: Ökologie und freier Binnenmarkt. Die Gefahren des neuen Harmonisierungsansatzes, das Prinzip der Gleichwertigkeit und Chancen für verbesserte Umweltstandards in der EG. Studie für das Europäische Umweltbüro, Freiburg, Frankfurt, 1989

Hilf, Meinhard: Die rechtliche Bedeutung des Verfassungsprinzips der parlamentarischen Demokratie für den europäischen Integrationsprozeß, EuR 1984, 9 – 40

– Der Justizkonflikt um EG-Richtlinien: gelöst, EuR 1988, 1 – 18

– Das Klagerecht des Europäischen Parlaments im Organstreit, EuR 1990, 273 – 280

Hirsch, Günther/ *Schmidt-Didczuhn*, Andrea: Gentechnik-Gesetz – ein Schritt in gesetzgeberisches Neuland, ZRP 1989, 458 – 462

Hirsch, Günther/ *Schmidt-Didczuhn*, Andrea: „Mosaikkompetenz" für die Gentechnik, BayVBl. 1990, 289 – 292

Hoffmann, Gerhard: Das Verhältnis des Rechts der Europäischen Gemeinschaften zum Recht der Mitgliedstaaten, DÖV 1967, 433 – 441

Hohenthal, Carl Graf: Umweltpolitik geht nur global, in: FAZ, Nr. 141 vom 22. Juni 1989, 1

Hohmann, Harald: Die Entwicklung der internationalen Umweltpolitik und des Umweltrechts durch internationale und europäische Organisationen, in: Aus Politik und Zeitgeschichte B 47-48/89 vom 17. November 1989, 29 – 45

von Holleben, Horst: Europäische Produktnormen als Instrumente des freien Warenverkehrs, des Umweltschutzes und der technischen Sicherheit – aus der Sicht der Wirtschaft, in: Umwelt- und Technikrecht in den Europäischen Gemeinschaften – Antrieb oder Hemmnis?, UTR, Band 7, Düsseldorf, 1989, 145 – 158

Hoppe, Werner: Der Einfluß des europäischen Binnenmarktes auf die kommunale Bauleitplanung und das Bauordnungsrecht, NVwZ 1990, 816 – 820

Hoppe, Werner/ *Beckmann*, Martin: Umweltrecht, 1. Auflage, München, 1989

Hort, Peter: Umweltschutz – Stiefkind Europas, in: FAZ vom 16. Juni 1988

– Im Umwelt-Bummelzug, in: FAZ vom 25. November 1988, 1

Hrbek, Rudolf/ *Läufer*, Thomas: Die Einheitliche Europäische Akte; Das Luxemburger Reformpaket: eine neue Etappe im Integrationsprozeß, EA 1986, 173 – 184

Hübler, K.-H.: DDR-Umweltpolitik – Anmerkungen zum Stand der Dinge, UPR 1990, 241 – 249

Ipsen, Hans Peter: Europäisches Gemeinschaftsrecht, 1. Auflage, Tübingen, 1972

– Die Rolle des Prozeßrichters in der Vorrang-Frage, Zur Bedeutung des II. Simmenthal-Urteils (Rs. 106/77) des Europäischen Gerichtshofs, EuR 1979, 223 – 238

– Vier Glossen zur Einheitlichen Europäischen Akte, in: Jekewitz, Jürgen (Hg.), Des Menschen Recht zwischen Freiheit und Verantwortung, Festschrift für Karl Josef Partsch zum 75. Geburtstag, Berlin, 1989, 327 – 342

Isensee, Josef: Verfassungsrecht und Subsidiaritätsprinzip, Schriften zum öffentlichen Recht, Bd. 80, Berlin, 1968

Jachtenfuchs, Markus: The European Community and the Protection of the Ozone Layer, JCMSt 1990, 261 – 277

Jacobs, Francis G.: The protection of the environment under the Single European Act, in: Schwarze, Jürgen/ Schermers, Henry G. (Hg.), Structure and dimensions of European Community Policy, 1. Auflage, Baden-Baden, 1988, 117 – 122

Jacqué, Jean-Paul: The „Single European Act" and Environmental Policy, Environmental Policy and Law, 16/3/4, 1986, 122 – 124

– L'acte unique européen, RTDE 1986, 575 – 612

Jadot, Benoit: La communauté économique européenne, l'Etat, la Région et la protection de l'environnement, Journal des tribunaux 1988, 725 – 729

Jans, Jan Hendrik: Article 7 EEC and a non-discriminatory transfrontier environmental policy, LIEI 1988, 21 – 33

– European Environmental Law and free trade, Journal of the law society of Scotland 1989, 211 – 214

Jarass, Hans D.: Die Anwendung neuen Umweltrechts auf bestehende Anlagen. Die Altanlagenproblematik im deutschen Recht, im Recht anderer europäischer Staaten und im EG-Recht, 1. Auflage, Baden-Baden, 1987

Jarass, Hans D./ *Pieroth*, Bodo: Grundgesetz für die BRD, Kommentar, 1. Auflage, München, 1989

Jenisch, Uwe: Nordsee – Seerecht und Umweltschutz, Aussenpolitik, Zeitschrift für internationale Fragen, Heft 1, 1989, 81 – 98

Joerges, Christian/ *Falke*, Josef/ *Micklitz*, Hans-Wolfgang/ *Brüggemeier*, Gert: Die Sicherheit von Konsumgütern und die Entwicklung der Europäischen Gemeinschaft, 1. Auflage, Baden-Baden, 1988

Kaiser, Joseph H.: Grenzen der EG-Zuständigkeit, EuR 1980, 97 – 118

Kallwass, Wolfgang: Privatrecht, 13. Auflage, Köln, 1989

Kampf, Roger: Die „richtige" Rechtsgrundlage der Richtlinie über das Aufenthaltsrecht der Studenten, EuR 1990, 393 – 404

Karpen, Ulrich: Zu einem Grundrecht auf Umweltschutz, in: Thieme, Werner (Hg.), Umweltschutz im Recht, Berlin, 1988, 9 – 24

Karpenstein, Peter: Doppelte Rechtsgrundlagen im Gemeinschaftsrecht, in: Ress, Georg (Hg.), Rechtsprobleme der Rechtsangleichung, Vorträge, Reden und Berichte aus dem Europa-Institut, Nr. 137, Saarbrücken, 1988, 55 – 85

Kellermann, A. E.: The views of the Netherlands Government on the Single European Act, ELRev 1987, 221 – 224

Ketteler, Gerd/ *Kippels*, Kurt: Umweltrecht, 1. Auflage, Köln, 1988

Kewenig, Wilhelm A.: Die Europäischen Gemeinschaften und die bundesstaatliche Ordnung der Bundesrepublik Deutschland, JZ 1990, 458 – 466

Kimmel, Adolf (Hg.): Die Verfassungen der EG-Mitgliedstaaten, München, 1987

Kimminich, Otto/ *Freiherr von Lersner*, Heinrich/ *Storm*, Peter-Christoph (Hg.): Handwörterbuch des Umweltrechts (HdUR), Band 1 (A – M), Berlin, 1986, Band 2 (N – Z), Berlin, 1988

Kiss, Alexandre: L'harmonisation de l'action communautaire avec l'action d'organisations internationales plus vastes, in: La protection de l'environnement par les communautés européennes, Paris, 1988, 153 – 160

Kleier, Ulrich F.: Freier Warenverkehr (Art. 30 EWG-Vertrag) und die Diskriminierung inländischer Erzeugnisse, RIW 1988, 623 – 632

Klein, Eckart: Neuere Entwicklungen des Rechts der Europäischen Gemeinschaften, DÖV 1984, 1010 – 1016

– Neuere Entwicklungen des Rechts der Europäischen Gemeinschaften, DÖV 1986, 951 – 957

Klein, Eckart/ *Beckmann*, Martina: Neuere Entwicklungen des Rechts der Europäischen Gemeinschaften, DÖV 1990, 179 – 189

Kloepfer, Michael: Grenzüberschreitende Umweltbelastungen als Rechtsproblem, DVBl. 1984, 245 – 255

– Europäischer Umweltschutz ohne Kompetenz? – Eine Diskussionsbemerkung zu den Zuständigkeitsfragen der EG-Umweltpolitik, UPR 1986, 321 – 326

– Umweltrecht, 1. Auflage, München, 1989

Kloepfer, Michael/ *Delbrück*, Kilian: Gentechnikrecht zum Schutze der Umwelt, UPR 1989, 281 – 287

Kloepfer, Michael/ *Veit*, Günther: Grundstrukturen des technischen Arbeitsschutzes, NZA 1990, 121 – 130

Knemeyer, Franz-Ludwig: Subsidiarität – Föderalismus, Denzentralisation, ZRP 1990, 173 f.

Koch, Eckart: Steuerharmonisierung für den Binnenmarkt, in: Ensthaler, Jürgen (Hg.), Europäischer Binnenmarkt – Stand und Perspektiven der Rechtsharmonisierung, Berlin, 1989, 49 – 58

Koch, Karl-Heinz: Wettbewerbsrecht und Europäischer Binnenmarkt, WRP 1989, 553 – 559

Kohlhepp, Kay H.: Beschränkung des freien Warenverkehrs in der EG durch nationale Umweltschutzbestimmungen, Anmerkung zum EuGH-Urteil über die dänischen Pfandflaschenbestimmungen, DB 1989, 1455 – 1457

Koll, Michael: Arbeitsschutz im europäischen Binnenmarkt, DB 1989, 1234 – 1240

Kolo, Hans: Beispiele für Konfliktzonen zwischen Landespolitik und Gemeinschaftsrecht – Umweltpolitik –, in: Kremer, Harry Andreas (Hg.), Die Landesparlamente im Spannungsfeld zwischen europäischer Integration und europäischem Regionalismus, München, 1988, 89 – 102

Kommission der EG: Vollendung des Binnenmarktes – Weißbuch der Kommission an den Europäischen Rat, Brüssel, Dok. KOM (85) 310, endg.

Kommission der EG: Der Treibhauseffekt und die Gemeinschaft, betreffend das Arbeitsprogramm der Kommission zur Beurteilung der politischen Optionen zur Verringerung der mit dem „Treibhauseffekt" verbundenen Risiken, Dok. KOM (88) 656, endg.

Koppen, Ida Johanne: The European Community's environment policy. From the summit in Paris, 1972 to the Single European Act, 1987, EUI Working Papers, No. 88/328, Florenz, 1988

Krämer, Ludwig: Einheitliche Europäische Akte und Umweltschutz: Überlegungen zu einigen neuen Bestimmungen im Gemeinschaftsrecht, in: Rengeling, Hans-Werner (Hg.), Europäisches Umweltrecht und europäische Umweltpolitik, Köln, 1988, 137 – 162

– Du controle de l'application des directives communautaires en matière d'environnement, RevMC 1988, 22 – 28

– Le déversement des déchets en mer et le droit communautaire, RevMC 1988, 328 – 340

– La CEE, l'environnement et la politique régionale, RevMC 1988, 539 – 553

– *Grundrecht auf Umwelt und Gemeinschaftsrecht, EuGRZ 1988, 285 – 294*

– *Aufgabenverflechtung zwischen Europäischer Gemeinschaft, Bund und Ländern, dargestellt am Beispiel des Umweltschutzes, in: Magiera, Siegfried/ Merten, Detlef (Hg.), Bundesländer und Europäische Gemeinschaft, Berlin, 1988, 189 – 216*

– Keine Absichtserklärungen, sondern durchsetzbares Recht. Die Kontrolle der Anwendung von EWG-Umweltrichtlinien, in: Gündling, Lothar/ Weber, Beate (Hg.), Dicke Luft in Europa, Heidelberg, 1988, 201 – 218

– Das Verursacherprinzip im Gemeinschaftsrecht – Zur Auslegung von Artikel 130 r EWG-Vertrag, EuGRZ 1989, 353 – 361

– Zur innerstaatlichen Wirkung von Umwelt-Richtlinien der EWG, WiVerw 1990, 138 – 161

Krämer, Ludwig/ *Kromarek*, Pascale: Droit communautaire de l'environnement (1987 – avril 1988), R.J.E. 1988, 307 – 326

Kreile, Michael: Politische Dimensionen des europäischen Binnenmarktes, in: Aus Politik und Zeitgeschichte B 24-25/89 vom 9. Juni 1989, 25 – 35

Kremer, Eduard: Umweltschutz durch Umweltinformation: Zur Umwelt-Informationsrichtlinie des Rates der Europäischen Gemeinschaften, NVwZ 1990, 843 f.

Krenzler, Horst: Die Europäische Gemeinschaft und der Wandel in Osteuropa, RuP 1990, 4 – 11

Kreutzberger, Robert: Der Umweltschutz als Aufgabe der Europäischen Gemeinschaften – gleichzeitig eine Besprechung der Urteile des EuGH vom 7. Februar 1985 in den Rs. 173 und 240/83, ZfU 1986, 169 – 181

Kromarek, Pascale: Commentaire de l'acte unique européen en matière d'environnement (1), R.J.E. 1988, 75 – 90

Krück, Hans: Völkerrechtliche Verträge im Recht der Europäischen Gemeinschaften, Berlin, 1977

Krusche, Matthias: Umweltrecht, Neues Denken – neue Perspektiven, Stuttgart, Berlin, Köln, Mainz, 1988

Kupfer, Dietrich: Rechtschöpfung oder Rechtsharmonisierung?, Tendenzen des Europäischen Umweltrechts, AgrarR 1989, 57 – 61

Kuschel, Hans-Dieter: Das neue Lomé-Abkommen zwischen der EG und den AKP-Ländern, EA 1990, 333 – 340

Kutscher, Hans: Über den Gerichtshof der Europäischen Gemeinschaft, EuR 1981, 392 – 413

Lachmann, Per: Some danish reflections on the use of Article 235 of the Rome Treaty, CMLRev 1981, 447 – 461

Läufer, Thomas: Die Europäische Gemeinschaft im Wandel, Aufgaben und Ziele vor der dritten Europawahl, EA 1988, 679 – 686

Lahr, Rolf: Die Legende vom „Luxemburger Kompromiß", EA 1983, 223 – 232

Landmann/ Rohmer: Gewerbeordnung, Bd. 1, Loseblattausgabe, München, Stand: 1. Oktober 1989

Langeheine, Bernd: Das neue Rechtsetzungsverfahren im Bereich des Gemeinsamen Marktes, Vortrag beim Arbeitskreis Europäische Integration am 3. bis 5. Oktober 1987, maschinenschriftliches Redemanuskript

– Rechtsangleichung unter Art. 100 a EWGV – Harmonisierung vs. nationale Schutzinteressen, EuR 1988, 235 – 256

Larenz, Karl: Methodenlehre der Rechtswissenschaft, 5. Auflage, Berlin et al., 1983

Lausch, Hannelore: Europäische Umweltpolitik auf dem Gebiet des Gewässerschutzes, Diss., Steinbach (Ts.), 1986

Layton, Christopher: La stratégie de la CEE dans le contexte mondial en matière d'environnement, in: La protection de l'environnement par les communautés européennes, Paris, 1988, 143 - 152

Lecheler, Helmut: Öffentliche Verwaltung in den Mitgliedsstaaten nach Maßgabe der „Dynamik der europäischen Integration". Liegt die Kompetenz-Kompetenz bereits in Brüssel?, DV 1989, 137 - 149

Lecrenier, Sabine: Vers l'achèvement du marché intérieur: l'évolution des procédures de controle prévues par la directive 83/189/CEE depuis quatre ans, RevMC 1988, 121 - 139

Leenen, A. Th. S.: Participation of the EEC in international environmental agreements, LIEI 1984, 93 - 111

Legrand, Henri: La politique communautaire de l'environnement: Les grands sujets actuels (pollution atmosphérique, risques ...) et les principes de base, in: La protection de l'environnement par les communautés européennes, 1988, 55 -68

Lenz, Carl Otto: Europäisches Recht als Integrationsfaktor, in: Bitburger Gespräche, Jahrbuch 1987, München, 1987, 11 - 35

– Gemeinsame Grundlagen und Grundwerte des Rechts der Europäischen Gemeinschaften, ZRP 1988, 449 - 453

– Entwicklung und unmittelbare Geltung des Gemeinschaftsrechts, DVBl. 1990, 903 - 910

Lietzmann, Kurt: Einheitliche Europäische Akte und Umweltschutz: Die neuen Umweltbestimmungen im EWG-Vertrag, in: Rengeling, Hans-Werner (Hg.), Europäisches Umweltrecht und europäische Umweltpolitik, Köln, Berlin, Bonn, München, 1988, 163 - 181

Lötz, Walter: Europäische Produktnormen als Instrumente des freien Warenverkehrs, des Umweltschutzes und der technischen Sicherheit – aus der Sicht der Verwaltung, GewA 1989, 1 - 8

Lomas, Owen: Environmental Protection, Economic Conflict and the European Community, McGill Law Journal 1988, 506 - 539

Ludet, Daniel/ *Stotz*, Rüdiger: Die neue Rechtsprechung des französischen Conseil d'Etat zum Vorrang völkerrechtlicher Verträge, EuGRZ 1990, 93 - 98

Lütkes, Stefan: Zulässigkeit von Geschwindigkeitsbeschränkungen auf Autobahnen nach dem EWG-Vertrag – insbesondere unter Berücksichtigung der gemeinschaftlichen Verkehrs- und Umweltpolitik sowie des freien Warenverkehrs in der EG – , Diss., Neuwied, Frankfurt/M., 1990

Lukes, Rudolf: Umweltschutz und Rechtsangleichung in den Europäischen Gemeinschaften, in: Götz, Volkmar/ Rauschning, Dietrich/ Zieger, Gottfried (Hg.), Umweltschutz und Internationale Wirtschaft, Köln, Berlin, Bonn, München, 1975, 151 - 173

Luttosch, Gabriele/ *Scherer*, Peter: Das Verhältnis der Deutschen Demokratischen Republik (DDR) zu den Europäischen Gemeinschaften (EG), BB, Beilage 11/1990, 3 - 10

Magiera, Siegfried: Rechtswirkungen von EG-Richtlinien im Konflikt zwischen Bundesfinanzhof und Europäischem Gerichtshof, DÖV 1985, 937 - 944

– Die Einheitliche Europäische Akte und die Fortentwicklung der Europäischen Gemeinschaft zur Europäischen Union, in: Fiedler, Wilfried/ Ress, Georg (Hg.), Verfassungsrecht und Völkerrecht, Gedächtnisschrift für Wilhelm Karl Geck, Köln, Berlin, Bonn, München, 1989, 507 - 530

– Die Rechtsakte der EG-Organe, Jura 1989, 595 - 606

Maillet, Pierre: Quelle politique communautaire en matière d'environnement?, Réflexions sur un projet de quatrième programme, RevMC 1987, 69 - 76

Marx, Friedhelm: Funktion und Grenzen der Rechtsangleichung nach Art. 100 EWG-Vertrag, Köln, Berlin, Bonn, München, 1976

Mastellone, Carlo: The external relations of the E.E.C. in the field of environmental protection, ICLQ 30 (1981), 104 - 117

Matthies, Heinrich: Grundlagen des Subventionsrechts und Kompetenzen aus EG-rechtlicher Sicht, ZHR 152 (1988), 442 - 454

– Zur Anerkennung gleichwertiger Regelungen im Binnenmarkt der EG (Art. 100 b EWG-Vertrag), in: Baur, Jürgen F./ Hopt, Klaus J./ Mailänder, Peter K. (Hg.), Festschrift für Ernst Steindorff zum 70. Geburtstag am 13. März 1990, Berlin, New-York, 1990, 1287 - 1301

Maurer, Hartmut: Allgemeines Verwaltungsrecht, 6. Auflage, München, 1988

McGrory, Daniel P.: Air Pollution Legislation in the United States and the Community, ELRev 1990, 298 – 316

Meadows, Dennis L. et al.: Die Grenzen des Wachstums, Stuttgart, 1972

Meessen, Karl Matthias: Zur Theorie allgemeiner Rechtsgrundsätze des internationalen Rechts: Der Nachweis allgemeiner Rechtsgrundsätze des Europäischen Gemeinschaftsrechts, JIR 17 (1974), 283 – 306

Meier, Gert: Einheitliche Europäische Akte und freier EG-Warenverkehr, NJW 1987, 537 – 542

Meller, Eberhard: Der aktuelle Stand der Diskussion über die Harmonisierung von Umweltschutzmaßnahmen in Europa, in: Europäische Liga für wirtschaftliche Zusammenarbeit (Hg.), Die europäische Dimension im Umweltschutz, Frankfurt/M., 1988, IX – XV

Menzel, Eberhard/ *Ipsen*, Knut: Völkerrecht, 2. Auflage, München, 1979

Mertes, Michael/ *Prill*, Norbert J.: Der verhängnisvolle Irrtum eines Entweder-Oder, Eine Vision für Europa, FAZ, Nr. 164 vom 19. Juli 1989, 8

Messinger, Anke: Wer des anderen Grube sucht, Abfallentsorgung in Europa, FAZ, Nr. 202 vom 31. August 1990, 17

Mestmäcker, Ernst-Joachim: Die Kraft des Freiburger Imperativs, FAZ, Nr. 127 vom 2. Juni 1990, 13

von Meyer, Heino: Wirkungslose Umweltpolitik – umweltwirksame Agrarpolitik, Überlegungen zum Verhältnis beider Politiken in der Europäischen Gemeinschaft, ZfU 1983, 363 – 387

Meyer, Susanne/ *Rath*, Christian: Ein Markt – Eine Umwelt, Chancen und Risiken des europäischen Umweltrechts, Forum Recht 1990, 46 – 50

Michaelis, Hans: CO_2 - eine neue Dimension der Energiepolitik, in: Leßmann, Herbert/ Großfeld, Bernhard/ Vollmer, Lothar (Hg.), Festschrift für Rudolf Lukes zum 65. Geburtstag, Köln, Berlin, Bonn, München, 1989, 121 – 128

Micklitz, Hans W.: Perspectives on a european directive on the safety of technical consumer goods, CMLRev 1986, 617 – 640

van Miert, Karel: Verbraucher und Binnenmarkt – Drei-Jahres-Aktionsplan der Kommission, EuZW 1990, 401 – 405

Minc, Alain: La grande illusion, Paris, 1989

Mögele, Rudolf: Grundzüge der Rechtsordnung der Europäischen Gemeinschaften, BayVBl. 1989, 577 – 587

Möhring, Caroline: Viele Versprechungen, wenige Taten – Die Bemühungen zur Rettung der Nordsee stecken noch immer in den Anfängen, FAZ, Nr. 62 vom 14. März 1990, 16

Moench, Christoph: Die Fahrverbotsregelungen der Smog-Verordnungen auf dem Prüfstand des EG-Rechts, NVwZ 1989, 335 – 338

Molkenbur, Gerhard: Umweltschutz in der Europäischen Gemeinschaft, – Eine Bestandsaufnahme der Rechtsgrundlagen und Zielsetzungen – , DVBl. 1990, 677 – 684

Møller, Ørstrom J.: Binnenmarkt und Umweltschutz, Artikel 100 a der Einheitlichen Europäischen Akte, EA 1987, 497 – 504

von Moltke, Konrad: Umweltschutzpolitik, in: Jahrbuch der Europäischen Integration 1983, 172 – 177

– Die EG-Umweltpolitik – notwendige Ergänzung nationaler und internationaler Maßnahmen, in: Hrbek, Rudolf/ Wessels, Wolfgang (Hg.), EG-Mitgliedschaft: ein vitales Interesse der Bundesrepublik Deutschland ?, Bonn, 1984, 299 – 320

von Moltke, Konrad/ *Meiners*, Hubert: Regionale Aspekte der gemeinschaftlichen Umweltpolitik, Raumforschung und Raumordnung 1983, 49 – 57

Montag, Frank: Umweltschutz, Freier Warenverkehr und Einheitliche Europäische Akte, RIW 1987, 935 – 943

Müller-Bromley, Nicolai: Staatszielbestimmung Umweltschutz im Grundgesetz?, Rechtsfragen der Staatszielbestimmung als Regelungsform der Staatsaufgabe Umweltschutz, Berlin, 1990

Müller-Graff, Peter Christian: Die Rechtsangleichung zur Verwirklichung des Binnenmarktes, EuR 1989, 107 – 151

– Binnenmarktziel und Rechtsordnung: Binnenmarktrecht, Kölner Juristische Gesellschaft, Band 8, Köln, 1989

von Münch, Ingo (Hg.): Grundgesetz-Kommentar, Bd. 1, 3. Auflage, München, 1985

Münster, Petra: Heißes Eisen Umweltschutz, EG-Magazin, Nr. 12, 1990, 16 f.

Muller, Steven: Deutschland und die europäische Architektur, Die Vereinigung als Chance zum Beginn eines größeren Prozesses, FAZ, Nr. 74 vom 28. März 1990, 11 f.

Mutke, Giesela: Informationsverfahren auf dem Gebiet des Lebensmittelrechts, RIW 1988, 829 f.

Nicolaysen, Gert: Zur Theorie von den implied powers in den Europäischen Gemeinschaften, EuR 1966, 129 - 142

– Europäisches Gemeinschaftsrecht, Stuttgart, Berlin, Köln, Mainz, 1979

– Autonome Handelspolitik der Europäischen Wirtschaftsgemeinschaft, in: von Münch, Ingo (Hg.), Staatsrecht – Völkerrecht – Europarecht, Festschrift für Hans-Jürgen Schlochauer, Berlin, New-York, 1981, 855 - 876

– Umweltschutz im Europäischen Gemeinschaftsrecht, in: Thieme, Werner (Hg.), Umweltschutz im Recht, Berlin, 1988, 197 - 212

– Environmental policy before the Single European Act, in: Schwarze, Jürgen/Schermers, Henry G. (Hg.), Structure and dimensions of European Community Policy, 1. Auflage, Baden-Baden, 1988, 111 - 115

Nollkaemper, André: The European Community and international environmental co-operation: legal aspects of external community powers, LIEI 1987, 55 –91

Offermann-Clas, Christel: Die Kompetenzen der Europäischen Gemeinschaften im Umweltschutz, ZfU 1983, 47 - 64

– Das Luftreinhalterecht der Europäischen Gemeinschaften – Fortschritte seit dem Jahre 1983, NJW 1986, 1388 - 1397

– Die Klärschlammverordnung in europäischer und deutscher Sicht, DVBl. 1988, 328 - 336

d'Oliveira, Hans Ulrich Jessurun: Das Rheinchloridabkommen und die EWG, RIW 1983, 322 - 328

– Single European Act (SEA) and environmental policy – some questions, in: Schwarze, Jürgen/ Schermers, Henry G. (Hg.), Structure and dimensions of European Community Policy, 1. Auflage, Baden-Baden, 1988, 123 - 125

Olschowy, Gerhard: Umweltschutz kennt keine Grenzen, Gedanken zum Europäischen Umweltjahr 1987, Der Landkreis 1987, 245 - 249

Ophüls, Carl Friedrich: Die Geltungsnormen des Europäischen Gemeinschaftsrechts, in: Festschrift für Otto Riese, Karlsruhe, 1964, 1 - 26

– Staatshoheit und Gemeinschaftshoheit, Wandlungen des Souveränitätsbegriffs, in: Recht im Wandel, Festschrift 150 Jahre Carl Heymanns Verlag KG, Köln, Berlin, Bonn, München, 1965, 519 - 590

Oppermann, Thomas: „Gute Nachbarschaft" im internationalen und europäischen Umweltschutzrecht, in: Grewe, Wilhelm G./ Rupp, Hans/ Schneider, Hans (Hg.), Europäische Gerichtsbarkeit und nationale Verfassungsgerichtsbarkeit, Festschrift für Hans Kutscher, 1. Auflage, Baden-Baden, 1981, 301 - 318

– Europäische Wirtschaftsverfassung nach der Einheitlichen Europäischen Akte, in: Müller-Graff, Peter-Christian/ Zuleeg, Manfred (Hg.), Staat und Wirtschaft in der EG, Kolloquium zum 65. Geburtstag von Bodo Börner, Baden-Baden, 1987, 53 - 71

Ossenbühl, Fritz: Umweltschutz und Gemeinwohl in der Rechtsordnung, in: Bitburger Gespräche, Jahrbuch 1983, 5 - 23

Pag-Kuhn, Sabine/ *Schmuck*, Otto (Hg.), Umweltpolitik – eine europäische Aufgabe, Materialien zur Europapolitik, Bonn, 1987

Pechstein, Matthias: Die Mitgliedstaaten der EG als „Sachwalter des gemeinsamen Interesses", Baden-Baden, 1987

Peet, Gerard: Umweltpolitik zum Schutz der Nordsee: EG und andere Initiativen, in: Tudyka, Kurt (Hg.), Umweltpolitik in Ost-und Westeuropa, Opladen, 1988, 273 - 280

Pernice, Ingolf: Grundrechtsgehalte im Europäischen Gemeinschaftsrecht, Baden-Baden, 1979

– Kompetenzordnung und Handlungsbefugnisse der Europäischen Gemeinschaft auf dem Gebiet des Umwelt- und Technikrechts, DV 1989, 1 – 54

– Europäisches Verwaltungsrecht, NVwZ 1989, 332 – 335

– Auswirkungen des europäischen Binnenmarktes auf das Umweltrecht – Gemeinschafts(verfassungs-)rechtliche Grundlagen, NVwZ 1990, 201 – 211

– Gestaltung und Vollzug des Umweltrechts im europäischen Binnenmarkt – Europäische Impulse und Zwänge für das deutsche Umweltrecht, NVwZ 1990, 414 – 426

– Gemeinschaftsverfassung und Grundrechtsschutz – Grundlagen, Bestand und Perspektiven, NJW 1990, 2409 – 2420

Pescatore, Pierre: Die „Einheitliche Europäische Akte" – Eine ernste Gefahr für den Gemeinsamen Markt, EuR 1986, 153 – 169

Pestalozza, Christian: Thesen zur kompetenzrechtlichen Qualifikation von Gesetzen im Bundesstaat, DÖV 1972, 181 – 191

Pieper, Stefan Ulrich: Die Direktwirkung von Richtlinien der Europäischen Gemeinschaft, – Zum Stand der Entwicklung –, DVBl. 1990, 684 – 688

Prümm, Hans Paul: Umweltschutzrecht, 1. Auflage, Frankfurt/M., 1989

Rabe, Hans-Jürgen: Das Verordnungsrecht der Europäischen Wirtschaftsgemeinschaft, Hamburg, 1963

– Garantien und Sicherungen des freien Warenverkehrs im Lichte der neuesten Rechtsprechung des EuGH – Cassis de Dijon und die Folgerechtsprechung, in: Schwarze, Jürgen (Hg.), Das Wirtschaftsrecht des Gemeinsamen Marktes in der aktuellen Rechtsentwicklung, Baden-Baden, 1983, 41 – 63

– Vorbehaltene Kompetenzen der Mitgliedstaaten der Europäischen Gemeinschaft auf dem Gebiete des Umweltschutzes – Bericht über eine Tagung der Gesellschaft für Umweltrecht, EuR 1987, 177 – 182

Rahner, Thomas: Hat der Bundesgesetzgeber die Gesetzgebungskompetenz für ein Gentechnikgesetz?, ZRP 1990, 63 – 65

Rasmussen, Thomas: Handelshemmnisse durch Harmonisierung, Chancen und Risiken einer umweltpolitischen Integration in Europa, Jahrbuch für Sozialwissenschaft 35 (1984), 213 – 227

Rauschning, Dietrich: Umweltschutz als Problem des Völkerrechts, EA 1972, 567 – 580

– Aufnahme einer Staatszielbestimmung über Umweltschutz in das Grundgesetz?, DÖV 1986, 489 – 496

Rehbinder, Eckard: Umweltrecht. Rechtsvergleichendes Generalreferat, RabelsZ 40 (1976), 363 – 408

– Umweltschutz in der Rechtsordnung der Europäischen Gemeinschaften, in: Bitburger Gespräche, Jahrbuch 1983, 51 – 64

– Umweltrecht, in: Meyer, Hans/ Stolleis, Michael (Hg.), Hessisches Staats- und Verwaltungsrecht, 2. Auflage, 1986, 358 – 389

Rehbinder, Eckard/ *Stewart*, Richard: Environmental Protection Policy, Berlin, New-York, 1985

Reich, Norbert: Förderung und Schutz diffuser Interessen durch die Europäischen Gemeinschaften – Eine problemorientierte Einführung in das europäische Wirtschaftsrecht, 1. Auflage, Baden-Baden, 1987

Reihlen, Helmut: Technische Normung und Zertifizierung für den EG-Binnenmarkt, EuZW 1990, 444 – 446

Reihlen, Helmut/ *Lehmann*, Klaus: Europäische Normung und Umweltschutz, in: Schenkel, Werner/ Storm, Peter-Christoph (Hg.), Umwelt: Politik, Technik, Recht; Heinrich von Lersner zum 60. Geburtstag, Berlin, 1990, 319 – 325

Rengeling, Hans-Werner: Rechtsgrundsätze beim Verwaltungsvollzug des Europäischen Gemeinschaftsrechts, KSE, Bd. 27, Köln, Berlin, Bonn, München, 1977

– Umweltgefährdende Anlagen im EWG-Recht, in: Börner, Bodo/ Jahrreiß, Hermann/ Stern, Klaus (Hg.), Einigkeit und Recht und Freiheit, Festschrift für Karl Carstens, Band 1, Köln, Berlin, Bonn, München, 1984, 247 – 258

– Umweltvorsorge und ihre Grenzen im EWG-Recht. Zu Grenzwerten für Pflanzenschutzmittel in der EWG-Richtlinie über die Qualität von Wasser für den menschlichen Gebrauch (80/778/EWG), Köln, Berlin, Bonn, München, 1989

Ress, Georg: Luftreinhaltung als Problem des Verhältnisses zwischen europäischem Gemeinschaftsrecht und nationalem Recht, in: 150 Jahre Landgericht Saarbrücken, Festschrift, Berlin et al., 1985, 355 – 372

– Rechtsvergleichende, europarechtliche und völkerrechtliche Aspekte grenzüberschreitender Verfahrensbeteiligung im Umweltrecht, in: ders. (Hg.), Grenzüberschreitende Verfahrensbeteiligung im Umweltrecht der Europäischen Gemeinschaften, Köln, Berlin, Bonn, München, 1985, 1 – 52

– Löst Art. 100 a EWGV die Probleme der Rechtsangleichung des einheitlichen Binnenmarktes?, in: Ress, Georg (Hg.), Rechtsprobleme der Rechtsangleichung, Vorträge, Reden und Berichte aus dem Europa-Institut, Nr. 137, Saarbrücken, 1988, 9 – 34

– Über die Notwendigkeit der parlamentarischen Legitimierung der Rechtsetzung der Europäischen Gemeinschaften, in: Fiedler, Wilfried/ Ress, Georg (Hg.), Verfassungsrecht und Völkerrecht, Gedächtnisschrift für Wilhelm Karl Geck, Köln, Berlin, Bonn, München, 1989, 625 – 684

Rest, Alfred: Neue Tendenzen im internationalen Umwelthaftungsrecht. Völkerrechtliche und international-privatrechtliche Aspekte, NJW 1989, 2153 – 2160

Riegel, Reinhard: Für eine umfassende Kompetenz der Gemeinschaftsorgane auf dem Gebiet des Umweltschutzrechtes – unter besonderer Berücksichtigung des Gewässerschutzes, EuR 1977, 74 – 89

– Umweltschutzaktivitäten der Europäischen Gemeinschaften auf dem Gebiete des Wasserrechts und deren Bedeutung für das innerstaatliche Recht, DVBl. 1977, 82 – 89

– Die Kompetenzen der Europäischen Gemeinschaften im Umweltschutz – Unter besonderer Berücksichtigung des Gewässerschutzes –, BayVBl. 1979, 97 – 101

– Notwendigkeiten und Probleme einer gemeinschaftsrechtlichen Integration des Umweltschutzrechts unter besonderer Berücksichtigung des Wasserrechts, NuR 1981, 90 – 93

van Rijn, Thomas: A review of the case law of the court of justice on articles 30 to 36 EEC in 1986 and 1987, CMLRev 1988, 593 - 616

Ritter, Wolfgang: Steuerharmonisierung als Voraussetzung eines EG-Binnenmarktes, BB 1989, 77 – 83

Rögge, Karin: Binnenmarktrealisierung 1992 auf der Grundlage der Einheitlichen Europäischen Akte, WRP 1986, 459 – 463

Roelants du Vivier, Francois: Gegner oder Partner: Agrarpolitik und Umweltschutz, in: Gündling, Lothar/ Weber, Beate (Hg.), Dicke Luft in Europa, Heidelberg, 1988, 43 – 53

Roelants du Vivier, Francois/ *Hannequart*, Jean-Pierre: Une nouvelle stratégie européenne pour l'environnement dans le cadre de l'acte unique, RevMC 1988, 225 – 231

Rudolf, Walter: Das akzeptierte Grundgesetz, Europa und die Länder, in: Maurer, Hartmut (Hg.), Das akzeptierte Grundgesetz, Festschrift für Günter Dürig zum 70. Geburtstag, München, 1990, 145 - 158

Rüster, Bernd/ *Simma*, Bruno/ *Bock*, Michael (Hg.): International Protection of the Environment, Treaties and related documents, Loseblattausgabe, Dobbs Ferry, 1970 ff.

Rupp, Hans Heinrich: Verfassungsprobleme auf dem Weg zur Europäischen Union, ZRP 1990, 1 – 4

De Ruyt, Jean: L'acte unique européen, Commentaire, Brüssel, 1987

Salzwedel, Jürgen: Möglichkeiten rationaler europäischer Umweltpolitik, in: Knoche, Meinhard (Hg.), Wege zur europäischen Rechtsgemeinschaft, Koblenz, 1987, 63 – 78

– Probleme der Umsetzung europäischen Gemeinschaftsrechts in das Umwelt- und Technikrecht der Mitgliedstaaten: Das Beispiel des Gewässerschutzes, UPR 1989, 41 – 49

Salzwedel, Jürgen/ *Viertel*, Berthold: Umsetzung und Verwirklichung europäischen Umweltrechts in den Mitgliedstaaten – Lösungsansätze zur Konfliktvermeidung, ZAU 1989, 131 – 144

Schachel, Jens: Instrumente des Umweltschutzes, NuR 1982, 206 – 214

Scharpf, Fritz: Die Politikverflechtungs-Falle: Europäische Integration und deutscher Föderalismus im Vergleich, PVS 1985, 323 – 356

Scharrer, Hans-Eckart: Die Einheitliche Europäische Akte: Der Binnenmarkt, integration 1986, 108 – 114

– Binnenmarktpolitik, in: Jahrbuch der Europäischen Integration 1988/89, 132 – 142

Schelter, Kurt: Subsidiarität – Handlungsprinzip für das Europa der Zukunft, EuZW 1990, 217 – 219

Scherer, Joachim: EG und DDR: Auf dem Weg zur Integration, BB, Beilage 16/1990, 11 – 15

Scherer, Peter: Das Handels- und Kooperationsabkommen der EG mit der DDR, EuZW 1990, 241 – 246

– Ein europäisches Umweltzeichen steht ins Haus, RIW 1990, 908 – 911

Scheuing, Dieter H.: Rechtsprobleme bei der Durchsetzung des Gemeinschaftsrechts in der Bundesrepublik Deutschland, EuR 1985, 229 – 272

– Umweltschutz auf der Grundlage der Einheitlichen Europäischen Akte, EuR 1989, 152 – 192

Schindel, Jost: Datenschutz contra Umweltschutz?, ZRP 1990, 135 – 139

Schmeder, Winfried: Die Rechtsangleichung als Integrationsmittel der Europäischen Gemeinschaft, Köln, Berlin, Bonn, München, 1978

Schmid, Gerhard: Nach der Katastrophe hilflos? Euratom – das unbekannte Wesen, in: Gündling, Lothar/ Weber, Beate (Hg.), Dicke Luft in Europa, Heidelberg, 1988, 55 – 68

Schmidhuber, Peter M.: Der Binnenmarkt 1992 – Eine Herausforderung für die Gesetzgebung der Gemeinschaft und der Mitgliedstaaten, EA 1989, 75 – 84

Schmidt, Reiner: Einführung in das Umweltrecht, 2. Auflage, München, 1989

Schmidt-Räntsch, Jürgen: Erlaß von Förderprogrammen durch den Rat der EG aufgrund Art. 128 EWGV, NJW 1989, 3071 f.

Schmitt von Sydow, Helmut: The basic strategies of the Commission's White Paper, in: Bieber, Roland/ Dehousse, Renaud/ Pinder, John/ Weiler, Joseph H. H. (Hg.), 1992: One European Market?, 1. Auflage, Baden-Baden, 1988, 79 – 106

Schmuck, Otto: Umweltpolitik: Grenzüberschreitende Probleme – Europäische Lösungen, Bonn, 1988

Schneider, Hartmut: Die Rechtsfigur des Verfassungswandels im Europäischen Gemeinschaftsrecht, DVBl. 1990, 282 – 287

Schneider, Werner: Arbeit und Umwelt, in: Gündling, Lothar/ Weber, Beate (Hg.), Dicke Luft in Europa, Heidelberg, 1988, 69 – 94

Schönke, Adolf/ *Schröder*, Horst: Strafgesetzbuch, Kommentar, 23. Auflage, München, 1988

Scholz, Rupert: Wie lange bis „Solange III"?, NJW 1990, 941 – 946

– Der europäische Rechtsstaat, in: Baur, Jürgen F./ Hopt, Klaus J./ Mailänder, Peter K. (Hg.),Festschrift für Ernst Steindorff zum 70. Geburtstag am 13. März 1990, Berlin, New-York, 1990, 1413 – 1435

Schreiber, Helmut: Mehr Umweltschutz durch den Europäischen Binnenmarkt? – Überlegungen aus politologischer Sicht, ZAU 1989, 145 – 152

Schrenk, Gundolf: Mitgliedstaatliche und gemeinschaftliche Handlungsebene in der europäischen Umweltpolitik, – Überlegungen zum Verständnis des Art. 130 r Abs. 4 Satz 1 EWG-Vertrag –, NuR 1990, 391 – 395

Schröder, Meinhard: Waldschäden als Problem des internationalen und des europäischen Rechts, in: Breuer, Rüdiger/ Kloepfer, Michael/ Marburger, Peter/ Schröder, Meinhard (Hg.), Waldschäden als Rechtsproblem, 2. Trierer Kolloquium zum Umwelt- und Technikrecht vom 28. – 30. September 1986, 41 – 59

– Instrumente zur Bekämpfung der neuartigen Waldschäden nach deutschem und europäischem Gemeinschaftsrecht, UPR 1989, 49 – 59

– Grundfragen des europäischen Abfallrechts, WiVerw 1990, 118 – 137

– Auskunft und Zugang in bezug auf Umweltdaten als Rechtsproblem, NVwZ 1990, 905 – 909

Schüler, Norbert: „Bio“-Lebensmittel – Der neue EWG-Verordnungsentwurf, EuZW 1990, 279 – 281

Schumann, Harald: Europa 1992: Markt ohne Staat, in: Der Spiegel, Nr. 27 vom 4. Juli 1988, 94 f.

Schutt, Wolfgang/ *Steffens*, Joachim: EuGH-Entscheidung zu Verpackungsvorschriften in Dänemark, RIW 1989, 447 – 449

Schwartz, Ivo E.: Zur Konzeption der Rechtsangleichung in der Europäischen Wirtschaftsgemeinschaft, in: von Caemmerer, Ernst/ Schlochauer, Hans-Jürgen/ Steindorff, Ernst (Hg.), Probleme des europäischen Rechts, Festschrift für Walter Hallstein, Frankfurt/M., 1966, 474 – 514

– EG-Rechtsetzungsbefugnisse, insbesondere nach Art. 235 EWGV – ausschließlich oder konkurrierend?, EuR Sonderheft 1976, 27 – 44

– 30 Jahre EG-Rechtsangleichung, in: Mestmäcker, Ernst-Joachim/ Möller, Hans/ Schwarz,Hans-Peter (Hg.), Eine Ordnungspolitik für Europa, Festschrift für Hans von der Groeben, 1. Auflage, Baden-Baden, 1987, 333 – 368

Schwartze, Andreas: Die Einwirkungsmöglichkeiten der Europäischen Gemeinschaft auf nationales Umweltrecht und ihr Einfluß auf das Schutzniveau, in: Donner, Hartwig/ Magoulas, Georgios/ Simon, Jürgen/ Wolf, Rainer (Hg.), Umweltschutz zwischen Staat und Markt, Moderne Konzeptionen im Umweltschutz, Baden-Baden, 1989, 551 – 570

Schwarze, Jürgen: Die EWG in ihren völkerrechtlichen Beziehungen, NJW 1979, 457 – 462

– Das allgemeine Völkerrecht in den innergemeinschaftlichen Rechtsbeziehungen, EuR 1983, 1 – 39

– Funktionen des Rechts in der Europäischen Gemeinschaft, in: Schwarze, Jürgen (Hg.), Gesetzgebung in der Europäischen Gemeinschaft, Baden-Baden, 1985, 9 – 30

– Europäisches Verwaltungsrecht, 2 Bände, 1. Auflage, Baden-Baden, 1988

Schweitzer, Michael: Rechtsetzung durch die Europäischen Gemeinschaften und Kompetenzverlust in den Mitgliedstaaten, in: Kremer, Harry Andreas (Hg.), Die Landesparlamente im Spannungsfeld zwischen europäischer Integration und europäischem Regionalismus, München, 1988, 20 – 40

Schweitzer, Michael/ *Hummer*, Waldemar: Europarecht, 3. Auflage, Neuwied, Frankfurt/M., 1990

Schwenn, Kerstin: Die Drohung mit dem „nationalen Alleingang“, Umweltschutz im europäischen Binnenmarkt, FAZ vom 27. April 1989

Sedemund, Jochim: „Cassis de Dijon“ und das neue Harmonisierungskonzept der Kommission, in: Schwarze, Jürgen (Hg.), Der Gemeinsame Markt, Bestand und Zukunft in wirtschaftsrechtlicher Perspektive, 1. Auflage, Baden-Baden, 1987, 37 – 54

Sedemund, Jochim/ *Montag*, Frank: Die Entwicklung des Europäischen Gemeinschaftsrechts, NJW 1989, 1409 – 1415

Seeler, Hans-Joachim: Die Europäische Gemeinschaft zwischen Aufbruchstimmung und Resignation. Die institutionellen Reformen der EG, Bonn, 1987

Seidel, Martin: Aktuelle Probleme der Rechtsangleichung gemäß Art. 100 EWG-Vertrag, EuR 1967, 202 – 216

– Die Direkt- oder Drittwirkung von Richtlinien des Gemeinschaftsrechts, NJW 1985, 517 – 522

– Grundsätzliche rechtspolitische Probleme bei der Verwirklichung des Binnenmarktes, EA 1987, 553 – 558

– Umweltrecht der Europäischen Gemeinschaft – Träger oder Hemmnis des Fortschritts?, DVBl. 1989, 441 – 448

Seidl-Hohenveldern, Ignaz: Rechtsakte der Organe der EWG als Mittel der Angleichung, in: Angleichung des Rechts der Wirtschaft in Europa, KSE, Bd. 11, 1971, 169 – 197

– Das Recht der Internationalen Organisationen einschließlich der Supranationalen Gemeinschaften, 4. Auflage, Köln, Berlin, Bonn, München, 1984

– (Hg.): Lexikon des Rechts, Völkerrecht, 1. Auflage, Neuwied, Darmstadt, 1985

Sellner, Dieter: 13. Fachtagung der Gesellschaft für Umweltrecht e. V. in Berlin, NVwZ 1990, 245 – 247

Selmer, Peter: Finanzierung des Umweltschutzes und Umweltschutz durch Finanzierung, in: Thieme, Werner (Hg.), Umweltschutz im Recht, Berlin, 1988, 25 – 49

Sendler, Horst: Grundprobleme des Umweltrechts, JuS 1983, 255 – 260

Seyppel, Marcel: Umweltdaten: Gläserne Umweltbürokratie europaweit, EG-Magazin, Nr. 10, 1990, 18 f.

Siebert, Horst: Europe '92. Environmental Policy in an Integrated Market, Institut für Weltwirtschaft an der Universität Kiel, Kiel Working Papers, Working Paper No. 365, Kiel, 1989

Simonis, Udo Ernst/ *von Weizsäcker*, Ernst Ulrich Freiherr: Globale Umweltprobleme – Neun Thesen, EA 1990, 1 – 12

Simons, Jos: Gesellschaftliche Interessen und Umweltpolitik der Europäischen Gemeinschaft (EG). Zum Stand der wissenschaftlichen Diskussion, in: Tudyka, Kurt (Hg.), Umweltpolitik in Ost- und Westeuropa, Opladen, 1988, 185 – 201

Skordas, Achilles: Umweltschutz und freier Warenverkehr im EWG-Vertrag und GATT, Diss. iur., Steinbach/Ts., 1986

Soell, Hermann: Überlegungen zum europäischen Umweltrecht, Zur umweltrechtlichen Situation nach Inkrafttreten der EEA, NuR 1990, 155 – 161

Söllner, Renate: Art. 5 EWG-Vertrag in der Rechtsprechung des Europäischen Gerichtshofes, München, 1985

Sönnichsen, Ferdinand: Umweltschutz als Gemeinschaftsaufgabe der EG – Konsequenzen für mitgliedstaatliche Eigenständigkeit –, ZfU 1989, 111 – 125

Spetzler, Eugen: Die Kollision des Europäischen Gemeinschaftsrechts mit nationalem Recht und deren Lösung, RIW 1990, 286 – 290

Stadler, Gerhard: Politikkooperation und Rechtsangleichung im Umweltschutz, in: Rack, Reinhard (Hg.), 30 Jahre danach: Neue Perspektiven für die Beziehungen der EFTA-Staaten zur Europäischen Gemeinschaft, 1. Auflage, Baden-Baden, 1987, 97 – 111

Steenbergen, Jacques: La notion de politique commerciale commune après l'avis 1/78 de la cour de justice, CahDrEur 1980, 54 – 74

– Urteilsanmerkung zu EuGH, Urteil vom 26.3.1987, Rs. 45/86, Kommission gegen Rat, CMLRev 1987, 731 – 737

Steiger, Heinhard: Umweltkompetenz des Europäischen Parlaments, Beiträge zur Umweltgestaltung, Heft A 63, Berlin, 1977

– Begriff und Geltungsprobleme des Umweltrechts, in: Salzwedel, Jürgen (Hg.), Grundzüge des Umweltrechts, Beiträge zur Umweltgestaltung A 80, 1. Auflage, Berlin, 1982, 1 – 20

– Europarechtliche Grundlagen, in: Salzwedel, Jürgen (Hg.), Grundzüge des Umweltrechts, Beiträge zur Umweltgestaltung, Band 80, Berlin, 1982, 65 – 80 (mit maschinenschriftlichem Manuskript zur Neuauflage)

– EG-Umweltpolitik – Fortschritte und Hemmnisse, CIVIS – Vierteljahresschrift für freie Bürger in einem freiheitlichen Staat, Heft 4, 1987, 29 – 38

– La répartition des compétences entre la CEE, les Etats et les collectivités régionales et locales en matière d'environnement, Le cas de l'Allemagne, in: La protection de l'environnement par les communautés européennes, Paris, 1988, 113 – 129

Stein, Ekkehart: Staatsrecht, 11. Auflage, Tübingen, 1988

Steinberg, Rudolf/ *Müller*, Ulrike: Zur Umsetzung der EG-Richtlinie über die Umweltverträglichkeitsprüfung unter besonderer Berücksichtigung der Umsetzungsverpflichtungen der Bundesländer, NuR 1989, 277 – 283

Steinberger, Helmut: Aspekte der Rechtsprechung des Bundesverfassungsgerichts zum Verhältnis zwischen Europäischem Gemeinschaftsrecht und deutschem Recht, in: Hailbronner, Kay/ Ress, Georg/ Stein, Torsten (Hg.), Staat und Völkerrechtsordnung, Festschrift für Karl Doehring, Berlin u.a., 1989, 951 – 968

Steindorff, Ernst: Umweltschutz in Gemeinschaftshand?, RIW 1984, 767 – 772

– Gemeinsamer Markt als Binnenmarkt, ZHR 150 (1986), 687 – 704

– Grenzen der EG-Kompetenzen, Heidelberg, 1990

Stettner, Rupert: Grundfragen einer Kompetenzlehre, Schriften zum Öffentlichen Recht, Band 447, Berlin, 1983

Streich, Jürgen: Global 1990, Zwischenbilanz der Umweltstudie „Global 2000", Hamburg, 1989

Streinz, Rudolf: Die Luxemburger Vereinbarung, München, 1984

Strübel, Michael: Umweltpolitik in Europa – Möglichkeiten und Grenzen, in: Aus Politik und Zeitgeschichte B-27/88 vom 1. Juli 1988, 15 – 28

Stüer, Bernhard: Dreizehnte Umweltrechtliche Fachtagung der Gesellschaft für Umweltrecht, DVBl. 1990, 197 – 200

Taschner, Hans Claudius: Rechtsangleichung in der Bewährung?, Kritische Überlegungen zur Tätigkeit der Europäischen Gemeinschaft auf diesem Gebiet unter besonderer Berücksichtigung des Richtlinienvorschlags „Produktenhaftung", in: Ress, Georg/ Will, Michael R. (Hg.), Vorträge, Reden und Berichte aus dem Europa-Institut, Nr. 7, 1982, 21 – 38

– Qualifizierte Mehrheit für Maßnahmen zur Rechtsangleichung?, in: Ress, Georg (Hg.), Rechtsprobleme der Rechtsangleichung, Vorträge, Reden und Berichte aus dem Europa-Institut, Nr. 137, Saarbrücken, 1988, 87 – 100

Taylor, D./ *Diprose*, G./ *Duffy*, M.: EC Environmental Policy and the Control of Water Pollution: the Implementation of Directive 76/464 in Perspective, JCMSt 1986, 225 – 246

Temple Lang, John: Implications of the European Community's Environment Policy for Turkey, ELRev 1988, 403 – 410

Teufel, Dieter: Öko-Steuern als marktwirtschaftliches Instrument im Umweltschutz, ZRP 1988, 373 – 376

Thieffry, Jean/ *van Doorn*, Philip/ *Radtke*, Christoph Martin: Die Vollendung des Europäischen Binnenmarktes bis 1992, RIW 1989, 123 – 131

Timmermans, Christiaan W. A.: Common Commercial Policy (Article 113 EEC) and International Trade in Services, in: Capotorti, Francesco et al. (Hg.): Du droit international au droit de l'intégration, Liber Amicorum Pierre Pescatore, 1. Auflage, Baden-Baden, 1987, 675 – 689

Töpfer, Klaus: Die europäische Dimension im Umweltschutz aus deutscher Sicht, in: Europäische Liga für wirtschaftliche Zusammenarbeit (Hg.), Die europäische Dimension im Umweltschutz, Frankfurt/M., 1988, 3 – 20

Tomuschat, Christian: Die auswärtige Gewalt der EWG erhält feste Konturen, EuR 1977, 157 – 164

– Aller guten Dinge sind III?, Zur Diskussion um die Solange-Rechtsprechung des BVerfG, EuR 1990, 340 – 361

Toth, A. G.: The legal status of the declarations annexed to the single european act, CMLRev 1986, 803 – 812

Toulemon, Robert: La prise en considération de l'environnement dans les autres politiques communautaires: en particulier dans la réforme da la politique agricole commune, in: La protection de l'environnement par les communautés européennes, 1988, 69 – 83

Touscoz, Jean: L'action des communautés européennes en matière d'environnement, RTDE 1973, 29 – 45

Uebersohn, Gerhard: Effektive Umweltpolitik. Folgerungen aus der Implementations- und Evaluationsforschung, Diss., Frankfurt/M., 1990

Umweltbundesamt (Hg.): Völkerrechtliche Vereinbarungen der Bundesrepublik Deutschland auf dem Gebiete des Umweltschutzes, bearbeitet von Siegbert Lohse, Berlin, 1985

Umweltbundesamt (Hg.): Texte 7/89, Rechtsakte der Europäischen Gemeinschaften auf dem Gebiete des Umweltschutzes, Stand 1. Dezember 1988, bearbeitet von Siegbert Lohse, Berlin, 1989

Ungerer, Werner: Die neuen Verfahren nach der Einheitlichen Europäischen Akte: Eine Bilanz aus der Ratsperspektive, integration 1989, 95 – 106

von Urff, Winfried: Umweltschutz und europäische Agrarpolitik, in: Rengeling, Hans-Werner (Hg.), Europäisches Umweltrecht und europäische Umweltpolitik, Köln, Berlin, Bonn, München, 1988, 103 – 123

Vandermeersch, Dirk: The Single European Act and the environmental policy of the european economic community, ELRev 1987, 407 – 429

Versteyl, Ludger-Anselm: Die PET-Verordnung: Pfand und Rücknahmepflicht als Weg von der Entsorgung zur Vermeidung, NVwZ 1989, 126 – 128

Vigier, Jacques: Tchernobyl: Ses conséquences dans le cadre de la communauté européenne, RevMC 1987, 198 – 202

Vittinghoff, Kurt: Wie behindert oder befördert Europäische Umweltpolitik die nationalen Umweltpolitiken?, in: Evangelische Akademie Bad Boll (Hg.), Europäische Umweltpolitik von unten?!, Protokolldienst 38/88, Bad Boll, 1988, 68 – 73

Vorkötter, Uwe: Das Reinheitsgebot für Autos – deutscher Alleingang oder europäische Rücksichtnahme?, EG-Magazin, Nr. 10, 1984, 8 f.

Vygen, Hendrik: Ergänzung des EWG-Vertrages im Hinblick auf eine europäische Umweltpolitik, ZRP 1974, 58 – 62

Wägenbaur, Rolf: Die Umsetzung von EG-Recht in deutsches Recht und ihre gesetzgeberische Problematik, ZG 1988, 303 – 318

Waelbroeck, M.: The emergent doctrine of Community pre-emption – consent and redelegation, in: Sandalow, Terrance/ Stein, Eric (Hg.), Courts and Free Markets, Vol. II, Oxford, 1982, 548 – 580

Wagner, Jörg: Der Entwurf der Richtlinie „Fauna, Flora, Habitat" der Europäischen Gemeinschaft (88/C 247/03) – Gemeinschaftsrechtliche Vorgaben für den nationalen Habitat- und Artenschutz – , NuR 1990, 396 – 402

Wagner-Wieduwilt, Klaus: Das Zusammenwirken der Organe der Europäischen Gemeinschaften im Rahmen von Rechtsetzungsverfahren, WM 1988, 597 – 607

Wallace, Helen: Europäische Integration: Auf dem Weg nach 1992, EA 1988, 583 – 590

Wassermann, Rudolf (Hg.): Kommentar zum Grundgesetz für die Bundesrepublik Deutschland, 2 Bände, Reihe Alternativkommentare, 2. Auflage, Neuwied, 1989

Weber, Albrecht: Schutznormen und Wirtschaftsintegration; zur völkerrechtlichen, europarechtlichen und innerstaatlichen Problematik von Schutzklauseln und ordre-public Vorbehalten, 1. Auflage, Baden-Baden, 1982

– Die Umweltverträglichkeitsrichtlinie im deutschen Recht, Köln, Berlin, Bonn, München, 1988

Weber, Albrecht/ *Hellmann*, Ulrich: Das Gesetz über die Umweltverträglichkeitsprüfung (UVP-Gesetz), NJW 1990, 1625 – 1633

Weber, Beate: Umwelt und europäische Wirtschaft, in: Schwarze, Jürgen/ Bieber, Roland (Hg.), Das europäische Wirtschaftsrecht vor den Herausforderungen der Zukunft, Baden-Baden, 1985, 135 – 160

– Die ungeliebte Gemeinschaft – Über den Umgang mit europäischer Umweltpolitik, in: Gündling, Lothar/ Weber, Beate (Hg.), Dicke Luft in Europa, Heidelberg, 1988, 3 – 20

– Environment, public health and consumer protection and the legislation for the realization of the Internal Market, in: Schwarze, Jürgen (Hg.), Legislation for Europe 1992, 1. Auflage, Baden-Baden, 1989, 155 – 162

– Umwelt ohne Grenzen – Über die Notwendigkeit einer Europäischen Umwelt- und Energiepolitik, in: Schomaker, Astrid/ Gossel, Daniel/ Lehnigk, Jens (Hg.), Plädoyer für Europa, Beiträge zur Europäischen Einigung, Hamburg, 1989, 139 – 158

– Gegen Feigenblattpolitik, UmweltMagazin Nr. 1/2, 1990, 24 f.

Weidenfeld, Werner/ *Janning*, Josef: Die Zukunft des Kontinents, FAZ, Nr. 50 vom 28. Februar 1990, 8

Weinstock, Ulrich: Nur eine europäische Umweltpolitik? Europäische Umweltpolitik im Spannungsverhältnis von ökologischer Vielfalt und ökonomischer Einheit, ZfU 1983, 1 – 46

Weitbrecht, Andreas: Zusammenschlußkontrolle im Europäischen Binnenmarkt, EuZW 1990, 18 – 21

von *Weizsäcker*, Ernst Ulrich: Umweltpolitik in Europa – Mit Blick auf 1992, in: Evangelische Akademie Bad Boll (Hg.), Europäische Umweltpolitik von unten?!, Protokolldienst 38/88, Bad Boll, 1988, 53 – 61

– Steuern für die Umwelt, in: Der Spiegel, Nr. 34 vom 22. August 1988, 86 f.

Werner, Horst: Perspektiven und Probleme des Gemeinsamen Marktes 1993, in: Aus Politik und Zeitgeschichte B 24-25/89 vom 9. Juni 1989, 3 – 14

Wessels, Johannes: Strafrecht, Allgemeiner Teil, 19. Auflage, Heidelberg, 1989

Wessels, Wolfgang: Die Einheitliche Europäische Akte – Zementierung des Status quo oder Einstieg in die Europäische Union?, integration 1986, 65 – 79

Wichmann, Stefan: Auf dem Wege zu einer Umweltgemeinschaft, EG-Magazin, Nr. 9, 1989, 8 f.

Wicke, Lutz/ *Huckestein*, Burkhard: Umweltschutz und Binnenmarkt: Perspektiven einer gemeinsamen EG-Umweltpolitik, ZAU 1989, 119 – 130

de Wilmars, J. Mertens: Het Hof van Justitie van de Europese Gemeenschappen na de Europese Akte, SEW 1986, 601 – 619

von Wilmowsky, Peter: Abfallwirtschaft im Binnenmarkt, Europäische Probleme und amerikanische Erfahrungen, Umweltrechtliche Studien, Bd. 8, Düsseldorf, 1990

– Anmerkung zu EuGH, Beschluß vom 12. Juli 1990, Rs. C-195/90 R (Kommission/Bundesrepublik Deutschland), EuZW 1990, 349, in: EuZW 1990, 351 f.

Winkler, Wolfgang: Umweltschutz, europäische Agrarpolitik und europäisches Agrarrecht – Statement – in: Rengeling, Hans-Werner (Hg.), Europäisches Umweltrecht und europäische Umweltpolitik, Köln, Berlin, Bonn, München, 1988, 125 – 132

Winter, Gerd: Perspektiven des Umweltrechts, DVBl. 1988, 659 – 665

– Der Schutz der Nordsee als Problem internationaler Übereinkommen und EG-Richtlinien, NuR 1988, 265 – 272

– Umweltrecht in der DDR, BRD und EG – ein Strukturvergleich, UPR 1990, 373 – 379

Wlotzke, Otfried: EG-Binnenmarkt und Arbeitsrechtsordnung – Eine Orientierung, NZA 1990, 417 – 423

Wolf, Rainer: Die ökologischen Blindstellen des Europäischen Verkehrsbinnenmarktes, KJ 1990, 112 – 126

Woyke, Wichard: Belgien, Niederlande, Luxemburg, in: Jahrbuch der Europäischen Integration 1988/89, 289 – 298

Wuermeling, Joachim: Die Gemeinschaftstreue und die Rechtsakte der Gesamtheit der Mitgliedstaaten der EG, EuR 1987, 237 – 243

Würtenberger, Marie-Luise: Das Rechtsetzungsverfahren der Europäischen Gemeinschaften, WRP 1990, 13 – 21

Zacker, Christian: Binnenmarkt und Gemeinsamer Markt. Zwei Begriffe desselben Inhalts?, RIW 1989, 489 f.

Zuleeg, Manfred: Die Auslegung des Europäischen Gemeinschaftsrechts, EuR 1969, 97 – 108

– Das Recht der Europäischen Gemeinschaften im innerstaatlichen Bereich, KSE, Bd. 9, Köln, Berlin, Bonn, München, 1969

– Die Kompetenzen der Europäischen Gemeinschaften gegenüber den Mitgliedstaaten, JöR 20 (1971), 1 – 64

– Die Anwendbarkeit des parlamentarischen Systems auf die Europäischen Gemeinschaften, EuR 1972, 1 – 15

– Das Verhältnis des Gemeinschaftsrechts zum nationalen Recht, JR 1973, 441 – 448

– EG-Richtlinien auf dem Gebiete des Wasserrechts und ihre innerstaatlichen Auswirkungen, ZfW 1975, 133 – 147

– Gedanken zu einer Europäischen Union, ZRP 1976, 118 – 123

– Zum Standort des Verfassungsstaats im Geflecht der internationalen Beziehungen, DÖV 1977, 462 – 467

– Die Wirtschaftsverfassung der Europäischen Gemeinschaften, in: Wirtschafts- und gesellschaftspolitische Ordnungsprobleme der Europäischen Gemeinschaften, Schriftenreihe des Arbeitskreises Europäische Integration e. V., Band 1, Baden-Baden, 1978, 73 – 106

– Der Verfassungsgrundsatz der Demokratie und die Europäischen Gemeinschaften, DSt 17 (1978), 28 – 47

– Die Rechtswirkung europäischer Richtlinien, ZGR 1980, 466 – 485

– Demokratie und Wirtschaftsverfassung in der Rechtsprechung des Europäischen Gerichtshofs, EuR 1982, 21 – 29

– Umweltschutzrecht, in: Meyer, Hans/ Stolleis, Michael (Hg.), Hessisches Staats- und Verwaltungsrecht, 1. Auflage, Frankfurt/M., 1983, 281 - 291

– Die Europäische Gemeinschaft als Integrationsverband, in: Börner, Bodo/ Jahrreiß, Hermann/ Stern, Klaus (Hg.), Einigkeit und Recht und Freiheit, Festschrift für Karl Carstens, Band 1, Köln, Berlin, Bonn, München, 1984, 289 - 303

– Gleicher Zugang von Männern und Frauen zu beruflicher Tätigkeit, RdA 1984, 325 - 332

– Europa und der Nationalstaat, in: Schefold, Dian (Hg.), Europa und der Nationalstaat, Vortrag und Diskussionsbeiträge, Zentrum für Europäische Rechtspolitik (ZERP), Bremen, 1986, 5 - 16

– Vorbehaltene Kompetenzen der Mitgliedstaaten der Europäischen Gemeinschaften auf dem Gebiete des Umweltschutzes, in: Gesellschaft für Umweltrecht (Hg.), Dokumentation zur 10. wissenschaftlichen Fachtagung der Gesellschaft für Umweltrecht e. V., Berlin, 1987, 121 - 139

– Vorbehaltene Kompetenzen der Mitgliedstaaten der Europäischen Gemeinschaft auf dem Gebiete des Umweltschutzes, NVwZ 1987, 280 - 286

– Wandlungen des Begriffs der Supranationalität, integration 1988, 103 - 111

– Der Rang des europäischen im Verhältnis zum nationalen Wettbewerbsrecht, EuR 1990, 123 - 134

– Fälle zum Allgemeinen Verwaltungsrecht, 2. Auflage, München, 1991

de Zwaan, J. W.: The single european act: conclusion of a unique document, CMLRev 1986, 747 - 765

Zweigert, Konrad: Grundsatzfragen der europäischen Rechtsangleichung, ihrer Schöpfung und Sicherung, in: von Caemmerer, Ernst/ Nikisch, Arthur/ Zweigert, Konrad (Hg.), Vom Deutschen zum Europäischen Recht, Festschrift für Hans Dölle, Band 2, Tübingen, 1963, 401 - 418

– Der Einfluß des europäischen Gemeinschaftsrechts auf die Rechtsordnungen der Mitgliedstaaten, RabelsZ 28 (1964), 601 - 643

Schriften zur Europäischen Rechts- und Verfassungsgeschichte

Band 1

Deutsche Rechtswissenschaft und Staatslehre im Spiegel der italienischen Rechtskultur während der zweiten Hälfte des 19. Jahrhunderts. Herausgegeben von Reiner Schulze. XI, 353 S. 1990 ⟨3-428-06860-2⟩ DM 94,–

Band 2

Napoléons Anteil am Code civil. Von Eckhard Maria Theewen. 263 S. 1991 ⟨3-428-07048-8⟩ DM 118,–

Band 3

Europäische Rechts- und Verfassungsgeschichte. Ergebnisse und Perspektiven der Forschung. Herausgegeben von Reiner Schulze. IX, 256 S. 1991 ⟨3-428-07123-9⟩ DM 94,–

Band 4

Königtum und parlamentarische Vertrauensfrage in England 1689 - 1841. Von Roland Kleinhenz. 202 S. 1991 ⟨3-428-07263-4⟩ DM 128,–

Folgende Bände befinden sich in Vorbereitung:

Utrumque Ius. Von E. J. H. Schrage

Mittelalterliches Gewohnheitsrecht. Von Gerhard Dilcher, Heiner Lück, Reiner Schulze, Elmar Wadle, Jürgen Weitzel, Udo Wolter

Fortschritte des Zivilrechts im 17. und 18. Jahrhundert – Das römisch-holländische Recht. Herausgegeben von Robert Feenstra und Reinhard Zimmermann

Duncker & Humblot · Berlin